„Never again" – our mission
Donate now!

Since 2000, the MKÖ has been carrying on the legacy of the survivors of the Mauthausen concentration camp

What we stand for

- educating and imparting historical knowledge
- Strengthening prevention, awareness and moral courage
- Commemorating – remembering – taking action

Our work is made possible by projects, contributions from our supporting organisations and **donations**. The vast majority of our work is carried out on a **voluntary basis**.

Your donation makes remembrance and educational work possible and sends a clear message of "Never again".

Ways to donate

- Online via SEPA direct debit or credit card
- via payment slip

Donations are tax-deductible!

More information at https://www.mkoe.at/en/donate-now

ISBN 978-3-902605-22-1
unveränderter Nachdruck der 4. Auflage von 2006, Wien 2016

Impressum:
Herausgeber und Medieninhaber:
Mauthausen Komitee Österreich | Österreichische Lagergemeinschaft Mauthausen
Obere Donaustraße 97/4/5 | A-1020 Wien

Redaktion, Bearbeitung und Lektorat:
Irmgard Aschbauer, Isabella Girstmair und Andreas Baumgartner

Grafische Gestaltung:
dasBuero

Weitere Informationen, Buchbestellungen sowie das Büchergesamtprogramm auf:
www.edition-mauthausen.at

Druck:
druck.at, Leobersdorf

Bildnachweis:
Sämtliche Fotos und Dokumente stammen aus dem von Hans Maršálek aufgebauten Archiv der KZ-Gedenkstätte Mauthausen (AMM) im Bundesministerium für Inneres. Verwendung mit freundlicher Genehmigung des Bundesministeriums für Inneres.

edition mauthausen

Hans Maršálek

Die Geschichte des Konzentrationlagers Mauthausen

Dokumentation

edition mauthausen

Übersichtsplan KZ-Mauthausen

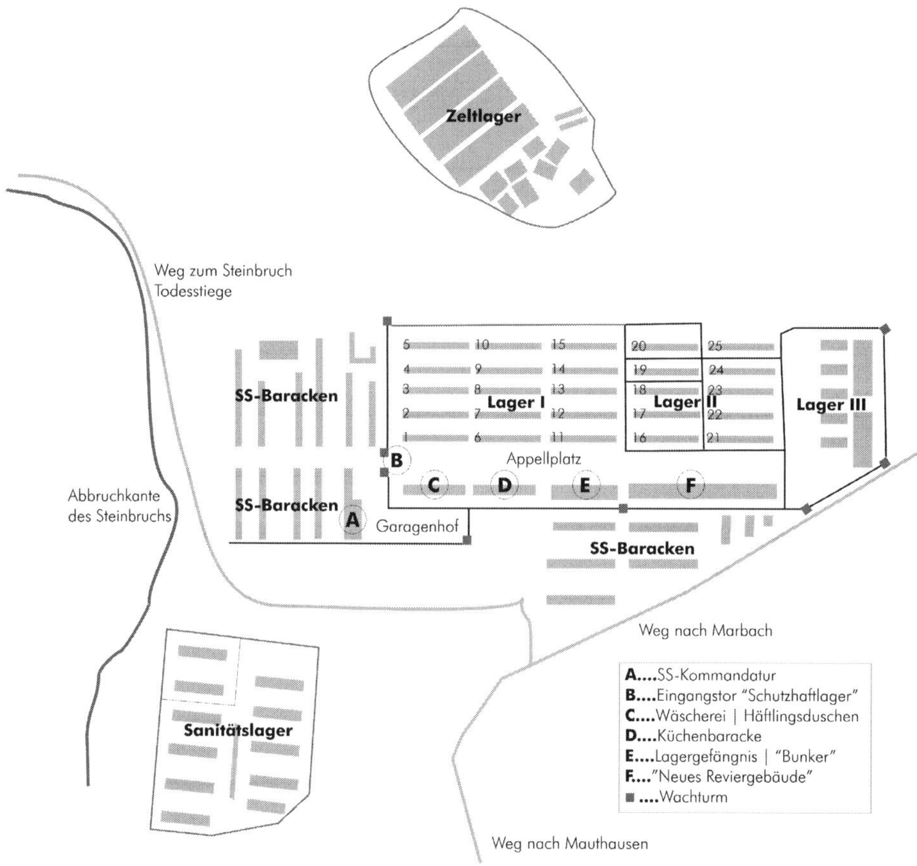

Inhaltsverzeichnis

Anhang

Der Bundespräsident

Dr. Heinz Fischer

Das Wort „Verbrechen" ist zu schwach, um das zu benennen, was im Steinbruch und im anschließenden Barackenlager von Mauthausen in der Zeit des Nationalsozialismus geschehen ist.

Der Sadismus, der an halbverhungerten Menschen ausgelebt wurde, wenn diese die Steine über die 186 Stufen des Steinbruchs nicht mehr hinaufzuschleppen vermochten, war nur eine der vielen entsetzlichen Erscheinungen. Stieß man die Häftlinge in den Abgrund, wo sie entweder schwer verletzt oder tot in den kleinen Teich am Fuß der Felswand stürzten, nannte man sie zynisch „Fallschirmspringer".

Wie konnten Menschen, darunter Österreicher, anderen Menschen so etwas zufügen?

Auch wer ernsthaft darüber nachdenkt, wird eine zureichende Erklärung für das Unverständliche nicht finden können.
Krieg und Hass, die sich in Europa ausbreiteten, haben dazu beigetragen, nicht nur Millionen jüdischer Mitbürger, sondern auch verachtete Minderheiten und aufständische Gruppen verschiedener Nationen in der qualvollen Isolation der Konzentrationslager systematisch in den Tod zu treiben.

Nur mit innerer Scham lässt sich darüber reden, was geschehen ist, und doch darf vom Grauen und der Unmenschlichkeit dieser Zeit, bis in die letzten Kriegstage des Jahres 1945 hinein, nichts verschwiegen und nichts beschönigt werden.

Das Buch „Die Geschichte des Konzentrationslagers Mauthausen", herausgegeben vom Mauthausen Komitee Österreich, das nun in vierter Auflage erscheint, hat sich diesen Anspruch zur Aufgabe gemacht. Es ist daher eine Pflichtlektüre, nicht nur für historisch interessierte Zeitgenossen.
Die Grausamkeiten, die wir durch dieses Buch erfahren, sollten uns wachsam machen gegenüber dem, wozu Menschen fähig sind. Und es sollte uns helfen, jene tief gefühlte Ablehnung gegen jede Form von Verblendung und Hass aufzubauen, die es unmöglich macht, dass sich die Ereignisse jemals wiederholen.

Die Opfer von Mauthausen, die Gequälten und Ermordeten, mahnen uns.

Sie mahnen uns, gegen Intoleranz, Vorurteile und Verdächtigungen schon in seinen Anfängen aufzutreten. Nicht nur in der „großen Politik", auch im Alltag, in kleinen Schritten, lässt sich auf diese Weise am dauerhaften Bestehen einer anderen, besseren Welt mitwirken.

Ich danke den Initiatoren für diese neuerliche Auflage der „Geschichte des Konzentrationslagers Mauthausen" und wünsche dem Buch – vor allem bei den jungen Leserinnen und Lesern – eine weite Verbreitung!

Der Landeshauptmann von Oberösterreich

Zum Gedenken an die Opfer im Konzentrationslager Mauthausen!

Frieden, Freiheit und Gleichberechtigung sind hohe Güter, die wir in unserem Leben besitzen und die oft schon als selbstverständlich hingenommen werden. Die immateriellen „Schätze" die wir gegenwärtig besitzen dürfen, gilt es, nachhaltig zu schützen. Nicht durch leere Worte und Beschwörungen, sondern durch Gerechtigkeit und Rechtschaffenheit, durch Toleranz und Nächstenliebe muss jeder selbst seinen Beitrag dazu leisten, dass es nie wieder zu solchen Gräueltaten kommt, wie sie in den NS-Konzentrationslagern während des Zweiten Weltkriegs verübt wurden.

Die abscheulichen Verbrechen dieser Zeit gab es auch in Oberösterreich im KZ Mauthausen. Zu Tausenden wurden Gefangene vom Bahnhof ins Lager getrieben und mussten unter grausamsten Bedingungen unmenschliche Arbeit in den Mauthausener Steinbrüchen leisten.

Nach der vor 61 Jahren erfolgten Befreiung der Lagerinsassen durch die Amerikaner, war das KZ Mauthausen bis zum Frühjahr 1946 Unterkunft für Soldaten der Sowjetarmee. Durch das intensive Bemühen der Lagergemeinschaft Mauthausen konnte das ehemalige KZ bis heute als Gedenkstätte erhalten werden. Es soll ein immerwährendes Mahnmal für unsere Kinder, Kindeskinder und uns selbst verkörpern.

Ich gratuliere der Österreichischen Lagergemeinschaft Mauthausen und dem Mauthausen Komitee Österreich zur vierten Auflage des Werkes „Mauthausen".

Dr. Josef Pühringer
Landeshauptmann

Editorische Notiz

1974 wurde Hans Maršáleks umfassende Dokumentation „Die Geschichte des Konzentrationslagers Mauthausen“ zum ersten Mal publiziert – es war das erste Werk zur Geschichte des KZ-Mauthausen, das in einer nahezu unerschöpflichen Detailgenauigkeit den Forschungsstand widerspiegelte.
Heute, mehr als 30 Jahre später, ist dieses Werk zum unbestrittenen Standardwerk der Mauthausenforschung geworden und nach wie vor die einzige Publikation mit einer gesamthistorischen Zusammenstellung.
Es sind in den letzten Jahren einige Werke zur Geschichte von Nebenlagern des KZ-Mauthausen erschienen oder zu bestimmten Häftlingsgruppen oder wirtschaftshistorischen Aspekten des Mauthausen-Komplexes – kein einziges dieser neueren Werke ist ohne die Dokumentation von Hans Maršálek denkbar, kein Literaturverzeichnis kommt ohne diese Publikation aus.
So wurde in enger Zusammenarbeit mit Hans Maršálek die hier nun vorliegende vierte Auflage gestaltet. Dafür wurden einige Kapitel neu gereiht und der Text auf die neue Rechtschreibung umgestellt sowie die grafische Gestaltung modifiziert. Am Inhalt gab es auch mehr als 30 Jahre nach der ersten Auflage keine grundlegenden Änderungen vorzunehmen, was die herausragende Qualität dieses Standardwerkes wohl mehr als deutlich macht.

Wien 2006

Irmgard Aschbauer
Andreas Baumgartner

SS-Baracken entlang der Zufahrtsstraße; Haupttor des Häftlingslagers AMM

1. Mit der Gründung einer GmbH begann es

Die Geschichte des Konzentrationslagers Mauthausen sowie die Gründung des Hauptlagers und seiner 49 Nebenlager ist sowohl mit der politischen und wirtschaftlichen Machtexpansion der SS als auch mit dem wechselnden Verlauf des Zweiten Weltkrieges eng verbunden. Die SS, ein „Führungsorden auf der Grundlage biologischer Auslese und Sicherheitsorganisation der gesamten Nationalsozialistischen Bewegung", wurde während des Krieges zu einem völlig selbständigen und legalisierten Machtfaktor neben der NSDAP und dem Staat. Für die Zeit von 1938 bis 1945 kann die Organisation der SS ungefähr in folgende vier Hauptgruppen geteilt werden: Das Reichssicherheitshauptamt (RSHA), das außer der GESTAPO auch die Kriminalpolizei, die Sicherheitspolizei und die Nachrichtendienste, sowohl des zivilen wie auch des militärischen Zweiges, einschloss. Das SS-Führungshauptamt (SSFHA), welches die Verwaltungsstäbe der Waffen-SS-Felddivisionen sowie zahlreiche Beratungskörperschaften von Sachverständigen oder Leitstellen und bis 16.3.1942 die Verwaltung aller Konzentrationslager umfasste. Dann gab es noch das Amt des Reichskommissars für die Festigung des Deutschen Volkstums (RKFDV), das aus den Umsiedlungsstellen (VOMI und RUSHA) sowie einer ganzen Anzahl von eigenartigen „Führungsstäben", wie „Lebensborn" und „Ahnenerbe" bestand, die sich *„der Erhaltung und Geschichte der Rassenreinheit"* widmeten. Die vierte Hauptgruppe war das Wirtschafts-Verwaltungshauptamt

(WVHA), das sich mit dem Erwerb und Ausbau der wirtschaftlichen Unternehmungen der SS und ab 16.3.1942 mit der Verwaltung aller Konzentrationslager befasste.[1] Somit beherrschte die SS die gesamte Polizei, ihr unterstanden die Konzentrationslager, sie besaß eine eigene Feldtruppe, sie hatte maßgeblichen Einfluss auf die Volkstums- und Siedlungspolitik, sie hatte eigene Gerichtsbarkeit, eigene Ärzteschaft, Forschungsinstitute, Stätten der „Eindeutschung", ein eigenes Bauwesen und eigene Großbetriebe. Gegen Ende des Krieges soll sie mehr als 40 Großunternehmungen in den verschiedensten Geschäftszweigen mit insgesamt 150 Werken und Erzeugungsstätten besessen haben.[2] Ein großer Teil der SS-Firmen stand von Anfang an in enger Verbindung mit der sich bietenden Möglichkeit, die Häftlinge als äußerst billige Arbeitskräfte auszunutzen und gleichzeitig *„unerwünschte Volkstumsangehörige durch Arbeit zum Tode zu befördern"*. So wurde (etwa sechs Wochen nach der Besetzung Österreichs durch die Deutsche Wehrmacht) von leitenden Funktionären der SS und Polizei nach ungefähr einjähriger Vorbereitung am 29.4.1938 in Berlin die Firma

„Deutsche Erd- und Steinwerke GmbH", abgekürzt „DEST", gegründet.[3]

Mit der Organisation, der Finanzierung und Geschäftsführung wurde der Chef des SS-Verwaltungsamtes, SS-Brigade, zuletzt SS-Obergruppenführer[4] Oswald Pohl[5], beauftragt. Als Gründer und erster Gesellschafter wurden SS-Obersturmbannführer Arthur Ahrensund SS-Oberführer Dr. Walter Salpeter[6] genannt. Beide zeichneten treuhändisch für je 10.000,- RM des anfänglich zur Verfügung gestellten Stammkapitals. Ahrens zeigte sich den Aufgaben des Geschäftsführers der DEST nicht gewachsen, und deshalb wurde 1939 Dr. Walter Salpeter zum Geschäftsführer bestellt. Vom Herbst 1941 bis Kriegsende war SS-Obersturmbannführer Karl Mummenthey[7] leitender Geschäftsführer, der bis Kriegsende maßgeblichen Einfluss auf das Unternehmen ausübte. Als erstes Vorhaben betrieb die DEST die Errichtung je eines

---

[1] SS-Staat: S.201ff.

[2] SS-Unternehmungen: S.10f. Archiv M.M.: A 9/2, Kopien.

[3] SS-Unternehmungen: S.43.

[4] Im fortlaufenden Text wurde bei den SS-Angehörigen jeweils der letzte bekannte Dienstgrad angegeben. In zitierten Erlassen scheinen jene Dienstgrade auf, die die SS-Angehörigen zum angegebenen Zeitpunkt führten. Manche Geburtsdaten sowie Dienstgrade der angeführten SS-Führer stammen aus der Dienstaltersliste der Schutzstaffel der NSDAP. Stand vom 1.12.1938. Archiv M.M.: Nr. 34

[5] SS-Obergruppenführer, General der Waffen-SS und Chef des SS-WVHA Oswald Pohl, am 30.6.1892 in Duisburg geboren, war Oberzahlmeister in der deutschen Marine. Seit 1926 Mitglied der NSDAP, Nr. 30.842, SS-Nr. 147.614. seit 1929 Mitglied der SA. Auf Himmlers Ersuchen wurde er am 1.2.1944 Chef des Verwaltungsamtes im SS-Hauptamt, später SS-Wirtschafts-Verwaltungshauptamt, in dessen Zuständigkeit alle KL gehörten. Pohl wurde vom amerikanischen Militärgerichtshof (Nr. II, Fall IV) in Nürnberg am 3.11.1947 zum Tode verurteilt und am 8.6.1951 hingerichtet. Auschwitz-Hefte: Nr. 13, S.109. – Das WVHA (Lichterfelde bei Berlin) beschäftigte 1.500 Angestellte. Die SS: S.258.

[6] Dr. Walter Salpeter, 31.7.1902 in Berlin geboren, studierte Rechts- und Wirtschaftswissenschaften, im November 1933 trat er der SS (SS-Nr. 150.729, NSDAP-Nr. 3.958.913) bei, und Anfang 1935 wurde er zum Leiter der Rechtsabteilung im SS-Verwaltungsamt berufen. Im Jahre 1942 übernahm er die Leitung des Rechtsamtes A III im WVHA. SS-Unternehmungen: S.54f.

[7] Karl Mummenthey, am 11.7.1906 in Aue/Erzgebirge geboren, hatte nach der Handelslehranstalt und Banklehre das Studium der Rechte und der Wirtschaftswissenschaften absolviert, wurde 1934 SS-Mitglied (SS-Nr. 221.079) und trat nach der zweiten juristischen Staatsprüfung, 1936, zunächst als Zivilangestellter in die von Salpeter geleitete Rechtsabteilung des SS-Verwaltungsamtes ein, ehe er diesem 1939 in die Geschäftsleitung der DEST nachfolgte. Mummenthey wurde vom amerikanischen Militärgerichtshof (Nr. II, Fall IV) in Nürnberg am 3.11.1947 zu lebenslänglichem Zuchthaus verurteilt. Später wurde die Strafe auf 20 Jahre herabgesetzt.

Großziegelwerkes in Sachsenhausen und bei Buchenwald sowie den Erwerb und die Inbetriebnahme von Granitsteinbrüchen bei Flossenbürg und bei Mauthausen. Der Erwerb von Steinbrüchen war ausschlaggebend für die gleichzeitige Errichtung je eines neuen Konzentrationslagers bei den Ortschaften Flossenbürg, Mauthausen und Gusen.[8] Der große Bedarf an Natur- und Ziegelsteinen entstand durch das damals unter der Leitung des „Generalinspektors für die Reichshauptstadt" Albert Speer[9] in Angriff genommene Bauprogramm zur „Neugestaltung der Reichshauptstadt", insbesondere der repräsentativen „Führerbauten". Adolf Hitler[10] soll gemeinsam mit Speer sowie dem Reichsführer-SS und Chef der Deutschen Polizei, Heinrich Himmler[11], auf den Gedanken gekommen sein, für diese Pläne die

[8] Bis Juli 1938 bestanden in Deutschland die KL Dachau, Sachsenhausen, Buchenwald und Lichtenburg. – Auch für die Ortswahl der 1940 errichteten KL Groß-Rosen (Niederschlesien) und Natzweiler (Elsass) war das Vorkommen von abbaufähigem Granit ausschlaggebend. SS-Unternehmungen: S.55ff.

[9] Prof. Dr. Ing. Albert Speer, geboren am 19.3.1905 in Mannheim, Architekt, war seit 1932 Mitglied der NSDAP. Er wurde am 26.1.1934 „Reichsbetriebsgruppenleiter für Kunst und Gewerbe", am 30.1.1937 „Generalbauinspekteur für die Reichshauptstadt" (GbI) und galt als einer der Initiatoren des Häftlings-Einsatzes in den Steinbrüchen resp. in der Bauwirtschaft. SS-Unternehmungen: S.43 und 47. – Im Februar 1942 wurde Speer „Reichsminister für Bewaffnung und Munition" (RMfBuM), ab 2.9.1943 „Reichsminister für Rüstung und Kriegswirtschaft" (RMfRuK). Als RMfRuK ist es ihm gelungen, mit Hilfe von Millionen zivilen Zwangsarbeitern, Kriegsgefangenen und Hunderttausenden Häftlingen die deutsche Rüstungsproduktion während der Jahre 1942 bis 1944 wesentlich zu steigern, so z. B. die Flugzeugproduktion von 10.250 Maschinen erzeugt im Jahre 1940 und 14.700 im Jahre 1942 auf 37.950 im Jahre 1944 zu erhöhen. Die deutsche Rüstungsproduktion erreichte unter seiner Leitung die höchste Leistung im Jahre 1944. Wenn die Indexziffer der deutschen Rüstungsproduktion Jänner/Februar 1942 100 betrug, so stand sie im Mai 1944 auf 285 und stieg bis zum absoluten Höchststand von 322 im Juli 1944. Speer hatte in der deutschen Wirtschaft eine Stellung erreicht wie noch niemand vor ihm. Speer wurde am 30.9.1946 vom Internationalen Gerichtshof in Nürnberg zu 20 Jahren Haft verurteilt. Speer: Kap.4, 14, 19, 22, 24, 28 und 35. Stockhorst: S.368. Rüstung: S.92, 140 und 153.

[10] Adolf Hitler, geboren am 20.4.1889 in Braunau am Inn, war eine im Zivilberuf mehrfach gescheiterte Existenz. Er meldete sich im Ersten Weltkrieg freiwillig als Soldat, und nach dem für Deutschland verlorenen Krieg beschloss er, „Politiker" zu werden. Er war Mitbegründer (1919) der NSDAP – einer rechtsradikalen Partei –, versuchte am 8. und 9.11.1923 in München einen Putsch, der misslang, und war deshalb mehrere Monate in Ehrenhaft, wo er sein politisches Bekenntnis „Mein Kampf" schrieb. Am 20.12.1924 auf freien Fuß gesetzt, hat Hitler am 27.2.1925 die neuerliche Gründung der NSDAP veranlasst. Hitler und andere Propagandisten der NSDAP haben mit Großdeutschtum, Soldatentradition, demagogischen Phrasen und pseudowissenschaftlichen Rassenprinzipien, jedoch vor allem mit Antisemitismus und Antikommunismus viele Menschen beeinflusst. Am 30.1.1933 zum Reichskanzler bestimmt, verbot Hitler außer der NSDAP alle anderen Parteien, löste die Gewerkschaften auf und wurde schließlich als Alleinherrscher „Führer und Reichskanzler des Großdeutschen Reiches", das auch „Tausendjähriges Reich" genannt wurde. Er betrachtete sich als „Führer" eines weltbeherrschenden Deutschlands, okkupierte zuerst Österreich, zerschlug dann die Tschechoslowakei, besetzte die Länder Böhmen und Mähren und begann am 1.9.1939 durch den Befehl des Angriffes gegen Polen den Zweiten Weltkrieg. Nach anfänglichen blitzartigen militärischen Erfolgen gegen Polen, Norwegen, Dänemark, Belgien, Holland, Frankreich, Griechenland, Jugoslawien und in Nordafrika traten im Feldzug gegen die Sowjetunion, im Winter 1941/42, die ersten Rückschläge und schließlich, nach den Schlachten bei Stalingrad und Kursk, die militärische Niederlage ein. Am 30.4.1945 verübte Hitler in Berlin Selbstmord. Hitler hatte unbeschränkte Macht und ordnete unzählige Massenverbrechen an. Die während des Krieges (1939 bis 1945) von ihm geführten zwanglosen Gespräche beim Mittags- oder Abendtisch erhielten vielfach Gesetzeskraft.

[11] Heinrich Himmler, am 7.10.1900 in München geboren, von Beruf Lehrer, war nach dem Ersten Weltkrieg als Landwirt tätig. Himmler war frühes Mitglied der NSDAP (Nr. 14.303); laut Dienststellenliste der SS (laufende Nr. 1) hatte er die SS-Nr. 168. Am 6.1.1929 wurde Himmler Reichsführer der SS (RFSS); am 9.3.1933 kommissarischer Polizeipräsident von München; am 1.4.1933 „Politischer Polizeikommandeur" von Bayern; am 20.4.1934 Inspekteur der Preußischen Geheimen Staatspolizei; am 17.6.1936 RFSS und Chef der Deutschen Polizei (im Rang einem Reichsminister gleichgestellt); am 7.10.1939 Reichskommissar für die

Häftlinge heranzuziehen. Warum wurde gerade in Oberösterreich ein Konzentrationslager errichtet?

Zweifelsohne gab es außer der grundsätzlichen politischen Terrorfunktion einen Zusammenhang mit Hitlers Plänen, einen groß angelegten Ausbau der Stadt Linz, die eine „Führer-Stadt" werden sollte, in die Wege zu leiten. Eine Kunst- und Kulturmetropole an der Donau sollte Linz werden. Vor allem Wien sollte in jeder Hinsicht in den Schatten gestellt werden. So waren unter anderem drei Donaubrücken geplant, davon eine Hängebrücke, die die Wiener Reichsbrücke übertreffen sollte, weiters ein Turm an der Donau, der wieder höher als der Turm des Wiener Stephansdomes sein sollte, eine Bruckner-Ton-Halle, Verwaltungspaläste, eine Oper, ein Schauspielhaus sowie ein Operettentheater. Weiters riesige Museen, ein kolossales Bismarck-Denkmal und noch andere Monumentalbauten sowie Prachtstraßen mit Kolonnaden. Linz sollte ein Industriezentrum werden. Bereits im März 1938 lagen die Pläne für die Errichtung eines Eisen- und Stahlwerkes der Reichswerke Hermann Göring vor.[12] Für die Monumentalbauten sollte unter anderem als Baumaterial Marmor und Granit verwendet werden. Granitsteinbrüche gab es in Mauthausen sowie Gusen, und beide Orte lagen an der Donau, 20 km östlich von Linz.

In diesen Märztagen begab sich Himmler zu Pohl nach Mauthausen und Gusen, um die dortigen Steinbrüche zu inspizieren und zu prüfen, ob diese Orte für die Errichtung von Konzentrationslagern geeignet seien. Bereits damals soll von den beiden beschlossen worden sein, wo die Häftlingslager errichtet werden sollten: das Hauptlager oberhalb der Marktgemeinde Mauthausen, auf dem Gebiet der Katastralgemeinde Marbach, und das Lager Gusen I auf dem Boden der Katastralgemeinde Langenstein.[13]

Zehn Tage nach der am 12.3.1938 erfolgten gewaltsamen Besetzung Österreichs, am 22.3.1938, sprach RFSS Himmler im alten Linzer Stadion zu den dort angetretenen oberösterreichischen SS-Angehörigen und kündigte wörtlich an:

> *„Der Führer hat genehmigt und befohlen, daß die Schutzstaffel Österreichs zwei Standarten aufstellen darf, eine Standarte der Verfügungstruppe mit 3 Sturmbannen und eine Standarte der Totenkopfverbände mit ebenfalls drei Sturmbannen, welche letztere nach Oberösterreich kommen werden."* [14]

Da die SS-Totenkopf-Verbände damals nur für die Bewachung der Konzentrationslager zuständig waren, gab Himmler die Errichtung eines Konzentrationslagers in Oberösterreich bekannt.

Ende Mai 1938 erfolgte noch eine zweite Besichtigung des künftigen KZ-Geländes durch Pohl, der sich in Begleitung des damaligen Inspekteurs der Konzentrationslager SS-Gruppenführer

Festigung Deutschen Volkstums; am 12.6.1942 billigte Himmler den „Generalplan Ost", der die Ansiedlung der osteuropäischen Völker in Sibirien vorsah. Am 24.8.1943 wurde Himmler Reichsinnenminister; am 20.8.1944 Befehlshaber des Ersatzheeres. Himmler verübte am 23.5.1945 Selbstmord.

[12] Linz 1938: S.152ff.

[13] Beide Orte befinden sich in Oberösterreich, Bezirkshauptmannschaft Perg, Gerichtsbezirk Mauthausen. SS-Unternehmungen: S.44. Archiv M.M.: A 6/3 und 8.

[14] Linz 1938: S.194.

Theodor Eicke und des Bauingenieurs Hubert Karl befand.[15] Vom April bis August 1938 erfolgten der Ankauf von Grund und Boden sowie die Verpachtung der Steinbrüche in Mauthausen, die im Besitz der Stadt Wien waren. So wird in einem internen Schreiben des Magistratsdirektors Hornek an den Bürgermeister der Stadt Wien vom 7.4.1938 darüber berichtet:

> *„Heute haben der Sturmbannführer Ahrens der Reichsführung der SS-München, Karlstraße 10, und der Geologe des Landesmuseums in Linz, Professor Dr. Josef Schadler, bei mir vorgesprochen und mitgeteilt, daß in Mauthausen ein staatliches Konzentrationslager für 3000 bis 5000 Leute errichtet werden soll. In Betracht kommen 2 Steinbrüche, die der Stadt Wien gehören, und zwar der außer Betrieb stehende Steinbruch, "Wiener Graben"' und der in Betrieb stehende Steinbruch ‚Bettelberg' (...) Die beiden Herren haben gebeten, daß sie bis heute 16.00 Uhr die grundsätzliche Zustimmung erhalten, daß die beiden Steinbrüche der Reichsführung der SS zur Verfügung gestellt werden (...) Ich bin der Meinung, daß die beiden Steinbrüche der Reichsführung SS zur Verfügung zu stellen sind und daß über weitere Einzelheiten der Überlassung noch im Wege der Reichsstatthalterei zu verhandeln sein wird, wobei sich die Stadt Wien den Eigenbedarf an Steinmaterial wird sichern müssen und für die Überlassung der Steinbrüche eine entsprechende Entschädigung zu fordern sein wird. Ich bitte sohin um Genehmigung der folgenden Erledigung:*
>
> *1. An die Reichsführung der SS-München, Karlstraße 10*
>
> *Auf das heute gestellte mündliche Ersuchen wird mitgeteilt, daß die Stadt Wien grundsätzlich bereit ist, die in ihrem Eigentum stehenden Steinbrüche , "Wiener Graben"' und ‚Bettelberg' in Mauthausen der Reichsführung SS für die Errichtung eines Konzentrationslagers zur Verfügung zu stellen.*
>
> *Über die Einzelheiten dieser Überlassung (...) wird zu verhandeln sein. Die Stadt Wien möchte schon jetzt bemerken, daß ihr der Eigenbedarf an Steinmaterial aus den beiden Steinbrüchen gesichert werden muß (...).“*

Über die Verpachtung des Steinbruches „Bettelberg“ gab es innerhalb der Stadtverwaltung Meinungsverschiedenheiten, denn die zuständigen Magistratsabteilungen waren unterdessen zu dem Schluss gekommen,

---

[15] SS-Gruppenführer Theodor Eicke, geboren am 17.10.1892, war der zweite Lagerkommandant des KL Dachau (Juni 1933) und wurde am 4.7.1934 „Inspekteur der KL und Führer der SS-Wachverbände“. – Eicke war aktiver Zahlmeister der kaiserlichen Armee, 1919 wurde er Polizist, 1923 bis 1932 war er Kaufmann und Sicherheitskommissar des Werk-Spionage-Abwehrdienstes der IG-Farbwerke Ludwigshafen. 1928 wurde er Mitglied der NSDAP (Nr. 114.901), SA und der SS (Nr. 2.921), 1931 war er bereits SS-Standartenführer in Rheinpfalz. Wegen der Vorbereitung an Bombenattentaten im März 1932 zu 2 Jahren Zuchthaus verurteilt, emigrierte er im Sommer 1932 nach Italien. Mitte Februar 1933 kehrte Eicke nach Deutschland zurück, und da er versuchte, seine alte Fehde mit dem Gauleiter der Pfalz (Bürckel) gewaltsam auszutragen, wurde er auf Weisung Himmlers festgenommen und zur Beobachtung seines Geisteszustandes in die psychiatrische Universitätsklinik Würzburg überwiesen. Von dort wurde er, über Auftrag Himmlers, Ende Juni 1933 entlassen und gleichzeitig zum neuen Kommandanten des KL Dachau ernannt. Eicke ist als General der Waffen-SS am 16.2.1943 im Krieg gefallen. SS-Staat: S.49f.

„daß eine Überlassung des Bettelberg-Bruches bedenklich ist, weil in diesem Bruch hochwertiges, für die Stadtverwaltung dringend benötigtes Material, dessen Qualität erst durch jahrelange Verbesserungsarbeiten erreicht werden konnte, erzeugt wird, und sich dieser Bruch wegen des gewonnenen Qualitätserzeugnisses für die Einstellung von ungelernten Arbeitern in größerer Zahl nicht eignet. Für die Zwecke des Konzentrationslagers können der Marbacher und der Windegger Bruch gegen die notwendigen Sicherungen beigestellt werden; die Abräumungsarbeiten in diesen Brüchen allein schon werden genug Material ergeben und eine größere Zahl von Leuten durch längere Zeit beschäftigen."

Am 5.5.1938 fand dann eine Besprechung des Bürgermeisters der Stadt Wien mit zwei der *„Herren SS aus München"* statt, bei der auch der Entwurf eines Pachtvertrages besprochen worden sein dürfte. Darin war die Verpachtung des Bettelberg-Marbacher-Bruches sowie eines landwirtschaftlichen Betriebes zunächst für die Dauer von zehn Jahren zu einem jährlichen Pachtzins von RM 5.000.-, Beteiligung am Umsatz und Lieferung von Steinmaterial an die Stadt Wien vorgesehen.[16]

Am 16.5.1938 hat die SS den Betrieb in den Steinbrüchen Mauthausen mit 30 Zivilarbeitern aufgenommen, und an diesem Tage kam es zu einer Entscheidung über die Verpachtung der Steinbrüche „Wiener Graben" und „Marbacher-Bruch". Laut „Pachtvertragsverhandlungen „Wiener Graben" mit dem Reich" erfolgte am 16.8.1938 das Durchführungsübereinkommen über die Verpachtung der Steinbrüche und der Landwirtschaft (10 Jahre); am 18.8.1938 fand die endgültige Übergabe der Steinbrüche an die DEST statt. Der „Bettelberg-Bruch" verblieb im Besitz der Stadt Wien. Später wurden die erstgenannten zwei Steinbrüche von der DEST aufgekauft.

Am 15.6.1938 verhandelte Pohl als Geschäftsführer der DEST mit Finanzexperten der „Deutschen Arbeitsfront"[17] über die Finanzierung des „Aufbaues von Konzentrationslagern in der Ostmark und im Bayerischen Wald", wo *„Häftlinge Baumaterial für die Bauten des Reiches produzieren"* sollen, da *„durch den Anschluß Österreichs die Zahl der Häftlinge (...) sehr erheblich angestiegen"* ist.[18]

Laut Speer sind gemäß einer Weisung Hitlers die Städte Berlin, Nürnberg, München, Linz und noch weitere 27 Städte zu so genannten „Neugestaltungsstädten" erklärt worden. Das Gesamtbild von Linz sollte geändert werden. Ein gigantischer Kunsttempel sollte entstehen. Die Gemäldeauswahl für die Linzer Galerie nahm Hitler persönlich noch während des Krieges vor. Er bestimmte am 26.6.1939 den Direktor der Dresdner Galerie, Dr. Hans Posse,

---

[16] Entnommen einem Artikel der Zeitschrift „Zukunft", Mai 1970, Heft 9/10 „Das Geschäft mit dem Tod". Verfasser Univ.-Prof. Dr. Gerhard Botz. Salzburg.

[17] Die Deutsche Arbeitsfront war eine staatlich gelenkte „Gewerkschaftsorganisation", galt als angeschlossener Verband der NSDAP. Sie wurde am 24.10.1934 errichtet durch die „Verordnung des Führers über Wesen und Ziele der Deutschen Arbeitsfront" und umfasste die „Angehörigen der ehemaligen Gewerkschaften, der ehemaligen Angestellten-Verbände und der ehemaligen Unternehmervereinigungen als gleichberechtigte Mitglieder".

[18] Archiv M.M.: A 5/2, Kopie eines „Besuchsvermerkes" vom 15.6.1938 der Deutschen Arbeitsfront. Nach der im März 1938 erfolgten Besetzung wurde Österreich zuerst „Ostmark", ab 1940 „Reichsgaue der Ostmark" genannt, und ab 1942 war die Bezeichnung „Alpen und Donaureichsgaue" vorgeschrieben.

und nach dessen Tod ab 1943 den Leiter der Städtischen Galerie Wiesbaden, Prof. Dr. Hermann Vöß, zu seinem Bevollmächtigten für den Ausbau der Linzer Gemäldesammlung. Aus allen Teilen Europas wurden 6.500 Gemälde herbeigeschafft, und noch am 29.11.1941 soll Hitler zu Speer gesagt haben:

„Ich werde noch während dieses Krieges mit dem Bauen beginnen (...)“ [19]

Am 30.6.1938 gab es Verhandlungen zwischen Speer und der DEST über die Lieferung von Baumaterialien für eine Periode von 10 Jahren (!). Zu dieser Zeit hat Speer aus dem Etat des „Generalbauinspektors für die Reichshauptstadt“ zum Zwecke der Ankurbelung der DEST-Werke 9,5 Millionen RM als unverzinsliche Aufbaudarlehen zur Verfügung gestellt.[20]

Der Gesamtumsatz der DEST[21] stieg von 133.000,- RM im Jahre 1938 (seit Juli) bis 14.822.000,- im Jahre 1943. Millionen von Quadern, Gehsteigkanten, Grundbausteinen, Treppenstufen, Granitsockeln, Rand- und Bordsteinen, viele Tausende Waggonladungen von Pflastersteinen und Granitwürfeln wurden in den Jahren 1938 bis Herbst 1943 in Mauthausener und Gusener Steinbrüchen erzeugt. Allein für den Bau der beiden Lager Mauthausen und Gusen wurden Hunderttausende Steinstücke und Felsblöcke benötigt. Die Anzahl der in den Steinbrüchen eingesetzten Häftlinge stieg von Jahr zu Jahr.

Als ab Winter 1941/42 mit raschen und entscheidenden Kriegserfolgen der Deutschen Wehrmacht nicht mehr zu rechnen war, die Vorstellungen von einem Blitzkrieg in der Sowjetunion der Vergangenheit angehörten und der Arbeitseinsatz-Gesichtspunkt zum dominierenden Faktor der deutschen Kriegsproduktion wurde, haben diese Umstände die innere Entwicklung der Konzentrationslager bestimmt: Hitler entschloss sich, um dem verstärkten Rüstungsbedarf zu entsprechen und die Einberufungen zur Wehrmacht[22] wettzumachen, die

[19] Speer: S.191, 194f und 540.

[20] Die SS-Unternehmungen erhielten im Jahre 1939 auch vom Deutschen Roten Kreuz Kredite von insgesamt acht Millionen Mark. Der größte Teil der Kredite des DRK wurde den SS-Betrieben nicht direkt gewährt, sondern der SS-Spargemeinschaft e.V., die sie an die einzelnen Unternehmen weitergab. Chef des Verwaltungsamtes des Deutschen Roten Kreuzes und später Generalbevollmächtigter für alle vermögensrechtlichen Angelegenheiten des DRK war SS-Obergruppenführer Oswald Pohl. Die Dresdner Bank gab im Laufe der Jahre den Unternehmungen des WVHA etwa 30 Millionen Mark, und die Reichsbank gab 16 Millionen an Krediten. SS-Unternehmungen: S.134ff. – Ab Sommer 1943 erhielten die verschiedenen SS-Unternehmungen bei einem Zinsfuß von 2 Prozent ein Darlehen in der Höhe von insgesamt 30 Millionen Mark aus den Mitteln des „Reinhard-Fonds“, also Geldbeträge, die unter der Kto.-Nr. 1.288 in der Deutschen Reichsbank hinterlegt wurden. Es handelte sich dabei um Vermögenswerte, die durch die Ermordung von Juden und die beschlagnahmten Geldbeträge verstorbener KL-Häftlinge angefallen sind. Aussage Frank: Prot. F. IV, S.2308ff und 2324ff. Aussage Hohlberg: Prot. F. IV, S.4385f.

[21] Die DEST hatte in der Folge nachstehende Betriebe errichtet oder erworben: Zentrallaboratorium: Oranienburg; Steinbrüche und Kieswerke: Blizyn (Polen), Flossenbürg, Groß-Rosen, Mauthausen, Gusen, Natzweiler; Ziegelwerke: Auschwitz, Berlstedt (Außenlager Buchenwald), Breschkowitz Babitz (Polen), Buchenwald, Dessau, Klinkerwerk Neuengamme, Raisko (Polen), Reinmannsfeld, Stutthof, Sachsenhausen-Oranienburg, Großziegelwerk Treblinka; Schuttverwertungsanlagen in Essen, Düsseldorf und Hamburg; Hochofenschlackenwerk in Linz.
SS-Unternehmungen: S.44ff. – Die DEST war wirtschaftspolitisch mit der Beschäftigung der KL-Insassen befasst, „damit sollte der Gedanke des Führers und Reichskanzlers, die teilweise dort noch brachliegenden Arbeitskräfte im Rahmen des Vierjahresplanes nutzbar zu machen, in die Tat umgesetzt werden“. O. Pohl an Reichswirtschaftsminister am 4.5.1939. ZStPdm.: RWM 14, 193 D.

[22] Ab Herbst 1941 trat eine wesentliche Verschärfung der Lage des Arbeitseinsatzes ein. Z. B. wurden allein im „Gau Oberdonau“ (Oberösterreich) im November 1941 115.000 Mann zur Deutschen Wehrmacht eingezogen. Das waren 22 Prozent der damaligen männlichen Bevölkerung! Rüstung: S.87.

KL und die immer größer werdenden Kontingente von neu eingewiesenen Häftlingen für die Kriegsindustrie nutzbar zu machen; wobei es den Anschein hatte, dass das Bestreben, im Zuge solcher Änderungen die Gewinne der SS- eigenen Unternehmungen zu steigern, nicht außer acht gelassen wurde.[23]

Zuerst trat ein Funktionswechsel in der Leitung der KL ein. Dieser drückte sich darin aus, dass die Dienststelle des Inspekteurs der KL auf Anordnung Himmlers vom 3.3.1942 aus dem SS-Führungshauptamt am 16.3.1942 ausschied und dem SS-Wirtschafts-Verwaltungshauptamt (WVHA) eingegliedert wurde. Das WVHA entstand kurz vorher durch Zusammenlegung der beiden Hauptämter „Haushalt und Bauten" sowie „Verwaltung und Wirtschaft" und bildete nunmehr unter der Leitung Pohls die zentrale Kommandobehörde der SS in allen Wirtschafts- und Verwaltungsangelegenheiten. Wenige Tage nach dieser Umorganisierung der Konzentrationslager-Leitung ernannte Hitler auf „zivilem Sektor" den Gauleiter Fritz Sauckel[24] zum Generalbevollmächtigten für den Arbeitseinsatz. Gleichzeitig fand die Bildung eines zentralen Rüstungsministeriums unter Hitlers „Leibarchitekten" Albert Speer statt[25]. Am 16.3.1942 fand auch die erste Besprechung im Büro des Speer-Stellvertreters Otto Saur statt, die sich auf Grund „einer Weisung des Führerhauptquartiers" in stärkerem Maße mit dem Einsatz der KL für die Rüstungsfertigung befasste. Bereits als Vertreter des WVHA nahm Glücks[26] an der Besprechung teil, wobei er hinsichtlich des KL Mauthausen den Vorschlag machte, 600 (!) Arbeitsfähige für die Rüstungsfertigung zur Verfügung zu stellen.

Als erste Maßnahme der organisatorischen Neubildung des WVHA ordnete Pohl am 30.4.1942 eine Strukturveränderung aller Konzentrationslager an, weil sich *„das Schwergewicht auf die Mobilisierung aller Häftlingskräfte für die Kriegsaufgaben"*[27] verlegt hat. Im Jahre 1942 trat jedoch in Mauthausen respektive Gusen keine Änderung ein; lediglich ein Arbeitskommando

[23] Himmler am 7.9.1940 in einer Ansprache an das Offizierskorps der „SS-Leibstandarte Adolf Hitler": „(…) Das Geld schenkt mir niemand. Das muß verdient werden, das wird verdient dadurch, daß der Abschaum der Menschheit, die Häftlinge, die Berufsverbrecher, daß die positiv zur Arbeit angesetzt werden müssen (…)". IMT: Band XXIX, S.98ff. – Siehe auch Himmlers Verhandlungen mit Pleiger über den Aufbau einer Schlackenverwertungsanlage in Linz.

[24] Fritz Sauckel, geboren am 27.10.1894, Reichsstatthalter und Gauleiter von Thüringen (NSDAP-Nr. 1395, SS-Nr. 254.890). Über seine Veranlassung ist bei Weimar das KL Buchenwald gegründet worden. Ab 21.3.1942 war Sauckel Generalbevollmächtigter für den Arbeitseinsatz; er organisierte den Zwangsarbeitereinsatz von etwa 4 Millionen ausländischen Zivilarbeitern, vorwiegend Sowjetbürger und Polen, in der deutschen Kriegsindustrie. Sauckel wurde vom Internationalen Militärgerichtshof in Nürnberg am 30.9.1946 zum Tode verurteilt und am 16.10.1946 hingerichtet. IMT: Band XXII, S.644ff und 673.

[25] Reichsminister für Bewaffnung und Munition (RMfBuM) Speer kontrollierte zuerst nur die Heeresausrüstung und das Bauen von Rüstungsproduktionsstätten, ab 21.3.1942 die U-Boot-, Flak- und Bombenproduktion, ab Mai 1942 wurden ihm der Reichsbahnbau- und das Reparaturprogramm unterstellt, ab 31.3.1943 die Marineausrüstung, ab 8.6.1943 das Handwerk, ab 22.7.1943 das Flottenbauprogramm, ab 2.9.1943 die gesamte Grundstoffindustrie, Kohlewirtschaft und Chemie und zuletzt, am 21.6.1944, die gesamte Luftrüstung. – Ab 2.9.1943 hieß das RMfBuM Reichsministerium für Rüstung und Kriegsproduktion (RMfRuK). Stockhorst: S. 368. IMT: Band XXII, S.657ff und 673.

[26] Zeitgeschichte: NO-569. – SS-Gruppenführer Richard Glücks, geboren am 22.4.1889 (NSDAP-Nr. 214.855, SS-Nr. 58.706) war jahrelang Inspekteur der KL und dann Chef des Amtes D (Konzentrationslager) im WVHA. Er gilt seit den Apriltagen 1945 als verschollen.

[27] Archiv M.M.: P 16/18, Kopie des Schreibens.

von etwa 1.000 Häftlingen wurde seit 14.3.1942 im Rüstungsbetrieb der Steyr-Daimler-Puch AG in Steyr eingesetzt. Die entsprechenden Verhandlungen über die Gründung des Nebenlagers Steyr sind jedoch lange vor der Schaffung des WVHA, vermutlich im Jahre 1941, geführt worden.
Zu diesem Zeitpunkt gehörten bereits die Gebiete um die Städte Steyr, Linz, Wels und St. Valentin zu einem Raum, der sich unter anderem wegen seiner luftgeschützten Lage zu einem Rüstungsschwerpunkt nicht nur im „Donau- und Alpengau" sondern im gesamten Deutschen Reich herausgebildet hatte. Der Betrieb in der Stadt Steyr gehörte zu den größten Gewehrfabriken des Dritten Reiches; darüber hinaus wurden dort Kabinen und Fahrgestelle für Messerschmitt-Flugzeuge, Panzerbüchsen, Lastkraftwagen, Flugmotoren hergestellt, und schließlich befand sich in Steyr einer der wichtigsten Spezialbetriebe der deutschen Luftrüstung, das Kugellagerwerk in Münichholz, wo Gelenklager für Flugzeuge produziert wurden.
In Linz wurde seit 13.5.1938 ein gigantisches, vollintegriertes Hüttenwerk mit zwölf Hochöfen und mit einer entsprechenden Anzahl von weiterverarbeitenden Großbetrieben, wie zum Beispiel die Eisenwerke Oberdonau, gebaut. In diesen Betrieben wurden nicht nur Eisen und Stahl hergestellt, sondern Wannen, Aufbauten, Ketten und Laufradkurbeln für Panzer und viele Schiffsteile erzeugt.[28]
In Wels gab es die Flugzeug- und Metallbauwerke, die umfangreiche Reparaturen der verschiedensten Flugzeuge durchführten. In St. Valentin wurde das Nibelungenwerk erbaut: eine der größten Panzerproduktionsstätten der damaligen Zeit. Dort wurden alle Typen von Panzer IV, aber auch andere hergestellt. Wie wichtig dieses Gebiet für die deutsche Kriegsproduktion war, bezeugt der Umstand, dass dieser Raum unzählige Male nicht nur von den zuständigen Verantwortlichen der Rüstungswirtschaft und der Wehrmacht, sondern auch von Hitler persönlich inspiziert wurde.[29]
Obwohl bereits am 17.5.1942 im Speer-Ministerium mit verantwortlichen SS-Führern des WVHA eine Besprechung über einen umfangreichen Einsatz von Häftlingen in der Rüstungsproduktion stattfand[30], wurden während des Jahres 1942 nur etwa acht Prozent der Häftlinge des KLM in die Rüstungsfertigung abkommandiert; alle anderen verblieben in den Steinbrüchen, beim Lageraufbau und in den Werkstätten. Es gab in dieser Zeit mehrere

[28] Allein im Juni 1944 hatte die Hütte Linz 55.000 t Roheisen Ausstoß! Rüstung: S.152f.
[29] Mehr als die Hälfte der Gesamtfertigung der Panzer IV wurde im Nibelungenwerk produziert, und zwar von 8.209 im gesamten deutschen Reich erzeugten Panzern dieses Typs wurden 4.350 in St. Valentin hergestellt. Panzer des Typs „Jagdtiger" und „Elefant" wurden in St. Valentin erzeugt, jedoch in sehr geringer Zahl von 70 respektive 90 Stück. Rüstung: S.197. – Hitler besuchte am Jahrestag der Okkupation Österreichs, am 13.3.1941, zum ersten Male die Hütte Linz respektive die Eisenwerke Oberdonau (auch andere Betriebe), dann am 20.6.1942 und zuletzt am 4.4.1943 (!), von wo er nachher in die Nibelungenwerke fuhr und in beiden Betrieben die Panzerproduktion für die „Entscheidungsschlacht" bei Kursk (5.–13.7.1943) anzukurbeln versuchte. Hermann Göring hielt sich mehrmals in „seinem" Betrieb in Linz auf, und Speer inspizierte (soweit festgestellt wurde) die Betriebe im genannten Raum an folgenden Tagen: 20.6.1942, 27. und 28.8.1942, 20. und 31.1.1943, 12.4.1943, 24., 25. und 26.6.1944 (von Jänner bis Mai 1944 war Speer ans Krankenlager gebunden). Rüstung: S.76, 105ff, 118ff und 152.
[30] Am 17.5.1942 fand im Speer-Ministerium eine Besprechung über die Verlegung von Rüstungsfertigungen in verschiedene KL statt. Als Vertreter des WVHA nahm an der Aussprache SS-Brigadeführer Richard Glücks teil. Zeitgeschichte: NO-569, Kopie eines Protokolls, Nürnberger Dokumente.

Pläne, die Gefangenen in SS-eigenen Betrieben zur Erzeugung von Baustoffen einzusetzen. Zuerst sollte im Zusammenhang mit den Plänen zur „Neugestaltung der Gauhauptstadt Linz" in Prambachkirchen (Oberösterreich) ein Großziegelwerk erbaut werden. Dieses Vorhaben sowie die Errichtung eines Sägewerkes mit Häftlingseinsatz in Bachmanning (Oberösterreich) mussten über Anordnung Speers im Sommer 1942 eingestellt werden.[31]
Am 28.7.1942 gab es dann eine Vereinbarung zwischen dem Chef des WVHA, O. Pohl, und dem Generaldirektor der Hermann-Göring-Werke, Paul Pleiger, wonach die DEST mit Häftlingen eine Schlackenverwertungsanlage der Hermann-Göring-Werke Linz auf dem Gelände und im Auftrag sowie auf Rechnung der Hütte Linz erbauen und nach ihrer Fertigstellung pachtweise betreiben sollte.
Pohl meldete diesbezüglich dem RFSS Himmler, dass die erste Besprechung mit Paul Pleiger vollkommene Übereinstimmung ergab:

> *„(...) er hat die Verarbeitung der gesamten Schlacke großzügig der SS übertragen."*

Die Linzer Hermann-Göring-Werke waren zu einem Entgegenkommen gegenüber der SS wegen der Gestellung von Häftlingen geneigt, doch bei der Gewinnbeteiligung wollten sie die SS-Firma möglichst kurz halten. Himmler wandte sich deshalb im Zuge sehr langer Verhandlungen am 19.9.1942 persönlich mit einem Fernschreiben an den Generaldirektor der Hermann-Göring-Werke und behauptete, er hätte den Eindruck, dass an *„den unteren Stellen keine allzu große Begeisterung über unseren gemeinsamen Plan vorhanden ist"*.
Als später Himmler vernahm, der SS würden in diesem Geschäft lediglich sechs Prozent Dividende angeboten, schrieb er erbost am 29.9.1942

> *„an den Parteigenossen Pleiger: Seien Sie doch so nett und weisen Sie Ihre Leute an, daß für alle Unternehmen Pleiger–SS Fifty-Fifty das heilige Grundgesetz ist."*

Danach hat man sich am 7.11.1942 auf die Gründung einer gemeinsamen Gesellschaft „Hochofenschlacke Linz GmbH" geeinigt, an deren Stammkapital die DEST sowie die „Steine und Erden GmbH" (eine Tochtergesellschaft der Hermann-Göring-Werke) beteiligt wurden. Ab Dezember 1942 wurden etwa 20 Häftlinge beim Aufbau des Nebenlagers Linz I und ab 20.3.1943 etwa 400 Häftlinge bei der Errichtung der Anlage respektive in der Fertigung von Schlackenziegeln eingesetzt.[32] Der Häftlingsstand in Linz I wurde später erhöht, doch die Mehrzahl der Häftlinge wurde ab Winter 1943/44 in der Stahlerzeugung eingesetzt.
Mit Ausnahme der erwähnten Abstellung von mehreren Hunderten von Gefangenen für die Steyr-Daimler-Puch AG und zur Schlackenverwertungsanlage nach Linz hat sich – genau ein Jahr nach der von Pohl angeordneten „Strukturänderung aller KL" – im Bereiche des KLM-

---

[31] Die Stadt Linz, der Reichsgau Oberdonau, der Kreis Grieskirchen sowie die Bauhilfe der Deutschen Arbeitsfront haben sich vertraglich zur Abnahme der Produktion verpflichtet und stellten eine unverzinsliche Vorauszahlung in der Höhe von 2,55 Millionen RM zur Verfügung. SS-Unternehmungen: S.52.

[32] Zeitgeschichte: NID-12833, NID-12831 und NID-12829, Kopien der FS, Nürnberger Dokumente. SS-Unternehmungen: S.51f. – Paul Pleiger, geboren am 29.9.1899 in Buchholz, Generaldirektor, Vorsitzender des Vorstandes der Alpine Montan AG „Hermann Göring" in Linz, „Reichsbeauftragter für Kohle" und auch Vorsitzender in 15 anderen Konzernen; Gauamtsleiter der Gauleitung Westfalen Süd. Im Fall IV vom US-Militärgerichtshof in Nürnberg am 14.4.1949 zu 15 Jahren Gefängnis verurteilt.

Häftlingseinsatzes nichts geändert. Die im Frühjahr 1943 zwischen dem Lagerkommandanten Ziereis, respektive dem WVHA und der Alpine-Montan AG bzw. der Göringstahl-Linz wegen Einsatzes von etwa 400 Häftlingen am Erzberg (Steiermark) stattgefundenen Verhandlungen beweisen, dass es noch zu diesem Zeitpunkt, als etwa 6.000 Häftlinge in den Steinbrüchen und etwa 4.000 in den Werkstätten von Mauthausen und Gusen eingesetzt wurden, die SS-Führung die Abstellung von Gefangenen für Firmen, die nicht dem SS-Konzern angehörten, erschwerte, wenn nicht sabotierte.[33]

Als einziges Konzentrationslager im gesamten Reichsgebiet blieb dieses Lager der Stufe III das, was es vorher war: eine Liquidierungsstelle ohne Gerichtsurteil für politische Gegner, slawische Intelligenz und Juden.

So zum Beispiel sind bei einem durchschnittlichen Gesamtstand von etwa 10.000 Häftlingen im Jahr 1942 im KLM etwa 13.000 Neuzugänge registriert worden, und im gleichen Zeitraum wurden 14.293 Gefangene „verstorben" gemeldet. Allein in den ersten vier Monaten des Jahres 1943 sind im KLM mindestens 5.147 Tote registriert worden! [34]

Erst als im Frühjahr 1943 Speer das KLM inspizierte (vermutlich am 29.3.1943) und sich in einem Schreiben vom 5.4.1943 an Himmler über die Unzweckmäßigkeit des Häftlingseinsatzes beschwerte, an den Planungen der SS harte Kritik übte, fand ab Juli 1943 im Bereich des KLM eine stetige Änderung des Häftlingseinsatzes zugunsten der deutschen Kriegswirtschaft statt.

In diesem Brief vom 5.4.1943 schrieb Speer unter anderem:

> *„(...) anläßlich meiner Besichtigung des Konzentrationslagers Mauthausen mußte ich sehen, daß die SS Planungen durchführt, die mir unter den heutigen Verhältnissen mehr als großzügig erscheinen (...) Ich glaube daher, daß wir den Einsatz der in den KZ-Lagern verfügbaren Arbeitskräfte im Rahmen der Gesamtrüstung sinnvoller gestalten müssen, als bisher (...) wir müssen (...) eine neue Planung unter dem Gesichtspunkt des höchsten Wirkungsgrades bei Einsatz geringster Mittel mit Erzielung des größten Erfolges für die augenblicklichen Rüstungsforderungen durchführen (...)"* [35]

Speer forderte die totale Eingliederung sämtlicher Häftlinge in die Kriegswirtschaft und erwirkte zuerst eine teilweise Umstellung der Mauthausener und Gusener DEST-Betriebe auf Rüstungsfertigung in Gemeinschaft mit privaten Rüstungsunternehmen.

Ab Herbst 1943 wurde die Masse der Häftlinge in den Rüstungswerken und für Bauarbeiten von unterirdischen Anlagen, für die Teilfertigung oder Montage der A4-Rakete eingesetzt. Die A4-Rakete (Abkürzung für Aggregat vier) lief unter der Bezeichnung „A4-Programm".

---

[33] In einem Fernschreiben vom 13.4.1943 teilt Göringstahl Linz der Göringstahl Berlin u a. mit: „(...) Obersturmführer Ziereis teilt mit, daß die betreffende Dienststelle in Berlin, Obersturmbannführer Maurer (WVHA) ihn verständigt habe, daß keine Häftlinge für zusätzlichen Arbeitseinsatz zur Verfügung stehen, Herr Ziereis legt vor, daß Herr Pleiger mit dem RFSS Fühlung nimmt, damit dieser den Obersturmbannführer Maurer und Ziereis beauftragt, die Einsatzmöglichkeit am Erzberg vorgreifend zu prüfen (...)" Zeitgeschichte: HC-2331, Abschrift, Nürnberger Dokumente.

[34] Siehe Kapitel 29: Zahlenmäßig erfasste „natürliche und unnatürliche" Todesfälle.

[35] Archiv M.M.: F 6/5, Kopie des Schreibens.

Die Rakete erhielt später die Bezeichnung „V2“ (Abkürzung für „Vergeltungswaffe zwei“).[36] Diese seit 1932 vom Heereswaffenamt von einer Gruppe deutscher Wissenschafter unter der Leitung des Werner von Braun[37] entwickelte Flüssigkeitsrakete trat zu Ende 1942/43 in das Vorbereitungsstadium der Serienfertigung.

Am 22.12.1942 unterschrieb Hitler den von Speer ausgearbeiteten Befehl zur Serienfertigung, und am 15.1.1943 ernannte Speer den Direktor Gerhard Degenkolb zum Leiter des neu zu bildenden „Sonderausschusses A4“, der die Serienfertigung vorantreiben sollte. Da aber die A4-Rakete von der Konstruktionszeichnung sofort in die Serienfertigung überging, gab es laut Angaben der Konstrukteure vom Zeitpunkt der Erstellung der Rakete bis zu dem am 8.9.1944 gegen die britischen Inseln erfolgten ersten Abschuss etwa 65.000 (!) technische Änderungen. Dies war die alleinige Ursache, weshalb mehrmals die Serienfertigung von einsatzfähigen A4-Raketen verschoben werden musste.[38] Wegen der akuten Gefahr der Zerstörung von A4-Produktionsstätten in Peenemünde durch die alliierten Luftangriffe wurde bereits am 27.4.1943 im Produktionsplan vorgesehen, Teile der Rakete in drei verschiedenen Betrieben[39] fertigen zu lassen.

Am 8.7.1943 hielt Werner von Braun in der Wolfsschanze Hitler einen Vortrag über die A4-Rakete. Über Veranlassung Hitlers wurde dann Werner von Braun zum Professor ernannt, und Hitler ließ es sich nicht nehmen, die Ernennungsurkunde persönlich zu unterschreiben.[40] Zehn Tage später, am 17. und 18.7.1943, bei einer Besprechung mit Speer, bestimmte Hitler, dass *„in der Fertigung der A4 nur Deutsche zu verwenden seien“.*

Diese Anordnung hatte nur einen Monat Gültigkeit, abgesehen davon, dass bereits vor dem 18.7.1943 auch ausländische Häftlinge und Zivilarbeiter in Peenemünde zu der Fertigung der Rakete herangezogen wurden. Wenige Tage später, am 25.7.1943, hat dann Hitler über Veranlassung Speers einen neuen Erlass betreffend des Ausstoßes der A4-Geräte unterschrieben, worin festgehalten wurde:

> *„(...) die erfolgreiche Fortsetzung des Krieges gegen England fordert, daß der Höchstausstoß A4-Geschosse so rasch wie möglich erzielt wird.“* [41]

---

[36] Die A4-Rakete mit einem Durchmesser von 1,8 m war etwa 14 m lang, entwickelte eine Geschwindigkeit von 5.470 Stundenkilometern und beförderte etwa 1.000 kg Sprengstoff. Haupttreibstoffe waren Äthylalkohol und flüssiger Sauerstoff. Die „Vergeltungswaffe N. 1“, also die „V1“, wurde von den Fiseler Flugzeugwerken in Kassel konstruiert und hatte die Entwicklungsbezeichnungen „Kirschkern“ und „Fi 103“, später zu Tarnzwecken, um die Konstruktion eines Flakzielgerätes vorzutäuschen, „FZG 76“. Die V1 war ein ferngelenktes Geschoss mit 800 bis 1.000 kg Sprengstoff, wurde vom Katapult gestartet und kam am 15.6.1944 gegen die britischen Inseln zum Einsatz. Deutsche Waffen: S.195ff und 198ff.

[37] Werner von Braun, geboren am 23.3.1912 in Wirsitz, war seit 1932 im Dienst der Heeres-Versuchs-Station; bereits im Jahre 1937 versprach er in einer Denkschrift an das Heereswaffenamt eine Flüssigkeitsrakete für militärische Zwecke zu konstruieren, die etwa 13 m lang sein und eine Nutzlast von einer Tonne 250 km weit befördern werde. Geheimwaffen: S.14 und 22ff. Deutsche Waffen: S.198 und 283. Nach 1945 war W. v. B. führend am Apollo-Projekt der USA (Mondlandungen) beteiligt.

[38] Geheimwaffen: S.182.

[39] Die drei Betriebe waren: Zeppelin-Werke in Friedrichshafen, Rax-Werke in Wiener Neustadt und Peenemünde. Geheimwaffen: S.134 f und 146.

[40] Geheimwaffen: S.92.

[41] Geheimwaffen: S.97.

Ab diesem Zeitpunkt mussten in der deutschen Rüstungswirtschaft allen Maßnahmen, die darauf abzielten, die unverzügliche Erhöhung der A4-Fertigung zu gewährleisten, die vollste Unterstützung zuteil werden. Die alleinige Verantwortung für die beschleunigte Förderung des A4-Programmes wurde dem RMfBuM übertragen. Jedoch bereits einen Monat nach diesem Erlass entstand in der A4-Fertigung ein monatelanger Rückschlag, denn in der Nacht vom 17. zum 18.8.1943 wurde die bisherige Hauptproduktionsstätte in Peenemünde von britischen Flugzeugen angegriffen und schwer beschädigt. Daraufhin erteilte Hitler am 22.8.1943 eine neue Weisung, die laut Speers Vormerkungen unter anderem folgendes beinhaltete:

> *„(...) der Führer ordnete auf Grund eines Vorschlages an, daß alle Maßnahmen ergriffen werden, um gemeinsam mit dem RFSS unter starker Einschaltung seiner Kräfte aus den Konzentrationslagern den Bau entsprechender Fertigungsanlagen und die Fertigung erneut voranzutreiben. Der Führer entschied dabei, daß die bisherigen Anlagen lediglich als Übergangsanlagen solange mit Nachdruck errichtet werden und darin gefertigt wird, bis eine endgültige Fertigung an gesicherten Orten und in gesicherter Form unter möglichst starker Heranziehung von Höhlen und sonst geeigneter Bunkerstellungen gewährleistet ist (...)“* [42]

Auf Grund dieser Weisung wurde auf einer Besprechung des Rüstungsrates vom 26.8.1943 beschlossen *„(...) die Funktion von Peenemünde in drei Teile zu gliedern und über das ganze Reich zu verteilen (...)“*

Das Hauptwerk für die Montage sollte in eine unterirdische Fabrik in den Harz[43] verlegt werden; das Entwicklungswerk als Projekt „Zement“ würde in einer Höhle arbeiten, die am Traunsee in den Fels[44] gesprengt werde; eine Schussbahn für die Raketen sollte in Blizna, Polen, als Teil des dortigen SS-Truppenübungsplatzes „Heidelager“ ausgebaut werden.[45]

In dem luftsicheren Österreich wurden ab Sommer 1943 zahlreiche Aufträge des A4-Programmes vergeben. Mehrere Firmen, an erster Stelle die Heinkel-Werke in Jenbach, Tirol, wo bis Frühjahr 1945 Turbopumpen hergestellt wurden, und die Rax-Werke in Wr. Neustadt begannen mit den Vorarbeiten. Unteraufträge erhielten unter anderem die Firmen Hofherr & Schrantz in Wien-Floridsdorf und die „Steinverwertungs-AG“ in Schlier-Redl-Zipf.[46]

Alle diese Umstände führten im Herbst 1943 dazu – damals wurde eine Verteidigungsstrategie

---

[42] Geheimwaffen: S.134f.

[43] Damit ist KL Dora-Mittelbau gemeint. Aus einem Nebenlager des KL Buchenwald entstand beim so genannten Dora-Werk bei Salza das KL Dora oder auch KL Mittelbau genannt. „Mittelbau“ war die Bezeichnung für die seit Sommer 1943 vor allem bei Salza, aber auch an anderen Orten im Harz, von der Fa. Mittelwerke GmbH errichteten Baustellen, den größten unterirdischen Fabrikanlagen der Welt. Allein 27 Tunnels waren für die Raketenfertigung (V1 und V2) bestimmt. In anderen Stollen wurden Düsenflugzeuge montiert. Erst am 28.10.1944 entstand aus den verschiedenen „Dora-“ oder „Mittelbau-Betrieben“ ein selbständiges KL Dora bzw. KL Mittelbau mit einem Stand von etwa 50.000 Häftlingen. Am 25.1.1944 hat Werner von Braun mit seinem Stab die Produktion der A4-Raketen in dieser unterirdischen Fabrik inspiziert. Geheimwaffen: S.154ff, 174ff und 210.

[44] Bezieht sich auf das Nebenlager Ebensee; später sollten dazu noch andere Nebenlager des KLM kommen. Siehe Kapitel 12: Arbeitseinsatz.

[45] Geheimwaffen: S.135.

[46] Rüstung: S.88ff, 123ff und 138.

unter der Losung „Festung Europa“ propagiert – dass aus dem relativ kleinen Konzentrationslager Mauthausen mit einem Durchschnittsstand von 8.000 bis 10.000 Häftlingen, die vorwiegend in SS-eigenen Firmen eingesetzt wurden, ein weit ausgedehntes Lagernetz mit Zehntausenden aus ganz Europa herangeführten Gefangenen geworden ist. Binnen weniger Monate haben die Häftlinge, darunter viele hoch qualifizierte Spezialisten, im Sinne der zitierten Speer-Weisung *„unter dem Gesichtspunkt des höchsten Wirkungsgrades und mit geringsten Mitteln“*, im sklavenähnlichen Einsatz, kilometerlange, unterirdische bombensichere Werkhallen angelegt und in einer großen Zahl von Rüstungsbetrieben äußerst komplizierte Fertigungen durchgeführt. Für den Fall, dass in den Rüstungsbetrieben, die Häftlinge beschäftigten, Fertigungsmängel auftraten, waren nach einer Weisung Hitlers präventive Terrormaßnahmen, wie etwa die Anordnung der Erschießung jedes zehnten Häftlings, durchzuführen.[47]
Zur Organisierung und Vorantreibung der Arbeit von Häftlingen wurde im zentralen Maßstab für das ganze Deutsche Reich eine schlagkräftige und mit besonderen Machtbefugnissen ausgestattete Organisation aufgebaut. Die Auswahl der Häftlinge und die Regelung der Einsatzbedingungen für die Baumaßnahmen der privaten Baufirmen[48] wurde dem Arbeitseinsatz des KLM sowie auch dem zuständigen Amt D II des WVHA entzogen und ein besonderer Stab unter der Leitung des SS-Obergruppenführers und Generals der Waffen-SS Dr. Ing. Hans Kammler[49] gegründet. An der Spitze dieses „Sonderstabes“ stand das „Baubüro Dr. Kammler“ mit dem Sitz in Berlin. Diesem unterstanden mehrere territoriale „SS-Sonderinspektionen“, die die über das ganze Reich verteilten „SS-Führungsstäbe“ zusammenfassten. Darunter befand sich der „SS-Führungsstab B 9“ unter der Leitung des Wiener Dipl.-Ing. Karl Fiebinger, der für den „Raum Ebensee an der oberen Donau“ zuständig war.[50]
Am 16.11.1943 war es soweit, dass Kammler dem Speer im Sinne der Weisung Hitlers vom 22.8.1943 über den Einsatz von KL-Häftlingen bei der Rüstungsfertigung und den unterirdischen Bauten berichten konnte.

---

[47] Besprechungsprotokoll der Beratung bei Hitler am 13.1.1943.

[48] Beim Bau und bei der Einrichtung der unterirdischen Rüstungshallen in Ebensee waren laut einer unvollständigen Häftlingseinsatz-Aufstellung vom 3.3.1945 folgende Firmen beteiligt: Universale AG, Wiener Brückenbau AG, Hinteregger und Fischer, Walter und Co., Holzmann und Polensky, Hofman und Maculan, Fohmann, Beton- und Montierbau AG, Rella und Co., Großdeutsche Schachtbau und Tiefbau GmbH; Deutsche Bergbau Hermann Göring, Nibelungenwerke (Steyr-Daimler-Puch AG), DIWIDAG und AG, STUAG AG. Archiv M.M.: B 5/19, Kopie einer Häftlingsanforderung.

[49] Dr. Ing. Hans Kammler, geboren am 26.8.1901 (NSDAP-Nr. 1.011.855, SS-Nr. 113.619), war bis 1940 Baudirektor bei der Luftwaffe. 1941 wurde er von Himmler in WVHA geholt, wo er Chef der Amtsgruppe C wurde und das gesamte Bauwesen der SS leitete. Ab 22.6.1943 führend am Geheimwaffenprogramm beteiligt, existierte unter seiner Leitung der „Sonderstab Kammler“, der zwar als „Sonderbeauftragter des RFSS für das A4-Programm“ unmittelbar Himmler unterstellt wurde, arbeitete im Auftrage des RMfBuM resp. später RMfRuK. Er war führend am Aufbau des KL Dora-Mittelbau, im „Jägerstab“ resp. „Rüstungsstab“ (Fertigung von Jagdflugzeugen) beteiligt, er übernahm Bauvorhaben für die unterirdische Verlegung der Rüstungsindustrie und wurde am 8.8.1944 zum „Generalbevollmächtigten für das A4-Programm“ ernannt. Gegen Ende des Krieges wurde er u. a. auch noch „Sonderbeauftragter des Reichsmarschalls Göring zur Brechung des feindlichen Luftterrors“. Kammler soll am 9.5.1945 in Prag Selbstmord verübt haben. SS-Unternehmungen: S.37f. Geheimwaffen: S.134f, 156, 273 und 297. SS-Staat: S.85f.

[50] Dem „SS-Führungsstab“ oblag die örtliche Baudurchführung. Er wurde von einem Architekten im Offiziersrang geleitet. Archiv M.M.: B 5/3, B 5/31 und F 5/1, Kopien von Häftlingsanforderungen.

Damals wurde der am 18.11.1943 beginnende Bau des Großprojektes „Zement" in Ebensee am Traunsee besprochen.
Ab Dezember 1943 bis Kriegsende haben über den Häftlingseinsatz in der Rüstung primär der „Sonderstab Kammler" und das RMfRuK entschieden. So hat zum Beispiel am 9.10.1944 das RMfRuK in einem Schnellbrief verfügt, dass *„neue Anträge auf Zuweisung von männlichen oder weiblichen KZ-Häftlingen ausschließlich an das Reichsministerium zu richten"* sind.[51]
Auch die höchsten Parteifunktionäre, vor allem die Gauleiter, deren Macht mit zunehmender Kriegsdauer stieg, haben im Zuge des totalen Kriegseinsatzes (ab 25.7.1944 proklamiert) die Mauthausener Häftlinge für das Bauen von Bunkern, Stollen, Luftschutzunterkünften, für Aufräumungsarbeiten und auch für die Entschärfung von Blindgängern angefordert und erhalten. Wenn bis Sommer 1943 Österreich in gewissem Sinne der „Luftschutzkeller" der deutschen Rüstung war, so hat sich durch die Änderung der militärischen Lage im Mittelmeerraum – vor allem durch die Landung der Alliierten in Italien – die Situation in Österreich verändert. Die Luftsicherheit des österreichischen Gebietes hörte auf. Ab August 1943 starteten die alliierten Bomberflotten von Nordafrika, etwas später von Italien, zu ihren Flügen in den Raum von Wiener Neustadt respektive Wien, und ab Mitte des Jahres 1944 waren die Amerikaner die absoluten Herren des Luftraumes Österreichs.[52] Das hatte zur Folge, dass man die Rüstungsindustrie in kleineren, leer stehenden (stillgelegten) oder unterirdischen Objekten (Bierbrauereien) in ganz Österreich unterzubringen versuchte und in vielen solchen Verlagerungsbetrieben auch Häftlinge des KLM einsetzte. Das Kriegsende überrollte das gigantische Bauvorhaben in der „Alpenfestung",[53] denn nur ein Teil der neuen respektive verlagerten Betriebe und nur wenige Stollen in den Nebenlagern Gusen I und II, Ebensee und Melk konnten für die Fertigung herangezogen werden. Trotzdem sind, buchstäblich bis zum letzten Kriegstag, mehr als hunderttausend Häftlinge des KLM zur Waffenproduktion gegen ihr eigenes Vaterland gezwungen worden. Abschließend soll erwähnt werden, dass entgegen dem von Speer im April 1943 befohlenen totalen Häftlingseinsatz in der Kriegsproduktion, es der

[51] In diesem Schnellbrief hieß es u. a.: „(...) Alle zur Zeit in Arbeit befindlichen Anträge auf Zuweisung von männlichen oder weiblichen KZ-Häftlingen gelten hiermit als erledigt. Ausnahmen bilden lediglich diejenigen Anträge, die bereits dem SS-WVHA vorliegen und inzwischen zu einer Teilabstimmung geführt haben (...) Neue Anträge auf Zuweisung von männlichen oder weiblichen KZ-Häftlingen sind in 3facher Ausfertigung nach anliegendem Schema ausschließlich an RMfRuK, Unter den Linden 48, z. Hd. von Major v. d. Osten. Fernruf 1147 40, zu richten (...) Neue Anträge werden (...) auf ihre Berechtigung und Dringlichkeit überprüft und im Kurierverkehr dem SS-WVHA zugeleitet (...) Ein unmittelbarer Verkehr mit den SS-Dienststellen ist (...) keinesfalls statthaft (...)"

[52] Rangordnung der alliierten Flugziele: Bis Juni 1943: 1. U-Bootwaffenerzeugung. 2. Flugzeugindustrie. 3. Transportwesen. 4. Mineralölindustrie. Ab Juni 1943: 1. Jägerproduktion, 2. U-Bootwaffenerzeugung. 3. Sonstige Flugzeuge, 4. Kugellagerproduktion, 5. Mineralöl. Ab Jänner 1944: 1. Jägermontagewerke. 2. Kugellagerwerke, 3. Transportwesen. Rüstung: S.113, 130f. und 146ff.

[53] Seit Anfang 1944 wurde der Begriff „Alpenfestung" als ein natürlicher Schutzwall für den „Endkampf" geprägt. Nach der erzwungenen Teilung der Wehrmacht in Nord- und Südraum kam am 28.4.1945 ein HitlerBefehl für die so genannte „Kernfestung Alpen" heraus, „so daß Verteidigung als Bollwerk und zur Aufnahme der Verbände der Oberbefehlshaber West, Südwest und Südost sowie Heeresgruppe Süd möglich" wird. Der militärische Befehlshaber sollte Generalfeldmarschall Kesselring werden, die zivile Leitung als Reichsverteidigungskommissar der Gauleiter Franz Hofer übernehmen. Die Zentren der „Kernfestung Alpen" sollten Berchtesgaden, Salzburg, Innsbruck, Bozen, Villach und Spittal/Drau werden; die nördliche Grenze hätte die Donau von der Wachau an bis etwa Linz bilden sollen. Rüstung: S.171ff.

Mauthausener SS-Kommandantur gelang, den Betrieb der SS-eigenen Firma DEST in den Mauthausener und Gusener Steinbrüchen aufrecht zu erhalten und bis zum Schluss (letzter Arbeitstag 3.5.1945) dafür relativ viele Häftlinge abzustellen.[54] Im Hauptlager wurde nur ein Bruchteil der Arbeitsfähigen – etwa 10 Prozent – der Rüstungsproduktion zugeführt; in den Nebenlagern waren es etwa 80 Prozent bis 95 Prozent der Gefangenen, die entweder in der Fertigung oder beim Stollenbau eingesetzt wurden.
Die Geschichte der fast sieben Jahre dauernden Existenz des Konzentrationslagers Mauthausen ist in **vier völlig verschiedene Perioden** zu gliedern:

Der **erste Abschnitt**, eng verbunden mit den Namen Hitler, Himmler, Speer und Eicke, begann mit der Gründung am 8.8.1938 und endete mit dem Aufbau des Stammlagers (Barackenreihe1 bis 20; Lager I) im Spätsommer 1939.

Die **zweite Phase**, von Himmler, Heydrich und Pohl geprägt, begann mit der Einstufung des KLM als Lager der Stufe III und dauerte bis Juni 1943. Es war eine Zeit der rücksichtslosen Produktionssteigerung in den Steinbrüchen, verbunden mit der vorsätzlichen Ermordung eines Großteils der Gefangenen.

Die **dritte Periode** wurde durch den umfangreichen Ausbau der Kriegsindustrie und der Verlagerung der Rüstungsproduktion in die unterirdischen Anlagen bestimmt. Sie war gekennzeichnet durch einen gigantischen und rücksichtslosen Masseneinsatz von Häftlingen in der privaten und staatlichen Produktion „siegentscheidender Waffen". Dieser Abschnitt wurde nicht unwesentlich von Rüstungsminister A. Speer, den Rüstungskonzernen und dem Gauleiter bestimmt und lief in die **vierte Periode** 1944/45, in der Massensterben und katastrophales Chaos dominierten, für die neben der Lager-SS der zuständige Gauleiter August Eigruber[55] verantwortlich war.

---

[54] Lt. letzter Postanforderung auf einem vorgedruckten Formular vom 2.5.1945 für den 3.5.1945 sind für die Tag- und Nachtschicht der in Mauthausen untergebrachten Rüstungsproduktion (Hallen im Steinbruch „Wiener Graben") zwei SS-Unterführer und 24 SS-Posten und für den Flakstellungs-Bau zwei SS-Unterführer sowie 20 SS-Posten angefordert worden. Für die Steinbruchproduktion wurden ein SS-Führer, zwei SS-Unterführer sowie 48 SS-Posten, für die Bewachung der übrigen in der Rüstung eingesetzten Arbeitskommandos 22 SS-Unterführer, 160 SS-Posten und vier Hunde (Hundeführer) benötigt. Ausgerückt sind jedoch die Arbeitskommandos am 3.5.1945 nicht mehr, und anstatt SS-Angehörigen sind ab Ende April 1945 als Bewachungsorgane auch Angehörige der Feuerschutzpolizei eingesetzt gewesen. Archiv M.M.: P 6/1, Original. – In den letzten Tagen der Lagerexistenz ist für die Bewachung von etwa 20 Häftlingen ein Bewachungsorgan herangezogen worden (Anmerkung des Verfassers).

[55] August Eigruber, geboren am 16.4.1907 in Steyr, Schlosser, war von 1938 bis Mai 1945 Gauleiter der NSDAP Oberösterreich (Oberdonau) und zuletzt auch Reichsverteidigungskommissar im Operationsgebiet Oberdonau. Der fanatische Nationalsozialist und Demagoge Eigruber wurde im 1. Mauthausener Prozess in Dachau (1946) von einem US-Militär-Gerichtstribunal zum Tode verurteilt und am 27.5.1947 im Landsberger Gefängnis hingerichtet. Eigruber hat unzählige Festnahmen, Hinrichtungen und Morde angeordnet, zuletzt in den März- und Apriltagen 1945. Siehe Kapitel 24: Österreicher.

Lageraufbauzeit 1941 AMM

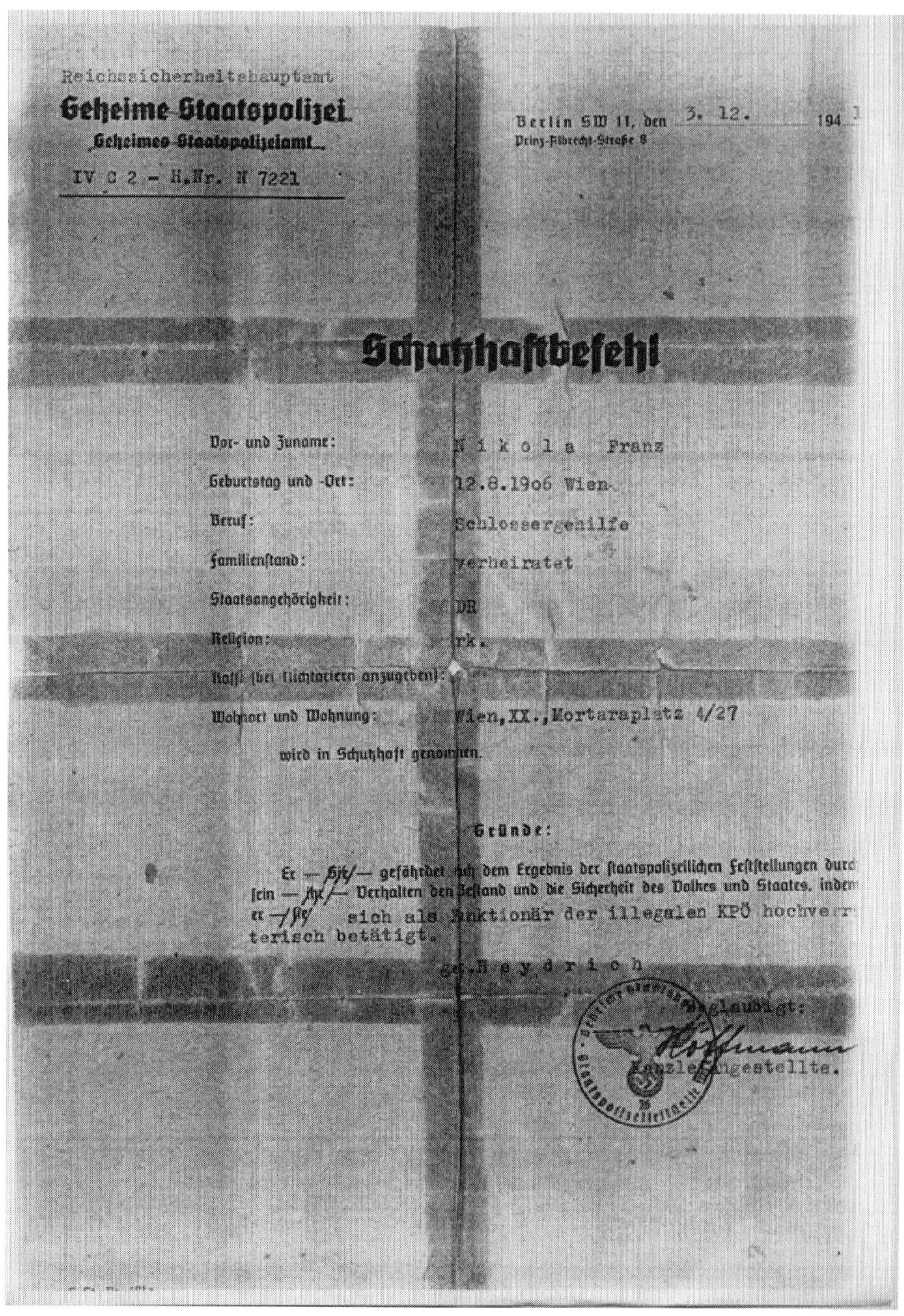

Reichssicherheitshauptamt
Geheime Staatspolizei
Geheimes Staatspolizeiamt
IV C 2 – H.Nr. N 7221

Berlin SW 11, den 3. 12. 194
Prinz-Albrecht-Straße 8

Schutzhaftbefehl

Vor- und Zuname: Nikola Franz
Geburtstag und -Ort: 12.8.1906 Wien
Beruf: Schlossergehilfe
Familienstand: verheiratet
Staatsangehörigkeit: DR
Religion: rk.
Rasse (bei Nichtariern anzugeben):
Wohnort und Wohnung: Wien, XX., Mortaraplatz 4/27

wird in Schutzhaft genommen.

Gründe:

Er — Sie — gefährdet nach dem Ergebnis der staatspolizeilichen Feststellungen durch sein — ihr — Verhalten den Bestand und die Sicherheit des Volkes und Staates, indem er — sie — sich als Funktionär der illegalen KPÖ hochverräterisch betätigt.

gez. H e y d r i c h

Beglaubigt:
Hoffmann
Kanzleiangestellte.

Schutzhaftbefehl des in das KLM eingewiesenen Franz Nikola AMM

2. Die ersten Häftlinge

Dreihundert österreichische und einzelne deutsche Polizei-Sicherheitsverwahrungs-Häftlinge[1] waren die ersten Insassen des KLM. Sie kamen am 8.8.1938[2] aus dem KL Dachau mit ungefähr 80 Angehörigen des Dachauer SS-Totenkopfverbandes an.[3] Lagerkommandant des KLM wurde SS-Sturmbannführer Albert Sauer[4], der mit dem SS-Obersturmbannführer Alfons Bendele[5] am 1.8.1938 in Mauthausen angekommen sein soll. Sauer verblieb in Mauthausen bis zum 17.2.1939. Im Herbst 1938 erschienen mehrere SS-Unteroffiziere, so u. a. Spatzenegger, Kirchner, Streitwieser und andere, die alle dem Kommandanturstab zugeteilt wurden. Der Kommandanturstab des KLM existierte bereits vor dem 8.8.1938, denn am 27.7.1938 hat der „Führer der SS-Totenkopfverbände und Konzentrationslager" in einem Rundschreiben die Kommandanten von fünf Konzentrationslagern, darunter den „Kommandanten des KL Mauthausen", in Kenntnis gesetzt, dass beim Reichsjustizministerium eine Abteilung zur Bearbeitung der Fälle „Erschießung auf der Flucht" gebildet wurde.[6.]

Die ersten Häftlinge wurden beim Lageraufbau, später in den Steinbrüchen von Mauthausen eingesetzt. Über diese Zeit berichtete der ehemalige Häftling Franz Jany, Wien:

> *„Am 8.8.1938 wurden wir um 2.00 Uhr früh im KL Dachau verladen und unserem neuen Bestimmungsort Mauthausen an der Donau zugeführt (…) Wir bauten 4 Baracken auf, das war das Anfangslager (…) Im Oktober kamen wieder Häftlinge an, welche auch zum Barackenbau herangezogen wurden (…)*
>
> *Um ½ 4 Uhr früh standen wir auf, bekamen einen Becher mit Kaffee, dann ging es an die Arbeit (…) Zum Mittagessen bekamen wir ¾ Liter Suppe, meistens Kraut mit Wasser (…) Zum Abendessen gab es [täglich] die ersten 6 Wochen 20 Gramm Margarine, und 6 Mann erhielten ein Kommißbrot. Nach den 6 Wochen bekamen 6 Mann 3 Heringe als Zulage (…)*
>
> *Wir hatten viel unter Hunger zu leiden, aber am schlimmsten unter Durst. Da das Lager oben am Berg errichtet wurde, mußte man das Wasser aus der im Tal liegenden Marktgemeinde Mauthausen mittels eines alten Wassersprengwagens herauffühen. Der Wagen kam nur 3mal*

---

[1] Vorwiegend österreichische Häftlinge, die im Zuge von Aktionen der „vorbeugenden Verbrecherbekämpfung" im Sommer 1938 wegen ihrer kriminellen Vorstrafen oder als „Arbeitsverweigerer" festgenommen worden sind. Diese Häftlinge wurden von der Lagerleitung des KL Dachau aufgefordert, sich freiwillig für „Aufbauarbeiten in ihrer Heimat" zu melden. Archiv M.M.: A 3/3, Kopie eines Berichtes von Franz Jany.

[2] Lt. Journalbuch des Gendarmeriepostenkommandos Mauthausen kamen die ersten Häftlinge am 3.8.1938. Nach der Art der Eintragung ist diese offenbar nachträglich vollzogen worden, und dem Berichterstatter unterlief bei der Anführung des Datums ein Irrtum. Archiv M.M.: A 6/1. Das Original befindet sich bei der Mauthausener Gendarmerie.

[3] Zu diesem Zeitpunkt wurde in Linz die SS-Totenkopfstandarte „Ostmark" aufgestellt und ein Gelände für eine SS-Kaserne ausgewählt. – Die KLM-SS gehörte dann zum SS-Oberabschnitt Donau (D), SS-Abschnitt Linz (D VIII) und zur SS-Standarte 27, Linz. Dienstaltersliste der SS: Stand 1.12.1938.

[4] SS-Hauptsturmführer Albert Sauer, geboren am 17.8.1898 in Misdroy, Kreis Usedom (NSDAP-Nr. 19.180). Sauer wurde am 11.9.1938 zum SS-Sturmbannführer befördert. Er verblieb in Mauthausen bis 17.2.1939.

[5] SS-Obersturmführer Alfons Bendele, geboren am 2.8.1899 (NSDAP Nr. 210.411, SS-Nr. 2843).

[6] Archiv M.M.: P 16/10, Kopie eines Schreibens des Führers der SS-Totenkopfverbände und KL an die Kommandanten der KL Dachau, Buchenwald, Flossenbürg, Sachsenhausen und Mauthausen.

des Tages hoch (...) Nach einigen Monaten hatte das Lager 14 Baracken (...) Anfang des Jahres 1939 begannen die Arbeiten im Steinbruch (...) Ende des Jahres 1939 wurde etwa 5km von Mauthausen, in Gusen, mit dem Bau eines zweiten Lagers begonnen (...)"[7]

Nach einer Aufstellung des damaligen Verwaltungschefs der SS, O. Pohl, vom 12.1.1939, begannen im Jahr 1938 im KLM folgende Bauvorhaben:

„Häftlingsunterkünfte, Wäschereigebäude, Küchenanlage, Wachtürme, Umfassungsmauer, SS-Unterkünfte und Straßenbau."[8]

Am 5. sowie am 18.10.1938 kamen neue Transporte mit je 300 Polizei-Sicherheitsverwahrungs- respektive AZR-Häftlingen aus dem KL Dachau an. Ab 18.10.1938 erhielten die Gefangenen eine fortlaufende Häftlingsnummer, mit 1 beginnend und mit 853 endend, ausgefolgt.[9]

Am 18.8.1938 verübte der erste Häftling Selbstmord, am 5.9.1938 erfolgte die erste Verbrennung einer Häftlingsleiche im Krematorium Steyr, am 2.10.1938 gab es den ersten tödlichen Arbeitsunfall, am 11.10., 10.11., 23.12. und 29.12.1938 gab es insgesamt fünf Selbstmorde, am 15.11.1938 wurde der erste[10] und am 19.12.1938 der zweite Häftling „auf der Flucht" erschossen.

Wegen der fehlenden Unterkunftsmöglichkeiten – sowohl für die Häftlinge als auch für die SS-Wachmannschaften – gab es am 31.12.1938 einen Gesamtstand von 994 Gefangenen.[11]

Vom 8.8.1938 bis 31.12.1938 wurden im KLM 27 verstorbene Häftlinge und neun durch Fremdverschulden[12] Getötete, insgesamt 36 Tote, gemeldet. Im gleichen Jahr sind 13 Häftlinge aus der Haft entlassen worden. Bis Oktober 1938 wurden kranke und verletzte Häftlinge vorübergehend in eine geschlossene Abteilung des Linzer Krankenhauses überstellt.

[7] Häftlingsbaracken 1 bis 4 sowie SS-Mannschaftsbaracken. Archiv M.M.: A 3/2 und 3, Kopie eines Berichtes von Franz Jany.

[8] Archiv M.M.: A 3/2. Kopie eines Berichtes des Verwaltungs-Chefs der SS beim RFSS vom 12.1.1939 über die Regelung der Bauwirtschaft in den KL.

[9] ISD Arolsen: Ordner 50, Zl. I B/3, Kopie eines Standesbuches.

[10] Der Todesschütze war SS-Oberscharführer Anton Streitwieser. Siehe Kapitel 15: „Kurzer Lebenslauf eines SS-Führers".

[11] ISD Arolsen: Ordner 50, Zl. I B/3.

[12] ISD Arolsen: Ordner 50, Zl. I B/3.

3. Einweisungsgründe

Grundsätzlich kann gesagt werden, dass die Einweisungsbefugnisse und die Bestimmung der Lagerstufe für die Schutzhäftlinge (politische) und auch das Recht ihrer allfälligen Entlassung aus einem KL bei der GESTAPO (Amt IV), für Vorbeugungshäftlinge (Kriminelle und Asoziale) beim Kriminalpolizeiamt (Amt V) lagen. Beide erwähnten Dienststellen waren Ämter des RSHA. Die Unterstellung der Konzentrationslager, zuerst unter den SS-Führungshauptmann (Inspekteur der Konzentrationslager) und ab 16.3.1942 unter das WVHA, sollte sich prinzipiell auf die Verwaltung, den Arbeitseinsatz und die Disziplinarstrafen der Häftlinge beschränken.[1]

Das von den nationalsozialistischen Politikern und deren Exekutive praktizierte und jeder richterlichen Gewalt entzogene Vorbeugungsprinzip war der eigentliche Grund zur Einweisung der Häftlinge in alle deutschen Konzentrationslager. Das Konzentrationslager war der Vollzugsort der Vorbeugungsmaßnahmen. Die Einweisung sollte zumindest bei den Deutschen und Österreichern „nicht als Strafe", sondern als „objektive Sicherungsmaßnahme", die mit der Schuld oder Unschuld des Opfers nur bedingt im Zusammenhang stand, betrachtet werden.

Die „vorbeugende Verbrecherbekämpfung" erfasste gerichtlich vorbestrafte Personen, Zigeuner, Arbeitsverweigerer und Angehörige religiöser Sekten, doch besonders vermeintliche und tatsächliche politische Gegner. So hat zum Beispiel der Chef der SIPO und des SD Reinhard Heydrich[2] am 1.6.1938 eine umfassende Aktion „gegen Asoziale" im ganzen Reichsgebiet angeordnet. Im entsprechenden Befehl verlangte er: *„(...) aus jedem Kriminalpolizeistellenbezirk müssen unter schärfster Anwendung des Erlasses vom 14.12.1937 mindestens 200 männliche arbeitsfähige Personen (...) außerdem männliche vorbestrafte Juden in polizeiliche Vorbeugungshaft"* genommen werden. Begründung: *„Die straffe Durchführung des Vierjahresplanes erfordert den Einsatz aller arbeitsfähigen Kräfte und läßt es nicht zu, daß asoziale Menschen sich der Arbeit entziehen und somit den Vierjahresplan sabotieren."* [3]

Hier wird klar ausgesprochen: Zwangsarbeit ist ein wesentlicher Zweck der Konzentrationslager!

Deutsche, Österreicher und eine geringe Anzahl ausländischer Häftlinge, die aus politischen Gründen festgenommen wurden, erhielten zumindest bis Ende 1943 vor ihrer Überstellung in ein KL von den einweisenden Stellen so genannte „Schutzhaftbefehle" ausgefolgt; auf rotem Papier waren schlagwortartig die Gründe für die Inhaftierung angeführt wie zum Beispiel:

---

[1] Die GESTAPO und die KRIPO als einweisende Stellen hatten offiziell keine Kontrolle über die KL; sie hatten jedoch in den „Politischen Abteilungen" der KL ihre Vertreter sitzen.

[2] SS-Obergruppenführer Reinhard Heydrich, am 7.3.1904 in Halle geboren (NSDAP-Nr. 544.916, SS-Nr. 10.120), 1931 durch Ehrenverfahren als Seeoffizier entlassen; 1932 Chef des Sicherheitsdienstes (SD) der SS; 9.3.1933 Leiter des politischen Referates der Münchener Kriminalpolizei; 22.4.1934 Chef des Preußischen „Geheimen Staatspolizeiamtes" (GESTAPA); 26.6.1936 Chef der Sicherheitspolizei: 27.9.1939 SS-Obergruppenführer und Chef des RSHA, Hauptorganisator der „Endlösung der Judenfrage". Ab Ende Oktober 1941 war Heydrich stellvertretender Reichsprotektor für Böhmen und Mähren und ist an den Folgen eines auf ihn in Prag verübten Attentates am 4.6.1942 verstorben.

[3] SS-Staat: S.76ff.

„Er gefährdet nach dem Ergebnis der staatspolizeilichen Feststellungen durch sein Verhalten den Bestand und die Sicherheit des Volkes und Staates, indem er sich als Funktionär der illegalen (...) hochverräterisch betätigte.“ [4]

Laut Kaltenbrunners Aussage vor dem Internationalen Militärgerichtshof in Nürnberg am 12.4.1946 ist *„jede Schutzhaft (...) im Frieden bestimmt mehrmaliger, im Kriege zweimaliger Überprüfung unterzogen (...)“* worden. Die gesetzlichen Handhaben für die Erlassung und Überprüfung der „Schutzhaft“ und Einweisung in ein KL bildeten die am 28.2.1933 erlassene Notverordnung, das Preußische Gesetz vom 10.2.1936, verschiedene Erlasse des RFSS und ChdDtPol., doch vor allem die Erlasse des RMdI vom 25.1.1938.5 Unter anderem hieß es in einem dieser Erlasse, dass *„Personen, die mindestens 3 mal mit Gefängnis oder Zuchthaus von mindestens 6 Monaten bestraft wurden“* oder *„arbeitsscheue Elemente (...), Männer in arbeitsfähigem* [6] *Lebensalter und die nachweisbar in zwei Fällen die ihnen angebotenen Arbeitsplätze (...) abgelehnt oder die Arbeit (...) wieder aufgegeben haben (...)“* [7] festzunehmen und in ein KL einzuweisen sind.
Nach Kriegsbeginn wurden unzählige „vorbeugende“ Aktionen eingeleitet, die zu Massenverhaftungen und Überstellungen der Festgenommenen in die KL führten.

Einige davon, in deren Folge Häftlinge in das KLM eingewiesen wurden, werden hier angeführt.
„A-B-Aktion“: „Außerordentliche Befriedungsaktion“: im Mai 1940 gegen die polnische Intelligenz und Angehörige des Widerstandes. Mehrere tausend sind sofort hingerichtet worden, ein kleiner Teil der Festgenommenen kam in das KLM.
„Aktion Gitter“: 1. Festnahmen von *„Kommunisten und anderer zersetzender Elemente“* ab 15.3.1939 im Zuge der Okkupation von Böhmen und Mähren;
2. Festnahmen nach gescheitertem Putsch gegen Hitler am 20.7.1944, Deutschland.
Am 27.8.1941 erließ im Auftrage des Chefs der SIPO und des SD Heinrich Müller[8] eine *„grundsätzliche Anordnung des RFSS“*, worin es wörtlich hieß:

[4] Archiv M.M.: E 4/5, Original.
[5] Den Vorschriften entsprechend war bis etwa Kriegsbeginn (September 1939) für deutsche, tschechische und gewisse polnische Häftlinge alle drei Monate eine Schutzhaftüberprüfung vorgeschrieben. Deshalb konnte Kaltenbrunner mit seiner Feststellung nur die deutschen, österreichischen, tschechischen und gewisse polnische Häftlinge gemeint haben. IMT: Band XI, S.346. – Der Schutzhafterlass des RMdI vom 12., 26.4.1934 blieb als Richtlinie bis Jänner 1938 in Kraft. Nach Kriegsbeginn änderten sich mehrmals die Vorschriften der Schutzhaftüberprüfungen. Für gewisse Häftlingskategorien ist schließlich die Schutzhaftüberprüfung überhaupt weggefallen. SS-Staat: S.74ff und 120ff.
[6] Somit war zweimalige Ablehnung eines Arbeitsplatzes strafbar.
[7] Der Paragraph 7 des Preußischen Gesetzes über die Geheime Staatspolizei vom 10.2.1936 bestimmte, dass es gegen die Verfügung der GESTAPO keine Berufung gab und es der Gerichtsbarkeit nicht gestattet war, die Verfügungen der GESTAPO zu überprüfen. Somit war jeder Person, die sich in der Hand der GESTAPO befand, die Berufung auf das Gesetz versagt. Das bedeutete, dass eine Person, die vom Gericht freigesprochen oder nach Verbüßung einer gerichtlich verhängten Strafe aus dem Gefängnis entlassen worden war, von der GESTAPO erneut festgenommen und in Schutzhaft – in ein KL – gebracht werden konnte. Reichs- und Preußisches Verwaltungsblatt: Bd. 56, S.577.
[8] SS-Obergruppenführer Heinrich Müller, geboren am 28.4.1900 (NSDAP-Nr. 4.583.199. SS-Nr. 107.043), war von 1935 bis 1945 Chef der GESTAPO, zuletzt des Amtes IV im RSHA. Müller verschwand im April 1945. Vermutlich ist er durch Kriegseinwirkung in Berlin getötet worden.

„(...) sämtliche hetzerischen Pfaffen, deutschfeindliche Tschechen und Polen sowie Kommunisten und ähnliches Gesindel sollen auf längere Zeit einem KL zugeführt werden (...)“[9]

„Aktion K“: April 1944, vorwiegend SU-Kgf., Offiziere;[10]
„Dänische Polizei“: September 1944, Dänemark;
„Frühlingswind“: Sommer 1944, Frankreich und Belgien;
„Holländische Juden und Kommunisten“: Juni 1941 und im Jahre 1942, Niederlande;[11]
„Meerschaum“: Mitte 1943 bis Mitte 1944, Frankreich;
„Nacht und Nebel“: Ab 7.12.1941, Frankreich, Belgien und Holland;[12]
„Ostarbeiter“: Ab 1942 und ab Frühjahr 1943, Polen und sowjetische Staatsbürger aus besetzten Gebieten und aus Deutschland;
„Polen“: Nach dem 18.12.1942 und 4.5.1943, Polen in Deutschland und im damaligen Generalgouvernement;
„Polnische Zivilpersonen“: September 1944, evakuierte Polen;
„Sicherheits-Verwahrungs-Häftlinge“: Ende 1942 bis 1945 von deutschen Gerichten abgeurteilte deutsche Kriminelle, einzelne deutsche, jedoch viele ausländische von Gerichten verurteilte Politische und außerdem nicht verurteilte Polen, Sowjetbürger und andere;[13]
Sowjetische Kriegsgefangene als „russische Kommissare“: 1941 und 1942;[14]
„Sowjetische Zivilpersonen“: Ende 1943, evakuierte Sowjetbürger;
„Ungarische Juden“: April 1944, Ungarn;
„Volksschädlinge“: August 1941, Deutschland, Böhmen und Mähren, Polen;
„Zivilarbeiter“: siehe „Ostarbeiter“.

---

[9] SS-Staat: S.94.
[10] Siehe Kapitel 28 und die Statistik der Todesopfer sowie über die sowjetischen Kriegsgefangenen und Kapitel 35.
[11] Siehe Kapitel 4 und 25.
[12] Am 12.12.1941 erläuterte Keitel in einer Weisung einen Führererlass über die Nacht- und Nebelaktion: „Es ist der lange erwogene Wille des Führers, daß in den besetzten Gebieten bei Angriffen gegen das Reich (...) mit anderen Maßnahmen begegnet werden soll als bisher. Eine wirksame und nachhaltige Abschreckung ist nur durch die Todesstrafe oder durch Maßnahmen zu erreichen, die die Angehörigen und die Bevölkerung über das Schicksal der Täter im ungewissen halten.“ IMT: Band XXVI, S.245f. Am 2.2.1942 wurde der Nacht-und-Nebel-Erlass ergänzt: In Fällen, in denen die Todesstrafe nicht innerhalb einer Woche nach Verhaftung vollstreckt würde, „sollen künftig die Beschuldigten heimlich nach Deutschland gebracht (...) werden. Die abschreckende Wirkung dieser Maßnahmen liegt a) in dem spurlosen Verschwindenlassen der Beschuldigten, b) darin, daß über ihren Verbleib und ihr Schicksal keinerlei Auskunft gegeben werden darf“. IMT: Band XXXVII, S.574ff.
[13] Siehe Kapitel 17: insbesondere die Fußnoten 7 und 8 sowie Kapitel 32: Jahr 1943.
[14] Siehe Kapitel 28: Statistik der sowjetischen Kriegsgefangenen sowie Kapitel 35.

III 805 (10) 57

Abschrift.

Der Befehlshaber
der Sicherheitspolizei und des SD.
in Lothringen-Saarpfalz
Buch-Nr. 525e/42 - III/1 -

Metz, den 19.8.1942.

GEHEIM

An die

Kommandeure der Sicherheitspolizei u.d.SD.

in **Metz**,
Diedenhofen und
Saarburg.

Betrifft: Stufeneinteilung der Konzentrationslager.
Bezug: Ohne.

Nach den z.Zt. geltenden Erlassen ist für die Konzentrationslager folgende Stufeneinteilung festgelegt:

Stufe I: Für alle wenig belasteten und unbedingt besserungsfähigen Schutzhäftlinge, außerdem für Sonderfälle und Einzelhaft, die Lager Dachau, Sachsenhausen, Auschwitz I, Niederhagen.

Stufe Ia: Für alle alten und bedingt arbeitsfähigen Schutzhäftlinge, die noch im Heilkräutergarten beschäftigt werden können, das Lager Dachau.

Stufe II: Für schwerbelastete jedoch noch erziehungsfähige und besserungsfähige Schutzhäftlinge die Lager Buchenwald, Flossenbürg, Neuengamme, Auschwitz II, Groß-Rosen, Natzweiler, Stutthof bei Danzig.

Stufe III: Für schwerbelastete, insbesondere auch gleichzeitig kriminell vorbestrafte und asoziale d.h. kaum noch erziehbare Schutzhäftlinge, das Lager Mauthausen, Nebenlager Gusen.

Neuerrichtete Lager ohne Angabe der Lagergruppe:
Arbeitsdorf, Lublin/GG.,
Frauenlager Ravensbrück, Frauenabteilung des Konzentrationslagers Auschwitz.

Ich gebe hiervon Kenntnis.

I. A.
gez.: Schmidt.

(Siegel)

Beglaubigt:
Unterschrift
Kanzleiangestellte.

F. d. R. d. A.
Kanzleiangestellte.

Stufeneinteilung der Konzentrationslager AMM

4. KLM: Lagerstufe III

Der Chef der Sicherheitspolizei und des SD, SS-Obergruppenführer Reinhard Heydrich, hat am 1.1.1941 in einem Erlass, um die Differenzierung der Haft- und Arbeitsbedingungen von Häftlingen durchzuführen, eine Einteilung der bestehenden KL[1] in verschiedene Lagerstufen vollzogen. Er bestimmte:

Lagerstufe I *„für alle wenig belasteten und bedingt besserungsfähigen Schutzhäftlinge, außerdem für Sonderfälle und Einzelhaft“*. Dazu waren die KL Dachau, Sachsenhausen sowie das Stammlager Auschwitz vorgesehen.

Lagerstufe Ia war *„für besonders schonungsbedürftige, ältere und kaum arbeitsfähige Häftlinge“* vorbehalten, auf die man Rücksicht nehmen wollte (prominente Politiker, Geistliche, usw.). Sie sollten im Heilkräutergarten von Dachau Verwendung finden.

Lagerstufe II war bestimmt für *„schwer belastete, jedoch noch erziehungs- und besserungsfähige Schutzhäftlinge“*. Diese Lagerstufe erhielten KL Buchenwald, Flossenbürg, Neuengamme und das damals im Aufbau befindliche KL Auschwitz II (Birkenau).

Lagerstufe III, die schlechteste Kategorie, erhielt allein das KL Mauthausen (und Unterkunft Gusen). Wörtlich heißt es in diesem Erlass:

> *„(…) für schwerbelastete, unverbesserliche und auch gleichzeitig kriminell vorbestrafte und asoziale, das heißt kaum noch erziehbare Schutzhäftlinge Mauthausen.“* [2]

Warum gerade das KLM diese Einstufung erhielt, konnte bisher nicht ermittelt werden. Vermutlich wegen der isolierten Lage der Steinbrüche. Sicher ist, dass Heydrich diese Entscheidung nur im Einvernehmen mit Himmler fällen konnte und dass hiermit in Bezug auf bestimmte Häftlingskategorien das Ziel verfolgt wurde, den Zwangsarbeitseinsatz mit vorsätzlicher Vernichtung zu verbinden.

---

[1] Nach den letzten (1975) Ermittlungen der polnischen Hauptkommission für Erforschung von Nazi- und Kriegsverbrechen, des Ludwigsburger Ausforschungsdienstes (BRD) und des Zeitgeschichtlichen Institutes in München, gab es in der Zeit von 1933 bis 1945 auf dem Gebiete des Deutschen Reiches und der von Deutschland okkupierten Länder insgesamt 58 Konzentrationslager als Hauptlager und 968 Nebenlager, also insgesamt 1.026 nationalsozialistische Konzentrationslager. Zeitschrift „Hlas Revoluce“: No 29/1975. Außer Konzentrationslagern gab es während des Krieges in Deutschland und in den von deutschen Truppen besetzten Gebieten Straflager, „Umschulungslager“, jüdische Sammellager, Ghettos, Vernichtungslager für Juden, Zigeunerlager, Kinderlager, Durchgangslager für Kriegsgefangene, Kriegsgefangenenlager und so genannte „Arbeitserziehungslager“. Welches Ausmaß die Verfolgungen unter der nationalsozialistischen Terrorherrschaft angenommen haben, zeigen deutlich die Gesamtzahlen der beim Internationalen Suchdienst des Internationalen Roten Kreuzes in Arolsen bis jetzt festgestellten Lagerhaftstätten (nicht Gefängnisse oder Kriegsgefangenenlager). Es gab in Deutschland und in den von deutschen Truppen besetzten Gebieten in Europa 1.226 Hauptlager, 1.011 Neben- oder Außenlager und 114 Vernichtungs- und Judenlager. (Dokumentation des Internationalen Suchdienstes des Komitees des Internationalen Roten Kreuzes, Arolsen, 12.4.1977. Die Zahl der Opfer der NS-Verfolgung.) Die Arbeitserziehungslager wurden durch Erlass des RSHA vom 28.5.1941 für „Arbeitskräfte, die die Arbeit verweigern oder in sonstiger Weise die Arbeitsmoral gefährden“ eingerichtet. Die Dauer der Haft konnte bis 56 Tage betragen, war ihr Zweck dann nicht „erfüllt“, erfolgte Einweisung in ein KL. Die „Arbeitserziehungslager“ unterstanden den örtlich zuständigen GESTAPO-(Leit-)Stellen. SS-Staat: S.101f.

[2] Archiv M.M.: A 7/1 und 2, Kopie des Erlasses. Lt. SS-Herrschaft: S.40 gab es bereits unter Eicke im KL Dachau eine interne Unterteilung von drei Häftlingsklassen.

Die angeführte Lager-Einstufung musste im internen Bereich des RSHA schon vor dem 1.1.1941 gegolten haben, wie das folgende Beispiel beweist:
Am 14.10.1940 wurde der Kommandant des KL Auschwitz, Rudolf Höss[3], vom Inspekteur des KL Glücks[4] über eine Entscheidung Himmlers informiert,[5] wonach die wegen Fluchtbeihilfe von zwei Auschwitzer Häftlingen im Bunker inhaftierten fünf polnischen Zivilarbeiter und elf polnischen Häftlinge wie folgt verurteilt wurden:

> *„(...) die 5 Zivilarbeiter seien mit einer dreimaligen Prügelstrafe zu je 25 Schlägen und einer fünfjährigen Internierung im KL dritten Grades (Mauthausen) und die 11 Häftlinge mit einer einmaligen Prügelstrafe zu je 25 Schlägen und der Überführung für drei Jahre in ein KL zweiten Grades (Flossenbürg) zu bestrafen (...)“*[6]

Diese Entscheidung ist deshalb auch bemerkenswert, weil die fünf Zivilarbeiter wegen der ihnen zur Last gelegten Fluchtbeihilfe am 22.7.1940 vom Höheren SS- und Polizeiführer von dem Bach-Zelewski[7] zum Tode durch Erschießung verurteilt wurden und Himmler das Todesurteil in eine Internierung im KLM umwandelte.
Auch die rücksichtslose Liquidierung von Tausenden Polen im Winter 1940/41 beweist, dass bereits vor dem 1.1.1941 dem KLM die Eigenschaft eines Todeslagers zugesprochen wurde. Doch vor allem die Massentötung von Republikanischen Spaniern, sowjetischen Kriegsgefangenen, holländischen Juden, Polen und Tschechen in den Jahren 1941 und 1942 brachte deutlich zum Ausdruck, dass die nationalsozialistischen Behörden dieses Lager als Stätte der Ermordung von Häftlingen zu Terrorzwecken bewusst in Rechnung gestellt haben.
Als wegen der Verfolgung der holländischen Juden am 24.2.1941 in Amsterdam ein Streik ausbrach,[8] haben die deutschen Besatzungsbehörden als Vergeltungsmaßnahmen zuerst 400 Juden im Alter von 20 bis 35 Jahren festgenommen. Davon kamen offiziell am 17.6.1941 über

---

[3] Rudolf Höss, am 25.11.1900 in Baden-Baden geboren, wegen Fememordes 1923 festgenommen und zu zehn Jahren Zuchthaus verurteilt. Seit 1922 Mitglied der NSDAP und seit 1934 Mitglied der SS (Nr. 193.616). Höss war jahrelang Lagerkommandant des KL Auschwitz-Birkenau und als SS-Obersturmbannführer ab 1.12.1943 Chef des Amtes D 1 (Zentralamt) im WVHA. IMT: Band IX, S.438ff. Höss wurde vom höchsten Nationalgerichtshof Polens in Krakau am 2.4.1947 zum Tode verurteilt und in Auschwitz hingerichtet.
[4] SS-Brigadeführer Richard Glücks war Nachfolger Eickes als Inspekteur der KL (nicht jedoch als Führer der SS-Totenkopfverbände). SS-Staat: S.83.
[5] Auschwitz-Hefte: Nr. 2, S.91ff.
[6] Auschwitz-Hefte: Nr. 2, S.94f.
[7] Erich von dem Bach-Zelewski, geboren am 1.3.1899 in Lauenburg, Pommern, SS-Obergruppenführer und General der Waffen-SS (SS-Nr. 9831). B.-Z. war zuerst Höherer SS- und Polizeiführer in Polen, dann in der gleichen Funktion im Bereich „Russland Mitte“, und schließlich leitete er die Partisanenbekämpfung im ganzen besetzten Europa als „Chef der Bandenkampfverbände“. Bach-Zelewski wurde von deutschen Gerichten wegen mehrerer Verbrechen zu langen Freiheitsstrafen verurteilt, jedoch stets bald begnadigt. Er starb am 15.3.1972 in München.
[8] Der Streik in den Niederlanden vom 24. bis 26.2.1941 – der ersten größeren Auflehnung gegen die deutsche Besetzung in Westeuropa, dem eine vorwiegend von kommunistischen Arbeitern organisierte Demonstration am 15.2. voranging – wurde durch antisemitische Propagandaaktionen holländischer SA-Männer ausgelöst. Die ersten jüdischen Häftlinge aus den Niederlanden mussten laut Totenbuch bereits am 12. oder 13.5.1941 in Mauthausen angekommen sein. Siehe Kapitel 32: Massenrepressalien, Mai 1941.

das KL Buchenwald 348 und am 25.6.1941 direkt von Amsterdam weitere 291 Juden im KLM an.

Bereits im Juli des gleichen Jahres trafen in Amsterdam in rascher Folge die Todesmeldungen ein. Der Tod dieser Personen und die Unterrichtung der niederländischen Bevölkerung vom raschen Ableben der Gefangenen war eine beabsichtigte Terrormaßnahme. Bei allen darauf folgenden öffentlichen Strafandrohungen gegen Juden in Holland wurde von den deutschen Besatzungsbehörden nicht die Verbringung *„in ein Konzentrationslager"*, sondern die Verbringung *„in das Konzentrationslager Mauthausen"* angeführt. Solche Strafandrohungen veröffentlichte zum Beispiel eine Extraausgabe des „Het Joodsche Weekblad" am 7.8.1942 für alle Juden, die *„sich nicht zum Arbeitseinsatz melden"* und auch für alle, *„die keinen Judenstern tragen und ohne Genehmigung ihren Wohnort verlassen!"* [9]

Am 3.9.1941 hat Himmler den in den Niederlanden eingesetzten, aus Österreich stammenden SS-Obergruppenführer und Generalleutnant der Polizei, Hanns Albin Rauter, laut einem Aktenvermerk beauftragt,

> *„(...) 3000 bis 4000*[10] *wenn möglich 18- bis 35jährige (...) Kommunisten, sofern sie gefährlich sind, auch Großstadtgesindel, das durch hetzerische Tätigkeit hervortritt, sowie Juden (...) mit Transport nach Mauthausen (...) abzuschieben (...)"* [11]

Vom Sommer 1939 bis Spätherbst 1943 bedeutete die Einweisung in das KLM für alle Juden und sowjetischen Kriegsgefangenen sowie für die Mehrzahl der Polen, Tschechen, Republikanischen Spanier, Jugoslawen, Belgier und Franzosen, österreichischen und deutschen jungen Kommunisten, Zigeuner und für einzelne Katholiken aus Tirol ein vorsätzliches Todesurteil, verbunden mit Zwangsarbeit in den Steinbrüchen oder beim Lageraufbau.[12]

Auch die ab 26.11.1942 erfolgte Masseneinweisung von so genannten Sicherheitsverwahrungs-Häftlingen, die vorwiegend aus den deutschen Gefängnissen überstellt wurden, beweist, dass das KLM von den nationalsozialistischen Funktionären und Behörden als eine Stätte angesehen wurde, wohin jene Personen einzuweisen waren, die „durch Arbeit vernichtet" werden sollten. So vermerkte der damalige Reichsminister für Volksaufklärung und Propaganda, Dr. Josef Goebbels[13], in seinen Tagebüchern,[14] er hätte am 19.3.1942 Hitler

---

[9] Archiv M.M.: J 8/4, Auszug aus dem Akt des Landesgerichtes München II, 12 Ks 1/60.

[10] Diese Zahl wurde jedoch nicht erreicht. In den Jahren 1941 bis 1945 sind in das KLM aus den besetzten Niederlanden etwa 1.900 Personen eingewiesen worden. Es waren vorwiegend holländische Staatsbürger jüdischer Abstammung, jedoch auch einzelne nach Holland emigrierte Juden aus Deutschland und Mitteleuropa, 1.670 Holländer sind im KLM ermordet worden. – SS-Obergruppenführer und General der Waffen-SS und Polizei, Bauingenieur Hans Albin Rauter, am 4.2.1895 in Klagenfurt geboren, war ehemaliger steirischer Heimwehrführer, der sich führend im September 1931 in Österreich am Pfriemer-Putsch und im Sommer 1934 am Nazi-Putsch beteiligte. Er flüchtete 1934 nach Deutschland. Rauter wurde vom Bijzonder Gerichtshof in Haag am 12.1.1949 zum Tode verurteilt und am 25.3.1949 hingerichtet. Rauter soll kein Mitglied der NSDAP gewesen sein. Heimwehr: S.242ff. „Het Proces Rauter, Rijksinstitut Voor Oorlogsdacomentatie": 1952.

[11] Archiv M.M.: J 8/4, Auszug aus dem Akt des Landesgerichtes München II, 12 Ks 1/60.

[12] Siehe Kapitel 32: Massenrepressalien, Jahre 1940 bis 1943.

[13] Josef Paul Goebbels, Dr. phil., geboren am 29.10.1897 in Rheydt. Er trat 1922 in die NSDAP ein, war bei verschiedenen NS-Zeitungen Redakteur resp. Chefredakteur, später auch Geschäftsführer der NSDAP. Gauleiter von Berlin, Reichspropagandaleiter der NSDAP, Mitglied des Reichstages, und nach Hitlers

gebeten, sich von seinem amtierenden Justizminister, der *„immer am Buchstaben des Gesetzes festhielte"*, freizumachen und den Richter des „Volksgerichtshofes" Otto Thierack[15] zum Reichsminister für Justiz zu ernennen. Durch Thieracks Dienste und ein vom Reichstag erlassenes besonderes Ermächtigungsgesetz könnte Hitler, so erklärte Goebbels, ohne Gerichtsverhandlung Offiziere oder Beamte einsperren und hinrichten lassen.[16] Tatsächlich wurde Thierack am 20.8.1942 von Hitler zum Justizminister ernannt, und Hitlers „Tischgesprächs-Weisungen" vom gleichen Tag ermächtigten Thierack, von jedem bestehenden Gesetz abzugehen.[17] Goebbels suchte Thierack am 14.9.1942 auf und wies ihn darauf hin, dass eine ganze Reihe von Menschen, wie die Juden und Zigeuner, *„durch Arbeit zu Tode gebracht werden könnten"*.[18] Vier Tage nach dieser Aussprache mit Goebbels flog Thierack mit Martin Bormanns Billigung[19] zu Himmlers Feldkommandostelle in Shitomir, wo Thierack in Begleitung seines Staatssekretärs mit RFSS Himmler am 18.9.1942 ein Übereinkommen getroffen hatte.[20] Dieses Übereinkommen, das laut Thieracks Aufzeichnungen nach fünfein-

Machtübernahme im Jahre 1933 wurde Goebbels Reichsminister für Volksaufklärung und Propaganda. Ab 20.7.1944 wurde Goebbels auch Reichsbevollmächtigter für den totalen Kriegseinsatz. Stockhorst: S.157. Das von Goebbels geleitete Reichspropagandaministerium bestimmte zwölf Jahre lang nicht nur den Inhalt aller Zeitungen, Zeitschriften, Filme und Rundfunksendungen, sondern darüber hinaus erteilte Goebbels bei den fast täglich stattgefundenen „Ministerkonferenzen" (während des Zweiten Weltkrieges fanden 1.200 solcher Konferenzen statt) Weisungen für alle Bereiche der Propaganda und kontrollierte teilweise die Durchführung. Er verkündete die Propagandaparolen und Sprachregelungen. Er lenkte die Gerüchteverbreitung im In- und Ausland. Er lancierte gefälschte alliierte Nachkriegspläne in die Presse des „feindlichen" Auslandes, um das deutsche Volk zu Hass und Erbitterung aufzustacheln. – Boelcke, Willi A.: Wollt ihr den totalen Krieg? S.7ff. Unter anderem hat Goebbels am 7.3.1942 an die Parteikanzlei festgestellt, dass „in der deutschen Öffentlichkeit sich in der letzten Zeit der Begriff ‚Partisan' eingebürgert und durchgesetzt hat. Dadurch besteht die Gefahr, daß dieser Begriff (...) geradezu heroisiert wird (...) Das Wort Partisan darf in der deutschen Öffentlichkeit nicht benützt werden." Ausdrücke wie Banditen, Heckenschützen, Banden usw. wurden von Goebbels empfohlen. – National Archives Washington: DC T8 R 2 63757. Goebbels verübte am 1.5.1945 in Berlin Selbstmord.

[14] Goebbels Tagebücher: S.130, Zürich 1948.

[15] Otto Georg Thierack, Dr. jur., geboren am 19.4.1900 in Wurzen, war Mitglied der NSDAP, wurde 1935 Vizepräsident des Reichsgerichtes; von 1939 bis 1942 war er Präsident des Volksgerichtshofes und ab 20.8.1942 Reichsjustizminister. Stockhorst: S.421. Thierack verübte im Oktober 1946 in einem Internierungslager Selbstmord.

[16] Die SS: S.223.

[17] Vierteljahreshefte: Nr. 4/1958, S.403 ff.

[18] IMT: Band IV, S.389.

[19] Martin Bormann, geboren am 17.6.1900 in Halberstadt, trat 1924 der NSDAP bei, wurde am 12.5.1941 Leiter der Parteikanzlei und ab 12.4.1943 Hitlers persönlicher Sekretär. Ab Frühjahr 1944 war Bormann einer der mächtigsten Männer im Hitlerschen Terrorapparat. Bormann wurde am 2.5.1945 zuletzt gesehen, sein Schicksal ist unbekannt, er soll in Berlin durch Kriegshandlungen getötet worden sein. Bormann wurde am 10.10.1946 in Nürnberg in Abwesenheit als Kriegsverbrecher zum Tode verurteilt. IMT: Band I, S.383ff und S.413 und Band III, S.43.

[20] Bericht des Dr. Thierack über das Übereinkommen: „(...) Besprechung mit Reichsführer-SS Himmler am 18.9.1942 in seinem Feldquartier in Gegenwart des StS. Dr. Rothenberger, SS-Gruppenführer Streckenbach und SS-Obersturmbannführer Bender.

1. Korrektur bei nicht genügenden Justizurteilen durch polizeiliche Sonderbehandlung. Es wurde auf Vorschlag des Reichsleiters Bormann zwischen Reichsführer-SS und mir folgende Vereinbarung getroffen:

a) Grundsätzlich wird des Führers Zeit mit diesen Dingen überhaupt nicht mehr beschwert.

b) Über die Frage, ob polizeiliche Sonderbehandlung eintreten soll oder nicht, entscheidet der Reichsjustizminister.

c) Der Reichsführer-SS sendet seine Berichte, die er bisher dem Reichsleiter Bormann zusandte, an den Reichsjustizminister.

halb Stunden zustande kam, war betitelt: *„Die Auslieferung asozialer Elemente an den Reichsführer-SS, um sie durch Arbeit zu vernichten.“* [21]

---

d) Stimmen die Ansichten des Reichsführers-SS und des Reichsjustizministers überein, so wird die Angelegenheit zwischen ihnen erledigt.
e) Stimmen beider Ansichten nicht überein, so wird die Meinung des Reichsleiters Bormann, der eventuell den Führer unterrichten wird, herbeigezogen.
f) Soweit auf anderem Wege (etwa durch ein Schreiben eines Gauleiters) die Entscheidung des Führers über ein mildes Urteil angestrebt wird, wird Reichsleiter Bormann den Bericht an den Reichsjustizminister weiterleiten. Die Angelegenheit wird sodann zwischen dem Reichsführer-SS und dem Reichsminister der Justiz in vorbezeichneter Form erledigt werden.
2. Auslieferung asozialer Elemente aus dem Strafvollzug an den Reichsführer-SS zur Vernichtung durch Arbeit. Es werden restlos ausgeliefert die Sicherungsverwahrten, Juden, Zigeuner, Russen und Ukrainer, Polen über 3 Jahre Strafe, Tschechen oder Deutsche über 8 Jahre Strafe nach Entscheidung des Reichsjustizministers. Zunächst sollen die übelsten asozialen Elemente unter letzteren ausgeliefert werden. Hierzu werde ich den Führer durch Reichsleiter Bormann unterrichten.
3. Rechtsprechung durch das Volk. Diese ist Schritt für Schritt zunächst in den Dörfern und den Städten bis etwa 20.000 Einwohner möglichst bald durchzuführen. In Großstädten ist die Durchführung schwierig. Hierzu werde ich durch einen Artikel im Hoheitsträger besonders die Partei zur Mitwirkung anregen. Es besteht Klarheit darüber, daß die Gerichtsbarkeit nicht in den Händen der Partei liegen darf.
4. Verordnungen, die die Partei und Justiz betreffen, sollen in Zukunft abgestimmt herausgegeben werden. Z. B. Nichtverfolgung unehelicher Mütter bei dem Versuch der Abtreibung.
5. Reichsführer-SS ist einverstanden, daß die Straftilgung auch für Polizeiangehörige nach Par. 8 des Straftilgungsgesetzes beim Reichsjustizmin. verbleibt.
6. Der von mir geplanten Regelung der vom Führer angeordneten Prügelstrafe stimmt Reichsführer-SS in vollem Umfange zu.
7. Ich nehme auf das Gemeinschaftsfremdengesetz Bezug und melde Ansprüche der Justiz an, z. B. bei Feststellung Jugendlicher als asoziale Elemente und ihre Einweisung. Auch scheinen mir die Tatumstände, die zur Abstempelung eines Menschen als asozial dienen, nicht klar genug im Gesetz dargelegt. Reichsführer-SS wartet unsere Stellungnahme ab und wird bis dahin die Vorlage des Gesetzes nicht betreiben.
8. Reichsführer-SS ist mit einer Bestimmung, wonach die Strafmündigkeit auf 12 Jahre herabgesetzt und die verminderte Strafmündigkeit über 18 Jahre erweitert werden kann, für das Jugendstrafgerichtsgesetz einverstanden.
9 SS-Obersturmbannführer Bender im Stabe des Reichsführer-SS wird vom Reichsführer-SS als Verbindungsmann in Sachen, die eine unmittelbare Verbindung zum Reichsführer-SS notwendig erscheinen lassen, bestimmt. Er ist jederzeit durch Fernschreiben im Feldquartier des Reichsführers-SS zu erreichen, kommt auch monatlich einmal nach Berlin und wird sich hier bei mir melden. Für die anderen Sachen ist zum Verbindungsmann Hauptsturmführer Wanninger ernannt, der sich im Sicherheitshauptamt befindet.
10. Reichsführer-SS weist darauf hin, daß im Strafvollzug viel mehr Spezialanstalten einzurichten sind, nach dem Grundsatz, daß Nichtbesserungsfähige nach ihren Spezialverbrechen (z. B. Betrüger, Diebe, gewaltmäßig Handelnde) geschlossen unterzubringen sind. Das wird als richtig anerkannt.
11. Reichsführer-SS verlangt die Führung des Strafregisters bei der Polizei. Es ist zu untersuchen, was dagegen spricht (Tilgung, Erschwerung und Herbeiziehung des Strafregisterauszuges). Die Angelegenheit soll mit Gruppenführer Streckenbach noch durchverhandelt werden.
12. Reichsführer-SS weist auf den im Felde als Major befindlichen SS-Obersturmbannführer Reichsgerichtsrat Altstoetter und auf den Landesgerichtspräsidenten Stepp positiv und auf den GenStAnw. Jung in Dresden negativ hin.
13. Schließlich schneidet Reichsführer-SS die Frage der Staatsanwaltschaft und ihren Übergang an die Polizei an. Ich lehnte das rundweg ab. Weiter wurde dieses Thema nicht behandelt.
14. Es besteht Übereinstimmung darüber, daß mit Rücksicht auf die von der Staatsführung für die Bereinigung der Ostfragen beabsichtigten Ziele in Zukunft Juden, Polen, Zigeuner, Russen und Ukrainer nicht mehr von den ordentlichen Gerichten, soweit es sich um Strafsachen handelt, abgeurteilt werden sollen, sondern durch den Reichsführer-SS erledigt werden. Das gilt nicht für bürgerlichen Rechtsstreit und auch nicht für Polen, die in den deutschen Volkslisten angemeldet oder eingetragen sind. Th.“
Archiv M.M.: Eichmann Ordner, S.493, Kopie des Nürnberger Dokumentes, 654-PS.

[21] Die SS: S.224.

Am 13.10.1942 berichtete Thierack Bormann:

> *„(...) Ich beabsichtige, die Strafverfolgung gegen Polen, Russen, Juden und Zigeuner dem RFSS zu überlassen. Ich gehe hierbei davon aus, dass die Justiz nur in kleinem Umfange dazu beitragen kann, Angehörige dieses Volkstums auszurotten. Zweifellos fällt die Justiz jetzt sehr harte Urteile gegen solche Personen, aber das reicht nicht aus, um wesentlich zur Durchführung des obangeführten Gedankens beizutragen (...).“* [22]

In diesem Zusammenhang wurde in einem Schnellbrief vom RSHA allen Chefs der Polizei, 5.11.1942, unter Hinweis auf das von Hitler zwischen Himmler und Thierack gebilligte Abkommen angeordnet, dass das ordentliche Strafverfahren auf Polen und Angehörige der Ostvölker nicht mehr angewandt werden dürfe.[23] Solche Personen, einschließlich der Juden und Zigeuner, seien künftig der Polizei zu übergeben und in die KL einzuweisen. Laut Schreiben des O. Pohl an Himmler vom 16.3.1943 sind vom 26.11.1942 bis 1.3.1943 aus den deutschen Justizanstalten in alle KL 10.191 SV-Häftlinge überstellt worden, von diesen allein *„in das KL Mauthausen/Gusen 7.587“.* Bis 1.3.1943 sind von den eingewiesenen 10.191 Häftlingen *„insgesamt 3.853 gestorben“* gemeldet worden, allein *„in Mauthausen/Gusen 3.306“.* Im Zeitraum von ca. drei Monaten starben in Mauthausen 3.306 und in allen anderen Konzentrationslagern 443 SV-Häftlinge! Bezüglich dieser hohen Sterblichkeit meinte Pohl, *„es ist sicherlich anzunehmen, daß Mauthausen das schlechteste Material bekam“.*[24] Von den vom 26.11.1942 in das KLM eingewiesenen 10.231 SV-Häftlingen wurden bis 16.2.1944 im KL Mauthausen/Gusen 6.736 als „gestorben“ gemeldet.[25]

Eine Änderung des Zustandes der systematischen Ausrottung der ins KLM Eingewiesenen trat erst ein, als sich das Schwergewicht *„auf die Mobilisierung aller Häftlingskräfte für Kriegsaufgaben“* der deutschen Rüstungswirtschaft verschoben hatte. Diese am 30.4.1942 angeordnete Strukturänderung trat in Mauthausen erst im Spätsommer 1943 in Kraft, und seit diesem Zeitpunkt stand im KLM die Vernichtung gewisser Häftlinge aus *„Sicherheits-, erzieherischen und vorbeugenden Gründen“* nicht mehr im Vordergrund. Das KLM blieb zwar weiter ein Lager der Stufe III, doch auch einzelne Häftlinge der Stufe I und II wurden aus „kriegswirtschaftlichen Gründen“ eingewiesen, um in der Rüstungswirtschaft des KLM eingesetzt zu werden. Außerdem hatte die ab 1943 erfolgte Masseneinweisung von Häftlingen für eine individuelle Einstufungspraxis nur noch wenig Raum gelassen. Bis April 1945 (!) sind immer wieder einzelne Häftlinge oder Häftlingsgruppen in das KLM, entweder über Auftrag der einweisenden Stellen (GESTAPO respektive KRIPO) oder strafweise wegen politischer Tätigkeit im KL aus anderen Konzentrationslagern (so zum Beispiel Dachau, Sachsenhausen, Buchenwald, Natzweiler, Auschwitz, Groß-Rosen und Flossenbürg) mit dem Vermerk *„ins Lager der Stufe III einzuweisen“* überstellt worden. Gewisse Häftlingsgruppen (so zum Beispiel etwa 5.000 „K-Häftlinge“, alliierte Fallschirmspringer, österreichische und deutsche

[22] Anatomie des SS-Staates: S.389. ND: NG-558
[23] IMT: Band XXXVIII, Dokument L-316, S.98.
[24] Archiv M.M.: O 2/4, Kopie des Schreibens, SV-Häftlinge, Tagesaufstellung vom 26.11.1942 bis 16.2.1944.
[25] Archiv M.M.: O 2/1, Kopie einer statistischen Aufstellung über die Zu- und Abgänge vom DÖW.

Kommunisten sowie politische jüdische Aktivisten) wurden so wie früher entweder sofort oder in wenigen Wochen „bei der Arbeit" respektive auf andere Art getötet.
Am 3.8.1944 hat der Chef der SIPO und des SD (gez. Müller) unter Bezugnahme auf die am 7.5.1944 von Himmler für Kriegsdauer angeordnete Entlassungssperre für das KLM in einem Rundschreiben unter anderem angeführt:

> *„(...) in Zukunft [sind] bei Schutzhaftanträgen nur solche Häftlinge zur Einweisung nach Mauthausen vorzuschlagen, die unter die verschärften Bestimmungen fallen. Insbesondere sind diese Richtlinien bei Sammelüberführungen, bei denen die Schutzhaft ggfl. erst nachträglich bestätigt wird, genauestens zu beachten. Soweit sich in dem KL Mauthausen Häftlinge der Stufe I und II befinden, wird ihre Überstellung in andere KL von hier angeordnet (...)"*[26]

Dokumente oder Hinweise, die über eine nach dem 3.8.1944 erfolgte Überstellung von Häftlingen der Kategorie I und II in andere KL berichten, wurden bisher nicht vorgefunden. Es kann jedoch angenommen werden, dass dieser Weisung zufolge zumindest Gruppen von westeuropäischen NN-Häftlingen in das KL Natzweiler[27] und andere Häftlinge in das KL Dachau überstellt wurden. Die Masse der Rüstungsfacharbeiter der Kategorie I und II verblieb weiter im KLM.

[26] Archiv M.M.: A 7/4, Kopie eines Schreibens des RFSS vom 7.5.1944 und A 7/3, Kopie des Erlasses vom 3.8.1944.
[27] Am 24.8.1943 ordnete das RSHA an, „daß alle NN-Häftlinge germanischer Abstammung in das KL Natzweiler zu überstellen" seien. Der Befehl wurde am 20.5.1944 vom WVHA wiederholt. SS-Staat: S.95f.

Kennzeichen für Schutzhäftlinge in den Konz. Lagern

Form und Farbe der Kennzeichen

	Politisch	Berufs-Verbrecher	Emigrant	Bibel-forscher	Homo-sexuell	Asozial
Grund-farben						
Abzeichen für Rückfällige						
Häftlinge der Straf-kompanie						
Abzeichen für Juden						
Besondere Abzeichen	Jüd. Rasse-schänder	Rasse-schänderin	Flucht-verdächtigt	2307 Häftlings-Nummer	Beispiel	
	P Pole	T Tscheche	Wehrmacht Angehöriger	Häftling Ia		

Solche Kennzeichen-Tafeln wurden in den Jahren 1940 und 1941 allen KL-Kommandanten übermittelt AMM

5. Die Kennzeichnung der Häftlinge

Ab 18.10.1938[1] erhielt jede in das Lager Mauthausen eingewiesene und von der Lagerschreibstube erfasste Person eine lagereigene Häftlingsnummer zugewiesen.[2] Eine Ausnahme bildete ein Teil der Ende September 1939 von Dachau in das Konzentrationslager Mauthausen überstellten Häftlinge; sie behielten die ihnen in Dachau zugeteilten Häftlingsnummern. So zum Beispiel sind jene österreichischen Häftlinge, die im Herbst 1939 von Dachau nach Mauthausen überführt und im Frühjahr 1940 aus der Haft entlassen wurden, nicht mit einer Mauthausener Nummer versehen worden.[3] Bis 19.2.1942 wurden alle durch Tod, Überstellungen oder Entlassungen freigewordenen Häftlingsnummern neu vergeben. Manche dieser Nummern wurden bis zu sechsmal ausgegeben. Ab 20.2.1942 wurden die Häftlingsnummern nur einmal besetzt. Die höchste Mauthausener Häftlingsnummer lautete 139.317.[4] Mit Ausnahme von Gusen behielten jene Häftlinge, die aus Mauthausen in ein Nebenlager überstellt wurden, stets die ihnen im Hauptlager zugeteilte Häftlingsnummer. Im Nebenlager Gusen war eine separate Nummernserie eingeführt worden. Auch hier wurden die Nummern bis 23.1.1944 mehrmals vergeben. Die höchste Zahl war etwa 16.500.[5]
Am 24.1.1944 sind 7.312 Gusener Häftlinge in den Stand des Hauptlagers Mauthausen überführt, mit Mauthausener Nummern versehen worden, und alle in der Folge über das Hauptlager oder direkt nach Gusen überstellten Häftlinge erhielten eine fortlaufende Nummer des KLM.[6] Der Häftling durfte nicht mit seinem Namen, sondern stets mit seiner Nummer angesprochen werden und musste sich auch als „Nummer" melden, wie zum Beispiel:

„Der französische Schutzhäftling Nr. 38.467 bittet vorbeigehen zu dürfen."

Eine Ausnahme bildeten lediglich die Häftlingsfunktionäre, die von den SS-lern oft mit ihrem Funktionstitel angesprochen wurden. Die Häftlingsnummer, schwarze Zahlen auf weißem Stoff, musste auf der linken Brustseite der Bluse in der Höhe des Herzens und rechts am Hosenbein, ungefähr in der Mitte des Oberschenkels, getragen werden. Außerdem erhielt jeder registrierte Häftling eine Blechmarke mit seiner eingestanzten Nummer ausgefolgt. Das Blechstück musste entweder am Handgelenk oder um den Hals getragen werden. Häftlinge der Strafkompanie waren mit schwarzen Punkten gekennzeichnet, und jene, bei denen Fluchtgefahr angenommen wurde, mussten unterhalb der Häftlingsnummer und am Rücken rote Punkte tragen. Je nach dem Grund der Einweisung und der Nationalität trug jeder Häftling oberhalb oder manchmal unterhalb respektive neben der Nummer ein farbiges

---

1 Archiv M.M.: E 5/4, Kopie. Original befindet sich im ISD Arolsen.
2 Nummernzuteilung: S.21f.
3 Angaben des ehem. Dachauer und Mauthausener Häftlings Dr. Hermann Lein.
4 Nach der Nummernzuteilung (S.21f) lautete die höchste Häftlingsnummer 139.317. Nach Unterlagen im Archiv M.M. (Y 35 und 36), Mikrofilme der Häftlingsbücher von Nr. 1 bis 30.500, 50.001 bis 139.157 (Originale befinden sich in den USA, Washington) lautete die höchste Nummer 139.157.
5 Archiv M.M.: B 12/3, Originale, Totenbücher vom 1.6.1940 bis 6.7.1942 und vom 12.4.1943 bis 1.5.1945, aus denen zu entnehmen ist, dass zu verschiedenen Zeiten namentlich verschiedene Häftlinge die gleiche Registriernummer hatten.
6 Nummernzuteilung: S.21f. Archiv M.M.: B 12/50, Kopien der Liste, Nr. 43.001 bis 50.312.

Dreieck, im Lagerjargon „Winkel“ genannt; in diesem war der Anfangsbuchstabe seiner Nationalität verzeichnet: Polen „P“, Tschechen „T“, Jugoslawen „J“, Franzosen „F“, Ungarn „U“ usw. Österreicher und manche Luxemburger hatten, so wie die deutschen Häftlinge, keinen Buchstaben im Dreieck. Die sowjetischen Kriegsgefangenen führten die Buchstaben „SU“. Bei den politischen Häftlingen, mit Ausnahme der Spanier (blau) und Bibelforscher (violett), war das Farbfeld rot, bei Kriminellen grün, bei den so genannten Asozialen schwarz, und bei den Homosexuellen war es rosa. Darüber hinaus gab es noch Unterscheidungsmerkmale; so zum Beispiel mussten die Rückfälligen, das heißt, die zum zweiten Male ins KL eingewiesenen Häftlinge, oberhalb ihres Dreieckes einen Querstrich (Balken) tragen; die jüdischen Häftlinge waren mit rotgelbem Davidstern gekennzeichnet.[7]

[7] SS-Staat: S.73f. Archiv M.M.: E 5/1, 2, 3, 4b, 5, 6, 7 und 8, Originale: Stoffnummern, Blechmarken, Karteien usw.

6. Die Lebensbedingungen und der Tagesablauf

Beispielhaft und wegweisend für die Einrichtung sowie Führung des KLM und die Lebensbedingungen der Häftlinge waren die vom SS-Gruppenführer Eicke angewandten Methoden und gesammelten Erfahrungen – insbesondere seine bereits am 1.10.1933 für das KL Dachau[1] erlassene Disziplinar- und Strafordnung für Häftlinge, die zum Vorbild für die im KLM erlassene Dienstvorschrift wurde. In dieser Dienstvorschrift Eickes hieß es unter anderem:

„(…) § 2: Bei Fluchtversuch von Gefangenen darf die Wach- und Begleitgruppe ohne Anruf von der Schußwaffe Gebrauch machen. [„Ohne Anruf" bedeutete die Praxis, Häftlinge „auf der Flucht" zu erschießen.]

§11: Wer im Lager (…) zum Zwecke der Aufwiegelung politisiert, aufreizende Reden hält, sich mit anderen zu diesem Zwecke zusammenfindet, Cliquen bildet, oder sich herumtreibt, wahre oder unwahre Nachrichten zum Zwecke der gegnerischen Greuelpropaganda über das Konzentrationslager oder dessen Einrichtungen sammelt, empfängt, vergräbt, weitererzählt, an fremde Besucher oder andere weitergibt, (…) aus dem Lager herausschmuggelt (…) mittels Steinen usw. über die Lagermauer wirft oder Geheimschriften anfertigt (…) wird kraft revolutionären Rechtes als Aufwiegler aufgehängt.

§ 12: Wer einen Posten oder einen SS-Mann tätlich angreift, den Gehorsam oder an der Arbeitsstelle die Arbeit verweigert, andere zum Zwecke der Meuterei zu den gleichen Taten auffordert oder verleitet, als Meuterer eine Marschkolonne oder eine Arbeitsstätte verläßt, andere dazu auffordert, während des Marsches oder Arbeit johlt, schreit, hetzt oder Ansprachen hält, wird als Meuterer auf der Stelle erschossen oder nachträglich gehängt (…)"[2]

Die offiziellen Strafmaßnahmen waren:

a) Ordnungsstrafen (Essensentzug, Strafarbeit)

b) Arreststrafen und Dunkelarrest

c) körperliche Züchtigungen[3]

Zu den Ordnungsstrafen gehörten u. a. eine Verwarnung, mit der zugleich eine Bestrafung angedroht wurde, Strafarbeit in der Freizeit unter Aufsicht eines SS-Unterführers, das Verbot, Briefe zu schreiben oder zu empfangen, Essensentzug bei voller Beschäftigung, die Einweisung in die Strafkompanie und hartes Lager nach der Tagesarbeit in einer Zelle. Die Einweisung in die Strafkompanie kam im KLM (bis Herbst 1943 und für nahezu alle Ausländer) der Vollstreckung eines Todesurteils gleich.

---

[1] Das KL Dachau war das erste Konzentrationslager in Deutschland. Schon am 20.3.1933 ließ Himmler als kommissarischer Polizeipräsident von München auf dem Gelände einer ehemaligen Pulverfabrik in der Nähe von Dachau bei München das KL Dachau errichten. SS-Staat: S.45ff.

[2] ND: 1216-PS, D-922.

[3] Archiv M.M.: V 3/1, 2, 4, 7 und 8, Häftlingsaussagen. ND: 1992(A)-PS.

Angehörige der Strafkompanie auf der Todesstiege. Sommer 1942 AMM

Arreststrafen waren zumeist mit Stockschlägen verbunden; verschärfter Arrest wurde ohne Gelegenheit zum Liegen oder Sitzen in der Dunkelheit vollstreckt, und die Häftlinge bekamen nur jeden dritten Tag warmes Essen, ansonsten nur Brot und Wasser. Zur körperlichen Züchtigung gehörten Stockschläge, die in Mauthausen nur mit einem Ochsenziemer verabfolgt wurden. Die Anzahl der Schläge betrug zwischen fünf und fünfundsiebzig! Wenn mehr als 25 Stockschläge angeordnet wurden, sollten von 25 zu 25 Schlägen vier Wochen Abstand gehalten werden. Die geschlagenen Häftlinge mussten die Schläge lautstark mitzählen. Verzählte sich ein Häftling, musste er mit dem Zählen von vorne beginnen; so kam es oftmals vor, dass er die doppelte Anzahl der Schläge erhielt. Die Strafe sollte im Beisein eines SS-Arztes vollzogen werden. Dies war im KLM niemals der Fall. Die Strafe wurde auf dem so genannten „Bock", über den der Häftling gelegt wurde, vollstreckt. Zwischen den Baracken 1 und 2, auf der Lagerstraße im Hauptlager, erfolgte bis Herbst 1943 der Vollzug der Prügelstrafe.

Offenbar auf Grund einer Weisung des RFSS vom 2.12.1942, wonach Himmler verlangte, *„daß Prügelstrafen in Zukunft nur als letztes Mittel angewandt werden würden"*, und von den Lagerkommandanten nur zu beantragen sind, *„wenn alle anderen in den Lagervorschriften enthaltenen Strafen nichts gefruchtet haben"*, ist ab etwa Sommer 1943 die körperliche Züchtigung durch Stockschläge im KLM relativ selten angewendet worden. Für die Verhängung der Prügelstrafe gab es Formulare. Vorher sollte der Häftling vom SS-Arzt untersucht werden, ob sein Gesundheitszustand die Prügel aushält. Dann ging dieses Formular an den Inspekteur der KL beim WVHA und wurde dort stets mit „ja" beantwortet. Nach der Rückübermittlung des Formulars wurde die Strafe vollzogen. Nach Vollzug der Strafe mussten sowohl Schutzhaftlagerführer als auch der SS-Arzt und der Lagerkommandant den Vollzug bestätigen, und das Formular ging in das RSHA. Der beim Standortarzt eingesetzte Häftlingsschreiber, Ing. Ernst Martin, gab bezüglich der ärztlichen Untersuchung an, er habe nicht ein einziges Mal erlebt, dass ein Häftling, bei dem die Prügelstrafe vollzogen wurde, auf seinen Gesundheitszustand untersucht worden wäre.[4]

Als Disziplinarbehandlung gab es weiters das so genannte Tor- oder Strafestehen. Die Häftlinge, die mit dieser Maßnahme belegt wurden, mussten bei jedem Wetter stundenlang oder mehrere Tage und Nächte in der Nähe des Lagertores stehen. Die vorbeigehenden SS-Angehörigen „vergnügten" sich oftmals, indem sie die stehenden Häftlinge schlugen oder traten.

Zu den übelsten Misshandlungen gehörte in Mauthausen das unzählige Male angewandte „Pfahlhängen" oder nur „Hängen" genannt. Dem Häftling, der diese Marter über sich ergehen lassen musste, wurden die Hände mit einem etwa fingerdicken Strick auf dem Rücken zusammengebunden. An diesem Strick wurde das Opfer dann am Querbalken einer Baracke in etwa zwei Meter Höhe aufgehängt, so dass der Körper frei in der Luft schwebte. Das ganze Körpergewicht lastete auf den nach rückwärts gebogenen Gelenken. Diese Tortur war

[4] Zeitgeschichte: NO-1.518, Kopie eines Schreibens des WVHA vom 2.12.1942 betr. Prügelstrafen. – Angaben des Ing. E. Martin, Landesgericht Linz, 17 Ur 146/63.

mit großen Dehnungsschmerzen der Muskulatur, mit Bewusstseinstrübung und nach 30 Minuten mit völliger Ohnmacht verbunden.[5]

Die Strafen wurden auf Grund von Meldungen, die ein SS-Angehöriger vorlegte, verhängt. Der Kommandant sollte entscheiden, welche Strafe verhängt – und welche Strafe bei den vorgesetzten Behörden RSHA, im Falle einer Prügelstrafe ab 23.3.1944 beim WVHA, beantragt werde.[6] Jedoch haben im KLM alle Rapportführer, Arbeitsdienstführer und selbstverständlich die Lagerführer alle möglichen Strafen angeordnet und sofort vollzogen, wie zum Beispiel Ohrfeigen, Fußtritte, Fausthiebe, Kantenschläge, Torstehen, Strafkompanie oder „Sporttreiben“ usw.

Alles im KLM zielte darauf hin, die persönliche Würde herabzusetzen, zu zertreten. Jäh sank man zur Laus, zu einer wertlosen Nummer. Der Häftling musste sich jeglichem Befehl unterwerfen. Unerschöpflich war die Phantasie der SS-Leute und einzelner Häftlingsfunktionäre im Erfinden von Demütigungen und Repressalien zur *„Aufrechterhaltung der Ordnung“* und *„Erziehung“* der Häftlinge.[7] Die Häftlinge mussten nach der Arbeit exerzieren, sie wurden mit übelsten Kasernenhofmissbräuchen gequält: Appelle, Grußformen, stundenlanges Ab und Auf der Mütze, Strammstehen, zehnmal, zwanzigmal, ja dreißigmal hintereinander Bettenbauen, die Spinde mit Glaspapier schrubben[8], unter die Betten kriechen und in der Nacht unzählige Male aus der Baracke durch die offenen Fenster in den Hof springen, Kniebeugen, Wälzen in Schmutz, Kot, Schnee und dann wieder die Kleidung reinigen.[9] Mit einem unermesslichen Wortschatz von Beschimpfungen unter brutalsten Misshandlungen wurden vor allem Neuzugänge eingeschüchtert; wer sich widersetzte, wurde auf der Stelle ermordet. Damit wurde der Zweck verfolgt, jeden Gedanken an Auflehnung und Widerstand von vornherein zu ersticken.

Besonders rabiat verfuhren die an Minderwertigkeitskomplexen leidenden SS-Angehörigen und gewisse primitive Häftlingsfunktionäre mit den Juden, mit den Intellektuellen wie Künstlern, Pädagogen, Studenten und den sowjetischen Offizieren. Die Masse der Häftlinge war gezwungen, täglich und stündlich den Kampf um das nackte Dasein zu führen.

[5] Archiv M.M.: V 3/1, 2, 4, 7, 8 und 20, Häftlingsaussagen.

[6] Eichmann: Ordner Nr. 175.

[7] Himmler hat in einer Rede über die KL-Häftlinge und ihre Erziehung während eines nationalsozialistischen Lehrganges der Wehrmacht, Jänner 1937, u. a. wörtlich Folgendes gesagt: „(...) von diesen sitzt keiner zu Unrecht: es ist ein Abhub von Verbrechertum, von Mißratenen. Es gibt keine lebendigere Demonstration für die Erb- und Rassegesetze (...) als ein Konzentrationslager. Das sind Leute mit Wasserköpfen, Schielende, Verwachsene, Halbjuden, eine Unmenge rassisch minderwertiges Zeug. Die Erziehung geschieht im ganzen nur durch Ordnung, niemals durch irgendwelchen weltanschaulichen Unterricht, denn die Häftlinge sind ja in den meisten Fällen Sklavenseelen (...) unendlich viel Vorbestrafte sind darunter, gerade bei den politischen Verbrechern (...)“ ND: 1992(A)-PS. – Trotzdem wurden Häftlinge propagandistisch beeinflusst: Die Rede Hitlers im Berliner Sportpalast zur Eröffnung des „Kriegswinterhilfswerkes“, 3.10.1941, musste von allen Mauthausener Häftlingen in den Baracken angehört werden. In den Stuben beaufsichtigten den Rundfunkempfang SS-Blockführer. Hitler damals: „(...) der Gegner [Sowjetunion] ist bereits gebrochen und wird sich nie mehr erheben (...)“ Angaben des Häftlings Manuel Garcia, Mauthausen.

[8] Das Schrubben mit Glaspapier erfolgte nur im Hauptlager und in Gusen, und zwar bis zum Frühjahr 1944. Archiv M.M.: V 3/1, 2, 4, 7, 8 und 20, Häftlingsaussagen.

[9] Die nächtlichen Torturen fanden in den Jahren 1939 bis zum Frühjahr 1943 und dann im Jahre 1944 bei den „K-Häftlingen“ im Block 20 statt. Archiv M.M.: V 3/1, 2, 7, 8, 9, 13, 19, 21, 22 und 23, Häftlingsaussagen.

Alle lebten in einer permanenten Angstpsychose. Überall lauerte die Todesgefahr. Keiner wusste, ob er die kommende Stunde überleben würde. Und wenn man die Nacht überlebte, so stellte sich die Angst mit dem Weckruf erneut wieder ein...[10]

Die schlechtesten Lebensbedingungen fanden vom Herbst 1940 bis Dezember 1943 die jüdischen Häftlinge, ihnen gleichgestellt waren die von Oktober 1941 bis Ende 1942 die sowjetischen Kriegsgefangenen und in den Jahren 1944/45 die „K-Häftlinge"[11]. Von den übrigen nationalen Gruppen hatten in den Jahren 1940 und 1941 die Polen, 1941 und 1942 die Spanier und Tschechen besondere Erschwernisse zu tragen; nur wenig besser erging es Jugoslawen, Italiener und Ungarn. Vor allem die älteren Jahrgänge oder körperlich Schwachen jeder Häftlingsart und Nationalität, weiters die Angehorigen der Strafkompanie, lebten nur wenige Wochen, wenn nicht Tage. Die Häftlinge der Strafkompanie wurden immer als Steineträger eingesetzt, sie durften weder Briefe schreiben noch empfangen und wurden nur nach einem Arbeitsunfall im Sonderrevier oder Krankenlager ärztlich betreut.

Wenn Häftlinge der Strafkompanie auf Grund ihres körperlichen Zustandes nicht mehr in der Lage waren, große Steinquader zu tragen, so wurde ihnen in der Früh, vor dem Ausrücken, keine Holztrage ausgefolgt. Dies bedeutete, dass sie an diesem Tag oberhalb der Todesstiege, im Bereich des so genannten Rosengartens, „auf der Flucht" erschossen werden.

Relativ bessere Lebensbedingungen gab es für die deutschen respektive österreichischen Kriminellen[12] und Politischen (dazu zählten auch die Luxemburger) sowie für alle Häftlingsfunktionäre. In den letzten Jahren der Existenz des Lagers wurden von gewissen SS-Führern die Bibelforscher, Spanier, dann auch die Tschechen bevorzugt behandelt.

Doch in diesem Lager gab es für keinen Häftling Sicherheit. So zum Beispiel wurden am 24.8.1941 aus dem slowenischen Gebiet 259 Polizeihäftlinge eingewiesen, die bevorzugt behandelt und nach sechs Monaten Lagerhaft entlassen werden sollten. Von diesen 259 Jugoslawen lebten in den ersten Monaten des Jahres 1942 nur noch 158, die entlassen wurden. Alle anderen sind in den wenigen Monaten im KLM zugrunde gegangen.

In den Monaten März und April 1945 (!) gab es den Befehl der Zentralstellen, die jüdischen Häftlinge besser zu behandeln, was jedoch die Lager-SS keinesfalls hinderte, während der Evakuierungsmärsche und im Zeltlager Hunderte von Juden zu ermorden.

Aus den angeführten Gründen war die durchschnittliche Lebensdauer eines Häftlings sehr kurz und betrug:

- vom August 1938 bis Herbst 1939 etwa 15 Monate
- vom Winter 1939/40 bis Spätherbst 1943 etwa 6 Monate[13]
- dann ungefähr 9 Monate
- und ab Winter 1944/45 etwa 5 Monate

---

[10] Archiv M.M.: V 3/1 bis 56, Häftlingsaussagen.

[11] Siehe Kapitel 35: „K-Häftlinge" – „Mühlviertler Hasenjagd". Archiv M.M.: S.1–8.

[12] Eine Ausnahme waren bei den deutschen Kriminellen die aus den Gefängnissen überstellten deutschen Sicherheitsverwahrungs-Häftlinge, vorwiegend abgeurteilte Zuchthäusler. Sie sind rücksichtslos misshandelt und getötet worden (Ende 1942 und im Jahre 1943). Siehe Kapitel 32: Massenrepressalien, Winter 1942/43.

[13] Siehe Kapitel 22: Die Lebensdauer der aus Schlesien stammenden und am 2.8.1940 in Gusen angekommenen Priester.

Alle Neuzugänge (nicht jene, die aus einem anderen Konzentrationslager überstellt wurden) wurden zuerst im so genannten Quarantänelager[14] untergebracht, wo sie zwei bis drei Wochen verbleiben sollten. Nur zur Zeit der Typhusepidemien wurde die Quarantänezeit etwas ausgedehnt. Nach etwa drei Tagen Aufenthalt wurden die Neuzugänge vom Quarantänelager aus bei verschiedenen Grabungsarbeiten innerhalb des Lagers eingesetzt und bis zum Herbst 1943 selektiert; die Alten, Körperschwachen, Kranken, Invaliden und slawische Intellektuelle wurden erschlagen oder „auf der Flucht" erschossen; nach Ablauf der Quarantänezeit wurden die Übriggebliebenen entweder in eine Baracke des Hauptlagers oder in ein Nebenlager überstellt.[15]

Im Hauptlager und in fast allen Nebenlagern wurden die Häftlinge durch Glockenschläge geweckt. Vom Frühjahr bis zum Herbst um 4.45 Uhr, im Winter um 5.45 Uhr. Nach dem Weckruf musste man sofort aufstehen, und nun wiederholte sich täglich folgendes gehetztes Treiben: Die Strohsäcke mussten mit Brettern geglättet, die Kanten eckig hergerichtet und die Decken exakt zusammengelegt werden. Man musste sich vor dem Klosett und dem Waschraum anstellen, schnell waschen und anziehen, neuerdings für Suppe oder Kaffee anstellen, sodann Essenschalen reinigen und im Spind alles auf den vorgeschriebenen Platz legen. Dann erfolgte vor der Baracke die Formierung des Zuges für den Zählappell. All das geschah unter Stößen, Schlägen, begleitet von den Kommandos des Blockpersonals, wie z.B. *„raus, schnell, bistro, rapido, ausrichten, marsch"* usw. usf. [16]

Ob Sommer oder Winter, bei Regen, Schnee, Frost und Sonnenschein, immer das gleiche Bild: in Zwanzigerreihen barackenweise links und rechts am Appellplatz aufgestellt, warteten die Häftlinge auf das Erscheinen der SS-Leute. Nach deren Kommen meldete der jeweilige Barackenälteste dem Blockführer seinen Häftlingsstand, die SS-ler kontrollierten die Angaben, die ausgerichteten Häftlingsreihen, und der Rapport- oder ein anderer SS-Führer nahm die Meldungen der Blockführer entgegen. Nach einem exakten *„Mützen ab, Mützen auf"* erschallte das Zeichen der Beendigung des Appells, ein allen vernehmbarer Ruf des Lagerältesten:

„Arbeitskommando formieren!"

Nun wieder ein Treiben, das einem Ameisenhaufen ähnelte: Herumrennen, ein Hinundhergestoßenwerden und dazu gereiztes Schreien und wiederholtes Zählen der Capos.

In geschlossenen und zahlenmäßig vorher bestimmten Kolonnen marschierten die Häftlinge in Fünferreihen zu ihren Arbeitsstätten, die sich entweder innerhalb oder außerhalb der großen Postenkette befanden. In Mauthausen marschierten im ersten Arbeitskommando jene Häftlinge aus, die im Steinbruch eingesetzt waren. Vor dem beim Haupttor befindlichen Jourhaus mussten alle Häftlinge eine Ehrenbezeugung machen: Abnahme der Mützen, Stechschritt und Linkswendung der Blickrichtung.

---

[14] Das waren mehrere isolierte Baracken in Mauthausen und in Gusen; in Mauthausen die Blöcke 13 und 15, dann 16 bis 18, respektive 19, später 21 bis 24 oder das Lager III und Zeltlager. In Gusen waren es gewöhnlich die Baracken 16, 17 und 15. Archiv M.M.: V 3/1, 2, 7, 8, 19, 20 und 22, Häftlingsaussagen.

[15] Archiv M.M.: V 3/1, 2, 4, 7, 8, 20, 22, 23, 25 und 32.

Das monotone Klipp-Klapp der Holzsohlen, die angstverzerrten Gesichter vieler Hungergestalten, das Bemühen, nicht zu stolpern, den Gleichschritt einzuhalten, nur ja nicht bereits in der Früh unangenehm aufzufallen und die befehlenden Schreie der Hilfscapos *„links, zwei, drei und vier; links, zwei, drei und vier"* waren eine sich täglich wiederholende Szenerie des Mauthausener Alltags.

Bis zum Frühjahr 1944 erfolgten täglich drei Zählappelle, und zwar morgens, mittags und abends. Nachher entfiel der Mittagsappell. Zum Mittagsappell mussten jene Häftlinge antreten, die in den Werkstätten und innerhalb des Hauptlagers eingesetzt waren, nicht jedoch das Bedienungspersonal in den SS-Unterkünften und in den Revieren.[16] Abends, nach der Rückkehr von der Arbeit, je nach Jahreszeit ab 18.00 oder 19.00 Uhr, fand zuerst der Appell statt, der besonders exakt durchgeführt werden musste, weil seine Wiederholung nicht mehr auf Kosten der Arbeitszeit, sondern der Freizeit ging. Der Abendappell dauerte gewöhnlich 30 Minuten, manches Mal auch ein, zwei und – bei Hinrichtungen, Flucht oder anderen Vorkommnissen – drei und mehr Stunden. Nach dem Abendappell wurde Essen gefasst (vor allem Brot), und nun hatten die Häftlinge nach der Einnahme der Mahlzeit längstens eine Stunde, theoretisch bis 20.45 Uhr, frei.

Praktisch sah es so aus, dass man sich zuerst lange vor dem Klosett- oder Waschraum anstellen musste. Manche fassten Wäsche, manche reinigten Kleider, Schuhe, Spinde oder mussten strafweise Betten bauen, andere versuchten, einen Arzt aufzusuchen. Manche nützten die Freizeit, um irgendwo etwas Essbares zu erbetteln oder zu stehlen, andere wieder versuchten ihr Glück „am schwarzen Markt", wo Nahrungsmittel und Zigaretten getauscht wurden. Einmal in vier bis sechs Wochen wurden die Häftlinge blockweise abends ins Brausebad geführt. Ein- oder zweimal im Monat erhielten gewisse Häftlinge Post und ab Dezember 1942 auch Lebensmittelpakete. Einzelne Prominente[17] suchten (ab Sommer 1942 in Mauthausen, ab Dezember 1942 in Gusen) einmal in der Woche das Bordell auf. Um 20.45 Uhr mussten alle Häftlinge in ihren Baracken anwesend sein, und ab 21.00 Uhr war Bettruhe angeordnet – wenn nicht vom Blockführer respektive vom Blockpersonal eine Laus-, Kleider- oder Spindkontrolle oder eine andere Schikane angeordnet wurde. Die reine Nachtruhe schrumpfte oft auf nur sechs Stunden, oft auch auf noch weniger zusammen.

Zu Zeiten der Typhus-Epidemien (1940–1941) wurden täglich abends Lauskontrollen durchgeführt[18]. So mancher Häftling ist erschlagen oder ertränkt worden, weil an ihm eine Laus gefunden wurde. Kaum drastischer konnte die Aufschrift in den Mauthausener Baracken affichierter Plakate (auf gelbem Grund eine große schwarze Laus) praktiziert werden: *„Eine Laus dein Tod"*.

Der Sonntagnachmittag diente dazu, die eigene Garderobe herzurichten, Flickarbeiten durchzuführen, Socken zu stopfen, soweit man solche besaß, denn die Mehrzahl der Häftlinge hatte

[16] Archiv M.M.: V 3/1, 2, 7 und 8, Häftlingsaussagen.

[17] Vorwiegend Deutsche, Österreicher und sehr wenige Ausländer. Archiv M.M.: K 2/1, Original, Bordell-Liste der Häftlinge der Baracke 3.

[18] Archiv M.M.: H 21/1, Kopien von Telegrammen (7.10.1940 und 14.7.1941) über Fleckfiebererkrankungen im KLM.

Fußlappen. Weiters wurden Haare geschnitten, man rasierte sich, und wenn man dazu Zeit hatte, suchte man Freunde in anderen Baracken auf. Hie und da gab es ab Sommer 1943 sonntagnachmittags auch Konzerte der Häftlingskapellen, manches Mal Boxveranstaltungen und auch Fußballspiele. Nur jene wenigen Häftlinge, die in bevorzugten Arbeitskommandos untergebracht waren und sich relativ gut ernähren konnten, nahmen an diesen Veranstaltungen teil.

In Mauthausen gab es ab 1943 Fußballmannschaften der Deutschen, Spanier, Wiener, Jugoslawen und Polen; in Gusen stellten Deutsche, Polen und Spanier Fußballriegen auf. Als Boxer stellten sich wie in Mauthausen so in Gusen vor allem deutsche Kriminelle, einzelne Spanier und auch Polen in den Ring. Ein Faustkampf eines Spaniers oder eines Polen gegen einen Deutschen symbolisierte für viele den Kampf der unterdrückten Völker gegen die deutschen Faschisten, weil es in Mauthausen einem Ausländer nur im Boxring möglich war, einen Deutschen niederzuschlagen, zu besiegen.

26 aus dem Nebenlager Melk ins Hauptlager am 21.9. 1944 rücküberstellte Sowjetbürger, die am 25. respektive 26.9.1944 hingerichtet wurden. AMM

7. Die Ernährung

Am 17.3.1944 sind vom WVHA die gesamten Häftlings-Unterhaltskosten wie folgt festgesetzt worden:

„(…) *Die Kosten für Bekleidung, Unterkunft und Verpflegung betragen pro Kopf und Tag:*

a) weibliche Häftlinge	*RM 1,32*
b) männliche Häftlinge	*RM 1,34*
Davon Bekleidung	
a) Männer	*RM 0,39*
b) Frauen	*RM 0,27*
Unterkunftskosten:	
a) und b)	*RM 0,30*[1]
Verpflegung:	
a) und b) einschließlich Schwerarbeiterzulage	
pro Tag und Häftling	*RM 0,65*“

[1] ISD Arolsen: Erlasse und Befehle des WVHA , D-RF-9/KZ 6. 1 RM stellte 1994 einen Kaufwert von etwa 70 bis 80 österreichischen Schillingen dar, dies entspricht 2006 einem Wert von € 5,9 bis € 6,8.

Bereits ab 1.8.1940 wurden feste zentrale Verpflegungssätze eingeführt, die dann mehrmals abgeändert wurden. Die nachstehende Tabelle gibt über die vorgeschriebenen Wochen-Verpflegungssätze Auskunft:

	1.8.40-14.5.42	15.5.42-27.4.44	28.4.44-28.2.45	ab1.3.45
Fleisch oder Fleischwaren	400 g[2]	280 g[3]	200 g	250 g
Fett:	200 g	170 g	182,5 g	83,33 g
davon Margarine	150 g	130 g	--	--
Talg oder dgl.	50 g	40 g	--	--
Topfen	100 g	100 g	100 g	41,66g
oder Magerkäse	50 g	50 g	--	--
Brot	2.740 g	2.450 g	2.600 g	1.750 g
Zucker	80 g	80 g	80 g	--
Marmelade	100 g	100 g	100 g	260 g
Nährmittel	150 g	150 g	255 g[4]	--
Mehl oder Mehlgemisch	225 g	125 g	125 g	--
Magermilch	--	--	1,75 l	1,75 l
Kaffee-Ersatz[5]	84 g	63 g	62,5 g	33,33 g
Kartoffeln	3.500 g	5.000 g	2.800 g	3.500 g
Frischgemüse (Rüben)	2.800 g	2.600 g	4.000 g	375 g

Außerdem gab es Zulagen für Schwerarbeiter. Diese sollten alle Häftlinge, die in der Rüstung, ein Teil der Häftlinge, die im Steinbruch, und alle, die beim Stollenbau arbeiteten, erhalten. Die vorgeschriebenen Wochensätze der Zusatzkost:

	1.8.40-14.5.42	15.5.42-27.4.44	28.4.44-28.2.45	ab1.3.45
Fleisch oder Fleischwaren	400 g[6]	280 g	280 g	350 g
Fett	100 g	100 g	100 g	56,66 g
Brot	1.400 g	1.400 g[7]	1.400 g	1.100 g

Häftlinge, die in ein anderes Lager überstellt wurden, sollten als Transportverpflegung pro Tag 500 g Brot, 50 g Wurst und 60 g Margarine erhalten.[8]

[2] Freibank- oder Pferdefleisch, ab 1.1.1942 auf 280 g herabgesetzt, nachdem ab 1.10.1941 bereits eine Kürzung auf 320g erfolgt war. SS-Staat: S.117f. Archiv M.M.: G 1/1, Kopie einer Liste mit Verpflegsätzen vom 11.6.1942.

[3] Ab 31.5.1943 auf 200 g herabgesetzt, dafür 75 g Brot und 12,5 g Fett mehr.

[4] Dazu 175 g Hülsenfrüchte.

[5] Falls „Deutscher Tee" ausgegeben wurde: 4 g pro Tag unter Einsparung von 9 g Kaffee-Ersatz täglich.

[6] Freibank oder Pferdefleisch, ab 1.1.1942 auf 280 g herabgesetzt, nachdem ab 1.10.1941 bereits eine Kürzung auf 320 g erfolgt war.

[7] oder weniger

[8] SS-Staat: S.117f.

Diese Verpflegungssätze galten für alle Häftlinge in sämtlichen deutschen Konzentrationslagern. Doch dies nur in der Theorie! In Mauthausen war die Praxis wesentlich anders. Die Mauthausener Häftlinge haben niemals – nicht einmal eine Woche lang – ein Essen erhalten, wo auch nur annähernd die in den Tabellen aufscheinenden Lebensmittel verkocht oder verteilt worden sind.[9]
So gab es zum Beispiel im Lager niemals Magermilch für arbeitende Häftlinge, und es kam in den Jahren 1943 und 1944 selten vor, dass die in der Rüstungsindustrie eingesetzten Häftlinge mittags anstatt der üblichen Rüben gulaschartigen Eintopf erhielten. Die Brotzuteilung wurde im genannten Zeitraum den Rüstungshäftlingen erhöht.
Nur ein Bruchteil der vorgeschriebenen Lebensmittel kam zur Verteilung. Zuerst nahmen sich die SS-Führer, dann die SS-Unterführer, schließlich die gewöhnlichen SS-Organe in den Magazinen, in der Küche usw. alles das, was ihnen passte, und dann „organisierten" noch jene Häftlinge, die in den Magazinen, Transportkommandos und in den Küchen beschäftigt waren. Auch das Blockpersonal stahl noch beim Verteilen von Margarine, Marmelade, Topfen, Brot und sogar beim Rübeneintopf, von dem Fleischstücke und Kartoffeln aus dem Kessel herausgesucht wurden. Hunderte Angehörige der SS-Truppe und die Familienangehörigen des SS-Kommandanturstabes (das waren mehr als tausend Personen!) haben ihre rationierte Lebensmittelzuteilung durch Fett, Fleisch, Zucker, Nährmittel und Kartoffeln aus den Beständen, die für die Häftlinge bestimmt waren, aufgebessert.[10]

Jahrelang gab es für einen gewöhnlichen Häftling folgende Kost:
Morgens: etwa fünf Deziliter Extrakt-Suppe mit etwas Fett oder zirka fünf Deziliter ungezuckerten – selten gezuckerten – gewöhnlich schwarzen Ersatzkaffee.

Mittags: sieben bis zehn Deziliter Steckrübeneintopf, bestehend aus zirka 200 g geriebenen Futterrüben, 50 g Kartoffeln, 20 g Fett, 20 g Fleisch, etwas Mehl oder Nährmittel und Wasser. Nur selten gab es anstatt Rüben Trockengemüse; in den Monaten April bis Juni gab es manches Mal einen Eintopf aus spinatartigem Gemüse.

Abends (bis Ende 1944): 300–400 g Graubrot und 25 g Wurst, selten zirka 25 g Margarine. Samstagabends oder auch Sonntagabends erhielt jeder Häftling anstatt Wurst einen Esslöffel Marmelade und einen Esslöffel Topfen oder anstatt Topfen zirka 25 g Margarine. Im Jahr 1944 erhielten Häftlinge in der Rüstung täglich 700 g und im Steinbruch 460 g Brot.[11]
Nur einmal in der ganzen Zeit des Bestehens des KLM gab es im Hauptlager anstatt Wurst cirka 25 g geselchten Speck und einmal, im Herbst 1944, hat jeder arbeitende Häftling am Appellplatz in Anwesenheit des Lagerkommandanten eine Zwiebel bekommen. Diese musste sofort angebissen werden.

[9] Archiv M.M.: V 3/1, 7, 8, 20 und 35, Häftlingsaussagen.
[10] Archiv M.M.: V 3/8 und 20, Häftlingsaussagen, Frantisek Poprawka und Gerhard Kanthack.
[11] Archiv M.M.: H 13/2, Original, Statistiken der Lagerschreibstube über die Brotzuteilung.

Demnach hatte das verabreichte Essen folgenden Kaloriengehalt:

Früh		etwa 100 Kalorien
Mittag		etwa 362 Kalorien
Abend:	Brot ca. 791 g, Wurst ca. 39 g und Margarine 160 g	etwa 990 Kalorien
Täglich		**etwa 1.452 Kalorien**

Im Jahre 1944 erhielten die Häftlinge der Rüstung (nicht jene, die beim Stollenbau eingesetzt waren) 771 Kalorien und die Steinbruch-Häftlinge um 238 mehr. Der Topfen kann mit 36 und die Rübenmarmelade mit 30 Kalorien bewertet werden. Das Hauptnahrungsmittel stellte Brot dar, ein so genanntes Graubrot, bestehend aus Roggenschrot, Roggen- und Kartoffelmehl. Obwohl dieses harte, trockene und bröckelnde Brot unzählige Male in einem völlig verschimmelten Zustand verteilt wurde, war es trotzdem stets das wertvollste und ausgiebigste Nahrungsmittel.

Zum Vergleich sei das Essen der SS-Mannschaftsgrade angeführt: In der Früh Suppe oder süßer Kaffee respektive Tee mit Marmelade oder Honig und Brot in ausreichender Menge. Mittags gab es einmal in der Woche so genannten Eintopf, bestehend aus Gemüse, Fleisch und Kartoffeln. An den übrigen Tagen gab es stets Suppe, Fleisch oder Fisch, Gemüse, Kartoffeln und abwechselnd Kompott oder Pudding. Abends gab es entweder Suppe oder Kaffee respektive Tee mit Butter und Wurst oder Käse. Die Butterration war immer klein, groß war dagegen die Wurst- und Käseportion.[12]

Ernährungswissenschaftler behaupten, dass ein nicht arbeitender Mensch etwa 2.300 und eine arbeitende Person – je nach Schwere der Arbeit – 3.000, 4.000 und 5.000 Kalorien täglich benötigt. Der tägliche Ernährungswert eines arbeitenden Häftlings im KLM war bei fallender Tendenz jahrelang 1.400 bis 1.500 Kalorien; nur selten kam es vor, dass das Mittagessen etwas mehr Fett oder mehr Kartoffeln respektive Fleisch aufwies, wodurch der tägliche Kaloriengehalt ein wenig anstieg. Gegen Kriegsende – im Jahre 1945 – enthielt die Kost 600 bis 1.000 Kalorien am Tag. Nur wenige Häftlinge hatten die Möglichkeit, in der so genannten Häftlingskantine Lebensmittel zu kaufen oder Lebensmittelpakete[13] zu empfangen. Die Übermittlung von Lebensmittelpaketen durch Angehörige wurde am 30.10.1942 erlaubt. In einer Anordnung des RFSS vom 29.10.1942 hieß es u. a.:

> *„(...) Die Anzahl der Pakete, die Häftlinge erhalten können (...) ist unbeschränkt. Der Inhalt muß jedoch am Tage der Ankunft oder am darauffolgenden Tage von dem Häftling verzehrt werden. Wenn dies nicht möglich ist, erfolgt die Verteilung auch an andere Häftlinge (...) Jeder SS-Angehörige, der sich an einem Lebensmittelpaket eines Häftlings vergreift, wird mit dem Tode bestraft (...)*

[12] Archiv M.M.: V 3/20, Häftlingsaussagen, Gerhard Kanthack.

[13] Lebensmittelpakete erhielten relativ viele Tschechen, manche Polen, Jugoslawen, Deutsche, Österreicher, selten Franzosen und Belgier. Keine Pakete erhielten Sowjetbürger, sowjetische Kriegsgefangene, Spanier, jüdische Häftlinge, Italiener, alle NN-Häftlinge und Ungarn. Archiv M.M.: V 3/7, 8 und 20, Häftlingsaussagen.

Mißbraucht ein Häftling die Sendung (...) so büßt er dies sofort mit dem Tode. Seine Baracke erhält für drei Monate das Verbot, Pakete zu empfangen (...)" [14]

In Mauthausen hatte die SS von 1942 bis 1945 aus jedem Lebensmittelpaket die wertvollsten Nahrungsmittel wie z. B. Speck, Schmalz, Butter, Mehlspeisen usw. entnommen, um sie angeblich den Kranken, in der Tat jedoch vielfach der SS, zukommen zu lassen. Jeder Einspruch gegen die Plünderung der Lebensmittelpakete endete mit dem Tod des Beschwerdeführers.[15]

Begreiflich, dass die verabreichten Rationen völlig unzureichend waren. Die absolute Mehrzahl der Häftlinge war unterernährt und litt stets Hunger.[16]

Die Masse der Mauthausener Kranken wurde noch schlechter verpflegt, weil über Auftrag des Lagerkommandanten Ziereis mit Einverständnis des Standortarztes ab Februar 1942 alle Kranken, die länger als 4–6 Wochen bettlägerig waren, nur die halbe Lagerkost erhalten sollten. Später bekamen die Kranken vom ersten Tag ihrer Bettlägerigkeit an gekürzte Lagerkost. Eine Ausnahme bildeten lediglich die wenigen Kranken des Reviers.

Der beim Standortarzt eingesetzte Häftlingsschreiber Ing. Ernst Martin berichtet darüber:

> *„Im alten Häftlingsrevier*[17] *gab es keine bestimmte Häftlingskost. Über Auftrag des Standortarztes Krebsbach bekam das Häftlingsrevier 10 bis 12 Portionen Kost aus der SS-Küche, die mittags von einem Häftlingssanitäter unter Aufsicht eines SDG geholt werden mußten. Es hing nun ganz von dem SDG ab, ob mehr oder weniger in den Kübel gefüllt wurde. Die Verteilung dieser 10 bis 12 Portionen SS-Kost für ca. 80 Kranke hatten die damaligen Capos Rieger und Schmied über, somit gelangte an diese und deren Freunde fast die Hälfte; den Rest erhielten die kranken Häftlinge. Damals erhielt noch jeder Häftling im Revier die normale Lagerkost.*
>
> *Als dann das alte Revier in die Krankenbaracke 20 und später in den Block 5, Stube A, übersiedelte, wurden fallweise wöchentlich an Kranke 10 bis 20 Portionen sogenannter Schonkost verabreicht. Die Verteilung erfolgte namentlich, und dabei kamen vermutlich keine Unregelmäßigkeiten vor.*

---

[14] Befehl Himmlers vom 29.10.1942, über Amtsgruppe D an Kommandanten, NO-1.514.

[15] Beispiel: Im Nebenlager Wiener Neudorf hat der polnische Schutzhäftling Georg Koslowski, 18 Jahre alt, von seinen Eltern ein Lebensmittelpaket erhalten. In seinem Beisein hat der SS-Scharführer Höllriegel das Paket ausgeplündert. Mit den Gebräuchen im KLM nicht vertraut, wollte Koslowski sich schriftlich beschweren. Daraufhin musste der Häftling am folgenden Tag beim Ausrücken zur Arbeit einen Karren mit leerem Sarg ziehen. Auf der Arbeitsstelle wurde Koslowski „auf der Flucht" erschossen und abends im Sarg ins Lager zurückgebracht. Archiv M.M.: B 49/1 und 2, Bericht des Dr. Busch-Waldeck.

[16] In einem von DDr. E. G. Schenck verfassten Bericht „über die Ernährungsversuche, welche in der Zeit vom 1.12.1943 bis 31.7.1944" im Hauptlager, Block 16, stattfanden (siehe Kapitel 27: SS-Ärzte – Pseudowissenschaftliche Versuche), wurde im Kapitel „Allgemeine Betrachtungen über die Gewichtskurve und klinische Erkrankungen bei den Ernährungsversuchen" das durchschnittliche Körpergewicht gewisser Versuchsobjekte beschrieben. Danach betrug am Beginn der pseudomedizinischen Versuche im Dezember 1943 das Durchschnittsgewicht der 150 arbeitenden Versuchs-Häftlinge 48 kg. Es kann somit angenommen werden, dass das Durchschnittsgewicht der gesunden und im Arbeitsprozess eingesetzten Häftlinge etwa 48 kg betragen hatte. Archiv M.M.: H 7a/23, Kopie des Berichtes, S.52ff. (Das Original befindet sich bei der Polnischen Kommission zur Ausforschung von Kriegsverbrechen, Warschau.)

[17] In den Jahren 1940 und 1941; dann wurde aus dieser Häftlings-Baracke das SS-Truppenrevier.

Im Frühjahr 1942 ordnete Ziereis an, dass alle Kranken, die länger als 4 bis 6 Wochen bettlägerig sind, nur die halbe Lagerkost bekommen sollten. Er vertrat damals die Ansicht, wer nicht arbeitet, braucht auch nichts zu essen. Diese Einschränkung wurde dann insoweit erweitert, daß Häftlingen vom ersten Tag ihres Krankseins an ca. die halbe Lagerkost verabreicht wurde. Offiziell sollte jeder arbeitende Häftling eine Verpflegung von 4.200 Kalorien erhalten. In Wirklichkeit war der Kaloriengehalt in den Jahren 1941 bis 1944 ungefähr 1.500 Kalorien, fiel dann rapid, bis er im Jahre 1945 nur mehr 700 bis 800 Kalorien täglich betrug:" [18]

Im Krankenlager erhielten die Häftlinge durchschnittlich täglich folgende Kost:

1943: Etwa fünf Deziliter Extrakt-Suppe oder schwarzen, ungezuckerten Ersatz-Kaffee, etwa fünf Deziliter Rübeneintopf, ca. 360 g Graubrot und etwa 20 g Margarine;

1944: Etwa fünf Deziliter Extrakt-Suppe oder schwarzen, ungezuckerten Ersatz-Kaffee, etwa fünf Deziliter Rübeneintopf, 360 g Graubrot und etwa 20 g Margarine;

1945: Etwa 2,5 Deziliter schwarzen Ersatz-Kaffee, etwa vier Deziliter Rübeneintopf, bis 3.3.1945 unregelmäßig 360 g Graubrot, dann mehrere Tage kein Brot und schließlich unregelmäßig 100 bis 200 g.[19]

Wenn die Kostzuteilung für Kranke in den Jahren 1943 und 1944 völlig unzureichend war, so führte der Mangel an Nahrung in den Monaten Februar bis Mai 1945 unbedingt zum Tode durch Verhungern. Von den Kranken wurden begreiflicherweise verschiedene Tricks zur Erlangung einer Zusatzkost angewendet. Die in der dritten Bett-Etage (etwa zwei Meter hoch) liegenden Kranken hatten bei der in den Baracken herrschenden Halbdunkelheit den Vorteil, dass der Stubendienst, der das Essen ausgab, nicht genau wahrnehmen konnte, ob alle oben Liegenden noch lebten. Man meldete den verstorbenen Kameraden nicht ab und bezog auch für ihn Kost.[20] Hatte man „Glück", so lag man tagelang neben dem Toten und bezog für ihn die Verpflegung. Das war eine der Möglichkeiten, die karge Essensration zu verbessern. Es gab im Mauthausener Krankenlager im Jahre 1945 mehrere bekannte und eine Vielzahl nicht bekannter Fälle von Kannibalismus. Muskelpartien der Oberarme und der Oberschenkel, aber auch Leber und Milz wurden den noch atmenden Opfern herausgeschnitten und von den Tätern rasch, in warm-rohem Zustand, verzehrt. Unter den halb verhungerten Kranken wurden Qualität und Geruch des Menschenfleisches besprochen.[21]
Es gab auch eine bestimmte kleine Kategorie von Insassen der Krankenlager, die im Jahre 1944 eine Schon- oder Zusatzkost erhielten. Die Mengen der Zusatzkost und die Zahl der

---

[18] Archiv M.M.: H 8/5, Häftlingsaussagen, Ing. R. Martin.
[19] Archiv M.M.: V 3/8 und 20, Häftlingsaussagen.
[20] Die Häftlinge nannten diesen Trick „Leichenzucht". Archiv M.M.: V 3/1; Häftlingsaussagen, Dr. Milos Vitek.
[21] Archiv M.M.: V 3/11, Häftlingsangaben, August Kammhuber; V 4/353, Angaben des Häftlings Berdych; V 3/8, Angaben des Krankenlagerschreibers Frantisek Poprawka.

Häftlinge veränderten sich von Monat zu Monat. In den Monaten Februar bis November 1944 erhielten Rekonvaleszente, auf Block 5 konzentriert, eine Zusatzkost, die im Lager „Fünfziger-" oder auch „Hunderterkost" genannt wurde. Die „Fünfzigerkost" (jeweils für 50 Häftlinge) war eine so genannte Diätkost, die „Hunderterkost" (für 100 Häftlinge) bestand aus doppelter Portion des gewöhnlichen Häftlingsessens mit Zusätzen aus Lebensmittelpaketen. Das Krankenlager erhielt zu dieser Zeit von der Poststelle des KLM alle Pakete für jene Häftlinge, die nach Hartheim überstellt und dort ermordet worden waren.[22]

Etwa ab Herbst 1940 wurden in den Lagern Mauthausen und Gusen, ab 1944 in Melk und Ebensee, so genannte Kantinen eröffnet. Offiziell sollten die Häftlinge in diesen von der SS-Lagerleitung belieferten und von einem Gefangenen formell geleiteten „Verkaufsladen" von Zeit zu Zeit, etwa einmal monatlich, Lebensmittel und Waren des täglichen Gebrauchs kaufen können. In den Jahren 1940 und 1941 wurden insgesamt dreimal Sauerkraut, einmal Stangenkäse, im Jahre 1942 mehrmals eingelegte rote Rüben, zweimal gekochter Rhabarber und mehrmals übel riechende Salzheringe feilgeboten. In den Jahren 1943 und 1944 gab es noch seltener Lebensmittel, aber des Öfteren Taschenspiegel, Haarnadeln, Haarwasser, Benzin für Feuerzeuge, Notizblocks, Bakelit-Rasierapparate (jedoch niemals Klingen), Glaspapier, selten Bleistifte, Klosettpapier, Schuhpasta, Kleider- und Schuhbürsten, Reißnägel, Papiersäcke, Zahnpulver, selten Zahnbürsten, relativ oft und viele Zigaretten (verschiedener Herkunft, unter anderem die Marken „Zora", „Vlasta", „Coulloard", „Sondermischungen" und „Drava"), manches Mal auch Zigarettenpapier und Zigarren und in den Jahren 1940/41 Kautabak.

Ausnahmslos alle Waren stammten aus den Beutebeständen der Deutschen Armee, und sie wurden entweder über den Inspekteur der KL oder das WVHA der SS-Lagerleitung zugewiesen. Die Bestellung und Auslieferung von Kantinenwaren gehörte zu den Obliegenheiten des Blockschreibers, deshalb führte jeder Barackenschreiber fein säuberlich Geld- und Kantinenlisten seiner Blockinsassen. Alle im Arbeitseinsatz befindlichen Häftlinge (nicht die Kranken), die auf einem in der Effektenkammer geführten Konto Geld besaßen, konnten einmal monatlich Waren im Wert von maximal 15 RM bestellen. Die in den Kantinen angebotenen Waren wurden manches Mal vom Schreiber den Interessenten bekannt gemacht. Mehrfach aber war der Käufer über das vorhandene Warenangebot nicht informiert. Die Waren sollten gerecht – je nach Angebot und Nachfrage – verteilt werden. Tatsächlich erfolgte die Belieferung völlig willkürlich.

Die Kantinenverwalter aller Lager führten über Auftrag der SS-Lagerleitung rücksichtslos die übelsten Koppelungsgeschäfte durch: Wenn fünf Zigaretten zugewiesen wurden, so mussten dazu Haarnadeln, Haarwasser, Reißnägel und eventuell noch Papiersäcke bezogen werden. So kam es, dass man für fünf Beutezigaretten der Marke „Drava" RM 15,- zahlen musste, weil die kahl geschorenen Häftlinge weder für Reißnägel, Papiersäcke, noch weniger für Haarwasser und Haarnadeln Verwendung finden konnten. Hinzu kam noch – unmittelbar

[22] Archiv M.M.: V 3/8, Häftlingsangaben; H 13/1, Kopien von Statistiken über Lebensmittelzulagen.

nach der in den Baracken erfolgten Auslieferung – die obligate „freiwillige" Teilung der gelieferten Waren mit den Blockfunktionären.[23]

Von den Kantinen zogen ernährungsmäßig einige Häftlingsfunktionäre Nutzen, weil ihnen die wenigen vorhandenen wertvolleren Lebensmittel zugewiesen wurden. Außerdem hatten sie die Möglichkeit, die innerhalb des Lagerbereiches völlig unnützen Haarnadeln, Haarwasser, Kämme, Reißnägel usw. außerhalb des Lagers bei Bauern für Lebensmittel einzutauschen. Schließlich waren die Capos und Lagerfunktionäre mit Tabakwaren aller Art großzügig beteilt worden. Die Kantinenwirtschaft des KLM war für die SS-Lagerleitung und für die Angehörigen des SS-Kommandanturstabes höchst profitabel. Einerseits wurden um teures Geld den Häftlingen verderbliche Lebensmittel und außerhalb des Lagers schwer absetzbare Waren verkauft, und andererseits erhielten die Kommandanturangehörigen entweder direkt von den Kantinenverwaltern oder über einzelne Häftlingsfunktionäre kostenlos einen Großteil der Kantinenrauchwaren ausgefolgt. So zum Beispiel bezogen die jeweiligen Rapport- und Arbeitsdienstführer des Hauptlagers regelmäßig vom 1. oder 2. Lagerschreiber in der Zeit vom Sommer 1943 bis Februar 1945 etwa einmal in 14 Tagen je ein Paket mit 100 Stück der jeweils in den Kantinen vorhandenen Zigarettensorten.[24] Die in geringen Mengen zum Verkauf gelangten Lebensmittel hatten für die Masse der Häftlinge fast keinen Ernährungswert, da, wie zum Beispiel im Hauptlager (so auch in Gusen, Melk und Ebensee), höchstens 20 Prozent der Gefangenen aus den Reihen der Deutschen, Österreicher, Tschechen, Polen und Jugoslawen Geldkonten besaßen. Deshalb hatte der überwiegende Teil der Häftlinge auch keine Kenntnis vom Bestehen solcher Kantinen im Lager.

Die erste Periode des Hungerns erlebte jeder Häftling in der Zeit der Quarantäne. So hungerte fast jeder in den ersten Wochen seines Lageraufenthaltes. Wenn er dann nach seiner Versetzung in seinem Arbeitskommando die Möglichkeit hatte, Lebensmittel bzw. Bekleidung zu stehlen, wenn er Lebensmittelpakete erhielt oder von den Kameraden unterstützt wurde, dann gab es eine gewisse kleine Chance, das Kriegsende und somit die Befreiung zu erleben. Wer eine dieser Möglichkeiten nicht hatte – und das waren etwa 70 Prozent der Häftlinge – war unweigerlich dem Hungertod ausgeliefert. Je nach der seelischen und körperlichen Verfassung lebte der Häftling dann mehrere Wochen oder Monate. 1.200 bis 1.500 Kalorien täglicher Häftlingskost ergaben Energie, die für Menschen in liegender, ruhender Stellung reichte, doch niemals für einen Häftling, der elf bis zwölf Stunden lang im Steinbruch oder beim Stollenbau unter der Knute der SS-Aufseher und Capos schuften musste.[25]

Bei Tag und Nacht verfolgte einen das Hungergefühl. Die Hungernden sprachen bei jeder sich bietenden Gelegenheit übers Essen. Sie schufen Rezepte, und im Geiste bereiteten sie die allerfeinsten Delikatessen zu. Sie luden einander zu einem Festschmaus ein – dann, wenn sie einmal wieder in der Freiheit und zu Hause sein würden. In diesem ersten Stadium waren die Hungernden noch aktiv. Sie machten Tauschgeschäfte: tauschten zwei Wurstscheiben

[23] Archiv M.M.: V 3/2, 3, 8, 9 und 20, Häftlingsaussagen.

[24] Angaben des in der KLM-Lagerschreibstube eingesetzten Verfassers.

[25] Siehe Kapitel 12: Arbeitseinsatz.

oder Brot für Suppe (oder umgekehrt), Wäsche oder Kleidungsstücke für Lebensmittel. Sie suchten ihre Arbeitsstätten nach Essbarem ab, aßen Wurzeln, Gras, Blätterknospen, Eicheln, Ratten, Katzen, Hunde, alle Art von Abfällen und Braunkohle. Sie überfielen die Essenträger oder versuchten aus leeren Kesseln noch Tropfen des Rübeneintopfes zu lecken. Abends lungerten sie gruppenweise um die Küche und ersannen alle möglichen raffinierten Tricks, um noch zu einer zweiten Portion Essen zu kommen. Nachts versuchten sie, Brot zu stehlen. In diesem Zustand herrschten eine hemmungslose Gier und auch noch die Aktivität, unter den barbarischen Verhältnissen der Lagerzustände, um das Leben zu kämpfen. Das zweite Stadium des Hungerns zeigte zuerst eine deutliche Veränderung des Gesichtsausdruckes: verschleierte Augen, trüber gedankenloser Blick, blass-graue Hautfarbe, Jochbein und die Augenhöhlen traten deutlich hervor, Flüssigkeit staute sich unter der Haut. Bei allen Hungernden hatte es in dieser Etappe den Anschein, als würde ihr Kopf etwas länger oder als wäre er eingeschrumpft. Sie sprachen leise, das Atmen wurde langsamer, jede Bewegung verursachte große Anstrengung. Ödeme an verschiedenen Körperteilen, vor allem an Füßen, Unter- und Oberschenkeln, waren eine weitere Begleiterscheinung. Der Verfall ging noch rascher vor sich, wenn sich Durchfall einstellte, der im Lager eine Massenerscheinung war. Langes Verweilen in den Klosetträumen – wenn hierzu die Möglichkeit bestand – oder ein Pendeln zwischen Ambulanz und dem Blockklosett waren die Folge. Manche saßen bereits kraftlos in irgendeiner Ecke, voll mit Kot, Gestank verbreitend, und sie warteten…

Während der Arbeit war das Austreten der an Durchfall Erkrankten mit vielen Schwierigkeiten, ja mit Gefahren verbunden. Deshalb half man sich, wie man konnte. Aus Papier, Blättern, Holzstücken, Sand, Erde und aus Sägespänen fertigte man verschiedene Einlagen an; abends, in der Ambulanz, erhielt man – wenn man Glück hatte – eine Tablette Tannalbin oder Kohle. Andere erhielten den Rat, nichts zu essen. Doch die Ursache des Durchfalles war andauernder Hunger! Die noch Lebenstüchtigen brannten sich Kohle aus Brot, aus Holz und viele viele Hunderte nagten an Braun- oder Steinkohle, wenn sich die Gelegenheit bot, dieses Brennmaterial beim Krematorium, bei der Küche oder in der Baracke zu stehlen. Viele wurden reizbar, hysterisch, zänkisch, litten an Halluzinationen, und manche zeigten deutliche Symptome von Geistesstörung.

Und dann begann das dritte Stadium. Der Hungerkranke konnte sich kaum noch bewegen. Beobachtete man eine stehende Gruppe solcher Kranken von weitem, hatte man den Eindruck, sie würden Schwimmbewegungen nachmachen oder wie Mohammedaner beten. Vermutlich wurden so die Lagerausdrücke „Muselmänner“ oder „Schwimmer“ geprägt. Leben zeigten sie nur beim Anblick von Essen. War man auf sich allein angewiesen, hatte man keine Freunde im Revier, im Sonderrevier oder im Krankenlager, so starb man unweigerlich in wenigen Tagen entweder in der Unterkunft oder auf der Arbeitsstelle. Wobei an beiden Stellen entweder der Blockälteste oder der Capo den Todesverlauf beschleunigte. Hatte man „Protektion“, so konnte man entweder am „Scheißerbrett“ im Sonderrevier oder im Sanitätslager sterben. Man lag oder stand, sprach leise – und verlosch plötzlich wie ein Licht. In diesem Stadium waren die Hungerkranken nicht mehr in der Lage, irgendetwas zur

Erhaltung ihres Lebens zu tun, geschweige denn, Widerstand zu leisten. Dem Sterben gegenüber völlig gleichgültig, waren sie weder seelisch noch körperlich fähig, Selbstmord zu begehen. Sie ließen sich gruppenweise – von einzelnen Menschen – völlig willenlos umbringen. Geduldig warteten sie stundenlang, ohne Aufsicht, mühsam in einer Reihe stehend, sitzend oder liegend, bis sie an die Reihe kamen, ermordet zu werden: sei es durch Herzinjektion, Gas oder unter der Brause. Sie gingen anstandslos zum LKW-Kastenwagen, von dem jeder im Lager wusste, dass die Insassen während der Fahrt von Mauthausen nach Gusen mittels Zyklon-B-Gas ermordet werden.[26]
Junge Menschen hatten begreiflicherweise größere Reserven. Sie waren deshalb dem Hunger gegenüber widerstandsfähiger, wobei die Bedingungen des vorhergegangenen Aufenthaltes im Gefängnis, des Bahntransportes und die Methoden der GESTAPO-Verhöre ausschlaggebend für deren Weiterleben im Lager waren. Allgemein konnte im KLM festgestellt werden, dass die seelische und körperliche Beschaffenheit eine wichtige Rolle spielte, doch die politisch bewusst orientierten Häftlinge waren viel widerstandsfähiger als jene, die mehr oder weniger nicht wussten, weshalb sie ins Lager eingewiesen worden waren. Gut genährte Menschen, Kaufleute, Intellektuelle und auch Bauern (!) waren weniger widerstandsfähig als Schlanke, Magere und solche Personen, die körperliche Anstrengung gewöhnt waren oder sogar bereits öfters hungern mussten. Industriearbeiter, die in den dreißiger Jahren längere Zeit arbeitslos waren und Not kennen gelernt hatten, widerstanden am längsten dem Hunger. Menschen von hohem Wuchs und starkem Knochenbau gingen schneller zugrunde. Frauen waren widerstandsfähiger als Männer. Doch – wie bereits angeführt – die allgemeine körperliche Verfassung, die seelische Bereitschaft, sich nicht unterkriegen zu lassen, die Möglichkeit, sich etwas Essbares zu „organisieren“ oder der Empfang von Lebensmittelpaketen (ab Dezember 1942) und die Solidarität von Seiten der Kameraden, die einen je nach der gebotenen Möglichkeit unterstützten, waren die Voraussetzungen, den täglichen Kampf gegen den Hunger zu bestehen.

[26] Archiv M.M.: V 3/8, Angaben des Krankenlagerschreibers Frantisek Poprawka; V 3/56, Kopien von gerichtlichen Niederschriften gegen den SS-Sanitäter Gottlieb Muzikant; V 3/20, Angaben des Schreibers in der Pol. Abt. G. Kanthack; H 8/5, Angaben des Schreibers beim SS-Standortarzt, Ing. Ernst Martin.

Häftlinge in den Tagen der Befreiung AMM

8. Unterbringung und Bekleidung

Im Mauthausener Lager I herrschte bis etwa Herbst 1944 eine schikanöse Ordnung und übertriebene Reinlichkeit. Der Fußboden und die Barackenwände wurden täglich poliert; die Häftlinge durften – mit Ausnahme der Baracken 2, 3, 4, 9, 10 und 12 nur barfuss die Räume betreten. Um die Baracken 1 bis 15 gab es Blumenbeete; der Appellplatz sowie die Lagerstraßen wurden von einem ständigen Kommando gewalzt und gekehrt. Äußerlich ein Bild mustergültiger Sauberkeit.[1]

Jede Mauthausener Baracke war 52,61 Meter lang, 8,22 Meter breit und in zwei Abteilungen geteilt: Stube „A" links, Stube „B" rechts. Jede so genannte Stube bestand aus zwei Zimmern, einer Schlafstätte (12,37 x 8,00 Meter) und einem Aufenthaltsraum (9,89 x 8,00 Meter) mit einer Gesamtinnenfläche von je etwa 178 Quadratmeter. Tatsächlich durfte sich die Mehrzahl der Häftlinge nur im Schlafraum aufhalten, der Aufenthaltsraum war den Funktionären auch als Schlafraum vorbehalten. In jedem Aufenthaltsraum stand ein Ofen. In Mauthausen befanden sich zwischen den beiden Stuben, von links nach rechts betrachtet, ein Klosettraum (3,64 x 6,34 Meter), eine kleine Kammer für Brennmaterial (1,15 x 1,88 Meter) und ein Waschraum (3,64 x 6,34 Meter). Als Schlafstelle dienten zweistöckige Holz-Bettstellen, wobei in einem Bett gewöhnlich zwei Personen schliefen. Zum Schlafen durfte nur ein

[1] Archiv M.M.: V 3/1, 2, 3, 4, 7, 8, 11, 20, 22 und 23, Häftlingsaussagen.

Hemd anbehalten werden. Man deckte sich mit alten Decken zu. Nur jene Häftlinge der Baracke 2 und die, die als Bedienungspersonal der SS oder als Lager- respektive Blockfunktionäre eingesetzt waren, hatten Strohsäcke und Decken, die mit grau-blau-kariertem Bett-Tuch überzogen wurden. Diese Häftlinge wie auch manche Steinmetze (Baracke 3 und 4) hatten auch das Vorrecht, allein ein Bett zu benützen.
In den Quarantänebaracken der Lager II und III sowie im Zeltlager schliefen die Häftlinge entweder auf dem Holzboden oder auf Strohsäcken in so genannter „Sardinen-Lage": Kopf zu Fuß. In diesen Blocks waren nur für die Häftlingsfunktionäre Betten vorhanden.[2] Eine Baracke war für 300 Personen bestimmt; in den Quarantänelagern gab es zu gewissen Zeiten bis zu 2.000 Häftlinge in einem Block.
Bis etwa Herbst 1944 wurden die Häftlinge in den Baracken des Hauptlagers (auch in den Nebenlagern) je nach ihrem Arbeitseinsatz und zum Teil nach ihrer Nationalität untergebracht.
In den Blocks 2 bis 15 gab es (bei Anführung der größten nationalen Gruppen sowie der wichtigsten Arbeitskommandos) folgende Einteilung:
Block 2: Österreicher, Deutsche, Tschechen, Spanier, BV-DR und einzelne Angehörige anderer Nationen; Häftlingsfunktionäre, SS-Bedienungspersonal, Schreibkräfte, Politische Abteilung, Truppenrevier, Magazine, Baubüro und einzelne Häftlinge anderer Kommandos.
Block 3: Österreichische und deutsche BV-Häftlinge, darunter viele Capos; Steinbruch, Werkstätten, Siedlungsbau und andere Kommandos.
Block 4: Österreichische und deutsche BV- und SV-Häftlinge, darunter viele Capos; Steinbruch, Siedlungsbau, Baukommando, Werkstätten und andere Kommandos.
Block 5: In der Stube A befand sich seit dem Jahre 1942 das Häftlingsrevier. In der Stube B waren bis März 1944 jüdische Häftlinge und Neuzugänge (ohne Betten), danach Ungarn und Österreicher (mit Betten) untergebracht.
Block 6: Häftlingsküche – Personal, Jugendliche; Häftlinge verschiedener Nationen.
Block 7: Polen und einzelne § 175-DR-Häftlinge und Bibelforscher; Steinbruch, Baukommando, Gärtner und andere Kommandos.
Block 8: Polen, Belgier und Bürger der UdSSR; Steinbruch, Baukommando und andere Kommandos.
Block 9: Österreicher, Deutsche, Spanier, Tschechen; Werkstätten, Siedlungsbau und andere Kommandos.
Block 10: AZR-DR, Tschechen, Österreicher und Häftlinge verschiedener Nationen; Baukommando, Werkstätten, Rüstung und andere Kommandos.
Block 11: Bürger der UdSSR, spanische, sowjetische und polnische Kinder und Jugendliche als Steinmetzlehrlinge eingesetzt; Steinbruch.
Block 12: Vor allem Spanier, jedoch auch Franzosen und Häftlinge verschiedener Nationen; Steinbruch, Baukommando, Siedlungsbau und Rüstung.

[2] Archiv M.M.: V 3/1, 2, 7, 8 und 20, Häftlingsaussagen.

Block 13: Jugoslawen, Franzosen, Tschechen und Spanier; Steinbruch, Baukommando, Rüstung und andere Arbeitskommandos.
Block 14: Jugoslawen, Bürger der UdSSR; Siedlungsbau, Steinbruch, Rüstung und andere Kommandos.
Block 15: Polen, Sowjetbürger, SV-DR sowie Häftlinge verschiedener Nationen; Steinbruch und Rüstung.[3]
Ungefähr die gleichen Unterbringungsmöglichkeiten in ähnlichen Holzbaracken wie in Mauthausen gab es in allen Nebenlagern (mit Ausnahme des Zeltlagers). In Gusen I gab es zusätzlich zwei Steingebäude für die in der Rüstung eingesetzten Häftlinge und entlang der Seitenfront der Barackenreihen lang gezogene Holzhutten, die als Waschräume und Latrinen Verwendung fanden. Die sanitären Anlagen waren in jedem Lager anders angelegt.
Einen wesentlichen Unterschied in Bezug auf Unterbringung, Bekleidung und die Lebensbedingungen gab es im Nebenlager Klagenfurt. Dort hatte jeder Häftling sein eigenes überzogenes Bett, die Bekleidung und das Schuhzeug waren in Ordnung, und die Kost entsprach der etwas gekürzten SS-Mannschaftskost.[4] Etwa gleiche Lebensbedingungen und Unterbringung wie in Klagenfurt soll es in den kleinen Nebenlagern Schloss Lind, Mittersill und Schönbrunn-Wien gegeben haben.
Bis Herbst 1942 trugen die Häftlinge mit Ausnahme der sowjetischen Kriegsgefangenen und mancher Juden blau-grau-weiß längsgestreifte Drillichanzüge. Die Masse der Häftlinge trug diese Kleidung bis etwa Sommer 1943. Zu diesem Zeitpunkt hatten gewisse Häftlingsfunktionäre das Privileg erhalten, uniformähnliche dunkelblaue Anzüge oder zumindest solche Blusen zu tragen. Schon im Herbst 1942 erhielten viele Häftlinge alte Uniformen der jugoslawischen, griechischen, französischen und sowjetischen Armee. Im Jahre 1944 wurden aus der Effektenkammer die Kleider der Verstorbenen verteilt, oder es wurde die eigene Zivilkleidung getragen.
Jahrelang bekamen die Häftlinge als Fußbekleidung Holzpantoffeln oder Holländer, ab 1943 Stoffschuhe mit Holzsohle und dazu nicht immer Fußlappen. Die Häftlinge der Quarantäne und alle jene, die ehestens getötet werden sollten, durften nur Holzpantinen ohne Fußlappen tragen. Häftlingsfunktionäre besaßen gewöhnlich hohe Lederschuhe, manche Halbschuhe, und trugen Socken respektive Wadenstrümpfe. Im Winter erhielten mehrere im Steinbruch und im Freien arbeitende Häftlinge zusätzlich Mäntel, Mützen, manche Ohrenschützer, Pullover oder Leibbinden und Fäustlinge. Sowjetischen Kriegsgefangenen (bis Ende 1943), jüdischen Häftlingen und Angehörigen der Strafkompanie (bis Frühjahr 1944) wurde keine Winterbekleidung ausgefolgt. Im Winter 1944/45 gab es für einzelne Häftlinge Winterbekleidung. Bis Herbst 1944 fassten ungefähr einmal im Monat alle Häftlinge blaugestreifte Hemden und lange Unterhosen.

---

[3] Archiv M.M.: F 2/2 und 4, Kopien, namentliche Erfassung von Häftlingen, die in Arbeitskommandos innerhalb des Lagers eingesetzt waren, nach Baracken untergeteilt.
[4] Angaben des ehemaligen Häftlings O. Vostarek im Schreiben vom 16.12.1978.

Alle Bekleidungsstücke wurden innerhalb der Baracken, des Lagers und auch bei Überstellungen in andere KL streng verrechnet. Jeder Transportliste wurde eine Kleiderliste beigefügt.[5]

Als im Herbst 1944 eine Neubeschaffung von Bekleidung unmöglich war und vor allem der Arbeitseinsatz in den Stollen sowie Steinbrüchen einen hohen Verschleiß an Kleidung und Schuhwerk forderte, war die Mehrzahl der Häftlinge in Lumpen gehüllt, und nur wenige besaßen damals Unterwäsche. Bereits mit der Verordnung vom 9.2.1943 durften polnische und sowjetische Häftlinge ihre Bekleidung behalten; im August 1944 wurde dies auf alle Häftlinge ausgedehnt.[6] Doch auch diese Maßnahmen verbesserten die Situation nicht. Der forcierte Arbeitseinsatz stellte höhere Anforderungen an die Ausstattung. Die SS versuchte, die Häftlinge für den hohen Verschleiß verantwortlich zu machen. Die Beschädigung der Kleidung wurde den Häftlingen als Sabotage ausgelegt, wofür empfindliche Strafen drohten. Im Mai 1944, als sich die Bekleidungskrise einem Höhepunkt näherte, schrieb Pohl an Glücks:

> *„Es geht nicht an, daß nur über die schlechte Qualität der Bekleidung geschimpft wird und der einzelne Häftling vielleicht gar noch bemitleidet wird, weil der arme Kerl zum Beispiel keine Schuhe mehr hat, anstatt ihn regelmäßig, und, wenn es sein muß, durch eine anständige Tracht Prügel zu belehren, wie man mit seinen Sachen umgehe".*[7]

Bis 1945 mussten im Sommer die Köpfe aller Häftlinge kahl geschoren werden. Im Winter wurde ein etwa drei Zentimeter breiter, von der Mitte der Stirn zum Nacken verlaufender Streifen – von den Häftlingen „Himmler-" oder „Lausstraße" genannt – geschnitten.

Ab 1943 durften einige deutsche „Ehrenhäftlinge" und ab Herbst 1944 eine Gruppe ungarischer Adeliger sowie Industrieller normale Haartracht tragen.[8]

---

[5] Archiv M.M.: G 6/1, Original, Kleiderliste vom 1.3.1945 für 314 Häftlinge, die nach Gusen überstellt wurden; P 16/9, Kopie eines Schreibens des WVHA vom 15.8.1944 über die Übersicht der Bekleidung.

[6] SS-Herrschaft: S.135f. und 286. Siehe Bericht von Pohl an Himmler vom 21.6.1944 (BA, Sammlung Schuhmacher, Ordner 476): „(...) Die Ausstattung unserer Häftlinge mit Bekleidung sowohl wie auch mit Schuhzeug ist ein ernstes Problem. Der Verschleiß in den Rüstungsbetrieben und besonders in den Stollen ist ein beträchtlicher (...) andererseits bestehen außer der letzten Zuweisung auf lange Sicht kaum Aussichten, nennenswerte Neubeschaffungen durchführen zu können (...)" Schreiben Pohls an Kommandanten vom 7.11.1944 (NO-2.307): „(...) es gibt ab sofort keinen so genannten Sommer-(Drillich-) bzw. Winteranzug (Tuchgarnitur) für Häftlinge mehr (...) ich mache es dem Kommandanten zur Pflicht, mit besonderer Strenge gegen diejenigen Häftlinge vorzugehen, die durch hohen Verschleiß von Bekleidung oder gar durch offensichtliche Beschädigung der Bekleidung auffallen (...)"

[7] SS-Herrschaft: S.136.

[8] Am 31.10.1944 gab es laut eines „Anhanges zum Schutzhaftlager-Rapport" bei einem Gesamtstand von 73.969 Häftlingen 22 Prominente (ungarische und kroatische Politiker sowie ein Italiener und ein Sowjetbürger) und 7 deutsche Schutzhäftlinge, denen „auf Befehl des RFSS Hafterleichterung" (Haartracht, keine schwere und gefährliche Arbeit, Einzelbett sowie Sonderkost, d. h. Kost der SS-Mannschaften) zugebilligt wurde. Archiv M.M.: E 13/3, Kopien von Schutzhaftlager-Rapportmeldungen des KLM an das WVHA.

9. „Ich bin gesund – mir geht es gut“

Gewissen Häftlingen wurde erlaubt, einmal monatlich den nächsten Angehörigen einen Brief zu schreiben.[1] Die Briefschaften an und von Häftlingen mussten in deutscher Sprache abgefasst sein. Nur den republikanischen Spaniern wurde ab Sommer 1943 gestattet, Postkarten in ihrer Muttersprache zu schreiben. Alle Briefe und Postkarten wurden von der Poststelle des KLM genauestens zensuriert, verdächtige und unklare Stellen wurden herausgeschnitten oder das Schreiben vernichtet.

Die Schreiberlaubnis wurde gewöhnlich barackenweise erteilt. Da die absolute Mehrzahl der Häftlinge die deutsche Sprache nicht beherrschte, mussten Kameraden oder für irgendein Entgelt (Paketinhalt) die deutschen und österreichischen Blockfunktionäre die Briefe schreiben. Der Empfang und das Schreiben eines Briefes gehörten zweifelsohne zu den wenigen freudigen Ereignissen im Konzentrationslager.

Die Mehrzahl der Neuzugänge (manches Mal auch die jüdischen Häftlinge, niemals jedoch die „NN-Häftlinge“ und die Sowjetbürger) konnten nach wenigen Tagen ihres Aufenthaltes im KLM eine Postkarte an die nächsten Angehörigen absenden. Auf der Vorderseite dieser Postkarte befand sich die gedruckte Anordnung über den *„Schriftverkehr mit Gefangenen“*, wonach *„jeder Schutzgefangene im Monat zwei Briefe oder zwei Karten“* empfangen konnte. Die Briefe sollten mit Tinte oder Tintenbleistift gut lesbar geschrieben sein und durften nur 15 Zeilen auf einer Seite enthalten. Weiters wurde vermerkt, dass Geldsendungen gestattet waren; bis Dezember 1942 durften keine Pakete empfangen werden, weil nach Punkt 4 der gedruckten Anordnung *„die Gefangenen im Lager alles kaufen“* konnten. Schließlich hieß es noch, dass *„Entlassungsgesuche zwecklos“* seien und *„Sprecherlaubnisse sowie Besuche von Gefangenen nicht erteilt“* werden. Auf der Rückseite der angeführten Postkarte für Neuzugänge stand folgender gedruckter Text:

> *„Befinde mich ab (…) im Konzentrationslager Mauthausen, ‚Oberdonau‘. Meine Adresse lautet: (…)* [2] *KL Mauthausen (Oberdonau), Block (…), Stube (…)“*

Die Postkarten wiesen stets zwei Stempelaufdrucke auf, die auf den *„2 Mal im Monat“* erlaubten *„Postempfang“* sowie auf die Vorschriften über Geld- und Postsendungen verwiesen. In dem in deutscher und spanischer Sprache vor gedruckten Text auf den für die Republikanischen Spanier bestimmten Postkarten schien zwecks Irreführung der Angehörigen anstelle des Begriffs „Konzentrationslager“ der allgemeine Sammelbegriff „Lager“ auf.

---

[1] Ausgenommen waren die Häftlinge aus der UdSSR, fast alle Juden, alle „NN-Häftlinge“, später Albaner, Italiener, Griechen, in den Jahren 1944/45 alle jene Gefangenen, deren Heimatgebiete von alliierten Truppen befreit worden waren, und Angehörige der Strafkompanie. Archiv M.M.: E 16/10, Kopie einer Anordnung über den Schriftverkehr.

[2] Hier sollten der Vor- und Zuname, das Geburtsdatum und die Häftlingsnummer eingesetzt werden.

Konzentrationslager
Mauthausen/Gusen Oberdonau

Folgende Anordnungen sind beim Schriftverkehr mit Gefangenen zu beachten:
1.) Jeder Schutzhaftgefangene darf im Monat zwei Briefe oder zwei Karten von seinen Angehörigen empfangen und an sie absenden. Die Briefe an die Gefangenen müssen gut lesbar mit Tinte geschrieben sein und dürfen nur 15 Zeilen auf einer Seite enthalten. Gestattet ist nur ein Briefbogen normaler Größe. Briefumschläge müssen ungefüttert sein. In einem Briefe dürfen nur 5 Briefmarken à 12 Pfg. beigelegt werden. Alles andere ist verboten und unterliegt der Beschlagnahme. Postkarten haben 10 Zeilen. Lichtbilder dürfen als Postkarten nicht verwendet werden.
2.) Geldsendungen sind gestattet, doch ist dabei genau Name und Vorname, Geburtsdatum, Häftlingsblock und Stube anzugeben.
3.) Zeitungen sind gestattet, dürfen aber nur durch die Poststelle des K. L. Mauthausen bestellt werden.
4.) Pakete dürfen nicht geschickt werden, da die Gefangenen im Lager alles kaufen können.
5.) Entlassungsgesuche aus der Schutzhaft an die Lagerleitung sind zwecklos.
6.) Sprecherlaubnis und Besuche von Gefangenen im Konzentrations-Lager sind grundsätzlich nicht gestattet.
Alle Post, die diesen Anforderungen nicht entspricht, wird vernichtet.

Der Lagerkommandant.

Absender:

Meine Anschrift:
Name: Opiol Anton
geboren am: 13.6.1909 Nr. 4282
Block: 10 Stube: A

Mauthausen/Gusen, den 16.11.1941. 14

Liebe Marie!

Ich bin gesund.

Es geht mir gut.

Grüsse und Küsse

Jacek

Bitte das beiliegende Formular genau

zu beachten. Deutliche Anschrift

erforderlich.

Poststelle K. L. M./Gusen
zensiert

1285

E/16/16/2

Briefe wurden nur dann weiterbefördert, wenn darin aufschien: „Ich bin gesund, es geht mir gut“. AMM

Es sollte der Eindruck eines Kriegsgefangenen- respektive Anhalte- oder sogar Arbeitslagers erweckt werden.[3]

Ungefähr sechs Wochen nach Absendung der Postkarte für Neuzugänge[4] konnte der erste Brief geschrieben werden; auf der ersten Seite des linierten Papiers schienen die gleichen gedruckten Hinweise und Verhaltensmaßregeln auf wie auf der Postkarte. Jeder Häftling war verpflichtet, in seinem Brief den Satz *„Ich bin gesund, mir geht es gut"*, möglichst am Anfang des Schreibens anzuführen; jedoch kam es auch vor, dass Häftlinge aus dem deutschsprachigen Raum diese Floskel nicht angeführt haben. Die Strenge der Zensur sowie das Heranziehen anderer zum Schreiben bestimmten den Stil der Briefe, deren wesentliche Merkmale in der schlagwortartigen Mitteilungsform lagen, wie z. B.:

> *„Liebe Mutter! Ich bin gesund, es geht mir gut. Brief und Paket erhalten. Danke für alles. Küsse und Grüße. Emil Mayer 18.8.1920 geboren, Nr. 10.000, Konzentrationslager Mauthausen (Oberdonau), Block 2, Stube B."*

Nur wenige hatten den Mut und die Möglichkeit, getarnt durch Umschreibungen über ihr seelisches und körperliches Empfinden oder über die politische respektive militärische Situation zu berichten. Von gewissen politischen Häftlingen und deren Angehörigen wurden die sowjetische Armee als „Onkel Josef" respektive „Tante Josefine", die westlichen Alliierten gewöhnlich als „Onkel Jack", „Onkel Tom", „Onkel Franklin", „Onkel Delano" und auch „Onkel Winston" respektive „Tante Jackline" [5] umschrieben.

Die Mitteilung *„Onkel Josef wird uns bald besuchen"* bedeutete: im Hinblick auf die militärische Lage sei damit zu rechnen, dass in Kürze das Heimatgebiet des Briefempfängers von der Sowjetarmee befreit werde. Hieß es, *„Onkel Franklin lässt Dir sagen, dass er uns aufsuchen und dann nach Deutschland fahren wird"*, so wollte damit der Briefschreiber (entweder aus Italien, Frankreich, Belgien, Holland oder Luxemburg zum Ausdruck bringen: *„Halte aus, die amerikanischen Truppen kommen bald zu uns, und sie werden auch Dich befreien!"*

Jeweils vor den Weihnachtsfeiertagen (bis zum Winter 1941) wurde den Briefen ein hektographierter Zettel beigefügt und hiermit bekannt gegeben:

> *„Der Häftling darf in der Zeit vom 10.12. bis 10.1. kommenden Jahres ein Weihnachtspaket empfangen. Es sind nur Lebensmittel und Rauchwaren gestattet; alles andere verfällt der Beschlagnahme."*

---

[3] Der vorgedruckte deutsche und spanische Text wörtlich: „Postkarte, An (…) Empfangsort (…) Straße (…) Land (…) Landesteil, Provinz usw., Absender: Vor- und Zuname (…) Gefangenennummer (…) Bl. (…) Lagerbezeichnung: Lager Mauthausen (Oberdonau) Deutschland" (1. Seite). „Anordnung für den Schriftverkehr mit Gefangenen: 1. Der Gefangene darf alle 6 Wochen einmal schreiben und Post empfangen (nicht mehr als 25 Worte, nur persönliche Familienangelegenheiten.). Beilegen von Briefmarken (Coupon Reponse-International) ist erlaubt. 2. Paketsendungen sind gestattet. Beilegen von Fotos verboten. Der Lagerkommandant". (2. Seite) – Archiv M.M.: E 16/20, Original.

[4] In den Jahren 1938 und 1939 konnten die Briefe ungefähr in 14 Tagen nach Abgang der Postkarte geschrieben werden; später betrug die Zeitspanne etwa zwei bis acht Wochen.

[5] Josef war der Vorname Stalins; Jack galt als typischer amerikanischer, Tom(i) als englischer Vorname. Franklin und Delano waren Vornamen des USA-Präsidenten Roosevelt, Winston der des britischen Premierministers Churchill.

Als sich im Jahre 1943 ein großer Mangel an Kleidung, Wäsche und Schuhzeug bemerkbar machte, wurde von der Kommandantur der Empfang von Winterwäsche gestattet, und zwar:

> *„2 Paar Socken, 2 Unterhosen, 2 Hemden, 1 Pullover, Handschuhe, Ohrenschützer und Taschentücher.“*

Vom Lagerkommandanten wurde hierzu vermerkt, dass *„für den Verschleiß oder Verlust von Seiten des Lagers kein Ersatz geleistet“* wird.[6]

Ab Frühjahr 1944 konnten unbegrenzt Kleider und Schuhe gesandt werden, jedoch alle aus Pelz oder Pelzersatz hergestellten Kleidungsstücke wurden beim Öffnen der Pakete von den SS-Angehörigen *„für die kämpfenden Soldaten“* beschlagnahmt.[7]

Das Einlangen eines Lebensmittelpaketes trug wesentlich zur Erhaltung der eigenen Körperkraft bei; jedoch das geschriebene Wort der Mutter, des Vaters, der Frau oder der Geschwister waren wertvolle Bindeglieder zur eigenen Familie und zur Heimat. Die Briefe von Zuhause waren Bausteine der Hoffnung und unersetzlicher Ansporn nicht aufzugeben.

[6] Archiv M.M.: E 16/3, 15, 16, 17 und 20.

[7] Siehe auch Kapitel 7: Die Ernährung.

Die Lagerstraße des Hauptlagers zwischen den Baracken 2 und 3, 7 und 8, 12 und 13. AMM

10. Das Hauptlager

Das im Bereich der Katastralgemeinde Marbach befindliche Hauptlager Mauthausen hieß in der SS-Terminologie „Schutzhaftlager" oder auch „Mutterlager".

Es bestand aus:

Lager I: Barackenreihe 1 bis 20 (erbaut in den Jahren 1938 bis Frühjahr 1940). In den Baracken 2 bis 20 waren Häftlinge untergebracht.[1] In der Baracke 1 befanden sich rechts die Lagerschreibstube, die Schuhwerkstätte und die so genannte „Schwabstube" (eine kleine Werkstatt, in der für den persönlichen Bedarf der SS-Führer gearbeitet wurde), links das Bordell; in der Mitte befanden sich die Kantine und ein Raum, in dem ein Motorrad sowie die dem 1. Schutzhaftlagerführer gehörende Dogge „Lord" untergebracht waren.

Lager II: Baracken 21 bis 24 (erbaut im Jahre 1941). Sie waren zuerst Werkstätten und ab Frühjahr 1944 Häftlingsunterkünfte.

Lager III: Sechs Baracken (erbaut im Frühjahr 1944). Bezogen als Häftlingsunterkünfte im Spätsommer 1944.

[1] Häftlingsbaracke hieß in der Lagersprache Block; deshalb die Benennung der Funktionäre: Blockälteste, Blockschreiber, Blockfriseur; der verantwortliche SS-ler: Blockführer.

Krankenlager: Südlich des Lagers I und unterhalb der Zufahrtstraße befand sich das Krankenlager oder auch Sanitäts-, respektive Russenlager[2] genannt. Zuletzt zehn Häftlingsbaracken, eine Waschraum-Baracke, die auch als Leichenraum diente, sowie eine Häftlingsküche (erbaut in den Jahren 1941 bis 1944). Bezogen am 14.3.1943.
Zeltlager: Es befand sich nördlich vom Lager I und bestand aus sechs großen sowie acht kleineren Ausstellungs- und Militärzelten mit einem Innenflächenraum von 5.212 Quadratmeter (errichtet im Herbst 1944). Bezogen im Dezember 1944 und bis 8.4.1945 zum Hauptlager zählend.
Arrest: Bunker, Zellengebäude oder Sonderbau genannt (erbaut in den Jahren 1939 und 1940). Im Arrest befanden sich 33 Zellen im Ausmaß von je 5,4 Quadratmeter und eine Zelle mit 8,4 Quadratmeter.
Revier: Ein Steingebäude vis-à-vis des Lagers II (Bau nicht beendet). Die linke Hälfte wurde im Sommer 1944 bezogen.[3]
Wäscherei- und Küchenbaracken: Erbaut in den Jahren 1938 bis 1941.
Appellplatz: Zwischen den Längsseiten der Baracken 1, 6, 11 und der Wäscherei, Küche sowie dem Arrestgebäude befand sich der Appellplatz.

Die Lager I, II und III waren mit einer etwa 2,5 Meter hohen Umfassungsmauer in der Gesamtlänge von 1.668 Metern versehen. Auf der Steinmauer befand sich eine mit 380 Volt geladene Stacheldrahteinzäunung. Nur im nördlichen Teil des Lagers I, an der Rückfront der Baracken 5, 10 und 15, stand keine Mauer, sondern ein elektrisch geladener Stacheldrahtzaun.[4]
Das Krankenlager hatte eine doppelte Stacheldrahtumzäunung mit Starkstromladung, das Zeltlager einen einfachen Stacheldrahtzaun ohne Starkstromladung. Die Umfassungsmauer und die Stacheldrahtumzäunung des Hauptlagers (sowie in allen Nebenlagern) waren mit abgeschirmten Tiefstrahlern und roten Notlampen bestückt. Die Lichtquellen waren nachts – dem damaligen Luftschutzgesetz entsprechend – aus 100 Meter Höhe und etwa 500 Meter Entfernung nicht mehr sichtbar. Außerdem gab es in jedem Wachturm des Hauptlagers eine Scheinwerferanlage mit einer sehr starken Lichtquelle, die bei besonderen Anlässen eingeschaltet wurde.
Die Baracken 2 bis 15 (ab Frühjahr 1944 auch 16 bis 19) waren für die ständig im Hauptlager eingesetzten Häftlinge reserviert.
Die Baracken 16 bis 18 respektive 19 dienten jahrelang als Unterkunft für Neuzugänge (Quarantänelager), in den Jahren 1941/42 sieben Monate lang als „Kriegsgefangenenlager“

---

[2] Dieses Lager war ursprünglich für die Aufnahme sowjetischer Kriegsgefangener erbaut worden, deshalb die Benennung „Russenlager“. Baubeginn 1.10.1941. Archiv M.M.: H 3/1.
[3] Archiv M.M.: A 3/9, Kopie des Berichtes über die durchgeführten Baumaßnahmen des KLM, 25.1.1945, verfasst von der SS-Bauleitung KLM.
[4] Archiv M.M.: A 10/1, Kopien, Briefwechsel des Kommandos der Schutzpolizei, Oktober 1939, über Verdunkelung des KLM und Beleuchtungsanlage des elektrisch geladenen Drahtzaunes; A 3/1 und 9, Kopien, Berichte über Baumaßnahmen.

für sowjetische Kriegsgefangene und im Jahre 1945 als Frauenlager. In den Monaten März bis Mai 1945 gab es noch eine Baracke für Frauen im Steinbruch.[5]
Die Neuzugänge sollten in den Blocks 16–19 zwei bis drei Wochen in der Quarantäne verbleiben. Diese Funktion übernahm im Frühjahr 1944 das Lager II. Die Baracke 20, Todesblock genannt, war immer für bestimmte Kategorien von Häftlingen, entweder für Kranke (Sonderrevier) oder für solche Häftlinge, die bald getötet werden sollten, reserviert.[6]
An der Außenwand mancher Häftlingsbaracken des Lagers I befanden sich Holztafeln mit folgender Aufschrift:

„Es gibt einen Weg in die Freiheit.

Seine Meilensteine heißen:

Gehorsam, Fleiß, Ordnung, Sauberkeit,

Ehrlichkeit, Opfermut und Liebe zum Vaterland.“

Das Lager III und das Zeltlager sollten vorübergehend als notdürftige Unterkünfte für größere Transporte herangezogen werden. Doch manchmal mussten die Häftlinge dort mehrere Monate verbleiben.
Die Gesamtfläche der Lager I, II und III mit dem Appellplatz betrug etwa 25.000 Quadratmeter, des Krankenlagers etwa 15.000 Quadratmeter und die des Zeltlagers etwa 16.000 Quadratmeter. Rund um die angeführten Lager I, II und III gab es auf einem Flächenmaß von etwa 150.000 Quadratmeter – ohne Steinbruch „Wiener Graben“ – Werkstätten, Hundezwinger, Magazine, ein landwirtschaftliches Gut, SS-Sportplatz, Reitbahn sowie Unterkünfte der SS-Führer, SS-Unterführer und SS-Bewachungsmannschaften. Es war eine Stadt von 95 Baracken, Zelten und Steingebäuden.[7] Außerdem wurde in der unmittelbaren Nähe des Lagers, bei der Ortschaft Mauthausen, eine Siedlung für die Familien des SS-Kommandanturstabes gebaut.

---

[5] Archiv M.M.: V 3/1, 2, 7, 8 und 20, Häftlingsaussagen.

[6] Archiv M.M.: V 3/1, 8 und 20, Häftlingsaussagen. Siehe auch Kapitel 35: „K-Häftlinge“ – „Mühlviertler Hasenjagd“. Archiv M.M.: S 1/1 bis S 6/4.

[7] Im April 1945 lebten in 39 Holzbaracken und 14 Zelten etwa 26.000 männliche und etwa 1.500 weibliche Häftlinge, davon etwa 9.000 Schwerkranke. Archiv M.M.: E 6/12, Original, Häftlingsstand vom 3.5.1945; E 10/6, Kopien von Veränderungsmeldungen, April 1945. Im Ort Mauthausen lebten zu dieser Zeit etwa 3.000 Personen.

Nebenlager Gusen I mit Steinbrüchen und Werkstätten AMM

Nebenlager Ebensee, Lageraufbau Winter 1943/44 AMM

11. Nebenlager

Im Zuge der verstärkten Verlagerung und des Ausbaues der Rüstungsindustrie in den „Alpen- und Donaureichsgauen" wurden auf dem Gebiete Österreichs viele Sublager des KLM, genannt Nebenlager, errichtet. Diese Filiallager führten ab 1943 die Bezeichnung „Arbeitslager der Waffen-SS".

Manche Nebenlager, in denen „siegentscheidende" Waffen, respektive „Wunderwaffen"[1] erzeugt werden sollten, erhielten Tarnbezeichnungen, so z. B.:

Melk „Quarz"
Ebensee „Solvay, Zement, Kalk, Kalkwerke" und „Kalksteinwerke"
Gusen II „Bergkristall" oder „Bergkristallfertigung"
Peggau „Marmor"
Hinterbrühl „Julius"
Schwechat „Santa I" und „Santa II"
Leibnitz-Graz „Kalksteinwerke".

Desgleichen erhielten die Fertigungsstätten Tarnnamen: Die Montage des Düsenjägers Me262 lief in Gusen II unter der Bezeichnung „Esche 2" und die gesamte Produktion der Steyr-Daimler-Puch AG-Werke in Gusen (I und II) unter „Georgenmühle I, II, III und IV". Die Schmierölraffinationsanlage in Ebensee sollte unter der Bezeichnung „Dachs 2" produzieren. Die Bezeichnung „Taube 1" erhielt die Ebenseer Krackanlage, die aus den Rückständen der in Ebensee installierten Kleindestillationsanlage Autobenzin gewinnen sollte. „Dachs 2" und „Taube 1" haben bis Kriegsende nicht produziert. Die flüssigen Sauerstoff produzierende Fertigungsanlage in den Kellern der Bierbrauerei Schlier-Redl-Zipf hieß „Rella X".[2]

Amstetten	Männerlager
Zuständige Gemeinde, Bundesland, Bezirkshauptmannschaft	Stadtgemeinde Amstetten, Niederösterreich (BH Amstetten)
Firmenname, Auftraggeber	?
Art des Arbeitseinsatzes	Aufräumungsarbeiten und Reparatur des Bahnhofes
Gründung des Lagers	19.3.1945
Schließung des Lagers	18.4.1945
Der höchste Häftlingsstand	2.966

[1] Von den nationalsozialistischen Machthabern wurden als „siegentscheidende" Waffen oder „Wunderwaffen" qualifiziert: Ballistische Fernraketen respektive Ferngeschosse (V2 und V1): ein weittragendes „England-Geschütz" „V3", das von Frankreich aus London angreifen sollte; Düsenflugzeuge (Me 262, He 162 und He 163); mit Elektromotor angetriebene Unterseeboote für lange Unterwasserfahrt (Typen XX und XXIII); Torpedos: a) mit akustischem Zielsuchgerät („Zaunkönig"), b) Flächenabsuchendes Gerät (FAT). Geheimwaffen: S.221ff und 236. Waffen: S.109f, 115ff, 195ff, 338ff, 354ff und 355.

[2] Alle in diesem Kapitel aufscheinenden Namen, Ortsbezeichnungen, Tarnnamen, Zahlen, Angaben über Arbeitseinsatz und Daten stammen aus: Archiv M.M.: B 1/1 bis B 60/19 oder aus: ISD Arolsen: „Vorläufiges Verzeichnis der Haftstätten unter dem Reichsführer-SS, 1933–1945", S.144ff.

Amstetten	Frauenlager[3]
Zuständige Gemeinde, Bundesland, Bezirkshauptmannschaft	Stadtgemeinde Amstetten, Niederösterreich (BH Amstetten)
Firmenname, Auftraggeber	?
Art des Arbeitseinsatzes	Aufräumungsarbeiten und Reparatur des Bahnhofes
Gründung des Lagers	20.3.1945
Schließung des Lagers	18.4.1945
Der höchste Häftlingsstand	500

Bretstein	
Zuständige Gemeinde, Bundesland, Bezirkshauptmannschaft	Bretsteingraben, Ortsgemeinde Bretstein, Steiermark (BH Judenburg)
Firmenname, Auftraggeber	Deutsche Versuchsanstalt für Ernährung und Verpflegung GmbH, SS-Gut
Art des Arbeitseinsatzes	Betreuung einer Geflügelfarm und Schafzucht; Bau eines Güterweges
Gründung des Lagers	Sommer 1941
Schließung des Lagers	30.9.1943
Der höchste Häftlingsstand	etwa 80

Dipoldsau	
Zuständige Gemeinde, Bundesland, Bezirkshauptmannschaft	Ortsgemeinde Weyer-Land, Oberösterreich (BH Steyr-Land)
Firmenname, Auftraggeber	Ennser Kraftwerksbau AG
Art des Arbeitseinsatzes	Kraftwerk- und Straßenbau
Gründung des Lagers	17.9.1943
Schließung des Lagers	25.8.1944
Der höchste Häftlingsstand	etwa 130

Ebensee	
Zuständige Gemeinde, Bundesland, Bezirkshauptmannschaft	Marktgemeinde Ebensee, Oberösterreich (BH Gmunden)
Firmenname, Auftraggeber	Mehrere Firmen
Art des Arbeitseinsatzes	Stollenbau für ein Raketen-Entwicklungswerk; Bedienung von 8 Destillationsanlagen (Ofen 23 bis 30) und Kugellagerproduktion der Steyr-Daimler-Puch AG
Gründung des Lagers	18.11.1943
Schließung des Lagers	6.5.1945
Der höchste Häftlingsstand	18.437

Eisenerz	
Zuständige Gemeinde, Bundesland, Bezirkshauptmannschaft	Stadtgemeinde Eisenerz, Steiermark (BH Leoben)
Firmenname, Auftraggeber	Reichswerke AG, Alpine Montanbetriebe
Art des Arbeitseinsatzes	Erzabbau
Gründung des Lagers	15.6.1943
Schließung des Lagers	14.3.1945
Der höchste Häftlingsstand	400

[3] Archiv M.M.: K 4 A/1, Kopie einer Transportliste.

Grein	
Zuständige Gemeinde, Bundesland, Bezirkshauptmannschaft	Stadtgemeinde Grein, Oberösterreich (BH Perg)
Firmenname, Auftraggeber	Baufirma Koller im Auftrag der Voigt & Haefner AG, Linz
Art des Arbeitseinsatzes	Ausbau der Kellerräume des Schlosses zu Maschinenhallen, Bau einer Wohnanlage und Aufstellung von Fertigungsbaracken
Gründung des Lagers	2.2.1945
Schließung des Lagers	19.2.1945
Der höchste Häftlingsstand	120

Großraming	
Zuständige Gemeinde, Bundesland, Bezirkshauptmannschaft	Ortsgemeinde Reichraming, Oberösterreich (BH Steyr–Land)
Firmenname, Auftraggeber	Ennser Kraftwerksbau AG
Art des Arbeitseinsatzes	Kraftwerksbau
Gründung des Lagers	14.1.1943
Schließung des Lagers	29.8.1944
Der höchste Häftlingsstand	1.013

Gunskirchen	
Zuständige Gemeinde, Bundesland, Bezirkshauptmannschaft	Ortsgemeinde Edt b. Lambach, Oberösterreich (BH Wels Land)
Firmenname, Auftraggeber	RSHA, Notbehelfsbau
Art des Arbeitseinsatzes	Sammel- und Auffanglager für jüdische Häftlinge
Gründung des Lagers	12.3.1945
Schließung des Lagers	5.5.1945
Der höchste Häftlingsstand	12.000 bis 15.000

Gusen I	
Zuständige Gemeinde, Bundesland, Bezirkshauptmannschaft	Ortsgemeinde Langenstein, Oberösterreich (BH Perg)
Firmenname, Auftraggeber	DEST, Steyr-Daimler-Puch AG, Messerschmitt AG und andere Firmen
Art des Arbeitseinsatzes	Steinbruch- und Stollenbau-Arbeiten, Maschinenpistolen MP40 und Flugzeugkabinen; 1944 Me 109 und Düsenjäger Me 262
Gründung des Lagers	25.5.1940
Schließung des Lagers	5.5.1945
Der höchste Häftlingsstand	11.480

Gusen II	
Zuständige Gemeinde, Bundesland, Bezirkshauptmannschaft	Marktgemeinde St. Georgen a.d. Gusen, Oberösterreich (BH Perg)
Firmenname, Auftraggeber	DEST, Steyr-Daimler-Puch AG, Messerschmitt AG u.a. Firmen
Art des Arbeitseinsatzes	Stollenbau, Maschinenpistolen MP 40 und MP 44, Einzelanfertigung und Montage von Düsenjägern Me 262
Gründung des Lagers	9.3.1944
Schließung des Lagers	5.5.1945
Der höchste Häftlingsstand	12.537

Gusen III	
Zuständige Gemeinde, Bundesland, Bezirkshauptmannschaft	Lungitz, Ortsgemeinde Katsdorf, Oberösterreich (BH Perg)
Firmenname, Auftraggeber	DEST
Art des Arbeitseinsatzes	Ziegelwerk und Bäckerei Lungitz, Ersatzteillager der Firma Messerschmitt
Gründung des Lagers	16.12.1944
Schließung des Lagers	5.5.1945
Der höchste Häftlingsstand	274

Hirtenberg	Frauenlager
Zuständige Gemeinde, Bundesland, Bezirkshauptmannschaft	Marktgemeinde Hirtenberg, Niederösterreich (BH Baden)
Firmenname, Auftraggeber	Gustloff-Werke[4]
Art des Arbeitseinsatzes	Patronenfabrik
Gründung des Lagers	28.9.1944
Schließung des Lagers	15.4.1945
Der höchste Häftlingsstand	459

Klagenfurt	
Zuständige Gemeinde, Bundesland, Bezirkshauptmannschaft	Lendorf, Stadtgemeinde Klagenfurt, Kärnten
Firmenname, Auftraggeber	Waffen-SS
Art des Arbeitseinsatzes	Bau einer Waffen-SS-Junkerschule-Kaserne
Gründung des Lagers	19.11.1943
Schließung des Lagers	8.5.1945 (28.4.1945)
Der höchste Häftlingsstand	130

Leibnitz-Graz	
Zuständige Gemeinde, Bundesland, Bezirkshauptmannschaft	Aflenz, Ortsgemeinde Retznei, Steiermark (BH Leibnitz)
Firmenname, Auftraggeber	Steyr-Daimler-Puch AG, Werk Graz-Thondorf und DEST
Art des Arbeitseinsatzes	Ausbruch eines Steinbruches und Stollenbau; Herstellung von Flugzeug- und LKW- Teilen
Gründung des Lagers	9.2.1944
Schließung des Lagers	2.4.1945
Der höchste Häftlingsstand	655

Lenzing	Frauenlager[5]
Zuständige Gemeinde, Bundesland, Bezirkshauptmannschaft	Pettighofen, Marktgemeinde Lenzing, Oberösterreich (BH Vöcklabruck)
Firmenname, Auftraggeber	Lenzinger Zellwolle AG
Art des Arbeitseinsatzes	Kunstfasererzeugung
Gründung des Lagers	3.11.1944
Schließung des Lagers	4.5.1945
Der höchste Häftlingsstand	565

[4] Archiv M.M.: K4 C/1 bis 4, Kopien von Zugangslisten, Korrespondenz der Gustloff-Werke, Veränderungsmeldung vom 17.4.1945 über Erschießung „auf der Flucht" von sieben Sowjetbürgerinnen.

[5] Archiv M.M.: K4 D/1 bis 6, Kopien einer Richtigstellung von 36 falschen Namen von weiblichen Häftlingen, verschiedene Häftlingsberichte.

Lind, Schloss	
Zuständige Gemeinde, Bundesland, Bezirkshauptmannschaft	St. Marein bei Neumarkt, Steiermark (BH Murau)
Firmenname, Auftraggeber	WVHA – Deutscher Reichsverein für Volkspflege und Siedlerhilfe
Art des Arbeitseinsatzes	Landwirtschaftliche Arbeiten auf einem SS-Gut
Gründung des Lagers	22.6. bis 19.11.1942 (Dachauer NL) ab 20.11.1942 KLM
Schließung des Lagers	9.4.1945
Der höchste Häftlingsstand	20

Linz I	
Zuständige Gemeinde, Bundesland, Bezirkshauptmannschaft	Linz an der Donau, Oberösterreich
Firmenname, Auftraggeber	Reichswerke Hermann Göring u. Hochofenschlacke Linz GmbH, Eisenwerke Oberdonau, DEST
Art des Arbeitseinsatzes	Lageraufbau, Straßenbau, Schlackenwerk- und Stahlwerk-Arbeiten
Gründung des Lagers	20.2.1943
Schließung des Lagers	3.8.1944
Der höchste Häftlingsstand	790

Linz II	
Zuständige Gemeinde, Bundesland, Bezirkshauptmannschaft	Linz an der Donau, Bauernberg, Sandgasse, Oberösterreich
Firmenname, Auftraggeber	Gauleitung und Wehrmacht
Art des Arbeitseinsatzes	Bau von Luftschutzbunkern und einer Armeekommando-Befehlsstelle
Gründung des Lagers	27.2.1944
Schließung des Lagers	27.3.1945 (29.4.1945)
Der höchste Häftlingsstand	285

Linz III	
Zuständige Gemeinde, Bundesland, Bezirkshauptmannschaft	Linz an der Donau, Oberösterreich
Firmenname, Auftraggeber	Reichswerke Hermann Göring Eisenwerke Oberdonau und DEST
Art des Arbeitseinsatzes	Stahlerzeugung, Schlackenwerk, Bahnbau und E-Werksbau sowie Panzerproduktion
Gründung des Lagers	22.5.1944
Schließung des Lagers	5.5.1945
Der höchste Häftlingsstand	5.615

Loiblpass	Nord- und Südlager
Zuständige Gemeinde, Bundesland, Bezirkshauptmannschaft	Nord: Stadtgemeinde Ferlach, Kärnten (BH Klagenfurt–Land) | Süd: Podljubelj (St. Anna), Slowenien
Firmenname, Auftraggeber	Universale Hoch- und Tiefbau AG
Art des Arbeitseinsatzes	Straßentunnel-Bau
Gründung des Lagers	2.6.1943
Schließung des Lagers	8.5.1945 (28.4.1945)
Der höchste Häftlingsstand	Beide Lager: 1.294

Melk	
Zuständige Gemeinde, Bundesland, Bezirkshauptmannschaft	Stadtgemeinde Melk, Pionierkaserne, Niederösterreich (BH Melk)
Firmenname, Auftraggeber	Quarz GmbH, eine Tochterfirma der Steyr-Daimler-Puch AG, Kammler-Programm
Art des Arbeitseinsatzes	Stollenbau in Roggendorf bei Loosdorf, Siedlungsbau und Hochwasserbehälter; Kugellagererzeugung der Steyr-Daimler-Puch AG.
Gründung des Lagers	20.4.1944
Schließung des Lagers	15.4.1945
Der höchste Häftlingsstand	10.314

Mittersill, Schloss	Frauen[6]
Zuständige Gemeinde, Bundesland, Bezirkshauptmannschaft	Marktgemeinde Mittersill, Salzburg (BH Zell am See)
Firmenname, Auftraggeber	RSHA, Sven-Hedin-Institut für Innerasien-Forschung
Art des Arbeitseinsatzes	Reinigungsarbeiten
Gründung des Lagers	unbekannt, vom KLM übernommen am 24.3.1944
Schließung des Lagers	8.5.1945
Der höchste Häftlingsstand	15

Passau I	Oberilzmühle
Zuständige Gemeinde, Bundesland, Bezirkshauptmannschaft	Passau, Bayern, BRD
Firmenname, Auftraggeber	Firma Arnold Fischer
Art des Arbeitseinsatzes	Versuchsanstalt und Bau eines Unterwasserkraftwerkes
Gründung des Lagers	19.10.–19.11.1942 (Dachauer NL) ab 20.11.1942 KLM
Schließung des Lagers	2.5.1945
Der höchste Häftlingsstand	83

Passau II	Waldwerke
Zuständige Gemeinde, Bundesland, Bezirkshauptmannschaft	Passau, Bayern, BRD
Firmenname, Auftraggeber	?
Art des Arbeitseinsatzes	Rüstungsfertigung, Tag- und Nachtschicht
Gründung des Lagers	9.3.1944
Schließung des Lagers	7.11.1944
Der höchste Häftlingsstand	333

Peggau	
Zuständige Gemeinde, Bundesland, Bezirkshauptmannschaft	Hinterberg, Marktgemeinde Peggau, Steiermark (BH Graz-Umgebung)
Firmenname, Auftraggeber	Steyr-Daimler-Puch AG, Graz-Thondorf, DEST
Art des Arbeitseinsatzes	Stollenbau und Flugzeugteile-Herstellung
Gründung des Lagers	17.8.1944
Schließung des Lagers	2.4.1945
Der höchste Häftlingsstand	888

[6] Archiv M.M.: K4 E/1 bis 5, Kopien einer Zugangsliste vom 24.3.1944, Forderungsnachweis über den Arbeitseinsatz, Aufstellung von Quartieren „der dem SS-Sonderkommando ‚K' der Waffen-SS angehörigen Führer und Männer", Oktober 1944, Quartierkosten für das Sven-Hedin-Institut.

Schlier-Redl-Zipf	
Zuständige Gemeinde, Bundesland, Bezirkshauptmannschaft	Zipf, Ortsgemeinde Neukirchen an der Vöckla, Oberösterreich (BH Vöcklabruck)
Firmenname, Auftraggeber	Raketen- und Brennkammerprüfstand; RMfRuK; Steinbruch-Verwertungs-GmbH; Betrieb Schlier
Art des Arbeitseinsatzes	Ausbau von Kellerräumen der Bierbrauerei, Stollenbau, Brennstoff für V-Waffen. Ab April 1945 Geldfälscher[7]
Gründung des Lagers	11.10.1943
Schließung des Lagers	3.5.1945
Der höchste Häftlingsstand	1.488

Saurer-Werke	Wien-West genannt
Zuständige Gemeinde, Bundesland, Bezirkshauptmannschaft	Wien, XI. Bezirk
Firmenname, Auftraggeber	Saurer Werke AG
Art des Arbeitseinsatzes	Panzermotoren-Fertigung
Gründung des Lagers	20.8.1944
Schließung des Lagers	2.4.1945
Der höchste Häftlingsstand	1.480

Schönbrunn-Wien	
Zuständige Gemeinde, Bundesland, Bezirkshauptmannschaft	Wien, XII. Bezirk
Firmenname, Auftraggeber	Kraftfahrtechnische Lehranstalt der Waffen-SS (KTL)
Art des Arbeitseinsatzes	Erfindertätigkeit
Gründung des Lagers	28.9.1944
Schließung des Lagers	1.4.1945
Der höchste Häftlingsstand	5

Steyr-Münichholz	
Zuständige Gemeinde, Bundesland, Bezirkshauptmannschaft	Stadtgemeinde Steyr, Oberösterreich
Firmenname, Auftraggeber	Steyr-Daimler-Puch AG und Gemeinde Steyr
Art des Arbeitseinsatzes	Lageraufbau, Kugellager- und Flugmotorenherstellung, Straßenbau; Keller- und Bunkerbau
Gründung des Lagers	14.4.1942
Schließung des Lagers	5.5.1945
Der höchste Häftlingsstand	1.971

[7] Die Geldfälscher, Kommando „Bernhard", 141 Häftlinge, kamen Anfang März 1945 in das Hauptlager und am 13.4.1945 in das Nebenlager Schlier-Redl-Zipf. Das Kommando stand unter der Leitung des SS-Sturmbannführers Bernhard Krüger (SS-Nr. 15.249, Mitglied der NSDAP 528.739), der Chef einer Fälscherzentrale im Amt VI des RSHA (Gruppe F) war. Diese Abteilung sorgte für die Ausrüstung von Agenten des SD und der Militär-Spionage mit falschen Papieren und gefälschten Pfundnoten. Krüger gründete zu diesem Zweck im Jahre 1942, im KL Sachsenhausen ein Häftlingskommando, bestehend aus etwa 150 vorwiegend jüdischen Graphikern, Lithographen, Fotografen, Malern, Buchdruckern, Chemikern usw. Es ist unbekannt, ob es in Schlier noch zu einer Produktion gekommen ist. Das gesamte Kommando wurde am 3.5.1945 in das Nebenlager Ebensee überstellt. Ein Teil der gefälschten Pfundnoten und Druckstöcke sind im Toplitzsee versenkt worden. Archiv M.M.: B 36/5 und 11, Kopie einer Transportliste vom 13.4.1945 und gefälschte Pfundnote.

St. Aegyd	
Zuständige Gemeinde, Bundesland, Bezirkshauptmannschaft	Marktgemeinde St. Aegyd am Neuwalde, Niederösterreich (BH Lilienfeld)
Firmenname, Auftraggeber	Kraftfahrtechnische Versuchsanstalt der Waffen-SS
Art des Arbeitseinsatzes	Lageraufbau; Kfz-Motorenherstellung
Gründung des Lagers	2.11.1944
Schließung des Lagers	1.4.1945
Der höchste Häftlingsstand	303

St. Lambrecht	Männerlager
Zuständige Gemeinde, Bundesland, Bezirkshauptmannschaft	Marktgemeinde St. Lambrecht, Steiermark (BH Murau)
Firmenname, Auftraggeber	Deutscher Reichsverein für Volkspflege und Siedlerhilfe
Art des Arbeitseinsatzes	Forst- und Gutsarbeit, Bau einer Siedlung
Gründung des Lagers	13.5.–19.11.1942 (Dachauer NL) ab 20.11.1942 KLM
Schließung des Lagers	29.4.1945 (?)
Der höchste Häftlingsstand	80

St. Lambrecht	Frauenlager
Zuständige Gemeinde, Bundesland, Bezirkshauptmannschaft	Marktgemeinde St. Lambrecht, Steiermark (BH Murau)
Firmenname, Auftraggeber	Deutscher Reichsverein für Volkspflege und Siedlerhilfe
Art des Arbeitseinsatzes	Garten- und Reinigungsarbeiten
Gründung des Lagers	September 1944
Schließung des Lagers	29.4.1945 (?)
Der höchste Häftlingsstand	23

St. Valentin	Nibelungen-Werke
Zuständige Gemeinde, Bundesland, Bezirkshauptmannschaft	Herzograd, Stadtgemeinde St. Valentin; Niederösterreich (BH Amstetten)
Firmenname, Auftraggeber	Nibelungen-Werke GmbH, gehörte der Steyr-Daimler-Puch AG
Art des Arbeitseinsatzes	Panzerbaufertigung: Panzer IV und Jagdtiger (Porsche-Tiger)
Gründung des Lagers	21.8.1944
Schließung des Lagers	23.4.1945
Der höchste Häftlingsstand	1.480

Ternberg	
Zuständige Gemeinde, Bundesland, Bezirkshauptmannschaft	Marktgemeinde Ternberg, Oberösterreich (BH Steyr Land)
Firmenname, Auftraggeber	Ennser Kraftwerksbau AG
Art des Arbeitseinsatzes	Kraftwerksbau, Straßenbau
Gründung des Lagers	25.1. (8.2.) 1943
Schließung des Lagers	18.9.1944
Der höchste Häftlingsstand	406

Vöcklabruck	Auch Wagrain genannt
Zuständige Gemeinde, Bundesland, Bezirkshauptmannschaft	Stadtgemeinde Vöcklabruck, Oberösterreich (BH Vöcklabruck)
Firmenname, Auftraggeber	Firma unbekannt, vermutlich DEST
Art des Arbeitseinsatzes	Straßenbau in Vöcklabruck
Gründung des Lagers	6.6.1941
Schließung des Lagers	14.5.1942
Der höchste Häftlingsstand	etwa 300

Wels I	Auch Waldwerke genannt
Zuständige Gemeinde, Bundesland, Bezirkshauptmannschaft	Stadtgemeinde Wels, Oberösterreich
Firmenname, Auftraggeber	vermutlich Flugzeug- und Metallwerke Wels
Art des Arbeitseinsatzes	Bau eines Hallenlagers (Tarnbezeichnung „Waldwerke"); Ab 24.3. bis 13.4.1945 (!) Reparaturen von Flugzeugen und Kfz. Aufräumung nach Bombardierung des Bahnhofes
Gründung des Lagers	27.12.1944
Schließung des Lagers	24.3. respektive 13.4.1945
Der höchste Häftlingsstand	397 und 1.500

Wiener Neudorf	
Zuständige Gemeinde, Bundesland, Bezirkshauptmannschaft	a.) Marktgemeinde Guntramsdorf b.) Marktgemeinde Wiener Neudorf, Niederösterreich (BH Mödling)[8]
Firmenname, Auftraggeber	Flugmotorenwerke Ostmark und Steyr-Daimler-Puch AG
Art des Arbeitseinsatzes	Flugzeugmotoren-Herstellung
Gründung des Lagers	2.8.1943
Schließung des Lagers	2.4.1945
Der höchste Häftlingsstand	2.945

Wiener Neustadt	
Zuständige Gemeinde, Bundesland, Bezirkshauptmannschaft	Stadtgemeinde Wiener Neustadt, Niederösterreich
Firmenname, Auftraggeber	Rax-Werke GmbH, Henschel u. Sohn GmbH, LOFAG Wien
Art des Arbeitseinsatzes	a) V-Waffenteile-Herstellung (Raketen A4 / V2) b) Marine-Artillerie-Leichter- und Tendererzeugung
Gründung des Lagers	a) 1. Gründung: 20.6.1943 | b) 2. Gründung: 5.7.1944
Schließung des Lagers	a) 1. Schließung: 17.11.1943 | b) 2. Schließung: 1.4.1945
Der höchste Häftlingsstand	a) etwa 1.000 | b) 697

Schwechat-Wien	Heidfeld
Zuständige Gemeinde, Bundesland, Bezirkshauptmannschaft	Stadtgemeinde Schwechat, Niederösterreich
Firmenname, Auftraggeber	Heinkel-Werke AG und Flugmotorenwerke Ostmark
Art des Arbeitseinsatzes	Flugzeugbau, Nachtjäger-Montage He 219
Gründung des Lagers	30.8.1943
Schließung des Lagers	13.7.1944
Der höchste Häftlingsstand	2.568

Schwechat-Wien	auch Santa I und Santa II genannt
Zuständige Gemeinde, Bundesland, Bezirkshauptmannschaft	Stadtgemeinde Schwechat, Niederösterreich
Firmenname, Auftraggeber	Schwechat-Bierbrauereikeller, Heinkel-Werke AG
Art des Arbeitseinsatzes	Teile vom Düsenjäger (Volksjäger) He 162
Gründung des Lagers	Dezember 1944
Schließung des Lagers	1.4.1945
Der höchste Häftlingsstand	?

8 Nach einer Bombardierung im Mai 1944 wurde das Nebenlager vom ursprünglichen Standort in der Gemeinde Guntramsdorf nach Westen in die Gemeinde Wiener Neudorf verlegt. Beide Gemeinden gehörten in der NS-Zeit zur Gemeinde Groß-Wien.

Foridsdorf-Wien	
Zuständige Gemeinde, Bundesland, Bezirkshauptmannschaft	Wien, XXI. Bezirk
Firmenname, Auftraggeber	Hofherr&Schrantz und Heinkel-Werke AG
Art des Arbeitseinsatzes	?
Gründung des Lagers	14.7.1944
Schließung des Lagers	1.4.1945
Der höchste Häftlingsstand	?

Jedlesee-Wien	
Zuständige Gemeinde, Bundesland, Bezirkshauptmannschaft	Wien, XXI. Bezirk; Prager Straße
Firmenname, Auftraggeber	Jedlesee-Bierbrauerei-Keller Heinkel-Werke AG
Art des Arbeitseinsatzes	?
Gründung des Lagers	13.7.1944
Schließung des Lagers	1.4.1945
Der höchste Häftlingsstand	?

Hinterbrühl	
Zuständige Gemeinde, Bundesland, Bezirkshauptmannschaft	Seegrotte, Marktgemeinde Hinterbrühl, Niederösterreich (BH Mödling)
Firmenname, Auftraggeber	Heinkel-Werke AG
Art des Arbeitseinsatzes	Kopfelemente für V2-Raketen; Bauteile für Nachtjäger He 216, Herstellung des Rumpfes & Montage des „Volksjägers" He 162
Gründung des Lagers	September 1944
Schließung des Lagers	1.4.1945
Der höchste Häftlingsstand	?

Die in den zuletzt genannten vier Nebenlagern eingesetzten Häftlinge wurden in den Unterlagen unter „Schwechat" oder „Floridsdorf-Wien" respektive auch „Wien-West" geführt. Der höchste Stand in allen vier Nebenlagern betrug 2.737 Häftlinge.

Nebenlager, die nur kurze Zeit existierten:

Bachmanning	
Zuständige Gemeinde, Bundesland, Bezirkshauptmannschaft	Ortsgemeinde Bachmanning, Oberösterreich (BH Wels-Land)
Firmenname, Auftraggeber	Deutsche Ausrüstungswerke GmbH
Art des Arbeitseinsatzes	Sägewerksarbeiten
Gründung des Lagers	20.9.1942
Schließung des Lagers	unbekannt
Der höchste Häftlingsstand	Etwa 20

Enns	
Zuständige Gemeinde, Bundesland, Bezirkshauptmannschaft	Stadtgemeinde Enns, Oberösterreich (BH Linz-Land)
Firmenname, Auftraggeber	Unbekannt. Vermutlich Gauleiter August Eigruber[9]
Art des Arbeitseinsatzes	Bunkerbau
Gründung des Lagers	10.4.1945
Schließung des Lagers	19.4.1945
Der höchste Häftlingsstand	etwa 2.000

[9] Siehe Kapitel 31: Sonderbehandlungen – Sonderbauten – Rückkehr unerwünscht.

Schiffslager	Donauhafen Mauthausen
Zuständige Gemeinde, Bundesland, Bezirkshauptmannschaft	Marktgemeinde Mauthausen, Oberösterreich (BH Perg)
Firmenname, Auftraggeber	RSHA
Art des Arbeitseinsatzes	Auffanglager für sowjetische invalide Kriegsgefangene
Gründung des Lagers	28.4.1945
Schließung des Lagers	5.5.1945
Der höchste Häftlingsstand	736

Zeltlager	Mauthausen
Zuständige Gemeinde, Bundesland, Bezirkshauptmannschaft	Marbach, Marktgemeinde Mauthausen, Oberösterreich (BH Perg)
Firmenname, Auftraggeber	WVHA
Art des Arbeitseinsatzes	Auffanglager
Gründung des Lagers	Herbst 1944
Schließung des Lagers	8.4.1945
Der höchste Häftlingsstand	etwa 10.000

Schloss Hartheim

Die Euthanasie- und Vernichtungsanstalt Hartheim war kein Nebenlager des KLM. Die dort eingesetzten SS-Angehörigen unterstanden offiziell der „Gemeinnützigen Stiftung für Anstaltspflege“ sowie dem zuständigen Gauleiter August Eigruber. Zuletzt unterstand ein Teil der Hartheimer SS-Angehörigen den Mauthausener SS-Einheiten. Wegen der zwischen Hartheim und KLM bestehenden sehr engen personellen Beziehungen und weil in Hartheim mindestens 4.841 Mauthausener Häftlinge getötet wurden, ist das Schloss Hartheim in diese Aufstellung aufgenommen worden. Die Euthanasie der deutschen und österreichischen „Geisteskranken“ wurde bereits im Sommer 1941 beendet, die Vergasungen der Mauthausener und etwa 3.225 Dachauer Häftlinge sowie ausländischer Kranker wurden jedoch erst im Dezember 1944 eingestellt. Das Schloss wurde von einem Mauthausener Arbeitskommando in den *„ursprünglichen Zustand versetzt“* und Anfang des Jahres 1945 den vorherigen Eigentümern übergeben.

Hartheim, Schloss	
Zuständige Gemeinde, Bundesland, Bezirkshauptmannschaft	Ortsgemeinde Alkoven, Oberösterreich (BH Eferding)
Firmenname, Auftraggeber	Reichsarbeitsgemeinschaft Heil- und Pflegeanstalten (Deckname T4)
Art des Arbeitseinsatzes	Euthanasieanstalt und Vernichtungsstätte für körperschwache Häftlinge aus den KL Mauthausen und Dachau
Gründung des Lagers	Ostern 1940
Schließung des Lagers	8.1.1945

Steinbruch Wiener Graben. Sommer 1942 AMM

12. Arbeitseinsatz

Das Ausrücken der ersten Arbeitskommandos (Küchen, SS-Reiniger usw.) erfolgte vom Frühjahr bis Herbst um 4.00 Uhr, im Winter um 5.00 Uhr vor der Frühzählung; nach dem Appell marschierte die Mehrzahl der Kommandos aus: von Frühjahr bis Herbst 6.00 bis 6.15 Uhr; im Winter von 7.00 bis 7.15 Uhr.[1] In den ausgedehnten Gusener und Mauthausener Steinbrüchen begann die Arbeitszeit im Sommer um 6.30 Uhr, im Winter um 7.30 Uhr. Von 12.00 bis 12.30 oder bis 13.00 Uhr gab es eine Mittagspause, und dann wurde je nach Jahreszeit und Sichtverhältnissen bis 16.45, längstens bis 18.30 Uhr, gearbeitet. Bei Dunkelheit und Nebel wurde wegen Fluchtgefahr die Arbeitszeit herabgesetzt. Somit arbeiteten die Häftlinge in den Steinbrüchen im Sommer etwa elf Stunden am Tag, im Winter acht bis neun Stunden[2], obwohl die Arbeitszeit laut zentraler Weisung des WVHA vom 22.11.1943 generell auf elf Stunden pro Tag festgesetzt wurde. (O. Pohl gab bei seiner Einvernahme in Nürnberg, u. a. an, dass die Arbeitszeit der Häftlinge während des Krieges von 48 auf 72 Wochenstunden stieg.[3]) Alle anderen Häftlinge, die in den Werkstätten und in der Rüstung sowie beim Stollenbau eingesetzt waren, arbeiteten seit Herbst 1943 im Sommer wie auch im Winter, mindestens elf und manche zwölf Stunden lang. Gearbeitet wurde von Montag bis Samstagabend (einzelne Arbeitskommandos rückten am Samstagnachmittag nicht aus) und manche Häftlinge mussten auch am Sonntagvormittag arbeiten. Sonntagnachmittags befanden sich nur die Schichtarbeiter der Rüstung (ab Winter 1943/44) und noch einzelne Häftlinge des SS-Bedienungspersonals im Arbeitseinsatz.

Durchschnittlich arbeitete ein Häftling im Steinbruch 54 bis 60 Stunden und in allen anderen Kommandos 66 bis 72 Stunden in der Woche, doch ist dabei zu berücksichtigen, dass zu der reinen Arbeitszeit oft lange, kräftezehrende Anmarschwege zurückzulegen waren.[3]

Die SS-Lagerverwaltung vermietete die Häftlinge an die SS-eigenen Betriebe wie DEST, Deutsche Ausrüstungswerke GmbH, Deutsche Wirtschaftsbetriebe GmbH, und andere, an verschiedene private Firmen und schließlich an Rüstungsbetriebe.

---

[1] Eine Ausnahme bildeten die „Jungrussen-Steinmetzlehrlinge“, sie arbeiteten etwa neun Stunden täglich. Diese Kinder und Jugendlichen sollten nach einer Weisung Himmlers vom 5.12.1941 „bis zum Friedensschluß für die dann einsetzenden Großbauten“ zu Steinmetzen herangebildet werden. SS-Unternehmungen: S.110ff. Archiv M.M.: F 4/1, Angaben des im Arbeitseinsatz eingesetzten Häftlings Wolfgang Sanner.

[2] In dem von Pohl an die KL-Kommandanten gerichteten Schreiben vom 22.11.1943 hieß es: „Ich weise darauf hin, daß (...) die Arbeitszeit von 11 Stunden auch während der Wintermonate eingehalten werden muß. Ausnahmen hiervon bilden die Außenkommandos (...) welche in Anbetracht der Kürze der Tage und der damit früher eintretenden Dunkelheit rechtzeitig in das Lager zurückkehren müssen. Dagegen müssen diejenigen Häftlinge, die in Fabriksräumen oder Arbeitshallen eingesetzt sind, von Montag bis Sonnabend einschließlich, zu 11-stündiger Arbeitszeit herangezogen werden. Bei außerordentlicher Dringlichkeit sind die Häftlinge außerdem auch am Sonntag, jedoch nur vormittags, einzusetzen. Die heute (...) mit Häftlingen zur Durchführung kommenden kriegswichtigen und siegentscheidenden Arbeiten lassen es keinesfalls zu, daß die tägliche Arbeitszeit unter 11 Stunden liegt.“ Archiv M.M.: F 4/4, Kopie des Erlasses vom 22.11.1943.

[3] Fall IV: Aussage Pohl, S.430ff. Kempner-Eichmann: S.163. Für „freie“ ausländische Zivilarbeiter wurde im Mai 1944 die Arbeitszeit auf 72 Arbeitsstunden (!) in der Woche festgesetzt. Demgegenüber überschritt die durchschnittliche Arbeitszeit der deutschen Arbeiter in der Zeit von 1941 bis Mai 1944 nicht die 50-Stunden-Grenze. IMT: Bände V, S.571, XV, S.38f und 283, XVI, S.555.

Bereits im Jahre 1936 wurde vom deutschen Reichsfinanzministerium veranlagt, dass alle privaten und sonstigen Firmen, denen Häftlinge zur Verfügung gestellt wurden, dafür ein bestimmtes Entgelt über die Verwaltung der jeweiligen KL an die Reichskassa zu zahlen hatten. Dieses Entgelt wurde zur Deckung des staatlichen Konzentrationslager-Etats verwendet. Die Höhe des Entgelts betrug für die SS-eigenen Betriebe bis Ende 1942 0,30 RM pro Tag und Häftling. Diese minimalen Ausgleichszahlungen sind den Betrieben, so lange sie sich im Ausbau befanden, gestundet worden. Mit Wirkung vom 1.1.1943 wurde das Häftlingsentgelt für Facharbeiter zunächst auf 1,50 RM, für Hilfsarbeiter und Frauen auf 0,50 RM festgesetzt. Im Laufe des Jahres 1943 wurde es noch weiter erhöht, und bis 31.12.1943 mussten die Rüstungsfirmen und Privatbetriebe pro Tag für jeden Häftlingsfacharbeiter 2,50 RM und für Hilfsarbeiter 1,50 RM an die Reichskasse zahlen. Am 1.1.1944 wurden die Sätze wieder erhöht;[4] die Rüstungs- und die Privatbetriebe zahlten für Facharbeiter 5,00 RM, für Nichtfacharbeiter 3,00 RM. Der DEST wurden ab 1.1.1944 für Facharbeiter 1,50 RM und für Hilfsarbeiter 0,50 RM berechnet.[5]

Jene Firmen, die über Auftrag des „Sonderstabes Kammler" tätig waren und Mauthausener Häftlinge einsetzten (Schlier, Gusen II, Ebensee und Melk), sollten für einen Facharbeiter 6,00 RM und für einen Nichtfacharbeiter 4,00 RM pro Tag zahlen.[6]

Es ist verständlich, dass alle beteiligten Firmen und ihre Experten aus Gründen wie der Bezahlung des angeführten Entgeltes so auch der betrieblichen Kalkulation (nach 1945 aus Gründen des Schuldgefühls) die Häftlingsleistung bewusst stark herabsetzten. Die durchschnittliche Effektivität der Arbeit eines KLM-Häftlings war im Vergleich zur Arbeit eines freien Arbeiters bestimmt geringer, wobei sie je nach dem physischen Zustand des Häftlings sowie dem Arbeitsverhältnis und dem SS-Terror großen Schwankungen ausgesetzt war. Es kann angenommen werden, dass der Leistungsfaktor eines Mauthausener Häftlings durchschnittlich mindestens 50 Prozent eines Zivilarbeiters betrug.[7] Da die Verpflegung und

[4] Der Hauptanlass für die Heraufsetzung des Häftlingsentgeltes scheint weniger im fiskalischen Interesse der Reichskasse als vielmehr in verschiedenen Beschwerden von Seiten der freien Wirtschaft gelegen zu haben, welche in der Tatsache, dass die Häftlingsbetriebe keinen Lohn und nur minimale Häftlingsentgelt-Zahlungen zu leisten hatten, unlauteren Wettbewerb erblickten. SS-Unternehmungen: S.117. Archiv M.M.: F 4/1, Angaben des Häftlingsschreibers im Arbeitseinsatz Wolfgang Sanner, 15.5.1945.

[5] Ende 1944, als der Häftlingseinsatz zahlenmäßig seinen Höhepunkt erreichte, betrugen die Einnahmen aus den Entgelten, die von der Privatindustrie und von den SS-eigenen Unternehmungen der Reichskasse gezahlt werden mussten, nach Aussage des zuständigen Sachbearbeiters im Amt D II des WVHA, monatlich etwa 50 Millionen RM.

[6] Archiv M.M.: F 4/1, Angaben des Wolfgang Sanner; F 4/3, Kopie, Neufestsetzung der Häftlingslöhne, Anordnung des O. Pohl vom 8.1.1944; F 4/4, Kopie, Anordnung des WVHA vom 3.7.1944 über neue Tagessätze.

[7] Bei der Häftlingszwangsarbeit muss zwischen der Rentabilität und der Leistung unterschieden werden. Denn die Firmen mussten für die im Arbeitsprozess eingesetzten Häftlinge und für sämtliche im Lagerbereich befindlichen Häftlingsfunktionäre Entgelt entrichten und auch für die Bewachung samt den Offizieren und SS-Ärzten aufkommen. Schließlich mussten die Firmen den Bahntransport bezahlen und dafür Sorge tragen, dass die Gefangenen isolierte Arbeitsräume und Quartiere erhielten; desgleichen mussten sie auch für die Unterbringung der Wachmannschaften aufkommen. Siehe diesbezüglich den Erlass des SS-Obersturmbannführers Maurer, Chef des Amtes D II im WVHA vom 14.4.1944 an alle Kommandanten der KL, wonach alle „Häftlingsärzte und Häftlingspfleger" in den Außenkommandos „selbstverständlich den betreffenden Rüstungsfirmen in Rechnung zu stellen sind". Archiv M.M.: P 16/59, Kopie.

körperliche Verfassung der Häftlinge mit denen des freien Zivilarbeiters nicht zu vergleichen waren und darüber hinaus jede Arbeitsleistung nur als lebensgefährliche Zwangsmaßnahme empfunden werden musste, versuchte die Masse der Häftlinge schon aus Gründen des Selbsterhaltungstriebes die Arbeitsleistung niedrig zu halten. Doch bei der streng kontrollierten und mechanisierten Rüstungsfertigung war der Leistungsfaktor eines Mauthausener Häftlings wesentlich höher als 50 Prozent. Der Luxemburger politische Häftling Eugen Thome, Häftlingsnummer 47.849, beschreibt die Fließbandtätigkeit in der Halle VI von Gusen I, wo die Häftlinge für die Firma Steyr-Daimler-Puch AG Teile einer Maschinenpistole herstellten, wie folgt:

> *„Die Produktionsweise war die des modernen Betriebes, eine Kettenfolge, eine Fließbandtätigkeit. Die Rohlinge kamen aus dem Zentralmagazin und wurden operationsfolgend von Maschine zu Maschine verarbeitet, sodass am Ende das fertige Stück auslief. Bei Arbeitsvorgängen, die längere Zeit beanspruchten, betreute ein Häftling mehrere Maschinen."*

Ein anderer Luxemburger Häftling, Pierre Nau, behauptet, dass in den Gusener Messerschmitt-Werken ein Häftling in einer Schicht anfangs zumindest acht und zuletzt elf Flugzeugflügel nieten musste.[8]

Bis Dezember 1943 bekamen die Häftlinge für ihre Arbeitsleistung keine Entlohnung. Jedoch aufgrund einer Dienstvorschrift des Chefs vom WVHA Pohl vom 15.5.1943 sollten gewisse Häftlinge, die in der „kriegswichtigen und siegentscheidenden" Rüstungsfertigung eingesetzt wurden, wöchentliche Prämienscheine im Werte von 0,50 bis 5,00 RM erhalten.[9] Für diese Prämienscheine hätte man in den Lagerkantinen gewisse Waren, vor allem Rauchwaren, einkaufen können. Zur Realisierung der angeführten Dienstvorschrift kam es im KLM durch einen Kommandantur-Sonderbefehl des Lagerkommandanten Ziereis zuerst am 18.11.1943.

Im Sonderbefehl hieß es unter anderem wörtlich:

> *„Häftlinge, die sich durch Fleiß, Umsichtigkeit, gute Führung und besondere Arbeitsleistung auszeichnen, erhalten künftig Vergünstigungen, so unter anderem Geldprämien. Sie werden in Form von Prämienscheinen, die innerhalb des KL Geldeswert darstellen, als Belohnung denjenigen Häftlingen gegeben, die sich durch gute Leistung, Fleiß und besonderes Interesse hervortun. Belohnt soll die Mehrleistung werden. Die Höhe der Belohnung hat sich nach dem Wert der Mehrleistung zu richten und soll im Ernstfall etwa RM 0,50, RM 1,00, RM 2,00, RM 3,00 oder RM 4,00, in besonderen wenigen Ausnahmefällen bis zu RM 10,00 je Woche im Höchstfalle betragen. Damit nun aber auch diejenigen Häftlinge, die zum inneren Lagerbetrieb gehören, Geldprämien bekommen können, hat die Verwaltung Anweisung erhalten, Prämienscheine zu kaufen und diese Häftlinge für ihre Mehrleistungen zu prämieren. Es sind jedoch*

[8] Letzeburger: S.121.

[9] In der Dienstvorschrift vom 15.5.1943 hieß es: „(…) Häftlinge, die sich durch Fleiß, Umsichtigkeit, gute Führung und besondere Arbeitsleistung auszeichnen, erhalten künftig Vergünstigungen. Diese bestehen in Gewährung von: 1. Hafterleichterung, 2. Verpflegungszulagen, 3. Geldprämien, 4. Tabakwarenbezug, 5. Bordellbesuch (…)" SS-Unternehmungen: S.116. Archiv M.M.: F 8/3, Kopie des Erlasses.

auch hier nur diejenigen Häftlinge zu belohnen, die sich tatsächlich durch besonderen Fleiß hervortun. Mit den Prämienscheinen haben die Häftlinge die Möglichkeit, in den Kantinen Rauchwaren und sonstige Bedürfnisse zu erstehen. Bei Ausgabe der Prämienscheine sind sämtliche Häftlinge des betreffenden Arbeitskommandos zugegen, damit auf diese Weise die mit Prämienscheinen nicht bedachten Häftlinge für die Folge zu erhöhter Arbeitsleistung angespornt werden (...) Die Kantinenverwaltung hat Anweisung erhalten, daß in den Schutzhaftlagern Mauthausen und Gusen sowie in den Außenlagern für Häftlinge sofort Kantinen errichtet werden.

Als ungefährer Richtpunkt ist etwa vorzugehen:

Lagerälteste, Chefärzte	*RM 4,00*
Blockälteste, Ärzte, Apotheker, Capo gr. Kommandos	*RM 3,00*
Stubenälteste, Köche, Capo kl. Kommandos, Pfleger, Apothekergehilfen, Facharbeiter je nach Arbeitsleistung	*RM 2,00*
Facharbeiter und Hilfsarbeiter je nach Arbeitsleistung, Schneider, Schuster, Friseure u. dgl.	*RM 1,00*
Alle Häftlinge des inneren Lagerbetriebes, die eine Mehrleistung erzielen	*RM 0,50".*[10]

Das von Ziereis geforderte Mehrleistungsprinzip als Maßstab bei der Ausfolgung von Prämienscheinen wurde weder im Haupt- noch in einem der Nebenlager eingehalten. Im Hauptlager haben vermutlich fast alle in der Rüstung Beschäftigten wöchentlich Prämienscheine in der Höhe von 0,50 bis höchstens 3,00 RM erhalten, dann ausnahmslos alle Häftlingsfunktionäre sowie die in den Lagerwerkstätten Eingesetzten. An die 40 Prozent der Häftlinge des KLM bekamen Prämienscheine.[11] Die Ausfolgung der Bons wurde im Winter 1944/45 eingestellt, weil die Kantinenverwalter seit November 1944 Zigaretten nur einzelnen prominenten Häftlingen ausfolgten; andere Waren gab es seit Herbst 1944 nicht mehr.

Die Häftlinge arbeiteten unter dem Befehl eines SS-Kommandoführers, beim „Sonderstab Kammler" oft unter der Leitung eines Einsatzführers, der gewöhnlich als Angehöriger des SD auch mit Abwehraufgaben beauftragt war. Der SS-Kommandoführer, in der Regel ein Unteroffizier, war ausschließlich dem zuständigen Lagerkommandanten verantwortlich. In der Rüstungsfertigung gab es auch Zivilisten (Ingenieure, Meister usw.) mit Befehlsgewalt.[12]

An der Spitze jedes Arbeitskommandos stand der Capo, ein Häftling, der die ständige Aufsicht hatte und dem Kommandoführer verantwortlich war. Bei großen Arbeitseinheiten, wie z. B. im Steinbruch, Steineträger, Lageraufbau, Rüstung usw. gab es einen Obercapo, mehrere Capos und Untercapos, in Mauthausen „Winkelcapo" genannt.

---

[10] Archiv M.M.: F 8/2, Original, Kommandantursonderbefehl vom 18.11.1943.

[11] Archiv M.M.: F 8/1, Original, Prämienscheine.

[12] SS-Unternehmungen: S.37f. Letzeburger: S.274ff. Archiv M.M.: B 5/3, 19 und 31, Häftlingsberichte über das Nebenlager Ebensee.

In den Jahren 1938 und 1939 arbeiteten die Häftlinge primär beim Lageraufbau und ab Herbst 1939 bis Herbst 1943 vor allem in den Steinbrüchen der DEST: „Wiener Graben" (Mauthausen), „Kastenhof" (Ober- und Unterbruch), „Gusen" und „Pierbauer" (Gusen). Von Monat zu Monat wurden die Arbeitskommandos der Steinbrüche vergrößert. Allein in Mauthausen steigerte sich der tägliche durchschnittliche Einsatz von 375 Häftlingen (und 171 Zivilangestellten) im Monat Jänner 1939 auf 1.066 Häftlinge (210 Zivilangestellte) im Dezember 1939. Im Jänner und Februar 1940 sank vorübergehend die tägliche Durchschnittszahl, weil die Masse der Mauthausener Häftlinge (auch Sonntags) zum Lageraufbau von Gusen I herangezogen wurde. Jedoch allein von März bis Juli 1940 stieg die tägliche Durchschnittszahl von 781 auf 3.581 Häftlinge.[13] Im Mai 1942 arbeiteten (ohne Steineträger) in den angeführten vier Steinbrüchen täglich durchschnittlich *„3.844 Häftlinge, 29 SS-Angehörige, 29 Zivilangestellte, 60 Zivilarbeiter, 22 Lehrlinge und 5 Ausländer"*, im Winter 1942/43 waren etwa 2.000 Häftlinge im „Wiener Graben" und 2.800 in den drei Gusener Steinbrüchen eingesetzt. Diese Steinbrüche entwickelten sich zu den größten Granitwerken der DEST.[14]
Hier wurde unter Außerachtlassung der primitivsten Sicherheitsvorkehrungen das größtmögliche Arbeitspensum verlangt und mit aller Brutalität – bis zum körperlichen Zusammenbruch – durchgesetzt. Und so hatte man die beste Möglichkeit, gewisse Häftlinge, ohne viel Aufsehen zu erregen, bis zur tödlichen Erschöpfung zu jagen: einen schweren Stein auf den Schultern, durch Prügeln zum Laufschritt gezwungen, brach das Opfer bald zusammen. Oftmals wurden Gefangene die steilen Wände der Brüche hinabgestürzt. Die SS nannte dies „Fallschirmspringen", und so „starben" zum Beispiel laut Totenbuch am 14.6.1941 in Mauthausen 16 jüdische Häftlinge *„durch Sprung über die Steinbruchwand"*.[15]
Etwa ab Herbst 1943 wurde die Produktion in den Mauthausener und Gusener Steinbrüchen gedrosselt; die Mehrzahl der Häftlinge ist über Veranlassung des RMfRuM Speer in verschiedenen Firmen der Rüstungsindustrie, beim Stollenbau in Ebensee, Melk, Gusen II und bei der V-Waffen-Erzeugung in Wiener Neustadt sowie Schlier eingesetzt worden.[16] Besondere Bedeutung erlangte der Häftlingseinsatz für die Firmen Steyr-Daimler-Puch AG und Messerschmitt AG. Nachdem die Regensburger Messerschmitt-Anlagen im Sommer 1943 durch Fliegerangriffe beschädigt worden waren und Hitler am 27.6.1943 auf dem Obersalzberg

[13] Am 28.6.1940 besichtigte Hitler in Begleitung seines Architekten A. Speer Paris. Nach Speers Angaben verlangte Hitler nach der Besichtigungsfahrt die volle Wiederaufnahme der Berliner Großbauten. Hitler soll damals erklärt haben: „Paris soll ein Schatten von Berlin werden." Der Ausbau Berlins erhielt nachher die höchste Dringlichkeitsstufe, und 1950 hätte die Berliner Prachtstraße fertig sein sollen. Außerdem sollten in Nürnberg, Hamburg, München sowie in Linz Prachtbauten entstehen und noch 27 Städte zu „Neugestaltungsstädten" erklärt werden. Speer: S.186ff. Dies ist zweifelsohne eine der Gründe der intensiven Produktionssteigerung und des Häftlingseinsatzes in den Mauthausener und Gusener Steinbrüchen. Archiv M.M.: B 12/35, 36 und F 4/2, Häftlingsberichte.
[14] Archiv M.M.: A 8/2, Kopie einer monatlichen Aufstellung der DEST GmbH an die Deutsche Wirtschaftsbetriebe GmbH vom 23.4.1942 über die Stärkemeldung der Zivilisten und Häftlinge in Mauthausen, Jänner 1939 bis August 1940. SS-Unternehmungen: S.45.
[15] Archiv M.M.: Y 32, Mikrofilm Totenbuch, 1.1.1939 bis 31.12.1944.
[16] Archiv M.M.: F 6/5, Kopie des Schreibens Speer an Himmler vom 5.4.1943; B 1/1 bis B 60/19, Material über die Nebenlager. Verzeichnis der KL: S.144ff.

sieben führende Flugzeugkonstrukteure – unter ihnen Messerschmitt sowie Heinkel – empfangen hatte und dabei die Beschleunigung der Serienfertigung neuer Flugzeugtypen verlangte, trat die Firmenleitung der Messerschmitt AG an die DEST GmbH heran. Das Resultat dieser Aussprache war die Verlagerung von Teilen der Messerschmitt-Fertigung an die DEST in Flossenbürg, Mauthausen und Gusen. Die Messerschmitt AG lieferte das Rohmaterial, Maschinen, Werkzeuge und ihre Fachkräfte, während die DEST Teile ihrer Werksanlagen in Flossenbürg und Mauthausen-Gusen und vor allem Häftlinge zur Verfügung stellte.[17]

Zunächst wurden im Zuge des „Jägerstab-Programms"[18] Flugzeugteile, Jäger Me109 hergestellt; später ging man zur Montage ganzer Flugzeuge über. In den DEST-Werkhallen von Gusen I und II sowie Flossenbürg wurden Teile des ersten Düsenflugzeuges Me262 hergestellt.[19] Ein für die Serienfertigung der Me262 eingerichtetes Montagewerk in den Stollen von Gusen II, Tarnname „Esche 2", sollte vom April 1945 an monatlich 1.250 einsatzfähige Maschinen liefern.[20]

Tragflächenteile der verschiedenen Messerschmitt-Flugzeuge wurden auch in den Hallen des Steinbruchs „Wiener Graben" zusammengesetzt. Die KL Mauthausen-Gusen und Flossenbürg waren 1944 mit etwa 35 Prozent an der Gesamtproduktion der Messerschmitt AG beteiligt.[21] Nach einer vom WVHA-Chef O. Pohl unterfertigten Statistik vom 21.2.1944 über den *„Häftlingseinsatz für Zwecke der Luftfahrtindustrie"* waren im Jänner 1944 in den Mauthausener Steinbrüchen *„423 (von 550 vorgesehenen) Häftlinge"* eingesetzt, die im Monat *„Jänner 1944 82.632 Stunden"* Zwangsarbeit leisteten und dabei *„25 Flugzeugrümpfe der Fa. Messerschmitt"* produzierten. Im gleichen Monat wurden 1.983 Häftlinge bei insgesamt 417.328 Arbeitsstunden bei „Baumaßnahmen für Flugmotorenteilfertigung" in den „Flugmotorenwerken GmbH Wiener Neudorf" eingesetzt.

In der Heinkel-Werk AG in Schwechat waren laut der gleichen Statistik im Monat Jänner

---

[17] SS-Unternehmungen: S.57.

[18] Der „Jägerstab", ab 1.8.1944 „Rüstungsstab" genannt, war eine Lenkungsorganisation des RMfBuM und befasste sich mit der Aufgabe der Steigerung der Produktion von Jagdflugzeugen. Dem Stab, der sich am 29.3.1944 aus 43 Personen zusammensetzte, gehörten 30 Direktoren der Privatindustrie, zwölf Angehörige der Luftwaffe respektive des RMfBuM sowie ein Angehöriger der SS an. Die Personen dieser Stäbe wurden als Sonderbeauftragte für einzelne Werke bestimmt, und fliegende Baustellen sollten unmittelbar nach schweren Luftangriffen für rasche Wiederherstellung der wichtigen Objekte sorgen. Sie verfügten auch über Verlagerungen, Dezentralisierungen, Erweiterung der vorhandenen Fertigung und Schaffung bombensicherer (Untertageverlagerungen) Erzeugungsstätten. Rüstung: S.140f und S.156.

[19] Nach unbestätigten Meldungen sollen in den Konzentrationslagern Dora-Mittelbau, Flossenbürg, Mauthausen und Dachau sowie in den Messerschmitt-Fertigungsstätten Regensburg und Augsburg insgesamt 1.433 Stück Me 262 fertig gestellt worden sein. – Alle kriegführenden Großmächte hatten ab Ende der dreißiger Jahre Flugversuche mit Strahltriebwerken durchgeführt. Die Me262 war jedoch das erste in Serienfertigung hergestellte und im Kampf eingesetzte Düsenflugzeug der Welt. Die Me262 flog am 18.7.1942 zum ersten Male, gelenkt von Fritz Wendel (Spiegel: Nr. 8, 17.2.1975; S.148); sie soll eine Geschwindigkeit von 895 km/h und eine Gipfelhöhe von 13.500 m erreicht haben. Im Frühjahr 1944 erfolgte die durch unzählige Bombenangriffe sehr stark verzögerte Serienfertigung, Ende 1944 waren erst etwa 265 Stück produziert worden. Waffen: S.115f. Speer: S.571.

[20] Nach dem Stand der Gusener Stollenbauarbeiten wäre das vielleicht im Herbst 1945 erreicht worden. – Im KL Dora-Mittelbau sollten laut Plan monatlich 1.000 Stück Me262 montiert werden.

[21] SS-Unternehmungen: S.57.

1944 *„2.065 Häftlinge eingesetzt, die 486.206 Arbeitsstunden in der Flugzeugteilfertigung leisteten"*. [22]
In noch größerem Umfang sind KLM-Häftlinge an der Gesamtproduktion der Steyr-Daimler-Puch AG in Steyr, Gusen I und II, Ebensee, St. Valentin, Leibnitz, Peggau und in Melk beteiligt gewesen.
Die Steyr-Daimler-Puch-Werke gehörten zu den größten Gewehrfabriken des Deutschen Reiches, wo aber auch Maschinengewehre, Maschinenpistolen, Flugzeugmotoren (FLUMO), Flugzeugkabinen und -fahrgestelle von Me109, 110 und Me323 (Gigant) sowie Lastkraftwagen hergestellt wurden; als ein wichtiger Spezialbetrieb der deutschen Luftrüstung gehörte dazu das Kugellagerwerk Münichholz bei Steyr.[23] Die Häftlinge wurden in jeder Art der Rüstungsfertigung eingesetzt, darüber hinaus beim Hallen- und Straßenbau im Werksgelände sowie bei der Erstellung von Luftschutzbunkern und -stollen für die Stadt Steyr.[24]
Nachdem die deutsche Kugellagererzeugung durch die am 14.10.1943 erfolgten alliierten Bombenangriffe auf die Schweinfurter Kugellagerfertigungsstätten stark betroffen wurde, sind im Zuge der darauf folgenden Verlagerungen von Kugellager-Produktionsstätten auch die Steyr-Werke dezentralisiert worden. Bereits im Frühjahr 1943 begann in den Steinmetz- und Werkhallen der DEST in Gusen I binnen weniger Wochen eine umfangreiche Fertigung von Maschinenpistolenteilen der Steyr-Werke.[25]
Bei den Angriffen der amerikanischen Bomber am 23., 24.2.1944 und am 2.4.1944[26] wurden die Werke in Steyr und Münichholz schwer beschädigt; deshalb ist die Verlagerung der Produktion stark beschleunigt worden: Die Flugmotorenfertigung wurde in das Messegelände, Wien II, die Walzlagerfertigung in die Keller der Aktienbrauerei Linz, die Produktion der Läufe nach Gusen I, und die der Flugmotorenwerke in Graz-Thonhof wurde in die Römersteinbrüche Aflenz bei Leibnitz sowie in neun Stollen des Steinbruches Peggau verlagert.[27]
Ab Winter 1944/45 wurden in den Stollen von Melk Kugellager gefertigt. In Gusen I und dann in Gusen II lief die Produktion der Steyr-Werke unter der Tarnbezeichnung „Georgenmühle I, II, III, IV", in Peggau unter „Marmor" und in Leibnitz unter „Kalksteinwerke". In Gusen I waren die Häftlinge vorwiegend bei der Herstellung von Läufen und Teilen der MP40 und 44[28] eingesetzt; als dann im Winter 1944/45 in einem Stollen von

---

[22] Drittes Reich: S.478. ND: 1584(III)-PS.
[23] Vom März 1942 bis etwa Herbst 1943 arbeiteten ca. 1.000, dann etwa 14.000 Häftlinge in verschiedenen Orten für die Firma Steyr-Daimler-Puch AG. Archiv M.M.: F 4/1, Angaben des im Arbeitseinsatz eingesetzten Häftlings Wolfgang Sanner; B 40/1 bis B 40/10, B 30/1 bis B 30/16, B 12/36, Berichte und Kopien von Transportlisten von Steyr, Melk, Gusen; E 6/11, Rapportbuch, Gesamtstand der Häftlinge in den Nebenlagern, Tagesaufstellungen. Rüstung: S.47, 85, 108 und 193. Unterkunft Gusen: S.19ff.
[24] Archiv M.M.: B 60/19, Behördlicher Bericht über das Lager Münichholz-Steyr; B 40/9, Zeitungsartikel „Kugellager aus Steyr".
[25] Rüstung: S.70 und 120.
[26] Am 20.2.1944 begann die Flugoffensive der amerikanischen Luftflotte gegen die Flugzeugfertigung und gegen die Kugellagerzentren: Stuttgart, Steyr, Schweinfurt und Augsburg. Rüstung: S.140 und 146f.
[27] Archiv M.M.: B 34/1 bis B 34/7, Kopien von Meldungen und Transportlisten (Peggau); B 35/1 bis 5, Kopien von Veränderungsmeldungen, Transportlisten und Angaben des Häftlings Grissinger (Leibnitz). Rüstung: S.147. Speer: S.564.
[28] Die MP40 war eine aus gestanzten und geprägten Blechteilen zusammengesetzte Maschinenpistole mit einem Stangenmagazin für 32 Patronen. – Die MP44, auch „Sturmgewehr 44" genannt, war ein Gasdrucklader, eingerichtet für Einzel- und Dauerfeuer. Das Magazin fasste 42 Schuss. Für die Herstellung einer MP44

Gusen II die Produktion anlief, wurden in dieser unterirdischen Fabrik massenweise Blechgerüste der Maschinenpistole 40 gestanzt und geprägt.[29]
Zum Konzern der Steyr-Daimler-Puch AG gehörte auch das Nibelungenwerk St. Valentin, wo Panzer der Modelle IV, „Panther", erzeugt wurden.[30]
Ab 20.8.1944 sind in der Panzerfertigung mehr als 1.000 Häftlinge eingesetzt worden, die dort bis zum 22.4.1945 produzieren mussten.[31] Noch im April 1945 lieferte das Nibelungenwerk 65 Panzer an die Deutsche Wehrmacht (Heeresgruppe Süd).[32]
Am 2.5.1942 wurden in Wiener Neustadt[33] von der Firma Henschel in Kassel und der ebenfalls zum Henschel-Konzern gehörenden Wiener Lokomotivfabrik die Rax-Werke GmbH gegründet. Ursprünglich wurde hier die Produktion von Geschützen geplant, tatsächlich sind Lokomotiv-Tender erzeugt worden.
Als am 7.7.1943 das A4-Raketenprogramm als Prestigeobjekt der nationalsozialistischen Kriegsführung an die vorderste Stelle der Dringlichkeit gesetzt wurde, ordnete Speer die sofortige Umbesetzung einer großen Zahl von Facharbeitern für das A4-Programm an. So verfügten am 19.7.1943 der Stellvertreter Speers, Hauptdienststellenleiter Otto Saur und der Verantwortliche für die V2-Produktion, Direktor Gerhard Degenkolb, innerhalb weniger Tage die Zusammenziehung von 2.700 Bauarbeitern und Mauthausener Facharbeiter-Häftlingen in die Wiener Neustädter Rax-Werke, um das Vorwerk für die Raketenproduktion schleunigst zu vollenden. Die Montage der V2-Raketen lief am 15.10.1943 in der so genannten Serbenhalle der Rax-Werke an. Die Transporte der KLM-Häftlinge bestanden aus 40 Prozent Facharbeitern und 60 Prozent Hilfsarbeitern (in der Flugzeugindustrie des Wehrkreises XVII arbeiteten 1943 sechs Prozent Facharbeiter und 94 Prozent Hilfsarbeiter).[34]
Der Raum von Wiener Neustadt wurde ab Sommer 1943 von alliierten Flugzeugen bombardiert und am 13.8., 1.10., 24.10. sowie am 2.11.1943 schwer getroffen. Erst die Bombardierung vom 2.11.1943 bewirkte eine teilweise Zerstörung der Rax-Werke, darunter auch der

---

waren angeblich nur zehn Arbeitsstunden notwendig. Archiv M.M.: V 30/60, Häftlingsangaben. Letzeburger: S.274ff. Waffen: S.19 und 21.

[29] Archiv M.M.: V 30/60, Häftlingsangaben. Letzeburger: S.274ff.

[30] Archiv M.M.: B 45/1 und 2, zwei Berichte über das Nebenlager St. Valentin. Rüstung: S.54, 73, 76, 100, 117, 119, 137, 161 und 178.

[31] Von den 3.366 Panzern IV, die im Jahre 1944 in Deutschland erzeugt worden sind, stammten 2.809 aus St. Valentin. Rüstung: S.197.

[32] Rüstung: S.170.

[33] Der Raum Wiener Neustadt wurde vom Oberbefehlshaber der Luftwaffe Hermann Göring zum Zentrum der Luftwaffe und Luftrüstung in Österreich bestimmt. Aus diesem Grunde wurden die Wiener Neustädter Flugzeugwerke gegründet, die das größte Jägerwerk im Deutschen Reich geworden sind. Rüstung: S.70, 75, 76, 77, 84, 108, 122 und 130ff. – Hermann Göring, am 12.1.1893 in Rosenheim geboren, war im Ersten Weltkrieg Flieger, 1922 der erste SA-Führer, 1932 Reichstagspräsident; 1933 Mitglied der Reichsregierung und gleichzeitig Ministerpräsident und Innenminister von Preußen; Luftfahrtminister; später Generalbevollmächtigter für die Wirtschaft und den Vierjahresplan; 1940 Reichsmarschall, Oberbefehlshaber der Luftwaffe, Vorsitzender des Reichsverteidigungsrates. Göring wurde vom Internationalen Militärgerichtshof in Nürnberg am 30.9.1946 zum Tode verurteilt. Er verübte am 16.10.1946 in seiner Zelle Selbstmord. IMT: Band I, S.314ff, 596f und 671.

[34] Archiv M.M.: B 50/8, Häftlingsangaben über V-Waffen-Erzeugung. Rüstung: S.123, 132 und 134f. Geheimwaffen: S.146. Widerstand Wr. Neustadt: S.172.

Serbenhalle, wo einige Wochen zuvor gerade die Montage der V2-Raketen angelaufen war.[35] Offenbar über Auftrag Speers wurde die V2-Produktion aus dem nun unsicher gewordenen Wiener Neustädter Raum in die unterirdischen Mittelbau-Betriebe des Harz verlegt, was zur Folge hatte, dass in der Zeit vom 9. bis 17.11.1943 aus dem Nebenlager Wiener Neustadt 375 Facharbeiter-Häftlinge in das KL Dora-Mittelbau (damals noch zum KL Buchenwald gehörend), 200 in das Nebenlager Schlier-Redl-Zipf (Erzeugungsstätte von flüssigem Treibstoff für V2-Raketen) und 30 Häftlingsfunktionäre in das Nebenlager Ebensee verlegt wurden.[36] Das Nebenlager Wiener Neustadt wurde am 17.11.1943 aufgelöst. Im Mai 1944 begann in den Wiener Neustädter Rax-Werken die Fertigung von Marine-Artillerie-Leichtern. Dies war die Ursache, weshalb das Nebenlager Wiener Neustadt neuerlich gegründet wurde und vom 5.7.1944 bis 1.4.1945 etwa 700 Mauthausener Häftlinge in den Rax-Werken zum zweiten Mal eingesetzt wurden.[37]

Zum Luftrüstungszentrum des Wiener Neustädter Raumes gehörte auch Wiener Neudorf, wo im Jahre 1941 die Flugmotorenwerke Ostmark (FOW) gegründet wurden. Als wegen geringer Fortschritte des Bauvorhabens und der Produktion am 6.5.1943 der Generaldirektor der Steyr-Daimler-Puch AG, Dr. Meindl, mit der Leitung der gesamten Anlage der Flugmotorenwerke betraut wurde, ersuchte dieser am 14.7.1943 Himmler, Häftlinge in Wiener Neudorf einsetzen zu dürfen, und schrieb u. a. folgendes:

> *„Ich habe Ihnen anläßlich der Zusammenkunft am Flugplatz Graz berichtet, daß der Herr Reichsmarschall mich beauftragt hat, die Flugmotorenwerke Ostmark in Wien/Wr. Neudorf und Brunn, die für das Jäger-, Zerstörer- und Bomber-Programm 1943/44 mitentscheidend sein sollen, in allerkürzester Zeit zum Anlauf zu bringen.*
>
> *Ich bin nun (...) als Kommissarischer Leiter eingesetzt und sehe, daß der Anlauf des Werkes nur mit außergewöhnlichen Mitteln durchgesetzt werden kann. Die allergrößten Schwierigkeiten bestehen auf der Seite des Arbeitseinsatzes. Ich bitte Sie daher, Reichsführer, zu genehmigen, daß per sofort in Wiener Neudorf ein Außenlager des KL Mauthausen erstellt wird, mit einer Belegstärke von ca. 2.000 Mann, und daß in dieses Lager 1.000 Häftlinge, die bisher in der eisenverarbeitenden Industrie irgendwann tätig waren, und 1.000 Häftlinge, die vorerst vorwiegend für Bauarbeiten eingesetzt werden sollen (...) überstellt werden. Für den Aufbau des Lagers steht ein Bauarbeiterlager als Grundstock zur Verfügung, das (...) direkt neben dem Werk liegt und das in kürzester Frist als KL installiert werden kann (...).“*[38]

[35] Die Produktion und Zulieferung der Gerätespitzen für die Raketen gibt einen Hinweis darauf, wie viele Aggregate 4 der Versuchsserie die Rax-Werke herstellten. Von den 605 Gerätespitzen, die die VOSS-Werke in Sarstadt zwischen Juli und November 1943 produzierten, wurden 28 nach Wiener Neustadt geliefert. Geheimwaffen: S.146. – Nach dem Angriff am 2.11.1943 sind 60 Prozent der Produktion ausgefallen. Widerstand Wr. Neustadt: S.173.

[36] Archiv M.M.: B 50/2, 5, 6 und 7, Kopien von Transportlisten.

[37] Archiv M.M.: B 50/3 und 9, Kopien von Transportlisten. Rüstung: S.101, 105, 130, 134 und 151.

[38] Archiv M.M.: B 49/7, Kopie des Schreibens.

Diesem Ersuchen wurde am 22.7.1943 entsprochen, und bereits am 2.8.1943 befanden sich die ersten 201 Mauthausener Häftlinge im ehemaligen Bauarbeiterlager, welches sie in „kürzester Frist zu einem KL installierten".[39]

Das Nebenlager Wiener Neudorf existierte bis 31.3.1945; durchschnittlich befanden sich darin 2.500 Häftlinge, die vorwiegend bei Flugmotorenfertigung und Bauvorhaben eingesetzt wurden. Die Häftlingsbaracken wurden im Frühjahr 1944 von amerikanischen Fliegern zerstört[40], und die Gefangenen zogen in ein neues Lager in der Nähe der Stadt Mödling um. Die in Wiener Neudorf befindlichen Häftlinge mussten für folgende Firmen und in nachstehend angeführten Orten arbeiten:

Flugmotorenwerke Ostmark, Rella & Co., Rella & Neffe, Hofman und Maculan, Himmelstoß und Sittner, Ing. Czernilowski, Steyr-Daimler-Puch AG, Saurerwerke, Zehethofer, Goldene Stiege, Inzersdorf, Himberg, Guntramsdorf, Laxenburg, Fischamend und bei Luftkriegseinsatz in Wien sowie in Schwechat.[41]

Die englischen Luftangriffe auf das west- und norddeutsche Industriegebiet im Frühjahr 1942 führten unter anderem zur Übersiedlung der Heinkel-Werke aus Rostock-Marienehe nach Heidfeld bei Schwechat.[42] In der Folge gab es in Heidfeld 72 Hallen der Heinkel-Werke mit einer Vielzahl von Zwangsarbeitslagern. Ab 30.8.1943 existierte über Veranlassung des Jägerstabes in der Halle 4 das Nebenlager Schwechat, zuerst mit 90, dann mit etwa 2.000 und später mit 2.568 Mauthausener Häftlingen. Allein im Jänner 1944 haben, wie bereits angeführt, 2.065 Mauthausener Häftlinge des Nebenlagers Schwechat 486.206 Arbeitsstunden für die Fa. Heinkel-Werke geleistet.[43] Alle Gefangenen wurden bei der Flugzeugfertigung, unter anderem auch bei der des Nachtjägers He219, eingesetzt. Als im April 1944 die ersten 17 Nachtjäger montiert wurden, schaltete die amerikanische Luftwaffe durch Angriffe vom 23.4. und 26.6.1944 das Heinkel-Nachtjägerwerk aus. Bei einer neuerlichen Bombardierung am 8.7.1944 wurden das Häftlingslager sowie die Mehrzahl der Heinkel-Hallen zerstört. Die Gefangenen wurden am 13.7.1944 in die Verlagerungsbetriebe zu Hofherr&Schrantz sowie in die Keller der Jedleseer Bierbrauerei (beim Sportplatz Admira) überstellt.[44]

Das Nebenlager Schwechat hieß nun „Wien-Floridsdorf" oder auch „Julius". Anfang September 1944 kamen mehrere hundert Häftlinge in die Seegrotte Hinterbrühl bei Mödling und

[39] Archiv M.M.: B 49/9, Abschrift des Schreibens vom 22.7.1943; B 49/5, Kopie, Transportliste vom 2.8.1943; B 49/1, Bericht des Häftlingsarztes Dr. Busch-Waldeck über den Aufbau des Nebenlagers.

[40] Im Zuge dieser Bombardierung wurden 31 Gefangene getötet und 47 verletzt. Archiv M.M.: B 49/1, Bericht des Häftlingsarztes Dr. Busch-Waldeck.

[41] Archiv M.M.: B 49/1, Bericht des Häftlingsarztes Dr. Busch-Waldeck.

[42] Auf dem Flugplatz wurde der Musterbau errichtet, es fand dort die Flugerprobung statt. In Heidfeld wurden auch das Konstruktionsbüro sowie die Zentrale untergebracht. Das Konstruktionsbüro und die Zentrale sind im Jahre 1944 nach Wien verlegt worden. Archiv M.M.: B 53/1 bis B 53/5, Kopien von Transportlisten und Häftlingsberichte. Rüstung: S.98f und 135.

[43] Archiv M.M.: B 53/3, Häftlingsangaben. Rüstung: S.149. Waffen: S.107. Letzeburger: S.130ff.

[44] Das Nebenlager Schwechat meldete nach den Bombenangriffen vom 26.6.1944 137 Tote (die Zahl der Verletzten konnte nicht festgestellt werden), am 8.7.1944 1 Toten und 149 Verletzte. Archiv M.M.: B 53/1 und 4, Kopie, Veränderungsmeldungen vom 26.6.1944; B 53/3, Häftlingsbericht. Rüstung: S.149. Letzeburger: S.134f.

in die Kellerräume einer der zwei in Schwechat etablierten Bierbrauereien. Die Arbeitskommandos in der Schwechater Bierbrauerei hatten die Bezeichnung „Santa I“ und „Santa II“.[45] Alle Häftlinge des Nebenlagers Wien-Floridsdorf (oder „Julius“), die entweder bei der Firma Hofherr&Schrantz (in Wien-Floridsdorf), Bierbrauerei Jedlesee (Wien-Floridsdorf), Bierbrauerei Schwechat (Schwechat bei Wien) oder in der Seegrotte Hinterbrühl (bei Mödling, Niederösterreich) untergebracht waren, arbeiteten immer für die Heinkel-Werke und waren ab Herbst 1944 primär an der Montage des Nachtjägers He219[46], später an der Entwicklung und am Bau des „Volksjägers“ He162 eingesetzt. Bei He162 handelte es sich um einen einsitzigen Strahljäger, der vom Rüstungsstab in Auftrag gegeben worden war. Als einfach zu fliegende Maschine, die schnellstens ohne großen Materialaufwand hergestellt werden konnte, sollte sie in großen Serien aufgelegt und vor allem in Hinterbrühl montiert werden.[47] Die Häftlinge haben zuerst aus der Hinterbrühler Seegrotte Wasser gepumpt und dann in Stufenform zwei Stollen von mehreren hundert Metern Länge angelegt. Der erste Stollen war etwa 20 Meter, der zweite ungefähr 48 Meter hoch. Die Gesamtfertigungsfläche betrug 12.000 m^2.[48] Im ersten Tunnel wurden mit He162 Versuche durchgeführt, im zweiten befand sich die Serienfertigung. Die Motoren wurden herangebracht und von Häftlingen sowie von Zivilarbeitern in die Flugzeuge montiert. Die Serienproduktion von He162 soll am 1.1.1945 mit einer Soll-Leistung von 50 Stück monatlich begonnen haben.[49] Die Häftlingslager in Wien-Floridsdorf, Schwechat und Hinterbrühl wurden am 30.3.1945 aufgelöst. Die Anfang 1944 erfolgte Verlagerung der Häftlings-Flugzeugproduktion in die Keller von Wien-Floridsdorf, Schwechater Bierbrauerei, in die Seegrotte Hinterbrühl und auch die Stollenbauten in Melk, Gusen, Peggau und Leibnitz sind offenbar auf den von Hermann Göring gegenüber dem RFSS am 14.2.1944 ausgesprochenen Wunsch zurückzuführen, der in einem Telegramm u. a. verlangt:

> *„(...) gleichzeitig bitte ich Sie, mir für die Luftwaffenrüstung noch eine möglichst große Anzahl KZ-Häftlinge zur Verfügung zu stellen, da die bisherige Erfahrung diese Arbeitskräfte als sehr brauchbar herausgestellt hat (...)“* [50]

---

[45] Archiv M.M.: B 53/3, Häftlingsbericht; B 54/1 bis B 54/7, Kopien von Veränderungsmeldungen und Transportlisten. Letzeburger: S.130ff.

[46] Bereits am 26.9.1944 wurde in der Seegrotte Hinterbrühl die Montage des Nachtjägers He219 vollzogen.

[47] Angeblich bekam am 8.9.1944 das Heinkel-Entwicklungswerk die Ausschreibung, am 29.9.1944 erhielt Heinkel den Auftrag, und bereits am 6.12.1944 soll die erste He162 fertig gestellt worden sein. Rüstung: S.163. Waffen: S.109f.

[48] Archiv M.M.: B 16/1 bis 6. Letzeburger: S.130ff.

[49] Das Monatssoll von 50 He 162 ist nicht erreicht worden. – Wie viele Heinkel-Düsenjäger wirklich produziert wurden, konnte nicht ermittelt werden, angeblich 198 Stück. Da es aber Ende 1944 und 1945 an Treibstoff mangelte, konnte nur eine geringe Anzahl von He162 (und auch Me262) in den Einsatz kommen. Rüstung: S.163. Waffen: S.109f. – Die He162 hatte eine Spannweite von 7,2 m und war zum Teil mit einem Triebwerk der Bayerischen Motorenwerke von Typ BMW 003 ausgerüstet. Das Flugzeug erreichte eine Höhe von etwa 11.000 m und eine Geschwindigkeit von etwa 840 km/h. Es soll auch eine verbesserte He162 A1 gegeben haben, vermutlich aber nur im Entwurf.

[50] ND: 1584-(I)-PS; siehe auch die statistischen Angaben des Pohl über den „Häftlingseinsatz für Zwecke der Luftfahrtindustrie“ vom 21.2.1944, ND: 1584-(III)-PS.

Eine weitere umfangreiche Konzentration von Mauthausener Gefangenen in der Rüstungsfertigung erfolgte im Raume der Stadt Linz, wo Häftlinge vorwiegend im Hermann-Göring-Hüttenwerk eingesetzt wurden. In Linz gab es drei Nebenlager des KL Mauthausen. Zuerst befanden sich ab 20.2.1943 im Nebenlager Linz I 30, dann 200 und schließlich 600 Häftlinge, die beim Bau in der Produktion einer Schlackeverwertungsanlage der Firma Hochofenschlacke Linz GmbH[51] eingesetzt wurden. Weiters arbeiteten ab 27.2.1944 in Linz, Bauernberg, Sandgasse, für die Gauleitung Oberdonau und für die Wehrmacht etwa 250 Häftlinge des Nebenlagers Linz II.[52]
Im Nebenlager Linz III waren vom 22.5.1944 bis 5.5.1945 etwa 5.500 Häftlinge primär in der Firma Stahlbau GmbH eingesetzt. Aus einem Schreiben des WVHA vom 8.3.1944 an die Reichswerke AG, Alpine Montanbetriebe „Hermann-Göring" Hütte Linz, geht hervor, dass die Gefangenen von Linz III in der Panzer-Produktion, beim Aufbau der Hütte Linz, bei Bauarbeiten und in der Stahlproduktion in Tag- und Nachtschichten eingesetzt werden sollten. Die Abstellung der Häftlinge erfolgte zu den Entgeltsätzen je Tagewerk von 6,00 RM für Facharbeiter und 4,00 RM für Hilfsarbeiter.[53]
Als durch schwere Bombenangriffe vom 8., 25. und 26.7.1944 die Werksanlagen der Hütte und Stahlproduktion stark zerstört wurden,[54] waren Häftlinge der Lager I und III tagelang bei Aufräumungsarbeiten eingesetzt, und die Gefangenen von Linz I wurden in das nicht zerstörte Häftlingslager von Linz III überstellt.
Der Einsatz von Häftlingen im Stollenbau oder bei der Erweiterung bestimmter unterirdischer Anlagen erreichte Anfang des Jahres 1944 riesige Ausmaße. So z. B. waren im Jahre 1944 in Ebensee und in Melk durchschnittlich je 7.000, in Gusen II etwa 11.000, in Schlier-Redl-Zipf etwa 700, in Aflenz bei Leibnitz etwa 500, in den beiden Lagern Loiblpass Süd und Nord etwa 1.000, und im Herbst 1944 in Hinterbrühl etwa 1.000 Häftlinge beim Stollen- respektive Tunnelbau eingesetzt. Die zum Bau der angeführten unterirdischen Anlagen benötigten Materialien wurden durch das Amt „Bau-Organisation-Todt" zur Verfügung gestellt. Die notwendigen Maschinen und gewisse Spezialisten stellten private Firmen, die mit der Durchführung des Baues beauftragt waren. Den Bau all der unterirdischen Anlagen, die auch für die Fertigung von Raketen herangezogen werden sollten, beaufsichtigten Architekten oder Baumeister im Range eines SS-Führers als Sonderbeauftragte des Stabes Kammler.

---

[51] Bereits am 13.5.1938 tat Göring den ersten Spatenstich zur Erbauung eines gigantischen voll integrierten Hüttenwerkes. Von Monat zu Monat wurden hier der Ausstoß von Roheisen und die Stahlproduktion erhöht. In den Eisenwerken in Linz wurden Waffen und Aufbauten für den Panzer IV, Jagdtiger, sowie Ketten und Laufradkurbeln für das Nibelungenwerk in St. Valentin erzeugt. Rüstung: S.35, 119 und 153.

[52] Die Häftlinge bauten Luftschutzbunker und eine unterirdische Armeekommando-Befehlsstelle. Archiv M.M.: B 23/2, Häftlingsangaben.

[53] Archiv M.M.: B 24/7, Abschrift des Schreibens.

[54] Am 25.7.1944 wurden in Linz I zwei Häftlinge getötet und 122 als vermisst gemeldet. Vermutlich hat der Großteil der Vermissten auch den Tod gefunden. Von den Häftlingen in Linz III wurden beim gleichen Bombenangriff 230 getötet und 14 als vermisst gemeldet. Alle Getöteten und Vermissten (von Linz III) befanden sich zur Zeit der Bombardierung im Werksgelände. Das Häftlingslager Linz I wurde völlig zerstört, Linz III blieb fast unversehrt. Archiv M.M.: B 24/1, 2 und 4, Kopien von Namenslisten der Toten und Vermissten; B 24/9 und 10, Häftlingsberichte. Rüstung: S.152.

Bis zu 250 Meter tief in den Berg hinein wurden beim Projekt „Zement“ in Ebensee haushohe Stollen getrieben. Alle Tunnels hatten Gleisanschluss. Das unterirdische Labyrinth war in einigen Teilen bis zu drei Stock hoch, die Wände wurden mit Beton verputzt, Büroräume eingerichtet. Nach den Plänen des Werner von Braun sollte das Vorhaben „Zement“ ein riesiges unterirdisches Entwicklungswerk der deutschen Raketenproduktion werden. Die Prüfstände und die Sauerstoffanlagen sollten so weit ausgebaut werden, dass Versuche mit einer neunmal so starken Rakete wie der A4, durchgeführt werden konnten. Dort sollten u.a. jene Monsterraketen A9 und A10 konstruiert[55] und erzeugt werden, die Washington und New York erreichen und 380 km in die Stratosphäre aufsteigen konnten. In den Tunnels sollten überdimensionale Montagehallen entstehen, die es ermöglicht hätten, Gesamtgeräte aufrechtstehend aufzunehmen. Im Frühjahr 1944 gab es jedenfalls in Ebensee eine Anzahl von Prüf-, Spritz- und Pumpenlaufständen für die Raketenproduktion, jedoch blieb das gigantische Vorhaben weiter hinter der Planung zurück, obwohl der Ausbau von zwei Stollensystemen bis Ende Februar 1945 fertig sein sollte. Es gab jedoch Vermutungen, dass trotz erbarmungslosen Häftlingseinsatzes die für die komplette Raketenfertigung notwendigen Stollensysteme kaum vor 1946 beendet sein konnten. Auch die Monsterraketen A9 und A10 kamen über das Reißbrettstadium nicht hinaus. Deshalb schlug Speer am 6.7.1944 Hitler vor, das Ebenseer Stollensystem für den Bau von Panzergetrieben und die Fertigung von Kugellagern umzubauen, nachdem er darauf aufmerksam gemacht hatte, dass an der Auswertung der Versuchs- und Entwicklungsreihe von Raketen nicht vor Ende 1945 gedacht werden kann. Hitler stimmte diesem Vorschlag zu[56], und in Ebensee wurden in der Folge Maschinen für Kugellagerproduktion sowie für eine Benzinveredelungsanlage[57] montiert. In zwei Stollen wurde am Beginn des Jahres 1945 die Kugellagerfertigung der Firma Steyr-Daimler-Puch AG aufgenommen. Eine Produktion von Raketen fand nicht statt.

Die acht Destillationsanlagen, Öfen XXIII bis XXX, befanden sich seit Winter 1944/45 in Betrieb und sollten das vorgeschriebene Plansoll erreicht haben.

In Gusen II wurden zumindest 14 Stollen in einer Breite von etwa acht Metern und in einer Höhe bis 15 Meter – angeblich mehrere Kilometer lang – in die Sandablagerungen der Berge zwischen dem Steinbruch Kastenhof und der Ortschaft St. Georgen a. d. Gusen von etwa 11.000 Häftlingen gegraben. Selten gab es eine Arbeitsschicht ohne Tote durch Verschüttung.

---

[55] Waffen: S.202ff. Geheimwaffen: S.97, 135, 185, 188, 217, 319 und 328. Speer: S.571.

[56] Archiv M.M.: B5/3 und 19, Angaben des Häftlingsschreibers Drahomir Barta. Geheimwaffen: S.247f. Rüstung: S.164f.

[57] In Nieder- und in Oberösterreich wurden auf der Erdölbasis des österreichischen Marchfeldes im Rahmen des so genannten „Ofen-Programms“ im Winter 1943/44 20 Kleindestillationsanlagen mit einem monatlichen Durchsatzvermögen von je 3.000 t Rohöl errichtet. Acht Anlagen wurden von den Rüstungsbehörden und 12 von anderen Behörden, darunter die SS, aufgestellt und betrieben. Von diesen zwölf sind acht in Ebensee, zwei bei Hauskirchen (Zistersdorf) und zwei in Mauthausen in der Nähe der Donaubrücke installiert worden. Im März 1945 soll die Gesamtproduktion aller angeführten „Öfen“ 52.000 t betragen haben. Aus 3.000 t Rohöl sollten 350 t Autobenzin, 1.000 t Dieselkraftstoff und 1.500 t Rückstand produziert werden. Flugzeugbenzin wurde nicht gewonnen. Die Mauthausener Anlage (Öfen XXXIV und XXXV) wurden von Häftlingen des Arbeitskommandos Max bedient. Rüstung: S.164ff. Archiv M.M.: B 5/19, Kopie, Häftlingsanforderung für die Arbeitskommandos.

Jeder Stollen besaß zwei übereinander liegende, etwa drei Meter breite Öffnungen. Die höher gelegene wurde als Eingang, die untere als Ausgang benützt. In diesen unterirdischen Anlagen sollte für die Firmen Steyr-Daimler-Puch AG und Messerschmitt AG produziert und außerdem das Forschungsinstitut der Technischen Hochschule Wien untergebracht werden. Ende des Jahres 1944 wurden im Stollen Nr. 1 Maschinen der Steyr-Werke und etwas später im Stollen Nr. 2 Maschinen der Messerschmitt AG installiert. In beiden unterirdischen Anlagen begann noch im Dezember 1944 die Produktion; in den anderen Stollen kam es zu keiner Fertigung. In einem der Stollen wurden vom zitierten Forschungsinstitut mehrere Maschinen und aerodynamische Modelle (Raketenwaffen) aufgestellt, jedoch auch hier reichte die Zeit zu einer Produktion nicht mehr aus. Der Stollenbau in Gusen II hatte die Tarnbezeichnung „Kellerbau" sowie „Bergkristallbau", die Rüstungstätigkeit „Bergkristall-Fertigung" und die Montage der Düsenjäger Me262 „Esche 2".[58]

Die Keller der Redl-Zipf-Brauerei in Schlier wurden ab 11.10.1943 von Häftlingen erweitert. In der dort installierten Anlage, Tarnname „Rella X", wo angeblich flüssiger Sauerstoff für die V2-Raketen gewonnen wurde, arbeiteten etwa 40 SD- sowie SS-Angehörige und 400 bis 700 Häftlinge. Ab 14.4.1945 befand sich im Nebenlager Schlier-Redl-Zipf das Fälscherkommando „Bernhard", das, vom KL Sachsenhausen kommend, über das Hauptlager nach Schlier weitergeleitet wurde. Die Häftlinge von Schlier wurden am 3.5.1945 nach Ebensee überstellt.[59]

Die Tausenden – seit dem 20.4.1944 unter unmenschlichen Bedingungen in drei Schichten schuftenden – Häftlinge des Nebenlagers Melk, Tarnname „Quarz", hatten in äußerst kurzer Frist bei den Ortschaften Roggendorf und Loosdorf (bei Melk, Niederösterreich) sechs mehrere hundert Meter lange Stollen in die Berge gegraben. Die Tunnel wurden mit den Buchstaben „A, B, C, D, E und F" gekennzeichnet. Die ersten am 11.4.1944 angekommenen 500 Häftlinge begannen mit dem Aufbau der Häftlings- und SS-Bewachungsunterkünfte; dann wurden die Gefangenen vorwiegend beim Bau der unterirdischen Anlagen, bei der Errichtung einer Siedlung, beim Bau eines Hochwasserschutzbehälters, einer Wasserleitung, bei Kabellegung und Fertigung von Rundholz (für den Stollenbau) eingesetzt. Am 30.1.1945 befanden sich in Melk 10.352 Häftlinge, die, mit Ausnahme von mehreren hundert Facharbeitern, alle bei den angeführten Bauvorhaben tätig waren. Zwei Stollen wurden im Winter 1944/45 für die Produktion bereitgestellt und mit Maschinen ausgestattet. Es sind dort Kugellager der Steyr-Werke für Tanks und Flugzeuge gefertigt worden. Infolge des Vormarsches der Sowjetarmee wurden das Stollenbauvorhaben sowie die Produktion am 1.4.1945 abgebrochen; die Häftlinge sind bis 15.4.1945 entweder nach Ebensee oder nach Mauthausen respektive Gusen überstellt worden.[60]

---

[58] Archiv M.M.: B 12/32, Kopien, Stärkemeldung, Namen der Arbeitskommandos, 3.5.1945. Rüstung: S.145, 164 und 167. Letzeburger: S.265ff. ND: 1584-(III)-PS, statistische Angaben des Pohl.

[59] Archiv M.M.: F 12/1 und B 36/11, Kopien, Transportliste der Häftlinge des Kommandos.

[60] Archiv M.M.: B 60/11, Kopie, Aufstellung der Lagerschreibstube vom 9.4.1945 über die Nebenlager-Häftlinge; K 10/4, Kopie, Evakuierung von Frauen; E 10/6, Kopien, Veränderungsmeldungen, April 1945; B 60/5 und 6, Kopien, Todesmeldungen von Evakuierten.

Vom 2.6.1943 bis Ende April 1945 waren durchschnittlich etwa 1.000 Häftlinge, darunter sehr viele Franzosen, beim Bau eines Straßentunnels, der Kärnten (Österreich) mit Slowenien verbinden sollte, eingesetzt. Der Einsatz der Häftlinge am Loiblpass erfolgte angeblich über Veranlassung des Gauleiters von Kärnten, Dr. Rainer. Der Rohbau des Tunnels soll im Jahre 1945 fertig gestellt worden sein.[61]

Im Jahre 1945, als die anglo-amerikanischen Fliegerverbände den Luftraum in Oberösterreich völlig beherrschten und die Eisenbahnknotenpunkte zerbombten, sind Tausende Häftlinge, darunter auch Frauen, in Tag- und Nachtschichten zu Aufräumungsarbeiten zerbombter Bahnhöfe wie Amstetten, Wels, Attnang-Puchheim, Vöcklabruck und Linz herangezogen worden.[62]

Außerdem arbeiteten ab 1942 Hunderte und Tausende Häftlinge in verschiedenen anderen kleinen Nebenlagern,[63] ab Sommer 1939 waren viele hundert Häftlinge ständig in lagereigenen Werkstätten tätig: in der Tischlerei, Schlosserei, Schuhmacherei, Schneiderei, in den Magazinen[64] und, wie bereits angeführt, bis zum 3.5.1945, in den Steinbrüchen der DEST.

Den sklavenähnlichen Einsatz von Häftlingen schildert am besten der am 30.4.1942 ergangene Befehl des Pohl an alle Kommandanten der KL, der im KLM genauest eingehalten wurde, und wo es u. a. wörtlich hieß:

> *„(...) Der Einsatz muß im wahren Sinn des Wortes erschöpfend sein, um ein Höchstmaß an Leistungen zu erreichen. Die Arbeitszeit ist an keine Grenzen gebunden. Ihre Dauer hängt von der Struktur des Lagers ab (...) Die Umstände, die die Arbeitszeit verkürzen können, wie Mahlzeiten, Appelle u. a. sind daher auf ein nicht mehr zu verdichtendes Mindestmaß zu beschränken (...) zeitraubende Mittagspausen sind verboten (...)“* [65]

Einige Gesichtspunkte, nach denen die Häftlinge für den Arbeitseinsatz ausgewählt wurden:[66]

1. Über Auftrag der SS-Lagerleitung mussten von 1939 bis 1945 alle jene Häftlinge, die im Lager aufgefallen sind (wegen Diebstahls, Schmuggels, Zigarettenrauchens oder wegen etwas anderem) respektive wenn sie nach Ansicht der SS (bis Frühjahr 1943) irgendwelche Merkmale *„minderwertiger Rasse“* (z. B. Brillenträger (!), kleine Körpergröße, großen Kopf oder Höcker) aufwiesen, sowie die Angehörigen der Strafkompanie entweder im Steinbruch oder beim Lageraufbau eingesetzt werden.

Dazu kamen noch folgende Häftlingsgruppen:

1939: Sämtliche Zigeuner.

1940: Sämtliche Bibelforscher, Polen und jüdische Häftlinge.

---

[61] Archiv M.M.: B 27 und 28/1 bis B 27 und 28/6, Bilder (Originale), Kopien von Veränderungsmeldungen, Transportlisten, Häftlingsberichte. Letzeburger: S.160ff.

[62] Archiv M.M.: B 2/1 und K 4/1, Kopien, Transportlisten; E 13/3b, Kopien, Aufstellung der Außenkommandos mit Häftlingsstand. Letzeburger: S.378ff.

[63] Siehe auch Kapitel 11: Nebenlager.

[64] Siehe die diesem Kapitel beigefügte Aufstellung der Arbeitskommandos des Hauptlagers.

[65] Archiv M.M.: P 16/5, Kopie des schriftlichen Befehls.

[66] Archiv M.M.: F 4/1 und V 3/1 und 56, Häftlingsberichte.

1941: Sämtliche jüdischen Häftlinge, große Teile der Polen, die Mehrzahl der Spanier, Tschechen und sowjetischen Kriegsgefangenen.
1942: Alle sowjetischen Kriegsgefangenen und sowjetische Zivilarbeiter sowie jüdische Häftlinge, weiters große Teile der Polen sowie der Spanier und mehrere Wochen lang alle Tschechen.
1943: Alle SV-Häftlinge, Jugoslawen, Bürger der Sowjetunion und jüdische Häftlinge.

2. Häftlinge, die in kürzester Zeit über Auftrag der GESTAPO oder einer anderen Stelle respektive der Lagerleitung liquidiert werden sollten, wurden in die Strafkompanie (Steineträger) eingewiesen, wo sie mit oder ohne Holztragen Steinblöcke transportieren mussten und hierbei entweder erschlagen oder „auf der Flucht" erschossen wurden.

3. Neuzugänge wurden in den Jahren 1940 bis 1943 während ihres zwei- oder dreiwöchigen Aufenthaltes in der Quarantäne zu Bauarbeiten (z. B. zu Planierungsarbeiten beim Krankenlagerbau) abgestellt und dabei selektiert. Alte und Schwache hat man erschlagen oder „auf der Flucht" erschossen.

4. In den Jahren 1940 bis 1945 versuchten gewisse Häftlingsfunktionäre – soweit sich dazu eine Möglichkeit bot – einzelne ihrer Landsleute, mit denen sie entweder in der Freiheit bekannt waren oder weil sie der gleichen politischen Gruppe angehörten respektive einfach deshalb, weil sie ihnen als Politiker, Intellektuelle, Verwaltungsbeamte bekannt waren, in Kommandos unterzubringen, wo sie der Schwerstarbeit im Steinbruch oder beim Lageraufbau entzogen waren.

5. Capos suchten sich einzelne Häftlinge für leichte Arbeit dann aus, wenn diese für sie Lebensmittel „organisierten" oder ihnen sexuell hörig waren.

6. Jugendliche und Kinder, soweit es sich um Spanier, Sowjetbürger und Polen handelte, wurden als Steinmetzlehrlinge eingesetzt. In den letzten Jahren wurden Jugendliche und Kinder in den Häftlingsküchen (Kartoffelschäler) und beim Stollenbau verwendet.

7. Seit dem Sommer 1943 wurden die so genannten Spezialisten der Metallbranche wie Maschinenbauingenieure, Schlosser, Dreher, Gießer, aber auch Chemiker, Physiker usw. prinzipiell in der Rüstungsfertigung eingesetzt.

8. Zu den Verwaltungsarbeiten im Bereiche des Lagers wie bei der SS (Kantine, SS-Magazin, Effektenkammer, Poststelle, Bedienungspersonal bei den SS-Führern) so auch in der Selbstverwaltung im Häftlingslager (Lagerschreiber, Lagerälteste, Blockälteste, Blockschreiber, Blockfriseure) wurden bis Frühjahr 1944 mit wenigen Ausnahmen nur kriminelle Deutsche und Österreicher herangezogen.

9. Im Sanitätswesen wurden vorwiegend Polen sowie Tschechen eingesetzt, weil sie die Masse der Häftlingsärzte und Sanitäter stellten. Als Schreiber fungierten viele Tschechen, jedoch auch Polen, Spanier und später Franzosen und Luxemburger.

Bau des Russenlagers. Sommer 1942 AMM

Arbeitskommandos, die innerhalb des Hauptlagers respektive innerhalb der großen Postenkette eingesetzt waren, und ihre durchschnittliche Häftlingsstärke:[67]

Arbeitskommando	**Häftlingsstärke**
Arbeitseinsatz	7–12
Baubüro	44
Baukommando	210
Baukommando Gusen (Winter 1939/40)	300-800
Bekleidungskammer SS	13
Blockpersonal	57
Desinfektion	11
Effektenkammer	19
Elektriker	23
Erdbewegung (1939–42)	etwa 200
Häftlingsbekleidungskammer	10
Häftlingsküche	20
Häftlingsschneiderei	30
Heizung	15
Heizungsbau	8
Holzplatz	7
Kartoffelschäler	200
Kiesfahrer	6
Kohlenfahrer	10
Kommandanturgarage	21
Kommandanturreiniger	34
Krematorium	6–12
Lagerfeuerwehr	20
Lagergärtner, Gerber, Sattler, Holzbildhauer, Uhrmacher, Holzbildhauer	9
Lagerpolizei	2
Lagerreinigung	7
Lagerschreibstube	6–12
Läufer	2
Magazin	10
Maler und Tischler, Verwaltung	10
Müllabfuhr	12
Müllerkommando	19–24
Nachtschneider	5
Neue Wache	?

[67] Die Mehrzahl der hier angeführten „Arbeitskommandos und Häftlingsstärken" sind Aufstellungen vom 4., 12. und 13.6.1943 entnommen worden. Wenn Arbeitskommandos und Häftlingsstärken vor oder nach Juni 1943 aufscheinen, so wurde der Zeitpunkt gesondert angeführt. Archiv M.M.: F 2/12, Originale.

Politische Abteilung	12–20
Poststelle	4
Revier	9
Sanitätslager-Personal (9.3.45)	276
Schneider im Sanitätslager (9.3.45)	23
Schuhmacher (Häftlinge)	32
Sportwart	1
SS-Friseure	10
SS-Führerheim	4
SS-Kantine	3
SS-Küche	6
SS-Schneiderei	21
SS-Schuhmacher	8
Stall	4
Steinbruch „Wiener Graben“	1.500-3.500
Strafkompanie, Steineträgerkommando	etwa 200-400
Straßenbau (1941)	etwa 100
Straßenbau I	5
Straßenbau II	?
Transportkommando	14
Transportkommando, Magazin	10
Truppenrevier	23
Waffenkammer	11
Wäschelager	23
Wäscherei	68
Wasseranlage	1
Wasserlöschteiche Bau (ab Sommer 1944)	40
Weberei	15
Werkstätten	136
11 Installateure	
17 Schlosser	
20 Zimmerleute	
23 Maler	
5 Spengler	
60 Tischler	
Zaunbau (1939–42)	etwa 40

Arbeitskommandos außerhalb des Hauptlagers. Ein Teil dieser Kommandos befand sich während des Tages innerhalb der großen und in der Nacht außerhalb der kleinen Postenkette:[68]

Arbeitskommando	**Häftlingsstärke**
Bahnhof Mauthausen	20
Baukommando Mauthausen (Dez. 1944, Jänner 1945)	20
Donaubahn	etwa 180
Donaulände Ladekommando	etwa 60
Eisenbahnbrücke Mauthausen (April 1945)	etwa 300
Ennsdorf, Befestigungsbau (Frühjahr 1945)	150–2.000
Frellerhof (SS-Gut)	5–20
Flakstellung I und II (Apr. 45)	etwa 200
Frellerhof	8
Großgarage	?
Gärtnerei, Gauleiter, Linz (ab Herbst 1944)	10
Gärtnerei	29
Heeresverpflegungsmagazin (April 1945)	50
Holzfäller I und II (Frühjahr 1945)	?
Holzfäller-Kommando Königswiesen (Okt./Nov.42)	40
Kartoffelmiete	30
Kartoffelverladekommando Bad Kreuzen (November 1942)	30
Kläranlage	etwa 20–150
Max-Kommando	52
Pumpstation	?
Poschacher Steinbruch	39–60
Russenlagerbau	46
Rüstung „Wiener Graben" I (ab Frühjahr 1944)	53–300
Rüstung „Wiener Graben" II (ab Frühjahr 1944)	270
Rüstung „Wiener Graben" III (ab Frühjahr 1944)	etwa 300
Sarmingstein Ladekommando	etwa 60
Siedlungsbau	90
Sägewerk I und II	?
Sonderkommando Mauthausen	?
Sperrenbau (Frühjahr 1945)	etwa 75
Schmölleralm (Frühjahr 1945)	etwa 100
Sprengkommando auch Bombenkommando genannt (ab Sommer 44)	5 Gruppen mit je 8 Häftlingen

[68] Es gab eine kleine und eine große Postenkette. Die kleine Postenkette stand um das eigentliche Häftlingslager, die Bewachungsorgane der großen Postenkette bewachten das gesamte Häftlingslager mit Steinbrüchen, Verwaltungsgebäuden, Werkstätten, usw. Wenn am Abend der Zählappell mit dem Sollstand übereinstimmte, wurde die große Postenkette ein- und die kleine Postenkette aufgezogen.

Betriebe und Firmen mit größerem oder lang dauerndem Häftlingseinsatz (unvollständige Aufstellung)[69]:

- Bauleitung der Waffen-SS und der Polizei für den Oberbürgermeister der Stadt Linz; Luftschutzstollenbau.
- Bauleitung der Waffen-SS und Polizei in Klagenfurt; Bau einer SS-Junkerschule.
- Bauleitung der Waffen-SS und Polizei in Mauthausen; Lageraufbau in Mauthausen und in allen Orten, wo Nebenlager errichtet wurden.
- Deutsche Ausrüstungswerke GmbH, in Bachmanning; Sägewerksarbeiten.
- Deutsche Erd- und Steinwerke GmbH, Steinbrüche in Mauthausen, Gusen und St. Georgen.
- Deutsche Erd- und Steinwerke GmbH, Kraftwerkbau Enns, Großraming und Dipoldsau; Straßenbau beim Kraftwerkbau Enns und in Ternberg.
- Deutsche Lebensmittel GmbH; Brotfabrik in Ebensee.
- Deutsche Reichsbahn, Linz, Amstetten, Wels, Vöcklabruck und Attnang-Puchheim; Aufräumungsarbeiten.
- Deutsche Versuchsanstalt für Ernährung und Verpflegung in Bretstein; Gutsarbeiten.
- Deutscher Reichsverein für Siedlerhilfe und Volkspflege in St. Lambrecht und Schloss Lind; landwirtschaftliche Arbeiten.
- Eisenwerke Oberdonau GmbH in Linz, Konzerngesellschaft der Reichswerke-AG; Rüstungsbau.
- Ennser Zuckerfabrik AG, Enns.
- Gauleitung Oberdonau (Eigruber); Gärtnerarbeiten, Splittergräbenbau und Entminungsarbeiten.
- Geheime Staatspolizei in St. Lambrecht; Werkstättenarbeiten.
- Fischer Arno, Ministerialdirektor (München, Leopoldstraße 23), Oberilzmühle (Passau I); Versuchsanstalt für Aerodynamik.
- Flugmotorenwerke Ostmark in Wiener Neudorf; Flugzeugbau.
- Heeresverpflegungsmagazin Mauthausen; Lagerarbeiten.
- Heinkel-Werk AG in Schwechat, Floridsdorf, Jedlesee und Seegrotte Hinterbrühl; Flugzeugbau.
- Hirtenberger Patronenfabrik, Gustloff-Werk; Munitionsfabrikation.
- Kirschbichler Ernst in Mauthausen; Bauunternehmung.
- Kraftfahrtechnische Lehranstalt der Waffen-SS in Wien.
- Kraftfahrtechnische Lehranstalt der Waffen-SS in St. Aegyd; Autoreparaturwerkstätte und Rüstung.
- Kreisleitung der NSDAP Perg; Notwohnungsbau.
- Lenzinger Zellwoll AG in Pettighofen; Kunstfasererzeugung.

[69] Archiv M.M.: F 4/1 und F 5/1, Aufstellung von Firmen und Betrieben, die KLM-Häftlinge beschäftigten. Verfasst am 10.5.1945 vom Häftlingsschreiber im Arbeitseinsatz, Wolfgang Sanner.

- Messerschmitt AG Regensburg; Flugzeugbau in Gusen I, II und im Hauptlager. Nibelungenwerk in St. Valentin; Panzerfertigung.
- Poschacher Steinbruch in Mauthausen; Steinbrucharbeiten.
- Rax-Werke GmbH in Wiener Neustadt; V-Waffenerzeugung (1943), Tender- und Marinerüstungsproduktion.
- Reichsstatthalter Oberdonau; Bauten und Holzfällerarbeiten für Rüstungszwecke in Gunskirchen, Wels.
- Reichswerke AG, Alpine Montanbetriebe in Eisenerz; Erzabbau.
- Reichswerke AG, Alpine Montanbetriebe, Arbeiten im Linzer Hüttenbetrieb; Panzerbau.
- Saurerwerke AG in Wien; Motoren- und Panzerbau.
- Stahlbau GmbH in Linz, Konzerngesellschaft der Reichswerke AG; Panzerbau.
- Steinverwertung GmbH Schlier, Brauerei Redl-Zipf; Sauerstoffproduktion für Raketen und Bau von Anlagen zur Überprüfung der Antriebsaggregate.
- Steyr-Daimler-Puch AG in Steyr; verschiedene Rüstungsfertigungen und Bauarbeiten.
- Steyr-Daimler-Puch AG in Steyr-Münichholz; Kugellagererzeugung.
- Steyr-Daimler-Puch AG, Werk II Thondorf bei Graz; Stollenbau und unterirdische Rüstungsfertigung, Römersteinbruch Leibnitz.
- Steyr-Daimler-Puch AG, Werk II Thondorf bei Graz; Stollenbau und unterirdische Rüstungsfertigung in Peggau bei Graz.
- Steyr-Daimler-Puch AG, Rüstungsfertigung in Gusen I, Gusen II und in Melk.
- Steyr, Oberbürgermeister der Stadt; Luftschutzbauten.
- SS-Forschungsamt, Sven-Hedin-Institut, Tibetforschung im Schloss Mittersill; Reinigungsarbeiten.
- SS-Führungsstab B9, Dipl.-Ing. Karl Fiebinger für Dr. Ing. Kammler; unterirdische Stollenbauten für Geheimanfertigung in Ebensee, Gusen II, Melk und Schlier.
- Universale Hoch- und Tiefbau AG in Wien; Tunnel- und Straßenbau am Loiblpass.

Anträge auf Abstellung von Häftlingen mussten von den anfordernden Firmen schriftlich unter Angabe der durchzuführenden Arbeiten an die Inspektion der KL, später an das WVHA und schließlich an das RMfR eingereicht werden. Die angeführten Stellen entschieden, ob die Erstellung der gewünschten Häftlingskommandos genehmigt oder abgelehnt wurde.[70]

[70] Zeitgeschichte: NO-718. Siehe auch Kapitel 1: Anmerkung 51.

Das Eintreffen der ersten sowjetischen Kriegsgefangenen am 20.10.1941. AMM
Die SU-Kfg. wurden innerhalb des Lagers von deutschen und österreichischen Häftlingen, so genannten Lagerpolizisten, bewacht. Die Lagerpolizisten – in eine wehrmachtsähnliche Uniform gekleidet – trugen einen weißen Spitzhelm und einen langen Säbel.

13. Häftlingsfunktionäre

Gewissen Häftlingen wurden vom SS-Kommandanturstab (Lagerkommandant, Schutzhaftlager-, Rapport-, Arbeitsdienst- und Kommandoführer) in der so genannten Selbstverwaltung des Lagers und auf den Arbeitsstellen Funktionen zugeteilt. Da die SS gegenüber den ausländischen die „blutsverwandten" deutschen (und österreichischen) Häftlinge bevorzugte, die vielfach geistig primitiven Kriminellen sich für die Ziele der SS leichter missbrauchen ließen, und schließlich, weil die ersten Lagerinsassen nur aus österreichischen und deutschen befristeten Vorbeugungshäftlingen sowie Asozialen bestanden, waren bis zum Frühjahr 1944 fast alle wichtigen Lagerfunktionen von BV- oder AZR-Häftlingen besetzt.[1] Dazu kam noch, dass die SS den langjährigen Lagerinsassen ein gewisses Ansehen zukommen ließ, wobei in gewissem Maße auch von den Neuzugängen die Autorität der „alten Häftlinge" [2] anerkannt wurde. Alle, die die Aufbauzeit des Lagers von 1938 bis 1941 überlebten (durch niedere

[1] Archiv M.M.: L 1/1, 2 und 3 sowie L 11/1, Kopien von Namenslisten der Häftlingsfunktionäre.
[2] Damit war nicht das Alter, sondern der langjährige Aufenthalt im KL gemeint.

Nummern leicht erkennbar), waren allein durch die Lagererfahrung zu Funktionären prädestiniert. Eine Ausnahme bildeten lediglich die Funktionäre der Verwaltungskörperschaften (Schreibkräfte, Dolmetscher), Häftlinge des Baubüros, in der Politischen Abteilung und im Lebensmittelmagazin sowie im gesamten Sanitätswesen. Einfach deshalb, weil für die Besetzung dieser Funktionen den Kriminellen die beruflichen und geistigen Voraussetzungen fehlten.[3]

Wer Funktionär war oder in bevorzugten Arbeitskommandos arbeitete, war vor den Willkürakten der Wachmannschaften zum Teil geschützt. In der komplizierten sozialen Struktur des Lagers gab es innerhalb der Funktionäre mehrere Rangstufen. Im Hauptlager standen an der Spitze der Lagerschreiber 1, dann die Lagerältesten, Obercapos im Steinbruch, beim Baukommando, Siedlungsbau, die verschiedenen Capos in den Magazinen, Küchen, Apotheken, Werkstätten, das Bedienungspersonal der SS-Offiziere, weiters die Blockältesten mit dem Blockpersonal[4] und schließlich ab 1943 die Chefärzte im Revier respektive im Krankenlager. Die Häftlinge waren in jedem Lager außer den SS-Organen auch den Blockfunktionären (im Hauptlager etwa 100 bis 200) und auf den Arbeitsstellen den Capos unterstellt und zu unbedingtem Gehorsam verpflichtet. Jedes Nichterfüllen eines Auftrages wurde rücksichtslos bestraft. Ein Aufbegehren oder gar ein tätlicher Angriff wurde bis Sommer 1944 ausnahmslos mit dem Tod geahndet. Jeder ertappte Brotdieb wurde sofort vom Blockältesten, vielfach mit Hilfe anderer Blockinsassen, gelyncht. Schon das Nichteinhalten der Reihenfolge bei der Essensausgabe, ein nicht vorschriftsmäßiges Halten der Essensschale oder sogar eine erschwindelte Steckrübenportion wurden brutal bestraft. Der Blockälteste Franz Unek tauchte solche „undisziplinierten" Häftlinge in Wasserbottichen unter oder, wenn er „guter Laune" war, mussten sie einen vollen Eimer mit Rübeneintopf (etwa 10 Liter) in einem Zug essen. Fast alle Häftlingsfunktionäre hatten mit Wissen und Förderung der SS die Möglichkeit, sich besser zu kleiden, zu pflegen, allein zu schlafen, und einzelne von ihnen konnten sogar einen „zivilen Lebensstandard" erreichen. Vor allem konnten sie sich besser verköstigen, einerseits vielfach auf Kosten der ihnen anvertrauten Häftlinge und andererseits durch Beschaffung von Lebensmitteln und verwertbaren Gegenständen aus den Lagermagazinen. Allein beim Eintreffen von Neuzugängen konnten Häftlingsfunktionäre, die entweder als Schreiber oder als Friseure anwesend waren, Geld, Uhren, Schmuckstücke, Rauchwaren, Bekleidungsstücke usw. stehlen: In der Lagersprache hieß es „organisieren".[5] Darüber hinaus gab es innerhalb der Gruppe von Funktionären, wieder mit Wissen gewisser SS-Organe und unter deren Beteiligung, einen regen Tauschhandel. Diese Handelskette gab es innerhalb des Lagers, und sie erstreckte sich über gewisse Capos bis zu Bauern in der nahen und fernen Umgebung jedes Lagers. So wurde in den Jahren 1943/44 mit den aus den Lagerkantinen zu Unrecht bezogenen Zigaretten, doch

---

[3] Archiv M.M.: F 2/2 und 4, Kopien der KLM-Arbeitskommandos mit Namen der dort eingesetzten Häftlinge.

[4] In jeder Baracke gab es folgende dem Rang nach geordnete Funktionäre: Blockältester, Blockschreiber, Stubenältester, Blockfriseur und Stubendienste.

[5] Archiv M.M.: V 3/2, 4, 7, 8 und 20, Häftlingsaussagen.

vielfach aus den Magazinen und bei Neueinlieferungen „organisierten" Waren, wie z. B. Kautabak, Pfeifentabak, Schuhpaste, Zahnbürsten, Margarine, Sohlenleder, Handtaschen, Uhren, Radioapparaten, Medikamenten, Schuhen, Goldzahnersatz, Schmuck, Stoffe, Kleidung, Eisenwaren, Möbel, Spiritus, Unterwäsche, Ölgemälde (im Lager von Künstlern angefertigt) usw. usf. ein Tauschhandel betrieben. Alle diese Waren oder Gegenstände wurden auf mannigfaltigste Art mit oder ohne SS-Assistenz in die oder aus den Lagern geschmuggelt, um bei der landwirtschaftlichen Bevölkerung gegen wertvolle Lebensmittel wie Eier, Butter, Speck, Fleisch, Mehl, doch vor allem gegen alkoholische Getränke wie Most und Schnaps, getauscht zu werden.[6] Als Währungsnorm dienten damals streng rationierte Zigaretten: Etwa 50 Stück Zigaretten (oder ungefähr die gleiche Menge Pfeifentabak) entsprachen dem Wert von ein Liter Schnaps; eine goldene Armbanduhr entsprach dem Wert von etwa 100 Stück Zigaretten, das waren zwei Liter Selbstgebrannter; ein Kilogramm Butter waren etwa 25, ein Ei etwa fünf, ein Paar neue, hohe Lederschuhe waren etwa 40 Zigaretten wert, usw. usf.

Manche Häftlingsfunktionäre, die die Möglichkeit hatten, sich solche Waren zu besorgen, wurden oftmals von SS-Organen bei ihren Hamstergängen bis in die Bauernstuben begleitet, manche blieben in der Nähe des Hofes stehen, um den Eindruck zu erwecken, dass sich die Tauschgeschäfte zugunsten der hungernden Häftlinge vollziehen.[7] Danach wurde die Beute entweder sofort geteilt oder zumindest der größere Teil dem Auftraggeber – vielfach einem SS-Führer – ausgefolgt, der dann die Aufteilung vollzog. Der Schmuggel der Hamsterware ins Schutzhaftlager oder auf die Arbeitsstätte war ausnahmslos die alleinige Angelegenheit der Häftlinge und auch deren alleiniges Risiko. Wurde man beim Warenschmuggel ertappt, gehörte es zum ungeschriebenen Moralkodex des Lagers, den mitbeteiligten SS-Mann nicht preiszugeben. Häftlinge, die sich nicht daran hielten und den SS-Angehörigen als Komplizen verrieten, wurden entweder schon bei der Einvernahme, jedoch vielfach im Arrest bzw. bei der darauf folgenden Prügelstrafe getötet oder in der Strafkompanie „auf der Flucht" erschossen. Doch ausnahmslos alle beim Warenschmuggel ertappten Häftlinge wurden, soweit sie ihre Mitschuldigen nicht bekannt gaben, an den am Rücken festgebundenen Händen auf einem Balken hochgezogen und blieben in dieser Lage bis zu 30 Minuten hängen. Jene Häftlingsfunktionäre, wenn es sich um Deutsche, Österreicher oder ab 1943 um Spanier handelte, die den SS-Mann nicht verrieten und von denen die Einvernehmenden annehmen mussten, dass sie nur mit Hilfe oder im Auftrage von SS-Organen die Tat verüben konnten, wurden nicht nur bei der Stockstrafe äußerst milde geschlagen, sondern auch in der Folge sichtlich von Angehörigen des SS-Kommandanturstabes protegiert.[8]

Von den im Hauptlager befindlichen Häftlingsfunktionären hatten alle relativ genug zu essen,

---

[6] Archiv M.M.: V 3/2 und 20, Häftlingsaussagen.

[7] Bei einer solchen Hamstertour im Raume von Schwertberg flüchtete am 8.4.1944 Josef Schwaiger, AZR-DR, Nr. 641. Schwaiger hatte als Capo des Häftlingsschusterei-Kommandos eine Sonderstellung, weil er inoffiziell die SS-Führer mit Maßschuhen belieferte (entnommen aus dem Gerichtsakt des Landgerichtes Köln, 24 Ks 1/66 (Z) 40-9; 65 LG).

[8] Archiv M.M.: V 3/2, 4, 7, 8 und 20, Häftlingsaussagen.

und es gab 20 bis 30 Prominente, die selten ein Häftlingsessen anrührten. So gab es solche, die täglich, gewöhnlich abends, in Gesellschaft von SS-Blockführern, eigens für sie angefertigte Speisen verzehrten. Vom gewöhnlichen Kartoffelpuffer, mit oder ohne Marmelade, bis zu gespickten Hasen- oder Rehbraten wurden Speisen von eigens für diese Zwecke gehaltenen Berufsköchen angefertigt und sehr oft von jugendlichen Polen oder Russen im abgesonderten Raum des Blockältesten an gedeckten Tischen serviert. Dazu wurden alkoholische Getränke kredenzt. Wenn der 3. Schutzhaftlagerführer Anton Streitwieser im Hauptlager weilte, so hat er zumindest einmal täglich eine solche Mahlzeit beim Blockältesten Johann Kammerer eingenommen. Außerdem wurden ihm dort Uniformen angefertigt und Waren vom Brillantring bis zum Radio besorgt.

Der im Hauptlager lange Jahre die Funktion des Lagerschreibers 1 ausübende Wiener Hochstapler Josef Leitzinger, BV-DR, Nr. 304, erhielt in den Jahren 1942 und 1943 fast täglich SS-Kost und entweder aus der SS-Kantine oder aus der SS-Apotheke respektive bei den Bauern eingetauschte alkoholische Getränke und auch Rauschgift. Er ließ sich täglich rasieren und jeden Sonntagvormittags Haare schneiden. Zu seinen sadistischen Gewohnheiten gehörte es u. a., dass der Friseur unzählige Male von der Eingangstür bis zu jenem Stuhl, in dem Leitzinger saß, auf den Knien oder sogar auf dem Bauch rutschen musste. In der Früh, beim Erscheinen der Schreiber, hat Leitzinger als Begrüßung ohne Grund, wahllos vielen von ihnen Faustschläge verabreicht. Leitzinger trug nach Maß angefertigte gestreifte Hosen und ein blaues uniformähnliches Sakko sowie weiße (!) Handschuhe. In diesem Inferno des Elends und Leids kleidete er sich von Kopf bis Fuß wie ein männliches Mannequin, stolzierte eitel wie ein Pfau durchs Lager, und obwohl er die SS hasste, übertraf er an perverser Brutalität so manchen SS-ler.

Ein anderer Funktionär, der Lagerälteste I im Hauptlager, Magnus Keller[9], wegen seiner Körperfülle (er wog 110 kg!), seiner Gangart und seines immerwährenden Brüllens von den Häftlingen „King-Kong“ genannt, ließ sich Ende 1943 vom Schutzhaftlagerführer Georg Bachmayer in das Nebenlager Ebensee versetzen. Dort hatte er nicht nur ein eigenes komfortables Zimmer mit Bett, Sitzgarnitur, Radio, Kochgelegenheit und Bedienungspersonal, sondern auch eine Schweinemästerei! Der Stellvertreter Kellers in Ebensee, der Lagerälteste II, Lorenz Dähler, hatte in der Ortschaft Ebensee eine Geliebte, die er mit Wissen der SS besuchte.

Es gab auch Häftlingsfunktionäre, die sich mit der Masse der Gefangenen solidarisierten und entsprechend den Möglichkeiten halfen. Doch ein Teil von ihnen war den moralischen Belastungen der Lagerbedingungen nicht gewachsen, sie ließen sich von der SS als Schläger und Antreiber missbrauchen, schwangen den Knüppel und wurden so zum verlängerten Arm der SS. So mancher von ihnen suchte durch besondere Grausamkeit sein „Deutschtum“ oder seine Treue zum SS-Terrorsystem unter Beweis zu stellen. Sie hofften, durch Mord und Totschlag die Entlassung aus dem Lager zu erkaufen, was einigen auch gelang. Unter ihnen

---

[9] Magnus Keller hatte viele Vorstrafen wegen krimineller Delikte, trug aber mit Wissen der SS den roten Winkel eines politischen Häftlings.

gab es pathologische Fälle, wie z. B. den Wiener Kriminellen Franz Unek[10], der sich zu gewissen Zeiten um „seine“ Polen mit einer solchen Vehemenz sorgte, dass andere Häftlinge dabei totgeprügelt wurden. Er, der offizielle Henker im Lager, der kaltblütig Gruppen von Juden töten ließ, oder selbst ermordete[11], hat in den Jahren 1942/43 einem ihm aus der Freiheit bekannten österreichischen jüdischen Häftling[12] durch Fürsprache beim Capo Georg Schmidt und Blockältesten Willi Paul das Leben gerettet.[13]
Es gab auch politische, nichtdeutsche Funktionäre, denen die Vorgesetztenwürde in den Kopf stieg und die vergaßen, dass sie sich für die Betreuung von Häftlingen einsetzen und nicht für das klaglose Funktionieren des Lagersystems verwenden sollten. Gegen solche Funktionare war es jedoch manchmal möglich, von Seiten ihrer nationalen Gruppen zumindest moralischen Druck auszuüben. Im KLM war es streng verboten, Geld und Schmuck zu besitzen, die Lagerprominenz hatte beides. Jeder Häftling durfte nur ein Paar Schuhe und eine Kleidergarnitur besitzen, die Prominenten hatten mehrere Paar Schuhe und mehrere Kleidungsstücke. Alle Kartenspiele waren streng untersagt, gewisse Funktionäre veranstalteten regelmäßig nachts und an Sonntagen Kartenspiele mit Einsätzen von mehreren Tausend Reichsmark. Homosexualität wurde von der SS rigoros bestraft, es war jedoch allgemein bekannt, dass sich gewisse mächtige Capos und Blockfunktionäre Kinder und Jugendliche als Liebesobjekte hielten.[14]
Zum gehobenen Lebensstandard der Lagerprominenz gehörten nicht nur besseres Essen, Hygiene, gute Kleidung, Bedienungspersonal und regelmäßige Bordellbesuche, sondern seit 1943 auch die Organisation von Sport-, Kabarett- sowie Musikveranstaltungen[15] und die Beteiligung an diesen.
Ein Teil der Lagerprominenz wurde über Veranlassung der Lager-SS zur Wehrmacht bzw. zu einer SS-Sondereinheit versetzt, ein Teil wurde am 10.2.1944 nach KL Kauen überstellt[16], und ein Teil wurde im Frühjahr 1945 entlassen. Nicht wenige wurden im Zuge verschiedener Affären, als unliebsame Zeugen, von der SS auf verschiedene Art getötet.[17] Einzelne wurden in den Befreiungstagen von Mithäftlingen gelyncht.

---

[10] Unek war jahrelang Blockältester 7 und II. Lagerältester. In seiner Baracke befanden sich vorwiegend Polen und einzelne § 175 DR-Häftlinge.
[11] Archiv M.M.: V 3/7, 8 und 20, Häftlingsaussagen.
[12] Archiv M.M.: V 3/22, Angaben des Josef Herzler, ehemaliger Krankenpfleger der Psychiatrisch-Neurologischen Univ.-Klinik in Wien, Häftlings-Nr. 13.500.
[13] Herzler befand sich vom 13.10.1942 bis 15.8.1943 im KLM, dann wurde er nach Auschwitz überstellt. Archiv M.M.: V 3/22, Angaben des Josef Herzler.
[14] Archiv M.M.: V 3/20, Häftlingsaussagen.
[15] Fußballspiele, Boxveranstaltungen oder Konzerte gab es in den Jahren 1943 und 1944 fast jeden Sonntagnachmittag. Archiv M.M.: V 3/3 und 7, Häftlingsaussagen.
[16] Am 10.2.1944 wurden zehn im Lager als Mörder und Schläger bekannte BV-DR-Häftlinge in das KL Kauen überstellt, darunter befanden sich u. a. Johann Zaremba, Nr. 847, Steinbruch-Capo und Otto Lutz, Nr. 312, Capo beim Krankenlageraufbau und im Steinbruch. Archiv M.M.: E 13/6, Kopien von Überstellungslisten.
[17] Lagerschreiber Josef Leitzinger wurde am 16.1.1945 in Gusen II „auf der Flucht" erschossen; Siedlungsbau-Capo Karl Matucha wurde am 2.9.1943 am Appellplatz von Hunden zerrissen; Krankenlagerältester Josef Schmied wurde am 26.8.1944 in der Strafkompanie „auf der Flucht“ erschossen. ISD Arolsen: Unnatürliche Todesfälle. Archiv M.M.: Y 33 und 34, Mikrofilme der Totenbücher des KLM.

Allen Häftlingsfunktionären ergaben sich mannigfaltigste Möglichkeiten, für eine gewisse Schwächung des SS-Terrors, für eine gerechte Verteilung der Lebensmittelrationen, des Schuhwerkes und der Häftlingsbekleidung bzw. für eine Verbesserung der hygienischen Bedingungen einzutreten. Deshalb gab es im Haupt- und in den Nebenlagern zwischen den „Roten" und „Grünen" ein unerbittliches Ringen um die Besetzung von Posten in der Selbstverwaltung. Erst nach der am 12.3.1944 im Hauptlager erfolgten Entfernung des Lagerschreibers I, Josef Leitzinger, gelang es, gewisse einflussreiche Funktionen im Haupt- und in den Nebenlagern mit politischen Häftlingen zu besetzen. Doch der Einfluss der BV-Häftlinge blieb dominierend. So z. B. hatte das Hauptlager (ohne Krankenlager) am 23.2.1945 insgesamt 184 Häftlingsfunktionäre, denen gestattet wurde, eine Uhr zu besitzen. Davon waren 114 BV-DR, 20 Sch-DR, 19 Tschechen, 18 Polen, acht Spanier und fünf Jugoslawen.[18]

Der Einfluss der Kriminellen wurde erst in den Befreiungstagen endgültig beseitigt.

[18] Archiv M.M.: L 7/2, Originale, Namenslisten-Aufstellung der Lagerschreibstube vom 23.2.1945.

Eidesleistung von SS-Rekruten im Mauthausener Garagenhof. Vermutlich 9.11.1942. AMM

14. Die Bewachungsorgane

Bis Winter 1943/44 wurden in den Konzentrationslagern die Organe der Bewachung nur von den so genannten Schutzstaffeln, gekürzt SS, gestellt. Die SS war eine Kaderorganisation der Nationalsozialistischen Deutschen Arbeiterpartei (NSDAP) und wurde ursprünglich für die Sicherheit Hitlers und anderer Parteiführer gegründet. Zuerst hieß die SS „Stoßtrupp Hitlers“, dann „Stabswache“ und ab Sommer 1925 „Schutzstaffeln“. Am 6.1.1929 kamen die Schutzstaffeln unter Heinrich Himmlers Führung; Anfang April 1931 gab Hitler der SS die Losung:

„SS-Mann, Deine Ehre heißt Treue:“

Nach der Machtergreifung im Jahre 1933 bildeten sich innerhalb der Schutzstaffeln u. a. die Formationen „Allgemeine SS“, „SS-Sonderkommando“, „Kasernierte Hundertschaften“ und „Bereitschaftspolizei“, die wiederum den Grundstock der späteren „SS-Totenkopfverbände“ und der „SS-Verfügungstruppe“ bildeten.[1] Die Angehörigen von SS-Totenkopfverbänden wurden bereits in den Jahren 1933 und 1934 zum Bewachungsdienst in die Konzentrationslager

[1] SS-Staat: Band 1, S.30ff und 233.

abkommandiert. Im Verlaufe der Kriegsvorbereitungen wurde von Hitler am 17.8.1938 u. a. betreffend die SS-Formation festgelegt:

> „(...) *die SS-Totenkopfverbände sind weder ein Teil der Wehrmacht, noch der Polizei* (...) *sie sind eine stehende bewaffnete Truppe der SS zur Lösung von Sonderaufgaben polizeilicher Natur, die zu stellen ich mir von Fall zu Fall vorbehalte* (...) *Sie unterstehen dem RFSS und Chef der Deutschen Polizei, der mir für ihre Einsatzfähigkeit verantwortlich ist* (...)"[2]

Die Lösung von Sonderaufgaben polizeilicher Natur bestand für die Angehörigen der SS-Totenkopfverbände zuallererst in der Bewachung und Drangsalierung der in den Konzentrationslagern inhaftierten politischen Gegner sowie krimineller respektive asozialer Personen.

Mit der durch den Angriffskrieg Hitlers erfolgten Erweiterung des deutschen Gebietsbereiches bestand innerhalb der SS-Führung und bei Hitler die Tendenz, den Machtbereich der SS zu erweitern. Hitler hatte der SS neue *„Sonderaufgaben polizeilicher Natur"* in seinen am 6.8.1940 erfolgten *„Äußerungen über die künftige Staatstruppenpolizei"* übertragen. Hitler damals:

> „(...) *Das Großdeutsche Reich in seiner endgültigen Gestalt wird mit seinen Grenzen nicht ausschließlich Volkskörper umspannen, die von vornherein dem Reich wohlwollend gegenüberstehen. Über den Kern des Reiches hinaus ist es daher notwendig, eine Staatstruppen-Polizei zu unterhalten, die in jeder Situation befähigt ist, die Autorität des Reiches im Inneren zu vertreten und durchzusetzen. Diese Aufgabe kann nur eine Staatspolizei erfüllen, die in ihren Reihen Männer besten deutschen Blutes hat und sich ohne jeden Vorbehalt mit der das Großdeutsche Reich tragenden Weltanschauung identifiziert.* (...) *Um sicherzustellen, daß die Qualität der Menschen in den Verbänden der Waffen-SS stets hochwertig bleibt, muß die Aufstellung der Verbände begrenzt bleiben* (...)"[3]

---

[2] IMT: Band XXVI, S.190 (Dokument 647-PS).

[3] „c) DIE STAATSPOLIZEI DES ZUKÜNFTIGEN GROSSDEUTSCHEN REICHES – Geheim! Betr.: Waffen-SS. Der Führer äußerte am 6.8.1940 gelegentlich des Befehls zur Gliederung der Leibstandarte Adolf Hitler die in folgendem zusammengefassten Grundsätze zur Notwendigkeit der Waffen-SS. Das Großdeutsche Reich in seiner endgültigen Gestalt wird mit seinen Grenzen nicht ausschließlich Volkskörper umspannen, die von vornherein dem Reich wohlwollend gegenüberstehen. Über den Kern des Reiches hinaus ist es daher notwendig, eine Staatstruppen-Polizei zu unterhalten. die in jeder Situation befähigt ist, die Autorität des Reiches im Inneren zu vertreten und durchzusetzen. Diese Aufgabe kann nur eine Staatspolizei erfüllen, die in ihren Reihen Männer besten deutschen Blutes hat und sich ohne jeden Vorbehalt mit der das Großdeutsche Reich tragenden Weltanschauung identifiziert. Ein so zusammengesetzter Verband allein wird auch in kritischen Zeiten zersetzenden Einflüssen widerstehen. Ein solcher Verband wird im Stolz auf seine Sauberkeit niemals mit dem Proletariat und der die tragende Idee unterhöhlenden Unterwelt fraternisieren.
In unserem zukünftigen Großdeutschen Reich wird aber auch eine Polizeitruppe nur dann den anderen Volksgenossen gegenüber die notwendige Autorität besitzen, wenn sie soldatisch ausgerichtet ist. Unser Volk ist durch die ruhmvollen Ereignisse kriegerischer Art und die Erziehung durch die nationalsozialistische Partei derart soldatisch eingestellt, daß eine ‚strumpfstrickende Polizei' (1848) oder eine ‚verbeamtete Polizei' (1918) sich nicht mehr durchsetzen kann. Daher ist es notwendig, daß sich diese ‚Staatspolizei' in geschlossenen Verbänden an der Front ebenso bewährt und ebenso Blutopfer bringt wie jeder Verband der Wehrmacht. In den Reihen des Heeres nach Bewährung im Felde in die Heimat zurückgekehrt, werden die Verbände der Waffen-SS die Autorität besitzen, ihre Aufgaben als ‚Staatspolizei' durchzurühren. Diese Verwendung der Waffen-SS im Inneren liegt ebenso im Interesse der Wehrmacht selbst. Es darf niemals mehr in der Zukunft geduldet werden, daß die deutsche Wehrmacht der allgemeinen Dienstpflicht bei kritischen Lagen im Inneren gegen eigene Volksgenossen mit der Waffe angesetzt wird. Ein solcher Schritt ist der Anfang

Fast gleichzeitig mit der in Aussicht gestellten Machterweiterung der SS als künftige „Staatstruppen-Polizei“ erfolgte eine neuerliche Umbenennung der Schutzstaffeln. Bereits ab Herbst 1939 und dann vor allem nach dem Westfeldzug im Sommer 1940 wurde öfter in den nationalsozialistischen Publikationen und Reden anstatt „SS“ der Begriff „Waffen-SS“ angewendet. Offiziell galt diese Bezeichnung, seit Hitler in seiner Reichstagsrede vom 19.7.1940 die „Waffen-SS“ lobend hervorgehoben hatte. Jedoch erst durch ein Schreiben des SS-Führungshauptamtes vom 22.4.1941, Tgb. Nr. 1484/41, unterzeichnet vom SS-Gruppenführer Jüttner, wurde die Bezeichnung Waffen-SS *„auf Befehl des RFSS“* innerhalb der SS intern eingeführt. In diesem Schreiben wurde u. a. verfügt, dass

> *„(...) alle unter Waffen stehenden Einheiten der SS in der Waffen-SS zusammengeschlossen [werden] (...) Die Bezeichnungen ‚SS-Verfügungstruppen' und ‚SS-Totenkopfverbände' sind nicht mehr anzuwenden (...)“*

Im selben Erlass ließ Himmler alle damals vorhandenen 179 Einheiten und Dienststellen der Schutzstaffeln – darunter die der Konzentrationslager, deren Verwaltungsstäbe und die Totenkopfsturmbanne – zu Bestandteilen der Waffen-SS erklären. Seit diesem Zeitpunkt bis zum Ende der Hitler-Herrschaft galten ausnahmslos alle SS-Organe, also auch die SS des Bewachungsdienstes in den Konzentrationslagern, als Angehörige der Waffen-SS![4]

Im KLM bestanden bis Winter 1941/42 die Bewachungsmannschaften und der Kommandanturstab vorwiegend aus deutschen und österreichischen Angehörigen der SS-Totenkopfverbände.

Ab Winter 1941/42 bis etwa Ende 1943 befanden sich bei der Bewachungsmannschaft viele und im Kommandanturstab einzelne aus der Slowakei, Rumänien, Ungarn, Polen und Jugoslawien stammende Volksdeutsche. Im Jahre 1944 wurden Soldaten der Luftwaffe und des Heeres, ukrainische Freiwillige, später Angehörige der Schutzpolizei und der Marine als Angehörige der Waffen-SS, im Jahre 1945 auch noch ältere Jahrgänge der Wehrmacht und der Feuerwehr, auch ohne in die Waffen-SS übernommen zu werden, herangezogen.[5]

Luftwaffensoldaten dienten in Wiener Neudorf, Gusen II, Schwechat, Wien-Floridsdorf sowie Jedlesee und in Hinterbrühl; Marineangehörige befanden sich in St. Valentin, Schutzpolizisten versahen Bewachungsdienste in Peggau, Steyr, Gusen I, Ebensee und in Mauthausen.

Ältere Jahrgänge der Deutschen Wehrmacht und der Feuerwehr befanden sich ab Februar 1945 in Gusen I und II, Gunskirchen, Wels, Ebensee, Linz und in Mauthausen.

---

vom Ende. Ein Staat, der zu diesen Mitteln greifen muß, ist nicht mehr in der Lage, seine Wehrmacht gegen einen äußeren Feind anzusetzen, und gibt sich damit selbst auf. Unsere Geschichte hat dafür traurige Beispiele. Die Wehrmacht ist für alle Zukunft einzig und allein zum Einsatz gegen die äußeren Feinde des Reiches bestimmt. Um sicherzustellen. daß die Qualität der Menschen in den Verbänden der Waffen-SS stets hochwertig bleibt, muß die Aufstellung der Verbände begrenzt bleiben. Der Führer sieht diese Begrenzung darin, daß die Verbände der Waffen-SS im Allgemeinen die Stärke von 5 bis 10 Prozent der Friedensstärke des Heeres nicht überschreiten (...)“– Anlage zu einem Schreiben des OKHeeres vom 21.3.1941, betr. Äußerungen A. Hitlers über die zukünftige Staatstruppenpolizei. IMT: Band XXXV, S.356f (665-D).

[4] Orden: S.423ff und 430f. SS-Staat: Band I, S.179f und 182.

[5] Durch Führerbefehl vom 2.8.1944 wurde RFSS ermächtigt, Soldaten und Beamte des Heeres, der Waffen-SS und der Polizei auszutauschen. SS-Staat: Band I, S.270f.

In den Jahren 1938 und 1939 unterstanden die Mauthausener SS-Wachverbände der am 1.4.1938 gegründeten und in Linz stationierten IV. SS-Totenkopfstandarte „OSTMARK“.[6] Unmittelbar vor dem Kriegsausbruch, im Sommer 1939, wurde in Mauthausen ein eigener SS-Totenkopfsturmbann aufgestellt, der ab 1.6.1940 dem im Rahmen des SS-Hauptamtes respektive vom 15.8.1940 innerhalb des SS-Führungshauptamtes vorhandenen „Kommando der Waffen-SS“ unterstellt wurde.[7]
Nach einer Verfügung des „Inspekteur der KL“ vom 12.2.1940[8] wurde der Stand der SS-Mannschaften im KLM wie folgt festgelegt:

Mauthausen und Gusen	157 Führer, Unterführer und Männer
Verwaltung Mauthausen und Gusen	33 Führer, Unterführer und Männer
Wachtruppe Mauthausen	460 Führer, Unterführer und Männer
Wachblock Gusen	600 Führer, Unterführer und Männer

Die Wachtruppen wurden zu diesem Zeitpunkt auf Kompanien mit je 150 Mann aufgeteilt, bestehend aus:

1	Kompanieführer (SS-Hauptsturmführer)
1	Zugsführer (SS-Obersturmführer
1	Stabsscharführer (SS-Hauptscharführer)
4	Unterführer (SS-Oberscharführer)
15	Unterführer (SS-Scharführer)
128	SS-Männer.[9]

Die Organe der Wachtruppen durften die Häftlingslager (im SS-Sprachgebrauch „Schutzhaftlager“ genannt) nicht aufsuchen. Sie waren nur zum Dienst auf den Wachtürmen, in der Postenkette und zur Bewachung von Gefangenentransporten respektive Arbeitskommandos eingeteilt. Lediglich die Angehörigen des Kommandanturstabes hatten das Recht, das Häftlingslager zu betreten.
Theoretisch war es die Regel, ein SS-Organ mit der Bewachung von zehn Häftlingen zu betrauen. Dieses Verhältnis wurde bis etwa Frühjahr 1944 eingehalten, dann gab es ein Bewachungsorgan für 15 bis 25 weibliche oder männliche Häftlinge. Als ab Herbst 1944 infolge der Evakuierung der in Polen befindlichen Lager viele SS-Angehörige nach Mauthausen versetzt und auch Wehrmachtsangehörige zur Bewachung herangezogen wurden, hat sich die Zahl der Bewacher wesentlich erhöht. Am 1.10.1941 gab es im KLM bei einem

[6] SS-Staat: Band I, S.164.
[7] SS-Staat: Band I. S.178.
[8] Archiv M.M.: P 6/9, Kopie eines Schreibens vom 12.2.1940 an den Lagerkommandanten des KLM.
[9] Archiv M.M.: P 6/9, entnommen aus dem Schreiben des „Inspekteur KL“ an den Lagerkommandanten des KLM.

Gesamtstand von 11.135 Häftlingen 1.018 SS-Führer, -Unterführer und -Männer.[10] Dann wurde die Zahl der Wachmannschaften wesentlich erhöht. Im Winter 1944/45 gab es im Bereiche des KLM etwa 6.000 Angehörige der Waffen-SS und der Deutschen Wehrmacht. Am 15.1.1945 gab es laut einer Aufstellung des WVHA im KLM 5.632 SS-Männer und 65 SS-Frauen, insgesamt 5.697 SS-Angehörige.[11]
Nach einer Aufstellung vom 27.3.1945 gab es an diesem Tag in Mauthausen 2.962 Führer, Unterführer und Männer, in Gusen (I, II und III) 19 Führer, 3.010 SS- respektive Luft-waffenangehörige und in allen damals vorhandenen Nebenlagern 3.817 Offiziere, Unteroffiziere und Mannschaftsdienstgrade. Dies ergibt eine Gesamtzahl von 9.808 Mann[12], wovon etwa 20 Prozent durch Abkommandierungen, Krankheiten, Desertion usw. nicht anwesend waren. Zu einem Zeitpunkt, als die Mehrzahl der Nebenlager aufgelöst war, ein Teil der Truppen zum Fronteinsatz im Waffen-SS-Regiment Mauthausen abkommandiert wurde und viele bereits desertierten, gab es am 28.4.1945 im KLM:

5.516	Waffen-SS- und Luftwaffen-Angehörige sowie Feuerschutzpolizisten
40	Marinesoldaten
87	Angehörige eines SS-Sonderkommandos[13]
93	SD-Angehörige
42	Polizisten.[14]

[10] Archiv M.M.: A 11/1, Abschrift eines Tätigkeitsberichtes des KLM-Leiters der Verwaltung, No. 2. vom 1.10.1941 bis 25.10.1941.

[11] Archiv M.M.: 18/2, Kopie einer Zahlentabelle des WVHA. (Das Original liegt im Bundesarchiv Koblenz: No.329 KZ-Ordner.)

[12] Etwa 1.500 bis 3.000 SS-Offiziere, Unteroffiziere und Mannschaftsgrade stammten aus den KL Auschwitz, Sachsenhausen. Groß-Rosen, Flossenbürg, Dora-Mittelbau und Natzweiler. Sie kamen mit Häftlingstransporten aus den aufgelassenen KL und verblieben im KLM. – Auszug der eidesstattlichen Aussage des SS-Sturmbannführers August Harbaum, Leiter der Hauptabteilung A/V 4 des WVHA: „(…) Im März 1945 versahen ungefähr 30.000 bis 35.000 Mann der Waffen-SS Dienst in den Konzentrationslagern. Diese Zahl schließt Personal ein, das von den Landschützen und der Luftwaffe in die Waffen-SS seit 1944 versetzt worden ist. Mit Rücksicht auf Versetzungen zur Front und anderweitige Versetzungen möchte ich annehmen, daß ungefähr 10.000 Mann Waffen-SS ersetzt worden sind und dementsprechend in der Zeit vom März 1942 bis April 1945 ungefähr 45.000 Mann Waffen-SS zur einen oder anderen Zeit in den Konzentrationslagern gedient haben. A. Harbaum". IMT: Band XXXV, S.493f und 484. – Am 9.4.1945 befahl Gauleiter und Reichsverteidigungskommissar Eigruber: „(…) alle Feuerwehrmänner seien der SS-Mannschaft in Mauthausen einzuverleiben". (Oberösterr. Landesarchiv. Pol. Akt. Sch. Zl. 67. Die Zahl der überstellten Feuerschutzpolizisten ist unbekannt.) – Ebenfalls sind Angehörige der Linzer Theatermusik über Anordnung Eigrubers im April 1945 zur Bewachung des KLM abkommandiert worden. Oberösterreich: S.247.

[13] Vermutlich Angehörige von Landeseigenen Verbänden der SS, die in St. Valentin, Peggau und Gusen stationiert waren und (ab Herbst) 1944 Bewachungsdienst versahen.

[14] Die SD-Angehörigen gehörten dem „Sonderstab Kammler" an und waren auf alle Nebenlager mit Rüstungsaufgaben, Stollen- sowie Raketenbau verteilt. Sie hatten u. a. die Aufgaben, den Arbeitseinsatz zu überwachen und Sabotagen zu unterbinden. – Schutzpolizisten versahen Dienst in Peggau und Leibnitz. Archiv M.M.: P 6/3, Original.

Hiezu müssen noch 65 weibliche SS-Aufseherinnen und etwa 400 Angehörige einer von der SS aufgestellten unzulänglich bewaffneten Häftlingseinheit gezählt werden. Insgesamt gab es also 5.978 oder 6.378 männliche Bewachungsorgane plus 65 Frauen, davon gehörten etwa 350 bis 400 Personen dem Kommandanturstab an.

Organisatorisch war die SS-Verwaltung des KLM in mehrere in der Kommandantur zusammengefasste Hauptabteilungen gegliedert, und zwar:

- Adjutantur;
- Schutzhaftlagerführung, Arbeitseinsatz;
- Verwaltung: a) Truppe, b) Häftlinge;
- Sanitätswesen: a) Truppe, b) Häftlinge;
- Politische Abteilung.

Dazu kamen noch die Wacheinheiten in Haupt- und Nebenlagern.
An der Spitze der gesamten KLM-Verwaltung stand seit 17.2.1939 der Lagerkommandant SS-Standartenführer Franz Ziereis.[15] Ihm unmittelbar unterstanden für die Häftlinge und für die Truppen mehrere Lagerführer sowie die Führer der Verwaltung, des Sanitätswesens, der Politischen Abteilung und des Arbeitseinsatzes. Den SS-Lagerführern unterstanden die Bewachungsorgane, dem Schutzhaftlagerführer die Häftlinge und jener Teil der Truppe, der zur Verwaltung und innerhalb des Häftlingslagers zur Bewachung der Häftlinge herangezogen wurde. Die Wachkompanien der Nebenlager unterstanden ab etwa Herbst 1944 dem jeweiligen Lagerführer, und zwar auch dann, wenn der Führer der einzelnen Wachkompanien einen höheren Dienstgrad als der Lagerführer eines Nebenlagers hatte.[16]
Leiter der Adjutantur waren jahrelang die SS-Hauptsturmführer Viktor Zoller[17] und Adolf Zutter.[18] Ihnen unterstanden das Lagergefängnis (der Bunker), der Strafvollzug, die SS-Gerichtsführer, die Ordonnanzen, die technische Leitung der Krematorien, die Fahrbereitschaft, die Waffenkammer, alle Funker und Fernschreiber sowie gewisse technische Unterführer und

[15] Franz Ziereis, am 13.8.1905 in München geboren, Tischler, seit 1924 bei der Reichswehr, zuletzt Unteroffizier. Lt. Dienstaltersliste der SS vom 1.12.1938 gehörte Ziereis der SS-Totenkopfstandarte „Thüringen" (SS-Nr. 276.998) an, war Besitzer des Ehrendegens des RFSS, Mitglied der Vereinigung „Lebensborn", jedoch zu dieser Zeit kein Mitglied der NSDAP. Dienstaltersliste der SS, Stand vom 1.12.1938. Er war seit Februar 1939 bis Mai 1945 Kommandant des KLM, zuletzt im Range eines SS-Standartenführers. Am 23.5.1945 wurde Ziereis in seiner Jagdhütte am Pyhrn (Oberösterreich) von amerikanischen Soldaten ausgeforscht und bei einem Fluchtversuch durch zwei Schüsse verletzt. Infolge dieser Verletzung ist Ziereis am 25.5.1945 im 131. Amerikanischen Evakuierungsspital Gusen gestorben. Archiv M.M.: S. 18/1. 2, 3, 4 und 7, Berichte über die Gefangennahme des Ziereis.
[16] Die Lagerführer gehörten stets dem Kommandanturstab an, und alle waren Angehörige der Waffen-SS. Die Führer der Wachkompanien gehörten dem Kommandanturstab gewöhnlich nicht an, und seit 1944 gab es auch Kompanieführer aus den Reihen der Wehrmacht, Luftwaffe, Marine und Polizei.
[17] Viktor Zoller, zuletzt SS-Hauptsturmführer (SS-Nr. 77.379), war bis 1942 Adjutant des Lagerkommandanten Ziereis, später übte er Aufsicht über die Nebenlager aus. Zoller wurde vom Amerikanischen Militärgerichtshof in Dachau zum Tode verurteilt und am 27.5.1947 hingerichtet. Archiv M.M.: P 19/7, Anklageschrift vom 7.3.1946 gegen Mauthausener SS-Angehörige vor einem US-Gericht in Dachau.
[18] Adolf Zutter, am 10.2.1889 geboren, zuletzt SS-Hauptsturmführer (SS-Nr. 226.911) und ab 1942 bis 1945 Adjutant des Lagerkommandanten Ziereis. Zutter wurde vom Amerikanischen Militärgerichtshof in Dachau zum Tode verurteilt und am 27.5.1947 hingerichtet. Archiv M.M.: P 18/6, Kopie einer Niederschrift, aufgenommen mit Zutter; P 19/7, Anklageschrift.

Handwerker. Der Adjutant war für die Verbindung mit den Wacheinheiten verantwortlich (laut Friedensplanstellen-Übersicht vom 30.9.1944 insgesamt 54 SS-Angehörige).[19]
Dem Schutzhaftlagerführer oblagen alle Häftlingslager (Schutzhaftlager). Seit 1940 bis 3.5.1945 war der 1. Lagerführer der SS-Hauptsturmführer Georg Bachmayer.[20] Ihm waren zur Unterstützung mehrere Schutzhaftlagerführer-Stellvertreter beigegeben. Bis 15.3.1942 gab es auch einen Schutzhaftlagerführer „E", dem der gesamte Arbeitseinsatz unterstand. Diese Funktion wurde laut einer Weisung des SS-Führungshauptamtes, Inspektion des KL, vom 20.2.1942 aufgelöst und *„die Durchführung des gesamten Arbeitseinsatzes in den Lagern"* den Lagerkommandanten übertragen.[21]
Dem Schutzhaftlagerführer unterstanden weiters mehrere Rapport- und Arbeitsdienstführer, Arrestantenaufseher, Poststellenleiter und Postprüfer, Zugblockführer, Block- und Arbeitskommando-Führer und etwa bis zum Frühjahr 1944 auch die gesamte Arbeitseinsatz-Führung, die vom SS-Obersturmführer Alfred Dittmann geleitet wurde (laut Friedensplanstellen-Übersicht vom 30.4.1944 129 SS-Angehörige).[22]

Die Verwaltung unterstand dem Verwaltungsführer SS-Hauptsturmführer Xaver Strauss.[23] Dieser hatte alle wirtschaftlichen Angelegenheiten des Lagers zu besorgen; er verwaltete sämtliche Magazine, Küchen, Gärtnereien, Wäschereien, Handwerksbetriebe, Schuhmacherei, Schneiderei sowie die unter der Leitung des SS-Obersturmführers Heinz Eisenhöfer stehende Gefangenen-Eigentums-Verwaltung (laut Friedensplanstellen-Übersicht vom 30.9.1944 52 SS-Angehörige).[24]

Das Sanitätswesen für die Truppe und Häftlinge unterstand dem jeweiligen „Standortarzt der SS und Polizei für Linz, Steyr und Wels",[25] dem mehrere SS-Lagerärzte und SS-Sanitätsdienstgrade zur Verfügung standen (laut Standliste vom 29.4.1944 waren es neun SS-Lagerärzte, zwei

---

[19] Archiv M.M.: P 1/5, Kopien der Planstellen-Übersicht.
[20] Georg Bachmayer, am 12.8.1913 geboren, angeblich von Beruf Schuhmacher, gehörte der 1. Totenkopfstandarte „Oberbayern" an. Er war Mitglied der NSDAP (Nr. 3.204.530) und seit Mai 1940 1. Schutzhaftlagerführer des KLM, zuletzt im Range eines SS-Hauptsturmführers (SS-Nr. 69.535). In der Eigenschaft des 1. Schutzhaftlagerführers hat Bachmayer die Nebenlager inspiziert oder den Aufbau eines Nebenlagers, wie z. B. Ebensee, geleitet. Am 8.5.1945 tötete Bachmayer in der Hintermühle bei Altenburg (Priehetsberg) seine beiden Kinder sowie seine Frau und verübte anschließend Selbstmord. Gendarmeriechronik Münzbach: S.267. Archiv M.M.: P 1/3 und 5 sowie P 2/1 und 2, Kopien von namentlichen Aufstellungen der SS-Führer, Planstellenübersicht und Anordnungen des Schutzhaftlagerführers.
[21] Zeitgeschichte: NO-2167, Kopien des Schreibens vom 20.2.1942.
[22] Archiv M.M.: P 1/5, Planstellenübersicht.
[23] Xaver Strauss, geboren am 29.5.1910, kam aus dem KL Flossenbürg in das KLM, war jahrelang Führer der Verwaltung im KLM, zuletzt im Rang eines SS-Hauptsturmführers (SS-Nr. 161.264). Strauss wurde im Jahre 1946 beim 2. Mauthausener Prozess von einem Amerikanischen Militärgerichtshof zu lebenslänglichem Zuchthaus verurteilt, jedoch bald begnadigt und auf freien Fuß gesetzt. Archiv M.M.: P 1/5, Planstellenübersicht; P 19/9, Namensverzeichnis der Beschuldigten beim II. Mauthausener Prozess.
[24] Archiv M.M.: P 1/5, Planstellenübersicht.
[25] Siehe Kapitel 27: SS-Ärzte – Pseudowissenschaftliche Versuche, wo die Namen der jeweiligen SS-Standortärzte aufscheinen. Laut einer Anordnung des WVHA vom 13.1.1945 war der Einsatz von Ärzten, SDGs, Apothekern und Zahnärzten bei Epidemien im KLM als Frontdienst (!) zu werten und in entsprechenden Wehrkarteien einzutragen. Archiv M.M.: P 16/49, Kopie des Erlasses.

SS-Truppenärzte, ein SS-Apotheker und 37 SS-Sanitätsdienstgrade; insgesamt 49 SS-Angehörige).[26]

Die Politische Abteilung, organisatorisch zum KLM gehörend, formell der GESTAPO unterstehend, wurde seit dem 1.9.1939 bis zum 3.5.1945 von SS-Hauptsturmführer Karl Schulz[27] geleitet. Die Politische Abteilung bearbeitete die Personalangelegenheiten aller Häftlinge, befasste sich mit Staats- und kriminalpolizeilichen Erhebungen, mit sämtlichen standesamtlichen Arbeiten bezüglich der Häftlinge und der SS-Angehörigen, verwaltete den Erkennungsdienst und auch – jedoch nicht in technischer Hinsicht – das Krematorium. Das Standesamt unterstand bezüglich der Registrierung verwaltungsmäßig dem Landrat in Perg. Laut Friedensplanstellen-Übersicht vom 30.9.1944 waren in der Politischen Abteilung 31 SS-Angehörige eingesetzt gewesen. In den letzten Monaten waren dort zusätzlich noch zwölf aus der nahen Umgebung von Mauthausen stammende Frauen als Zivilangestellte und Kriegsdienstverpflichtete beschäftigt.

In der Politischen Abteilung wurden die Häftlingsakten aufbewahrt sowie ergänzt. Ein solcher Akt begann in der Regel mit den Einweisungspapieren, etwa mit dem Schutzhaftbefehl oder einem Bericht der einweisenden Stelle und dergleichen. Bei sowjetischen Zivilarbeitern und Kriegsgefangenen, bei Juden (ab 1944) und bei der Mehrzahl der Ausländer waren solche Unterlagen nicht vorhanden, sondern der Akt begann nur mit dem im Lager aufgenommenen Personalbogen. Dazu kamen bei Deutschen und Österreichern sowie bei einigen Ausländern eventuelle Anfragen verschiedener deutscher Behörden, diplomatischer Vertretungen, Personen oder Angehörigen und Briefe, die an den oder von dem Häftling geschrieben, aber aus irgendeinem Grunde nicht weitergeleitet worden waren.

Den größten Teil der Behördenbriefe bildeten (bei den Deutschen, Österreichern und bei wenigen Ausländern) die vom RSHA oder anderen Polizeistellen angeforderten Führungsberichte. Der Durchschlag eines von der Schutzhaftlagerführung verfassten und mit dem Unterschriftenstempel des Lagerkommandanten versehenen Antwortschreibens verblieb ebenfalls bei den Akten. Weit über 90 Prozent der Führungsberichte lauteten ablehnend. Bei den politischen Häftlingen wurde stereotyp ergänzt, dass der Häftling seine politische Ansicht noch nicht geändert habe; dies, obwohl nicht in einem einzigen Falle eine Überprüfung erfolgte. Alle diese Antworten wurden vom Tisch aus erledigt. Nur in Einzelfällen gab es

[26] Archiv M.M.: H 9/1, Namenverzeichnis der Ärzte und SDG, Original.

[27] Karl Schulz, 9.9.1902 in Eberswalde bei Berlin geboren, war bis 1939 Kriminalbeamter in Köln. Laut eigenen Angaben war er bis 1932 Mitglied des Reichsbanners, 1933 förderndes Mitglied der SS, ab 1.5.1937 Mitglied der NSDAP. Im Jahre 1939 meldete er sich freiwillig zum Dienst im KLM, welchen er am 1.9.1939 antrat. Zuletzt war er SS-Hauptsturmführer (SS-Nr. 400.037). Nach seiner Flucht aus dem Lager am 2.5.1945 besorgte sich Schulz die Uniform eines SS-Unterscharführers und falsche Papiere, lautend auf Karl Müller. Er lebte in Köln. Schulz wurde am 13.3.1956 (nun als Schulze) wegen seiner Tätigkeit im KLM in der BRD festgenommen, mehrmals aus der Untersuchungshaft entlassen und am 30.10.1967 vom Landgericht Köln (1.24 Ks 1/66(Z) 40-9/66 LG) wegen Beihilfe zu Mord in neun Fällen zu 15 Jahren Zuchthaus verurteilt. Ein Teil der Untersuchungshaft wurde in das Strafausmaß eingerechnet und ein Teil der Strafe nachgesehen; deshalb wurde Schulz auf freien Fuß gesetzt. Archiv M.M.: P 19/24, 25, 26 und 27, Abschriften der Anklageschrift und verschiedene Stellungnahmen über den Prozess beim Landesgericht in Köln, 1966; Schreiben des leitenden Oberstaatsanwaltes in Köln, 23.2.1970.

auch positive Antworten, in welchen gegen eine Entlassung keine Bedenken erhoben wurden. Weiter gab es auch einzelne Antwortschreiben, in denen vermerkt wurde: *„Die Führung, Fleiß und Leistungen haben sich in der letzten Zeit etwas gebessert"*, es könne *„aber noch nicht beurteilt werden, ob diese Besserung nachhaltig und dauernd sein wird"*; deshalb wurde eine spätere Anfrage anheim gestellt. In den Akten wurden weiter alle Lagerstrafen eingetragen, und wenn der Häftling verstarb, wurden die Akten mit den Todespapieren abgeschlossen. Sodann wurde der Akt ad acta gelegt.[28] Nur wenn die Angehörigen eine Urne mit der Asche des Opfers verlangten, wurde der Akt ausgehoben, die Urne im Krematorium schriftlich angefordert und nach Versand der Urne der Akt wieder in der Politischen Abteilung abgelegt.

[28] Archiv M.M.: P 1/5, Planstellen-Übersicht; V 3/20, Angaben des Häftlings der Politschen Abteilung Gerhard Kanthack.

Mauthausener SS-Offiziere (von links nach rechts): Seidler, Beck, Ziereis, Bachmayer und Schütl. Sommer 1943. AMM

15. Die Mentalität der SS

Der SS-Gruppenführer Dr. Kaltenbrunner[1] hat am 19.12.1939 anlässlich einer Inspektion des Mauthausener Gendarmeriepostenkommandos den dortigen Beamten wörtlich erklärt:

> *„Die SS-ler oben am Berg [KLM] (…) sind überhaupt unsere Besten, die wir haben (…)“*[2]

Und die SS-Führer sowie Unterführer des KLM-Kommandanturstabes glaubten tatsächlich daran, eine Auslese des deutschen Volkes zu sein. Sie betrachteten die „Schutzstaffel der NSDAP“ als einen Orden,[3] der durch einen eigenen Lebensstil und Moral[4] zusammengehalten wurde. Sie waren grenzenlos hochmütig gegenüber allen, die nicht der SS angehörten. Nichts schienen sie zu fürchten. weder die damalige Justiz, Polizei oder andere gesellschaftliche

---

[1] SS-Obergruppenführer Dr. Ernst Kaltenbrunner, geboren am 4.10.1903 in Ried, illegales Mitglied der NSDAP (Nr. 300.179) und der SS (Nr. 13.039) in Oberösterreich. Nach der Okkupation Österreichs im Jahre 1938 wurde Kaltenbrunner Höherer SS- und Polizeiführer in Wien, und in dieser Eigenschaft besuchte er offiziell unzählige Male das KLM. Im Jahre 1942 wurde Kaltenbrunner Chef des RSHA und des SD als Nachfolger des verstorbenen Heydrich. Kaltenbrunner wurde vom Internationalen Militärgerichtshof in Nürnberg am 30.9.1946 zum Tode verurteilt und am 16.10.1946 hingerichtet.

[2] Archiv M.M.: A 6/1, Chronik des Gendarmeriepostens Mauthausen.

[3] Himmler vor SS-Gruppenführern in Polen, Oktober 1939: „(…) Es muss selbstverständlich sein, daß aus diesem Orden [SS], aus dieser rassischen Oberschicht des germanischen Volkes die zahlreichste Nachzucht hervorgeht. Wir müssen in 20 bis 30 Jahren wirklich die Führerschicht für ganz Europa stellen (…)“ – „SS-Befehl A-Nr. 65 vom 31.12.1931: (…) 1. Die SS ist ein nach besonderen Gesichtspunkten ausgewählter Verband deutscher nordisch-bestimmter Männer (…)“ – „Das Erkenntnis vom Werte des Blutes und Bodens ist richtungsweisend für die Auslese in der Schutzstaffel (…)“ Organisationsbericht der NSDAP: 7. Auflage, 1943, S.417.

[4] Aus einer Rede des RFSS Himmler in Posen am 4.10.1943 bei der SS-Gruppenführertagung über SS-Moral: „(…) Ein Grundsatz muß für den SS-Mann absolut gelten: ehrlich, anständig, treu und kameradschaftlich haben wir nur zu Angehörigen unseres eigenen Blutes zu sein und zu sonst niemandem. Wie es den Russen geht, wie es den Tschechen geht, ist mir total gleichgültig. Das, was in den Völkern an gutem Blut unserer Art vorhanden ist, werden wir uns holen, indem wir ihnen, wenn notwendig, die Kinder rauben und sie bei uns großziehen. Ob die anderen Völker in Wohlstand leben oder ob sie verrecken vor Hunger, das interessiert mich nur soweit, als wir sie als Sklaven für unsere Kultur brauchen, anders interessiert mich das nicht. Ob bei dem Bau eines Panzergrabens 10.000 russische Weiber an Entkräftung umfallen oder nicht, interessiert mich nur insoweit, als der Panzergraben für Deutschland fertig wird. Wir werden niemals roh und herzlos sein, wo es nicht sein muß; das ist klar. Wir Deutschen, die wir als einzige auf der Welt eine anständige Einstellung zum Tier haben, werden ja auch zu diesen Menschentieren eine anständige Einstellung einnehmen, aber es ist ein Verbrechen gegen unser eigenes Blut, uns um sie Sorge zu machen und ihnen Ideale zu bringen, damit unsere Söhne und Enkel es noch schwerer haben mit ihnen. Wenn mir einer kommt und sagt: ‚Ich kann mit den Kindern oder den Frauen den Panzergraben nicht bauen. Das ist unmenschlich, denn dann sterben sie daran' – dann muß ich sagen: ‚Du bist ein Mörder an deinem eigenen Blut, denn wenn der Panzergraben nicht gebaut wird, dann sterben deutsche Soldaten, und das sind Söhne deutscher Mütter. Das ist unser Blut'. Das ist das, was ich dieser SS einimpfen möchte und – wie ich glaube – eingeimpft habe, als eines der heiligsten Gesetze der Zukunft: Unsere Sorge, unsere Pflicht, ist unser Volk und unser Blut; dafür haben wir zu sorgen und zu denken, zu arbeiten und zu kämpfen, und für nichts anderes. Alles andere kann uns gleichgültig sein (…) Ich meine jetzt die Judenevakuierung, die Ausrottung des jüdischen Volkes. Es gehört zu den Dingen, die man leicht ausspricht. – ‚Das jüdische Volk wird ausgerottet', sagt ein jeder Parteigenosse, ‚ganz klar, steht in unserem Programm, Ausschaltung der Juden, Ausrottung machen wir'. Und dann kommen sie alle an, die braven 80 Millionen Deutschen, und jeder hat seine anständigen Juden. Es ist klar, die anderen sind Schweine, aber dieser eine ist ein prima Jude. Von allen, die so reden, hat keiner zugesehen, keiner hat es durchgestanden. Von euch werden die meisten wissen, was es heißt, wenn 100 Leichen beisammen liegen, wenn 500 da liegen oder wenn 1.000 da liegen. Dies durchgehalten zu haben und dabei – abgesehen von Ausnahmen menschlicher Schwächen – anständig geblieben zu sein, das hat uns hart gemacht. Dies ist ein niemals geschriebenes und niemals zu schreibendes Ruhmesblatt unserer Geschichte (…)“ ND: 1919-PS

Faktoren, wie die katholische respektive evangelische Kirche, Repräsentanten der Deutschen Wehrmacht, noch Funktionäre der einzigen politischen Partei, der NSDAP. Sie anerkannten die Autorität ihrer Führer, wie Himmler, Heydrich, Dr. Kaltenbrunner, Pohl, sowie anderer aus dem RSHA oder WVHA, selbstverständlich die des „Führers des Deutschen Reiches" Hitler und seiner Gauleiter.[5]

In dem Glauben, ein „harter Kern" des deutschen Volkes zu sein, vermengten sie in ihrer kleinbürgerlichen Großmachtsucht den *„Mythos von Rasse, dem Tausendjährigen Reich, von Lebensraum, Blut und Boden"* mit Inbesitznahme von fremden Ölfeldern, Erzgruben, ukrainischen Getreidefeldern und der damit *„kriegsbedingten Notwendigkeit"* einer rücksichtslosen Ausbeutung der *„minderwertigen"* Slawen, der Ausrottung der *„zersetzenden"* Juden, der slawischen Intelligenz und der deutschen *„Volksschädlinge"*. Sie waren jahrelang überzeugt, berechtigt zu sein, im Osten einen „Lebensraum" für Deutschland zu erobern, somit die Gebiete von Polen und der Sowjetunion bis zum Ural rücksichtslos im Sinne von Hitlers Anordnung[6] auszubeuten. So hat der damalige SS-Hauptscharführer und 3. Schutzhaftlagerführer Anton Streitwieser[7] im Sommer 1943 den deutschen (und österreichischen) vorwiegend kriminellen Häftlingsfunktionären in der Lagerschreibstube[8] sinngemäß erklärt, dass sie alle, wenn sie sich im KL bewähren, nach dem endgültigen Sieg entlassen und als deutsche Führungskräfte (!) in Russland eingesetzt werden.

Ein anderer, der aus Mauthausen stammende Baumeister und SS-Hauptscharführer Ernst Kirschbichler, ließ sich noch im Winter 1943/44 von Häftlingen des Baubüros Skizzen und Pläne für ein schlossartiges Gebäude anfertigen, welches er nach dem Sieg auf der Halbinsel Krim erbauen wollte.

In den Räumen der SS-Führer befanden sich an sichtbaren Stellen verschiedene Losungen, die die Stärke der „SS-Übermenschen" verkünden sollten. Bevorzugt wurde der Spruch:

> *„Wir fürchten niemanden auf der Welt, uns genügt, wenn alle uns fürchten."*

Die SS-Führer und -Unterführer des Kommandanturstabes waren vorwiegend Deutsche, doch auch Österreicher und ab Winter 1942/43 Mannschaftsgrade und Unterführer so genannte Volksdeutsche aus Polen, Ungarn, der Slowakei, Rumänien und Jugoslawien. In ihrer

---

[5] In den letzten zwei Jahren übte der Gauleiter von Oberdonau (Oberösterreich) A. Eigruber großen Einfluss aus. In der Eigenschaft eines Gauleiters und Reichsverteidigungskommissars hat er die Einweisung von Personen in das KLM verfügt.

[6] Am 16.7.1941 bestellte Hitler Göring, Keitel, Bormann und andere Staatsfunktionäre in das Führerhauptquartier und führte ihnen vor Augen, welche Absichten er in den neueroberten Gebieten der UdSSR verfolge. Aus Bormanns Aktenvermerk über diese Aussprache ist ersichtlich, dass Hitler danach hervorhob, diese „Zielsetzung nicht vor der ganzen Welt bekanntzugeben" und die Hauptsache sei, „daß wir selbst wüßten, was wir wollen (...) Alle notwendigen Maßnahmen – Erschießen, Aussiedeln etc. – tun wir trotzdem (...) Grundsätzlich kommt es darauf an, den riesenhaften Kuchen handgerecht zu erlegen, damit wir ihn erstens beherrschen, zweitens verwalten und drittens ausbeuten können (...)" ND: 221-L

[7] Streitwieser (wegen seiner sorgfältigen Bekleidung „fescher Toni" genannt) war vor allem wegen der Schäferhunde („Asta" und „Hasso"), die auf die Aufforderung „Wo ist der Lump?" Häftlinge anfielen, bekannt und einer der brutalsten SS-Angehörigen. Er ist jedoch offenbar der einzige Mauthausener SS-Führer gewesen, der etwa 14 Monate lang Fronteinsatz im Osten leistete. Siehe Schluss dieses Kapitels: „Kurzer Lebenslauf eines SS-Führers".

[8] Der Verfasser, als Schreiber in der Lagerschreibstube eingesetzt, war bei dieser Aussprache anwesend.

Mehrzahl waren es Angehörige des kleinen Mittelstandes, Kleinbauern, Beamte und einzelne Arbeiter[9]. Die älteren SS-Führer waren vielfach gescheiterte Existenzen der Wirtschaftskrise der dreißiger Jahre.

Fast ausnahmslos alle SS-Führer des KLM waren Mitglieder der NSDAP und der von Himmler im Jahre 1936 gegründeten Vereinigung „Lebensborn e. V."[10]. Wie angeführt, waren sie einer Tradition des absoluten Gehorsam gegenüber Autoritäten verfallen, wobei der militärische Drill[11] und die unbedingte Pflicht zum blinden Gehorsams ohne Zweifel Einfluss auf ihre Mentalität ausübten, die immer wieder in der Phrase *„Befehl ist Befehl"* zum Ausdruck kam.

Jeder „germanische" SS-Anwärter[12] hatte bei seiner Aufnahme in die SS folgenden Eid zu leisten:

> *„Ich schwöre Dir, Adolf Hitler, als Führer und Kanzler des Deutschen Reiches Treue und Tapferkeit. Ich gelobe Dir und den von Dir bestimmten Vorgesetzten Gehorsam bis in den Tod, so wahr mir Gott helfe!"*

Zu pflichtbesessenen, durch Kadergehorsam absolut gläubigen und kritiklosen Befehlsempfängern erzogen, betrachteten sie ihre Tätigkeit, das Reich vor dem *„inneren Feind"* zu schützen, als einen *„harten Dienst für Volk und Vaterland"*. Für manchen von ihnen war es jedoch eine günstige Sprossenleiter der beruflichen Laufbahn. In befohlenen „Unterrichtsanweisungen", bestehend u. a. aus Fragen der SS-Chargen, *„welche Elemente in diesem Lager gesammelt werden"*, mussten die neu verpflichteten SS-Männer korporativ antworten:

> *„Verbrecher, Asoziale, sexuell Anormale, Staatsfeinde, Faulenzer, Diebe, Sicherheitsverwahrte, politische Unzuverläßliche und Volksschädlinge!"*

---

[9] Als Beispiel die Angehörigen der Pol Abt.: SS-Obersturmführer Schulz war vorher Polizeibeamter; Werner Fassl war Fabrikant; Prellberg war Wäschereibetriebs-Inhaber; Inhaber eines Eisenwarenladens war Diehl, Gericke war Justizinspektor, Klerner, Grems und Krüger waren Gewerbetreibende. Marschik, Leeb und W. Müller waren Arbeiter. Archiv M.M.: P 3/8.

[10] Über Aufgaben des „Lebensborn" hieß es: „Es werden rassisch und erbbiologisch wertvolle kinderreiche Familien unterstützt, rassisch und erbbiologisch wertvolle werdende Mütter betreut (...)" (in: „Volk und Rasse", 1939, Jg. 14, S.20.) Eine der Aufgaben dieser Vereinigung war „die Nachwuchsförderung innerhalb der SS". Hierzu erklärte Himmler: „Es ist selbstverständlich, daß wir nur wirklich wertvolle, rassisch einwandfreie Männer als Zeugungshelfer empfehlen." Zu Aufgaben des „Lebensborn" während des Krieges gehörte es auch, geraubte Kinder „einzudeutschen". Dazu Himmler (1944): „Ich halte es für richtig, wenn besonders gutrassige kleine Kinder polnischer Familien zusammengeholt und von uns in besonderen, nicht zu großen Kinderhorten und Kinderheimen erzogen werden. Das Wegnehmen der Kinder müßte mit gesundheitlicher Gefährdung begründet werden (...)" Nach dem Kriege sollten nach Himmler „deutsche Mädchen, die bis zum 30. Lebensjahr noch kein Kind geboren hatten, verpflichtet werden, diese bei dem Lebensborn-Institut der SS zu ‚beziehen', wobei das zur Mutter auserkorene Mädchen sich unter drei zur Wahl gestellten SS-Leuten den Vater ihres Kindes aussuchen konnte (...)" (in: Hirsch, K.: „SS – Gestern, heute und...", 1960, Progreß-Verl., 2. Auflage, Darmstadt).

[11] Die Deutschen kamen vorwiegend von den SS-Totenkopfstandarten „Oberbayern" (KL Dachau), „Thüringen" (KL Buchenwald) oder „Brandenburg" (KL Sachsenhausen). Dort wurden sie für den Dienst im KLM eingeschult, und sie rühmten sich, „Eick'sche Schüler" zu sein.

[12] Orden: S.138. Bei den ausländischen Angehörigen der Waffen-SS lautete die Eidesformel: „Ich schwöre dem Führer, Adolf Hitler, als Obersten Befehlshaber der deutschen Wehrmacht Treue und Tapferkeit. Ich gelobe dem Führer und den von ihm bestimmten Vorgesetzten Gehorsam bis in den Tod."

Die SS-Führer bläuten ihren Männern ein, dass ihre Kameraden an der Front die Heimat vor dem äußeren Feind schützen, und auf die Frage, *„vor welchem Feind sie das Vaterland schützten"*, hieß es: *„vor dem inneren Feind!"*

Der Dienst im KLM wurde immer mit dem Fronteinsatz gleichgesetzt. Dies ist u. a. dadurch offiziell hervorgehoben worden, dass ab Frühjahr 1940 die private Post der SS-ler und die gesamte Korrespondenz der Verwaltungskörperschaften des KLM – jedoch nicht die Briefe der Häftlinge – als Feldpost deklariert (mit der Rundstampiglie „Feldpost SS. KL Mauthausen-G" versehen), gebührenfrei befördert wurde. Bereits im Dezember 1939 wurden die SS-Angehörigen steuermäßig den Wehrmachtsoldaten gleichgestellt. Die Konzentrationslager waren für sie Kriegsgebiet.[13] Jeder Unterführer musste bei seinem Eintritt in den Kommandanturstab des KLM folgende Erklärung unterzeichnen:

> *„Ich verpflichte mich, keine eigenmächtigen Misshandlungen von Häftlingen durchzuführen."*

Doch bereits bei der Setzung der Unterschrift wurde allen begreiflich gemacht, dass es sich bei dieser Erklärung um eine belanglose Formsache handle und sie rücksichtslos den Häftlingen entgegentreten müssen, denn die ausländischen Häftlinge waren für sie Wesen *„halb Tier, halb Mensch"*, die Juden, Polen sowie Russen Individuen *„von mehr Tier und weniger Mensch"*. Vom Glauben an die Verschiedenwertigkeit der Rassen besessen, eigneten sie sich eine vereinfachte Vorstellung der Todfeinde aller Deutschen an: *„Der Jude, der Bolschewik, der Untermensch"*, vereinfacht: *„jüdisch-bolschewistischer Untermensch"*.[14]

Es gab auch innerhalb des Kommandanturstabes Ausnahmen: SS-Angehörige, die in den nicht-deutschen Häftlingen auch Menschen sahen und sie danach behandelten. Dies war u.a.:

---

[13] In der Beilage „Für die Waffen-SS" des offiziellen SS-Organs „Das Schwarze Korps" vom 21.12.1939, S.24, wird unter der Überschrift „Kriegsgebiet KZ" berichtet: „Der Reichsführer-SS und Chef der Deutschen Polizei teilt mit: ‚Am 25.11. überfielen die vorbestraften Schutzhäftlinge Franz Brönner und Anton Kröpf in einem Konzentrationslager nach einem vorgefaßten Plan einen SS-Wachposten und schlugen ihn nieder. Sie ergriffen darauf die Flucht, wurden jedoch nach kurzer Zeit wieder gestellt und festgenommen. Die beiden Verbrecher wurden am 9. Dezember im Konzentrationslager erhängt.' Diese Nachricht möge das deutsche Volk daran erinnern, daß die Front gegen die Feinde Deutschlands nicht nur im Westen und nicht nur in der Nordsee verläuft. Die x-tausend Häftlinge, die in den Konzentrationslagern behütet werden, sind zum Teil in der Person, zum Teil dem Wesen nach die gleichen Staatsfeinde, die Deutschlands innere Front während des Weltkriegs zermürbten und zertrümmerten, sei es durch Verbindung mit dem äußeren Feind und aktiven Hoch- und Landesverrat, sei es durch Sabotage, schlechtes Beispiel und bewußte Stimmungsmache. Sie haben sich während des Weltkriegs insgesamt als stärker erwiesen als der äußere Feind. Denn während der Soldat an allen Fronten siegte, arbeitete der innere Feind im Rücken des Soldaten erfolgreich an Deutschlands Niederlage. Der nationalsozialistische Staat wäre nicht ein Staat der Frontsoldaten, hätte er nicht beizeiten dafür gesorgt, daß die Front gegen den inneren Feind errichtet wurde Es erwies sich als zweckdienlich, die als Feinde des Volkes erkannten Kreaturen, ehe sie im Ernstfall gefährlich werden konnten, in sicheren Gewahrsam zu nehmen und unter Aufsicht zu stellen. So bilden die Konzentrationslager inselhafte Kampfgebiete der inneren Front, Kriegsschauplätze, an denen jeweils eine Handvoll Männer Deutschland vor dem inneren Feind bewahrt." Siehe Kapitel 32: Jahr 1939, 9.12., Anmerkung 3 und Kapitel 34: Anmerkung 12.

[14] Himmler am 7.9.1940 in einer Ansprache an das Offizierskorps der SS-Leibstandarte „Adolf Hitler „(…) Der Abschaum der Menschheit, die Häftlinge, die Berufsverbrecher [müssen] (…) positiv zur Arbeit angesetzt werden (…) Der Mann, der nun diese Häftlinge bewacht, tut einen schweren Dienst, wie der, der exerzieren geht – und das wird nicht eine öde Wachtätigkeit, sondern ein Unterricht über Untermenschentum und über Minderrassentum (…) sein". IMT: Bd. XXIX, S.109, PS-1918.

SS-Oberscharführer Josef Kirsch aus der Schutzhaftlagerkanzlei, die beiden SS-Ärzte Dr. Ladislaus Konrad und Dr. Karl Ruopp (die sich weigerten, körperschwache Häftlinge zu töten) und noch wenige andere.[15] Doch für die absolute Mehrzahl war Härte gleichzeitig Verhärtung gegenüber allen menschlichen Regungen. So hatten viele SS-Ärzte die barbarische Gewohnheit, präparierte Menschenschädel als Schreibtischschmuck zu verwenden und aus tätowierter Menschenhaut verschiedene Gegenstände des täglichen Gebrauches anfertigen zu lassen, die sie entweder selbst verwendeten oder ihren Frauen und Nahestehenden schenkten.

Bis auf einzelne Ausnahmen haben, zumindest bis Winter 1943/44, die Angehörigen des Kommandanturstabes, all das gehasst, was sie als SS-ler hassen zu müssen glaubten, und sich durch bestialische Rohheit gegenüber den Häftlingen hervorgetan, dies auch, um durch besondere Brutalität die Aufmerksamkeit der Vorgesetzten auf sich zu lenken.[16]

Von der unbeschränkten Macht über Leben und Tod waren sie so berauscht, dass sie bei geringfügigen Anlässen rücksichtslos gegen die Zivilbevölkerung vorgingen. So z. B. wurde am 22.5.1943 der Wehrmachtsurlauber Obergefreiter Josef Breitenfellner vom SS-Standortarzt Dr. Krebsbach nur deshalb hinterrücks erschossen, weil sich der Arzt durch den angeheiterten Breitenfellner in seiner Nachtruhe gestört und beleidigt gefühlt habe.

Bis zum Kriegsbeginn haben die SS-Angehörigen unzählige Male gegen die katholische Gesinnung der umliegenden Bevölkerung öffentlich Stellung bezogen; unter anderem haben sie in der nahen Umgebung von Mauthausen „Marterln" zerstört, Kreuze beschädigt und Marienstatuen entfernt.[17]

Später verlagerten sie diesen „antireligiösen Kampf" auf das lagerinterne Territorium, wo sie Priester und Bibelforscher aus den Reihen der Häftlinge drangsalierten. Obwohl in ihrer Pflichterfüllung den Häftlingen gegenüber gnadenlos, hielten sie sich für gefühlvolle Menschen, die ihre Pferde und Hunde anständig behandelten, Bienen züchteten und in ihren Gartenanlagen mit einer grenzenlosen Hingabe Rosenpflanzungen betrieben.[18]

Fast ausnahmslos waren alle SS-Führer fanatische Jäger In der Ausübung einer Waidmannstätigkeit sahen sie einerseits eine adelige Handlung und anderseits eine Ablenkung von ihrem „harten" Dienst. Ziereis stellte am 24.4.1939 an den zuständigen Kreisjägermeister den Antrag, in der Schonzeit Rehböcke schießen zu dürfen, und zwar mit der Begründung, dass er *„für seinen Dienst Entspannung benötige"*. Um einwandfreie Blattschüsse zu erzielen, hat z.B. der

[15] Siehe Kapitel 27: Anmerkung 31.

[16] Am 27.9.1941 hat die oberhalb des Steinbruchs „Wiener Graben" wohnhafte Landwirtin Eleonore Gusenbauer, Marbach Nr. 7 wh., eine Anzeige erstattet, weil „im ‚Wiener Graben' wiederholt Häftlinge erschossen" werden und „die schlecht Getroffenen noch längere Zeit leben und so neben den Toten, Stunden und sogar Halbtage lang liegen bleiben". Diese Anzeige wurde vom Gendarmeriebeamten Fleischmann wie folgt ergänzt: „Ähnliches ereignete sich vor einiger Zeit im KL Gusen, wo ebenfalls in der Nähe einer Frau Häftlinge erschossen [wurden] und jenen, die nicht gleich tot waren, von den Posten, durch Hinaufstellen mit den Schuhen auf den Hals, oder mit Fußtritten auf den Kopf der Garaus gemacht wurde." Archiv M.M.: A 6/1.

[17] Archiv M.M.: A 6/2, Angaben des ehemaligen Landrates von Perg, Dr. Brachmann.

[18] Ziereis, Bachmayer, Strauß und andere SS-Führer hatten eigene Reitpferde und vielfach auf Menschenjagd abgerichtete Hunde Zu ihren Lieblingsbeschäftigungen gehörten: die Jagd, das Reiten, die Gartenarbeit und der Aufenthalt im Hundezwinger.

Schutzhaftlagerführer Bachmayer etwa 20 körperschwache Häftlinge als Schießscheiben benutzt. Er ließ seinen Opfern auf dem Rücken zwischen den Schultern weiße Punkte anbringen und knallte sie aus einer Entfernung von etwa 30 bis 40 Metern mit einem Kugel-Jagdgewehr ab.
Die Mehrzahl der SS-Führer führte ein relativ bescheidenes, kleinbürgerliches Familienleben und umsorgte liebevoll, ja behutsam ihre Kinder.[19] Vor Weihnachten mussten unzählige Häftlinge Spielzeuge und Kleider für die Kinder der SS-Führer und -Unterführer anfertigen. Sie alle waren durchdrungen von einer krankhaften Ordnungssucht. In ihrer äußeren Erscheinung, der Uniform, in ihren Unterkünften[20], beim Ausrichten der Häftlingsreihen, im Block, beim Appell usw. usf., überall versuchten sie demonstrativ, der Umwelt und auch sich selbst, ihren Ordnungssinn unter Beweis zu stellen. Alles musste blitzblank leuchten, alle Tische, Stühle mussten in der Reihe stehen, die Barackenwände sollten glänzen. Um die Baracken im Hauptlager (1 bis 15) ließen sie Blumen pflanzen. Der Appellplatz wurde täglich, von der Früh bis zum Abend, von einem dazu bestimmten Arbeitskommando gewalzt und gefegt. Oberhalb der Spinde oder Barackenbalken durfte kein Staub vorgefunden werden. Die Blockführer kontrollierten fast täglich den Zustand der Baracken, so unter anderem auch die exakt eckigen Strohsack-Kanten der Häftlingsbetten. Viele von ihnen schätzten Alkohol, und nicht selten erschienen nachts betrunkene SS-Führer im Schutzhaftlager, um den *„Sauhaufen auf Vordermann zu bringen“*. Sie beaufsichtigten, mittels der in den Kojentüren angebrachten Gucklöcher, den Bordellbetrieb. Nur liegender Geschlechtsverkehr wurde gestattet. Jede andere Haltung widersprach der Lagerordnung und wurde bestraft.
Für sie waren alle alten und kranken Häftlinge *„unnütze Fresser“*. Doch darüber hinaus erweckten bei ihnen die „Muselmänner“, weil sie den Lagerbedingungen nicht widerstanden, Abscheu, Ekel, körperlichen Widerwillen. Kranke und Schwache, die sich sträubten, „freiwillig“ unter der Brause oder durch eine Herzinjektion zu sterben, waren für sie *„feige Schlawiner“*, die die SS-gewollte Ordnung bewusst sabotierten. Diese Ordnung war ihre Welt. Eine Welt, in der es Uniformen gab, in der man marschierte und gehorchte, in der man wusste, wer hinauf und wer hinunter gehörte. Bis zur Jahreswende 1944/45 waren ausnahmslos alle höheren SS-Angehörigen des Kommandanturstabes überzeugt, dass ihre Ordnung weiter bestehen und der Krieg siegreich beendet werden würde. In den letzten Kriegsmonaten – als so mancher von ihnen über seine Verbrechen im KLM und die sich daraus ergebenden

[19] Laut Angaben Ziereis (nach seiner Festnahme im Mai 1945) sollte über Auftrag Himmlers jeder SS-Führer zumindest vier Kinder zeugen – jede SS-Familie erhielt zur Geburt des vierten und jedes weiteren Kindes von Himmler als persönliches Geschenk einen „Geburtsleuchter“, von der Porzellan-Manufaktur Allach-München (SS-Firma) hergestellt. Diese Leuchter waren mit dem Spruch, „In der Sippe ewiger Kette bist Du nur ein Glied“, versehen. Dazu gab es mit faksimilierter Unterschrift Himmlers die Widmung: „Dir, Deinen Eltern, Deiner Sippe und Deinem Volk.“ Zu Weihnachten, nach Sprachgebrauch der SS „Julfest“, hat Himmler als Zeichen seiner Gunst an zahlreiche SS-Angehörige und andere Personen „Jul-Leuchter“ und „Jul-Teller“ verschenkt. Archiv M.M.: P 18/3.

[20] Allein in Mauthausen sorgten 34 Häftlinge als so genannte Kommandanturreiniger für die Sauberkeit der Räume von SS-Führern des Kommandanturstabes.

Konsequenzen[21] nachzudenken begann – blieb ihnen allen nur der Wunschgedanke: ein unmittelbar bevorstehender Bruch zwischen den Alliierten, oder die Hoffnung auf eine Wende des Kriegsausganges durch den Einsatz von „Wunderwaffen“[22]. Und da beides nicht eintrat, begann ein Teil von ihnen, in streng konspirativer Art, Beziehungen zu gewissen prominenten Häftlingen anzubahnen; ein anderer Teil versorgte sich mit falschen Personalpapieren und tauchte unter, wie z. B. die SS-Offiziere Schulz, Streitwieser[23], Chmielewski, Ganz und andere. Schließlich gab es auch einige, die die Ansicht vertraten, nur ihre Pflicht „im Dienste fürs Vaterland“ ausgeübt zu haben.

Kurzer Lebenslauf eines SS-Führers

Anton Streitwieser, am 3.7.1916 in Surbein (Oberbayern) geboren. Er hatte zwei ältere Geschwister, sein Vater war Bahnbeamter. Bis 1930 besuchte er die Volksschule, war Mechanikerlehrling und hatte die Lehre ohne Abschlussprüfung verlassen.

Im Jahre 1933 wollte Streitwieser die Führerlaufbahn in der HJ einschlagen.
Ab 1.4.1934 in der Gebietsführung der HJ-München beschäftigt.

8.4.1934 Eintritt in die SS, Mitglieds-Nr. 276.125, SS-Wachtruppe des KL Dachau, am 3.5.1935 erschoss er im KL Dachau den Häftling Schlattl; 19.9.1935 KL Sachsenhausen; 1.4.1936 KL Esterwegen; 1.7.1936 Kommandanturstab des KL Sachsenhausen, vorwiegend als Kraftfahrer von Eicke tätig; 30.1.1937 SS-Unterscharführer;

27.11.1938 KLM, zunächst Leiter der Fahrbereitschaft. Am 19.12.1938 erschoss er den Häftling Anton Eder und wurde kurz darauf SS-Oberscharführer, dann Arbeitsdienstführer, SS-Hauptscharführer und Rapportführer in Gusen.

Vom 22.6.1941 bis 1.9.1942 Fronteinsatz beim Regiment „Westland“. Er wurde mit dem EK II, dem Verwundetenabzeichen in Schwarz, dem Infanteriesturmabzeichen und der Ostmedaille ausgezeichnet.

Oktober 1942: 3. Schutzhaftlagerführer im KLM.

---

[21] Von den Angehörigen des KLM wurden in den Jahren 1946 bis 1947 von amerikanischen Gerichten 76 SS-Angehörige, neun Capos und zwei Zivilisten, von einem französischen Gericht ein SS-Angehöriger und ein Capo, von englischen Gerichten sechs SS-Angehörige zum Tode verurteilt und hingerichtet. Jene SS-Angehörigen, die von alliierten Gerichten zuerst zum Tode verurteilt, dann zu Haftstrafen begnadigt oder sogleich zu Haft verurteilt wurden, befinden sich alle auf freiem Fuß. Vincenzo und Luigi Pappalettera: „La Parola agli aguzzini, de SSe i kapo di Mauthausen svelano de leggi des lager“, Milano 1969.

[22] Von den Wunderwaffen war seit 1941 viel die Rede, nicht zuletzt durch Hitler selbst, der am 8.11.1942 den Gegnern angekündigt hatte, er werde mit „Zins und Zinseszins“ zurückschlagen. Die nationalsozialistische Propaganda hatte in der Zeit der militärischen Rückschläge (1943/44) die Gerüchte über „Wunderwaffen“ bewusst verbreitet, um so den Willen des deutschen Volkes zur weiteren Kriegsführung zu stärken. Eine militärische Nutzung der Atomkraft durch Deutschland war nicht zu erwarten, weil das erforderliche spaltbare Material fehlte.

[23] Siehe den beigefügten „kurzen Lebenslauf eines SS-Führers des KLM“ (Streitwieser).

Im Spätherbst 1943: Besuch der Junkerschule in Braunschweig; dort am 15.12.1943 zum SS-Untersturmführer befördert.

Ab Jänner 1944 wieder 3. Schutzhaftlagerführer im KLM.

Vom März 1944 bis 8.4.1944 Lagerkommandant in Melk, und am 9.4.1944 Lagerkommandant in den Nebenlagern Schwechat, Wien-Floridsdorf, Wien-Jedlesee und Hinterbrühl.

20.4.1945: SS-Obersturmführer.

4.5.1945 Einsatz bei der Kampftruppe Oderdonau, er hielt sich dann in Berchtesgaden auf.

Streitwieser kam in amerikanische Kriegsgefangenschaft, flüchtete aus dieser im Februar 1946 in der Uniform eines amerikanischen Leutnants. Er beschaffte sich Dokumente auf den Namen Klaus Werner Krug, 3.7.1916 in Bruch bei Eger (CSR) geboren, und war nun als Kraftfahrer, später als Mechanikermeister in Köln (BRD) tätig. Mit Beschluss des Amtsgerichtes Bochum (BRD) vom 25.4.1953 wurde Streitwieser rechtskräftig für tot erklärt.

Im Jahre 1956 wurde er wegen seiner unzähligen im KLM verübten Morde festgenommen, mehrmals auf freien Fuß gesetzt und am 30.10.1967 vom Landesgericht Köln wegen dreier Morde und anderer Straftaten zu lebenslanger Zuchthausstrafe verurteilt.
Während des Ermittlungsverfahrens überredete Streitwieser zwei Aufseher des Untersuchungsgefängnisses Köln, für ihn Briefe rauszuschmuggeln. Nach der Aufdeckung wurden die beiden Aufseher entlassen. In einem Schreiben an den Generalstaatsanwalt in Köln vom 4.4.1957 führte Streitwieser dazu an:

> *„(...) daß die beiden Hilfsbeamten die Briefträger spielten, ihre Stellung verloren, ist vom familiären Standpunkt gesehen sehr bedauerlich, aber dienstlich waren sie fehl am Platze und wären sicher auch früher oder später doch gestrauchelt (...)"*

Streitwieser ist am 17.7.1972 im Bochumer Gefängniskrankenhaus gestorben (Landgericht Köln 24 Ks 1/66 (Z) 40-9/65 Lg.).

Himmler mit Kaltenbrunner, Ziereis und Gauleiter Eigruber am 27.4.1941 auf dem Weg zum Steinbruch „Wiener Graben". AMM

16. Besichtigungen

Die Lager Mauthausen und Gusen wurden mehrmals von höheren SS-Führern besucht respektive kontrolliert. Darüber hinaus kamen Regierungsfunktionäre, Rüstungsfachkräfte, Gruppen von Offizieren der Wehrmacht sowie der SS und zweimal eine Delegation des Deutschen Roten Kreuzes.

Das Hauptlager Mauthausen haben – zumindest einmal – besichtigt:

- Hitlers Stellvertreter Rudolf Hess[1]
- Gauleiter Baldur von Schirach[2]

[1] Rudolf Hess, geboren am 26.4.1894, seit 1920 Mitglied der NSDAP; 1923 an Hitlers Putsch in München beteiligt; 1923–1932 Privatsekretär Hitlers. Im Jahre 1934 wurde er zum „Stellvertreter des Führers" und Reichsminister ernannt. Am 10.5.1941 flog Hess nach England. Am 30.9.1946 wurde Hess vom Internationalen Militärgerichtshof in Nürnberg zu lebenslanger Haft verurteilt. Stockhorst: S.193.

[2] Baldur von Schirach, geboren am 9.5.1907, Mitglied der NSDAP seit 1924, war zuerst Reichsjugendführer der NSDAP, dann Jugendführer des Deutschen Reiches, und als Reichsjugendführer hatte er „die Stellung einer obersten Reichsbehörde mit dem Sitz in Berlin, die dem Führer und Reichskanzler unmittelbar unterstellt" war. Vom 7.8.1940 bis April 1945 war Schirach Reichsstatthalter und Gauleiter von Wien. Er wurde am 1.10.1946 vom Internationalen Gerichtshof in Nürnberg zu 20 Jahren Gefängnis verurteilt. Stockhorst: S.380.

- RMfRuK Albert Speer
- Konstrukteur des Volkswagens und der Panzerfahrzeuge Ferdinand Porsche[3]
- Gauleiter Konrad Henlein[4].

Mehrmals besuchten das Lager:

- Heinrich Himmler[5]
- Dr. Ernst Kaltenbrunner
- Gauleiter August Eigruber
- Gauleiter Dr. Siegfried Uiberreither[6]
- Oswald Pohl und fast alle führenden Funktionäre des SS-Wirtschafts-Verwaltungshauptamtes, wie z. B. SS-Gruppenführer und Generalleutnant der Waffen-SS Georg Lörner, Chef der Amtsgruppe B
- SS-Gruppenführer und Generalmajor der Waffen-SS Richard Glücks, Chef der Amtsgruppe D
- SS-Standartenführer Gerhard Maurer vom Arbeitseinsatz der Häftlinge (Amt D II)
- SS-Standartenführer Dr. Enno Lolling vom Sanitätswesen (Amt D III)
- SS-Obersturmbannführer Rudolf Höss, Zentralamt (Amt D I).

Den SS-Führern und auch manchen Gauleitern wurden alle „Einrichtungen" des KL gezeigt. Himmler, Kaltenbrunner und Eigruber sollen auch Hinrichtungen beigewohnt haben.[7]

Doch wenn Offiziere der Wehrmacht oder Delegationen des Roten Kreuzes erschienen, dann wurde von der SS-Lagerleitung alles Erdenkliche ersonnen, um diese Personengruppen bewusst irrezuführen. Anlässlich solcher Besuche trieb man z. B. die für die SS-Führer gehaltenen Schweine im Lager hin und her, oder es wurden sogar Schweine in der Häftlingsküche geschlachtet, um so ausgiebige Kost für die Häftlinge vorzutäuschen. Unmittelbar nachdem die Delegationen das Lager verlassen hatten, wanderte das Fleisch aus der Häftlingsküche in das SS-Führerheim.

Bei Lagerbesichtigungen wurde prinzipiell nur die 2. Baracke der Funktionshäftlinge aufgesucht, wo peinliche Ordnung und Sauberkeit herrschten und wo man auch auf den einzelnen

---

[3] Prof. Dr. Ing. h.c. Ferdinand Porsche, geboren am 3.9.1875, war Konstrukteur des Volkswagens. Während des Krieges war Porsche u. a. Leiter der deutschen Panzerentwicklung. Archiv M.M.: P 13/12, Angaben des Ing. E. Martin.

[4] Konrad Henlein, geboren am 6.5.1898 in Maffersdorf, Bankbeamter, Turnlehrer und Vorsitzender des Deutschen Turnerbundes in der Tschechoslowakei. Seit 1.10.1933 Führer der Sudetendeutschen Heimatfront, aus der im Jahre 1934 die Sudetendeutsche Partei (SdP) entstand. Nach der im Oktober 1938 erfolgten Annexion der Sudetengebiete wurde Henlein Gauleiter und Reichsstatthalter des Sudetengebietes. Er hat am 10.5.1945 Selbstmord verübt. Stockhorst: S.188.

[5] Himmler inspizierte zuletzt das KLM vermutlich am 2.6.1944. Zeitgeschichte: NO-1025.

[6] Dr. Siegfried Uiberreither, geboren am 29.3.1908 in Salzburg, illegales Mitglied der NSDAP und SA-Obergruppenführer, Gauleiter und Reichsstatthalter der Steiermark, soll im Jahre 1972 in Südamerika verstorben sein. Stockhorst: S.427.

[7] Der SS-Unterscharführer und stellvertretende Arbeitsdienstführer im KLM, Höllriegel, gab in einer Niederschrift an, dass sich mehrere höhere Funktionäre der SS und der NSDAP bei ihren Besuchen im KLM verschiedene Arten von Hinrichtungen vorführen ließen. ND: 2753-PS.

Tischen Vasen mit Blumen aufstellte. Die Kranken und Körperschwachen wurden versteckt, alle Leichen noch vor dem Eintreffen der Delegationen verbrannt, Erschießungen „auf der Flucht" fanden nicht statt.

Krematorienanlagen, Gaskammer, Bordell, Krankenunterkünfte sowie Arrestgebäude durften laut einer Weisung des WVHA vom 10.9.1943 weder gezeigt, noch durfte *„zu den Besichtigungsteilnehmern (...) über diese Einrichtungen (...) gesprochen"* werden. *„Hiefür"* war *„die ausdrückliche Genehmigung des RFSS erforderlich"*.[8]

Den Besuchern wurden nur ausgesuchte, reine, gut gekleidete, körperlich starke, bei den SS-Führern eingesetzte Häftlinge vorgestellt. Eine solche irreführende Schaustellung schilderte der ehemalige Häftling Wilhelm Stasek, Marienbad:

> *„(...) Beim letzten Besuch des Roten Kreuzes im Jahre 1944* [9] *wurden fünf Häftlinge des Reinigungskommandos vor dem Kommandanturgebäude aufgestellt und alle als Mörder vorgestellt. Mich hat Ziereis als Mörder meiner Großmutter beschrieben und die Bemerkung gemacht: ‚(...) obwohl er sich als Mörder im Lager befindet, hat er die Möglichkeit, sich rein zu kleiden, reine Wäsche zu tragen, wovon sich jeder überzeugen kann.' Die Behauptung des Ziereis, ich sei ein Mörder, wurde mit mir vorher nicht abgesprochen. Er wusste genau, daß weder ich noch ein anderer, fälschlich als Mörder vorgestellter Häftling widersprechen würden (...), denn das wäre unser Todesurteil gewesen (...)"* [10]

Es ist nicht bekannt, dass auch nur einmal ein Häftling bei den vielen im Lager erschienenen Persönlichkeiten über sein Schicksal oder über das der anderen Häftlinge Beschwerde geführt hätte. Eine solche Handlungsweise wurde von allen Häftlingen als völlig zwecklos erachtet. Darüber hinaus musste der Beschwerdeführer mit seiner Ermordung auf besonders brutale Art rechnen.

---

[8] Archiv M.M.: P 13/6, Kopie des Erlasses.

[9] Vermutlich handelte es sich um eine Delegation des Deutschen Roten Kreuzes. Anmerkung des Verfassers.

[10] Archiv M.M.: V 3/4, Angaben des W. Stasek.

Neuzugänge bei der „Klagemauer“ nach wochenlanger Fahrt in offenen Eisenbahnwaggons. Sommer 1944. AMM

17. Das Eintreffen der Häftlinge und deren Nummernzuteilung

1938

08.08.	etwa 300 Häftlinge aus KL Dachau.[1]
26.08.	etwa 300 Häftlinge aus KL Dachau.
18.10.	300 Häftlinge aus KL Dachau; Nr. 1 ausgefolgt.
27.11.	100 Häftlinge aus KL Sachsenhausen.
30.11.	80 Häftlinge aus KL Dachau.

Von August 1938 bis zum 8.5.1939 sind in das KL Mauthausen vorwiegend wegen krimineller Handlungen Vorbestrafte, einzelne „Asoziale", dann auch Bibelforscher und Zigeuner aus Gründen der „Vorbeugung" eingewiesen worden.
Die zwischen dem 8.8. und 31.12.1938 1.080 Eingelieferten sind zuerst namentlich und erst ab 18.10.1938 nummernmäßig erfasst worden. Alle durch Tod, Überstellungen oder Entlassungen frei gewordenen Häftlingsnummern wurden erneut vergeben. Die höchste in diesem Jahre erteilte Häftlingsnummer lautete 1.010.

1939

21.03.	etwa 700 Häftlinge aus KL Dachau.
08.05.	Unbekannte Zahl von Häftlingen aus KL Dachau.
10.05.	60 Tschechen aus Kladno, Böhmen.
16.06.	120 Tschechen aus Kladno, Böhmen; sie erhielten die Nr. 1661–1780.
27.09.	Unbekannte Zahl von Häftlingen aus KL Dachau.
29.09.	1.600 Häftlinge aus KL Dachau.

Am 8.5.1939 wurden die ersten politischen Häftlinge, und zwar sudetendeutsche Kommunisten sowie Sozialisten, und zwei Tage später 60 Tschechen eingewiesen.[2] Am 29.9.1939 kamen aus dem vorübergehend aufgelassenen KL Dachau viele politische Häftlinge an.[3]

---

[1] Alle in diesem Kapitel aufscheinenden Zahlen sowie Häftlingsarten und zum Teil auch die Häftlingsnummern stammen aus dem Archiv des M.M.: B 1/1 bis B 6/19, E 6/1 bis 17, E 7/1 bis E 11/2, E 12/1 bis E 13/14 sowie Y 35 und 36. Das unter B und E registrierte Material beinhaltet Transportlisten, Zugangslisten, Zugangsbücher usw.; unter Y befindet sich ein Mikrofilm des Zugangsbuches Nr. 1–30.500, 50.001–139.157. Ein großer Teil der Häftlingsnummern stammt aus der Publikation des ISD Arolsen: Häftlingsnummernzuteilung, S.21f. Bei einzelnen Transporten kann es der Fall sein, dass sie nicht zu dem hier angeführten Datum, sondern tatsächlich bereits einen Tag oder mehrere Tage zuvor angekommen sind. Dies deshalb, weil bei Massentransporten die Aufnahmeformalitäten viele Stunden, manches Mal Tage dauerten.

[2] Die am 10.5.1939 und am 16.6.1939 angekommenen Tschechen wurden in das KL Dachau überstellt. Archiv M.M.: A 3/8, Kopie einer Transportliste vom 12.6.1939 für den 16.6.1939.

[3] Nach Beendigung des Polenfeldzuges (1.11.1939) wurde Eicke mit der Aufstellung einer fronteinsatzfähigen SS-Division „Totenkopf" beauftragt. Sie fand auf dem Gelände des KL Dachau statt. Orden: S.422f. Zu diesem Zwecke wurde das KL Dachau vorübergehend bis zum März 1940 aufgelöst. Die Häftlinge wurden in mehrere KL überstellt. Die Häftlinge der Strafkompanie und der Isolierblocks und unter anderen von den Politischen die „Rückfälligen", insgesamt 1.600 Häftlinge, kamen in das KLM. – 30 Gefangene wurden am 9.11.1939 und am 17.2.1940 390 Häftlinge nach Dachau rücküberstellt.

Darunter waren laut einer SS-Aufstellung:

594	deutsche und österreichische Politische,
144	deutsche Bibelforscher,
571	deutsche und österreichische Asoziale,
11	Emigranten,
52	deutsche Homosexuelle,
1	deutscher homosexueller Jude,
227	österreichische und deutsche Kriminelle

An diesem Tag gab es in Mauthausen 2.995 österreichische, deutsche und sudetendeutsche Häftlinge, und zwar:

739	DR-Schutz, darunter 147 Rückfällige,
1.087	ARZ-DR, darunter vielfach Burgenländer-Zigeuner,
144	Bifo-DR,
12	deutsche Emigranten,
53	§ 175-DR,
1	§ 175-DR-Jude,
1	Ausweishäftling,
958	BV-DR.

Im Jahre 1939 sind etwa 2.800 namentlich und nummernmäßig erfasste Häftlinge ins KLM eingewiesen worden. Alle frei gewordenen Nummern wurden erneut vergeben.
Die höchste erteilte Häftlingsnummer ist unbekannt.

1940

25.01.	1.032 Häftlinge aus KL Sachsenhausen.
09.03.	1.000 Häftlinge aus KL Buchenwald, darunter die ersten 448 Polen[4].
16.04.	300 Häftlinge aus KL Buchenwald, darunter 143 Polen und viele Burgenland-Zigeuner.
25.05.	1.083 Polen aus KL Dachau über Mauthausen nach Gusen. In Gusen wurden die Häftlingsnummern 1–1.295 ausgefolgt.
28.05.	Unbekannte Zahl von Polen aus dem KL Sachsenhausen (nach Gusen).
04.06.	Unbekannte Zahl von Polen (nach Gusen).
05.06.	Unbekannte Zahl von Polen aus dem KL Dachau (nach Gusen).
06.06.	Unbekannte Zahl von Polen aus dem KL Dachau (nach Gusen).
02.08.	1.500 Polen, darunter etwa 150 Priester, aus dem KL Dachau (nach Gusen).
06.08.	392 Republikanische Spanier, Stalag XIII-A, Moosburg.
09.08.	169 Republikanische Spanier, Stalag I-B, Hohenstein.
13.08.	91 Republikanische Spanier, von Ziegenheim/Kassel.
16.08.	1.000 Häftlinge aus dem KL Dachau; 500 verblieben in Mauthausen und 500 gingen am 17.8.1940 nach Gusen.

[4] Archiv M.M.: Y 35 und V 3/8, Mikrofilm des Zugangbuches, Angaben des Krankenlager-Schreibers Frantisek Poprawka, der mit diesem Transport ankam.

22.08.	3 Republikanische Spanier, von Magdeburg (GESTAPO).
24.08.	430 Republikanische Spanier, Stalag 184, Angouleme.
30.08.	22 Republikanische Spanier, von der GESTAPO Schneidemühl.
06.09.	4 Republikanische Spanier, Stalag V-B, Villingen (Stuttgart).
08.09.	200 Republikanische Spanier, Stalag XI-B, Fallingsbostel.
27.09.	28 Republikanische Spanier, von der GESTAPO Schneidemühl.
27.09.	Unbekannte Zahl von Häftlingen aus dem KL Dachau.
Herbst 1940:	Ankunft einer unbekannten Zahl von Interbrigadisten. Unter diesen befanden sich vermutlich 1 Österreicher, 10 Rumänen, 5 Bulgaren, 2 Ungarn, mehrere Jugoslawen, Kubaner, Uruguayer und Paraguayer; unter ihnen waren jüdische Ärzte.
04.10.	2 Republikanische Spanier.
11.10.	1 Republikanischer Spanier, von der GESTAPO Allenstein.
26.10.	1 Republikanischer Spanier.
08.11.	Unbekannte Zahl von Polen aus Poznan.
12.11.	Unbekannte Zahl von Häftlingen.
25.11.	47 Republikanische Spanier, Stalag XI-B, Fallingsbostel.
30.11.	3 Republikanische Spanier, Stalag VII-B, GESTAPO Augsburg.
13.12.	846 Republikanische Spanier, Stalag V-D, Straßburg.

Die nationale Zusammensetzung der Häftlinge änderte sich, als am 9.3.1940 aus dem KL Buchenwald die ersten 448 und ab April 1940 aus verschiedenen KL und aus polnischen Gefängnissen Transporte mit etwa 8.000 politischen polnischen Häftlingen ankamen.

Ab 6.8.1940 wurden die ersten Republikanischen Spanier ins Lager eingewiesen; in diesem Jahr trafen insgesamt 2.239 Republikanische Spanier, mit ihnen die ersten Kinder, sowie auch einzelne Interbrigadisten im Lager ein.[5]

Im Jahre 1940 kamen mindestens 11.000 namentlich und mit Nummern erfasste Häftlinge ins KLM. Am 25.5.1940 wurde in Gusen ein Nebenlager eröffnet; die offizielle Anschrift lautete „KL Mauthausen/Unterkunft Gusen". Wie in Mauthausen, so gab es auch in Gusen eine eigene Nummerierung der Häftlinge, wobei in beiden Lagern alle frei gewordenen Nummern neu vergeben wurden. Jedoch waren die aus den KL Buchenwald und Dachau Eingewiesenen monatelang außer unter der ihnen in Mauthausen zugeteilten Nummer auch unter der aus früheren Konzentrationslagern erfasst gewesen. Die höchste erteilte Nummer betrug in Mauthausen etwa 4.600, in Gusen etwa 6.500.

1941

16.01.	3 Republikan. Spanier von der GESTAPO Bromberg.
25.01.	775 Republikan. Spanier, Stalag XII-D, Trèves.
27.01.	1.506 Republikan. Spanier, Stalag XI-B, Fallingsbostel.

[5] Die Angaben über die Ankunft der Republikanischen Spanier im KL Mauthausen stammen von dem ehem. Häftling Casimir Climent, der jahrelang als Schreiber in der lagereigenen politischen Abteilung eingesetzt war. Abends arbeitete er in der Lagerschreibstube mit. Climent hatte alle Angaben über die Republikanischen Spanier gesammelt und versteckt. Histoire de Mauthausen: S.363ff.

01.02.	1 Republikan. Spanier, von Salzburg.
01.02.	Unbekannte Zahl von Polen.
07.02.	Unbekannte Zahl von Häftlingen aus dem KL Dachau.
09.02.	1 Republikan. Spanier.
03.03.	254 Republikan. Spanier, Stalag X-B, Sandbostel.
11.03.	150 deutsche Häftlinge aus dem KL Dachau als Steinmetzlehrlinge (nach Gusen).
03.04.	358 Republikan. Spanier, Stalag XII-D.
07.04.	200 Republikan. Spanier, Stalag XVII-A, Kaisersteinbruch.
18.04.	1 Republikan. Spanier, von Trèves.
18.04.	1 Republikan. Spanier, von Stettin.
26.04.	469 Republikan. Spanier, Stalag XI-A, Altengrabow.
29.04.	28 Republikan. Spanier, Stalag IX-A, Ziegenheim.
02.05.	1 Republikan. Spanier, von Magdeburg.
02.05.	Unbekannte Zahl von Häftlingen aus dem KL Buchenwald.
10.05.	Unbekannte Zahl von Polen aus dem KL Buchenwald.
12.05.	Die ersten holländischen Juden, etwa 20 Personen.
14.05.	20 Republikan. Spanier, von Trèves.
14.05.	1 Republikan. Spanier, von Kassel.
14.05.	1 Republikan. Spanier, von Den Haag.
16.05.	9 Republikan. Spanier, Stalag III-A, Luckenwalde.
22.05.	24 Republikan. Spanier, Stalag XI-B, Fallingsbostel.
24.05.	34 Republikan. Spanier, von Neubrandenburg.
24.05.	17 Republikan. Spanier, von Stuttgart.
24.05.	11 Republikan. Spanier, von Neustadt.
24.05.	6 Republikan. Spanier, von Würzburg.
25.05.	Mehrere Steinmetzlehrlinge aus dem KL Neuengamme nach Gusen.
28.05.	5 Republikan. Spanier, Stalag 1-B, Höllenstein.
28.05.	5 Republikan. Spanier, von Stettin.
28.05.	2 Republikan. Spanier, von Leibnitz.
30.05.	4 Republikan. Spanier, von Nürnberg-Fürth.
30.05.	2 Republikan. Spanier, von Berlin.
06.06.	18 Republikan. Spanier, von Stuttgart.
06.06.	1 Republikan. Spanier, von Trèves.
06.06.	1 Republikan. Spanier, von Aachen.
06.06.	1 Republikan. Spanier, von Zichenau-Plock.
07.06.	20 Republikan. Spanier, von Karlsruhe.
14.06.	17 Republikan. Spanier, von Stuttgart.
14.06.	1 Republikan. Spanier, von Weimar.
16.06.	350 Häftlinge, darunter 348 holländische Juden aus dem KL-Buchenwald.
20.06.	2 Republikan. Spanier, von Berlin.
25.06.	291 holländische Juden aus dem Lager Schoorl bei Amsterdam.
28.06.	8 Republikan. Spanier, von Trèves.
30.06.	60 österreichische Zigeuner und 4 andere Häftlinge aus dem KL Buchenwald.
04.07.	1 Republikan. Spanier, von Hannover.
07.07.	Die ersten Jugoslawen (etwa 20) aus Maribor.
17.07.	Unbekannte Zahl von Jugoslawen.
22.07.	61 Republikan. Spanier, Stalag VI-C, Bathorn.

23.07.	20 Republikan. Spanier, Stalag I-A, Königsberg.
05.08.	3 Republikan. Spanier, von Trèves.
05.08.	21 Republikan. Spanier, von Frankfurt/Oder.
08.08.	62 Republikan. Spanier, vom RSHA.
12.08.	1 Republikan. Spanier, von Weimar.
19.08.	2 Republikan. Spanier, Stalag IV-B, Halle/Salle.
22.08.	1 Republikan. Spanier, von Braunschweig.
24.08.	259 Slowenen (Polizeihäftlinge aus Maribor, Celje u. Schloss Borl)[6].
31.08.	108 Republikan. Spanier, Stalag VII-A, München.
03.09.	Unbekannte Anzahl von Tschechen.
05.09.	7 Republikan. Spanier, von Trèves.
11.09.	40 Republikan. Spanier, von Salzburg.
12.09.	21 Republikan. Spanier, von Klagenfurt.
12.09.	4 Republikan. Spanier, von Trèves.
15.09.	88 Tschechen.
17.09.	13 Republikan. Spanier, Stalag VIII-C, Breslau.
19.09.	1 Republikan. Spanier, von Halle/Salle.
21.09.	371 holländische Juden aus Amsterdam.
23.09.	Die ersten Bürger (Zahl unbekannt) aus der UdSSR.
26.09.	Unbekannte Zahl von Tschechen.
26.09.	1 Republikan. Spanier, Stalag VI-B, Halle/Salle.
26.09.	1 Republikan. Spanier, Stalag XI-A, Magdeburg.
03.10.	354 vorwiegend Tschechen aus Prag.
08.10.	Unbekannte Zahl von Tschechen aus Brünn.
16.10.	Unbekannte Zahl von Tschechen aus Brünn.
19.10.	144 Niederländische Juden.
20.10.	2.205 sowjetische Kriegsgefangene.
24.10.	2.000 sowjetische Kriegsgefangene (nach Gusen).
25.10.	1 Republikan. Spanier, Stalag IX-C, Weimar.
25.10.	1 Republikan. Spanier, von Trèves.
30.10.	Unbekannte Zahl von Tschechen aus Brünn.
01.11.	1 Republikan. Spanier, von Hannover.
03.11.	51 Republikan. Spanier, Stalag XI-A, Magdeburg.
06.11.	20 Wiener Tschechen und Österreicher aus Wien angekommen.
08.11.	2 Republikan. Spanier, Nienburg Hannover.
18.11.	1 Republikan. Spanier, von Klagenfurt.
18.11.	Unbekannte Zahl von Tschechen.
22.11.	1 Republikan. Spanier, Stalag X-B, Hannover.
14.12.	Unbekannte Zahl von Polen.
16.12.	Unbekannte Zahl von Tschechen aus Prag.
19.12.	342 Republikan. Spanier, Stalag XVII-B, Wien.
20.12.	2 Republikan. Spanier, von Trèves.
21.12.	8 holländische Juden aus Amsterdam.

[6] Die angeführten Polizeihäftlinge sollten nur sechs Monate lang im KLM verbleiben. Angaben des Tone Gocnik im Schreiben vom 14.3.1990 an den Verfasser.

Ende 1940 und vorwiegend im Jahre 1941 kamen über Auftrag des RSHA in kleineren Gruppen deutsche, polnische und tschechische Juden und ab Mai 1941 in mehreren Transporten mindestens 950 holländische Juden. Im gleichen Jahr wurden auch größere Gruppen von Tschechen und 4.582 Republikanische Spanier eingewiesen, weiters ab 20.10.1941 sowjetische Kriegsgefangene, deren „Exekution aufgeschoben" wurde.[7]
Im Jahre 1941 sind im KL mindestens 18.000 namentlich und mit Nummern erfasste Häftlinge registriert. Nach Gusen wurden mindestens 7.664 Mauthausener Häftlinge überstellt. Darüber hinaus kamen etwa 2.000 Häftlinge direkt nach Gusen. Sowohl in Mauthausen als auch in Gusen gab es weiter eigene Nummerierungen, wobei alle freigewordenen Nummern neuerlich vergeben wurden.
Jeder SU-Kriegsgefangene behielt seine Stalag-Nummer. Im Jahre 1941 wurde in allen schriftlichen Meldungen über das Ableben der SU-Kgf. nur die Stalag-, ab 1942 auch die Mauthausener respektive Gusener Nummer angeführt.
Die höchste erfasste Nummer betrug in Mauthausen etwa 8.500, in Gusen 14.549.

1942

02.01.	13 Republikan. Spanier, Stalag XII-B.
14.01.	465 Tschechen, darunter befanden sich mehrere Dozenten und Professoren der Brünner Universität.
16.01.	1 Republikan. Spanier, von Wien.
21.01.	Unbekannte Zahl von Tschechen aus Brunn.
22.01.	10 Republikan. Spanier, von Königsberg.
23.01.	17 Republikan. Spanier, Stalag XVII-B,RSHA.
24.01.	3 Republikan. Spanier, von Brüssel.
24.01	138 SU-Kgf. aus dem KL Buchenwald angekommen.
03.02.	75 Tschechen, darunter viele Professoren und Dozenten der Brünner Masaryk-Universität.
06.02.	etwa 430 Tschechen von der GESTAPO Kladno und Prag, darunter befanden sich Jugendliche.
10.02.	etwa 1.000 SU-Kgf. (nach Gusen).
19.02.	Unbekannte Zahl von Tschechen aus Brünn; einer der Häftlinge erhielt die Nr. 2.008.
20.02.	Ab diesem Tag wurde in Mauthausen (ohne Gusen) die Häftlingsnummer nur einmal besetzt und in fortlaufender Folge zugeteilt. Am 20.2.1942 wurde die Nummer 9.001 ausgefolgt.
24.02.	18 Republikan. Spanier, Stalag IX-B.
28.02.	1 Republikan. Spanier, Stalag X-B, Kassel.
28.02.	Einige Polen aus dem KL Auschwitz; Nr. 9.098 ausgefolgt.
01.03.	Nr. 9.114 ausgefolgt.

[7] Vom 20.10. bis 31.12.1941 sind mindestens 3.993 und vom 1.1. bis 31.12.1942 1.340 registrierte sowjetische Kriegsgefangene in das KLM eingewiesen worden. Siehe auch die Statistik der SU-Kgf. Diese Kriegsgefangenen sind zuerst nur in Mauthausen oder Gusen (Kriegsgefangenenlager Mauthausen/Unterkunft Gusen) isoliert worden. Ab 1943 wurden die SU-Kgf. mit anderen Häftlingen in den Baracken untergebracht und außer in Mauthausen in allen anderen Nebenlagern eingesetzt. Archiv M.M.: E 1c/1 bis 21.

01.04.	Nr. 9.300 ausgefolgt.
11.04.	63 SU-Kgf. vom Stalag XVII-A, Kaisersteinbruch angekommen.
11.04.	12 Republikan. Spanier, Stalag VI-D, Bremen.
01.05.	Nr. 9.477 ausgefolgt.
11.05.	203 Häftlinge, darunter die ersten Belgier und Franzosen; Nr. 9.546–9.749.
13.05.	Unbekannte Zahl von Belgiern; Nr. 9.815–9.897.
23.05.	3 Republikan. Spanier, Stalag V-B, Dortmund.
23.05.	1 Republikan. Spanier, Stalag X-B, Karlsruhe.
23.05.	2 Republikan. Spanier, von Hannover.
23.05.	1 Republikan. Spanier, Stalag VI-A.
23.05.	1 Republikan. Spanier, von Dortmund.
01.06.	Nr. 9.933 erteilt: Mehrere Sowjetbürger, als Zivilrussen geführt, angekommen.
10.06.	1.200 Häftlinge aus KL Auschwitz nach Gusen.
15.06.	Unbekannte Zahl von Jugoslawen (Slowenen) angekommen; Nr. 10.196 erteilt.
20.06.	1 Republikan. Spanier, von Bremen.
27.06.	1 Republikan. Spanier, von Brüssel.
30.06.	76 Zivilrussen angekommen; Nr. 10.803–10.878 ausgefolgt.
01.07.	Nr. 10.887 ausgefolgt.
06.07.	Unbekannte Zahl von Belgiern.
08.07.	61 Jugoslawen (aus Maribor) und unbekannte Zahl von Polen; Nr. 10.970–11.215.
14.07.	132 Häftlinge aus Wien, darunter 67 österr. Eisenbahner; Nr. 11.410–11.542.
17.07.	44 Belgier und Polen; Nr. 11.555–11.619.
18.07.	9 Republikan. Spanier, von Buchenwald.
18.07.	18 Republikan. Spanier, Stalag IX-B.
01.08.	9 Republikan. Spanier, Stalag IX-B.
01.08.	1 Republikan. Spanier, von Kassel.
01.08.	Nr. 11.974 ausgefolgt.
08.08.	Unbekannte Zahl von Tschechen aus Brünn angekommen; Nr. 12.013 erteilt.
08.08.	1 Republikan. Spanier, von Dachau.
10.08.	124 Zivilrussen; Nr. 12.141–12.264.
15.08.	1 Republikan. Spanier, von Stuttgart.
15.08.	2 Republikan. Spanier, von Trèves.
28.08.	109 Jugoslawen (aus Maribor); Nr. 12.420–12.529.
01.09.	Nr. 12.682 ausgefolgt.
05.09.	Einige Polen, Belgier und Franzosen (aus Brüssel); Nr. 12.752 erteilt.
12.09.	1 Republikan. Spanier, von Bremen.
26.09.	1 Republikan. Spanier, von Bremen.
29.09.	1 Republikan. Spanier, Stalag VIII-A.
29.09.	220 Häftlinge, darunter 43 Österreicher, vorwiegend Jungkommunisten (Wiener Tschechen), aus Wien; Nr. 13.004–13.224.
01.10.	Nr. 13.225 ausgefolgt.
09.10.	Einige Franzosen angekommen; Nr. 13.394 erteilt.
17.10.	Unbekannte Zahl von Zivilrussen; Nr. 13.512 erteilt.
19.10.	55 niederländische Juden; Nr. 13.635–13.689.
25.10.	1 Republikan. Spanier, von Breslau.

26.10.	90 Zivilrussen; Nr. 13.708–13.805.
30.10.	51 Niederländische sowie 9 deutsche und tschechische Juden; Nr. 13.964 erteilt.
01.11.	Nr. 13.918 ausgefolgt.
03.11.	20 Niederländische Juden und 11 jüdische Häftlinge verschiedener Nationalitäten; Nr. 14.028 erteilt.
04.11.	188 Jugoslawen; Nr. 14.044–14.231.
14.11.	305 Häftlinge, darunter 236 Belgier; Nr. 14.380–14.685.
20.11.	Dachauer Häftlinge der Nebenlager Schloss Lind, Passau I und St. Lambrecht in den Stand des KLM übernommen; Nr. 14.800 erteilt.
26.11.	Die ersten 218 SV-DR-Häftlinge aus der Strafanstalt Regensburg; Nr. 14.913 erteilt.
27.11.	24 Niederländische Juden angekommen; Nr. 15.380–15.404.
28.11.	1 Republikan. Spanier, von Trèves
01.12.	Nr. 15.540 ausgefolgt.
03.12.	Die ersten 504 SV-Polen; Nr. 16.210–16.713.
08.12.	655 SV-DR-Häftlinge.
10.12.	460 SV-DR-Häftlinge.
11.12.	362 SV-DR-Häftlinge.
15.12.	85 Jugoslawen; Nr. 19.362–19.446.
16.12.	990 SV-DR-Häftlinge.
17.12.	777 SV-DR aus dem KL Sachsenhausen.
23.12.	Unbekannte Zahl von Polen, Zivilrussen und einzelne Griechen angekommen. U. a. wurde die Nr. 20.146 ausgefolgt.
31.12.	Nr. 20.539 ausgefolgt.

Im Jahre 1942 sind Transporte aus Jugoslawien, Frankreich, Belgien, Böhmen und Mähren, Polen, den besetzten Gebieten der Sowjetunion, weiters holländische Juden, kleinere Gruppen österreichischer politischer Häftlinge, vorwiegend junge Kommunisten und etwa 15 Tiroler Katholiken, mindestens 1.340 sowjetische Kriegsgefangene sowie 131 Republikanische Spanier eingetroffen.
Am 26.11.1942 wurden gerichtlich verurteilte deutsche Häftlinge (Sicherheits-Verwahrungshäftlinge, gekürzt „SV-er") aus den Haftanstalten in Bayern und Österreich eingewiesen.
Mit Schreiben des O. Pohl an Himmler vom 16.3.1943, Geheim 72/21, sind vom 26.11.1942 bis 1.3.1943 aus den Justizanstalten in alle KL 10.191 SV-Häftlinge überstellt worden, davon allein *„in das KL Mauthausen/Gusen 7.587"*. Bis 1.3.1943 sind von den eingewiesenen 10.191 Häftlingen *„insgesamt 3.853 gestorben"* gemeldet worden und davon allein *„in Mauthausen/Gusen 3.306"*. Im Zeitraum von ca. vier Monaten starben in Mauthausen/Gusen 3.306 und in allen anderen Konzentrationslagern 443 SV-Häftlinge. Im gleichen Schreiben führt Pohl, betreffend die hohe Sterblichkeit im KLM, an:

> *„Es ist sicherlich anzunehmen, daß Mauthausen das schlechteste Material bekam."* [8]

---

[8] Lt. einer „Tischgesprächsweisung", die Hitler am 20.8.1942 dem am gleichen Tage neu ernannten Reichsjustizminister Dr. Otto Georg Thierack, geboren am 19.4.1889, erteilte, erfolgte die Einweisung der SV-er in das KLM vom Gesichtspunkte ihrer „Vernichtung durch Arbeit". – Von den bis zum 16.2.1944 eingetroffenen 10.231 SV-ern wurden bis zum gleichen Zeitpunkt im KLM 6.736 als „gestorben" gemeldet. –

Im Jahre 1942 sind etwa 13.000 namentlich und mit Nummern erfasste Häftlinge ins KLM (ohne Gusen) eingewiesen worden. Die letzte am 31.12.1942 in Mauthausen erteilte Nummer war 20.539, in Gusen etwa 15.500.

1943

01.01.	Nr. 20.540 ausgefolgt.
08.01.	208 SV-DR (aus Zuchthaus Straubing).
13.01.	284 SV-DR; Nr. 21.433 erteilt.
17.01.	395 SV-DR.
28.01.	200 Jugoslawen; Nr. 22.806–23.006.
01.02.	Nr. 23.077 ausgefolgt.
02.02.	242 Jugoslawen und 1 Chinese (aus Belgrad); Nr. 23.142–23.392.
06.02.	1 Republikan. Spanier, von Trèves.
20.02.	1 Republikan. Spanier, von Hamburg.
01.03.	Nr. 24.185 ausgefolgt.
04.03.	283 Jugoslawen; Nr. 24.398–24.680.
21.03.	135 politische Russen; Nr. 24.816–24.950.
27.03.	45 Franzosen (aus Romainville), einige Belgier und 160 Jugoslawen; Nr. 25.284–25.498.
27.03.	1 Republikan. Spanier, von Compiègne.
28.03.	55 Häftlinge: Franzosen, einzelne Belgier und Italiener; Nr. 25.499–25.553.
29.03.	4 Republikan. Spanier, von Compiègne.
01.04.	Nr. 25.561 ausgefolgt.
03.04.	101 Häftlinge, darunter etwa 80 Franzosen (aus Romainville); Nr. 25.580–25.680.
03.04.	9 Republikan. Spanier, von Compiègne.
04.04.	297 Jugoslawen; Nr. 25.681–25.977.
10.04.	1.212 Polen (aus KL Auschwitz) nach Gusen.
18.04.	991 Franzosen und 8 andere Häftlinge; Nr. 26.173–27.172.
20.04.	302 Jugoslawen; Nr. 27.355–27.656.
22.04.	987 Franzosen; Nr. 27.732–28.718.
01.05.	Nr. 28.866 ausgefolgt.
05.05.	238 Jugoslawen; Nr. 28.908–29.145.
19.05.	264 Jugoslawen; Nr. 29.599–29.862.
22.05.	1 Republikan. Spanier, von Trèves.
25.05.	Unbekannte Zahl von Norwegern (aus KL Sachsenhausen); u.a. die Nummer 29.949 erteilt.
29.05.	4 Republikan. Spanier, von Karlsruhe.
01.06.	Nr. 30.164 ausgefolgt.
05.06.	1 Republikan. Spanier, von Trèves.
09.06.	Unbekannte Zahl von Jugoslawen (aus Belgrad); u. a. Nr. 30.553 erteilt.
19.06.	Unbekannte Zahl von Jugoslawen; u. a. die Nr. 31.773 erteilt.

Am 31.12.1942 ordnete der Chef von SIPO und SD an, alle Polen aus den Gefängnissen als SV-Häftlinge in die KL zu überstellen. – Dr. Thierack verübte im Oktober 1946 Selbstmord. IMT: Band III, S.516f; IV, S.66, 225 und 305; XI, S.324f; XVIII, S.531; XIX, S.456, 556f, 613f; XXI, S.374; XXII S.44, 216 und 415. Archiv M.M.: O 2/1 und 4, Kopien von Statistiken der Lagerschreibstube über die SV-Häftlinge, 26.11.1942 bis 16.2.1944, Schreiben des O. Pohl an RFSS über die SV-Häftlinge.

26.06.	Unbekannte Zahl von Zivilrussen; u. a. die Nr. 32.173 erteilt.
01.07.	Nr. 32.304 ausgefolgt.
01.08.	Nr. 32.739 ausgefolgt.
06.08.	1 Republikan. Spanier, von Potsdam.
12.08.	Unbekannte Zahl als Italiener geführte Jugoslawen (aus Istrien) nach Gusen.
13.08.	101 SV-Polen aus Lodz; u. a. die Nr. 33.805 erteilt.
21.08.	Unbekannte Zahl von Zivilrussen (aus St. Pölten); die Nr. 34.159 erteilt.
24.08.	1 Republikan. Spanier, vom KL-Buchenwald.
27.08.	4 Republikan. Spanier, SIPO, Paris.
01.09.	Nr. 34.740 ausgefolgt.
18.09.	10 Republikan. Spanier, SIPO, Paris.
01.10.	Nr. 35.681 ausgefolgt.
05.10.	189 Frauen und etwa 1.000 Männer aus Dnepropetrowsk (Ukraine); u.a. die Nr. 37.379 erteilt.
07.10.	67 SU-Kgf., LeV. von Kauen; Nr. 37.615 erteilt.
25.10.	Sammeltransport (aus Graz); Nr. 37.999 erteilt.
29.10.	126 SU-Kgf., LeV. von Kauen; Nr. 38.205 erteilt.
01.11.	Nr. 38.212 ausgefolgt.
08.11.	1.496 Häftlinge, viele Polen, aus dem KL Auschwitz (nach Gusen).
18.11.	266 (SU-Kgf)-LeV.; u. a. die Nr. 39.003 erteilt.
01.12.	Nr. 40.189 ausgefolgt.
18.12.	Sammeltransport mit Tschechen, Deutschen und Österreichern; Nr. 41.076 erteilt.
19.12.	216 SU-Kgf., LeV.
30.12.	Unbekannte Zahl von Polen angekommen; Nr. 41.478 erteilt.

Im Jahre 1943 kamen wieder Tausende Polen, Franzosen (darunter viele NN-Häftlinge), Jugoslawen, Sowjetbürger, Hunderte Griechen und Belgier sowie Tausende deutsche und polnische SV-er[9], dann noch einzelne Norweger, Luxemburger sowie Dänen und 38 Republikanische Spanier.

Hinzu kamen ab 7.10.1943 690 ehemalige sowjetische Kriegsgefangene, die vorübergehend bei der Deutschen Polizei oder in einer Formation der Deutschen Wehrmacht dienten.

1943 waren es 21.028 namentlich erfasste und mit Nummern versehene Häftlinge, die ins KLM (ohne Gusen) eingeliefert wurden.

Am 1.1.1943 wurde die Nummer 20.540, am 31.12.1943 die Nummer 41.567 zugeteilt. In Gusen, wo noch immer die freigewordenen Nummern neu vergeben wurden, war die höchste zugeteilte Nummer etwa 16.000.

[9] Die ausländischen SV-er, vor allem die Polen, waren in ihrer absoluten Mehrzahl Personen, die wegen eines politischen Deliktes festgenommen wurden. Am 13.10.1942 schrieb RM Thierack dem Reichsleiter Martin Bormann (ab 1941 Chef der Parteikanzlei): „(…) ich beabsichtige, die Strafverfolgung gegen Polen, Russen, Juden und Zigeuner dem RFSS zu überlassen. Ich gehe hierbei davon aus, daß die Justiz nur im kleinen Umfange dazu beitragen kann, Angehörige dieses Volkstums auszurotten. Zweifellos fällt die Justiz jetzt sehr harte Urteile gegen solche Personen, aber das reicht nicht aus, um wesentlich zur Durchführung des obangeführten Gedankens beizutragen.“ ND: 654-PS, Absatz 14, 316-L. SS-Staat: S.320. Archiv M.M.: O 2/5, Information des ISD Arolsen betr. Ewald Urbanczyk.

1944

01.01.	Nr. 41.569 ausgefolgt.
13.01.	etwa 480 Italiener aus Rom; Nr. 41.981–42.237.
14.01.	50 Italiener aus Turin; Nr. 42.271–42.320.
19.01.	336 Polen aus dem KL Auschwitz; u. a. die Nr. 42.430 erteilt.
23.01.	7.312 Gusener Häftlinge in den Stand des KLM übernommen; sie erhielten die Nr. 43.001–50.312.[10]
01.02.	Nr. 50.928 ausgefolgt.
03.02.	307 sowjetische Kriegsgefangene (LeV.), Stalag 336 u. a. Häftlinge; Nr. 50.936–51.424.
12.02.	1.500 Häftlinge aus dem KL Auschwitz u. a. Zugänge; Nr. 51.578–53.159.
21.02.	122 Italiener; Nr. 53.347-53.468.
25.02.	500 Häftlinge, vorwiegend Franzosen, aus dem KL Buchenwald u. a. Zugänge; Nr. 53.583–54.280.
25.02.	10 Republikan. Spanier, von Compiègne.
01.03.	Nr. 54.388 ausgefolgt.
05.03.	1.390 Häftlinge, vorwiegend Sowjetbürger, aus dem KL Stutthof und andere Zugänge; Nr. 54.546–55.936.
11.03.	217 Häftlinge aus dem KL Flossenbürg und 597 Italiener aus Fossoli; Nr. 56.561–57.507.
11.03	12 Republikan. Spanier aus Flossenbürg.
13.03.	100 Italiener aus Mailand; Nr. 57.539–57.638.
18.03.	1 Republikan. Spanier, SIPO, Paris.
20.03.	564 Italiener aus Bergamo; Nr. 58.656–59.218.
23.03.	589 Häftlinge aus dem KL Stutthof; Nr. 59.255–59.336.
25.03.	1.239 Häftlinge, vorwiegend Franzosen, einzelne Italiener; Nr. 59.479–60.717.
25.03.	27 Republikan. Spanier, von Compiègne.
29.03.	49 Wiener Feuerschutzpolizisten.
01.04.	Nr. 61.085 ausgefolgt.
08.04.	1.802 Häftlinge, vorwiegend Franzosen und 263 Italiener aus Fossoli; Nr. 61.535–63.336.
09.04.	45 Republikan. Spanier, von Compiègne.
16.04.	207 Italiener aus Genua; Nr. 63.668–63.874.
20.04.	1 Republikan. Spanier, von Braunschweig.
25.04.	53 Angehörige des ungarischen Adels sowie Politiker und Industrielle aus Budapest; Nr. 64.227–64.280.
29.04.	4 Republikan. Spanier, von Saarbrücken.
01.05.	Nr. 64.636 ausgefolgt.
02.05.	564 Griechen und einzelne Albaner; Nr. 64.637–65.200.
28.05.	2.000 ungarische Juden aus dem KL Auschwitz; Nr. 66.964–68.963.
01.06.	Nr. 69.019 ausgefolgt.
08.06.	2.000 ungarische Juden aus dem KL Auschwitz u. a. Zugänge; Nr. 69.370–71.404.
13.06.	2.000 ungarische Juden aus dem KL Auschwitz u. a. Zugänge; Nr. 71.623–73.753.
19.06.	1.500 ungarische Juden aus dem KL Auschwitz u. a. Zugänge; Nr. 73.922–75.516.
20.06.	251 polnische und sowjetische Jugendliche aus dem KL Groß-Rosen, 9 DR-Schutz aus dem KL Dachau, die strafweise versetzt wurden; Nr. 75.517–75.777.

[10] Archiv M.M.: B 12/5, Kopien, Namenslisten, Nr. 1 bis 7.312.

24.06.	474 Italiener aus Fossoli; Nr. 76.202–76.675.
24.06.	1 Republikan. Spanier.
01.07.	Nr. 77.670 ausgefolgt.
06.07.	1.000 Sowjetbürger und Polen aus dem KL Auschwitz u. a. Zugänge; Nr. 77.978–79.101.
14.07.	1.256 (SU-Kgf.) LeV., Invalide aus „SU-Kgf.-Lazarett" Lublin; Nr. 79.484–79.582 und 83.001–84.212.
20.07.	1 Republikan. Spanier.
01.08.	Nr. 81.679 ausgefolgt.
07.08.	307 Italiener aus Mailand und Bergamo; Nr. 82.259–82.565.
10.08.	4.589 jüdische Häftlinge von Plaszow-Krakau u. a. Zugänge; Nr. 82.630–82.758 und 84.251–88.840.
18.08.	1.735 Häftlinge aus dem KL Dachau u. a. Zugänge, darunter 10 Rep. Spanier; Nr. 88.872–90.700.
01.09.	Nr. 91.619 ausgefolgt.
02.09.	2.756 Männer und eine unbekannte Zahl Frauen aus Warschau u. a. Zugänge; Nr. 91.620–91.637, 91.690–91.789 und 91.801–94.600.
05.09.	1.933 Männer aus Warschau; Nr. 94.601–96.500.
06.09.	47 alliierte Soldaten und Offiziere; 39 Niederländer, 7 Briten und 1 US-Bürger.
16.09.	2.100 Häftlinge aus dem KL Auschwitz, 780 Jugoslawen und Albaner aus Belgrad u. a. Zugänge; Nr. 97.4241–100.533.
16.09.	64 Republikan. Spanier aus dem KL Dachau.
19.09.	1.824 Häftlinge aus dem KL Auschwitz und 31 Zugänge; Nr. 100.676–102.516.
20.09.	1.525 Häftlinge aus dem KL Groß-Rosen, 1.300 aus dem KL Auschwitz u. a. Zugänge; Nr. 102.517–103.904 und 104.076–105.300.
22.09.	672 Polen aus dem KL Auschwitz u. a. Zugänge; Nr. 105.301–106.069.
28.09.	400 Frauen aus dem KL Auschwitz; Nr. 59 bis 458 der Frauen-Serie.
	Vom 7.9. bis Monatsende wurden 68 oberösterreichische Antifaschisten aus Linz eingewiesen.
01.10.	Nr. 106.488 ausgefolgt.
03.10.	548 Häftlinge aus Belgrad u. a. Zugänge; Nr. 106.493–107.102.
18.10.	2 Republikan. Spanier, Polizeihäftlinge, von Linz.
25.10.	95 DR-Schutz, 9 Zivilrussen und 1 AZR-DR strafweise aus dem KL Sachsenhausen. 300 Häftlinge aus dem KL Flossenbürg u. a. Zugänge; Nr. 108.415–108.996.[11]
27.10.	1 Republikan. Spanier.
01.11.	Nr. 109.191 ausgefolgt.
21.11.	271 Italiener aus Bozen; Nr. 110.179–110.442.
26.11.	495 Ungarn aus Budapest; Nr. 110.707–111.202.
01.12.	Nr. 111.622 ausgefolgt.
05.12.	1102 Häftlinge, vorwiegend Polen, aus dem KL Auschwitz; Nr. 111.848–112.950.
19.12.	292 Italiener aus Bozen; Nr. 113.863–114.138.
31.12.	Nr. 114.524 ausgefolgt.

[11] Eine besondere SD-Kommission führte im KL Sachsenhausen Erhebungen gegen etwa 130 Häftlinge wegen illegaler Tätigkeit. Nach etwa acht Wochen lang dauernden Untersuchungen wurden 27 „Rädelsführer" erschossen. Die Verbliebenen – vorwiegend deutsche und sowjetische Kommunisten – sind in das KLM überstellt worden. Archiv M.M.: E 13/1, Kopien, Zugangslisten vom 25.10.1944.

Als im Jahre 1944 infolge des Vormarsches der Roten Armee die nationalsozialistischen Konzentrationslager im Baltikum und in Polen aufgelöst wurden, sind aus diesen Lagern und aus Warschau Tausende Polen, Sowjetbürger, Ungarn, etwa 8.000 ungarische und mehr als 400 polnische Juden, mehrere Häftlinge aus dem Baltikum sowie Tausende Menschen aus dem italienischen Raum, Gruppen von GESTAPO-Häftlingen aus der Slowakei und aus Österreich, Tausende Franzosen und 179 Republikanische Spanier eingewiesen worden. Im Jahre 1944 sind auch 4.812 SU-Kgf. (in ihrer Mehrzahl ehemalige Hilfswillige der Deutschen Wehrmacht) ins KLM überstellt worden.

Am 23.1.1944 wurden die in Gusen vorhandenen 7.312 Häftlinge nummernmäßig vom Hauptlager erfasst. Von diesem Zeitpunkt an gab es im Bereiche des KLM nur eine fortlaufende Nummerierung. Die höchste bis 23.1.1944 in Gusen ausgefolgte Häftlingsnummer war 16.355. Im Jahre 1944 sind ins KLM genau 65.645 namentlich erfasste und mit Nummern versehene Häftlinge eingewiesen worden. Hiezu kommen noch die übernommenen 7.312 Gusener. Am 1.1.1944 wurde die Nummer 41.568, am 31.12.1944 die Nummer 114.524 zugewiesen. Die Zahlen der nicht erfassten „K-Häftlinge“ sind unbekannt; vermutlich waren es etwa 4.300 Personen.

1945

01.01.	Nr. 114.525 ausgefolgt.
08.01.	609 Ungarn u. a. Zugänge; Nr. 114.669–115.277.
11.01.	501 Italiener aus Bozen u. a. Zugänge; Nr. 115.335–115.870.
25.01.	5.714 Häftlinge aus dem KL Auschwitz u. a. Zugänge; Nr. 116.501–119.500, 120.501–122.214 und 123.384–123.538.
27.01.	300 Häftlinge aus Kattowitz; Nr. 116.433 ausgefolgt.
27.01.	2 Republikan. Spanier aus dem KL Auschwitz.
28.01.	813 Häftlinge aus dem KL Auschwitz (Laurerhütte); Nr. 122.571–123.383.
29.01.	957 Häftlinge aus dem KL Auschwitz u. a. Zugänge; Nr. 123.539–123.573 und 123.601–124.800.
29.01.	1 Republikan. Spanier aus Darmstadt.
30.01.	300 Häftlinge aus dem KL Auschwitz, darunter viele Kinder; Nr. 123.274–123.600 und 124.801–125.097.
30.01.	1 Republikan. Spanier aus dem KL Auschwitz.
01.02.	Nr. 125.098 ausgefolgt.
01.02.	329 Häftlinge aus dem KL Auschwitz.
02.02.	724 Häftlinge aus dem KL Auschwitz; Nr. 125.156–125.880.
05.02.	544 Italiener aus Triest; Nr. 126.001–126.544.
08.02.	385 Italiener aus Bozen; Nr. 126.571–126.955.
10.02.	108 Häftlinge von Wien; Nr. 127.021–127.130.
12.02.	124 Slowaken aus Trencin; Nr. 127.195–127.318.
14.02.	2 Republikan. Spanier aus dem KL Groß-Rosen.
15.02.	2.690 Häftlinge aus dem KL Groß-Rosen und 2.494 aus dem KL Sachsenhausen, unter ihnen 5 Rep. Spanier; Nr. 127.346–130.047 und 130.149–132.643.

20.02.	172 Slowaken aus Bratislava; Nr. 132.775–132.946.
23.02.	159 und 43 Häftlinge aus dem KL Auschwitz; Nr. 133.412 ausgefolgt.
26.02.	1.451 Häftlinge aus dem KL Sachsenhausen u. a. Zugänge; Nr. 133.576–135.042.
27.02.	1 Republikan. Spanier, von Berlin.
01.03.	Nr. 135.043 ausgefolgt.
02.03.	70 Häftlinge aus dem KL Auschwitz, 50 und 133 mit Sondertransport; Nr. 135.201 ausgefolgt.
03.03.	Etwa 2.700 Häftlinge aus dem KL Groß-Rosen über Mauthausen nach Ebensee. Am 7.3.1945 sind aus diesem Transport 2.048 Häftlinge in den Stand des KLM genommen worden. Alle anderen starben während der Aufnahmeformalitäten.
09.03.	1.799 Frauen aus dem KL Ravensbrück.
16.03.	1 Republikan. Spanier aus Linz.
17.03.	107 Slowaken; Nr. 137.805–137.912.
01.04.	1 Republikan. Spanier aus Wien.
01.04.	Nr. 138.020 ausgefolgt.
06.04.–20.04.	Tausende ungarische Juden ohne nummernmäßige Erfassung ins Mauthausener Zeltlager überstellt.
07.04.	2 Republikan. Spanier aus Linz.
09.04.	215 Häftlinge aus Brünn und Iglau: Einer wurde registriert, 214 wurden nicht erfasst und am 10.4.1945 in der Gaskammer ermordet.
11.04.	1 Republikan. Spanier.
12.04.	142 Häftlinge aus dem KL Sachsenhausen (Fälscherkommando), die bereits wochenlang im Lager waren, wurden in den Stand genommen; Nr. 138.394–138.535.
15.04.	Ebensee: 216 Häftlinge aus dem KL Dora-Nordhausen angekommen.
16.04.	Etwa 300 Häftlinge aus Wien angekommen; 23 erhielten die Nr. 138.545–138.567, die anderen wurden ermordet.
16.04.	1 Republikan. Spanier aus Wien.
17.04.	Unbekannte Zahl von Häftlingen aus dem GESTAPO-Erziehungslager Maria Lanzendorf. Die Mehrzahl dieser Häftlinge wurde in der Gaskammer ermordet.[12]
01.05.	Nr. 139.157 ausgefolgt.
02.05.	1.744 Häftlinge als „Zugang" registriert, jedoch nur etwa 200 Häftlingen eine Nummer erteilt. Darunter befanden sich etwa 500 Häftlinge der SS-Baubrigade I, die Anfang April 1945 aus Sollstedt (Südharz) nach Hamburg evakuiert werden sollten.[13]
03.05.	Die letzte Mauthausener Häftlingsnummer, Nr. 139.317, wurde ausgestellt.
04.05.	Ebensee: 214 Häftlinge aus dem KL Neuengamme und 206 Häftlinge der SS-Baubrigade II.[14]

[12] Angaben des ehemaligen französischen Häftlings J. Peyrat im Schreiben an den Verfasser vom 8.1.1979.

[13] Auf der Fahrt nach Hamburg nach Berlin dirigiert, von dort über Prag nach Pilsen, zurück nach Prag und über Freistadt (in Oberösterreich) nach Steyr-Münichholz transportiert. Archiv M.M.: V 3/63, Angaben des Häftlings Franz Mayerhofer, der mit diesem Transport in Steyr ankam.

[14] Archiv M.M.: B 5/35, Kopie eines Toten- und Zugangbuches.

Aus dem evakuierten KL Auschwitz kamen in den Monaten Jänner und Februar mehr als 9.000 Häftlinge.[15] Aber auch aus den KL Sachsenhausen, Dora-Mittelbau und Groß-Rosen kamen Tausende.

Ab Februar 1945 wurden aus den auf österreichischem Gebiet und in der Slowakei befindlichen GESTAPO-Stellen Untersuchungshäftlinge eingewiesen. Von diesen Gefangenen wurde ein Teil nicht registriert und in der Mauthausener Gaskammer ermordet.

Die letzte große Masseneinlieferung von nicht registrierten Häftlingen gab es im April 1945. Es waren die an der österreichisch-ungarisch-jugoslawischen Grenze bei Befestigungsbauten (Ostwall) eingesetzten etwa 20.000 jüdischen Gefangenen.[16]

Vom 1.1. bis 3.5. 1945 sind genau 24.793 namentlich und nummernmäßig erfasste Häftlinge registriert worden.

Am 1.1.1945 wurde die Nummer 114.525, am 3.5.1945 die Nummer 139.317 zugeteilt.

[15] Es sind in Mauthausen per Eisenbahn viel mehr Auschwitzer Häftlinge angekommen, jedoch viele Transporte wurden weitergeleitet. So u. a. am 25.1.1945 in offenen Güterwaggons etwa 4.000 männliche und etwa 800 weibliche Häftlinge aus dem Nebenlager Gleiwitz. Die Frauen wurden in das KL Ravensbrück, die Männer in das KL Mittelbau (Dora) weitergeleitet. – Die Auschwitzer Häftlinge sollten ursprünglich in das KL Groß-Rosen (Niederschlesien) evakuiert werden. Wegen Überfüllung dieses Lagers und überraschenden Vorstoßes der Sowjetarmeen ist ein Teil der Auschwitzer Häftlinge in das KLM überstellt worden. Bereits am 21.3.1945 musste das KL Groß-Rosen selbst geräumt werden. Auschwitz-Hefte: Nr. 8/1964, S.98ff.

[16] Eichmann: Band III, S.1310ff. Siehe auch Kapitel 28: Die Lebenden und Toten und 25: Jüdische Häftlinge.

Lager	1. Januar 1945		15. Januar 1945		
	SS-Wachmannschaften	Häftlinge			
Auschwitz/Männer	2 448	15 813	2 474	15 325	
" /Frauen	6o	18 7o3	56	16 421	
S III		1o 234			
Buchenwald/Männer	5 192	63 189	6 297	83 9o6	
" /Frauen	532	24 21o	532	26 65o	
Dachau /Männer	3 544	54 242	3 544	52 596	
" /Frauen	62	3 544	62	2 651	
Floßenbürg/Männer	2 525	29 246	2 564	28 737	
" /Frauen	521	11 191	515	1o 967	
Groß-Rosen/Männer	3 oo3	51 2o4	3 222	51 977	
" /Frauen	877	25 524	9o6	25 927	
Mauthausen/Männer	5 562	72 392	5 632	72 426	
" /Frauen	65	959	65	954	
Mittelbau /Männer	3 28o	33 797	3 319	29 323	
" /Frauen	-	-	-	-	
Monowitz /Männer	1 967	33 2oo	2 oo6	33 o37	
" /Frauen	12	2 o 36	15	2 o44	
Natzweiler/Männer	1 626	21 577	1626	2o 961	
" /Frauen	18	1 olo	18	1 2o9	
Neuengamme/Männer	2 o43	38 858	2 13o	38 23o	
" /Frauen	318	9 984	322	9 934	
Ravensbrück/Männer	994	7 875	1 oo8	7 848	
" /Frauen	539	45 919	546	46 o7o	
Sachsenhausen/Män.	3 oo5	47 665	3 632	52 924	
" /Frauen	351	13 214	361	13 173	
Männer	35 189	479 292	36 454	487 29o	
Frauen	3 355	156 294	3 388	156 ooo	

Zusammenstellung des WVHA: Gesamtstand der SS-Wachmannschaften und der Häftlinge in allen KL. 1. und 15.1.1945. AMM

18. Gesamtstand der männlichen und weiblichen Häftlinge

Im nachfolgenden Gesamtstand scheinen nur jene Häftlinge auf, die namentlich und nummernmäßig von der Verwaltung des KLM erfasst wurden.[1]

1938

Datum	KL Mauthausen[2]
08.08.	etwa 300
05.10.	565
18.10.	853
24.11.	930
01.12.	1.010
31.12.	994

1939

Datum	KL Mauthausen
01.01.	994
28.02.	946
01.03.	1.609
01.04.	1.449
01.05.	1.475
30.06.	1.439
01.07.	1.431
01.08.	1.418
28.09.	1.406
29.09.	2.995
01.10.	2.897
30.11.	?
31.12.	2.666

[1] Die Erfassung der Häftlinge erfolgte durch die Schreiber der Lagerschreibstube und in der Politischen Abteilung. Zum Teil wurden die Häftlinge auch im Arbeitseinsatz erfasst. – Der Häftlingsstand wurde in der Lagerschreibstube dreimal täglich erfasst und von der Schutzhaftlager-Kanzlei kontrolliert. Täglich wurde der Häftlingsstand an das WVHA gemeldet. Archiv M.M.: E 6/1 bis E 16/17, Tagesmeldungen (Kopien), Statistiken des täglichen Häftlingsstandes (Originale), monatliche Meldungen des Häftlingsstandes (Kopien), Rapportbuch, Meldungen über den Tagesstand (Kopien). Rapportbuch ISD Arolsen: Ordner 50, 1B/3 (Original).

[2] In den Jahren 1938 und 1939 hatte das KLM noch keine Nebenlager, jedoch Arbeitskommandos in der nahen Umgebung, u. a. in Linz, Gusen, Marbach, Schwertberg, Perg und im Ort Mauthausen. Archiv M.M.: P 10/1 und 2, Kopien, Beschwerde des Lagerkommandanten Sauer, weil sich beim Ausrücken der Häftlinge die „neugierigen Zuschauer" nicht zerstreuen, 18.1.1939 – Antwort des Gend.-Rev.-Inspektors Fleischmann.

1940

Datum	KL Mauthausen	Gusen	KLM alle Nebenlager	
01.01.	994			
Jänner[3]	3.117	--	--	
26.1.	3.232	--	--	
18.2.	2.431	--	--	
09.03.	3.082	--	--	
16.04.	2.941	--	--	
Mai[4]	2.670	--	--	
25.05.	?	212[5]	--	
26.05.	?	1.215	--	
31.05.	2.674	?	ca. 4.870	
30.06.	3.047	?	?	
Juli	?	?	?	
August	?	?	?	
September	?	?	?	
Oktober	?	?	?	
November	?	?	?	
13.12.	ca. 4.200	ca. 4.000	ca. 8.200	

1941

Datum	KL Mauthausen	Gusen	KLM alle Nebenlager	
Jänner	ca. 4.000	ca. 4.000	ca. 8.000	
Februar	?	?		
März	?	?		
April	?	?		
Mai	?	?		
Juni	?	?		
Juli	?	?		
August	?	?		
September	?	?		
01.10.	?	?	11.135[6]	
November	?	?		
31.12.	ca. 7.400[7]	ca. 8 500	ca. 15.900	

[3] Genauer Tag unbekannt. Archiv M.M.: E 6/15.

[4] Genauer Tag unbekannt. Archiv M.M.: E 6/15.

[5] Am 25.5.1940 wurde das erste Nebenlager des KLM eröffnet: „Unterkunft Gusen". Archiv M.M.: B 12/9a, Kopie, Standliste der Unterkunft Gusen vom 25.5.1940.

[6] ND: 2176-PS, Bl. 213-215, Kopie eines Tätigkeitsberichtes.

[7] Diese errechnete Zahl erfasst Häftlinge im Hauptlager Mauthausen und in den Nebenlagern Bretstein (etwa 80) sowie Vöcklabruck (etwa 300). Archiv M.M.: B 3a, B 48 und B 60/15, eine Aufstellung über die Bewegung der Häftlinge in den Nebenlagern des KLM.

1942	**Männer**				**Frauen**
Datum	**Mauthausen**		**Gusen**	**KLM**	
	(ohne Gusen)[8]	**davon im Krankenlager**		**alle Nebenlager**	
01.01.	ca. 7.400		ca. 8.500	ca. 15.900	
01.02.	?		?	ca. 13.400	
01.03.	?		?	ca. 13.300	
30.04.	ca. 5.500		ca. 6.000	ca. 11.200	
01.05.	?		?	ca. 10.100	
01.06.	?		?	ca. 11.000	11
01.07.	?		?	ca. 11.500	?
01.08.	?		?	ca. 11.400	?
01.09.	?		?	ca. 11.000	?
01.10.	6.040		ca. 4.900	ca. 10.900	?
01.11.	5.775		ca. 6.300	ca. 10.600	21
31.12.	6.727		ca. 7.300	ca. 14.000	21

1943	**Männer**				**Frauen**
Datum	**Mauthausen**		**Gusen**	**KLM**	
	(ohne Gusen)	**davon im Krankenlager**		**alle Nebenlager**	
Jänner[9]	6.995		ca. 7.000	ca. 14.000	21
Februar[10]	7.694		ca. 6.400	ca. 14.400	21
31.03.	7 998	690[11]	6.840	ca. 14.838	21
30.04.	10.092	?	8.563	18.634	21
31.05.	10.571	?	9.086	19.651	20
30.06.	12.028	?	9.017	21.025	20
31.07.	12.189	?	8.889	21.078	?
31.08.	13.941	?	7.353	21.294	?
30.09.	14.684	?	7.083	21.767	?
31.10.	15.794	?	7 906	23.700	?
30.11.	16.914	?	8.461	25.375	?
31.12.	17.682	?	7.925	25.607	?

[8] Die Zahlen dieser Rubrik erfassen jene Häftlinge, die sich im Hauptlager und in den von 1941 bis 1943 gegründeten Nebenlagern befanden, jedoch nicht die von Gusen. Siehe Kapitel 11: Nebenlager.

[9] Genauer Tag unbekannt. Archiv M.M.: E 6/15.

[10] Genauer Tag unbekannt. Archiv M.M.: E 6/15.

[11] Am 14.3.1943 wurde unterhalb des Hauptlagers das Krankenlager, offiziell Sanitätslager genannt, mit 683 Kranken und sieben Häftlingsfunktionären (Ärzte, Pfleger, Schreiber) eröffnet. Archiv M.M.: V 3/8 und V 3/61, Angaben der Krankenlagerschreibers Frantisek Poprawka und Dr. Vratislav Busek.

1944	Männer				Frauen
Datum	Mauthausen (ohne Gusen)	davon im Krankenlager	Gusen	KLM alle Nebenlager	
01.01.	ca. 9.037	?	ca. 7.500	25.623	?
17.01.	9.048	3.351	ca. 7.400	28.195	?
31.01.	ca. 9.000	?	7.357	26.249	?
29.2.	9.028	3.500	7.558	29.064	?
31.03.	8.958	3.852[12]	10.494[13]	34.692	?
30.04.	10.319	5.372[14]	10.433	37.836	?
31.05.	10.231	5.233	13.745	41.565	?
30.06.	10.408	5.216	16.221	48.924	?
31.07.	11.089	5.470	16.671	52.962	?
31.08.	11.592	4.877	19.441	59.269	?
30.09.	15.592	5.236	22.068	72.947	459
31.10.	13.413	4.680	23.338	73.969	457
30.11.	12.445	4.461	23.887	73.458	960
31.12.	10.042	3.912	24.266[15]	72.392	959

[12] Ab Herbst 1943 gab es im Hauptlager zuerst „K-Häftlinge" der GESTAPO und ab April 1944 „K-Häftlinge" der so genannten „Keitel-Verordnung" vom 2.3.1944 (kriegsgefangene Offiziere und Unteroffiziere). Diese „K" Häftlinge wurden entweder exekutiert oder ermordet. Die Häftlinge der GESTAPO wurden namentlich, die der „Keitel-Verordnung" nur zahlenmäßig erfasst. Die „K-Häftlinge" scheinen in den angeführten Zahlen nicht auf. Archiv M.M.: M 5/6, Kopien, alphabetisches Namensverzeichnis der Exekutierten; S 1/1 bis 6/4, Kopien, Meldungen, Transportlisten, Erlasse u. a. m. über „K-Aktionen".

[13] Am 9.3.1944 wurde Gusen II eröffnet. Archiv M.M.: B 13. Unterkunft Gusen: S.6f und 39.

[14] Im April 1944 begann die Überführung der Kranken und Körperschwachen in die Gaskammer des Schlosses Hartheim. Archiv M.M.: B 15/5, 17, 18 und 23, Kopien von Meldungen „gestorben im Erholungsheim", Berichte, Veränderungsmeldungen. Der in dieser Rubrik aufscheinende Gesamtstand der Kranken im Krankenlager stammt aus dem Archiv M.M.: E 6/11, Kopie, Rapportbuch mit Tagesmeldungen über den Häftlingsstand.

[15] Am 16.12.1944 wurde Gusen III eröffnet. Archiv M.M.: B 14. Unterkunft Gusen: S.39.

1945	Männer				Frauen
Datum	Mauthausen (ohne Gusen)	davon im Krankenlager	Gusen	KLM alle Nebenlager	
01.01.	10.192	3.923	24.235	72.426	959
31.01.	14.215	5.097	23.730	78.681	1.030
28.02.	18.537	6.067	26.311	83.399	1.034
07.03.	19.507	7.315	?	84.472[16]	1.034
31.03.	18.757	?	23.951	78.547	2.252
20.04.	18.561	?	?	73.601[17]	2.395
30.04.	15.861	?	18.646	64.637	1.337
04.05.	17.232[18]	5.435[19]	20.491[20]	64.800[21]	1.734[22]

[16] Der höchste Stand der registrierten Häftlinge im KLM. Archiv M.M.: E 6/5, Kopie, monatliche Meldungen über den Gesamtstand der Häftlinge an das WVHA; E 6/11, Kopie, Rapportbuch mit Tagesmeldungen über den Häftlingsstand.

[17] Am 20.4.1945 befanden sich im Mauthausener Zeltlager mehr als 5.435 männliche und 367 weibliche Häftlinge, die nicht mit einer Häftlingsnummer versehen wurden, und deshalb sind weder diese Männer noch diese Frauen in der Zahl 73.601 enthalten. Außerdem gab es im Lagergefängnis mehr als 100 Häftlinge, die ebenfalls in dieser Zahl nicht aufscheinen. Archiv M.M.: E 6/6, 7 und 8, Kopie von Tagesmeldungen über den Gesamtstand der Häftlinge im Hauptlager, in den Nebenlagern und im Zeltlager.

[18] Archiv M.M.: E 6/12, Original, Häftlingsstand-Büchlein mit dem Stand der Gefangenen im Hauptlager, untergeteilt nach Baracken, Gefängnis, Krankenlager und Revier.

[19] Archiv M.M.: E 6/12, Original, Häftlingsstand-Büchlein.

[20] Archiv M.M.: B 12/32, Kopie, Stärkemeldung des Schutzhaftlagers Gusen, 3.5.1945 für den 4.5.1945.

[21] Der letzte offizielle, jedoch ungenaue Stand der registrierten Häftlinge. Die Häftlinge des Zeltlagers befanden sich zu diesem Zeitpunkt in Gunskirchen, und die Insassen von Gunskirchen wurden im Gesamtstand des KLM nicht geführt. Wie in Mauthausen, so gab es auch in den noch vorhandenen Nebenlagern (Gusen I, II und III, Ebensee, Steyr, Linz II und III) mehrere tausend zahlenmäßig nicht erfasste Häftlinge. Siehe Kapitel 17: Das Eintreffen der Häftlinge und deren Nummernzuteilung, April 1945. Archiv M.M.: E 6/1, Kopien, Meldungen der Schutzhaftlagerkanzlei über den Gesamtstand der Häftlinge.

[22] Archiv M.M.: K 5/1, Kopien, Meldungen der Schutzhaftlagerkanzlei über den Häftlingsstand im „F.K.L. Mauthausen“, 4.5.1945.

Unterteilung in Altersstufen

der im Konzentrationslager Mauthausen

einsitzenden Häftlinge nach dem Stande vom 28. Februar 1945

Häftlingsart	insgesamt	– 20	20 – 30	30 – 40	40 – 50	50 – 60	60 – 70	70 – 80	über 80
Schutzhäftlinge arisch	38746	5569	15426	10847	5351	1377	174	2	
Bibelforscher	108	3	25	42	35	5			
Homosexuelle	70		15	21	24	9	1		
aus der Wehrmacht	237	24	138	58	15	1	1		
Geistliche	14		2	4	5	3			
Rotspanier	2193	6	1168	839	175	3	2		
Ausl. Zivilarbeiter	17425	6013	7301	3007	1015	61	26	1	
Juden	14171	3792	3725	3766	2125	721	40	2	
Asoziale	561	20	152	209	144	25	11		
Berufsverbrecher	1548	16	162	580	600	161	29		
Sich.-Verw.	2893	111	956	1049	602	150	23	2	
Zigeuner	200	23	100	56	19	2			
Kriegsgefangene	5233	341	2719	1672	472	24	5		
Gesamtstärke	83399	15918	31887	22150	10583	2542	312	7	

KL/16 44. 1000

Alterstufen-Unterteilung der im KLM am 28.2.1945 inhaftierten männlichen Häftlinge, Kopie einer Meldung an das WVHA.

AMM

19. Das Alter der Häftlinge

Aus der Zeit von August 1938 bis März 1943 konnten bisher keine authentischen statistischen Zahlen der SS über das Alter der Häftlinge des KLM gefunden werden.
Aus Namenslisten der Jahre 1938 und 1939 kann entnommen werden, dass die Häftlinge (Asoziale, BV-er und die wenigen österreichischen und deutschen politischen Häftlinge) in ihrer absoluten Mehrzahl ein Alter von 30 bis 50 Jahren aufwiesen. Lediglich unter den Zigeunern scheinen mehr jüngere Jahrgänge auf.
Eine Altersverschiebung erfolgte in den Jahren 1940 bis 1942, als die ersten Massentransporte ausländischer Häftlinge (Polen, Spanier, holländische Juden, Tschechen und sowjetische Kriegsgefangene)[1] eintrafen. Ab 31.3.1943 gibt es Originaldokumente über das Alter der verstorbenen und ab 30.4.1943 auch der lebenden Häftlinge.

Die vom 30.4.1943 stammende Unterteilung der lebenden registrierten Mauthausener Häftlinge inklusive der Häftlinge aller Nebenlager zeigt folgende Einteilung in Alterstufen:

Häftlingsart [2]	**Gesamtzahl**	**Altersstufen nach Jahren:**						
		bis 20	20 -30	30-40	40-50	50-60	60-70	über 70
Politische	7.412	717	3.078	2.301	1.037	258	20	1
BV	867	3	128	405	268	53	10	--
AZR	436	15	170	178	60	13	--	--
Bifo	37	--	3	18	13	3	--	--
Homosexuelle	49	--	14	21	13	1	--	--
Wehrmachts-Ang.	28	2	18	8	--	--	--	--
Polen	4.780	408	1.940	1.573	595	229	35	--
SV	2.891	182	959	1.006	571	136	37	--
Zivilrussen	1.930	1.070	582	244	28	6	--	--
Jüdische Häftlinge	16	2	8	2	4	--	--	--
Sowjet. Kriegsgef.	188	5	141	41	1	--	--	--
Frauen	21	--	21	--	--	--	--	--
Gesamt	**18.655**	**2.404**	**7.062**	**5.797**	**2.590**	**699**	**102**	**1**

[1] Nach einer Veränderungsmeldung (Namensliste) des KLM vom 11.8.1941, wo der „Abgang von 70 holländischen Juden in das Lager-Sanatorium-Dachau" (richtig: nach Hartheim) aufscheint, betrug das Durchschnittsalter 29 Jahre. – Die im März 1942 im KLM „verstorben" gemeldeten 1.068 sowjetischen Kriegsgefangenen wiesen ein Durchschnittsalter von 27,2 Jahren auf. Archiv M.M.: B 15/6, Kopie, Veränderungsmeldung; E 1c/4, Kopien, Meldungen „in der Zeit 1.3. bis 31.3.1942" an die Wehrmachtsauskunftsstelle und an den Inspekteur der Konzentrationslager.

[2] Die in den Statistiken aufscheinenden Häftlingsarten wurden wörtlich von dem einheitlich für alle KL bestimmten Formular abgeschrieben. Archiv M.M.: E 6/5, Kopien, monatliche Meldungen über Alter und Arten der Lebenden.

Dies ergibt bei einem Gesamtstand von 18.655 Häftlingen (100 Prozent) bei den jüngeren Jahrgängen folgenden prozentuellen Anteil:

Häftlinge bis zu 20 Jahren	13,4 Prozent
Häftlinge von 20–30 Jahren	37,9 Prozent
Häftlinge von 30–40 Jahren	31,7 Prozent
Häftlinge im Alter bis zu 40 Jahren	83,0 Prozent[3]

Die Unterteilung nach Altersstufen der im KLM befindlichen registrierten Häftlinge nach dem Stande vom 31.12.1943 ergibt folgendes Bild:

Häftlingsart[4]	**Gesamtzahl**	**Altersstufen nach Jahren:**						
		bis 20	20-30	30-40	40-50	50-60	60-70	über 70
Politische	10.185	540	4.172	3.332	1.588	508	42	3
BV	932	3	181	328	344	63	13	--
AZR	425	10	119	212	66	18	--	--
Bifo	37	--	6	17	9	5	--	--
Homosexuelle	46	--	10	19	14	3	--	--
Wehrmachts-Ang.	34	3	24	6	1	--	--	--
Polen	7.014	415	2.837	2.524	1.054	163	17	4
SV	3.373	302	1.088	1.090	658	203	32	--
Zivilrussen	2.805	1.030	1.140	503	127	5	--	--
Jüdische Häftlinge	2	--	--	2	--	--	--	--
Sowjet. Kriegsgef.	853	46	546	230	28	3	--	--
Gesamt	**25.706**	**2.349**	**10.123**	**8.263**	**3.889**	**971**	**104**	**7**

Somit gab es Ende Dezember 1943 ungefähr den gleichen prozentuellen Anteil der Jahrgänge bis zu 40 Jahren wie im April des gleichen Jahres. Die Verschiebung ist äußerst gering:

Häftlinge bis zu 20 Jahren	8,7 Prozent
Häftlinge von 20–30 Jahren	39,0 Prozent
Häftlinge von 30–40 Jahren	32,2 Prozent
Häftlinge im Alter bis zu 40 Jahren	79,9 Prozent[5]

Die letzte offizielle Unterteilung in Altersstufen der registrierten Häftlinge nach dem Stand vom 31.3.1945 sieht wie folgt aus:

---

3 Archiv M.M.: E 6/5, Kopien, monatliche Meldungen an das WVHA über das Alter und die Arten der lebenden Häftlinge, diese Statistiken wurden in der Häftlingslagerschreibstube für die Schutzhaftlager-Kanzlei angefertigt. (Die Originale dieser Meldungen liegen beim ZBOWID-Warschau auf.)

4 Archiv M.M.: E 6/5, Kopie, monatliche Meldungen über das Alter und die Arten der Lebenden.

5 Archiv M.M.: E 6/5, Kopie, monatliche Meldungen über das Alter und die Arten der Lebenden.

Häftlingsart [6]	**Gesamtzahl**	**Altersstufen nach Jahren:**						
		bis 20	20-30	30-40	40-50	50-60	60-70	über 70
Politische	35.395	5.055	14.031	9.917	4.936	1.284	170	2
Bifo	104	3	22	39	35	5	--	--
Homosexuelle	65	--	14	19	22	9	1	--
Wehrmachts-Ang.	242	24	140	61	15	1	1	--
Geistliche	13	--	2	4	4	3	--	--
Rotspanier	2.187	6	1.160	842	174	3	2	--
Ausld. Zivilarbeiter	16.836	5.809	7.063	2.905	982	50	26	1
Jüdische Häftlinge	13.636	3.654	3.585	3.526	2.155	686	30	--
Asoziale	534	20	147	197	134	25	11	--
BV	1.445	16	155	536	555	154	29	--
SV	2.832	108	937	1.027	589	146	23	2
Zigeuner	200	23	100	56	19	2	--	--
Sowjet. Kriegsgef.	5.058	330	2.781	1.353	562	26	6	--
Gesamt	**78.547**	**15.048**	**30.137**	**20.482**	**10.182**	**2.394**	**299**	**5**

Diese Aufstellung zeigt eine deutliche Erweiterung der Gruppe „Kinder und Jugendliche“:

Bis zu 20 Jahren	19,1 Prozent
Von 20–30 Jahren	38,6 Prozent
von 30–40 Jahren	26,6 Prozent
Häftlinge bis zu 40 Jahren	84,3 Prozent[7]

Wenn am 30.4.1943 vom Gesamtstand der Häftlinge 83,0 Prozent bis zu 40 Jahre alt waren, so waren es am 31.3.1945 84,3 Prozent. Die Kategorie der „Kinder und Jugendlichen“ vergrößerte sich von 13,4 Prozent auf 19,1 Prozent des jeweiligen Gesamtstandes. Im gleichen Zeitraum vergrößerte sich der Gesamtstand der registrierten Häftlinge auf das 4-fache, das heißt von 18.655 auf 78.547, die Gruppe der „Jugendlichen“ auf das 6,2-fache, von 2.404 auf 15.048. Dies ist vor allem auf die massenweise Einweisung von Jugendlichen und Kindern aus Polen, der Sowjetunion und aus Ungarn zurückzuführen. In den aufscheinenden Statistiken scheinen Häftlinge in einem Alter von 60 bis 70 Jahren und einzelne sogar über 70 Jahre auf. Dies ist darauf zurückzuführen, dass diese Häftlinge kurz vor der Erstellung der Statistiken in das KLM eingewiesen worden waren. Denn bis auf einzelne Ausnahmen[8] konnten Häftlinge dieser Altersstufen nur wenige Wochen oder sogar nur Tage im KLM überleben.

---

[6] Die Reihung der Häftlingsarten ist anders als in den vorangegangenen Statistiken. Die im Jahre 1943 aufscheinenden „Polen“ sind unter „Politische“ und „ausländische Zivilarbeiter“ geteilt worden. Unter „Politische“ sind hier erfasst: politische Häftlinge aus allen europäischen Staaten mit Ausnahme jener Sowjetbürger und Polen, die als „ausländische Zivilarbeiter“ geführt wurden, und weiters die hier separat angeführten „Bifo, Geistlichen, Rotspanier, jüdische Häftlinge“ und „Zigeuner“. Archiv M.M.: E 6/5, Kopien, monatliche Meldungen über das Alter und die Arten der Lebenden.

[7] Archiv M.M.: E 6/5, Kopien, monatliche Meldungen über das Alter und die Arten der Lebenden.

[8] Diese Ausnahmen waren: Spezialisten in der Rüstung, einzelne Kunstmaler und Bildhauer, z. B. der tschechische Bildhauer Vladimir Amort, am 29.7.1880 geboren, Nr. 851, die für gewisse SS-Führer arbeiten mussten und dadurch am Leben bleiben konnten.

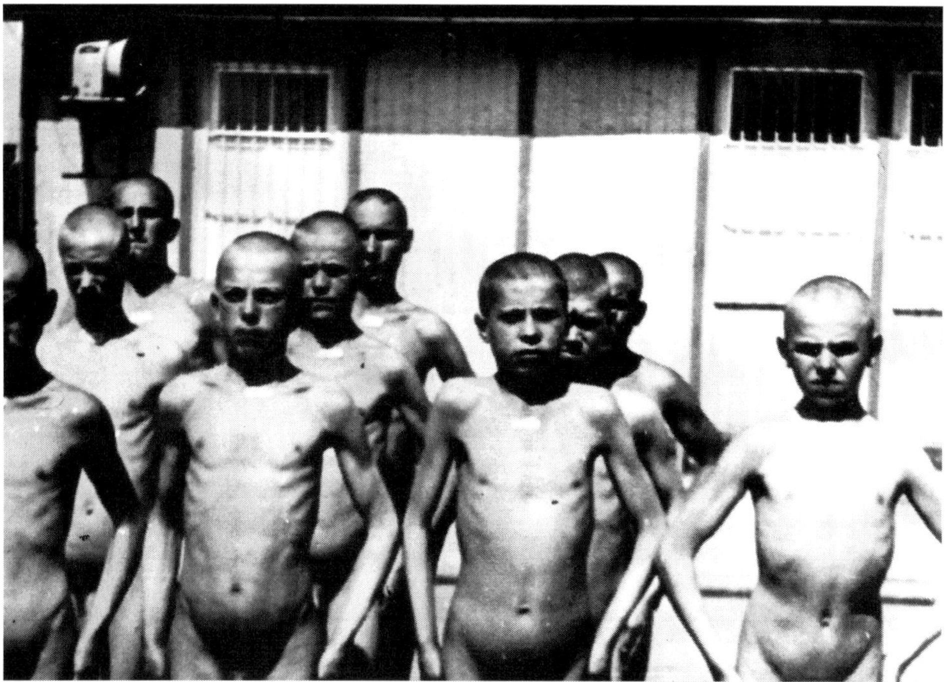

Steinmetzlehrlinge – Ausmusterung von Kindern und Jugendlichen, Appellplatz des Hauptlagers, vor der Baracke 1. Sommer 1943. AMM

20. Kinder und Jugendliche

Im Winter 1940/41 trafen die ersten Kinder und Jugendlichen im Alter von 13 bis 18 Jahren im Hauptlager ein. Es waren Angehörige der in Frankreich festgenommenen oder in den deutschen Kriegsgefangenenlagern internierten Republikanischen Spanier. Als auf Grund einer von Keitel am 5.7.1943 erlassenen Weisung den Beauftragten der Organisation Sauckel erlaubt wurde, alle erfassten männlichen Gefangenen der Partisanengebiete Polens, auf dem Balkan sowie in den Gebieten der besetzten Sowjetunion im Alter von 16 bis 55 Jahren zu erfassen und nach Deutschland zu deportieren, stieg die Zahl der Kinder und Jugendlichen im KLM sprunghaft an.

Dies umso mehr, weil Himmler am 10.7.1943 den erwähnten Keitel-Erlass vom 5.7.1943 mit dem Zusatz versah, dass nur die weiblichen Gefangenen in der Sauckel-Organisation verbleiben sollten. Die Männer aus den Partisanengebieten sollten in Deutschland *„unter den Bedingungen von Kriegsgefangenen"* arbeiten; das bedeutete die Einweisung in die Konzentrationslager. Ab 17.8.1943 wurden mit der Einwilligung des Speer über Auftrag des Generalbeauftragten für den Arbeitseinsatz Sauckel[1] im Bereiche der Heeresgruppe Süd (Ukraine) alle Jungen von 16 und 17 Jahren gemustert. Die Aushebung musste bis 30.9.1943 abgeschlossen sein.

In den Jahren 1944 und 1945 kamen noch Gruppen von polnischen und ungarischen jüdischen Jugendlichen oder Kindern; die letzten großen Kindertransporte sind am 9.3.1945 aus dem KL Ravensbrück (Zigeunerkinder, darunter Säuglinge) und ab 1.4. bis etwa 20.4.1945 aus Ungarn eingetroffen.

Wenn am Beginn des Jahres 1943 im Bereiche des KLM etwa 2.400 Häftlinge im Alter bis zu 20 Jahren gezählt wurden, so sind in der gleichen Altersgruppe am 31.12.1944 13.849 Personen erfasst gewesen. Bei der letzten statistischen Erfassung am 31.3.1945 scheinen im KLM 15.046 registrierte Häftlinge im Alter bis zu 20 Jahren auf.[2] Dazu kamen zumindest im folgenden Monat, im April 1945, mehrere hundert statistisch und namentlich nicht erfasste ungarische Juden, Mädchen und Buben im Alter von sechs Jahren aufwärts.

In den Jahren 1941 bis 1944 sind die spanischen, sowjetischen und polnischen Kinder und Jugendlichen als Steinmetze für *„Großbauten des Führers nach dem Friedensschluß"* [3] angelernt

[1] Im Spätherbst 1944 gab es auch schriftliche Ermächtigungen Sauckels, laut denen sowjetische „Kinder vom vollendeten zehnten Lebensjahr an (...) als Zwangsarbeiter angesehen" werden sollen. – Im März 1944 wurde der Deutschen Wehrmacht befohlen, am Rückzug russische Knaben für den Hilfsdienst mitzunehmen. Am 11.7.1944 wurde im Zuge der „Aktion Heu" beschlossen, Kinder von zehn Jahren aufwärts von den Rückzugsfronten der Ukraine und Polen nach Deutschland zu deportieren. Die „Aktion Heu" wurde von der Heeresgruppe Ukraine-Nord des Feldmarschall Model eingeleitet. ND: 031-PS.

[2] Archiv M.M.: E 6/5, Kopien der monatlichen Meldungen mit Unterteilungen nach Alter und Arten der lebenden Häftlinge des KLM.

[3] Himmler an Heydrich und an den Inspekteur KL Glücks in einem Schreiben vom 5.12.1941: „(...) da schon jetzt der Auftrag des Führers vorliegt, nachdem die DEST als Unternehmen der Schutzstaffel mit Friedensbeginn jährlich mindestens 100.000 m³ Granit für die Großbauten des Führers zu liefern hat (...)" SS-Unternehmungen: S.110f. – Die SS plante für entlassene Häftlinge in der Nähe der SS-Betriebe Wohnsiedlungen zu bauen, wodurch die Polizeiaufsicht und vermutlich auch die „Eindeutschung" der ausländischen Häftlinge erleichtert werden sollten. SS-Unternehmungen: S.112.

worden. Sie wurden vielfach in dem Arbeitskommando „Steinmetzlehrlinge" erfasst. Den „Steinmetzlehrlingen" wurde in Aussicht gestellt, später einmal aus der Haft entlassen und in der Nähe des KLM als Steinbrucharbeiter angesiedelt zu werden.[4] Im Herbst 1944 sind 49 spanische Steinmetz-Jugendliche aus der Haft entlassen, in Mauthausen angesiedelt, und zur Arbeit im Steinbruch, jedoch bei einer privaten Firma, verpflichtet worden.

Ab Herbst 1943 wurde die Masse der sowjetischen, polnischen, jugoslawischen, italienischen sowie französischen Kinder respektive Jugendlichen entweder in den Steinbrüchen von Gusen und Mauthausen oder in der Rüstung, aber auch beim Stollenbau eingesetzt;[5] die körperlich schwachen und kränklichen Jugendlichen wurden als Kartoffelschäler verwendet. Viele wurden in andere Konzentrationslager transportiert, so unter anderem am 2.11.1943 in das KL Dachau 135 „Jugendliche"[6] im Alter von 12 bis 18 Jahren.

Nach der nachfolgend angeführten Weisung des RSHA vom 29.1.1943[7] sollten keine unter 16 Jahre alten Ostarbeiter in ein Konzentrationslager eingewiesen werden:

---

[4] SS-Unternehmungen: S.110. Vgl. Schreiben Maurers, WVHA, D II, vom 27.11.1942 an die KL Kommandanten. ND: 3685-PS. Ferner die Aussagen Pohls. F IV: S.1985, 1870, 3738f und 5552ff.

[5] Archiv M.M.: B 30/8, eigenhändig geschriebener Bericht des Lagerführers von Melk, SS-Hauptsturmführer Julius Ludolph vom 21.5.1945, über den Häftlingseinsatz in Melk (Kopie); I 1/1, Kopie einer Namensliste von spanischen Jugendlichen, die zuerst im „Wiener Graben" und dann bei der Steinbruchfirma Poschacher eingesetzt waren; I 2/4, SS-Foto, sowjetische Kinder und Jugendliche werden als „Steinmetzlehrlinge" gemustert.

[6] Archiv M.M.: I 6/1, Kopie, Transportliste: vorwiegend Sowjetbürger, einzelne Polen, Franzosen und Jugoslawen.

[7] Diese Weisung ist als Ergänzung des RSHA-Erlasses vom 17.12.1942 zu betrachten, wo es u. a. wörtlich hieß: „Aus kriegswichtigen, hier nicht näher zu erörternden Gründen, hat der RFSS und Chef der Deutschen Polizei am 14.12.1942 befohlen, daß bis Ende Januar 1943 spätestens mindestens 35.000 arbeitsfähige Häftlinge in die Konzentrationslager einzuweisen sind. Um diese Zahl zu erreichen, ist folgendes erforderlich: 1. Ab sofort (zunächst bis zum 1.2.1943) werden Ost- oder solche fremdvölkischen Arbeiter, welche flüchtig gegangen oder vertragsbrüchig geworden sind und nicht den verbündeten, befreundeten oder neutralen Staaten angehören, unter Beachtung der unter Ziffer 3 aufgeführten notwendigsten Formalitäten auf dem schnellsten Wege den nächsten Konzentrationslagern eingeliefert. Dritten Dienststellen gegenüber muß gegebenfalls jede einzelne dieser Maßnahmen als unerläßlich sicherheitspolizeiliche Maßnahme unter entsprechender sachlicher Begründung aus dem Einzelfall heraus dargestellt werden, sodaß Beschwerden vermieden, jedenfalls aber ausgeräumt werden. 2. Die Befehlshaber und Kommandeure der Sicherheitspolizei und des SD und die Leiter der Staatspolizei(leit)stellen überprüfen sofort unter Zugrundelegung eines besonders scharfen und engen Maßstabes a) die Hafträume, b) die Arbeitserziehungslager. Alle arbeitseinsatzfähigen Häftlinge sind, wenn es sachlich und menschlich irgendwie zu vertreten ist, sofort nach den folgenden Richtlinien in das nächstgelegene KZ zu überstellen, z. B. auch dann, wenn Strafverfahren demnächst eingeleitet werden oder werden sollen. Nur solche Häftlinge, welche im Interesse des weiteren Ermittlungsverfahrens unbedingt in Einzelhaft verbleiben müssen, können weiterhin belassen werden. Es kommt auf jede einzelne Arbeitskraft an! Die Überprüfung ist sofort in Angriff zu nehmen. Jedes Zurückhalten von arbeitsfähigen Häftlingen ist verboten. Ausnahmen bedürfen meiner Genehmigung. 3. Die Häftlinge, welche bis zum 1.2.1943 in ein KZ überstellt werden, werden unter Bezug auf diesen Erlaß lediglich listenmäßig (laufende Nummer, Vor und Zuname, Geburtszeit und Ort, Wohnort, Grund der Festnahme mit Stichworten) erfaßt. Eine Liste geht an das RSHA und gilt als Sammelantrag sowohl für Schutzhaft als auch für die Überweisung in ein KZ, wobei die Bestätigung vorausgesetzt werden kann. Für Ostarbeiter, d. h. für solche, welche das Kennzeichen Ost zu tragen haben, genügt die Angabe der Zahl der Festgenommenen. Ein Durchschlag geht mit dem Transport an den Kommandanten des Konzentrationslagers, während ein weiterer Durchschlag bei der einweisenden Dienststelle verbleibt (…) I. V. gez. Müller." Archiv M.M.: P 16/7, Kopie des Erlasses.

„Für die Behandlung jugendlicher Ostarbeiter, die zu staatspolizeilichen Maßnahmen Veranlassung geben, gelten in Ergänzung des Erlasses vom 27.5.1942 – RFSSuChdDtPol.IV (ausl. Arb.) – 293/42 – folgende Richtlinien:

a) Jugendliche Ostarbeiter über 16 Jahre sind – falls eine kurzfristige Unterbringung in einem Arbeitserziehungslager nicht für ausreichend zu erachten ist – ins KL zum Arbeitseinsatz zu überstellen.

b) Jugendliche Ostarbeiter unter 16 Jahren sind nicht einem KL, sondern stets einem Arbeitserziehungslager zu überstellen. Jugendlager stehen für Ostarbeiter nicht zur Verfügung.

c) Exekutionen von jugendlichen Ostarbeitern erfolgen nur im KL, auch dann, wenn der Jugendliche noch keine 16 Jahre alt ist. In Vertretung: gez. Müller.“ [8]

Wie solche Anordnungen eingehalten wurden, beweist folgendes Beispiel: Am 16. März 1944 kamen in das Hauptlager 176 Ostarbeiter – „Jugendliche“ – an. Es waren vorwiegend sowjetische und polnische Häftlinge, die in „Einsatzfähige“, „bedingt Einsatzfähige“ und „Nichteinsatzfähige“ eingeteilt wurden. Darunter waren:
1 Häftling mit 13 Jahren,
3 Häftlinge im Alter von 14–15 Jahren,
16 Häftlinge im Alter von 15–16 Jahren,
und alle anderen im Alter von 16–18 Jahren.[9]

Nach der letzten offiziellen Statistik vom 31.3.1945 gab es im KLM, nach Arten eingestuft, folgende Kinder und Jugendliche bis zu 20 Jahren:

Politische	5.053
Bifo	3
Wehrmachtsangehörige	24
Rotspanier	6[10]
Ausländische Zivilarbeiter (vorwiegend Sowjetbürger)	5.809
Jüdische Häftlinge	3.654
Asoziale	20
BV	16
SV	108
Zigeuner	23
Sowjetische Kriegsgefangene	330
Insgesamt	**15.046**

[8] Archiv M.M.: I 2/5, Kopie des Erlasses.
[9] Archiv M.M.: E 6/5, Kopien der monatlichen Meldungen mit Unterteilung nach Alter und Arten der lebenden Häftlinge des KLM.
[10] Es scheinen deshalb nur sechs Spanier auf, weil vom 11.10.1944 bis 1.11.1944 49 spanische Jugendliche entlassen und zu einer privaten Mauthausener Steinbruchfirma verpflichtet wurden.

Am 19.8.1944 sind von Mauthausen in einem Transport von 457 Häftlingen sieben jüdische Kinder im Alter von vier (!) bis zwölf Jahren und 23 jüdische Jugendliche im Alter von 14 bis 16 Jahren in das KL Auschwitz überstellt worden[11]. Diese Kinder und Jugendlichen stammen aus einem Transport mit 4.589 jüdischen Häftlingen aus dem Ghetto Plaszow, der am 10.8.1944 im KL Mauthausen eingetroffen ist.

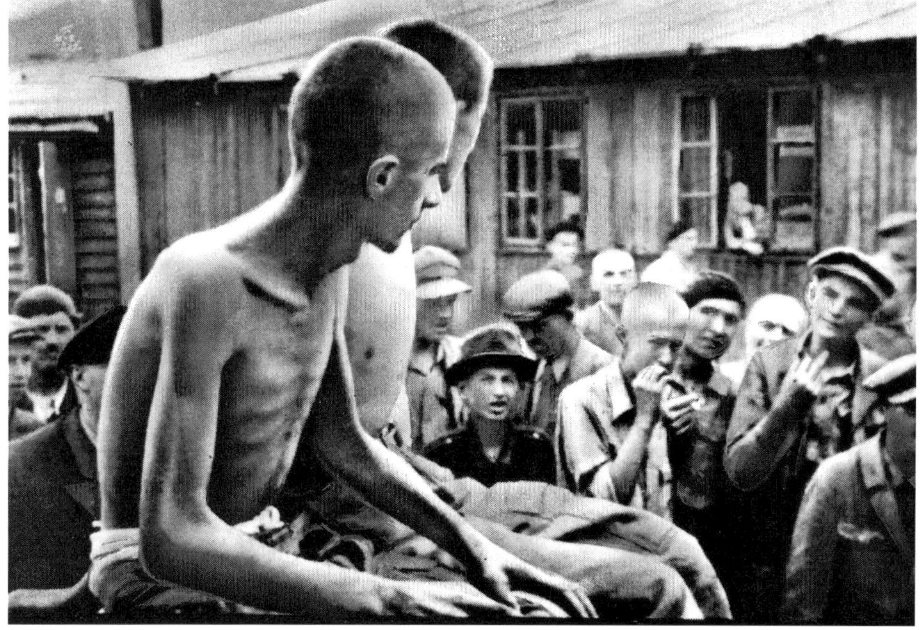

Kinder und Jugendliche nach der Befreiung in Gusen, Mai 1945. AMM

[11] Auschwitz-Hefte: Nr. 8/1964, S.47 und 59. Von den 419 in Auschwitz Angekommenen erhielten nach der Selektion 93 eine Häftlingsnummer und wurden in das „Arbeitslager" überstellt. Die anderen Häftlinge wurden vergast.

21. Frauen

Die ersten weiblichen Häftlinge im KLM waren jene vier Jugoslawinnen, die anlässlich Hitlers Geburtstag, am 20.4.1942, mit 46 männlichen Häftlingen auf der Exekutionsstelle, vis-à-vis von Block 20, erschossen wurden.[1] Dann kamen im Juni des gleichen Jahres zehn Prostituierte fürs Bordell und im Oktober 1942 130 Tschechinnen an. Von diesen Tschechinnen wurden 128 am 24.10.1942 in der Mauthausener Gaskammer erstickt und zwei erschossen.[2] Vermutlich im Spätherbst 1942 kamen dann zehn Prostituierte aus Ravensbrück nach Gusen.

Den Tod in der Gaskammer erlitten weitere 15 Tschechinnen, die am 26.1.1943, und sechs Tschechinnen, die am 27.9.1944 exekutiert wurden.[3] Die ersten namentlich erfassten und teilweise mit Nummern der Männerserie versehenen politischen weiblichen Häftlinge trafen am 5.10.1943 ein. Es waren 189 sowjetische Frauen aus Dnjepropetrowsk, die am 17.10.1943 in das KL Auschwitz weitergeleitet worden sein sollen. Alle haben eine Häftlingsnummer der Männerserie erhalten: 35.774–35.922.[4]

Am 20.1.1944 sollen vier weitere Frauen in das KL Auschwitz überstellt worden sein, und zwar drei Sowjetbürgerinnen und eine Jugoslawin, die vermutlich Anfang November 1943 in den Lagerarrest eingewiesen worden waren. Am 30.1.1944 kamen vier Italienerinnen (Nr. 50.923–50.926), die am 4.2.1944 als „Abgang" gemeldet wurden. Ob sie exekutiert oder irgendwohin überstellt worden sind, konnte nicht festgestellt werden.[5]

Am 15.6.1944 kam dann eine Ungarin (1881 geb.), die am 26.6.1944, gleichfalls unbekannt wohin, „überstellt" worden ist.

Am 15.9.1944 wurde für Frauen eine eigene Nummernserie eingeführt. Jede Häftlingsnummer wurde nur einmal ausgegeben. Am 15.9.1944 wurde die Nummer 1, Ende Dezember 1944 die Nummer 970 vergeben. Im Jänner 1945 wurde die Nummer 971 und Ende April 1945 die Nummer 3.077 zugeteilt.[6]

Mindestens vier Jugoslawinnen, 151 Tschechinnen, weiters die im Jahre 1945 eingewiesenen, jedoch zahlenmäßig und namentlich nicht erfassten mindestens 30 Frauen (Tschechinnen, Russinnen, Österreicherinnen und Slowakinnen), die in der Gaskammer ermordet wurden, etwa 400 am 5.9.1944 aus Warschau angekommene, nach wenigen Wochen in ein Zivillager überstellte Frauen und ein Großteil der im April 1945 in das Zeltlager überstellten 400 bis 500 weiblichen Häftlinge sowie die am 29.4.1945 aus Freiberg bei Dresden angekommenen

---

[1] Archiv M.M.: M 5/6, Kopie, Alphabetisches Namensverzeichnis der im KLM Exekutierten mit Angaben über den Hinrichtungstag, 12.11.1940 bis 29.12.1944.

[2] Archiv M.M.: M 5/6, Alphabetisches Namensverzeichnis der Exekutierten. Bei den beiden erschossenen Frauen handelte es sich um Mutter und Tochter: Josefa und Vera Koudela aus Prag; M 5/4, Kopie des Schreibens der KLM-Kommandantur vom 2.12.1942 an die GESTAPO Prag, worin über die Art der Exekution berichtet wurde.

[3] Archiv M.M.: M 5/6, Alphabetisches Namensverzeichnis der Exekutierten.

[4] Nummernzuteilung: S.21.

[5] Archiv M.M.: Y 35, Mikrofilm, Zugangsbuch.

[6] Archiv M.M.: B 60/3, Kopien der Rapportmeldungen des KLM an das WVHA über Zu- und Abgänge. Nummernzuteilung: S.21.

397 Frauen erhielten keine Häftlingsnummer. Auch die im Hauptlager und in Gusen befindlichen 20 respektive 21 Prostituierten wurden mit Häftlingsnummern nicht versehen.[7] Auch jene Frauen, die eine Nummer der Männerserie erhalten haben, scheinen in der Zahl von 3.077 nicht auf.

Die Zahl von 3.077 ist irreführend, weil auch bei den Frauen-Neuzugängen (1945) die sofort ermordeten oder gestorbenen weiblichen Häftlinge nicht registriert und deshalb nicht in den Häftlingsgesamtstand aufgenommen wurden. So sind z. B. am 7.3.1945, laut einer SS-Statistik, in das KLM aus dem KL Ravensbrück 1.981 weibliche Häftlinge überstellt worden. Dieser Transport (vermutlich 2.000 Frauen) ging am 2.3.1945 von Ravensbrück ab. Somit befanden sich die Frauen mit vielen Zigeuner-Kleinkindern insgesamt acht Tage in Viehwaggons auf der Fahrt. Nach der angeführten Statistik für das SS-WVHA befanden sich unter den angekommenen Frauen

Schutzhäftlinge (verschiedener Nationalität)	1.247
Spanierinnen (als Emigrantinnen registriert)	5
BV-erinnen	4
AZR-innen	144
Bibelforscherinnen	5
Zigeunerinnen und	447
Jüdinnen	129

In den Frauen-Gesamtstand wurden am 10.3.1945 1.981 Häftlinge aufgenommen, jedoch nur 1.799 Häftlingsnummern vergeben, da viele Kinder unter der Nummer der Mutter registriert wurden.[8] Die in der Statistik nicht erfassten Zigeunersäuglinge sind damals an Ort und Stelle, vor den Müttern, von SS-Angehörigen erschlagen worden. Nur ein Kleinkind konnte gerettet werden, es ist später der Mutter übergeben worden.[9]

Ende April 1945 soll über Gusen im Hauptlager Mauthausen ein Transport von Frauen aus dem KL Flossenbürg, und zwar aus dem Lager Venusberg, angekommen sein. Darüber gibt es schriftliche Angaben der Betroffenen, doch keine Dokumente. Im KLM befanden sich Belgierinnen, Deutsche, Französinnen, Holländerinnen, Jugoslawinnen, Österreicherinnen, Tschechinnen, Polinnen, Spanierinnen, Ungarinnen sowie Staatsbürgerinnen der Sowjetunion, USA und Großbritanniens.

[7] Archiv M.M.: B 60/3, Kopien der Rapportmeldungen; K 5/2 und 6, Häftlingsstand und Häftlingsbewegung, 30.9.1944 bis 30.4.1945, Kopie des Zugangsbuches der Frauen.

[8] Kopie des Zugangsbuches der Frauen.

[9] Der Verfasser war als Häftling des Aufnahmekommandos Zeuge der Ermordung der Zigeunerkinder. Archiv M.M.: E 13/3, Kopie der Rapportmeldung; K 5/4, Kopie der Gesamtstandsmeldung (1.981) mit Häftlingsarten; K 5/1, Kopie, FKLM meldet fernschriftlich am 10.3.1945 Zugang 1.799 Häftlinge – V4/614/3. Frauen im KZ Ravensbrück: S.206f.

Am 30.9.1944 meldeten die SS-Statistiken bei einem Stand von 459 weiblichen Häftlingen:

Schutzhäftlinge, „arisch“	392
Bibelforscherinnen	38
Asoziale	29

Davon waren

im Alter bis zu 20 Jahren,	176
von 20–30,	205
von 30–40,	52
von 40–50,	21
von 60–70 Jahren.	5

Am 31.3.1945 wurde bei einem Stand von 2.252 weiblichen Häftlingen gemeldet:

Schutzhäftlinge, „arisch“	1453
Bibelforscherinnen	43
Rotspanierinnen	5
Jüdinnen	608
Asoziale	62
BV-erinnen	2
Zigeunerinnen	79

Davon waren

im Alter bis zu 20 Jahren,	290
von 20–30,	999
von 30–40,	512
von 40–50,	337
von 50–60 und	109
von 60–70 Jahren.[10]	5

Die weiblichen Häftlinge trugen fast ausnahmslos gestreifte Drillichkleider; wie den Männern wurden auch ihnen bei der Ankunft die Köpfe kahl geschoren. Sie wurden in der Land- und Forstwirtschaft, Gärtnerei, Schneiderei, Wäscherei, Effektenkammer, bei Aufräumungsarbeiten sowie in der Rüstungs- und Textilwirtschaft und als Bedienerinnen eingesetzt. Bewacht wurden sie vor allem von weiblichen und männlichen SS-Angehörigen.

[10] Archiv M.M.: K 1/1 bis K 10/6, Kopie, Transportmeldungen, Veränderungsmeldungen, Zugangsbuch, Statistiken; K 5/2, Kopien, Meldungen der KLM-Kommandantur an das WVHA mit Statistiken über das Alter und Arten der weiblichen Häftlinge, 30.9.1944 bis 30.4.1945.

Die Frauen befanden sich im Hauptlager (Mauthausen) und in folgenden Nebenlagern:

Gusen	Etwa 14 Frauen
Hirtenberg	Etwa 400 Frauen
Lenzing	Etwa 565 Frauen
Mittersill	Etwa 15 Frauen
St. Lambrecht	Etwa 20 Frauen
Amstetten	Etwa 500 Frauen[11]

Statistik der nummernmäßig erfassten weiblichen Häftlinge:

14.09.1944	58	(Zugang 58 vom KL Ravensbrück)[12]
28.09.1944	458	(Zugang 400 vom KL Auschwitz)[13]
30.09.1944	459	
21.10.1944	457	
06.11.1944	957	(Zugang 500 vom KL Auschwitz)[14]
30.11.1944	960	
01.12.1944	960	
01.01.1945	959	
27.01.1945	1.008	
28.01.1945	1.030	
01.02.1945	1.030	
01.03.1945	1.034	
10.03.1945	2.830	(Zugang 1.799 vom KL Ravensbrück)[15]
22.03.1945	2.295	(Abgang 693 nach KL Bergen-Belsen)[16]
01.04.1945	2.250	
16.04.1945	2.383	(Zugang 221, vom KL Mittelbau-Dora)[17]

[11] Archiv M.M.: K 4 A/1 bis K 4 F/1, Kopien von verschiedenen Meldungen über weibliche Häftlinge in den Nebenlagern.

[12] Archiv M.M.: E 13/3, Kopien, Rapportmeldungen des KLM an das WVHA, zahlenmäßige Erfassung der Zugänge. – Das am 15.5.1939 eröffnete KL Ravensbrück war vornehmlich ein Frauenlager.

[13] Archiv M.M.: E 13/3, Kopien, Rapportmeldungen.

[14] Archiv M.M.: E 13/3, Kopien, Rapportmeldungen.

[15] Angekommen sind laut einer SS-Statistik genau 1.981 weibliche Häftlinge, darunter sehr viele Kinder. Es waren: 1.247 Schutzhafthäftlinge, fünf Spanierinnen, vier BV, 144 AZR, fünf Bifo, 447 Zigeunerinnen und 129 Jüdinnen. Viele Kleinkinder sind (laut Angaben des Verfassers) ermordet worden. Archiv M.M.: E 13/3, Kopie, Rapportmeldungen; K 5/4, Kopie, Gesamtstandmeldung des angeführten Transportes nach Häftlingsarten untergeteilt (1.981); K 5/1, Kopie, FKLM meldet fernschriftlich am 10.3.1945: „Zugang 1.799 Häftlinge".

[16] Archiv M.M.: E 13/3, Kopien, Rapportmeldungen; K 5/6, Kopie, Zu- und Abgangsbuch. – Das Lager Bergen-Belsen war am 30.4.1943 als KL für privilegierte Juden, so genannte Austauschjuden, welche englische oder amerikanische Staatsangehörigkeit oder Schutzpässe neutraler Staaten besaßen, sowie für Juden, mit denen man irgendwelche Austauschgeschäfte machen zu können glaubte, errichtet worden. Bis Spätherbst 1944 stieg die Zahl der Juden (beiderlei Geschlechtes) in Bergen-Belsen nicht über 15.000. Im Winter 1944/45, als Bergen-Belsen zum Aufnahmelager für kranke Häftlinge bestimmt wurde und als im Verlaufe der Evakuierung der östlich und westlich gelegenen KL ein ständiger Zustrom von Häftlingen erfolgte, wurde Bergen-Belsen zu jenem grauenhaften Elendslager, das dann am 15.4.1945 von englischen Truppen befreit wurde. Verzeichnis der KL: S.23.

[17] Archiv M.M.: E 13/3, Kopien, Rapportmeldungen.

23.04.1945	1.639	(Abgang 756, Evakuierung des IRK)[18]
29.04.1945	1.338	(Abgang 300 nach Gunskirchen)[19]
03.05.1945	1.337	
04.05.1945	1.734	(Zugang 397 vom KL Flossenbürg, Nebenlager Freiberg)[20]

Im Juni 1941, als der RFSS Himmler in Begleitung Pohls Mauthausen besichtigte, befahl er, in Mauthausen und Gusen im Jahre 1942 je ein Häftlingsbordell einzurichten und dafür Frauen aus dem KL Ravensbrück anzufordern. In Ravensbrück war es die Aufgabe des Lagerarztes, jene Häftlinge, die sich entweder freiwillig melden konnten oder ausgewählt wurden, auf ihre „Eignung" hin zu untersuchen. Man soll ihnen ihre Entlassung nach sechsmonatigem Bordelldienst versprochen haben. Tatsächlich wurden diese Frauen aber nur in den seltensten Fallen entlassen, sondern sie wurden nach Ravensbrück zurückgebracht. Nach Aussagen des in den Jahren 1942 und 1943 in Ravensbrück eingesetzten Standortarztes Dr. Schidlausky hat er Frauen für die KL-Bordelle mit ausgesucht und untersucht. Es waren nach seinen Angaben vorwiegend Deutsche, einige Polinnen und ein deutscher Zigeunermischling. Die Mädchen mussten *„volljährig, gesund und einigermaßen hübsch sein und schon früher nachweislich gewerbliche Unzucht betrieben"* haben.[21] Das Mauthausener Bordell konnten in den Jahren 1942 und 1943 praktisch nur Deutsche und Österreicher, vor allem Kriminelle, und einzelne nichtdeutsche Häftlingsfunktionäre besuchen. Im Jahre 1944 wurde der Kreis jener Ausländer, denen erlaubt wurde, das Bordell aufzusuchen, erweitert, jedoch waren es auch dann vorwiegend Kriminelle, die es aufsuchten. Wie in Mauthausen so stellte auch in Gusen die Existenz der Bordelle einerseits eine unerschöpfliche Quelle der Intrigen innerhalb der Häftlingsfunktionäre und andererseits eine wertvolle Nachrichtenstelle der SS-Lagerleitung dar. Im März 1945 wurden in Mauthausen und Gusen die Prostituierten zur weiblichen Bewachungsformation als Sanitäterinnen eingezogen.[22]

[18] Archiv M.M.: K 6/1, Original, Veränderungsmeldung, Entlassung von 756 Frauen: 488 Französinnen, 231 Belgierinnen, 34 Niederländerinnen, eine USA-Bürgerin, eine Britin, eine Lothringerin.
[19] Archiv M.M.: K 5/2, Kopien, statistische Erfassung der weiblichen Häftlinge im Monat April 1945.
[20] Archiv M.M.: K 10/6, Häftlingsberichte.
[21] So Dr. Schidlausky, der im Jahre 1941 noch Standortarzt im KLM war. Nachher kam er ins KL Ravensbrück. Schidlausky-Aussagen vom 7.8.1945 und 4.3.1947 sowie vom 22.11.1946. – In Mauthausen waren es gewöhnlich zehn, in Gusen zehn oder elf Deutsche; im Jahre 1944 befanden sich darunter zwei Polinnen und eine österreichische Zigeunerin. – Für den Besuch mussten RM 2,- bezahlt werden. 0,50 RM erhielt die Prostituierte, RM 1,50 gingen auf ein Konto des WVHA. Archiv M.M.: K 2/1, 2 und 3, Originale, Bordell-Listen, Namensliste der Prostituierten, eidesstattliche Erklärung des Dr. Schidlausky.
[22] Archiv M.M.: V 3/20, Häftlingsangaben, S.24f und 55f.

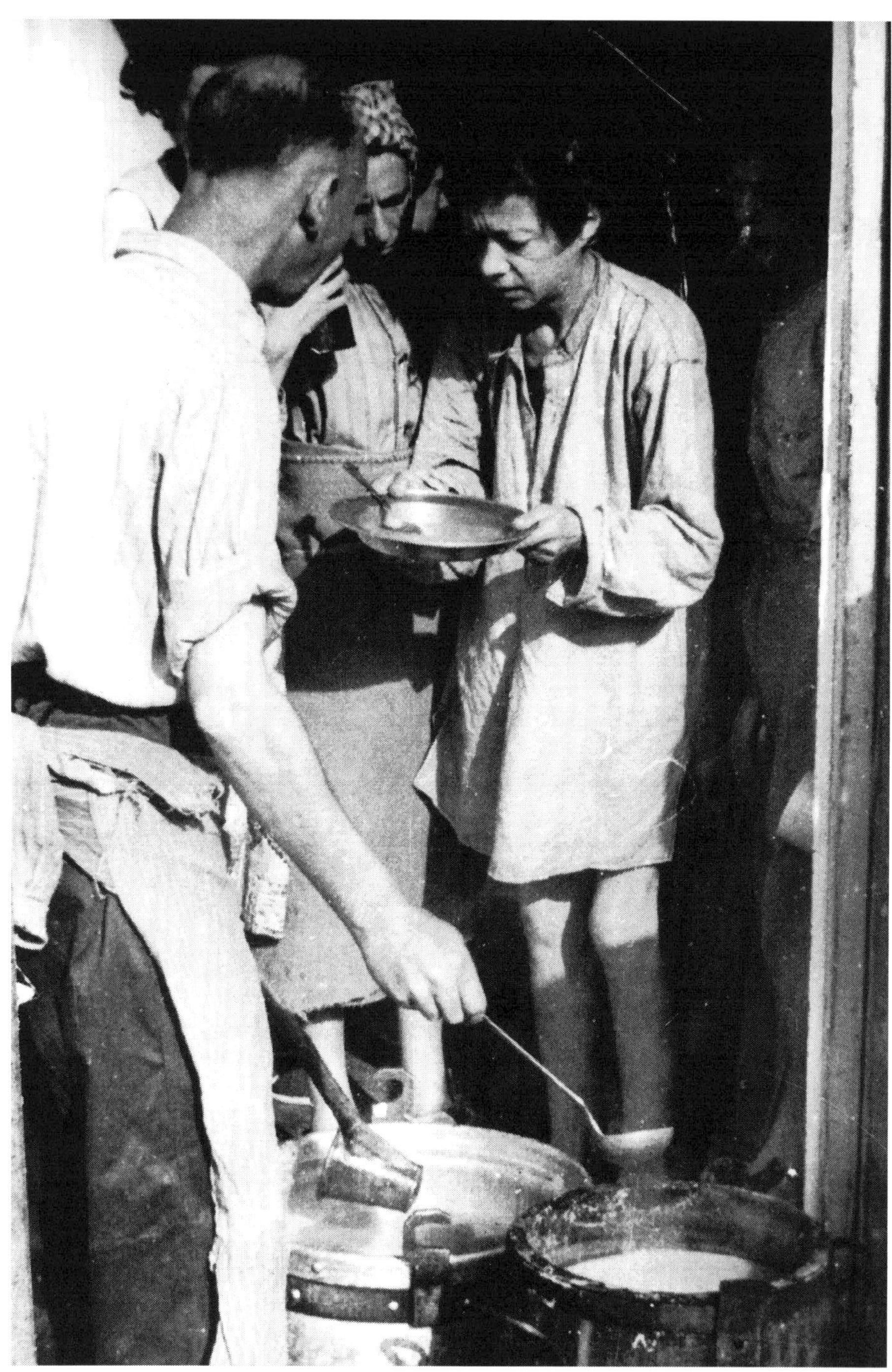

Befreite weibliche Häftlinge AMM

22. Die geistlichen Gefangenen

Der erste Priester traf im Konzentrationslager Mauthausen am 9.5.1939 ein. Es war dies der österreichische Pfarrer Hermann Kagerer, geboren am 8.4.1896, der mit einem Transport von Facharbeitern aus dem KL Dachau als Tischler ankam. Pfarrer H. Kagerer wurde die Häftlings-Nummer 495 zugeteilt.[1]
Als am 29.9.1939 aus dem vorübergehend aufgelassenen KL Dachau 1.600 Häftlinge in das KLM überstellt wurden, kamen mit ihnen auch mehrere Priester der Dachauer Strafkompanie. Mit den Transporten aus dem KL Buchenwald, am 9.3.1940, dann mit tausenden polnischen Häftlingen, die vom Mai bis August 1940 aus dem KL Dachau[2] und aus anderen Konzentrationslagern vorwiegend nach Gusen überstellt wurden, sind etwa 210 polnische Geistliche der römisch-katholischen Kirche, einige Angehörige katholischer Orden[3], einzelne Pastoren der evangelischen Kirche Polens und am 16.8.1940 (aus dem KL Dachau) mehrere österreichische und einzelne deutsche Priester eingewiesen worden. Damals mussten alle polnischen Priester prinzipiell im Freien arbeiten; in der Praxis hieß dies, dass sie in den Steineträger-Kommandos, Steinbrüchen und beim Lageraufbau Einsatz fanden. Besonders schwer hatten es die geistlichen Häftlinge in Gusen, wo sie sowohl als Priester als auch infolge ihrer polnischen Nationalität doppelten Schikanen ausgesetzt waren.
In dieser Zeit war es weder in Mauthausen noch in Gusen ratsam, bei kleineren SS-Chargen und gewissen Häftlingsfunktionären als Geistlicher bekannt zu sein. Beschimpft als *„Kuttenscheißer, Seelenverkäufer, Kuttenwanze, Himmelskomiker, Schwarze Maulwürfe, Pfaffen"* oder *„Kanzeljuden"* wurden sie Objekte der Frotzelei, der Demütigung und einer „Belustigung", bei der die Opfer nur in Ausnahmefällen nicht verletzt wurden.
So berichtete der polnische Priester und Katechet aus Jablunkow, Diözese Wratislaw, Jozef Galuszka, geboren am 13.3.1913, er sei, aus Buchenwald kommend, am 9.3.1940 in Mauthausen eingetroffen; bereits bei der Aufnahme seiner Personalien, vor der Schreibstube, kam er mit dem österreichischen Pfarrer Hermann Kagerer[4] ins Gespräch. Kagerer gab ihm ein Stück Brot, informierte ihn über die Lagerverhältnisse, riet ihm, seinen Priesterstand nicht hervorzuheben und sich als Lehrer auszugeben.
Jedes religiöse Wort zu den Mitgefangenen, vor allem jede Art offener priesterlicher Tätigkeit, Seelsorge, die Abhaltung eines Gottesdienstes oder Kulthandlungen waren im KLM von 1938 bis 1945 strengstens untersagt. Schon beim Beten oder Segensgruß ertappt zu werden, kostete in den Jahren 1939 bis 1942 vielen Häftlingen das Leben.

---

[1] Kagerer kam als Tischler ins KLM und war dort, laut eigenen Angaben, als Steineträger, Schubkarrenfahrer, im Steinbruch bei der Bedienung eines Kompressors, als Würfelmacher, Werkzeugschmied, Sägefeiler, Tischler, Lagerfotograf und zuletzt als Schreiber in der Effektenkammer eingesetzt. Archiv M.M.: E 1aa/4.
[2] Der damalige Gusener Lagerführer Chmielewski hat am 20.5.1940 in Dachau persönlich „für sein Lager" polnische Intelligenz, darunter Priester, „zur Umschulung" ausgewählt.
[3] Etwa 20 Prozent aller geistlichen Häftlinge waren Angehörige eines Ordens. Priester: S.45ff, 51, 55ff und 71f.
[4] Zu dieser Zeit wurde Kagerer (als „Deutscher" geführt) im Arbeitskommando Effektenkammer eingesetzt. Die Effektenkammer verwahrte das persönliche Gut der Häftlinge.

Auch der Besitz von Rosenkränzen, Kreuzanhängern, Marienmedaillons, Heiligenbildern oder Gebetbüchern wurde auf brutalste Art bestraft. Dazu kam noch, dass die Lagerordnung, die äußerst schwere, lange Zeit dauernde Arbeit, die systematische Überwachung aller und die allgemeinen Lebensbedingungen jede religiöse Zusammenkunft fast unmöglich machten.[5] Außerdem musste man vor Mithäftlingen auf der Hut sein, denn es gab immer Denunzianten, die sich durch ihre Angeberei eine Verbesserung der eigenen Lage erhofften. Jedoch primär verhinderten der permanente Hungerzustand und die ständige Todesgefahr jede religiöse Handlung. Die Lebensdauer aller Häftlinge, insbesondere der als „minderwertig“ bezeichneten Polen, also auch der polnischen Priester, war damals in Mauthausen-Gusen kurz, sehr kurz.

Hier einige Beispiele:

- Pfarrer Franciszek Mogarski, geb. am 4.10.1880, ist am 25.5.1940 in Gusen angekommen. Bereits am folgenden Tag, dem 26.5.1940, 6.30 Uhr, wurde er im Steinbruch getötet. Als Todesursache wurde „allgemeine Körperschwäche“ angegeben.
- Der Pfarrer der Diözese Poznan, Waclaw Kula, geboren am 5.9.1878, ist am 5.6.1940 in Gusen angekommen; drei Tage später, am 8.6.1940, ist er um 17.00 Uhr als „verstorben“ gemeldet worden.
- Der Pfarrer Wlodzimierz Laskowski, geboren am 30.1.1886, kam am Freitag, dem 2.8.1940, an und trat am Montag, dem 5.8.1940. im Steineträger-Kommando die Arbeit an. Bereits am Donnerstag, dem 8.8.1940, vormittags, wurde er im Steinbruch Kastenhof verprügelt, verletzt und am gleichen Tag, um 14.15 Uhr im Revier durch Stockschläge getötet.[6] Die offizielle Todesursache lautete: „Allgemeine Körperschwäche“.
- Pjotr Klimek, geboren am 12.11.1881, Pfarrer der Diözese Kattowice, kam am 17.8.1940 in Gusen an und wurde am 30.10.1940, 18.30 Uhr, als „verstorben“ gemeldet. Als Todesursache ist „Herzschwäche“ angegeben.
- Zugleich mit Klimek kam Msgr. Ludwik Wrzol, geboren am 27.12.1881, Rektor eines Priesterseminars, Diözese Wratislaw. Am 30.9.1940 wurde Wrzol mit der Diagnose „Altersschwäche“ als verstorben gemeldet.
- Der Professor der Theologie und Dekan der Warschauer Universität sowie Angehöriger der Evangelischen Synode in Polen, Dr. Edmund Bursche, geboren am 17.7.1881, kam

---

[5] Im Buch „Christus in Dachau“ (1956 in Wien herausgegeben), verfasst von Jesuitenpater Johann Nepomuk Lenz, wird u. a. angerührt, dass „Gusen im Herbst 1940 ein betendes Lager“ war, wohl in keinem anderen Konzentrationslager ist von Nichtpriestern so viel gebetet worden. Solche Wahrnehmungen konnten in keinem der vielen von polnischen Priestern und anderen polnischen katholischen Häftlingen nach der Befreiung (1945/46) verfassten Erlebnisberichten festgestellt werden. Wohl wird dort auch von einzelner Erteilung der Sterbesakramente und von Einzelgebeten gesprochen, jedoch nicht von mehr. – In den Jahren 1944 und 1945 hat sich dieser Zustand besonders innerhalb der polnischen, französischen und italienischen Gruppen wesentlich geändert. So berichtete der am 13.1.1945 ins KL Mauthausen eingewiesene Luxemburger Kaplan Robert Maroldt, geboren am 16.2.1913, er hätte von einem „Polen ein dünnes Hostienbrot“ erhalten. Er verwandelte das Hostienbrot; die geheimen Kommunikanten waren luxemburgische und polnische Häftlinge (Februar 1945, Mauthausen, Block 16).

[6] Angaben des Priesters Wladyslaw Kawski, Kaplan in Szamotoly, Diözese Poznan. Priester: S47ff.

am 28.5.1940 aus dem KL Sachsenhausen. Am 25.7.1940 wurde er als tot gemeldet.[7] Offizielle Todesursache: „Rippenfellentzündung".

- Doch auch Nichtpolen erlagen den unmenschlichen Arbeits- und Lebensbedingungen. So z. B. kam am 17.8.1940 in Gusen der österreichische Priester aus Zedlitzdorf Marcel Leeb,[8] geboren am 1.1.1893 in Maidrothen, an. Nach 75 Tagen, am 1.11.1940, wurde er mit der Todesursache „Herzschwäche" als verstorben gemeldet.

Die nachfolgende unvollständige Aufstellung der als „verstorben" gemeldeten Priester der römisch-katholischen Kirche aus Schlesien,[9] die alle am gleichen Tage, am 2.8.1940, in Gusen angekommen sind, kann annähernd ein Bild über die damaligen Zustände und Lebensbedingungen geben:

Name und Geburtsdatum	Sterbetag und -stunde	Offizielle Todesursache	In Gusen gelebte Tage
Florian BIALKE 3.5.1918	05.11.1940 18.50	Herzschwäche	95
Antoni CZESLAWSKI 16.10.1890	01.09.1940 8.10	Darmkatarrh	30
Antoni DUCZMAL 14.1.1886	17.11.1940 13.00	Herzschwäche	108
Ludwig FIUTAK 20.8.1889	12.11.1940 8.20	Herz- und Körperschwäche	103
Franciszek GORSZYNSKI 8.9.1889	09.11.1940 16.00	Herzschwäche	99
Czeslaw GRAETZ 29.9.1889	22.10.1940 10.00	Nierenentzündung	82
Jozef JANISZEWSKI 7.10.1880	27.08.1940 18.40	allgem. Körperschwäche	25
Mieczyslaw KLOS 20.6.1882	17.11.1940 8.30	Herzschwäche	108
Leon KNYCH 24.6.1915	04.11.1940 18.45	Pneumonie	95
Bronislaw KOWALSKI 10.8.1917	22.12.1940 9.30	Nierenentzündung	143

[7] Dr. Bursche soll deutscher Nationalität gewesen sein; er trat jedoch als Pole auf. Er ist am 17.10.1939 mit seinen Brüdern Alfred und Theodor Bursche verhaftet und mit ihnen in das KL Sachsenhausen überstellt worden. Da seine beiden Brüder am 27.5.1940 einem Transport für das KLM zugeteilt wurden, meldete sich Dr. Bursche freiwillig, um mit seinen Brüdern zusammenbleiben zu können. Auch Alfred Bursche ist in Gusen „verstorben" gemeldet worden. Priester: S.97ff.

[8] Leeb kam am 16.8.1940 aus dem KL Dachau mit etwa 1.000 Häftlingen in Mauthausen an. Am folgenden Tag wurde er mit etwa 500 Häftlingen nach Gusen überstellt. Priester: S.421.

[9] Bei einer polizeilichen Aktion in Schlesien gegen die polnische Intelligenz wurden u. a. auch etwa 150 Priester verhaftet. Am 24.5.1940 sind alle im Zuge dieser Aktion Festgenommenen – etwa 1.500 Personen – in das KL Dachau eingewiesen worden. Dieser Transport wurde fast geschlossen am 2.8.1940 in das Nebenlager Gusen weitergeleitet. – Am 25.5.1940, bei der Eröffnung des Lagers Gusen, gab es einen Gesamtstand von 220 und am 31.12.1940 einen von etwa 4.000 Häftlingen. In dieser Zeit wurden 1.389 vorwiegend polnische Häftlinge als „verstorben" gemeldet und 101 Polen exekutiert (insgesamt gab es 1.490 Tote in sieben Monaten). Archiv M.M.: B 12/3. Priester: S.50ff.

Eduard KOZLOWSKI 11.10.1888	18.11.1940 13.00	Kollaps	109
Miroslaw KRYZAN 8.2.1910	30.10.1940 10.00	Herzschwäche	90
Kazimierz KURYANSKI 25.2.1917	13.11.1940 15.30	allgem. Körperschwäche	104
Czeslaw KUZNIAK 4.3.1913	07.11.1940 7.00	Herzschwäche	98
Wlodzimierz LASKOWSKI 31.1.1886	08.08.1940 14.15	allgem. Körperschwäche	7
Robert MARCINOWSKI 15.8.1904	21.11.1940 18.30	Phlegmone	112
Stanislaw RADOMSKI 4.4.1886	16.11.1940 11.00	Nierenentzündung	107
Maciej ROGALEWSKI 21.1.1892	23.08.1940 ?[10]	Herz- und Kreislaufschwäche	21
Jozef SMOLINSKI 16.3.1886	28.11.1940 8.40	Pneumonie	119
Roman STEPCZYNSKI 28.1.1893	06.12.1940 16.00	Herzschwäche	127
Brunon TROSKA 17.5.1885	04.09.1940 ?	allgem. Körperschwäche	34
Walenty TURKOWSKI 26.1.1910	21.09.1940 ?	Rippenfellentzündung	51
Dr. Th. Kazimierz WERBEL 15.2.1902	04.12.1940 8.00	Lungenentzündung	125
Jan WLOCH 7.8.1914	21.09.1940 ?	akute Herzschwäche	51
Jan WOJTKOWIAK 18.12.1917	25.12.1940 16.45	Herzlähmung	146
Franciszek WOSCHKE 9.2.1892	15.08.1940 ?	allgem. Körperschwäche	14
Stanislaw ZIELAZEK 18.4.1894	02.12.1940 8.10	Nierenentzündung	123
Teodor ZIMOCH 28.10.1893	30.11.1940 8.30	Lungenentzündung	121

Die kirchenfeindliche Einstellung, die schon bei der Ausbildung der SS-Angehörigen Anwendung fand, die den SS-Rekruten von ihren Offizieren eingeimpfte nazistische Theorie der „arischen Herrenrasse“ sowie die allen SS-lern gemeinsame Intoleranz schufen jene Atmosphäre, unter der die geistlichen Häftlinge im KLM zu leiden hatten. Täglich gab es barbarische Drangsalierungen und schikanöse Maßnahmen; täglich wurde gedemütigt, geprügelt und gemordet.

So mussten z. B. am 13.8.1940 nachmittags alle Häftlinge des Gusener Steineträger-Kommandos – wegen einer Flucht von zwei Häftlingen – ihre Arbeit im Laufschritt verrichten.

[10] Wenn beim Sterbetag die Uhrzeit nicht aufscheint, so deshalb, weil sie in den Totenbüchern aus unbekannten Gründen nicht angeführt worden ist. Archiv M.M.: B 12/3.

Bergauf, bergab, mit oder ohne Steine, ob Kaplan im Alter von 60 Jahren oder zwanzigjähriger Theologiestudent, ausnahmslos mussten sie alle rennen. In Abständen von etwa 30 Metern standen mit Stöcken und Ochsenziemern bewaffnete Capos, Blockälteste, SS-Angehörige; sie schlugen unbarmherzig auf alle jene ein, die nicht mehr rasch genug laufen konnten. In der folgenden Nacht mussten dann alle Polen – es wurde ihnen kein Essen verabreicht – vor ihren Baracken stehen und am kommenden Tag in der Früh zur Arbeit ausrücken! Am 13.8.1940 meldete Gusen 14 Tote! Als Todesursache war „Herzschlag" oder „Herz- und Körperschwäche" genannt worden. An den Folgen der obgenannten Qualen starben noch in den darauf folgenden Tagen so manche Häftlinge, unter anderem auch der Pfarrer Franciszek Woschke, der am 15.8.1940 als tot gemeldet worden war.

Am 10.9.1940[11] wurden die beiden Priester Lenz (Österreicher) und Mayer (Deutscher) in die Gusener Strafkompanie versetzt. Sie mussten mit jüdischen und anderen Häftlingen unter unmenschlichen Bedingungen schwerste Arbeiten verrichten; so z. B. täglich die Fäkaliengruben leeren und den Abtransport des Kotes in Kisten und Fässern, die an Stangen befestigt und von vier Häftlingen getragen wurden, möglichst im Laufschritt durchführen.[12]

Plötzlich und unerwartet für alle Beteiligten wurden Anfang November 1940 die Lebensbedingungen der polnischen Geistlichen (nicht der anderen polnischen Häftlinge!) erträglicher.[13] Die Ursache war eine den Gefangenen damals nicht bekannt gewordene Intervention des Vatikans bei der deutschen Regierung.[14]

Am Samstag, dem 16.11.1940, sind 27 jüngere polnische Priester mit archäologischen Ausgrabungen (Kommando Spielberg) beauftragt worden, und der Lagerkommandant Chmielewski hat persönlich die Häftlinge über ihre Arbeit informiert, sie aufgefordert, langsam und vorsichtig zu arbeiten und die Gefangenen per „Sie" (!) angesprochen. Das war eine sich

---

[11] Im August gab es im KLM etwa 190 polnische, mehrere österreichische und einzelne deutsche Priester. Von den Österreichern sind bekannt: Dr. Johannes Gruber aus Urfahr bei Linz; Marcel Leeb aus Zedlitzdorf; Josef Moosbauer aus Waldhausen bei Linz; Nikolaus L'Hoste aus Mörtschach in Kärnten; Alexander Seewald aus Leoben; Johann Lenz aus Graz-Wien; Hermann Kagerer aus Ried im Innkreis; Johann Allmer aus Glashütten; Anton Kutej aus St. Michael bei Bleiberg. Als deutsche Priester wurden registriert: Alex Mayer aus Schildberg bei Augsburg; Friedrich Seitz aus Schallodenbach bei Speyer, Wilhelm Braun aus München (der erste Geistliche in einem Konzentrationslager, in Dachau, Dezember 1935) und Kaplan Erich Selzle aus der Diözese Augsburg. Priester: S.323ff.

[12] Die Angehörigen der Gusener Strafkompanie waren gemeinsam mit jüdischen Häftlingen im isolierten Block 16 untergebracht. Alle Juden wurden damals in der Strafkompanie eingesetzt. Von den jüdischen Häftlingen überlebte keiner die Strafkompanie, von den Polen selten einer und von den Deutschen (und Österreichern) haben manche überlebt. Vom 1.6.1940 bis 31.12.1940 gab es In Gusen insgesamt 41 jüdische Häftlinge (32 Polen, fünf Österreicher und vier Deutsche), die alle im gleichen Jahr als „gestorben" gemeldet wurden. Archiv M.M.: B 12/3.

[13] Zu dieser Zeit wurden einerseits etwa 60 Polen aus der Haft des KLM entlassen, andererseits wurden mindestens 129 polnische Studenten und Offiziere exekutiert (ab 12.11. bis 25.11.1940). Archiv M.M.: E 13/II.

[14] Der Vatikan verhandelte über seine Nuntiatur mit der Reichsregierung und durch den Meißener Bischof Dr. Wenken direkt mit dem RSHA respektive der GESTAPO. – Am 15.11.1940 ist Pfarrer Kagerer aus der Haft entlassen worden. Kagerer wog bei der Entlassung 37 kg! In seine Pfarre und nach Oberösterreich (damals Gau Oberdonau) durfte er gemäß einer Weisung der GESTAPO nicht zurück. Er kam in ein Kloster nach Wien VII als Kirchenrektor mit Predigt- und Schulverbot sowie mit der Auflage, sich täglich bei der Polizei zu melden. Außerdem wurde er jahrelang überwacht. Angaben des Pfarrers Kagerer. Priester: S.48f und 101f. Archiv M.M.: E 1 und 4.

blitzschnell vom „Lagernachrichtendienst" verbreitete Sensation ersten Ranges, denn bisher wurden hier die polnischen geistlichen Häftlinge nicht angesprochen, sondern stets mit einem verächtlich gebrauchten „Du" in Verbindung mit beschämenden Beleidigungen angebrüllt. Damals wurde auch die Überstellung der Geistlichen aus den Steinbruch- und Steineträger-Kommandos in andere Arbeitseinheiten verfügt. Ebenso unerwartet für alle war der am 6.12.1940 in Mauthausen und Gusen erteilte Auftrag, die geistlichen Häftlinge nicht zur Arbeit ausrücken zu lassen.[15] Der sofort tätige „Lagernachrichtendienst" verbreitete die Botschaft, dass alle Geistlichen entlassen werden!

Am folgenden Tag, 7.12.1940, wurden fast alle transportfähigen geistlichen Gefangenen aus dem KLM in Gusen konzentriert. Insgesamt 177 Häftlinge, darunter etwa 152 Geistliche, wurden am gleichen Tag nachmittags in das KL Dachau überstellt. Alle befanden sich in schlechtem körperlichem Zustand. Ein Teil konnte sich zu Fuß zum Bahnhof St. Georgen a. d. Gusen schleppen, die Gehunfähigen mussten mit LKWs zum Zug transportiert werden. Doch allen – ob gesund oder krank – fiel der Abschied leicht. Sie betrachteten die Überstellung als Erlösung und – obwohl manche mit einer Entlassung gerechnet hatten – freuten sie sich auf Dachau!

Einer der Überstellten, Karol Zwaka, geb. am 16.4.1889, Pfarrer der Diözese Poznan, ist in Dachau nicht lebend angekommen. Er starb während des Bahntransportes.

Unter den Überstellten befanden sich mindestens 139 Polen, sechs Österreicher, vier Deutsche und drei Tschechen. Weshalb mehrere transportfähige Geistliche in Mauthausen und Gusen verbleiben mussten, konnte bisher nicht ermittelt werden. So sind u. a. der Militärgeistliche Stefan Ringwelski, geb. am 8.5.1913 in Nowe Poleszki, und Dr. theol. Johannes Gruber, geb. am 20.10.1889, Direktor des Blindeninstitutes in Linz/Urfahr im KLM geblieben. Dr. Gruber hat sich als Pfleger[16] im Revier (ab 20.8.1940) durch Beschaffung von Medikamenten für die kranken Geistlichen Verdienste erworben. In den Jahren 1942 bis 1944 (als er mit der Verwahrung und dem Abtransport von archäologischen Funden in Gusen betraut war) hatte er die systematische Betreuung von Kindern und Jugendlichen organisiert. Dr. Gruber hatte im Sommer 1943, vermutlich in Verbindung mit mehreren in den Steinbruch- und Rüstungsfirmen (Steyr-Daimler-Puch AG und Messerschmitt AG) beschäftigten Zivilisten, illegalen Kontakt zu Personen in Linz und Wien aufnehmen können. Er soll die Außenwelt über die Verhältnisse im KLM informiert haben. Anfang März 1944 erfuhr davon die Wiener GESTAPO, und das führte zur Einweisung Dr. Grubers in den Gusener Lagerarrest, wo er zum Selbstmord gezwungen werden sollte. Nach wochenlangem Quälen wurde Dr. Gruber vom Lagerkommandanten Seidler durch Messerstiche und andere tierische Miss-

---

[15] Die 27 Priester des Arbeitskommandos „Spielberg" wurden durch polnische Lehrer und Professoren ersetzt. – Die erträglichen Lebensverhältnisse der Häftlinge dieses Arbeitskommandos (die Ausgrabungen erfolgten u. a. über Auftrag Himmlers, und die Häftlinge kamen mit Zivilisten in Kontakt) trugen wesentlich dazu bei, dass sich in der Folge aus der Gruppe der Archäologen-Häftlinge ein geistiges Zentrum der polnischen Solidarität und des nationalen Widerstandes im Lager Gusen bildete. Archiv M.M.: B 12/12a und 67.

[16] Damals wurden im KLM die Polen nur im Freien oder als Steinmetze (die in Hallen arbeiteten) eingesetzt. Alle deutschen und österreichischen, nicht aber die jüdischen Häftlinge, wurden bevorzugt als Capo, Lagerfunktionäre, weiters in den Werkstätten oder in der Verwaltung eingeteilt.

handlungen am 7.4.1944 (Ostern) getötet.[17] Im Jahre 1941 sind vermutlich wenige Geistliche in das KLM eingewiesen worden. Bisher konnten erfasst werden:
Am 31.1.1941 der polnische Geistliche Viktor Spinek, geb. am 23.11.1900, aus einem Kloster in Lodz stammend, am 7.6.1941 der hessische Kaplan Benedikt Rodach, geb. am 2.5.1910, Diözese Mainz,[18] am 15.8.1941 der Professor des Lodzer Seminars Dr. Jan Warczak, geb. am 3.9.1906, und am 26.9.1941 der tschechische Dozent der Philosophie, katholischer Priester Adolf Kajpr, geb. am 5.7.1902. Rodach wurde am 11.8.1941, Spinek, Dr. Warczak und Kajpr wurden mit zwei anderen Geistlichen am 30.5.1942 in das KL Dachau überstellt. Obwohl laut einer Verfügung des WVHA vom 1.5.1942 *„(...) die deutschen, holländischen und norwegischen Geistlichen (...) in Dachau beschäftigt werden (...) [sollten]. Die polnischen und litauischen Pfaffen sollten in den Lagern, in denen sie sich jetzt befinden"* verbleiben.[19]
Im Laufe des Jahres 1942 kamen zuerst drei polnische Studenten der Theologie sowie ein Priester aus Krakau, dann vier serbische Priester der orthodoxen Kirche und drei tschechische Geistliche. Unter den Letztgenannten kam am 12.8.1942 der Päpstliche Prälat Dr. theol. Otto Svec, geb. am 27.8.1888, und am 7.9.1942 der Direktor der Salesianer Dr. theol. Stefan Trochta, geb. am 26.3.1904.
Im Jahre 1943 trafen einzelne polnische Geistliche ein, so u. a. fünf Priester, die am 3.5.1943 in Westpolen festgenommen und über das KL Stutthof am 17.12.1943 ins KLM überstellt wurden. Sie sind als Deutsche geführt worden. Dies waren:

- Jozef Bartel, geb. am 23.10.1898, Direktor einer Landesanstalt für Taubstumme,
- Jozef Barucki, geb. am 16.5.1891, Propst aus Kichna,
- Jozef Chodzinski, geb. am 7.4.1904, Propst aus Szemuda,
- Theodor Plewa, geb. am 7.1.1897, Professor,
- Konrad Scheffler, geb. am 18.3.1906, Propst aus Gdynia.

Bereits am 28.12.1943 wurde Jozef Chodzinski als verstorben gemeldet. Offizielle Todesursache: „Entzündung der Bronchien". Tatsächlich ist er im Krankenlager durch Herzinjektion getötet worden.

---

[17] Offiziell hieß es: „DR-Schutz Nr. 43.050, Johann Gruber hat am 8.4.1944 (also einen Tag später als tatsächlich) Freitod durch Erhängen verübt." – Dr. Grubers illegaler Schriftverkehr mit der Außenwelt bewirkte eine einschneidende Anordnung des Chefs des WVHA, Pohl, der am 16.3.1944 in einem Geheimschreiben an alle Lagerkommandanten der Konzentrationslager „grundsätzlich verbieten" ließ, „Geistliche [in den KL] zu irgendwelchen Schreibarbeiten" heranzuziehen. Wörtlich wurde angeordnet: „Einsatz von Geistlichen als Schreibkraft im Schutzhaftlager, bei der Kommandantur oder auf einer anderen SS-Dienststelle (Wirtschaftsbetriebe, Besoldungsstelle, Lagerverwaltung, Politische Abteilung, Standesamt, Krankenbau, Krematorium usw.) kann keinesfalls erfolgen. Geistliche, die bisher mit Arbeiten, wie vorstehend beschrieben, beschäftigt waren, sind sofort abzulösen. Vollzug ist (...) zu melden." Archiv M.M.: E 1a/16, 20 und 31.

[18] Die GESTAPO wollte den Häftling Rodach „zur Mitarbeit" bewegen (entnommen aus dem Buch „Die Frommen in der Hölle" von Raimund Schnabel). Rodach lehnte ab, und offenbar deshalb ist er in das KLM überstellt worden. – Ab Dezember 1940 sollten festgenommene Geistliche aller Nationalitäten und Religionen nur in die KL Dachau, Buchenwald und Sachsenhausen eingeliefert werden. Tatsächlich sind zumindest die Polen auch in andere Konzentrationslager eingeliefert worden. Priester: S.316ff und 412.

[19] Zeitgeschichte: NO-604.

Priester.

Nicht eingesetzt :

Pol.DR.	40895	Bartel	Josef	23.10.94.
"	40898	Borucki	Franz	16. 5.91.

Baukdo 1

PolJug.	29102	Stojanovic	Milutin	11. 7.07.

Weberei.

PolPole	30121	Cwiklik /7	Wladyslaw	29. 5.11.
PolTsch	12060	Svec /10	Ottokar	27. 8.88.
"	12791	Trochta /9	Stefan	26. 3.05.

Revier.

PolFrz	26183	Dutaur	Johann	7.10.93.(Isoliert Schlier)
"	27977	Dhovailly	Amadee	13. 1.86.
"	28573	Schyns	Jean	23.10.88.

Zement.

PolJug.	38388	Babic Zement	Veljko	8.11.10.
Pol.DR	40964	Plewa -"-	Theodor	7. 1.97.
"	40978	Scheffler -"-	Konrad	18. 3.06.

Schlier.

PolJug.	39962	Bezic SL	Zivan	18. 5.21.

Gr.Raming.

PolJug	19447	Ziravac	Petar	26. 2.07.
"	25348	Bodroza	Dobroslaw	25. 1.18.

Steyr.

~~SV.DR. 35279 Haselsberger Sebastian 10. 1.94.~~

Linz.

PolJug	15358	Svitlic Linz	Strahnija	9.12.12.

~~SV.DR. 35645 Kessler Josef 20. 3.01.~~

Stud.Theol. Gärtnerei.

Pol.Pole	10229	Bernacki	Zbigniew	25. 8.20.
" "	10223	Gamulka SL	Kasimir	10. 1.20.
Pol.Tsch	25574	Svetinski	Ludwig	24.10.21.
Pol.Pole	10226	Schabowski SL	Thadeus	9.11.19.

Gusen:
Geistliche Lette 55907 Zellitis Arturs 6.1.11

4831

Unvollständige Namensliste von Priestern. 1944 AMM

Im Jahre 1943 trafen auch einzelne Jugoslawen und drei Franzosen ein; im Jahre 1944 kamen 14 katholische sowie vier protestantische französische und mehrere italienische katholische Priester. So wurden u. a. eingewiesen:

- Professor der Philosophie im bischöflichen Seminar in Livorno Dr. phil. Roberto Angeli, geb. 9.7.1913 in Schio,
- Pfarrer im Hl. Jakub und Professor und Rektor des Herz-Jesu-Chiavari-Institutes Dr. phil. Luigi Pinamonti, geb. am 15. 9 1896 in Merano.

Am 6.4.1944 kamen aus Compiègne mehrere französische röm.-kath. Geistliche an. Unter ihnen befanden sich:

- Josef Herouet, geb. am 28.7.1910, Pfarrer in St. Julien, Diozese Nantes,
- Michael Riquet, geb. am 8.9.1898 in Paris, Priester und Leiter der medizinischen Fakultät in Paris,
- Jean Sigala, geb. am 29.5.1884, Professor der Philosophie im bischöflichen Institut St. Joseph in Perigueux.

Am 20.5.1944 sind zwei polnische Priester strafweise aus dem KL Dachau in das KL Mauthausen überstellt worden:

- Josef Bialy, geb. am 20.2.1893 in Kobelnik, Pfarrer in Wilczyna, Diözese Poznan und
- Jerzy Musial, geb. am 3.8.1919, Angehöriger eines Ordens in Lublin.[20]

Am 3.10.1944 kam der serbische Priester Dragomir Djakovic, geb. am 10.4.1910, und am 21.10.1944 wurde der polnische Priester Stanislaw Rzepko-Laski, geb. am 13.11.1904 in Mohylow, ins KLM gebracht. Letzterer soll Beauftragter des Apostolischen Nuntius für die von den Deutschen besetzten polnischen Gebiete gewesen sein. Rzepko-Laski ist am 28.10.1944 im Mauthausener Krematorium exekutiert worden; offiziell hieß es: *„auf Befehl des RFSS erhängt"*.

Mit Ausnahme von Rabbinern sowie Priestern der russisch-orthodoxen Kirche wurden in den Jahren 1942 bis 1945 im KLM die ausländischen geistlichen Gefangenen aller übrigen Religionsgemeinschaften wesentlich anders behandelt als ihre Glaubensbrüder in den Jahren bis 1942. Jedoch Privilegien, wie sie den Priestern im KL Dachau zuteil wurden, hatten sie nicht. Auch jedwede Art religiöser Handlungen war weiterhin strengstens untersagt. Ab Dezember 1942 bis etwa Ende 1944 erhielten manche Priester, z. B. die beiden tschechischen Theologen Svec und Trochta, wöchentlich umfangreiche Lebensmittelpakete, dies trug nicht nur zur Erhaltung der eigenen Körperkraft bei, sondern zu einem nicht minder wichtigen Entgegenkommen seitens der Häftlingsfunktionäre und SS-Angehörigen. In dieser Zeit hatten einzelne Geistliche relativ gute Kontakte zu ihren nationalen Gruppen und auch zu geistlichen Häftlingen anderer Nationen. Fast alle katholischen Geistlichen hatten enge Beziehungen zu einzelnen Polen anknüpfen können, und im Jahre 1944 soll es in den Nebenlagern Melk, Ebensee, Loiblpass und Gusen einige Priester gegeben haben, die geheim seelsorgerische Pflichten ausübten. Zwischen den geistlichen Gefangenen und den politischen

[20] Musial wurde am 1.12.1944 nach dem KL Dachau rücküberstellt; er starb am 10.3.1945. Priester: S.541.

Häftlingen gab es keinen Unterschied. Alle trugen die gleiche Kleidung, das gleiche Häftlingszeichen, waren geschoren, erhielten die gleiche Nahrung und hatten die gleiche Unterkunft. Alter, Bildungsgrad und Rang der Geistlichen spielten vielleicht bei der Arbeitszuteilung eine gewisse Rolle.

Diese im Vergleich zu den vorangegangenen Jahren wesentlich veränderte Lage bewirkte, dass laut einer offiziellen Aufstellung von Mitte April 1944 zwei deutsche Priester vorübergehend nicht im Arbeitsprozess eingesetzt waren; ein jugoslawischer Geistlicher war im Baukommando, drei weitere Geistliche (ein Pole und zwei Tschechen) waren in der Weberei tätig. Drei Franzosen befanden sich im Krankenlager, drei Polen in der Lagergärtnerei, drei (ein Jugoslawe und zwei DR-Schutz) in Ebensee,[21] ein Jugoslawe in Redl-Zipf-Schlier, zwei Jugoslawen in Großraming, ein SV-DR-Geistlicher in Steyr, zwei (ein Jugoslawe und ein DR-SV) in Linz; in Gusen befand sich der lettische Pastor Arturs Zellitis, geb. am 6.1.1911, Häftlingsnummer 55.907, der am 6.3.1944 dort ankam und am 3.5.1944 als „gestorben" gemeldet wurde.

Am 30.11.1944 wurden im Bereiche des KLM 46 Geistliche, vier Deutsche, sechs Jugoslawen, acht Polen, 14 Franzosen, zwei Tschechen, elf Italiener und ein Belgier registriert. Diese 46 Häftlinge wurden gemäß einer Weisung des WVHA vom 28.10.1944 am 1.12.1944 in das KL Dachau abtransportiert.[22]

Somit wurden aus dem KLM in mehreren Transporten vermutlich 211 geistliche Häftlinge in das KL Dachau überstellt. In andere Konzentrationslager wurden einzelne Geistliche der orthodoxen Kirchen transportiert. Bekannt ist lediglich die Überstellung des aus Serbien stammenden orthodoxen Priesters Stefan Maletic, geb. am 29.9.1917, der am 13.10.1943 in das KL Buchenwald kam. Am 10.6.1940 ist der polnische Kleriker Alojzy Gerich aus Gusen entlassen, jedoch kurze Zeit darauf, am 4.12.1940, in Polen neuerdings festgenommen und in das KL Dachau eingewiesen worden.

Geistliche, die vom KLM nach dem KL Dachau überstellt worden sind:

15.8.1940	3	Polen
07.12.1940	152	verschiedene Nationalitäten
11.08.1941	1	Deutscher
30.05.1942	5	3 Polen und 2 Tschechen
02.10.1942	2	Polen
08.11.1942	2	Jugoslawen
1.12.1944		verschiedene Nationalitäten

[21] Siehe die Namensliste von Priestern. Archiv M.M.: E 1aa/1. Nach der Befreiung am 8.5.1945 soll es in Ebensee sieben katholische, einen griechisch-orthodoxen Geistlichen und einen evangelischen Diakon gegeben haben.

[22] Ab 21.11.1944 befand sich vorübergehend im Mauthausener Bunker (nicht nummernmäßig, jedoch namentlich erfasst) der katholische Kaplan Heinrich Maier, geboren am 16.2.1908. Dieser führende österreichische Widerstandskämpfer wurde am 28.10.1944 in Wien von einem Volksgerichtssenat (Nr. 5) zum Tode verurteilt, dann in das Mauthausener Arrestgebäude überstellt, dort ergänzenden Verhören unterzogen und nach mehreren Wochen in das Landesgericht Wien I rücküberstellt, wo DDr. Maier am 22.3.1945 (letzte offizielle Hinrichtung im Landesgericht) durch Enthauptung exekutiert wurde. Archiv M.M.: E 1aa/5.

In den Jahren 1944 und 1945 statistisch erfasste geistliche Häftlinge des KLM:[23]

1944	Gesamt	DR	Jugo.	Polen	Franz.	Tschech.	Ital.	Holl.	Sonstige
31.01.	24	4	6	6	6	2	-	-	-
28.02.	21	4	6	6	3	2	-	-	-
31.03.	24	4	6	6	6	2	-	-	-
30.04.	35	4	6	6	16	2	-	-	1
31.05.	36	4	6	8	16	2	-	-	-
30.06.	38	4	6	7	16	2	3	-	-
31.07.	37	4	6	7	15	2	3	-	
31.08.	40	4	6	7	14	2	7	-	-
30.09.	42	4	6	8	14	2	7	1	-
31.10.	42	4	6	8	14	2	7	1	-
30.11.	46	4	6	8	14	2	11	1	-
31.12.	3	-	-	2	-	-	1	-	-

1945[24]		
31.1.	3	2 Polen und 1 Italiener
28.2.	5	3 Polen und 2 Luxemburger
15.3.	14	Nationalität unbekannt
19.4.	21	Nationalität unbekannt

Die Alterszusammensetzung der geistlichen Häftlinge:

	Jahre				
Datum:	**20–30**	**30–40**	**40–50**	**50–60**	**Gesamtzahl**
31.01.1944	4	11	2	4	21
30.11.1944	13	24	4	5	46
31.03.1945	2	4	4	3	13

In welchem körperlichen Zustand sich die aus dem KLM überstellten Priester befunden haben veranschaulichen folgende Beispiele:
Von den am 7.12.1940 überstellten Geistlichen sind viele kurz nach ihrer Ankunft in Dachau gestorben, so z. B. am 29.12.1940 Roman Dadaczynski, geb. am 8.2.1889, Pfarrer aus Rakoniewicz, Diözese Poznan; am 8.1.1941 Cieslaw Obarski, geb. am 23.1.1883, Dekan und Pfarrer in Zakolewo, Diözese Poznan; am 16.2.1941 Anton Kutej, geb. am 13.7.1909,

[23] Archiv M.M.: E 6/2, 3 und 4, monatl. Erfassung der Häftlinge nach Arten.

[24] Die Lagerstatistiken des Jahres 1945 sind unvollständig, denn allein am 9.2.1945 wurden in das KLM zwei tschechische röm.-kath. Priester und der ungarische evangelische Pfarrer Dr. Sigmund Varga, geb. am 6.9.1919, überstellt, und alle drei wurden in den Statistiken nicht erfasst. Weiters wurden am 16.2. und 19.2.1945 die französischen Priester Armand Vallee und Jean-Louis Battifol eingewiesen; auch sie wurden nicht erfasst. Archiv M.M.: E 12/1.

Pfarrer aus St. Michael bei Bleiburg, Diözese Gurk-Klagenfurt; am 26.2.1941 Johann Allmer, geb. am 20.1.1902, Pfarrer aus Glashütte, Diözese Seckau.
Von den fünf am 30.5.1942 überstellten sind zwei im gleichen Jahre verstorben:
Am 16.7.1942 Kazimierz Calka, geb. am 24.1.1909, Vikar in der Kirche Hl. Vincenz von Paul, Diözese Knezno und am 7.10.1942 Vladimir Cermak, geb. am 5.4.1901, Pfarrer in der Diözese Olomouc.
Von den am 1.12. 1944 Eingetroffenen ist in Dachau noch im gleichen Monat, und zwar am 29.12.1944, der belgische Pfarrer Edmundus Servais, geb. am 20.8.1908, Diözese Namur (in den SS-Statistiken wurde Servais als Holländer geführt), gestorben.
Wie viele Geistliche im KL Mauthausen vom 8.8.1938 bis 5.5.1945 verstorben sind, konnte nicht festgestellt werden, weil bis zum Jahresende 1943 die Geistlichen in den SS-Unterlagen vorwiegend als Schutz-, einzelne als § 175- oder auch als SV-Häftlinge geführt wurden.[25]
Jedoch starben im Herbst 1940 allein in Gusen mindestens 44 Priester, und im Schloss Hartheim sollen im Zuge der im KL Dachau im Jahre 1942 durchgeführten Aktion „Invalidentransporte" 332 Priester ermordet worden sein. Darunter waren 310 Polen, sechs Tschechen, fünf Deutsche, vier Luxemburger, drei Niederländer, zwei Belgier und zwei Österreicher.
Die letzten zwei im KLM offiziell als verstorben registrierten Geistlichen waren der slowakische evangelische Pfarrer Josef Bucko und der französische Katholik Jean-Louis Battifol. Bucko kam am 20.2.1945 in das KLM, wurde in das Nebenlager Amstetten überstellt und von dort Ende April nach Ebensee, wo er am 5.5.1945 an Phlegmone starb. Battifol kam am 19.2.1945 und starb am 7.5.1945 im Mauthausener Krankenlager.[26]
In den Tagen der Befreiung – vom 5. bis 7.5.1945 – widmeten sich die körperlich stärkeren und gesunden Priester[27] sofort der Seelsorge. Schon wenige Tage nach der Befreiung wurden vornehmlich von polnischen Häftlingen in Gusen, in Mauthausen (Block 18 oder 19) und in Ebensee (Block 13) Notkapellen der römisch-katholischen Kirche errichtet, wo dann von den ehemaligen Häftlingspriestern Messen zelebriert und Dankgottesdienste abgehalten wurden. Amerikanische Militärgeistliche, die mit ihren Truppenteilen in den Lagern eintrafen, aber auch katholische Pfarren aus der nahen Umgehung, stellten verschiedene Gegenstände wie Gebetbücher, Messkleider, Kelchgarnituren, Messwein, Hostien u. a. zur Verfügung.

---

[25] Erst ab Herbst 1943 begann man, in den Lagerdokumenten und -Statistiken die „Geistlichen" gesondert zu führen.
[26] Am 2.6.1945 starb im Linzer Krankenhaus der in Gusen befreite französische Priester Lucien Bunel „Pere Jacques", geboren am 29.1.1900 in Carmes.
[27] So wie alle Häftlinge befanden sich auch die Geistlichen zur Zeit der Befreiung in einer katastrophalen körperlichen Verfassung. Univ.-Prof. Dr. Franz Loidl aus Wien, der unmittelbar nach der Befreiung das Nebenlager Ebensee aufsuchte, schildert den Zustand eines italienischen Priesters wie folgt: „Der arme Italiener war (...) geschwächt (...) er [konnte] nicht von der oberen Pritsche (...) herabklettern (...) wir [nahmen] ihn unter die Arme (...)" Archiv M.M.: B 5/37.

23. Die Bibelforscher

Waren die geistlichen Häftlinge aus nationalen, politischen und religiösen Gründen inhaftiert, so gab es im KLM eine Gefangenengruppe, die auf Grund ihres Glaubens wegen ihrer pazifistischen Einstellung verfolgt wurde: deutsche sowie einzelne österreichische und polnische Angehörige der Sekte „Ernste Bibelforscher" bzw. „Zeugen Jehovas", kurz „Bifo" genannt.

Die ins KLM eingewiesenen polnischen Bibelforscher wurden oftmals aus nationalen und nicht aus religiösen Gründen inhaftiert. Weil nach Ansicht der Bibelforscher *„jeder Bibelforscher ein von Jehova persönlich eingesetzter Prediger sei"*, fühlten sie sich auch als verfolgte Geistliche. Da die deutschen und österreichischen „Zeugen Jehovas" – das Tötungsverbot der Bibel strikt einhaltend – den Wehrdienst und somit den Treueid auf Hitler verweigerten, wurden sie verfolgt und in die Konzentrationslager eingewiesen. Sie waren die einzigen Häftlinge, die in der Lage waren, das Ende ihrer Haft mit Bestimmtheit durch eigenes Handeln herbeizuführen. Denn die Bibelforscher hatten die Möglichkeit, eine Erklärung zu unterzeichnen, mit der sie sich verpflichteten, sich nicht mehr für die Internationale Bibelforschervereinigung zu betätigen, da sie erkannt hätten, dass diese eine Irrlehre verbreite und sich staatsfeindlich betätige.[1]

Die erste und die größte geschlossene Gruppe der deutschen und österreichischen Bibelforscher, 144 Personen, kam am 29.9.1939 ins KLM. In der Zeit von 1939 bis 1945 wurde den „Zeugen Jehovas" mehrmals die Gelegenheit angeboten, die Freiheit wieder zu erlangen, sobald sie ihrem Glauben abschworen. Nur wenige nutzten diese Gelegenheit, denn in der Zeit vom Eintreffen der Dachauer Häftlinge (am 29.9.1939) bis zum 20.4.1944 sind lediglich sechs deutsche oder österreichische Bibelforscher aus der Haft des KLM entlassen worden.[2] Ob nach dem 20.4.1944 „Zeugen Jehovas" entlassen wurden, ist unbekannt, jedoch höchst unwahrscheinlich.

Bis Ende 1941 wurden vor, während und nach dem Erscheinen einer Musterungskommission, an den an ihren violetten Winkel leicht erkennbaren Bifo-DR-Häftlingen routinemäßig Misshandlungen begangen.

So z. B. tagte Ende Februar 1940 im Hauptlager eine Rekrutierungskommission, und dies waren für die 143 Bifo-DR-Häftlinge die Folgen: im Januar 1940 wurden zehn, im Februar 15, im März 19 und im April neun als „gestorben" gemeldet. Hinzugefügt muss noch werden, dass von den 143 Personen 25 das „Glück" hatten, am 18.2.1940 in das KL Dachau rück überstellt zu werden.[3]

---

[1] SS-Herrschaft: S.87f.

[2] So sind im Jahre 1939 ein, 1940 drei und 1942 zwei Bibelforscher entlassen worden. Über die näheren Umstände dieser Entlassungen konnte nichts in Erfahrung gebracht werden. Archiv M.M.: E 13/2, Kopie eines Rapportberichtes (Entlassungen).

[3] Nach dem Stand vom 1.1.1940. Am 29.11.1939 ist ein Bifo-DR entlassen und bis zum 9.1.1940 ist keiner von ihnen als gestorben gemeldet worden. Archiv M.M.: E 13/2.

Die damalige systematische Liquidierung wurde auch deshalb eingestellt, weil ab 8.3.1940 massenweise die ersten Ausländer, Polen, ins KLM eingewiesen wurden. Ab April 1940 „befasste" sich die SS nun vorwiegend mit den neu angekommenen Slawen. Als vom 18. bis 28.8.1941 neuerdings eine Militärkommission erschien, um Häftlinge der Jahrgänge 1900 bis 1923 zu mustern, befanden sich unter den Rekruten neun deutsche „Zeugen Jehovas". Keiner von ihnen war bereit einzurücken. Es gab Beschimpfungen, Ohrfeigen, Fußtritte, Misshandlungen und Verletzungen, jedoch keiner dieser Bibelforscher kam in die Strafkompanie, und keiner von ihnen ist unmittelbar danach getötet worden. Dieses Mal war es der Mord an holländischen Juden und die Zusammenstellung der ersten Transporte nach Hartheim, die zur Folge hatten, dass die neun Häftlinge davongekommen sind.

In der ersten Zeit wurden die deutschen und österreichischen „Zeugen Jehovas" durchwegs im Steinbruch und beim Lageraufbau eingesetzt. Ab Winter 1941/42 wurden sie, über Auftrag der SS-Lagerleitung, in relativ bessere Arbeitskommandos eingeteilt, z. B. in die Werkstätten, Pferde- und Schweineställe. Dies führte praktisch zu „verbesserten" Lebensbedingungen der Bibelforscher; jedoch nicht der polnischen „Zeugen Jehovas". In den folgenden Jahren sind nur wenige von ihnen gestorben.

Während der gesamten Zeit der Existenz des Lagers gab es offensichtlich keinen Bibelforscher, der eine Häftlingsfunktion ausübte! Am 31.3.1943 wurden im Bereiche des KLM 38, am 31.12.1944 85 und am 31.3.1945 104 Bibelforscher registriert. Die Ende Dezember 1944 statistisch erfassten 85 „Zeugen Jehovas" setzten sich aus 46 Deutschen oder Österreichern, 36 Polen und drei Tschechen zusammen.[4]

Obwohl sich die Bibelforscher den ihrem Glauben nicht angehörenden Kameraden gegenüber hilfreich verhielten, pflegte die Masse der Lagerinsassen mit ihnen geringen Kontakt. Die deutschen und österreichischen Schutzhäftlinge, die spanischen, tschechischen und polnischen Häftlingsfunktionäre hegten ihnen gegenüber Mitgefühl und, angesichts ihrer Standhaftigkeit, Bewunderung. Ein besonderes Vertrauensverhältnis bestand nicht; wohl deshalb, weil sich die Bibelforscher in ihrer Glaubensauslegung doktrinär verhielten und sie auch jede Art von Handlungen, insbesondere gegen die SS, kategorisch ablehnten. Es hatte den Anschein, es nicht mit ihrem Glauben vereinbaren zu können, das (von der SS) in sie gesetzte Vertrauen zu missbrauchen.

Zweifelsohne gab es innerhalb der Gemeinschaft der Bibelforscher Solidaritätshandlungen, denn sie bildeten sichtbar eine in sich geschlossene Gemeinschaft. Über eine andere organisatorische oder religiöse Tätigkeit der „Zeugen Jehovas" scheinen weder mündliche Aussagen noch schriftliche Unterlagen auf. Das Zerschlagen einer Bibelforscher-Gemeinschaft war offenbar der Anlass einer Weisung Pohls vom 10.9.1943, wonach die im Lager befindlichen „Zeugen Jehovas" so aufzuteilen wären, *„daß in jeden Block, unter die anderen Häftlinge, 2–3 Bibelforscher-Häftlinge gelegt werden"*.

[4] Archiv M.M.: E 12/2, Originalstatistiken.

Diese Anordnung war bezüglich des Mauthausener Hauptlagers gegenstandslos, da die Bifo-DR-Häftlinge, je nach ihrem Arbeitskommando, in verschiedenen Baracken (2, 3, 4, 7, 8 und 9) untergebracht waren.

Die „Zeugen Jehovas“ waren im KLM eine Leidensgemeinschaft mit festem Zusammenhalt. Sie waren bescheidene, disziplinierte, fleißige, duldsame, ihrer Internationalen Bibelforschervereinigung und somit auch ihrem Glauben treu ergebene Menschen. Sie übten innerhalb der illegalen politischen Auseinandersetzung im Lager strenge Neutralität, es gab mit ihnen keine politische Zusammenarbeit, sie lehnten Tätigkeit gegen die SS ab, und dazu kam noch, dass keiner von ihnen aus dem Lager zu flüchten beabsichtigte.[5]

[5] Siehe Kapitel 34: Die Flucht.

Mauthausen, den 1. Oktober 1944

Frau

Rosa F r i t z

Stadl Paura Kreis
W e l s

Gemeindestr. 40

Sehr geehrte Frau Fritz !

Ihr Ehegatte Alois Fritz wurde am 18.September 1944, als er einen Fluchtversuch unternahm, erschossen.-

Ich spreche Ihnen zu diesem Verlust mein Beileid aus.-

Warum Ihr Ehemann diese aussichtslose Flucht unternommen hatte, kann ich leider nicht angeben, vermute aber, daß er die Tat in einer momentanen geistigen Verwirrung ausführte. Auch kann Ihr Mann nicht in Unkenntnis der allgemeinen Bestimmungen gehandelt haben, denn er ist öfters darüber belehrt worden, daß jeder Fluchtversuch mit allen Mitteln unterbunden wird.-

I.A.

SS-Obersturmführer.

Pre

Der oberösterreichische Kommunist Alois Fritz aus Stadl-Paura wurde am 9.9.1944 ins KLM eingewiesen, nach tagelangen Verhören am 15.9.1944 erkennungsdienstlich erfasst, fotografiert und am 18.9.1944 oberhalb der Steinbruchstiege „auf der Flucht“ erschossen. (SS-Foto). Seiner Gattin wurde von der Politischen Abteilung ein Beileidsschreiben übermittelt.

AMM

24. Die Österreicher

Österreicher, die aus politischen oder rassischen Gründen verhaftet worden waren, wurden erst ab Frühjahr 1939 in das KLM eingeliefert. Vorher setzte sich die Masse der Österreicher im KLM aus BV und AZR-Häftlingen zusammen. Diese Personen sind entweder im Zuge mehrerer in den Jahren 1938 und 1939 vom RSHA anbefohlenen Großrazzien *„gegen Kriminelle im arbeitsfähigen Alter"* festgenommen oder unmittelbar nach der Verbüßung einer Gerichtsstrafe vom Kriminalpolizeiamt in die „Befristete Vorbeugungshaft" (gekürzt BV) des KLM eingewiesen worden. Nicht wenige unter ihnen hatten viele schwere Vorstrafen oder waren pathologische Kriminelle. Diese Häftlinge – Kassenschränker, Gewalttäter, Einbrecher, internationale Hochstapler, Betrüger, Einschleich- und Taschendiebe – übertrugen bestimmte Formen gegenseitiger Unterstützung aus den Gefängnissen in das Konzentrationslager, und zwar auf der Basis einer patriarchalischen Rangordnung: an der Spitze standen bekannte Kassenschränker, dann kamen die Einbrecher, und die letzten dieser Skala waren die Taschendiebe. Diese Rangordnung war auch maßgebend für die Besetzung von Lagerfunktionen.

Unter der Bezeichnung „Berufsverbrecher" wurden jedoch auch viele junge Menschen eingewiesen, die in den dreißiger Jahren – in der Zeit der Arbeitslosigkeit – wegen geringfügiger Delikte, so u. a. wegen Vagabundage oder Bettelei mit dem Gesetz in Konflikt geraten waren. Zu den AZR-Häftlingen wurden ausnahmslos alle aus rassischen Gründen eingewiesenen Zigeuner gezählt. Als „asoziale Elemente" wurden auch etwa 20 in den Jahren 1938 und 1939 eingewiesene Österreicher bezeichnet, denen zur Last gelegt wurde, zweimal die Arbeitsannahme außerhalb der Heimat, vielfach in deutschen Rüstungsbetrieben, verweigert zu haben.

Unter den im Frühjahr 1939 und am 29.9.1939 aus dem damals vorübergehend aufgelassenen KL Dachau Eingelieferten befanden sich etwa 110 bis 130 politische Österreicher: Politiker und Beamte aus der Dollfuß- und Schuschnigg-Ära, Kommunisten, Bibelforscher, Priester und fünf Jugendliche, die als so genannte „Innitzer-Gardisten" nach einer Demonstration der katholischen Jugend im Oktober 1938 in Wien festgenommen worden waren. Von den Österreichern des Jahres 1939 (manche als Emigranten geführt) sind während des Winters 1939/40 28 Personen im KLM gestorben, zwölf entlassen und ein Teil am 18.2.1940 in das KL Dachau rücküberstellt worden. Im KLM verblieben etwa 50 politische Österreicher, und von diesen wurden Anfang des Jahres 1941 nochmals mindestens 25 entlassen.[1] In den Jahren 1939 bis 1941 wurden etwa 250 österreichische Zigeuner eingeliefert; viele von ihnen wurden innerhalb weniger Wochen im Steinbruch getötet. Die verbliebenen 108 jüngeren Zigeuner wurden am 8.10. und 9.10.1941 in ein angebliches Zigeunerlager bei Knittelfeld (Steiermark) und in ein anderes unbekanntes Lager überstellt.

[1] Archiv M.M.: E 13/2, Rapportbuch mit Angaben über Gestorbene, Entlassene und Überstellte. – „Innitzer-Gardisten", Angaben des Dr. H. Lein.

Von 1940 bis zum Frühjahr 1942 wurden aus politischen und rassischen Gründen einzelne Österreicher wie z. B. der Interbrigadist Karl Lotter, der Priester Dr. Johannes Gruber sowie der Sohn des österreichischen Justizministers, Peter Winterstein, in das KLM eingewiesen. Es waren einzelne Juden und etwa 19 Tiroler im Alter von 30 bis 60 Jahren. Die Tiroler waren vorwiegend katholische Aktivisten. Bis auf drei sind alle anderen Tiroler nach wenigen Wochen oder Monaten Haft als „gestorben" gemeldet worden.[2]
Am 6.11.1941 wurden, ohne nummernmäßige Erfassung, Wiener und Wiener Tschechoslowaken – vorwiegend junge kommunistische und zwei oder drei sozialistische Aktivisten – ins Lager eingewiesen und noch am gleichen Tage, um 18.00 Uhr, auf der Erschießungsstätte vis-à-vis der Baracke 20, im Auftrage des RFSS, erschossen. Diese Exekution wurde in den NS-Zeitungen verlautbart.[3] Am 14.7.1942 trafen 67 vorwiegend wegen kommunistischer Betätigung festgenommene Eisenbahner im Hauptlager ein. Während und nach den Aufnahmeformalitäten wurden sie ausnahmslos alle brutal misshandelt, insbesondere die bereits von der GESTAPO qualifizierten sechs *„bolschewistischen Rädelsführer"*. Einer starb an den Folgen der ihm zugefügten Verletzungen in der folgenden Nacht, die anderen fünf wurden am nächsten Tag, 15.7.1942, auf der Exekutionsstätte erschossen. Zwei Monate später, am 5.9.1942, sind 21 Eisenbahner nach dem KL Dachau (Stufe I) und 29 nach dem KL Flossenbürg (Stufe II) transportiert worden.[4]
Am 29.9.1942 kam ein neuerlicher Transport von jungen Wienern und Wiener Tschechen – insgesamt 42 Personen – an; aus dieser Gruppe wurden am 17.12.1942 acht Kommunisten durch Erschießen exekutiert.[5] Im Jahre 1943 wurden einzelne österreichische junge kommunistische Aktivisten, darunter mindestens zwei aus Frankreich, als französische Juden, in das KLM eingewiesen, sie wurden innerhalb weniger Tage „auf der Flucht" erschossen.

Am 29.3.1944 kam, nach einer beim SS- und Polizeigericht Wien durchgeführten Gerichtsverhandlung, eine größere Gruppe an:
49 Angehörige der Wiener Feuerwehr, in ihrer Mehrzahl Sozialisten. Ende Oktober des gleichen Jahres gingen fünf Feuerwehrleute nach Wien zurück; am 31.10.1944 sind die fünf (vier Kommunisten und ein Sozialist) auf der Kagraner Schießstätte an Pfähle gebunden und

[2] Widerstand Tirol: S.6, 28, 32f, 39, 55, 72, 77, 94, 99 und 101.
[3] Es handelte sich hier um Angehörige einer Widerstandsgruppe, die von der GESTAPO nicht ganz zutreffend als „Tschechische Sektion der KPÖ" bezeichnet wurde. Diese Organisation bestand aus zwei Gruppen: der so genannten Terrorgruppe um Ing. Edgar Diasek und Franz Nakowitz, Dr. Erich Halbkram, der auch Nichttschechen angehörten, und der eigentlichen Tschechengruppe. Widerstand Wien: Band 3, S.327ff. – Meldung des Völk. Beobachters, Wiener Ausgabe, 10.11.1941: „Tschechische Terrorbande in Wien erschossen. Der Reichsführer SS und Chef der Deutschen Polizei teilt mit: Am 6.11. wurden zwanzig Mitglieder einer von der Geheimen Staatspolizei in Wien ausgehobenen tschechischen Bande erschossen, die in Verbindung mit der im Protektorat standgerichtlich verurteilten Widerstandsgruppe stand. Die Bande hat in Wien und Umgebung durch Brandlegungen versucht, die Lebensmittelversorgung der Bevölkerung zu gefährden." Widerstand Wien: Band 2, S.318ff.
[4] Archiv M.M.: E 1a/8, Veränderungsmeldung vom 6.9.1942.
[5] Archiv M.M.: M 6/1. Unnatürliche Todesfälle: OCC 15/31a bis 31c.

zwei von ihnen erschossen worden.[6] Die drei Überlebenden wurden in das KLM zurück überstellt.

In der Zeit vom 7.9. bis Oktober 1944 überstellte die Linzer GESTAPO 68 oberösterreichische Antifaschisten, Kommunisten und Sozialisten, ins Hauptlager. Die Oberösterreicher, darunter viele Eisenbahner, mussten nächte- und tagelang entlang der Klagemauer stehen. Sie wurden während der Verhöre unmenschlichen Torturen (in der Pol. Abteilung und in der Schwab-Stube) unterzogen. Nachher kamen alle in die Strafkompanie. Bis 19.9.1944 sind zwölf Oberösterreicher beim Steinetragen oberhalb der Todesstiege in der Straßenbiegung „auf der Flucht" erschossen, 22 sind bis Ende April 1945 infolge der Misshandlungen gestorben und 33 Oberösterreicher sind am 28.4.1945 in der Mauthausener Gaskammer erstickt worden. Nur einer, der Welser Richard Dietl, konnte sich mit Hilfe der Krankenpflegefunktionäre Fredl Siebitz (Österreicher) und Dr. Stich (Tschechoslowake) retten.[7]

Am 21.9.1944 kamen aus den Grazer und obersteiermärkischen Gefängnissen 77 Steirer, darunter viele Hütten- und Bergarbeiter, an. Im gleichen Jahr trafen in verschiedenen Transporten einzelne österreichische Politiker, u. a. Dr. Alfred Migsch[8] im KLM ein. Am 21.11.1944 sind ohne nummernmäßige Erfassung elf Österreicher, darunter Ing. Leopold Figl, Lois Weinberger und Dr. Felix Hurdes[9] direkt in den Lagerarrest überstellt worden. Sie wurden im Jänner 1945 nach Wien zur GESTAPO rücktransportiert. Mehr als 400 politisch tätige Österreicher aller weltanschaulichen Richtungen, aber auch einige Frauen und Kinder kamen in der Zeit von Jänner bis April 1945 aus den Wiener und Linzer GESTAPO-Gefängnissen ins KLM. Unmittelbar nach ihrer Ankunft wurden, ohne namentliche Erfassung, etwa 120 in der Mauthausener Gaskammer ermordet. Auch mit den Evakuierungstransporten aus den verschiedenen Konzentrationslagern, vor allem aus Auschwitz, kamen mehrere österreichische Politische an.

Im Vergleich zu anderen Nationen stellten die österreichischen politischen Häftlinge stets eine kleine Minderheit dar. Die NS-Institutionen und die Lager-SS, die besonders gegen slawische Häftlinge, aber auch gegen Häftlinge anderer Nationen in doktrinärer Schärfe

[6] Tagesvermerk der GESTAPO Nr. 3, März 1944: „Bei der in der Zeit vom 13.3. bis 25.3.1944 stattgefundenen Hauptverhandlung gegen die Angehörigen der kommunistischen Zelle innerhalb der Wiener Feuerschutzpolizei wurden wegen Verbrechens der Vorbereitung zum Hochverrat bzw. Feindbegünstigung folgende Urteile gefällt: Fünf Personen zum Tode, zwölf zu lebenslänglichem Zuchthaus, eine Person erhielt 15 Jahre, eine Person zwölf Jahre, vier Personen zehn Jahre, zwei Personen acht Jahre, neun Personen sieben Jahre, fünf Personen sechs Jahre und sieben Personen fünf Jahre Zuchthaus." Die fünf nach Wien Rücküberstellten waren jene Feuerwehrleute, die zum Tode verurteilt wurden. Zum Zwecke der Abschreckung mussten damals alle in Wien tätigen Feuerwehrleute als Zuseher der Exekution beiwohnen. Widerstand Wien: Band 2, S.313ff.

[7] Archiv M.M.: V 3/43, Aussage des Richard Dietl und Tagesmeldungen des KLM.

[8] Dr. Alfred Migsch, sozialdemokratischer Politiker, später Bundesminister, ist am 7.9.1944 in das KLM eingewiesen worden. Archiv M.M.: E 1a/29, Original-Namensliste.

[9] Christlichsoziale Politiker, die nach der Befreiung Österreichs führende Funktionäre der Österreichischen Volkspartei (ÖVP) und maßgebende Politiker wurden. Ing. Leopold Figl war Bundeskanzler und Außenminister (führend an den Staatsvertragsverhandlungen beteiligt); Dr. Felix Hurdes war Unterrichtsminister und Präsident des Nationalrates; Lois Weinberger war stellvertretender Bürgermeister von Wien.

vorgingen und ihren uneingeschränkten Machtwillen eines *„rassisch bedingten Herrentums"* zur Schau stellten, verhielten sich den *„deutschstämmigen Ostmärkern"* gegenüber etwas toleranter. Ab Frühjahr 1942 haben die GESTAPO(-Leit)-Stellen festgenommene Widerstandsverdächtige „staatspolizeilich" gegliedert. Der Justiz wurden solche Fälle weitergeleitet, in denen aus stimmungspolitischen und anderen Gründen eine gerichtliche Aburteilung wünschenswert erschien. Die nicht der Justiz übergebenen oder von Gerichten verurteilten Personen wurden, je nach Schwere des Delikts und parteipolitischer Zugehörigkeit, in die verschiedenen Konzentrationslager gebracht. Insbesondere vom Winter 1941/42 bis zum Frühjahr 1944 wurden vorwiegend solche Österreicher in das KLM eingewiesen, die jung waren und denen man illegale kommunistische bzw. marxistische Tätigkeit nachgewiesen oder zumindest bei ihnen vermutet hatte, und deren Rückkehr nicht erwünscht war. Dazu kamen noch etwa 30 Österreicher ohne „kommunistische Belastung", deren Rückkehr gleichfalls unerwünscht war. Die einweisenden Stellen waren es auch, die mit Zustimmung des RSHA als rigorose Abschreckungsmaßnahme die Sonderbehandlungen von „Rädelsführern" befahlen. Ab dem Frühjahr 1944 bis zum April 1945 sind dann Österreicher aller politischen Richtungen angekommen: Sozialisten, Kommunisten, Christlichsoziale, Konservative, Liberale, Monarchisten, Bibelforscher, parteilose Gegner und im April 1945 auch einzelne ehemalige Nationalsozialisten.

In den Jahren 1939 bis 1945, jedoch vorwiegend in den beiden letzten Jahren, sind in das KLM etwa 1.600 aus politischen, religiösen und rassischen Gründen inhaftierte Österreicher eingewiesen worden. Von ihnen wurden etwa 290 – die meisten im April 1945 – aus der Haft entlassen, an die 200 in andere Konzentrationslager überstellt. Mehr als 600 Personen beiderlei Geschlechts sind exekutiert bzw. auf andere Art getötet worden, oder sie starben.

Am 5.5.1945 lebten in Mauthausen und im Nebenlager Gusen 497 aus politischen und rassischen Gründen inhaftierte Österreicher; unter ihnen befanden sich 19 Frauen.[10]

[10] Archiv M.M.: E 1a/40, Transportliste der befreiten österreichischen Häftlinge: 478 Männer und 19 Frauen.

Bewachungstürme bei Block 5 des Hauptlagers. Bis 1944 befand sich in dieser Baracke in der Stube A das Häftlingsrevier; in der Stube B wurden von 1941 bis Ende 1943 jüdische Häftlinge isoliert. AMM

25. Jüdische Häftlinge

Im Jahre 1938 gab es im KLM keinen jüdischen Häftling. Im September 1939 kam der erste jüdische Häftling aus dem KL Dachau an, und zwar Paul Wallis, geboren am 15.11.1900 in Wien. Er wurde unter der Bezeichnung „§ 175-DR-Jude" geführt und am 11.3.1940 als „verstorben" gemeldet. Wallis war der erste tote jüdische Häftling im KLM.

Im März 1940 traf aus dem Konzentrationslager Buchenwald der zweite jüdische Häftling ein: Helem Jankel, geboren am 15.4.1907, Sch-DR-Jude, Häftlings-Nr. 2.577. Jankel flüchtete am 4.4.1940, wurde am 7.4.1940 wieder ergriffen und am 10.4.1940 als „verstorben" gemeldet.

Anfang Oktober 1940 kamen Interbrigadisten des Republikanischen Spanien an, darunter befanden sich mehrere jüdische Ärzte, die alle innerhalb weniger Tage ermordet wurden. Vom Herbst 1940 bis März 1944 kamen einzeln oder in Gruppen so genannte „GESTAPO-Juden" aus Böhmen und Mähren, aus Gebieten Polens, Deutschlands, Österreichs, vor allem aus Holland und auch aus Frankreich an. Dies waren Häftlinge, die wegen politischer –

vielfach kommunistischer – Betätigung oder wegen ihrer politischen Vergangenheit[1] respektive aus wirtschaftlichen Gründen oder als Geiseln von der GESTAPO festgenommen und zur Ermordung in das KLM überstellt wurden. Die Missachtung jeder menschlichen Lebensnotwendigkeit hatte bei den jüdischen Häftlingen in den Jahren 1940 bis etwa Februar 1944 im KLM einen solchen Zustand erreicht, dass man von bewusster Vernichtung der Juden im Rahmen der nationalsozialistischen *„Endlösung der Judenfrage"* sprechen kann.[2] Die Juden wurden in dieser Periode nur in den Lagern Mauthausen und Gusen und nur in der Strafkompanie respektive in dem Arbeitskommando Lageraufbau eingesetzt.

Vom 1.1.1940 bis 31.12.1940 gab es im KLM etwa 90 jüdische Häftlinge; etwa 80 jüdische Häftlinge wurden im gleichen Zeitraum als „verstorben" gemeldet. Am 12. oder 13.5.1941 kamen die ersten holländischen Juden an; es mussten etwas weniger als 50 gewesen sein. Am 17.6.1941 kamen 348 aus dem KL Buchenwald und am 25.6.1941 291 niederländische Juden aus Amsterdam an. Im September und Oktober des gleichen Jahres trafen noch Transporte aus Holland mit 260 bis 400 jüdischen Häftlingen ein. Außerdem kamen zu diesem Zeitpunkt fortlaufend einzeln oder in kleinen Gruppen tschechische, österreichische und polnische „GESTAPO-Juden" an. Im Jahre 1941 wurden an die 1.600 jüdische Häftlinge eingewiesen, unter ihnen gab es nach niederländischen Quellen[3] mindestens 900 Holländer. Wegen dieser holländischen Juden gab es eine Intervention Schwedens und zwar deshalb, weil im Laufe des Jahre 1941 bei den Verwandten in Holland aus dem KLM fast gleichlautende

---

[1] Beispiele: Der Wiener Sanitäter Josef Herzler (siehe Fußnote 7 in diesem Kapitel), die österreichischen Interbrigadisten Gottfried Ochshorn, Alfred Lohner und weiters der aus Berlin stammende Journalist Erich Kuttner. Kuttner wurde am 29.9.1942 ins KLM eingewiesen und bereits am 6.10.1942 „auf der Flucht" erschossen. Er wurde 1917 als Soldat bei Verdun verletzt, nahm als Militärexperte des SPD-Organs „Vorwärts" in dem von ihm aufgestellten Regiment „Reichstag" an der Niederschlagung des Spartakus-Aufstandes teil. Er schrieb Spottgedichte gegen Rosa Luxemburg und Karl Liebknecht. Als Redakteur des „Vorwärts" flüchtete er 1935 mit seiner Familie nach Holland. (Engelmann, Bernt: Deutschland ohne Juden, Goldmann-Verlag 1979, S.391.) Nach dem Verrat der Franco-Generäle ging er als Freiwilliger nach Spanien, berichtete als Korrespondent über den Freiheitskampf des spanischen Volkes. Er wurde verwundet, kehrte nach Amsterdam zurück. Nach dem Einmarsch der Nazi in Holland konnte Kuttner zunächst mit seiner Familie untertauchen, wurde jedoch am 10.4.1942 festgenommen und am 29.9.1942 in das KLM eingewiesen. Unmittelbar nach der Erschießung Kuttners erteilte Eichmann vom RSHA die Weisung, „die Angehörigen des Verstorbenen, falls es sich bei diesen um Volljuden handle, dem Lager Westerbach, zwecks Verwendung für den Arbeitseinsatz im Osten, zuzuführen." Archiv M.M.: Ordner Eichmann No. 339. Zeitschrift der Lagergemeinschaft Mauthausen: November 1976/Stuttgart, S.6. Siehe auch Kapitel 32: Anmerkung 8.

[2] Bereits in einem Erlass des Chefs der SIPO, Heydrich, vom 21.9.1939, als Schnellbrief an die Chefs aller Einsatzgruppen der SIPO, wird betreffend „Judenfrage im besetzten Gebiet" u. a. die Ghettoisierung im Generalgouvernement angefordert und vom „Endziel" der Judenfrage, also von einer Endlösung der Judenfrage gesprochen. Eichmann: Band VI, S.314f. Im Jahre 1941 wurden dann die unterschiedlichen Pläne und Maßnahmen der Judenverfolgung nach der im Frühjahr dieses Jahres entstandenen Konzeption Hitlers auf die einheitliche Linie der so genannten Endlösung der Judenfrage, d. h. der planmäßig, mit allen staatlichen Macht- und Organisationsmitteln in großem Stil durchzuführenden, bewussten und gewollten Tötung aller im deutschen Zugriffsbereich lebenden Juden gebracht. Hitler erteilte mündlich den so genannten Endlösungsbefehl im Jahre 1941 zumindest an Göring, Goebbels, Himmler und Heydrich. Diese machten den Inhalt des Befehls zu ihrer eigenen Sache, wollten und forcierten seine Durchführung. Vernichtungslager: S.226.

[3] Rijksinstitut voor Oorlogsdocumentatie, Geschichtswerk Nr. 97, A. Hoemmstra-Timmenga, 21.4.1959: „In 1941 en 1912 naar Mauthausen en Ravensbrück gedeporteerde Joden", Amsterdam. Archiv M.M.: J 1/1, Auszug aus einer Urteilsschritt gegen Dr. Wilhelm Harster; J 8/4.

Todesnachrichten eintrafen. Die jungen Leute waren merkwürdigerweise fast alle, gruppenweise an bestimmten Tagen, an Lungenentzündung verstorben. Die schwedische Gesandtschaft in Berlin hatte deshalb als Schutzmacht Nachfrage gehalten.[4] Vom 1.1.1941 bis 31.12.1941 wurden im KLM (mit Hartheim), 1.600 Juden als „verstorben" gemeldet.[5]

Im Jahre 1942 wurden etwa 950 jüdische Häftlinge eingewiesen, davon waren etwa 450 Holländer, die anderen waren Tschechen, Österreicher, Polen und Rumänen. Vom 1.1.1942 bis 31.12.1942 sind etwa 910 Juden als „verstorben" gemeldet worden; 32 oder 33 Juden wurden am 22.10.1942 in das KL Auschwitz überstellt.[6]

Im Jahre 1943 meldete das KLM das Eintreffen von etwa 70 jüdischen Häftlingen. Ab März 1943 scheinen SS-Statistiken mit genauen Zahlenangaben über die registrierten jüdischen Häftlinge auf.

Die Ende 1942 und im Jahre 1943 in das KLM eingewiesenen jüdischen Häftlinge wurden fast ausnahmslos wegen ihres aktiven antifaschistischen Verhaltens festgenommen und zwecks baldiger Ermordung in das KLM überstellt. Als Beispiel seien angeführt: der deutsche Sozialdemokrat, Journalist und Interbrigadist in Spanien, Erich Kuttner, weiters die österreichischen kommunistischen Aktivisten, sowie Josef Herzler und die aus Frankreich kommenden Interbrigadisten Gottfried Ochshorn und Alfred Lohner.

1943 **Datum**	**Gesamtstand jüdischer Häftlinge**	**Im gleichen Monat als „verstorben" gemeldete jüdische Häftlinge**
31.01.	?	66
29.02.	?	2
31.03.	13	2
30.04.	16	2
31.05.	11	6
30.06.	10	11
31.07.	9	4
31.08.	4[7]	0
30.09.	15	4
31.10.	13	14
30.11.	10	8
31.12.	2	11

[4] Kempner-Eichmann: S.361f.

[5] Archiv M.M.: E 10/4 und E 13/2, Veränderungsbuch und Totenbücher; Y 30, 31, 32 und 33, Filme.

[6] Es bestand der Auftrag, „die Lager im Reich judenfrei zu machen"; deshalb gingen diese jüdischen Häftlinge aus dem im Reich gelegenen KLM nach KL Auschwitz, wo sie am 24.10.1942 in den Stand aufgenommen wurden. ISD Arolsen: Ordner 1, Hist. Bl. Zl. 29.

[7] Am 5.6.1943 ist ein jüdischer Häftling entlassen worden, und am 15.8.1944 wurden fünf jüdische Häftlinge, darunter der Wiener Josef Herzler, Sch-DR-Jude. Nr. 13.500 aus dem KLM in das KL Auschwitz überstellt, Herzler ist einer der wenigen vermutlich drei jüdischen Häftlinge, die das KLM (von 1939 bis Jänner 1944) überlebten. Archiv M.M.: V 3/22, Angaben des Herzler. – Herzler ist am 20.8.1942 in Wien festgenommen worden, weil er mit Kreide Sichel und Hammer zeichnete und das Wort „Hunger" an die Wände schrieb. Widerstand Wien: Bd. 2, S.89.

Vom 1.1.1943 bis 31.12.1943 sind 130 jüdische Häftlinge als „verstorben" gemeldet worden.[8]

Im Jahre 1944 wurden 13.322 Juden und 504 jüdische Frauen (insgesamt 13.826) eingeliefert, über den Gesamtstand der lebenden und als „verstorben" gemeldeten jüdischen Häftlinge gibt folgende Statistik Auskunft:

1944 Datum	**Gesamtstand der jüdischen Häftlinge**	**Im angeführten Monat ins KLM überstellte jüdischen Häftlinge**		**Jüdische Häftlinge im angeführten Monat als „verstorben" gemeldet**	
		Männer	Frauen	Männer	Frauen
31.01.	23[9]	21	0	1	0
28.02.	19	0	0	5	0
31.03.	22	3	0	0	0
30.04.	78	54	0	1	0
31.05.	2.141[10]	2.115[11]	0	52	0
30.06.	7.590[12]	5.502	0	113	0
31.07	7.217	29	0	402	0
31.08.	10.637[13]	4.593[14]	0	319	0
30.09.	11.042	601	0	204	0
31.10.	11.000	401	0	446	0
30.11.	10.047	2	503[15]	941	0
31.12.	9.098[16]	1	1	952	1

Vom 1.1.1944 bis 31.12.1944 wurden im KLM (mit Hartheim) 3.437 jüdische Opfer als „verstorben" gemeldet.[17]

---

[8] Archiv M.M.: J 8/5.

[9] Von den 23 registrierten jüdischen Häftlingen waren: Ein Engländer, 16 Italiener, ein Tscheche und fünf Sowjetbürger. Archiv M.M.: E 6/2 und 4, Originalstatistik.

[10] Diese setzten sich zusammen aus einem Engländer, einem DR, 15 Italienern, einem Tschechen, zwei Polen, zwei Sowjetbürgern, vier Franzosen und 2.115 Ungarn. Archiv M.M.: E 6/4, Originalstatistik.

[11] Im Mai 1944 sind drei ungarische Juden nach Wien, im Juni ein ungarische Jude und im Juli nochmals ein ungarischer Jude überstellt worden. Archiv M.M.: E 6/4, Originalstatistik.

[12] Diese setzten sich zusammen aus einem Engländer, einem DR, 16 Italienern, einem Tschechen, fünf Polen, zwei Sowjetbürgern, vier Franzosen und 7.560 Ungarn. Archiv M.M.: E 6/4, Originalstatistik.

[13] Diese setzten sich zusammen aus neun DR, 4.222 Polen, zwölf Sowjetbürgern, fünf Franzosen, zehn Italienern, einem Engländer, 14 Tschechen, 4.879 Ungarn, drei Staatenlosen und acht Sonstigen. Archiv M.M.: E 6/4, Originalstatistik.

[14] Am 19.8. respektive am 24.8.1944 wurden 853 jüdische Häftlinge in das KL Auschwitz überstellt. Archiv M.M.: J 3/1, Kopie einer Veränderungsmeldung vom 24.8.1944: „853 jüdische Häftlinge nach dem KL Auschwitz".

[15] Diese Frauen kamen in das Nebenlager Lenzing. Archiv M.M.: J 6/2.

[16] Diese setzten sich zusammen aus acht DR, 4.133 Polen, 16 Sowjetbürgern, vier Franzosen, einem Engländer, 16 Italienern, 24 Tschechen, und 4.879 Ungarn, vier Staatenlosen und 13 Sonstigen. Archiv M.M.: E 6/4, Originalstatistik.

[17] Archiv M. M., E 10/11, Kopien von Statistiken über Tote, nach Arten aufgeteilt, März 1943 bis März 1945.

Vom 1.1.1945 bis zum 3.5.1945 wurden in das KLM 8.734 registrierte männliche und weibliche Juden eingeliefert. In diesen Zahlen sind die vom Ostwall-Bau in das KLM (Zeltlager) und nach Gunskirchen überstellten jüdischen Häftlinge nicht erfasst.

1945 Datum	**Gesamtstand der jüdischen Häftlinge**		**Im angeführten Monat ins KLM überstellte registrierte jüdische Häftlinge**		**Im angeführten Monat als „verstorben" gemeldete registrierte jüdische Häftlinge**	
	Männer	Frauen	Männer	Frauen	Männer	Frauen
31.01.	14.097	524	5.614	24	1.257	7
28.02.	14.171	524	1.010[18]	1	1.721	0
31.03.	13.636	608	2.119	129[19]	2.549	6
30.04.	8.272[20]	528[21]	?	219	2.622	6

Gesamtstatistik über die registrierten jüdischen Häftlinge: (8.8.1938–4.5.1945):

Datum	**Ins KLM eingewiesene jüdische Häftlinge**		**Rücküberstellte jüdische Häftlinge**		**„Verstorbene" jüdische Häftlinge**	
	Männer	Frauen	Männer	Frauen	Männer	Frauen
08.08.1938 bis 31.12. 1943	Etwa 2.759 und 31 SU-Kgf.	0	39	0	Etwa 2.720 und 31 SU-Kgf.[22]	0
1944	13.322	504	858[23]	0	3.436	1
1945 (bis 4.5.)	8.743	373	2.808	300	8.149	19
Gesamt:	**24.855**	**877**	**3.705**	**300**	**14.336**	**20**

[18] Diese Zahl ist nicht verbürgt.

[19] Am 9.3.1945 sind 1.981 Frauen (davon 129 Jüdinnen) aus dem KL Ravensbrück in das KLM offiziell überstellt worden, jedoch nur 1.799 Frauen sind in den Stand genommen worden. Wie viele Jüdinnen tatsächlich in den Stand des KLM übernommen wurden, konnte nicht ermittelt werden. Archiv M.M.: K 5/1, 4 und 5, Tages- und Wochenrapporte der Frauen.

[20] Am 28.4.1945 wurden 2.808 registrierte ungarische Juden aus dem Zeltlager nach Gunskirchen überstellt und aus dem Gesamtstande des KLM gestrichen. Archiv M.M.: E 6/4, Originalstatistik.

[21] Am 28.4.1945 wurden 300 registrierte jüdische Frauen nach Gunskirchen überstellt und aus dem Gesamtstande des KLM gestrichen. Archiv M.M.: E 10/6, Veränderungsmeldung.

[22] Laut SS-Statistiken, Meldungen an das WVHA, gab es bei den sowjetischen Kriegsgefangenen in den Jahren 1941 und 1942 insgesamt 31 registrierte „russische Juden". Diese wurden entweder exekutiert oder „auf der Flucht" erschossen. Archiv M.M.: E 1c/3, 4, 5 und 6, Meldungen an Inspekteur der KL und an die Wehrmachtsauskunftsstelle.

[23] Laut SS-Meldungen sind am 19.8.1944 858 jüdische Häftlinge „vom KLM nach KL Auschwitz" überstellt worden. Nur 419 Häftlinge sind im KL Auschwitz angekommen; nach einer Selektion wurden 326 in den Gaskammern ermordet und 93 in das Lager Auschwitz eingewiesen. Auschwitz-Hefte: Nr. 8/1964, S.47 und 59.

K.L. MAUTHAUSEN
SCHUTZHAFTLAGER

Mauthausen, den 9. April 1945

Nach KLM wurden rücküberstellt:

am 7. April 1945 vom Kdo. Floridsdorf (Hinterbrüll)	1 624	Häftlinge
am 7. April 1945 vom Kdo. Peggau	820	"
am 5. April 1945 vom Kdo. Amstetten	1 560	"
am 4. April 1945 vom Kdo. St. Aegyd	297	"
	4 301	Häftlinge
Vom Kdo. Wr. Neustadt nach Steyr wurden überstellt ...	496	"
Insgesamt ..	4 797	Häftlinge

Juden ins Zeltlager eingewiesen:

am 3. April 1945	3 274
am 6. April 1945	2 000
am 8. April 1945	3 231
	8 505 davon 297 Frauen

Ausständig sind: (männliche Häftlinge)

vom Kdo. Floridsdorf	829	Häftlinge
Loiblpaß	983	"
Wr. Neudorf	2 517	"
Wien-West-Saurerwerke	1 457	"
Amstetten	1 528	"
Graz-Leibnitz	467	"
Klagenfurt	80	"
Schloß Lind	20	"
St. Lambrecht	79	"
KZL-Wien	3	"
Insgesamt ..	7 963	Häftlinge

(weibliche Häftlinge)

vom Kdo. Hirtenberg	395	w. Häftlg.
St. Lambrecht	23	"
Mittersill	13	"
Insgesamt ..	431	w. Häftlg.

8505
760
9265

8505
1275
9780
760
10540

4650

Aufstellung der Lagerschreibstube über die Rücküberstellungen von Häftlingen. 9.4.1945. AMM
Die angeführte Statistik ergibt kein vollständiges Bild, weil nicht alle im April 1945 angekommenen Häftlinge (hauptsächlich ungarische Juden) registriert wurden

26. Die Kranken und ihre Unterkünfte – die Genesungspflege der SS-Ärzte

In den Wintermonaten 1939/40, 1940/41 und 1941/42 war die Mehrzahl der Häftlinge krank; zu diesen Zeiten befanden sich etwa 80 Prozent der Lagerinsassen in einem stark unterernährten Zustand. Hauptursache der unzähligen Lagerkrankheiten war der Hunger mit allen seinen Begleiterscheinungen: Hungerödem und Tuberkulose. Dazu kamen noch Lagerkrankheiten wie Blutvergiftung, Lungenentzündung, Hauterkrankungen, Blasen- und Nierenentzündungen, Herzmuskelentzündung, Bauchtyphus, Diphtherie, Krätze, Flecktyphus, alle möglichen Frakturen, insbesondere Rippen- und Kieferbrüche, Furunkulose und Frostwunden.[1]

Nur die völlig Arbeitsunfähigen wurden dem „Genesungsprozess" – wie es in der SS-Sprache hieß – zugeführt. Von Oktober 1938[2] bis Ende 1942 musste jedoch ein Häftling, ehe er in eine der beiden Krankenunterkünfte aufgenommen wurde, zuerst die Ambulanz aufsuchen und dort in den Besitz eines so genannten Arztmeldescheines kommen. Am folgenden Tag – nach einem komplizierten Verfahren und mehreren böswilligen Schwierigkeiten –, wenn es dem Kranken schließlich gelang, einem SS-Arzt vorgeführt zu werden, entschied der SS-Arzt, ob der Vorgeführte als arbeitsunfähiger Kranker ins Sonderrevier oder ins Revier eingewiesen werden sollte.

Die entkräfteten Häftlinge konnten erst abends, nach der Arbeit, die im Reviergebäude befindliche Ambulanz aufsuchen. Die Kranken stellten sich in langen Reihen in den ungeheizten Gängen des Reviers und vor der Baracke auf. Nicht selten wurden die Kranken durch das Einschreiten der mit Ochsenziemern bewaffneten SS-Sanitätsgrade davongejagt. Barfuss mussten sie den Ambulanzraum betreten. Einige Löffel Schlämmkreide oder Naturkohle für jene, die an Durchfall litten, einige Pillen Aspirin, Prontosil oder irgendwelche Schmerztabletten für die anderen waren die einzigen Arzneien, die die Kranken erlangen konnten. Injektionen wurden prinzipiell ohne Asepsis gegeben, und die Wunden wurden mit einem Pflaster oder Papierverband bedeckt. Auch ohne Asepsis, oft mit „Holznarkose", wurden ernste Inzisionen, Exzisionen, Exkochleationen und auch Amputationen erfrorener Glieder durchgeführt. So z. B. war es im Winter 1941/42 üblich, erfrorene Finger von der Hand durch einen kraftvollen Schlag wegzutrennen. Der Kranke musste seine Hand an die Kante des Operationstisches oberhalb eines Eimers legen und ein „Sanitäter" führte mit einer kleinen Axt den Schlag aus. Man verwendete etwas Jodtinktur, darauf kam ein Papierverband, und der Kranke erhielt entweder einen Arztmeldeschein, oder er wurde wieder arbeitsfähig geschrieben.

[1] Archiv M.M.: H 9/4, zwei Berichte des Häftlingsarztes Univ.-Prof. Dr. Josef Podlaha; H 6/1, die „häufigsten Diagnosen" im KLM, angefertigt für den Krankenlagerältesten, Original; B 12/2, Todesursachen-Aufstellung eines polnischen Häftlingssanitäters in Gusen, Original.

[2] Vom 8.8. bis 4.10.1938 sind fünf kranke Häftlinge in ein Linzer Spital überstellt worden. Archiv M.M.: E 13/5, Kopie eines Rapportbuches aus der Zeit vom 18.8.1938 bis 3.1.1939.

Nur Wenigen gelang es, einen Arztmeldeschein zu erhalten, der sie berechtigte, am folgenden Tag zur Arbeit nicht ausmarschieren zu müssen.[3] Wer aber einen Arztmeldeschein besaß, hatte noch immer nicht die Gewissheit, wirklich am folgenden Tag nicht ausrücken zu müssen. Der Arztmelder war verpflichtet, den Schein seinem Blockschreiber vorzuweisen. Der Blockschreiber war für die Aufstellung der Arbeitskommandos verantwortlich, und er musste nun für das Kommando, dem der Arztmelder angehörte, einen Ersatzmann stellen. Dies war nicht leicht, weil alle Häftlinge im Arbeitseinsatz standen. Deshalb kam es unzählige Male vor, dass der Blockschreiber, wenn er keinen Ersatzmann stellen konnte, den Arztmeldeschein einfach zerriss und der Kranke, oftmals von hohem Fieber befallen, dennoch ausrücken musste. Wenn der Blockschreiber oder Blockälteste den Arztmeldeschein akzeptierte, so wurde (in den Jahren 1939 bis 1942) jeweils nach dem Morgenappell der kranke Häftling vom Blockschreiber dem „Capo 4" übergeben (ein deutscher Krimineller mit der Häftlingsnummer 4), dessen Aufgabe darin bestand, die Arztmelder in geschlossener Gruppe vor die Lagerschreibstube (Block 1) zu führen. Dort wurden die Kranken entweder vom Rapportführer bzw. vom Schutzhaftlagerführer oder auch vom 1. Lagerschreiber Leitzinger gemustert; und diese SS-Führer respektive der Häftling entschieden, wer oder wer nicht dem SS-Arzt vorgeführt werden sollte. Nicht selten kam es vor, dass die Hälfte und manches Mal auch alle Arztmelder für eine ärztliche Untersuchung „nicht geeignet" befunden wurden; und je nach Laune der SS-Führer spielte sich dann etwa Folgendes ab:

Entweder schickte man die nicht zugelassenen Arztmelder auf ihre Blocks zurück, oder aber – was selten der Fall war – sie wurden einem bestimmten Arbeitskommando im Lagerbereich zugeführt; öfters wurden sie als „Arbeitssaboteure" am Appellplatz so lange herumgejagt, bis zumindest ein Teil von ihnen liegen blieb. Die Verbliebenen, soweit sie für die ärztliche Untersuchung zugelassen wurden, überstellte der „Capo 4" in das Revier. Nach der ärztlichen Visite wurden die Häftlinge, wieder vom „Capo 4", entweder auf den Wohnblock zurückgeführt oder in die Krankenbaracke überstellt.[4] Ab Winter 1942/43 wurden die Arztmelder-Häftlinge in der Früh nach dem Appell von den jeweiligen Blockschreibern direkt zur Untersuchung in das Revier geführt. In den Jahren 1943 und 1944 gingen dann die kranken Häftlinge allein zur ärztlichen Untersuchung. Jedenfalls wurden ab Winter 1942/43 die Arztmelder von den SS-Angehörigen oder dem 1. Lagerschreiber nicht mehr drangsaliert. Die Arbeitsfähigkeit und ob der Kranke im Revier respektive im Sonderrevier aufgenommen werden sollte, entschied etwa bis zum Frühjahr 1943 der jeweilige SS-Lagerarzt, später der Häftlingsarzt Dr. Josef Podlaha.[5]

Die Arztmeldestunde stellte im Wesentlichen eine Wiederholung der ambulanten Behandlung dar. Der einzige Unterschied bestand darin, dass man hier operative Eingriffe vollzog und entschied, welche kranken Häftlinge ins Revier oder ins Sonderrevier, später ins Krankenlager, aufzunehmen waren. Größere Operationen wurden in besonderen Operationssälen

[3] Archiv M.M.: H 9/4, Bericht des Univ.-Prof. Dr. Josef Podlaha; V 3/8, Bericht des Frantisek Poprawka.
[4] Archiv M.M.: V 3/8, Bericht des Sonderrevier-Schreibers Frantisek Poprawka.
[5] Archiv M.M.: V 3/8, Bericht des Sonderrevier-Schreibers Frantisek Poprawka.

des SS-Reviers durchgeführt. Erst etwa ab Sommer 1942 führten die Operationen Häftlingsärzte aus, vorwiegend der tschechische Univ.-Prof. Dr. Josef Podlaha, dem manches Mal bei aseptischen Eingriffen SS-Ärzte assistierten.[6] Der Operationsraum war verhältnismäßig modern eingerichtet, weil darin auch die Angehörigen der SS-Bewachungsmannschaft behandelt wurden.

Die Häftlinge wurden aber nicht immer sofort operiert, auch dann nicht, wenn es ihre Krankheit dringend erforderlich gemacht hätte. Oftmals wurden sie nur vorgemerkt, und der Eingriff wurde erst dann vollzogen, wenn der SS-Lagerarzt dabei sein konnte, um zu lernen und zu üben. So hatten die SS-Lagerärzte im Sonderrevier *„besonders interessante Fälle"* zur Operation *„auf Vorrat"* gehalten, wobei viele schwere Fälle unbehandelt blieben.[7] Solche *„Vorratskranke"* wurden *„Konserven"* genannt.

Nach der ärztlichen Untersuchung oder kleineren operativen Eingriffen ging jener Teil der Arztmelder, der in den Krankenunterkünften nicht aufgenommen wurde, zurück in die Wohnbaracken, und es kam bis Winter 1942/43 auch vor, dass einzelne einen „Schonzettel" erhielten. Dies bedeutete, dass der Betreffende ein bis sieben Tage zur Arbeit im Block, als Reiniger, Essenträger usw. eingesetzt werden sollte. Voraussetzung hiefür war allerdings, dass der zuständige SS-Blockführer oder SS-Rapportführer und bis zum Frühjahr 1942 der Blockälteste sowie der Lagerschreiber Leitzinger einverstanden waren.[8]

Für die Kranken gab es im Hauptlager und in Gusen stets zwei völlig verschiedene Unterbringungsmöglichkeiten, und zwar in Mauthausen das Revier und das Sonderrevier, später das Häftlingsrevier und das Russen-, bzw. Sanitäts- respektive Krankenlager.

Das Revier befand sich in den Jahren 1938 bis Herbst 1941 – es war dies die Zeit des Lageraufbaues – in einer Baracke außerhalb des Lagers, die später als SS-Truppenrevier diente. In diesem Revier befanden sich maximal 80 Betten (in einem großen Zimmer etwa 40 Betten, in einem kleineren Zimmer etwa 25 Betten und in einem Isolierraum für Infektionskranke etwa 15 Betten). Vorübergehend wurde das Revier im Block 20 untergebracht, und im Frühjahr 1942 übersiedelte es in den linken Seitentrakt der Baracke 5, in die Stube „A". In der gleichen Baracke, getrennt durch Holzwand und Stacheldraht, in der Stube „B", befanden sich bis Ende 1943 jüdische Häftlinge und die Angehörigen der Strafkompanie. Das Häftlingsrevier im Block 5 hatte 40 bis 50 Betten. In der Zeit von Juli bis Dezember 1944 übersiedelte das Häftlingsrevier in das neu erbaute Steingebäude vis-à-vis des Lagers II (derzeit Museum). Eine Hälfte des neuen Reviers mit ungefähr 130 Betten war benutzbar. In den Revieren waren die Ambulanzräume untergebracht.[9] Die beiden Revierbaracken (außerhalb des Lagers und Block 5) können bezüglich ihrer technischen und hygienischen Einrichtungen als notdürftige Behelfslazarette angesehen werden. Die Kranken lagen einzeln in mit

---

[6] Archiv M.M.: H 9/4, zwei Berichte des Häftlingsarztes Univ.-Prof. Dr. Josef Podlaha.

[7] Archiv M.M.: V 3/61, Bericht des Univ.-Prof. Dr. Vratislav Busek; H 9/4, zwei Berichte des Univ.-Prof. Dr. Josef Podlaha.

[8] Archiv M.M.: V 3/8, Bericht des Frantisek Poprawka.

[9] Archiv M.M.: H 9/3, H 2/3, V 3/8 und V 3/61, Berichte der ehemaligen Häftlinge Dr. Josef Podlaha. Vaclav Berdych, Ing. Ernst Martin, Frantisek Poprawka und Dr. Vratislav Busek.

Leinen überzogenen Betten. Die Krankenräume waren sauber. Die Verpflegung war relativ gut. Die Asepsis war im Revier respektive Operationssaal des Reviers in den letzten zwei Jahren sehr gut. Als allmählich das aseptische Verfahren auch bei faulig-eitrigen Wunden eingeführt wurde, verlief die Wundbehandlung nach Operationen im Revier wunschgemäß. Im Steingebäude lagen die Kranken einzeln im Bett, in Räumen mit vier bis acht Betten. Dieses Revier entsprach in technischer sowie hygienischer Hinsicht einem Krankenhaus. In ausgebautem Zustande hätte es ungefähr 250 bis 300 kranke Häftlinge beherbergen können. Es gab dort Toilettenräume, Wasch- und Baderäume und einen technisch modern eingerichteten Operationssaal. Das Häftlingspersonal war in eigenen Zimmern untergebracht.[10]

Im Häftlingsrevier (außerhalb des Lagers, Block 5 und ab Juli 1944 im Steingebäude) konnte begreiflicherweise nur ein Bruchteil von Kranken untergebracht werden. Bis etwa Ende 1941 wurden im Revier nur deutsche Häftlinge, vorwiegend Häftlingsfunktionäre, aufgenommen. Etwa ab Winter 1942/43 konnten Kranke aus fast allen im KLM vorhandenen nationalen Gruppen im Revier aufgenommen werden, doch stets dominierten dort die deutschen und österreichischen Häftlinge. Die Juden durften etwa ab Ende 1941 bis Ende 1943 offiziell weder im Sonderrevier respektive im Sanitätslager noch im Revier aufgenommen werden. Auch ambulante Behandlung wurde ihnen zu gewissen Zeiten und von gewissen SS-Ärzten verweigert. Erst ab Jänner 1944 konnten sie ambulant behandelt und ins Sanitätslager eingewiesen werden.[11]

Die „arischen“ Angehörigen der Strafkompanie konnten ambulant behandelt, jedoch nicht in einer der Krankenunterkünfte – außer nach einem Arbeitsunfall – untergebracht werden. Diese Vorschrift konnte in einzelnen Fällen – vor allem wenn es sich um deutsche und ab Sommer 1942 auch um spanische Häftlinge handelte – umgangen werden. Zu gewissen Zeiten wurde bestimmten nationalen Gruppen der Zutritt in die Ambulanz gesperrt, wie z. B. den Tschechen ab Juni 1942 etwa drei Monate lang. Die sowjetischen Staatsbürger durften bis Sommer 1944 im Revier nicht aufgenommen werden; die „K-Häftlinge“ durften weder ärztlich versorgt noch in eine der Krankenunterkünfte aufgenommen werden.[12] Die SU-Kgf. hatten in der Zeit vom Oktober 1941 bis Mai 1942 ein eigenes „Kriegsgefangenenlager-Revier“.[13]

Bei der steigenden Zahl der Kranken ergibt sich im Laufe der Jahre folgendes statistisches Bild der prozentuellen Unterbringungsquote im Revier, Sonderrevier und Sanitätslager:[14]

---

[10] Archiv M.M.: H 9/4, zwei Berichte des Häftlingsarztes Univ.-Prof. Dr. Josef Podlaha.

11 Archiv MM, V 3/61, Bericht des Univ.-Prof. Dr. Vratislav Busek, ehemaliger Revier- und Krankenlager-Schreiber.

[12] Archiv M.M.: H 9/4, Bericht des Dr. Josef Podlaha.

[13] Archiv M.M.: V 3/19, Zeugenaussage des ehemaligen Häftlings Dr. Jan Pstross; V 3/8, Bericht des Frantisek Poprawka.

[14] Archiv M.M.: H 9/4, Bericht des Univ.-Prof. Dr. Josef Podlaha; H 14/1, 2, 3, 4, 5 und 6, monatliche Meldungen über die Kranken, Statistik der Kranken, Stand der Kranken im Sanitätslager, zwei Diagramme „über Zu- und Abgänge der Kranken, 26.12.1943 bis 25.11.1944“, Originale und Kopien; E 6/11, Rapportbuch mit täglichen Meldungen des Revier- und Krankenlagerstandes, 17.2.1944 bis 15.3.1945, Kopien.

Jahre	Revier Prozent	Sonderrevier (ab Oktober 1939 bis März 1943) Prozent	Sanitätslager (ab März 1943 bis Mai 1945 Prozent
1938	?		
1939	21	79	0
1940	11,7	88,3	0
1941	9	91	0
1942	5	95	0
1943	3,5	0	96,5
1944	1,9	0	98,1
1945	1,5	0	98,5

Aus den Jahren 1944 und 1945 liegen genaue Zahlen über Kranke auf, die im Mauthausener Revier und im Sanitätslager untergebracht waren.[15] Wie aus den in nachfolgender Statistik angeführten Daten ersichtlich, befand sich im Revier oder im Sanitätslager folgende Anzahl Kranker:

Datum	Revier	Sanitätslager
1944		
25.02.	48	3.353
25.03.	50	3.664
25.04.	48	4.681[16]
25.05.	51	4.995
25.06.	50	5.386
25.07.	121	5.573
25.08.	141	5.220
25.09.	129	5.218
25.10.	134	4.830
25.11.	130	4.489
25.12.	112	4.176[17]
1945		
25.01.	96	4.219
25.02.	95	5.862
08.03.	101	8.072
20.04.	103	7.782[18]
04.05.	?	5.435

[15] Archiv M.M.: E 6/11, Rapportbuch mit täglichem Stand der Kranken im Revier- und Sanitätslager, 17.2.1944 bis 15.3.1945, Kopien; H 14/1 und 3, Meldungen und Statistiken über den Stand der Kranken, Originale.

[16] Im April 1944 begann die zweite systematische Überführung von Kranken und Körperschwachen in die Gaskammer des Schlosses Hartheim. Die erste Hartheimer Aktion begann 1941 und wurde im Frühjahr 1942 beendet. Siehe Kapitel 31: Sonderbehandlungen.

[17] Anfang Dezember 1944 wurde die Überführung von Kranken und Körperschwachen in die Vergasungsanstalt Hartheim eingestellt. Siehe Kapitel 31: Sonderbehandlungen.

[18] 19.4.1945 begann die Konzentrierung der Kranken und Körperschwachen im Lager III. Siehe Kapitel 38: Die Apriltage 1945.

Im Sonderrevier gab es zu gewissen Zeiten für die Mehrzahl der dort anwesenden Kranken fast keine ärztliche Behandlung. Man wartete entweder, bis der Kranke oder Schwache verstarb, oder man beschleunigte durch verschiedene Maßnahmen das Eintreten des Todes wie durch

- die Kürzung der völlig unzureichenden Häftlingskost;
- stundenlanges Stehen während des Tages im Hofe vor dem Block, nur mit Unterwäsche bekleidet; so bei Regen, bei Kälte, bei jeder Witterung, im Sommer und auch im Winter (in den Jahren 1940, 1941 und 1942);
- lang andauerndes Baden unter kalter Dusche im Waschraum (1941 bis 1943);
- Erschießung der geschwächten Häftlinge, die zu diesem Zwecke mit Blechbehältern in das noch nicht erbaute Russenlager unter dem Vorwand geführt wurden, irgendwelche Beeren zum Selbstverbrauch zu sammeln. Dabei wurden sie „auf der Flucht" erschossen. Die SS nannte solche Kommandos „Himbeerpflückerkommando" (Herbst 1942);
- Tötung im Gaswagen (1942) und in der Gaskammer (1942 und 1945);
- Tötung in der Euthanasieanstalt im Schloss Hartheim in Alkoven bei Linz, wobei den Häftlingen gegenüber angedeutet wurde, dass sie in ein „Genesungsheim" kämen (1941, 1942 und 1944);
- stete Misshandlungen verschiedenster Art von Seiten des Blockpersonals und der SS-Angehörigen (in den Jahren 1939 bis 1942);
- und schließlich mittels Herzinjektionen (mit Lösung aus Benzin oder Magnesiumchlorat respektive Phenol und Cyan-Rhodan-Verbindungen). Im Hauptlager wurden vom Herbst 1939 bis März 1945 monatlich ein- bis zweimal Gruppen von fünf, zehn, 20 und mehr Häftlingen mittels Herzinjektionen ermordet. In den Revieren des Nebenlagers Gusen wurden in den Wintermonaten von 1940 bis 1945 fast täglich (Sonntage ausgenommen) Herzinjektionen verabreicht.[19]

Das Sonderrevier entstand im Spätsommer 1939 Damals brach im Lager eine Durchfallepidemie aus.[20] Bis Jänner 1940 befand sich das Sonderrevier nur in Block 20, dann wurden mit der steigenden Zahl der Kranken zuerst der Block 19 und nun fortlaufend die Baracken 18, 17, schließlich im Mai 1940 Block 16 beigefügt. Ende Mai 1940 wurden im Block 16 die unterernährten und die körperschwachen Häftlinge, im Block 17 die Häftlinge mit internen Krankheiten, in den Baracken 18 und 19 die chirurgischen Fälle und im Block 20 die mit Infektionskrankheiten befallenen Häftlinge untergebracht. Diese Einteilung bestand bis September 1941.

[19] Archiv M.M.: H 9/4, Berichte des Univ.-Prof. Dr. Josef Podlaha; V 3/1, 2, 8 und 61, Berichte der ehemaligen Häftlinge Dr. M. Vitek, Otto Wisst, Frantisek Poprawka und Univ.-Prof. Dr. V. Busek; H 9/3, Bericht des Ing. Ernst Martin; V 3/9, Einvernahme des ehemaligen Häftlings und Schreibers im Revier Josef Kohl; B 12/35 und 36, zwei Berichte eines tschechischen Häftlings über die Behandlung der Kranken in Gusen; V 4/202; V 4/208, polnische Tagesmeldungen über Gusen, Nr. 3, S.35ff; B 12/11, Urteilsbegründung gegen Karl Chmielewski, Lagerkommandant in Gusen bis 1942, Schwurgericht Ansbach (Ks 1 ab/61, Bl. 48 und 50 ff.), Kopie; B 12/14, 37 Veränderungsmeldungen des KLM/Unterkunft Gusen aus der Zeit vom 21.7.1944 bis 7.1.1945 über Häftlinge, die im „Erholungslager" als gestorben gemeldet wurden, Kopie. Gusen: S.113.

[20] Archiv M.M.: V 3/2, Bericht des ehemaligen Häftlings Otto Wisst.

Damals wurde aus der Barackenreihe 16 bis 19 das „Kriegsgefangenenlager Mauthausen" errichtet.[21]

Von Juli bis Ende September 1941 herrschte im Lager eine starke Fleckfieberepidemie[22], und sämtliche an Fleckfieber erkrankten Häftlinge wurden laufend von den SS-Ärzten durch Injektionen ins Herz ermordet. Die übrigen Kranken wurden von den SS-Ärzten im September 1941 selektiert, nach „Heilbaren" und „Unheilbaren" getrennt; die Unheilbaren wurden entweder durch Gas oder Injektionen in das Herz getötet oder während eines Zwangsarbeitseinsatzes beim Bau des „Kriegsgefangenenlagers" erschlagen respektive erschossen. Der verbliebene Rest kam in den Block 20, und bis zum Mai 1942 bestand das Sonderrevier nur aus dieser einen Baracke. Unregelmäßig, jedoch manches Mal zweimal in der Woche, wurden die Häftlinge von den SS-Ärzten oder von Sanitätsdienstgraden selektiert und die „Unheilbaren" mittels Injektionen ins Herz getötet. Dadurch wurde die Zahl der Kranken im Block 20 ungefähr gleich hoch gehalten.

Nach der fast vollständigen Liquidierung der sowjetischen Kriegsgefangenen im Mai 1942 kamen die Baracken 16 und 19 zum Sonderrevier.[23] Im Block 16 wurden Schonungsbedürftige untergebracht, etwa jene Häftlinge, die vom SS-Arzt in der Arztmeldestunde einen Schonzettel ausgefolgt bekommen hatten. Es waren vorwiegend Tschechen. Ungefähr 30 Tage lang erhielten diese schonungsbedürftigen Häftlinge normale Häftlingskost. Im Block wurde eine Apotheke installiert, und Häftlings-Sanitäter betreuten die Gefangenen. Plötzlich wurde die Essenszuteilung radikal gekürzt, und der Blockälteste Hans Kammerer versetzte in die Stube „A" die körperlich stärkeren, in die Stube „B" die schwächeren und älteren Häftlinge. Wer nicht die Möglichkeit fand, in dieser Periode aus dem Block 16 versetzt zu werden, der wurde in den nachfolgenden Wochen ermordet. Die Häftlinge beider Stuben mussten ihre Oberbekleidung abgeben, es wurde ihnen die halbe Lagerportion ausgefolgt, und in dieser Zeit sind schon viele von ihnen verstorben. Die Verbleibenden mussten russische Militäruniformen anziehen, und am Donnerstag, dem 9.7.1942, wurden die Schonungsbedürftigen beim Sanitätslageraufbau eingesetzt. Die Arbeiten mussten in raschem Tempo durchgeführt werden. Bis Sonntag, den 12.7.1942, starben fast alle älteren Häftlinge. Der Rest von ca. 200 Personen wurde am Dienstag, dem 14.7.1942, im Baderaum unterhalb der Waschküche längere Zeit mit kaltem Wasser gebraust. Am 25.7.1942 verblieb nur noch ein Rest von 15 grässlich aussehenden Haut- und Knochengerüsten, die in den Block 19 zum Sterben überstellt wurden.[24]

Am 5.8.1942 abends fand durch Lagerkommandant Ziereis am Appellplatz eine Selektion aller im Lager vorhandenen Häftlinge statt. Die von ihm Ausgewählten kamen in den Block 19, wo

---

[21] Archiv M.M.: V 3/8, Bericht des Frantisek Poprawka.

[22] Archiv M.M.: H 21/2 vom 5.7.1941 bis 23. 9 1941. Lt. einem Telegramm des Reichssicherheitshauptamtes vom 5.7.1941, Nr. 7936, gezeichnet vom SS-Brigadeführer Müller, an alle STAPO(LEIT)STELLEN, Kommandanten der SIPO und des SD wurde wegen Fleckfieberkrankungen Lagersperre für die KL Groß-Rosen, Mauthausen und Auschwitz angeordnet. Am 23.9.1941 wurde diese Sperre aufgehoben, für Gusen jedoch noch weitere drei Wochen verlängert. Kopien von Telegrammen über die Typhus-Epidemie.

[23] Archiv M.M.: V 3/8, Bericht des Frantisek Poprawka; V 3/61, Bericht des Univ.-Prof. Dr. V. Busek.

[24] Archiv M.M.: V 3/1, Bericht des ehemaligen Häftlings von Block 16 Dr. Milos Vitek.

sie nach wenigen Tagen von einer SS-Ärztekommission als „Unheilbare" und „Heilbare" ausgewählt wurden. Es wiederholte sich Gleiches wie im Juli desselben Jahres. Die „Heilbaren" kamen auf die Stube „A", die „Unheilbaren" auf die Stube „B", alle mussten ihre Oberbekleidung abgeben, doch alle Häftlinge erhielten die Normalkost. Beide Häftlingsgruppen mussten, nur mit Unterwäsche bekleidet, bei Regen und Sonne am Hofe vor dem Block stehen. Begreiflicherweise sind bei dieser Behandlung viele Häftlinge gestorben. Es kamen täglich neue kranke und körperschwache Häftlinge dazu, und etwa im September 1942 wurden sie von einer Ärztekommission neuerdings auf „Heilbare" und „Unheilbare" selektiert. Wegen der zu erwartenden Neuzugänge von Sicherheits-Verwahrungs-Häftlingen (SV-Häftlinge) aus den deutschen Haftanstalten wurde der Block 19 geräumt. Man führte jeweils Gruppen von 30 „Unheilbaren" auf das Terrain, wo der Sanitätslager-Aufbau erfolgte; sie wurden hernach „beim Himbeerpflücken" „auf der Flucht" erschossen. Ein anderer Teil der „Unheilbaren" wurde von SDG mittels Injektionen ins Herz getötet, und die „Heilbaren" wurden mit noch mehreren hundert aus dem Arbeitslager stammenden körperschwachen Häftlingen am 8.11.1942 in einem so genannten „Invalidentransport" von insgesamt 767 Gefangenen in das KL Dachau überstellt. Nun bestand das Sonderrevier wieder nur aus der Baracke 20, und zwar bis zu der am 14.3.1943 erfolgten Umsiedlung der Kranken in das Sanitätslager.[25]

Die Sonderrevier-Baracken waren normale Häftlingsblocks, auch in zwei Stuben geteilt: links die Stube „A", rechts die Stube „B". Die Stube „A" in Block 20 war für chirurgische Fälle bestimmt und besaß einen äußerst primitiven, völlig unhygienischen so genannten Operationssaal. In der Stube „B" befanden sich Häftlinge mit Krätze, Gesichtsrose, Typhus, Tuberkulose und unter ihnen Häftlinge mit inneren Krankheiten. Diese Einteilung wurde unzählige Male geändert, vor allem dann, wenn andere Baracken dem Sonderrevier angeschlossen wurden. Betten und Bettüberzüge gab es nur für Pflege- und Blockpersonal. Die Kranken lagen teilweise auf dem Barackenboden, der anfangs nur mit einer dünnen Strohschicht und später mit Papierstrohsäcken bedeckt war. In den Strohsäcken befand sich Holzwolle. Es waren nur ganz dünne, etwa sieben bis acht Zentimenter dicke Liegesäcke, die mit Eiter, Blut und Kot verunreinigt waren. Das Blockpersonal und die Pfleger schliefen in abgesonderten Räumen, die auch als Ordinationen dienten. In diesen Räumen wurde das Essen und Brot aufgeteilt. Da sich diese Räume im Zentrum der Baracke befanden, mussten die Kranken, wenn sie den Toiletten- oder Waschraum aufsuchten, die vom Personal bewohnten Räume durchschreiten. Weil die Durchfallkranken die Gänge beschmutzten, durften die Kranken den Klosett- und Waschraum nur zu bestimmten Zeiten betreten.[26]

In beiden für die Kranken bestimmten Räumen existierte keine Heizmöglichkeit. Im Winter wurden immer wieder die Fensterflügel entfernt, *„damit die frische Luft den Genesungsprozess beschleunige"*. Der dadurch in die Stuben getriebene Schnee lag auf den Decken der Kranken.

---

[25] Archiv M.M.: V 3/1, Bericht des ehemaligen Häftlings Dr. Milos Vitek [der am 8.11.1942 mit dem Invalidentransport in das KL Dachau überstellt wurde]; V 3/8, Bericht des Frantisek Poprawka.

[26] Archiv M.M.: H 2/3, Bericht des Vaclav Berdych; V 3/8, Bericht des Frantisek Poprawka.

Diese Art der *„Lüftung der Krankenstuben"* erfolgte unzählige Male in den Wintermonaten 1939/40, 1940/41 und 1941/42. Alle an Typhus erkrankten Häftlinge wurden über Auftrag der SS sofort isoliert und prinzipiell in kürzester Zeit durch Injektionen ins Herz ermordet.[27]
Im Frühjahr 1940 (bis 23.4.1940) waren auf Block 20 die österreichischen Häftlinge Hermann Lein und Dr. Stephan sowie der sudetendeutsche Kommunist Jungbauer als Funktionäre eingesetzt.
Der polnische Handelsschullehrer Frantisek Poprawka aus Kattowitz schildert seine Einstellung als Schreiber und das Milieu des Sonderreviers wie folgt:

> *„(…) Ende April 1940 wurde ich als Muselmann vom Arbeitskommando Gusen in den Block 16 des Sonderreviers überstellt. Das Sonderrevier bestand damals aus der Blockreihe 16 bis 20 (…) Ungefähr im Mai des gleichen Jahres verlangte der SS-Lagerarzt Dr. Krieger vom damaligen Lagerältesten Helmuth Schwarz eine Diagnosenstatistik der Kranken des Sonderreviers. Diese Statistik sollte binnen drei Tagen angefertigt werden. In einem ‚Großen Rat' beriet das kriminelle Häftlingspersonal, was eine Diagnosenstatistik sei und wie sie gemacht werden soll. Sie fanden keine Lösung, und deshalb verfiel der Blockälteste 16, Büchler, auf mich, weil ihm mein Beruf bekannt war. Ich wurde mit der Erstellung der Statistik beauftragt (…)*
>
> *Damals lagen die Kranken völlig durcheinander. Im Zuge der Erstellung der Diagnosenstatistik wurden die Häftlinge je nach ihren Krankheitssymptomen auf die einzelnen Baracken aufgeteilt: (…) Mit Hilfe eines Schweizer Sanitäters, der auch im Sonderrevier lag, habe ich die Diagnosenstatistik fristgerecht abgeliefert, und der Lagerälteste, Helmuth Schwarz, übergab sie dem SS-Lagerarzt. Irgendwie erfuhr Dr. Krieger, wer die Statistik anfertigte und setzte mich daraufhin als Sanitätsschreiber im Sonderrevier ein. Ich erhielt neue Wäsche und ein eigenes Bett.*
>
> *Als der damalige Rapportführer erfuhr, dass ein Pole die Häftlingsfunktion eines Sanitätsschreibers ausübe, schrie er wütend auf, versetzte mir mehrere Fußtritte und Faustschläge, beschimpfte mich mit ‚Saupolak' und setzte mich ab. Ich war wieder ohne Bett und ohne neue Wäsche. Der Lagerarzt Dr. Krieger setzte mich jedoch neuerlich als Schreiber ein, und der Rapportführer, der mich stets mit Schlägen, Fußtritten und Schimpfworten traktierte, setzte mich ab. Dieses Spiel wiederholte sich mehrmals, bis Dr. Krieger beim Lagerkommandanten Ziereis intervenierte und ich nun vom Lagerkommandanten als Sanitätsschreiber eingesetzt worden war. Ich war der erste und einzige politische Häftlingsfunktionär im Sonderrevier und dazu noch Pole; alle anderen Funktionäre, wie z. B. Blockälteste, Blockschreiber, Pfleger, Träger, Stubendienste, Friseure usw. waren deutsche und österreichische Kriminelle (…) Noch im Herbst des gleichen Jahres wurde ich so genannter Zentralschreiber des Sonderreviers.*
>
> *Das Sonderrevier wurde im Winter 1940/41 wegen der vom Block 20 ausgehenden Infektionsgefahr völlig isoliert, und niemand durfte es verlassen. Nur ich als Zentralschreiber hatte die Erlaubnis, beim Zählappell das Hauptlager zu betreten (…) Ab Sommer 1942 wirkten im Sonderrevier als Pfleger der Jugoslawe Dr. Mathias Padjen und kurze Zeit als Stubendienst*

[27] Archiv M.M.: H 2/3, Bericht des Vaclav Berdych; V 3/8, Bericht des Frantisek Poprawka; V 3/61, Bericht des Univ.-Prof. Dr. V. Busek.

Dr.Josef Podlaha. Lediglich von Dr. Czaplinski wusste die SS-Leitung, dass er sich im Sonderrevier aufhielt und dort als Arzt aushalf.

Im März 1943 wurden die Kranken des Sonderreviers in das Sanitätslager überführt. Seit diesem Zeitpunkt hat sich die Lage der Kranken wesentlich gebessert. Einerseits deshalb, weil das kriminelle Personal teilweise durch politische Häftlinge verdrängt wurde, und auch deshalb, weil damals der Auftrag vorlag, alle in das KL überstellten Ärzte und Sanitäter sofort im Sanitätslager einzusetzen (...)" [28]

Mauthausener Krankenlager am 10.5.1945 AMM

Am 14.3.1943 wurden 684 kranke Häftlinge des Sonderreviers in das Krankenlager überstellt. Da dieses Lager ursprünglich für sowjetische Kriegsgefangene bestimmt war, wurde es auch „Russenlager" oder „Sanitätslager" genannt. Anfangs bestand es aus vier Pferdestall-Baracken und wurde sukzessive auf zehn Baracken ausgebaut. Es lag zwischen der Zufahrtstraße zum Hauptlager, dem SS-Sportplatz und oberhalb der Abhänge des Steinbruches „Wiener Graben". Es hatte einen doppelten Stacheldrahtzaun mit sechs Wachtürmen, die sich außerhalb der Umzäunung befanden. Das Krankenlager hatte eine eigene Küche, im Jahre 1945 auch eine Wäscheschneiderei und eine Weberei. In der Wäscheschneiderei wurde die Wäsche geflickt, und in der Weberei wurden verschiedene Arbeiten, vor allem für die SS-Angehörigen, angefertigt. Das Sanitätslager war vom eigentlichen Hauptlager ca. 500 Meter

[28] Archiv M.M.: V 3/8, Bericht des Frantisek Poprawka.

entfernt. Diesen Weg mussten die stets nur mit Unterwäsche bekleideten oder nackten Kranken bei jedem Wetter zurücklegen. Je schlechter der körperliche Zustand eines Häftlings war, desto weniger Kleidungsstücke hatte man ihm belassen.[29] Jeder Blockälteste hatte das Interesse, die Häftlingswäsche und -kleidung in seinem Block zu belassen. Anständige Blockälteste versuchten, die im Arbeitsprozess stehenden Häftlinge halbwegs anzuziehen, um sie vor Witterungseinflüssen etwas zu schützen. Andere Blockälteste nutzten die Gelegenheit, dass sie mit Wäsche und Kleidung Tauschgeschäfte tätigen konnten. Wie immer es auch war, der Auftrag an den Kranken, der sich in das Krankenlager begab, lautete stets: *„Zieh alle Klamotten aus!"*

Das Flächenmaß des Krankenlagers betrug ungefähr 8.000 Quadratmeter. Die hölzernen Pferdestallbaracken waren 40,76 Meter lang und 9,56 Meter breit. An beiden Enden des Blocks befanden sich große Eingangstüren und beiderseits des gebrochenen Daches in der gesamten Länge ca. 40 Zentimeter hohe Fenster. Andere Fenster gab es nicht.[30] Die Barackenwände standen auf einer sehr niedrigen Ziegelgrundlage, so dass sich der Barackenboden fast in gleicher Höhe mit dem Straßenniveau befand. Die Straßen waren weder gepflastert noch asphaltiert und auch nicht mit Kies bestreut. Die Baracken besaßen auch keine Abflussrinnen, und das vom Dach herunter fließende Regenwasser bildete um die Baracken eine Sumpflandschaft. Auf der planierten Fläche standen dann riesige Wassertümpel, und man versank knöcheltief in einem schmierigfetten Lehm. In den einzelnen Baracken waren weder Fließwasser noch Klosettanlagen installiert. Die Lüftung erfolgte im Sommer und Winter durch Öffnen beider Türen.

Zwischen den beiden Reihen der Krankenbaracken stand ein enges lang gezogenes Steingebäude. Dort waren die für alle Häftlinge des Sanitätslagers bestimmten Waschräume mit kaltem Wasser, zwei Brauseanlagen, Toilettenanlagen untergebracht, und auch die Leichenkammer befand sich dort. In jeder Baracke standen in engen Reihen drei- und größtenteils zweistöckige Betten. In den Betten befanden sich Papierstrohsäcke, mit Holzwolle gefüllt. Bett-Tücher waren für Kranke nicht vorhanden; nur das Block- und Pflegepersonal erhielt Überzüge. Es gab noch Kopfpolster, gleichfalls mit Holzwolle gefüllt, und jeder Kranke erhielt eine Decke, die er gleichzeitig als Umhang verwendete, wenn er das Bett verließ. In jeder Baracke stand ein Ofen, und klarerweise konnte diese Heizanlage niemals die ganze Baracke erwärmen. In der Nacht durfte nicht geheizt werden. Im Winter 1944/45 wurde überhaupt nicht geheizt. Im Winter hingen von der Dachkonstruktion dünne Eiszapfen herunter, und im Sommer strahlte vom Teerpappendach auf die Hunderten von Kranken eine Hitze herab, die einem gesunden Menschen das Atmen unerträglich machte.

Für einen ausgehungerten Häftling war das Verlassen der Baracke ein großes Risiko, doch wenn es regnete, war es für ihn lebensgefährlich. Deshalb wurde das Bett nur in allernotwendigsten Fällen verlassen. Man suchte die Toilette und die Waschanlagen nur dann auf,

[29] Archiv M.M.: V 3/61, Bericht des Univ.-Prof. Dr. V. Busek; H 9/4, Berichte des Univ.-Prof. Dr. Josef Podlaha.

[30] Archiv M.M.: H 3/10, Original-Plan einer Sanitätslager-Baracke, angefertigt am 22.12.1941.

wenn es unbedingt sein musste. Handtücher gab es keine, und auch die Zuteilung der Sandseife war sehr spärlich. In der Nacht durften die Baracken von Häftlingen nicht verlassen werden, und deshalb stand in jeder Baracke ein großes Fass mit einem Brett als notdürftige Latrine. Da wegen der Verdunkelungsanordnung die Baracken während der Nacht nicht beleuchtet werden durften, bestrahlte eine blaue Glühbirne die unmittelbare Umgebung des Fasses. Selbstverständlich gab es immer bei einem Belag von 500, 600, ja sogar 800 bis 1.200 kranken Häftlingen beim Latrinenfass ein Gedränge. Die hin- und herschwankenden Kranken tappten im Dunkeln von Bett zu Bett, sie stießen zusammen, fielen auf den Boden; es wurde geschimpft, gerauft. Manche fanden nicht ins Bett zurück, weckten andere auf, wurden aus fremden Betten rausgeworfen. So mancher Kranke verrichtete dann seine Notdurft irgendwo im Block.[31]

Die Bettgestelle waren aus weichem rohem Holz, nicht angestrichen. Eine Schmutzschicht bedeckte die Holzbretter, so dass alle Betten grau-braun wirkten. Aus den durchnässten und zerrissenen Papierstrohsäcken fielen Holzwolle und Staub auf den unten liegenden Kranken. Selten kam es vor, dass die Strohsäcke ausgetauscht werden konnten. Die Betten waren ca. 75 Zentimeter breit, ca. 190 Zentimeter lang, und die Höhe des jeweiligen Zwischenraumes innerhalb der Betten betrug ca. 80 Zentimeter. Stets schliefen in einem Bett mindestens zwei Kranke. Nur einzelne bevorzugte Kranke erhielten ein Bett für sich allein. Die absolute Mehrzahl der Betten war in den Jahren 1944 und 1945 mit mehreren Kranken belegt. So ist es immer wieder vorgekommen, dass schwache Häftlinge von den noch etwas stärkeren Häftlingen, vor allem in der Nacht, aus dem Bett hinausgeworfen wurden; manches Mal bewusst, manches Mal unbewusst. Bis ungefähr Ende 1944 lagen die Kranken mit Unterwäsche bekleidet im Bett. Dann hatten viele entweder nur ein Hemd oder nur eine Unterhose, größtenteils eine lange, manches Mal aber auch nur eine kurze an. Schließlich erhielten die Kranken Papierhemden, und in den letzten Monaten gab es Hunderte kranke Häftlinge im Sanitätslager, die weder Papier- noch Stoffwäsche besaßen. Es gab Kranke, die nur einen Hemdärmel, die Hälfte einer Unterhose oder irgendeinen Rest einer Unterwäsche ihr Eigen nannten.[32]

Aus dieser Schilderung kann bereits entnommen werden, dass diese Krankenunterkunft niemals auch nur den primitivsten hygienischen Anforderungen entsprach; hier konnte nur improvisiert werden. Wenn trotzdem Hunderte und Tausende schwerkranke Häftlinge dieses Lager verließen, so war es allein das Verdienst jener Häftlinge, die dort unter unmenschlichen Verhältnissen und unter ständigem Einsatz ihres Lebens als Ärzte und Häftlingspersonal gearbeitet haben. Nur sie – und niemals die dort eingesetzten SS-Ärzte oder SS-Sanitätsdienstgrade – haben, nahezu ohne Medikamente und andere Heilmittel, an Tausenden das Wunder einer Heilung vollbracht. In manchen Fällen konnte die Rettung des Kranken nur dadurch erreicht werden, dass der Kranke zumindest auf kurze Zeit vom Sanitätslager in

[31] Archiv M.M.: H 2/3, Bericht des Vaclav Berdych.

[32] Archiv M.M.: H 2/3, Bericht des Vaclav Berdych; V 3/61, Bericht des Univ.-Prof. Dr. V. Busek; H 3/7, Bericht der Sanitätslager-Schreibstube vom 25.3.1945, Original.

das Revier überstellt wurde, wie auch dadurch, dass die in der SS-Apotheke gestohlenen Medikamente in das Revier und in das Krankenlager geschmuggelt worden sind.
Die Schreibstube des Sanitätslagers musste über die Aufenthaltsdauer der kranken Häftlinge ein genaues Verzeichnis führen; kein kranker Häftling durfte länger als drei Monate behandelt werden. Dies war der Grund, dass man immer wieder schwerkranke Häftlinge vor Ablauf der Frist als „geheilt" in das Hauptlager zurückschickte und kurze Zeit darauf wieder im Sanitätslager als „Neuzugang" aufnahm. All dies konnte nur bei Einhaltung strenger konspirativer Regeln in äußerst komplizierter und gefahrvoller Zusammenarbeit des Sanitätspersonals im Krankenblock und in der Schreibstube mit den Häftlingen in der Lagerschreibstube, dem Arbeitseinsatzkommando, den Revierärzten und jenen Häftlingen, die in die SS-Apotheke Zutritt hatten, ermöglicht werden.
Im Jahre 1945 waren die Häftlinge, ihrem Krankheitscharakter entsprechend, in folgenden Baracken untergebracht:

Block 1 Sowjetische Kriegsinvalide und altersschwache Häftlinge.
Block 2 Häftlinge mit inneren Krankheiten.
Block 3 Häftlinge nach schweren chirurgischen Eingriffen.
Block 4 Ambulanz, Apotheke, Post und Personalwohnraum.
Block 5 So genannte Genesungshäftlinge.
Block 6 Häftlinge mit Ödemen, Augenkrankheiten, Hautkrankheiten und ab 1944 kranke Juden.
Block 7 Isolierbaracke für Krätze; außerdem befanden sich dort Fälle der leichten Chirurgie sowie die Fälle der septischen Chirurgie.
Block 8 Häftlinge mit Infektionskrankheiten, Erysipelen usw.
Block 9 Bis 28.2.1945 befanden sich dort die Weberei, dann Kranke, die der Schonung bedurften, und ab Mai 1945 Frauen.
Block 10 Bis April 1945 Weberei, nachher beherbergte diese Baracke kranke und gesunde Frauen.[33]

Während die Ärzte unter den slawischen Häftlingen bis Winter 1942/43 zu den schwersten Arbeiten, vor allem im Steinbruch zum Zwecke der Vernichtung, eingesetzt worden sind,[34] waren bis Sommer 1942 im Revier wie im Sonderrevier von der SS-Lagerleitung – von einigen Ausnahmen abgesehen – vorwiegend kriminelle Häftlinge eingesetzt. So hat der Revierpfleger Opel die so genannte „Holznarkose" erfunden. Er betäubte vor der Operation die Patienten durch Schläge auf den Kopf mittels eines Holzpantoffels. Der Reviercapo Hermann Bürger – ein mehrmals wegen Betrügereien vorbestrafter Journalist, der niemals Medizin studiert hatte – wagte es, Operationen auszuführen. Bei eitrigen Fingerentzündungen amputierte er Finger und operierte auch Phlegmone-Fälle. Die Kriminellen Sünkel, Proger

---

[33] Archiv M.M.: H 3/9, Notizen des Hilfsschreibers Zdenek Rossmann für eine SS-Statistik über die Kranken, Originale.
[34] Archiv M.M.: V 3/61, entnommen aus dem Bericht des Dr. Milos Vitek: „Im Frühjahr 1942 arbeiteten allein aus den Reihen der tschechischen Ärzte Dr. Podlaha als Hilfsarbeiter im Siedlungsbau, Dr. Silhan als Hilfsarbeiter am Holzplatz, Dr. Tomcik als Hilfsarbeiter im Siedlungsbau und Dr. Jebavy im Steinbruch."

und Ackerl haben aus eigenem heraus im Sonderrevier Häftlinge auf besonders brutale Art getötet. So führten sie einen Gummischlauch, an einem Wasserleitungshahn angeschlossen, direkt in den Schlund des Opfers, bis die Lunge mit Wasser überschwemmt wurde und der Häftling erstickte oder ihm die inneren Organe platzten. Auch brachten sie zu jeder Jahreszeit zahlreiche körperlich schwache Häftlinge nachts in den Waschraum und drehten die kalten Duschen auf. Wenn beabsichtigt war, „nur" zwei oder drei Häftlinge durch kalten Wasserstrahl zu töten, legte man die nackten Häftlinge auf den Steinboden des Waschraums, überdeckte sie mit einer Holztrage (die sonst für den Transport von Brot und Wäsche verwendet wurde) und drehte die Brause auf. Alle diese brutalen Morde wurden mit Wissen und in Anwesenheit mancher SS-Ärzte, der SS-Sanitätsdienstgrade oder der zuständigen SS-Blockführer vollzogen. Oft beteiligten sich die SS-Angehörigen selbst aktiv an der Überwältigung des Opfers, vor allem dann, wenn der Häftling so viel Kraft und Bereitschaft zum Leben besaß, dass er sich wehrte. Die SS-Angehörigen betrachteten es als eine persönliche Feigheit des Opfers, wenn es sich wehrte und nicht freiwillig unter die Dusche ging. Sie zerrten die Unglücklichen unter die Brause mit den Äußerungen, wie z. B. *„Bist feig Schlawiner, zu sterben?"* oder *„Du Hund, sei froh, daß Du das hinter Dir hast."* Zur Praxis des Kriminellen Peter Koch gehörte es, eine bestimmte Anzahl von kranken und schwachen Häftlingen jeweils als Ruhrkranke zu erklären. Er verwies diese Häftlinge auf das so genannte „Scheißbrett", wo weder Brot noch Wurst verabreicht wurden. Die Tagesrationen eignete er sich selbst an, seine Opfer verhungerten.[35]

Die Verhältnisse im Sonderrevier änderten sich allmählich erst dann, als man dringend Arbeitskräfte in der Rüstungsindustrie benötigte, und vor allem, als man Ärzte aus den Reihen der Häftlinge einzusetzen begann. Wenn auch nach dem Jahre 1942, wie zuvor, ausschließlich nur die SS-Führung Häftlingsfunktionäre einsetzte, so hat sich doch de facto seit dem Sommer 1943 im Sanitätslager vieles zugunsten der Häftlinge geändert. Es gelang den damals bereits vorhandenen einzelnen politischen polnischen und tschechischen Häftlingsfunktionären, durch persönliche Fürsprachen bei einzelnen SS-Organen, meistens mit der Berufung auf die Qualifikation und notwendigen Sprachkenntnisse, neue politische Häftlinge als Ärzte und Pfleger heranzuziehen.

Hier kurz die Umstände, die zur Bestellung des Univ.-Prof. Dr. Josef Podlaha zum Häftlingsarzt führten:

Prof. Dr. Podlaha kam mit fast dem gesamten Professorenkollegium der Brünner Universität am 3.2.1942 ins KLM. Nach der Quarantäne arbeitete er zuerst im Steinbruch und dann im Arbeitskommando SS-Siedlung (Siedlungsbaukommando). Unter anderem hat er dort neun Wochen lang mit anderen Häftlingen eine Straßen-Betonwalze gezogen. Am 4.5.1942 abends wurde er beim Haupttor vom SS-Standortarzt Dr. Krebsbach erwartet, aus den Reihen der einmarschierenden Häftlinge herausgeholt, und er musste sofort im SS-Revier einen SS-Angehörigen operieren. Dieser SS-ler hatte während einer Röntgenaufnahme einen Magen-

[35] Archiv M.M.: H 2/3, Bericht des Vaclav Berdych; V 3/6I, Bericht des Univ.-Prof. Dr. V. Busek; H 9/4, Berichte des Univ.-Prof. Dr. Josef Podlaha.

durchbruch erlitten. Die Operation gelang. Dr. Podlaha erhielt dafür eine Woche Blockschonung, und nach dieser Woche wurde er in das Sonderrevier als Stubendienst versetzt. Nachher kam er als Häftlingsarzt in das Revier. Wenige Wochen später musste er der Gattin des Lagerkommandanten einen eitrigen Finger operieren, und dies war vermutlich der Grund, weshalb er vom Lagerkommandanten offiziell zum Arzt im Revier bestellt wurde. Im Juli 1942 wurde er über Veranlassung des SS-Arztes Dr. Richter nach Gusen versetzt, wo im wesentlichen seine Aufgabe darin bestand, den Dr. Richter in der Chirurgie zu unterweisen. Im Oktober 1942 wurde Dr. Podlaha, diesmal über Veranlassung des SS-Lagerarztes Böhmichen, der ebenfalls von ihm lernen wollte, nach Mauthausen rück überstellt. Podlaha verblieb als Häftlings-Chefarzt bis zur Befreiung im Mai 1945 im Revier.[36]

Jedoch auch dann, als Ärzte und Pfleger aus den Reihen der Häftlinge sich um die Rettung der vielen Kranken bemühten, Hunderten und Tausenden das Leben wiedergaben, blieben die sanitären und medizinischen Verhältnisse des Krankenlagers und der Krankenunterkünfte in den Nebenlagern (nicht des Reviers!) mehr als katastrophal. Über diese Zustände gibt ein schriftlicher Bericht der Krankenlager-Schreibstube vom 25. März 1945 genaue Auskunft. In diesem Bericht, verfasst für den SS-Standortarzt, hieß es wörtlich:

KL Mauthausen
Krankenlager

Berichtsperiode
vom 26.12.1944 bis 25.3.1945 (abends)

Zahl der stationären Kranken vom 26.12.1944 bis 25.3.1945
Stand 26.12.1944–3.972 + Zugänge 9.936 .... 13.908
Zahl der Infektionskranken 2.625

	Stand 26.12.1944	***Zugänge***	***Summe***
Offene Lungen-Tbc	*82*	*68*	*150*
Fleckfieber	*1*	*23*	*24*
Typhus	*3*	*4*	*7*
Erysipel	*56*	*974*	*1.030*
Krätze	*127*	*1.220*	*1.347*
Lues	*5*	*5*	*10*
Gonorrhoe	*2*	*-*	*2*
Trachom	*18*	*18*	*36*
Diphtherie	*1*	*8*	*9*
Scharlach	*3*	*7*	*10*
Summe	***298***	***2.327***	***2.625***

[36] Archiv M.M.: H 9/4, 2 Berichte des Univ.-Prof. Dr. Josef Podlaha.

Zugänge: Neu	*2.270*
Von Außenkommandos	*3.619*
Vom Schutzhaftlager	*4.047*
Summe	***9.936***

Von Cusen wurden übernommen:

28.2	*1.047*
6.3.	*800*
13.3.	*1.000*
14 3.	*1*
18.3.	*73*
20.3.	*16*
Summe	***2.937***

Gesund in das Schutzhaftlager entlassen	*2.630*
Stand am 25.3.1945 (5.798 Arier, 1.392 Juden)	*7.190*

Vorhandene Bettenzahl: 1934 + 1 Block ohne Betten/371,8%

Kriegsgefangene:

Zahl der Todesfälle	*81*
Revierkranke	*1.426*
Infektionskranke	*112*
davon: Tbc 2	
Krätze 110	

Am 6.3.1945 wurde der neue Block 9 bezogen. Praktisch sind keine Betten dazugekommen, wegen Bettgestellmangel. Statt Betten waren nur Strohsäcke vorhanden.

Bericht

über die Medikamentenversorgung des Krankenlagers KLM in den Monaten Januar, Februar und März 1945.

Die Versorgung des Krankenlagers mit Medikamenten und Verbandstoffen steigt bei weitem nicht im Verhältnis zum Krankenstand.

Die größten Schwierigkeiten, welche eine rationelle Behandlung unmöglich machen, bestehen im Mangel an Herzmitteln und Verbandstoffen. Die Unzulänglichkeit der erhaltenen Menge an Herzmitteln ist klar ersichtlich, wenn man die Statistik der verschiedenen Erkrankungen in Betracht zieht.

Was die Verbandstoffe betrifft, so muß hervorgehoben werden, daß in der hiesigen Ambulanz täglich ca. 700 Verbände gemacht werden. Daß bei dieser Zahl z. B. die erhaltenen 66 kg Zellstoff im Monat tief unter dem wirklichen Bedarf liegen, ist selbstverständlich. Dasselbe gilt auch für alle anderen Sachen, die für den Ambulanzbedarf in Betracht kommen: Salben, Wundpuder, Mastisol, Benzin usw. 3.000 Tabletten und 22 kg flüssiger Mixt. solvens in 3 Monaten sind auch weit vom wirklichen Bedarf entfernt.

Außerdem muß noch auf den großen Mangel an Instrumenten, hauptsächlich Injektionsspritzen, Pinzetten, Scheren, Skalpellen und Ähnlichem hingewiesen werden.

Wäscheversorgung

Die Wäscheversorgung läßt infolge der Unzulänglichkeit des Lager-Wäschebestandes in den letzten drei Monaten viel zu wünschen übrig. Das Krankenlager bekam von der Wäscherei überhaupt nur zum Großteil ganz zerrissene Wäsche, d. h. daß von je 100 Garnituren Wäsche, die in unsere Schneiderei kamen, 55 Garnituren herausgebracht wurden. 30 Schneider sind bei Tag- und Nachtschicht immerwährend mit den Ausbesserungsarbeiten betraut 15/15. Mit nur einer Nähmaschine und sonstiger Handarbeit werden alle Ausstückelungen durchgeführt. Wir haben somit in drei Monaten

14.360 Hemden und 14.210 Unterhosen

zum Umtausch an die Kranken gebracht. Es ergibt dies, daß bei der hohen Frequenz von 13.908 Häftlingen der ganze Wäschebestand praktisch nur einmal umgetauscht wurde.

Desinfektion

An Desinfektionsmitteln wurden im Krankenlager während der letzten 3 Monate folgende Mengen verbraucht:

Chlorkalk	*2.800 kg*
Kresolium	*150 kg*
Siprex	*200 kg*
Läusepulver	*300 kg*

Die erhaltenen Mengen sind, hauptsächlich was Chlorkalk und Kresol anbetrifft, für das Krankenlager sehr unzulänglich, da die Anforderung auf diese Mittel eine viel größere ist. Auf allen Blocks wurde 14-tägig der gesamte Bettenbestand durchdesinfiziert, und wöchentlich dreimal Lauskontrolle durchgeführt. Dabei wurde den mit Läusen vorgefundenen Häftlingen die Wäsche ausgetauscht.[37]

Im gesamten Bereich des KLM waren am 21.3.1945 bei einer Gesamtstärke von 83.249 männlichen und 2.295 weiblichen Häftlingen 19,4 Prozent der Gefangenen offiziell krank, das waren 16.437 Bettlägerige bei 6.761 vorhandenen Liegestätten. Von der Zahl 6.761 Betten müssen mindestens 300 bis 500 Liegestätten für das Häftlings-Sanitätspersonal abgezogen werden. Das ergibt einen Durchschnitt von etwa zweieinhalb Kranken auf eine Liegestätte (Bett oder auf dem Boden ausgebreiteten Strohsack). Es gab jedoch Baracken, wo vier bis fünf Kranke, ja bis zu fünf Personen in einem Bett lagen![38]

[37] Archiv M.M.: H 3/7, Original.

[38] Archiv M.M.: H 14/1, Statistik für den SS-Standortarzt vom 21.3.1945, Original; H 9/4, Berichte des Univ.-Prof. Dr. Josef Podlaha; H 3/9, Notizen des Hilfsschreibers Zdenek Rossmann für eine SS-Statistik mit Zahlen der Betten im Verhältnis zu den Kranken, Originale.

In allen ständigen wie vorübergehend existierenden Nebenlagern des KL Mauthausen gab es – der Größe des Lagers entsprechend – Reviere, Sonderreviere, Krankenbaracken oder nur Krankenstuben, die in Bezug auf technische Ausstattung sowie in hygienischer Hinsicht den Zuständen im Mauthausener Sonderrevier und nur zum geringen Teil denen des Sanitätslagers entsprachen.

Eine Ausnahme bildete Gusen, wo es auch zwei völlig verschiedene Unterbringungsmöglichkeiten für die Kranken gab. Im Gusener Block 31, in der Stube „B", befand sich ein Raum für an Durchfall Erkrankte. Dieses Zimmer wurde „Bahnhof" genannt. Dort standen mehrere dreistöckige Betten ohne Strohsäcke oder andere weiche Unterlagen. Keiner der Pfleger oder Ärzte betrat die Stube, selbst das karge Essen wurde vor der Türe auf den Boden gelegt, und die Kranken warteten, bis sie der Tod befreite.[39] Dieser trat entweder in Form eines langsamen qualvollen Sterbens oder in Gestalt des Blockältesten ein, der von Zeit zu Zeit mit einem großen Prügel die Stube betrat und durch gezielte Schläge auf den Kopf die Kranken erschlug.

Als weitere „Gusener Besonderheit" war eine Pathologische Abteilung, die im SS-Truppenrevier untergebracht war. Gewisse gesunde und kranke Häftlinge, soweit sie irgendwelche besondere Merkmale aufwiesen, wurden mittels Injektionen ins Herz getötet und die Skelette oder auch nur einzelne Körperteile präpariert. So wurde am 27.1.1943 ein verkrüppelter, aber völlig gesunder jüdischer holländischer Mittelschullehrer, Häftlings-Nr. 13.992, mittels einer Injektion ins Herz getötet und sein Skelett präpariert.[40] Viele solcher Körperteile waren in die Ärztliche SS-Akademie nach Graz zu Lehrzwecken überwiesen worden. Im Museum der Gusener Pathologie befanden sich zur Zeit der Befreiung des Lagers am 5.5.1945 insgesamt 286 von Häftlingsleichen stammende Präparate.[41]

[39] Archiv M.M.: B 12/59, Briefe des ehemaligen Gusener Häftlings Josef Nischelwitzer an den Verfasser.
[40] Archiv M.M.: H 17/2, acht Fotos.
[41] Archiv M.M.: H 17/1, zwei Fotos der Pathologischen Anatomie in Gusen, Originale.

27. Die SS-Ärzte – Pseudowissenschaftliche Versuche

Die Leitung des Sanitätswesens im KLM oblag dem jeweiligen SS-Standortarzt Mauthausen mit dem Titel *„Standortarzt der SS und der Polizei in Linz, Steyr, Wels und Mauthausen"*.

Dies waren:

Im Jahre 1938	SS-Untersturmführer Dr. Karl KNAPP
1939 bis etwa Frühjahr 1940	SS-Obersturmführer Dr. JEIKEN und SS-Obersturmführer Dr. Karl MATZ[1]
1940 bis Winter 1940/41	SS-Hauptsturmführer Dr. Richard KRIEGER[2]
März 1941 bis Oktober 1941	SS-Hauptsturmführer Dr. Gerhard SCHIDLAUSKY[3]
Oktober 1941 bis Herbst 1943	SS-Sturmbannführer Dr. Eduard KREBSBACH[4]
21.10.1943 bis 25.7.1944	SS-Hauptsturmführer Dr. Friedrich ENTRESS[5]
August 1944 bis 3.5.1945	SS-Sturmbannführer Dr. Waldemar WOLTER[6]

Der SS-Standortarzt war von der Lagerleitung formell völlig unabhängig. Er unterstand dem SS-WVHA, Amtsgruppe D III, „Leitender Arzt KL". Dies war jahrelang der SS-Standartenführer Dr. Enno LOLLING.[7] Dem Standortarzt unterstanden sämtliche SS-Ärzte und SS-Sanitätsdienstgrade. Im Bereich des KLM waren es durchschnittlich sechs bis zwölf SS-Ärzte und ungefähr 40 SS-Sanitätsdienstgrade. Manche Lagerärzte verblieben im KLM mehrere Jahre, manche wurden nach wenigen Monaten in andere Konzentrationslager versetzt.

[1] Die Namen der ersten SS-Ärzte im KLM aus der Zeit vom August 1938 bis zum Frühjahr 1940 wurden von SS-Ärzten unterschriebenen Leichenscheinen entnommen. Der sehr oft aufscheinende Namenszug „Dr. Jeiken", SS-Obersturmführer, ist schwer lesbar, und deshalb kann ein Irrtum beim Ablesen nicht ausgeschlossen werden. – Archiv M.M.: E 10/7, Kopien von 70 Leichenscheinen aus dem Jahr 1939. Nähere Daten über die Ärzte Dr. Karl Knapp, geb. am 23.3.1913, Dr. Jeiken (?) und Dr. Karl Matz konnten nicht ermittelt werden.

[2] Dr. Richard Krieger, SS-Nr. 144.232, war bis 1.10.1943 Lagerarzt im KL Bergen-Belsen, nachher im KL Natzweiler. Vierteljahreshefte: Nr. 21/134, 1970.

[3] Dr. Gerhard Schidlausky, geboren 1906, SS-Nr. 213.323, war von 18.12.1941 bis August 1943 Standortarzt im KL Ravensbrück, dann Lagerarzt im KL Buchenwald. Dr. Schidlausky wurde im 1. resp. 6. Ravensbrücker-Prozess zum Tode verurteilt. Vierteljahreshefte: Nr. 21/107, 1970.

[4] Dr. E. Krebsbach wurde am 13.5.1946 von einem US-Militärgericht zum Tode verurteilt und am 28.5.1947 in Landsberg hingerichtet. Archiv M.M.: V 4/258 und P 19/7.

[5] Dr. Friedrich Karl Hermann Entress, geboren am 8.12.1914 in Poznan, SS-Arzt vom 3.1.1941 bis 10.12.1941 im KL Groß-Rosen, von 11.12.1941 bis 20.10.1943 im KL Auschwitz, danach bis 25.7.1944 SS-Standortarzt im KLM. Dr. E. wurde am 13.5.1946 in Dachau von einem US-Militärgericht zum Tode verurteilt und am 28.5.1947 in Landsberg hingerichtet. Archiv M.M.: V 4/258 und P 19/7. Auschwitz-Hefte: Nr. 13, S.111.

[6] Dr. Waldemar Wolter, geboren am 19.5.1908, war zuerst SS-Lagerarzt im KL Dachau, wo er an Menschenversuchen teilnahm, dann wurde er Standortarzt im KL Herzogenbusch und ab August 1944 im KLM. Dr. W. wurde am 13.5.1946 von einem USA-Militärtribunal in Dachau zum Tode verurteilt und am 28.5.1947 in Landsberg hingerichtet. Archiv M.M.: P 19/7 und V 4/258.

[7] SS-Standartenführer Enno Lolling, geboren am 19.7.1888, Dr. der Medizin (NSDAP-Nr. 4.691.483, SS-Nr. 179.765). Er war Stabsarzt in der Marine (Erster Weltkrieg), nachher bis 1939 Provinzialarzt in Mecklenburg, dann Lagerarzt im KL Dachau, Chefarzt im Inspektorat der KL und zuletzt Im WVHA als Chef des Amtes D III, Leiter des Sanitätswesens. Lolling soll im Jahre 1945 Selbstmord begangen haben. Auschwitz-Hefte: Nr. 13, S.108f.

- 65 -

C- G r u p p e .

Gesamtzahl:	110		
Verstorben	43	=	39%
Genesungslager	14	=	14%
	57	=	53%

B- G r u p p e .

Gesamtzahl:	110		
Verstorben	17	=	16%
Genesungslager	18	=	17%
Zusammen	35	=	33%

Todesursachen:

- 63 -

Prozentuelle Statistik
der Todesfälle und Überweisungen ins Genesungslager.

A- G r u p p e .

Gesamtzahl: +/	- 150		
Davon verstorben -	56	=	37%
Überführt ins Genesungslager	15	=	10%
Zusammen	71	=	47%

Die Todesursachen waren:

a). Colitis	in	27	Fällen	=	18%
b). Herzschwäche	"	12	"	=	8%
c). Tbc	"	5	"	=	3%
d). Diverse	"	12	"	=	8%
		56	Fällen	=	37%

Verluststatistik der einzelnen Nationalitätengruppen.

1. Während der Experimentalperiode:

	Gesamtzahl +/	Verstorben			Genesungslager		
Deutsche	24	14	=	58%	–	=	–
Russen	47	8	=	17%	4	=	8%
Polen	21	7	=	[illegible]	1	=	5%
Jugoslaven	42	15	=	36%	2	=	5%
Franzosen	16	9	=	56%	–	=	–
	150	53			7		

2. Während der Kontrollperiode:

	Gesamtzahl +/	Verstorben			Genesungslager		
Deutsche	19	–	=	–	3	=	[illegible]
Russen	39	1	=	2.5%	4	=	12%
Polen	12	–	=	–	1	=	[illegible]
Jugoslaven	27	–	=	–	–	=	–
Franzosen	7	1	=	14%	–	=	–
	[illegible]	2			8		

+/ Unter der Rubrik "Gesamtzahl" wird die Zahl der Häftlinge angeführt, welche jeweilig am Anfang der Experimental- bzw. Kontrollperiode am Leben waren.

Auszug aus einem Bericht des DDr. E. G. Schenck über die von ihm durchgeführten Ernährungsversuche, 1944. „Genesungslager" bedeutete Hartheimer Gaskammer. AMM

Insgesamt wirkten im Bereich des KLM 46 bis 50 SS-Ärzte.[8] In der steirischen Landeshauptstadt Graz wurden die Studenten in einer SS-eigenen Medizinischen Fakultät für ihren ärztlichen Dienst ausgebildet. Das Studium sollte drei Jahre dauern; viele von ihnen, wie z. B. Karl Böhmichen, haben vor der Beendigung der medizinischen Ausbildung ihre Praxis im KLM angetreten.[9]

Was waren SS-Ärzte in ihrem Privatleben für Menschen? Greifen wir willkürlich einen heraus, den Standortarzt Dr. Eduard Krebsbach, der von allen SS-Ärzten am längsten im KLM Dienst versah.

E. Krebsbach, geboren am 8.8.1894, wuchs in kleinbürgerlichem Milieu auf, erlangte an der Bonner Universitat das Doktorat und war mehrere Jahre als Kinder- und Betriebsarzt tätig. Dr. Krebsbach war verheiratet, die Ehe blieb kinderlos. Politisch stand er bis 1933 dem liberalen Bürgertum nahe. Im Jahre 1937 bewarb sich Dr. E. K. um die SS-Mitgliedschaft, und am 9.11.1938 wurde er als Untersturmführer in die SS übernommen. Laut Dienstalters-liste der SS-Führer, Stand 1.12.1938, hatte Dr. E. K. die SS-Mitgliedsnummer 106.821 und war zu dieser Zeit nicht Mitglied der NSDAP. Im Herbst 1941 wurde er Standortarzt im KLM. Unter seiner persönlichen Leitung begannen die Massentötungen der Kranken und Körperschwachen durch Verabreichung von Injektionen in das Herz. Deshalb wurde Krebsbach im KLM „Spritzbach" genannt. Wegen nächtlicher Ruhestörung erschoss Krebsbach am 22.5.1943 den bei seinem Siedlungshaus am Wege vorbeigehenden Wehrmachtsurlauber, Obergefreiten Josef Breitenfellner, wohnhaft gewesen in Langenstein Nr. 47. Offenbar deshalb ist wenige Wochen später Krebsbach „strafweise" in das KL Waiwara

[8] Unvollständige Liste der von 1938 bis 1945 eingesetzten SS-Ärzte (auch Zahnärzte) und SS-Apotheker: Dr. Karl Knapp, SS-Untersturmführer, Dr. Jeiken (?), SS-Obersturmführer, Dr. Karl Matz, SS-Obersturmführer, Dr. Gerhard Schidlausky, SS-Hauptsturmführer, Dr. Eduard Krebsbach, SS-Sturmbannführer, Dr. Helmuth Vetter, SS-Hauptsturmführer, Dr. Friedrich Karl Hermann Entress, SS-Hauptsturmführer, Dr. Waldemar Wolter, SS-Sturmbannführer, Dr. Willi Jobst, SS-Hauptsturmführer, Dr. Siegbert Ramsauer, SS-Hauptsturmführer, Dr. Hermann Richter, SS-Obersturmführer, Karl Böhmichen, SS-Hauptsturmführer, Dr. Hermann Kiesewetter, SS-Obersturmführer, Mag. pharm. Erich Wasitzky, SS-Hauptsturmführer, Josef Glatz, SS-Obersturmführer, Wilhelm Lunatschek, SS-Hauptsturmführer, Gerhard Gerber, SS-Obersturmführer, Dr. Herbert Ferdinand Heim, SS-Hauptsturmführer, Walter Höhler, SS-Hauptsturmführer, Dr. Lindel, SS-Untersturmführer, Dr. Michael Laub, SS-Untersturmführer, Dr. Benno Adolph, SS-Hauptsturmführer, Dr. Wilhelm Henkel, SS-Hauptsturmführer, Dr. Willi Jäger, SS-Hauptsturmführer, Dr. Eugen Kuhn, SS-Untersturmführer, Dr. Walter Lückert, SS-Hauptsturmführer, Eberhard Haas, SS-Untersturmführer, Oskar Dienstbach, SS-Untersturmführer, Albert Rachel, SS-Untersturmführer, Ernst Weitkamp, SS-Obersturmführer, Dr. Kurt von den Bruch, SS-Hauptsturmführer, Dr. Alfred Mücke, SS-Hauptsturmführer, Dr. Karl Ruopp, SS-Untersturmführer, Dr. Seifert, SS-Untersturmführer, Dr. Helbling, SS-Sturmbannführer, Olf Brandt, SS-Oberscharführer, Dr. Erwin Heschl, SS-Untersturmführer, Dr. Piffaratos, SS-Untersturmführer, Dr. Reiter, SS-Untersturmführer, Dr. Renault, SS-Obersturmführer, Dr. Sajczyk, SS-Untersturmführer, Dr. Schildbach, SS-Obersturmführer, Dr. Karl Abraham, SS-Hauptsturmführer, Dr. Walter, SS-Untersturmführer, Dr. Zechtef, SS-Untersturmführer, Dr. Josef Friedl, SS-Untersturmführer, Dr. Ladislaus Konrad, SS-Obersturmführer. – Archiv M.M.: H 9/1, 2, 3, 4, 5 und 9, Listen, Originale und Kopien mit Namen der SS-Ärzte, Berichte der Häftlinge Dr. Podlaha und Ing. E. Martin über SS-Ärzte und SDG in den Jahren 1940, 1941, 1944 und 1945; V 4/208, Kalendarium der Ereignisse in Gusen: S.27, 35, 39, 40f, 53 und 85.

[9] SS-Hauptsturmführer Karl Böhmichen aus Münster, Westfalen, war von 1944 bis 1945 SS-Lagerarzt; ihm fehlte die Doktor-Dissertation. Gegenüber dem Häftlingspersonal soll sich Böhmichen anständig verhalten haben. Seine Frau war bis zum Jahre 1942 beim SD in Paris und nachher in der KLM-Kommandantur eingesetzt. Archiv M.M.: H 9/3 und 4, Berichte des Ing. E. Martin und Univ.-Prof. Dr. J. Podlaha.

bzw. KL Kaiserwald versetzt worden. Dort verblieb er bis zum 6.8.1944, und bei der Liquidierung dieses KLs hat Krebsbach die Selektionen geleitet. Nachher wurde er „Seuchen-Inspektor für Lettland, Estland und Litauen" mit dem Sitz in Riga. Nun bemühte er sich, von der Deutschen Wehrmacht übernommen zu werden, und tatsächlich gelang es ihm, im Spätherbst 1944 als Oberstabsarzt in die Deutsche Wehrmacht übernommen zu werden. Jedoch bereits zu Weihnachten 1944 rüstete Dr. E. Krebsbach ab und wurde wieder Betriebsarzt, und zwar in der Kasseler Spinnerei „Wegemann und Seidel".[10] Im Jahre 1945 festgenommen, stand Dr. Krebsbach mit anderen Mauthausener SS-Angehörigen vom 29.3. bis 13.5.1946 als Angeklagter vor einem US- Militärgericht in Dachau und hat dort seine Untaten u. a. wie folgt begründet:

„Krebsbach: Bei meinem Dienstantritt erhielt ich vom Chef des Amts III D den Befehl, alle Arbeitsunfähigen und hoffnungslos Kranken zu töten bzw. töten zu lassen.

Anklagevertreter: Und wie wurde von Ihnen dieser Befehl durchgeführt?

Krebsbach: Soweit es sich um hoffnungslos Kranke und absolut Arbeitsunfähige handelte, wurden sie überwiegend vergast. Einzelne wurden auch durch Benzin-Injektionen getötet.

Anklagevertreter: Wie viele nach Ihrer Kenntnis wurden während Ihrer Anwesenheit auf diese Art getötet?

Krebsbach: Gibt keine Antwort.

Anklagevertreter: Sie hatten also den Auftrag, die Lebensuntüchtigen zu töten?

Krebsbach: Ja! Ich hatte den Auftrag, Menschen dieser Art töten zu lassen, wenn ich der Ansicht war, daß der Staat mit diesen Menschen belastet wäre.

Anklagevertreter: Ist Ihnen nie dabei der Gedanke gekommen, daß es sich hier schließlich um Menschen handelte? Menschen, die das Unglück hatten, Häftlinge zu sein, oder von der Natur vernachlässigt wurden.

Krebsbach: Nein! Es ist bei den Menschen wie bei den Tieren. Tiere, die verkrüppelt zur Welt kommen oder sonst lebensunfähig sind, werden gleich nach der Geburt getötet. Man sollte das aus Humanitätsgründen auch bei den Menschen tun, dann würde viel Unheil und Unglück verhütet werden.

[10] Archiv M.M.: H 9/3, Angaben des bei Dr. Krebsbach eingesetzten Schreibers Ing. E. Martin; P 10/7, Anklageschrift vom 7. 3 1946 gegen die Mauthausener SS-Angehörigen; P 19/19, Militärgerichtsurteil; V 4/258, S.47ff, 99, 104ff, 114, 115, 117 und 119. – Betreffend Breitenfellner siehe Chronik des Gendarmerieposten Mauthausen, wo unter dem Datum vom 26.5.1943 aufscheint: „Tragischer Todesfall. Obergefreiter Josef Breitenfellner aus Langenstein Nr. 47 wurde während seines Urlaubs am 21.5.1943, nachts, nach einem vorausgegangenen Handgemenge in der SS-Siedlung in Ufer vom Lagerarzt SS-Sturmbannführer Dr. Krebsbach des Konzentrationslagers Mauthausen aus dem Hinterhalt durch einen Nackenschuß mit einer Pistole schwer verletzt, sodaß er am 23.5.1943, um 8 Uhr, im Reservelazarett der Barmherzigen Brüder in Linz a. d. Donau, starb."

Anklagevertreter: Das ist Ihre Ansicht, die der Weltmeinung ist eine andere. Ist Ihnen nie der Gedanke gekommen, daß die Tötung dieser Menschen ein ungeheuerliches Verbrechen war?

Krebsbach: Nein! Es ist das Recht jedes Staates, sich gegen Asoziale zu schützen, auch die Lebensuntüchtigen gehören hierzu (…)

Anklagevertreter: Also der Gedanke, daß es sich in diesem Fall um ein Verbrechen handelt, ist Ihnen nie gekommen?

Krebsbach: Nein! Ich hatte meinen Auftrag nach bestem Wissen und Gewissen erfüllt, weil ich ihn erfüllen musste." [11]

Weil er den Auftrag „*nach bestem Wissen und Gewissen*" erfüllte, haben er und seinesgleichen im SS-Ärztekittel Tausende Menschen ermordet oder ermorden lassen. Das gesamte Tun und Wirken der SS-Ärzte im Konzentrationslager Mauthausen stand ganz und gar im Gegensatz zu dem von ihnen abgelegten Hippokratischen Eid. Für sie waren die kranken Häftlinge, die sowjetischen Kriegsgefangenen, die Krüppel und die Juden mit Nummern versehene, völlig abgenutzte wertlose Geschöpfe, die der Vernichtung zugeführt werden sollten, damit sie den nationalsozialistischen Staat nicht belasten, und auch deshalb, weil sie unter die Norm des „*rassisch-biologischen Fremdkörpers*" sowie der „*Volksschädlinge*" fielen. Dazu kam noch, dass die fachliche Ausbildung, zumindest der jungen Ärzte, sehr mangelhaft war. Deshalb und weil sie ein funktionierender Bestandteil der mordenden Maschinerie eines nazistischen Konzentrationslagers waren, kam es ihnen nicht so sehr auf die Kunst des Heilens, als auf die rasche Tötung der Kranken und Körperschwachen an. Über die medizinischen Qualitäten der Ärzte in SS-Uniform sagt der wohl berufenste ehemalige Mauthausen-Häftling Univ.-Prof. Dr. Josef Podlaha aus:

„*Alle SS-Ärzte waren sehr selbstbewußt. Die lateinische Terminologie und die grundsätzlichen ärztlichen Kenntnisse waren ihnen völlig fremd. Fast alle hatten ein fast krankhaftes Verlangen nach der Chirurgie, wenngleich sie hierzu überhaupt keine Voraussetzungen mitbrachten. Sie waren sehr oberflächlich, und außerdem habe ich bei keinem von ihnen eine menschliche Beziehung zu den kranken Häftlingen feststellen können (…)*" [12]

Als wegen akuten Mangels an Zivilarbeitern das KL Mauthausen zu einer Quelle für Sklavenarbeit der deutschen Rüstungsindustrie wurde, erging am 28.12.1942 vom WVHA, Amtsgruppe D III, im Auftrag des RFSS an die Lagerärzte ein Rundschreiben, dessen Inhalt beweist, wie genau die zentralen Stellen über das mörderische Verhalten der Lagerärzte informiert waren. In diesem schriftlichen Auftrag wurde u. a. eröffnet,

„*(…) daß die Sterblichkeitsziffer in den einzelnen Lagern herabgesetzt [werden muss], die Zahl der Häftlinge auf die Höhe zu bringen sei, die der Reichsführer-SS befohlen hat. Die Ersten Lagerärzte haben sich mit allen Mitteln dafür einzusetzen (…) Nicht derjenige ist der beste Arzt*

[11] Archiv M.M.: P 19/11, Aufzeichnungen von gewissen Aussagen von SS-Angehörigen vor dem US-Militärgericht in Dachau, 1946, Originale.

[12] Archiv M.M.: H 9/4, Bericht des Häftlingsarztes Univ. Prof. Dr. J. Podlaha.

in einem Konzentrationslager, der glaubt, daß er durch unangebrachte Härte auffallen muß, sondern derjenige, der die Arbeitsfähigkeit durch Überwachung und Austausch an den einzelnen Arbeitsstätten möglichst hoch hält (...)"[13]

Wenige Monate nach diesem Runderlass hat das WVHA am 17.4.1943 unter „Geheime Reichssache" an sämtliche Lagerkommandanten bezüglich der Aktion „14 f 13" (Hartheimer Vergasungstransporte) verfügt:

> „*Der Reichsführer-SS und Chef der Deutschen Polizei hat auf Vorlage entschieden, daß in Zukunft nur noch geisteskranke Häftlinge durch die hierfür bestimmten Ärztekommissionen für die Aktion ‚14 f 13' ausgemustert werden dürfen. Alle übrigen arbeitsunfähigen Häftlinge (Tuberkulosekranke, bettlägerige Krüppel usw.) sind grundsätzlich von dieser Aktion auszunehmen. Bettlägerige Häftlinge sollen zu einer entsprechenden Arbeit, die sie auch im Bett verrichten können, herangezogen werden. Der Befehl des Reichsführer-SS ist in Zukunft genauestens zu beachten (...)*"[14]

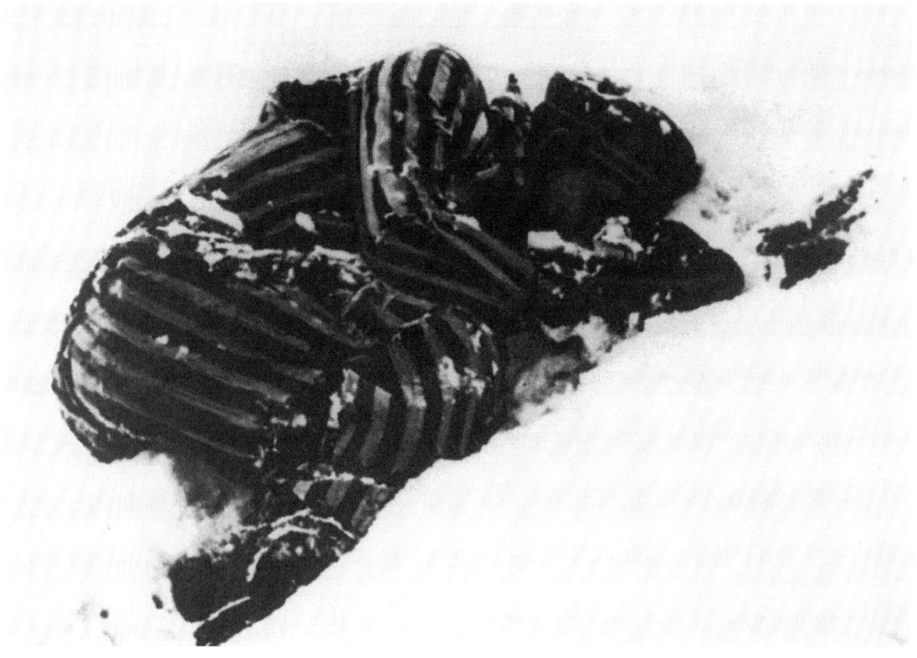

Toter Häftling im Schnee, Februar 1945 AMM

Infolge dieser Weisungen änderte sich das Verhalten der SS-Ärzte den Kranken gegenüber, dennoch wurden gewisse Kategorien sowjetischer Kriegsgefangener, SV-Häftlinge und kranke respektive körperschwache Häftlinge bis Ende April 1945 immer wieder mit Hilfe oder über Auftrag von SS-Ärzten einer „Sonderbehandlung" zugeführt, abgesehen davon,

[13] ISD-Arolsen: Ordner D-RF-9, Kopie des Erlasses.
[14] Archiv M.M.: P 16/28, Kopie des Rundschreibens.

dass im Jahre 1944 insgesamt 2.980 kranke und körperschwache, jedoch keine geisteskranken Häftlinge,[15] neuerlich für die Aktion „14f13“ ausgemustert wurden, um im „Genesungslager“ Schloss Hartheim vergast zu werden.
Außer der Kunst des Tötens hatten viele, sehr viele SS-Ärzte den blinden Ehrgeiz, ihre medizinischen Kenntnisse auf Kosten des vorhandenen „Menschenmaterials“ zu vervollkommnen. Sie experimentierten ausschließlich auf Grund ihrer eigenen Verantwortlichkeit und Machtbefugnisse mit gesunden und kranken Häftlingen. Keines der vielen Hunderte, ja Aberhunderte Versuchsobjekte der hier geschilderten medizinischen Versuche hat sich freiwillig gemeldet. Alle Häftlinge wurden entweder von der Lagerleitung oder vom jeweiligen Standortarzt respektive Lagerarzt dazu bestimmt. In keinem Fall hatte die Versuchsperson die Möglichkeit, sich von einem Versuch zurückzuziehen. Vielfach wurden Versuche durch ungeschulte Personen durchgeführt; sie wurden weiter völlig willkürlich, ohne zureichende wissenschaftliche Begründung und unter völlig abstoßenden Bedingungen angestellt. Alle Versuche führten zu unnötigen Leiden; viele hatten schwere Verletzungen zur Folge. Fast gar keine Vorkehrungen wurden getroffen, um die Versuchspersonen vor der dauernden körperlichen Schädigung oder vor dem Tode zu schützen oder zu bewahren. Im Gegenteil! Die Mauthausener Ärzte, soweit sie ihre „privaten“ Experimente durchführten, haben alles unternommen, um die Versuchsobjekte sterben zu lassen.[16]
Besonders oft und gerne hat der Lagerarzt Dr. Hermann Richter chirurgische Eingriffe ausgeführt. An völlig gesunden Menschen führte er ohne Notwendigkeit Operationen durch, entfernte ihnen innere Organe wie Magen, Leber, Nieren oder Teile des Gehirns; er wollte feststellen, wie lange solche Versuchsobjekte ohne diese Organe leben können.
Der Gusener Lagerarzt SS-Hauptsturmführer Dr. Helmuth Vetter experimentierte wieder mit verschiedenen Medikamenten der Firma IG-Farben-AG, Leverkusen, deren Angestellter er auch während seines SS-Dienstes in Dachau, Auschwitz und in Mauthausen-Gusen blieb. Dr. Vetter spezialisierte sich auf Tbc-Kranke. Aus umfangreichen Dokumenten des Internationalen Militärgerichtshofes Nürnberg kann entnommen werden, dass er mit Wissen der IG-Farben-AG Leverkusen eine Publikation über die Medikamente Ruthenol und Präparat 3582 verfassen sollte. Diese Präparate hat er an Tbc-Versuchspersonen in Auschwitz und noch im Jahre 1944 in Gusen ausprobiert. Offenbar auf Grund dieser Tätigkeit erhielt er lt. vorhandenen Originalschreiben vom 7.3.1944, 27.5.1944, vom 21.8.1944 und 2.11.1944, ab März 1944 bis Februar 1945 von der Reichsärztekammer in Oberdonau, Linz, eine *„Zusatzverpflegung für Ärzte bei Tuberkulosen-Gefährdung“*.[17]
Ein anderer Lagerarzt, Dr. Herbert Ferdinand Heim, pflegte jene Häftlinge, die er für seine privaten Experimente auserkoren hatte, gründlich über ihre Krankheiten, über ihre Familie, so unter anderem auch, ob diese versorgt sei, auszufragen. Wenn er alles erfahren hatte,

---

[15] Siehe Kapitel 28: Die Lebenden und die Toten, Anmerkung 50.
[16] Archiv M.M.: V 3/61, Bericht des Revier- und Sanitätslager-Schreibers Dr. Vratislav Busek; H 9/3 und 4, Berichte des Ing. F.. Martin und Univ.-Prof. Dr. Podlaha.
[17] Auschwitz-Hefte: Nr. 13, S.112. Archiv M.M.: H 13/1, Original-Durchschläge der angeführten vier Schreiben.

überzeugte er das Opfer durch geschickte Redewendungen und die Aussicht auf eine baldige Haftentlassung von der Notwendigkeit, sich einer kleinen „harmlosen" Operation zu unterziehen, und führte dann die schwierigsten chirurgischen Eingriffe aus. Dieser Dr. Heim hatte noch eine andere Gewohnheit: Er ließ Menschenschädel präparieren und schenkte sie seinen Freunden oder verwendete sie als Schreibtischschmuck! Zuerst stellte er durch genaue Betrachtung fest, ob das Gebiss vollzählig und gesund war. Traf dies zu, so tötete er den Häftling mittels Injektion ins Herz, schnitt den Kopf ab und ließ ihn im Krematorium präparieren.[18] In diesem Zusammenhang ist es interessant, den Erlass des Leiters des SS-Wirtschafts-Verwaltungshauptamtes, Amtsgruppe D, SS-Brigadeführer Glücks zu zitieren. Im Schreiben vom 12.5.1944, Zl. I/Ar: 14 h z/S Geheim, Tgb. Nr. 605/44 *„an alle Lagerkommandanten der KZ"* wird betreffend des *„Abstellens von Häftlingen für Versuchzwecke"* angeordnet:

> *„Es besteht Veranlassung, darauf hinzuweisen, daß in jedem Fall vor Abstellung der Häftlinge für Versuchszwecke hier die Genehmigung zur Abstellung einzuholen ist. Hierbei müssen Zahl, Haftart und bei arischen Häftlingen genaue Personalien, Aktenzeichen des Reichssicherheitshauptamtes und der Grund der Einweisung ins KZ angegeben werden. Ich verbiete hiermit ausdrücklich die Abstellung von Häftlingen zu Versuchen ohne Vorliegen der Genehmigung."* [19]

Auch dieser Erlass bestätigt, dass SS-Ärzte Häftlinge als Versuchskaninchen missbrauchten. Die Verwendung von Häftlingen zu Versuchszwecken sollte laut einer Gerichtserklärung des O. Pohl vom 18.10.1946 dem WVHA mitgeteilt und die Zustimmung dieses Amtes gesichert werden. Jedoch konnten alle medizinischen Versuche mit einer größeren Zahl von Häftlingen angeblich nur über Anweisung des RFSS Himmler durchgeführt werden.

Im Einvernehmen mit den „Rassenprinzipien der SS" wurden Ausländer den deutschen (und österreichischen) Häftlingen gegenüber bevorzugt. Über die privaten „Übungsversuche" der Lagerärzte liegen jedoch keine Unterlagen auf, einfach deshalb, weil die Ärzte darüber niemandem berichten mussten. Der Chirurg Prof. Dr. Podlaha, der SS-Ärzten oft assistieren musste, berichtet über die Versuche des Lagerarztes SS-Obersturmführer Dr. Richter:[20]

> *„Die Kenntnisse, die sich Dr. Richter bei Operationskursen an Leichen angeeignet hatte, wollte er sofort in die Praxis umsetzen. Da er keine geeigneten Fälle für Bauch-Operationen, wie z. B. Cholecystectomie, Gastroenteroanastomosen, Magenresektionen, Darmresektionen, Leber- und Nierenoperationen vorfand, hat er [im Herbst 1942] aus Reihen der Körperschwachen täglich drei bis vier Häftlinge operiert. Er übte Magenoperationen, Entfernung der Galle, Darmresektionen und führte auch Trepanationen aus. Auf diese Art operierte er binnen weniger Wochen –*

[18] Archiv M.M.: V 3/9, Angaben des Josef Kohl. – Gegen Dr. Heim, der offenbar unter falschem Namen lebt, wurde im Jahre 1975 von einem BRD-Gericht ein Untersuchungsverfahren eingeleitet. Angaben des Verfassers.

[19] Archiv M.M.: P16/61, Abschrift des Erlasses. (Kopie befindet sich im ISD Arolsen.)

[20] Eidesstattliche Erklärung des Pohl vom 18.10.1946. Zeitgeschichte: NO-407. – SS-Obersturmführer Dr. Hermann Richter, geb. am 13.8.1915, stammte aus Linz; er soll unter anderem im November 1941 „nicht arbeitseinsatzfähige" 264 SU-Kgf. durch Herzinjektionen getötet haben. Im Jahre 1943 war R. Patient in der Nervenheilanstalt Gießen an der Lahn. R. verübte angeblich im Mai 1945 Selbstmord: Archiv M.M.: H 9/3, Bericht des Ing. E. Martin.

ohne Indikation – 300 entkräftete, aber ansonsten gesunde Menschen. Er kümmerte sich nicht weiter um seine Opfer. In ihrer Mehrzahl sind sie an den Folgen dieser chirurgischen Eingriffe verstorben. Die wenigen, die die Operation überlebten, starben durch Herzinjektionen.‘[21]

Die SS-Lagerärzte und auch die SS-Ärzte des Hygiene-Institutes der Waffen-SS waren sich der Rechtswidrigkeit der von ihnen durchgeführten experimentellen Eingriffe voll bewusst, denn in der vorhandenen Korrespondenz der Ärzte über die offiziellen Versuche finden sich zahlreiche Stempelaufdrucke wie „*Streng geheim*", „*Geheime Reichssache*" usf.

Über nachfolgende Versuche an Menschen im KLM scheinen entweder eindeutige Hinweise oder umfangreiche Dokumente auf:

Hormonversuche:

Elf kastrierte Häftlinge, Herbst 1941, vermutlich lagerinterner Versuch.[22] Der Zweck und die näheren Umstände sind unbekannt.

Läuseversuche:

Zehn respektive mehr Häftlinge, vom 26.7.1942 bis etwa 3.9.1942. Lagerinterne Versuchsreihe mit zehn Tschechen und mehreren holländischen Juden. Verantwortlicher: Apotheker Dr. Erich Wasitzky.[23] Nach Beendigung dieser Versuche sind die jüdischen Häftlinge ermordet worden.

Ernährungsversuche:

370 Häftlinge mehrerer Nationen, vom 1.12.1943 bis 31.7.1944, Versuchsreihe des SS-Hygiene-Institutes, geleitet von Prof. DDr. E. G. Schenck.[24] Wer krank wurde oder für die Versuche nicht mehr herangezogen werden konnte, kam unweigerlich über Veranlassung des DDr. Schenck in die Hartheimer Gaskammer.

Verträglichkeitstest:

Drei Impfstoffserien (Typhus, Paratyphus A- und B-Endosen-Adsorbat-Impfstoffe und Cholera-Keime). 1.700 Häftlinge aller Nationen, vom 5.2.1943 bis 18.4.1943. Versuchsreihe des SS-Hygiene-Institutes, geleitet von Dr. Karl Gross[25] mit einem Doppelimpfstoff: Typhus-Tetanus-Depot-Impfstoff, hergestellt vom Anhaltischen Seruminstitut Berlin NW 7, Op. Nr. 1. – Der Autor dieser Dokumentation war eines der Versuchsobjekte.

---

21 Archiv M.M.: H 9/4, Berichte des Ing. E. Martin und Univ.-Prof. Dr. J. Podlaha.

22 Archiv M.M.: V 3/61, Bericht des Dr. Vratislav Busek.

23 SS-Hauptsturmführer Mag. Erich Wasitzky, NS-Nr.298.370, war von 1941–1944 Lagerapotheker. Er wurde am 13.5.1946 von einem US-Militärgerichtshof in Dachau zum Tode verurteilt und am 28.5.1947 in Landsberg hingerichtet. Archiv M.M.: V 4/258 und P 19/7; H 7/9 Bericht einer der Versuchspersonen, Zbynek Sekal.

24 DDr. E. G. Schenck war Ernährungsinspekteur der Waffen-SS im WVHA, Chefarzt im Krankenhaus München-Schwabing und Chefarzt des Hygiene-Institutes der Waffen-SS. Bei seinen Ernährungsversuchen im KLM sind 164 Häftlinge verstorben. Das deshalb gegen Dr. Schenck eingeleitete Gerichtsverfahren in der BRD wurde eingestellt. – Archiv M.M.: H 7/2, 3, 19, 22, 23 und 24, Blankoformulare für Ernährungsversuche, handgeschriebene Unterlagen über die Ernährungsversuche, Schreiben des Pohl über Ernährungsversuche des Dr. Schenck, umfangreicher Bericht des Dr. Schenck über seine Ernährungsversuche, Kopie.

25 SS-Sturmbannführer Dr. Karl Gross, 1907 geboren, lebte nach 1945 unbehelligt in Österreich und übte in Linz seine ärztliche Praxis aus. Er ist am 1.1.1967 gestorben. Archiv M.M.: H 7/5, 8 und 11 bis 18, ein Bericht des ISD Arolsen über Versuche des Dr. Gross im KLM, eine Originalliste des Dr. Gross über Fieberfälle im KLM, ein FS vom 6.4.1943 über den Beginn der Versuche, ein Erfahrungsbericht des Dr. Gross über seine Impfungsversuche: serologische Befunde nach Impfungen des Dr. Gross, eine Materialsammlung über die Ergebnisse der Impfungsversuche, Kopien.

Tbc-Impfstoffversuche:
In Gusen, Häftlingszahl unbekannt, Herbst 1944 bis Frühjahr 1945. Angeblich im Auftrag der IG-Farben-AG Leverkusen von Dr. Helmuth Vetter geleitete Versuchsreihe,[26] u. a. mit Ruthenol-Granulat.
Mycel-Eiweiß-Wurst-Versuche (Biosyn-Wurst):
Versuchsreihe des SS-Hygiene-Institutes und des WVHA mit einem aus Sulfatablaugen der Lenzinger Textil-AG gewonnenen und im Jahre 1943 produzierten wurstähnlichen Produkt. Der genaue Zeitpunkt der Versuche und die Zahl der Versuchsopfer sind nicht bekannt. Verantwortlicher Arzt unbekannt, vermutlich DDr. E. G. Schenck. Aus einem Schreiben des O. Pohl an Himmler vom 22.12.1943 geht hervor, dass die in Lenzing gewonnene Mycel-Eiweiß-Wurst *„für die menschliche Ernährung völlig unbefriedigend"* war.[27]

Für die vom SS-Hygiene-Institut der Waffen-SS angeordneten pseudomedizinischen Versuche an Häftlingen waren der SS-Standortarzt respektive seine Lagerärzte nicht zuständig. Die Leitung solcher Experimente oblag Ärzten, die nicht der Lager-SS angehörten. Der Standortarzt und die SS-Lagerärzte waren jedoch beim Auswählen der Versuchsobjekte behilflich. Für die lagerinternen Versuche an Menschen wie für sämtliche Tötungsaktionen von Kranken zeichnete der Standortarzt verantwortlich. Er ordnete an, wie viele und auf welche Weise diese getötet werden sollten. Doch es muss angeführt werden, dass viele Sonderbehandlungsaktionen von den zentralen Behörden, wie z. B. vom WVHA, Amtsgruppe D, oder direkt vom RSHA angeordnet worden sind, und schließlich, dass im KLM bis Herbst 1941 im so genannten Sonderrevier oder in den Gusener Krankenunterkünften der Lagerkommandant, der jeweilige Schutzhaftlagerführer und sogar die als Blockführer respektive Rapportführer eingesetzten Unteroffiziere (SS-Scharführer) über die einzelnen Kranken mehr Verfügungsgewalt besaßen als der Standortarzt oder der zuständige SS-Lagerarzt.[28]

---

[26] SS-Hauptsturmführer Dr. Helmuth Vetter, geb. am 21.3.1910, war SS-Lagerarzt in den KL Dachau, Auschwitz und Mauthausen/Gusen. Wie aus Dokumenten des Internationalen Gerichtshofes in Nürnberg hervorgeht, schickte die IG-Farben-AG von 1941 bis 1945 an Vetter Präparate in jene KL, in denen er gerade stationiert war. Vetter untersuchte die Verträglichkeit von Medikamenten dieser Firma an Häftlingen. Im 2. Mauthausener Prozess in Dachau, 1946/47, wurde Vetter von einem US-Militärtribunal in Dachau zum Tode verurteilt und am 2.2.1949 in Landsberg hingerichtet. Archiv M.M.: H 9/5 und P 19/9, Bericht des Ing. E. Martin über Dr. Vetters Versuche, Kopie. Auschwitz-Hefte: Nr. 13, S.112.
[27] Archiv M.M.: H 7/19 und 20, Abschnitte von Schreiben über Gross-Ernährungsversuche im KLM, Pohl an Dr. Brandt, RFSS an Pohl. Zeitgeschichte: Mikrofilm M-285/2902-2903.
[28] In Gusen z. B. der Adjutant SS-Hauptscharführer Heinz Jentzsch (SS-Nr. 245.466), der in den Jahren 1940 bis 1942 mit oder ohne Veranlassung des Lagerkommandanten Chmielewski unzählige Male Tbc-Kranke ins Bad führte, um sie dort durch kalten Wasserstrahl zu ermorden. Jentzsch ist deshalb „Bademeister" genannt worden. Er wurde im Jahre 1968 von einem Hagener Schwurgericht (BRD) zu lebenslanger Zuchthausstrafe verurteilt. Karl Chmielewski, seit 1939 1. Schutzhaftlagerführer im KLM, dann seit März 1940 bis 1942 Lagerführer des Nebenlagers Gusen und schließlich Lagerführer in Herzogenbusch (Holland), zuletzt im Range eines SS-Hauptsturmführers (SS-Nr.63.535), hat das „Baden" der Kranken angeregt und die systematische Ermordung von Kranken durch Herzinjektionen eingeleitet. Chmielewski wurde von einem Gericht in Ansbach (BRD) zu lebenslangem Zuchthaus verurteilt. Archiv M.M.: B 12/25, Auszug aus der Urteilsbegründung des Ansbacher Gerichtes; V 3/8, Angaben des Sanitätslager-Schreibers Frantisek Poprawka.

Aber auch zu dieser Zeit erfolgten alle größeren Tötungsaktionen der Kranken mit Wissen der SS-Ärzte, und vielfach nahmen sie aktiv an der Verabreichung von Herzinjektionen teil.
Die SS-Ärzte Dr. Richter und Dr. Vetter mordeten kranke Häftlinge nahezu bis zum letzten Tag der Dauer des Lagers, andere haben sich von der Praxis der gewaltsamen Beseitigung der kranken Häftlinge entweder schon im Jahre 1944 oder erst im Jahre 1945 distanziert.
Einer von ihnen war der SS-Lagerarzt SS-Hauptsturmführer Dr. Kurt Plaettig, und zwar, als er nach Wiener Neudorf verlegt wurde. Die Häftlinge aus Wiener Neudorf berichteten einstimmig, dass sich die Verhältnisse im Revier und die Krankenbetreuung grundlegend verbesserten, als Dr. Plaettig im Sommer 1944 ins Lager kam. Zunächst erzwang er die völlige Abgrenzung seines Wirkungskreises von dem des Lagerführers. Das Häftlingsrevier und das Häftlingspersonal wurden ihm allein unterstellt. Er vergrößerte das Revier, ließ einen brutalen SDG ablösen, ersetzte ihn durch zwei andere SS-Sanitäter und erweiterte wesentlich den Stand des Revierpersonals. Anstatt eines Häftlingsarztes nahm er vier, und er hat auch die Zahl der Pfleger erweitert. So kam es, dass jede im Nebenlager Wiener Neudorf vorhandene größere nationale Gruppe im Revier einen Vertreter hatte. Er trennte weiter die Kranken nach deren Krankheitscharakter und sorgte für eine Zuteilung von Medikamenten. Bei schwierigen Operationen besorgte Dr. Plaettig sogar aus Wiener Kliniken Instrumente.
Alle diese Maßnahmen bewirkten eine sichtbare Senkung der Sterbequote im Revier! Doch dieser Dr. Plaettig hatte vorher im Mauthausener Sanitätslager Selektionen für Vergasungsaktionen im Schloss Hartheim durchgeführt.[29]
Anständig hat sich der im Herbst 1944 aus Auschwitz nach Mauthausen versetzte SS-Lagerarzt SS-Obersturmführer Dr. Franz Bernhard Luccas verhalten. In der kurzen Zeit seines Aufenthaltes hat er Aufträge der SS-Lagerleitung missachtet und vor allem Medikamente für kranke Häftlinge ins Lager geschmuggelt. Doch auch er hat zuvor bei Massenselektionen an der Auschwitzer Eisenbahnrampe (Birkenau) mitgewirkt. Deshalb wurde er im Auschwitz-Prozess (20.10.1963 bis 20.8.1965, Frankfurt, BRD) zu einer mehrjährigen Kerkerstrafe verurteilt.
Die militärischen Niederlagen der Deutschen Wehrmacht des Jahres 1944 haben das baldige Ende des „Tausendjährigen Reiches" unmissverständlich angezeigt. Dies war einer der hauptsächlichsten Gründe, weshalb manche Mauthausener SS-Ärzte und Sanitätsdienstgrade in den Jahren 1944 und 1945 ihr Verhalten gegenüber den Häftlingen änderten.[30]
Doch ein SS-Arzt muss besonders hervorgehoben werden, und zwar der aus Stuttgart-Wangen stammende Dr. Karl Ruopp, geboren am 24.4.1891 in Stuttgart. Er kam am 20.10.1939 als SS-Lagerarzt in das KL Mauthausen, zu einer Zeit also, als gerade der „Blitzkrieg" gegen Polen beendet und die Masse der Deutschen von Hitlers militärischer Macht berauscht war. Wenige Tage nach seinem Kommen nahm er Kontakt mit deutschen politischen Häftlingen

[29] Archiv M.M.: B 49/1, Bericht des Häftlingsarztes Dr. Rolf Busch-Waldeck, Kopie.
[30] Archiv M.M.: H 9/4, Bericht des Univ.-Prof. Dr. J. Podlaha über Dr. Luccas; P 19/29, 30, 31 und 32; Berichte über den Prozess gegen Dr. Luccas; Dokumentation Auschwitz Prozess: Europa-Verlag, Band II, S.599.

aus der Stuttgarter Gegend, die kurz vorher aus dem KL Dachau nach Mauthausen überstellt worden waren, auf. Er ließ sich die Verhältnisse im Lager schildern, und als er sah, nicht in der Lage zu sein, die sanitären Zustände zugunsten der Häftlinge zu ändern, quittierte er am 14.2.1940 seinen KL-Dienst. Bereits zu Weihnachten 1939 verließ er das KL Mauthausen, wobei er demonstrativ von den deutschen politischen Häftlingen Abschied nahm![31]

Ein weiterer Arzt, SS-Obersturmführer Dr. Ladislaus Konrad, geboren am 28.8.1913 in Siegendorf, aus Wien stammend, der als Lagerarzt vom Oktober 1941 bis etwa März 1942 in Mauthausen Dienst versah, hat die Tötung der kranken Häftlinge verweigert. Er verließ über Veranlassung des Lagerkommandanten Ziereis sowie Dr. Krebsbach das KLM und ist am 17.2.1944 als Angehöriger des Stabes beim 2. Bataillon des Panzer-Grenadierregimentes 10 gefallen.[32]

[31] Zeugeneinvernahme des Dr. Karl Ruopp am 20.10.1966. Dr. Ruopp war seit November 1935 SS-Untersturmführer und vom 20.10.1939 bis zum 15.2.1940 im KL Mauthausen. Am 22.1.1940 wurde er in das SS-Lazarett Dachau – Innere Abteilung-Kreislaufprüfstelle – eingewiesen. Der Befund dieser Stelle vom 26.1.1940 zeigt, dass der untersuchende Arzt, Stabsarzt Fahrenkamp, die geklagten Beschwerden als „subjektiv stark überwertet" angesehen und mit „falscher Angst" des Patienten erklärt hat. „Aus besonderen Gründen" erbat der untersuchende Arzt „Entscheidung des Reichsarztes SS, ob nicht SS-Untersturmführer R. in seine Praxis wieder zu entlassen ist." Zentralstelle der Justizverwaltung Ludwigsburg: B 84/1967 und 401 AR 1060/66. – Über das Verhalten des Dr. Ruopp im KLM berichtete dem Verfasser der ehemalige Häftling Otto Wahl.

[32] Das Verhalten des Dr. L. Konrad im KLM schilderte dem Verfasser Ing. H. Martin. Zentralstelle der Justizverwaltung Ludwigsburg: Schreiben des Bundeskriminalamtes Baden-Württemberg, 7.1.1975, Gr. 831-130/61-He.

Mauthausener Krankenlager 10. 5.1945 AMM

28. Die Lebenden und die Toten

Hundertmal, ja tausendmal wurden von den diensthabenden SS-Führern und SS-Unterführern die Neuzugänge kurz, klar, laut und vernehmlich aufgeklärt:

„Hier gibt es nur Lebende, die arbeiten, oder die Toten. Die Kranken müssen sterben!"

Und so mancher Kranke oder körperlich Schwache wurde noch vor seiner Namensfeststellung und Lagerregistrierung getötet, so zum Beispiel mehrere hundert sowjetische Kriegsgefangene in den Jahren 1941 und 1942, und mehrere tausend Personen, die im Jahre 1945 in das KLM eingewiesen wurden.

Deshalb gibt es keine exakten Zahlen über die in das KLM vom 8.8.1938 bis 5.5.1945 eingewiesenen Männer und Frauen. Wie bereits angeführt, sind in Mauthausen bis 19.2.1942 und in Gusen bis 23.1.1944 alle infolge Ablebens, Entlassungen oder Überstellungen (in andere KL) freigewordenen Häftlingsnummern nochmals vergeben worden.

Erst ab 20.2.1942 gab es in Mauthausen und ab 23.1.1944 in Gusen eine fortlaufende Nummerierung der Zugänge. Die höchste Häftlingsnummer 139.317 wurde am 3.5.1945 erteilt.[1]

[1] Archiv M.M.: E 13/4, Kopie eines Zugangsbuches, danach war die letzte erteilte Häftlingsnummer 139.157 (Ital. Antonio Vernacchio). Lt. Nummernzuteilung: S.21, war die letzte Nr. 139.317. Die Nr. 139.317 scheint auch in einem anderen Zugangsbuch auf. Archiv M.M.: Y 36, Mikrofilm.

Wenn man die Gesamtzahl der eingewiesenen Häftlinge errechnen will, so muss man zu der letzten Häftlingsnummer (139.317) alle Toten, alle Entlassungen und Überstellungen in Mauthausen bis zum 19.2.1942, in Gusen bis zum 22.1.1944 und auch alle namentlich oder nummernmäßig nicht erfassten Häftlinge hinzuzählen. Von dieser errechneten Zahl sind jene Häftlinge abzurechnen, die mit einer fortlaufenden Mauthausener Häftlingsnummer versehen und in der Zeit vom 19.2.1942 bis 22.1.1944 aus Mauthausen nach Gusen überstellt worden sind. Aus vorhandenen Statistiken, Transportlisten und Meldungen[2] über den Stand der Lebenden sowie der Verstorbenen wurde nachfolgende Aufstellung erstellt, die die vermutliche Gesamtzahl der ins KLM eingewiesenen männlichen und weiblichen Häftlinge ergibt:

I. Am 3.5.1945 letzte erteilte Häftlingsnummer		139.317
II. Tote:		
Mauthausen (8.8.1938–19.2.1942)	6.061	
Gusen (25.5.1940–23.1.1944)	20.073	26.134
III. Entlassungen:		
KLM Politische mindestens (8.8.1938–19.2.1942)	482	
Kriminelle mindestens	350	
Gusen Politische etwa (19.2.1942–23.1.1944)	700	
Kriminelle	?	1.532
IV. Überstellungen in andere KL:		
Mauthausen (8.8.1938–19.2.1942) mindestens	1.714	
Gusen (25.5.1940–23.1.1944) mindestens	1.500	3.214
V. Nicht registrierte Häftlinge:		
Am Transport oder während der Aufnahmeformalitäten verstorben; nummernmäßig nicht erfasst (1945) mindestens	4.500	
VI. Exekutierte:		
ohne Häftlingsnummer etwa	1.500	
VII. „K-Häftlinge“:		
ohne Häftlingsnummer[3]	5.040	
VIII. Ungarn:		
Im April 1945 eingewiesen, namentlich und nummernmäßig nicht erfasst	18.000	29.040
		199.237
IX: Häftlinge, die eine fortlaufende Mauthausener Nummer erhielten und in der Zeit von 19.2.1942 bis 21.1.1944 aus Mauthausen nach Gusen überstellt wurden		-6.500
Gesamtzahl der männlichen Häftlinge im KLM:	etwa	**192.737**
X. Frauen:[4]		
Mit Häftlingsnummer der Frauenserie	3.077	
Mit Häftlingsnummer der Männerserie, etwa	158	
Ohne Häftlingsnummer, etwa	1.492	**4.727**
Gesamtzahl der männlichen/weiblichen Häftlinge:		**197.464**

2 Archiv M.M.: E 6/1 bis 17, Kopien und Originale von Lager-Statistiken, Telegramme über den Häftlingsstand, Veränderungsmeldungen, wöchentliche und monatliche Meldungen über Verstorbene, Überstellte, Entlassene, Rapportbücher mit Häftlingsstand; E 13/2, Kopie, Veränderungsbuch der Politischen Abteilung.

3 Archiv M.M.: S 1/1 bis S 6/4, Kopien von Meldungen über K-Transporte, Berichte über „K-Häftlinge“. Siehe Kapitel 35: „K-Häftlinge“ – „Mühlviertler Hasenjagd“.

4 Archiv M.M.: K 1/1 bis K 10/6, Kopien von Zugangslisten, Meldungen, Namenslisten u. a. m. Siehe Kapitel 21: Frauen.

Ergänzend zu den Zahlen dieser Aufstellung wird vermerkt:

Zu II:

In Mauthausen wurden bis 19.2.1942 als „verstorben" gemeldet:

1938	36	Häftlinge
1939	445	Häftlinge
1940	2.322	Häftlinge
1941	1.406	Häftlinge
	282	SU-Kriegsgefangene
	646	Hartheimer Opfer
1942	383	Häftlinge
(bis 19.2.1942)	318	SU-Kriegsgefangene
	223	Hartheimer Opfer
insgesamt	**6.061**	**Tote**[5]

In Gusen wurden bis 23.1.1944 als „verstorben" gemeldet:

1940	1.389	Häftlinge
1941	5.052	Häftlinge
	220	SU-Kriegsgefangene
	510	Hartheimer Opfer
1942	4.048	Häftlinge
	2.230	SU-Kriegsgefangene
	1.132	Hartheimer Opfer
1943	5.116	Häftlinge
	132	SU-Kriegsgefangene
1944 (bis 23.1.1994)	243	Hartheimer Opfer
	1	SU-Kriegsgefangener
insgesamt	**20.073**	**Tote**[6]

Zu III:

Die Zahl der in Mauthausen entlassenen politischen Häftlinge (DR-Schutz, Polen, Franzosen, Tschechen, Spanier und Jugoslawen) ist richtig, die der Kriminellen ist eine Richtzahl, vermutlich sind mehr als 350 Kriminelle (BV und AZR) entlassen respektive zum Militär eingezogen worden. Die Zahlen der aus Gusen Entlassenen sind, bis auf die entlassenen Italiener jugoslawischer Abstammung, unbekannt.[7] Doch vielfach sind die zur Entlassung bestimmten Gusener Häftlinge zuerst nach Mauthausen überstellt und erst von dort entlassen worden. Deshalb sind wohl viele bis zum 19.2.1942 aus Gusen erfolgte Entlassungen in den angeführten Zahlen von Mauthausen enthalten.

5 Archiv M.M.: Y32, Mikrofilm, Totenbuch 1.1.1939–31.12.1944; Y31, Mikrofilm, Totenbuch der SU-Kriegsgefangenen, 21.10.1941–31.3.1945; E 10/18, Original, „Vergleichbare Übersicht über die Sterblichkeit der Häftlinge im K.L. Mauthausen 1939 bis Februar 1942"; E 10/3, Kopien, alphabetisches Namenverzeichnis der Toten. Siehe Kapitel 29: Zahlenmäßig erfasste „natürliche und unnatürliche" Todesfälle.

6 Archiv M.M.: Y32, Mikrofilm, Totenbuch 1.1.1939–31.12.1944; Y31, Mikrofilm, Totenbuch der SU-Kriegsgefangenen, 21.10.1941–31.3.1945; E 10/18, Original, „Vergleichbare Übersicht über die Sterblichkeit der Häftlinge im K.L. Mauthausen 1939 bis Februar 1942"; E 10/3, Kopien, alphabetisches Namenverzeichnis der Toten. Siehe Kapitel 29: Zahlenmäßig erfasste „natürliche und unnatürliche" Todesfälle.

7 Siehe Kapitel 33: Entlassungen, Statistik.

Zu IV:
Die Mauthausener Zahl von 1.714 Überstellungen stellt eine dokumentarisch nachgewiesene Mindestzahl[8], die Gusener eine Schätzung dar. Vermutlich sind aus Mauthausen und Gusen 200 bis 300 Häftlinge mehr überstellt worden. Überstellungen in andere KL erfolgten in größerem Umfange erst in den Jahren 1944 und 1945, so sind zum Beispiel im Jahre 1944 3.381 Häftlinge in andere KL überführt worden. Ungefähr 300 bis 400 in andere KL abgegangene Häftlinge sind in das KLM wieder rück überstellt worden.
Zu V:
Nur ab Jänner 1945 wurden die Häftlinge, die während des Transportes oder der Aufnahmeformalitäten verstarben, nicht namentlich oder nummernmäßig erfasst. So gab es bei der Übernahme eines Transportes aus Groß-Rosen, der am 3.3.1945 nach Ebensee geleitet wurde, allein während der Aufnahmeformalitäten 231 Tote, deren Identität nicht festgestellt wurde und die deshalb auch nicht in den Stand genommen wurden.[9] Weiters: am 17.2.1945 hat Ziereis aus einem Transport aus dem KL Sachsenhausen vor den Aufnahmeformalitäten mindestens 200 alte und körperschwache Häftlinge selektiert; sie sind ohne listenmäßige Erfassung ermordet worden. Nach Angaben der Überstellten waren am 12.2.1945 im KL Sachsenhausen 3.000 Häftlinge in Waggons verladen, doch nur 2.490 sind in den Stand des KLM aufgenommen worden.[10]
Evakuierungstransporte mit Hunderten nicht registrierten Toten kamen aus den KL Sachsenhausen, Groß-Rosen, Ravensbrück, Dora-Mittelbau und vor allem aus Auschwitz. Die Leichen der während des Transportes verstorbenen Häftlinge wurden vielfach vom Mauthausener Bahnhof direkt in ein Massengrab auf den aus dem Ersten Weltkrieg stammenden Kriegsgefangenen-Friedhof gebracht.
Darüber hinaus kamen in den Monaten April und Mai 1945 Häftlinge an, die wegen der chaotischen Zustände nicht mehr in den Gesamtstand des KLM aufgenommen wurden. So war es zum Beispiel bei dem Ende April eingetroffenen Evakuierungstransport, der vom Mauthausener Bahnhof wegen Überfüllung des Hauptlagers in das Nebenlager Steyr weitergeleitet wurde.[11] Oder: noch am 4.5.1945 kamen im Nebenlager Ebensee 420 nicht registrierte Häftlinge aus dem mitteldeutschen Raum an;[12] weder die Toten noch die Lebenden wurden in den Gesamtstand des KLM aufgenommen.

---

[8] Archiv M.M.: Y 37 und 38, Mikrofilm, Überstellungen und Entlassungen; E 13/2, Kopie, Veränderungsbuch der Politischen Abteilung, Überstellungen vom 14.7.1939 bis 20.2.1944.
[9] Archiv M.M.: B 5/35, Kopie eines Toten- und Veränderungsbuches; B 5/31, Ebensee: Danach sind von etwa 2.700 Häftlingen 2.048 in den Stand genommen worden. Lt. einer Aufstellung des Schreibers Drahomir Barta über den „Widerstand der Ebenseer Häftlinge", S.724, sind von diesem Transport 115 Tote am Mauthausener Friedhof entladen worden, 49 starben auf der Fahrt von Mauthausen nach Ebensee, und 182 während der Aufnahmeformalitäten in Ebensee.
[10] Archiv M.M.: E 13/3, Kopien, Rapportmeldungen des KLM an das WVHA u. a. mit Angaben über das Eintreffen der Häftlinge, August 1944 bis März 1945.
[11] Archiv M.M.: V 3/63, Angaben des Franz Mayerhofer.
[12] Siehe Kapitel 17: Das Eintreffen der Häftlinge und deren Nummernzuteilung.

Zu VIII:

Die Einweisung und die genauen Zahlen der im April 1945 in das KLM eingewiesenen Ungarn sind ein äußerst kompliziertes und noch wenig erhelltes Kapitel der Geschichte von Mauthausen. Die zu diesem Zeitpunkt eingewiesenen Ungarn können in folgende Kategorien eingeteilt werden:

1. Politische Ungarn, aus ungarischen Gefängnissen und GESTAPO-Stellen.
2. Ungarische Juden, vom Arbeitseinsatz beim so genannten Ostwallbau; reguläre Arbeitseinheiten der ungarischen Armee.
3. Budapester und andere Juden, von Ostwall-Baustellen und einzelne aus dem Lager Strasshof kommend.[13]
4. Einzelne abgerüstete Soldaten der regulären ungarischen Armee. Vermutlich sind nur die politischen Ungarn nummern- sowie zahlenmäßig erfasst worden. Ein Teil der ungarischen jüdischen Häftlinge kam zuerst nach Mauthausen in das Zeltlager, um danach nach Gunskirchen überstellt zu werden; ein Teil kam direkt nach Gunskirchen. In einem Telegramm teilte der Bevollmächtigte des Großdeutschen Reiches in Ungarn, Dr. Edmund Veesenmayer, dem deutschen Auswärtigen Amt am 18.10.1944 mit:

> *„(...) 50.000 männliche arbeitsfähige Juden werden von Budapest im Fußmarsch zum Arbeitseinsatz nach Deutschland transportiert."* [14]

Demgegenüber hat dann Veesenmayer in einem anderen Telegramm an verschiedene deutsche Dienststellen, 21.11.1944, Nr. 3.353, Geheime Reichssache, wörtlich berichtet, dass

> *„(...) zum Arbeitseinsatz in das Reichsgebiet in Marsch gesetzt sind zuerst – ohne daß darüber genaue Ziffern vorliegen – nicht mehr als 30.000 Juden. Noch zu erwartendes Restkontingent schwer abschätzbar.*

[13] Nach der Besetzung Ungarns am 19.3.1944 wurden die bisher verschonten ungarischen Juden in die „Endlösung der Judenfrage" einbezogen. Ab Mai 1944 bis 20.6.1944 wurden 326.000 ungarische Juden in das KL Auschwitz überführt. Angaben des Veesenmayer, Telegramm 17 6. 1944. Eichmann: Band IV, S.1947. Es handelt sich hierbei um die gründlichste und in ihrer Planmäßigkeit sowie Schnelligkeit drastischste aller Judenvernichtungsaktionen, die in irgendeinem der im deutschen Machtbereich gelegenen Länder durchgeführt wurde. Ein Teil der ungarischen Juden, vor allem aus Budapest, wurde auf Initiative von SS-Dienststellen im Herbst 1944 in Marsch nach Westen gesetzt: ein Teil von ihnen wurde danach direkt in die Lager Bergen-Belsen und Ravensbrück überstellt; etwa 10.000 von ihnen waren „Arbeitsdienstler" und sollten zum Bau des „Südost-Walls", einer Art Verteidigungsfestung, die von Bratislava über Sopron bis Nikitsch gebaut werden sollte, verwendet werden. Diesem Einsatz waren schon im Juni 1944 Verhandlungen zwischen dem Chef der SIPO und des SD, SS-Obergruppenführer Kaltenbrunner und dem Bürgermeister von Wien vorausgegangen, die für „kriegswichtige Aufgaben der Stadt Wien" den Arbeitseinsatz von etwa 12.000 Juden vorsahen. Die aus Ungarn abtransportierten Juden wurden nach langen Fußmärschen, durch die eine große Zahl von ihnen umkam, in verschiedenen Lagern in der Umgebung von Wien und diesseits und jenseits der ungarischen Grenze untergebracht, wo sie, meist von SA-Angehörigen bewacht, am Bau des „Südost-Walls" arbeiteten. Eichmann: Band III, S.1310ff. Archiv M.M.: B 11/5, Bericht des Häftlings Dr. Stephan Viranyi.

[14] Eichmann: Ordner Nr. 377, Kopie der Telegramme. Dr. Edmund Veesenmayer, am 12.11.1904 in Bad Kissingen geboren, Mitglied der NSDAP seit 1932 (Nr. 873.780), SS-Mitglied seit 1934, zuletzt SS-Brigadeführer (SS-Nr. 202.122), ab 22.3.1944 „Gesandter und Bevollmächtigter des Großdeutschen Reiches in Ungarn". Er setzte ab und ernannte ungarische Regierungen und leitete eng mit Adolf Eichmann die Vernichtung der ungarischen Juden. Veesenmayer wurde von einem amerikanischen Gericht zu 20 Jahren Haft verurteilt, dann wurde seine Strafe auf 10 Jahre herabgesetzt, und bereits am 16.12.1951 wurde er auf freien Fuß gesetzt. Fall IV: Band XVI, S.179. Stockhorst: S.429. Eichmann: Band III, S.157ff, Band IV, S.1967ff.

Es steht jedoch nach neuer Sachlage kaum zu erwarten, daß die ursprünglich angeforderte Zahl von 50.000 erreicht wird (...)"

Im so genannten Dr.-Kastner-Bericht[15] wird angeführt, dass Eichmann am 21.11.1944 wörtlich erklärte:

„Ich brauche unbedingt 65.000–70.000 ungarische Juden. Bisher sind nur 38.000 an der deutschen Grenze übernommen worden. Ich brauche noch mindestens 20.000 ‚Schanzjuden' für den Südostwall in der Ostmark." [16]

Während einer Besprechung zwischen Himmler und den einzelnen Gauleitern der „Ostmark", die Ende März 1945 in Wien stattfand, wurde dem anwesenden Mauthausener Lagerkommandanten mitgeteilt, dass sämtliche, beim „Südostwall"-Bau eingesetzten Gefangenen nach Mauthausen evakuiert werden sollten. Nach Angaben des Wiener Gauleiters Baldur von Schirach äußerte der RFSS Himmler dabei unter anderem:

„(...) Ich möchte, daß die Juden, die im Arbeitseinsatz sind, möglichst durch Schiffe oder Omnibusse bei bester Verpflegung, ärztlicher Versorgung usw. nach Linz oder Mauthausen gebracht werden (...) Passen Sie gut auf diese Juden auf und behandeln Sie sie gut, das ist mein bestes Kapital (...)"

Ähnliches gab auch der Lagerkommandant Ziereis in seiner Vernehmung am 24.5.1945 in Gusen an. Die Zahl der tatsächlich vom „Ostwall" in Mauthausen oder Gunskirchen angekommenen jüdischen Häftlinge konnte Ziereis jedoch nicht angeben.[17] Tausende jüdische Häftlinge sind beim Bau des Ostwalls und vor allem während des Evakuierungsmarsches (mehrere tausend sind von Bad Deutsch-Altenburg an in Schleppkähnen befördert worden) gestorben, erschlagen, ertränkt oder erschossen worden.

[15] Dr. Rudolf Kastner war Funktionär der Ungarischen Zionistischen Organisation. ND: 2605-PS, US-242. Dr. Kastner verfasste nach 1945 einen ausführlichen Bericht über die Vernichtung der ungarischen Juden. Eichmann: Band V, S.2942ff.

[16] Adolf Eichmann, am 19.3.1905 in Solingen geboren, lebte ab 1913 in Linz, Oberösterreich. Eichmann wurde 1931 Mitglied der SS, begab sich im Jahre 1933 nach Deutschland, trat dort der „Österreichischen Legion" bei, wurde SS-Offizier, zuletzt SS-Obersturmbannführer, und schließlich leitete er ein Referat, Dezernat im RSHA, wo er sich unter dem Tarnbegriff „Endlösung der Judenfrage" primär mit der Ausrottung der Juden Europas befasste. Mit seinem Stab organisierte Eichmann die Erfassung der Juden in fast allen europäischen Staaten und veranlasste ihre Überführung in die Vernichtungsanstalten Auschwitz, Treblinka, Belzec usw. Eichmann hat in der Zeit vom 16. bis 18.3.1944 im Bereiche des KL Mauthausen einen „Sonderstab Eichmann" zusammengestellt und am 19.3.1944 die ungarisch-österreichische Grenze überschritten. Eichmann: Band IV, S.1879ff und 2265. In Ungarn hat der „Sonderstab Eichmann" von Osten nach Westen die ungarischen Juden erfasst und ihren Abtransport nach dem KL Auschwitz veranlasst. Ab Sommer 1944 sollten arbeitsfähige ungarische Juden zum Arbeitsdienst in das Reichsgebiet abgestellt und gewisse prominente Juden in das KL Bergen Belsen überstellt werden. Für den Arbeitsdienst der ungarischen Juden im Reichsgebiet hat das „Sonderkommando Eichmann" in Wien 2., Castellezgasse 35, ein „Außenkommando Wien" errichtet. Eichmann: Band VI, S.3321ff. Nach dem Untergang des Hitler-Reiches flüchtete Eichmann nach Argentinien. Dort wurde er am 11.5.1960 von israelischen Sicherheitsorganen festgenommen und nach Israel entführt. Für seinen millionenfachen Mord musste sich Eichmann in der Zeit vom 11.4.1961 bis 15.12.1961 vor dem Bezirksgericht Jerusalem verantworten. Am 15.12.1961 verhängte das angeführte Gericht über den Angeklagten die Todesstrafe. Am 1.6.1962 wurde Adolf Eichmann gehenkt.

[17] Aussage B. v. Schirachs in Nürnberg. ND: Band XIII, S.484. Archiv M.M.: P 18/2, Kopie eines so genannten Ziereis-Protokolls vom 24.5.1945.

Nach einer Lageraufstellung befanden sich am 20.4.1945 im Zeltlager 5.435 männliche und 367 weibliche zahlenmäßig erfasste Häftlinge. Eine monatliche Statistik verzeichnete am gleichen Tag im Zeltlager 1.678 männliche registrierte (namentlich und nummernmäßig erfasste) Häftlinge. Die mit einer Häftlingsnummer Versehenen waren vielfach jene Gefangenen, die bereits vor dem 1.4.1945 in das KLM eingewiesen wurden. Nach anderen Statistiken gab es im Zeltlager am 17.4.1945 1.265 männliche und 309 weibliche, und am 24.4.1945 1.081 männliche plus 306 weibliche registrierte Juden. Laut einer Verpflegungsaufstellung der Schutzhaftlager-Kanzlei vom 9.4.1945 wurden in das Zeltlager am 3.4.1945 3.274, am 6.4.1945 2.000 und am 8.4.1945 3.231, insgesamt 8.505 Ungarn, darunter 297 Frauen, eingewiesen; das bedeutet, dass allein in sechs Tagen 8.505 Personen im Mauthausener Zeltlager eingetroffen sind.[18] Doch viele Häftlinge kamen erst nach dem 10.4.1945 an, und von diesem Zeitpunkt an gingen fast täglich Transporte nach Gunskirchen ab. Aus obigen Gründen können genaue Zahlen der tatsächlich nach Mauthausen respektive Gunskirchen überstellten Ungarn, darunter auch Slowaken, Polen und Rumänen, fast alle offiziell als Ungarn geführt, nicht ermittelt werden. Schätzungsweise kamen in das Mauthausener Zeltlager bis zum 20.4.1945 etwa 10.000 bis 12.000 Personen. Wie viele Zeltlager-Häftlinge in Gunskirchen angekommen sind bzw. wie hoch Ende April 1945 der Häftlingsstand des Lagers Gunskirchen war, ist bisher unbekannt geblieben. Nach Angaben einer amerikanischen Untersuchungskommission befanden sich zur Zeit der Befreiung in Gunskirchen etwa 17.000 Personen, und mindestens 2.000 Häftlinge sind im Lager Gunskirchen gestorben.[19] Die registrierten Häftlinge des Lagers Gunskirchen und des Zeltlagers wurden am 28.4.1945 aus dem Mauthausener Häftlingsstand genommen. Seit diesem Zeitpunkt waren die Gefangenen im Zeltlager und in Gunskirchen offiziell nicht mehr Häftlinge des KLM.[20]

Zu IX:

In der Zeit vom 20.2.1942 bis 23.2.1944 (und auch vorher) sind in das Nebenlager Gusen Häftlinge vielfach überstellt worden, ohne das Hauptlager betreten zu haben. Alle diese Häftlinge erhielten nur eine Gusener Häftlingsnummer. Jedoch etwa 6.500 Häftlinge sind in der angeführten Zeit mit einer fortlaufenden Mauthausener Nummer versehen, aus dem Hauptlager nach Gusen überstellt und dort mit einer neuen Nummer belegt worden.

Zu X:

Die Gesamtzahlen der in das KLM eingewiesenen männlichen Häftlinge, nach nationalen Gruppen respektive Arten gegliedert und annähernd errechnet:[21]

---

[18] Archiv M.M.: E 6/7, Kopien, tägliche Standesmeldungen, April 1945; E 6/8, Kopie, Meldung über den Gesamtstand im Zeltlager, 20.4.1945; B 60/11, Kopie, Aufstellung der Lagerschreibstube über die Zahl der „Juden im Zeltlager".

[19] Archiv M.M.: E 6/8 und B 60/11, Kopien, Zahlen über die Zeltlager-Häftlinge. Vierteljahreshefte: Nr. 21, S.80ff.

[20] Archiv MM.: E 6/7, Kopie, täglicher Stand der Häftlinge. – Laut Angaben des Dr. Kaltenbrunner befanden sich um den 23.4.1945 in Gunskirchen etwa 14.000 jüdische Häftlinge. IMT: Band XI, S.320.

[21] Errechnet vom Verfasser auf Grund des im Archiv M.M. aufscheinenden Materials: E 6/1 bis 17 und Y39, Mikrofilme über die Verstorbenen, nach Nationen aufgeteilt. Die Balten (Esten, Letten, Litauer) und Kroaten scheinen erst im Jahre 1945 in den lagereigenen Statistiken auf.

Albaner, etwa	300–400
Araber und Ägypter	5
Argentinier, mindestens	1
Asoziale, Deutsche, Österreicher[22] etwa	2.500
Balten	300
Belgier, etwa	900
Bibelforscher	232
Bulgaren	5
Chinesen, mindestens	3
Dänen, etwa	8
DR-Schutz[23]	3.100
Wehrmachts-Angehörige[24]	320
Engländer	34
Finnen, etwa	20
Franzosen, etwa	9.200
Griechen, etwa	1.100
Holländer, vorwiegend jüdische Häftlinge, etwa	1.900
Homosexuelle-DR, etwa	13
Inder, mindestens	5
Indonesier, mindestens	5
Italiener	8.362
Jugoslawen, etwa	8.650
Kanadier, mindestens	3
Kriminelle: BV-er[25] etwa	4.500
SV-er[26] etwa	11.200
Kroaten, etwa	200
Kubaner, mindestens	4
Luxemburger	145
Norweger, etwa	120
Österreicher[27],etwa	1.650
Polen, darunter ca. 7.000 polnische Juden, etwa	44.000

[22] Darunter befanden sich mehrere hundert aus rassischen Gründen festgenommene Zigeuner. Archiv M.M.: E 10/8, Kopien, 64 Leichenscheine aus dem Jahre 1939, vorwiegend burgenländische Zigeuner.

[23] Kommunisten, Sozialisten, bürgerliche Politiker und etwa 200 jüdische Häftlinge.

[24] Deutsche und Ausländer. Archiv M.M.: E 6/2 und 4, Kopien, Statistiken, Häftlingsarten und Nationalitäten.

[25] BV-er, Deutsche, Österreicher, etwa 300 Ungarn und einzelne wenige andere Ausländer.

[26] SV-er bestanden aus mindestens 7.500 Deutschen, die wegen krimineller Straftaten inhaftiert wurden, dann aus etwa 3.000 Polen, einzelnen Tschechen, Italienern, Ungarn und Sowjetbürgern, die jedoch vorwiegend aus politischen Gründen verurteilt wurden. Archiv M.M.: E 6/2 und 4, Kopien, Statistiken, Häftlingsarten und Nationalität.

[27] Bis Sommer 1941 einzelne bürgerliche Politiker und Geistliche, ab Sommer 1941 bis März 1944 Kommunisten und einzelne Bürgerliche, nachher Kommunisten, Sozialisten und Christlichsoziale und etwa 150 jüdische Häftlinge. Siehe Kapitel 24: Österreicher.

Rumänen, etwa	200
Slowaken, etwa	800
SU-Kriegsgefangene (mit den „K-Häftlingen") etwa	5.500
Spanier, Republikaner	7.189
Schweden, mindestens	6
Schweizer, etwa	8
Staatenlose, etwa	600
Südamerikaner, etwa	22
Tschechen, etwa	5.000
Türken, mindestens	10
UdSSR-Bürger als Zivilarbeiter geführt, etwa	22.800
Ungarn, vorwiegend Juden, registriert, etwa	18.000
Ungarn, vorwiegend Juden, nicht registriert, etwa	12.000–15.000
USA-Staatsbürger, etwa	23
Unbekannter Nationalität, verstorben am Transport und während der Aufnahmeformalitäten, mindestens	4.500

Am 3.5.1945 wurde kein Abendappell mehr abgehalten, die Statistik wurde jedoch noch ausgefertigt. Dabei registrierte das KLM (ohne Gunskirchen) genau 64.800 männliche und 1.324 weibliche Häftlinge. Den höchsten Stand der registrierten Häftlinge gab es am 7.3.1945, als 84.472 Männer[28], und am 21.3.1945, als 2.988 Frauen[29] in den Lagerstatistiken aufschienen. In einer internen Statistik der Lager-SS gab es am 11.3.1945 einen Gesamtstand von 83.595 Häftlingen, die unter anderem wie folgt eingeteilt wurden:

Reichsdeutsche Häftlinge	5.396[30]
Juden	15.529[31]
Polen	21.979
Ostarbeiter	17.246[32]
Kriegsgefangene SU	5.186
Sicherheitsverwahrung	2.881

[28] Archiv M.M.: E 6/5, Kopien, monatliche Meldungen über die Altersstufen und Arten; E 6/11, Kopie, Rapportbuch mit täglichem Häftlingsstand.

[29] Archiv M.M.: K 5/1,Kopien, ziffernmäßige Erfassung der Frauen im KLM, 30.11.1944–4.5.1945.

[30] Betrifft offenbar Deutsche und Österreicher jeder Häftlingsart, also Politische, Kriminelle, Wehrmachtsangehörige, Zigeuner, Geistliche, Asoziale und Bibelforscher, jedoch keine SV-er. Archiv M.M.: E 6/1, Kopie, ziffernmäßige Erfassung männlicher Häftlinge.

[31] Eine genaue Aufstellung der jüdischen Häftlinge aus dieser Zeit liegt nicht vor. Am 31.12.1944, bei einem Gesamtstand von 9.098 jüdischen Häftlingen, wurden diese wie folgt aufgeteilt: „8 DR, 4.133 Polen, 16 Russen, 4 Franzosen, 16 Italiener, 1 Engländer, 24 Tschechen, 4.879 Ungarn, 4 Staatenlose, 13 Sonstige". Archiv M.M.: E 6/4, Original, Statistiken der Häftlingsbewegung und der Nationalität der Häftlinge.

[32] Unter „Ostarbeiter" sind vorwiegend Sowjetbürger registriert worden. Archiv M.M.: E 6/1.

Am 15.3.1945 gab es bei einem Gesamtstand von 82.486 registrierten männlichen Häftlingen 62.182 in den Nebenlagern und 20.304 Häftlinge im Hauptlager.[33] Dies waren:

Bibelforscher	106
Homosexuelle	68
Wehrmachtsangehörige	243
Geistliche	13
Spanier	2.191
Zivilarbeiter (vorwiegend Bürger der UdSSR)	17.232
Jüdische Häftlinge (Ungarn, Polen u. a.)	15.118
Asoziale (vorwiegend Österreicher und DR)	551
BV-er (vorwiegend Österreicher und DR)	1.502
SV-er	2.867
Zigeuner (Österreicher und DR)	200
Sowjetische Kriegsgefangene	5.144
Schutzhäftlinge (Politische)	37.251

Die Schutzhäftlinge setzten sich folgendermaßen zusammen:

Deutsche, Österreicher, Luxemburger sowie Lothringer	2.224
Belgier	355
Franzosen	4.665
Griechen	557
Jugoslawen	3.399
Holländer	219
Italiener	3.860
Polen	19.548
Sowjetbürger	133
Tschechen	973
Slowaken	388
Staatenlose	72
Letten	387
Litauer	89
Ungarn	119
Sonstige (Albaner, Amerikaner, Bulgaren, Dänen, Norweger, Rumänen, Schweden, Schweizer usw.)	263

[33] Archiv M.M.: E 6/11, Kopien, Rapportbuch mit Tagesmeldungen über den Häftlingsstand.

Über Frauen liegt die letzte genaue Aufstellung vom 31.3.1945 vor. Danach befanden sich an diesem Tag im KLM 2.252 registrierte weibliche Häftlinge,[34] darunter

Schutzhäftlinge (Französinnen, Belgierinnen, Polinnen und Sowjetbürgerinnen)	1.453
Bibelforscherinnen (fast nur DR)	43
Spanierinnen	5
Jüdinnen (Polinnen und Ungarinnen)	608
Asoziale	62
BV-erinnen	2
Zigeunerinnen	79

Über die in das KLM – offiziell in das „Kriegsgefangenenlager Mauthausen/Gusen" – überstellten sowjetischen Kriegsgefangenen gibt es im Militärhistorischen Institut in Prag umfangreiches Namens- und Zahlenmaterial (mehrere hundert Kopien dieses Originalmaterials liegen im Archiv des Museums Mauthausen auf).[35] Trotz der Fülle der Dokumente konnten auch hier endgültige Zahlen nicht ermittelt werden. Dies deshalb, weil aus einem *„an alle Lagerkommandanten, Lagerärzte, Schutzhaftlagerführer und Verwaltungen"* übermittelten Schreiben des Inspekteurs der KL vom 15.11.1941 eindeutig hervorgeht, dass die KL-Leitungen verpflichtet worden sind, nur jene sowjetischen Kriegsgefangenen namentlich (und damit zahlenmäßig) zu erfassen, die von den SS-Lagerärzten *„für Arbeit im Steinbruch fähig"* befunden wurden. Die nicht Arbeitsfähigen sollten unmittelbar nach der ärztlichen Untersuchung ohne namentliche Erfassung getötet werden, was in Mauthausen (nicht in Gusen) der Fall war. Dies, obwohl bereits am 9.11.1941 vom Chef der SIPO und des SD angeordnet wurde, dass Sowjetrussen, *„die bereits offensichtlich dem Tode verfallen"* waren, *„in Zukunft grundsätzlich vom Transport in die KL (...) auszuschließen"* sind. In der Weisung des Inspekteurs der KL, vom 15.11.1941, hieß es wörtlich:

> *„Der RFSS u. Chef d. Dt. Po. hat sich grundsätzlich damit einverstanden erklärt, daß von den in die KL zur Exekution überstellten russ. Kgf. (insbesondere Kommissare), die auf Grund körperlicher Beschaffenheit zur Arbeit in einem Steinbruch eingesetzt werden können, die Exekution aufgeschoben wird (...) Beim Eintreffen von Exekutionstransporten in die Lager sind die körperlich kräftigen Russen, die sich für eine Arbeit in einem Steinbruch eignen, durch den Schutzhaftlagerführer (E) und den Lagerarzt herauszusuchen. Eine namentliche Liste (...) ist (...) anzufertigen (...) und muß der Lagerarzt vermerken, daß gegen den Arbeitseinsatz (...) ärztlicherseits keine Bedenken bestehen (...)"*[36]

Auch die Zahlen der im Zuge der streng geheim geleiteten „Aktion K" eingewiesenen sowjetischen Kriegsgefangenen, die gleichfalls in der nachfolgenden Statistik aufscheinen, sind nicht vollständig.

---

[34] Archiv M.M.: K 5/2b, Kopien, Meldungen über die Häftlingsarten im F.K.L. Mauthausen.

[35] Archiv M.M.: E 1c/1 bis E 1c/21, Kopien von Transportlisten, Todeslisten und verschiedene andere Korrespondenz; V 3/208, Meldungen über Gusen, Nr. 3, S.52.

[36] ND: 1165-PS. Archiv M.M.: P 16/14, Kopie des Erlasses vom 15.1.1941.

Die sowjetischen Kriegsgefangenen im „Kriegsgefangenenlager Mauthausen/Gusen“
20.10.1941 bis 1.5.1945.
(diese Statistik wurde auf Grund des Archivmaterials M.M., E 1c/1 bis E 1c/21 erstellt)

Zeitraum	In das KLM SU-Kgf. eingewiesen:			Überstellt[37]	Verstorbe, exekutiert, getötet im angeführten Zeitraum	Gesamtstand der SU-Kgf. am 31. 12. des angeführten Jahres	SU-Kgf. als „K-Häftlinge“ eingewiesen
	„Von der Exekution Zurückgestellt“ ab 20.10.1941	SU-Kgf., „Angehörige landeseigener Verbände“ und „Hilfswillige“	Nicht Einsatzfähige SU-Kriegsversehrte				
1941	3.993[38]	--	--	--	502	3.491	--
1942	1.340[39] (1.132+ 208)	--	--	159	4.364 (4.105+ 208+51)[40]	308	--
1943	(59)[41]	690	--	96	206 (147+ 59)[42]	755	--

[37] Überstellt in andere KL oder auch rücküberstellt in ein Kriegsgefangenenlager (Stalag). In den Zahlen der Jahre 1944 und 1945 sind auch einzelne SU-Kgf. erfasst, die geflüchtet sind. Archiv M.M.: E 1c/1 bis E 1c/18, Kopie von Namenslisten, 20.10.1941 bis März 1945.

[38] Wie viele SU-Kgf. unmittelbar nach ihrer Einweisung getötet wurden, weil sie auf Grund „ihrer körperlichen Verfassung nicht geeignet waren im Steinbruch eingesetzt zu werden“, ist nicht feststellbar. Es ist jedoch aktenkundig, dass die SS-Ärzte, vor allem der Lagerarzt Dr. Richter, im Jahre 1941 mehrere hundert von „nicht arbeitsfähigen“ SU-Kgf. mittels Herzinjektionen ermordete. Archiv M.M.: H 9/3, eidesstattliche Erklärung des Ing. E. Martin vom 10.5.1961.

[39] Als „Zugang“ meldeten die Statistiken 1.132 SU-Kgf. Da jedoch 208 SU-Kgf. unmittelbar nach Ihrer Ankunft am 9.5.1942 in der Mauthausener Gaskammer ermordet und als „Zugang“ respektive im Gesamtstand der SU-Kgf. nicht erfasst wurden, sind tatsächlich im Jahre 1942 1.340 SU-Kgf. In das KLM überstellt worden. Archiv M.M.: E 1c/4a und b, Kopien, Meldungen an die Wehrmachtsauskunftsstelle über das Eintreffen und Ableben der SU-Kgf., Jahr 1942.

[40] Nach monatlichen Meldungen sind im Jahre 1942 4.105 SU-Kgf. verstorben und am 9.5.1942 weitere 208 sowie am 17.8.1942 51 SU-Kgf. exekutiert worden, Archiv M.M.: E 1c/4, Kopien.

[41] Nach monatlichen Meldungen sind im Jahre 1943 690 ehemalige SU-Kgf. als „Angehörige landeseigener Verbände“ in das KLM überstellt worden. Nach den Eintragungen in der Politischen Abteilung und in den Totenbüchern sind am 17.4.1943 59 SU-Kgf. als so genannte „Politruks“ verstorben, tatsächlich aber in der Gaskammer ermordet worden. Diese SU-Kgf. sind im Rahmen der 690 ehemaligen Angehörigen der „LeV.“ in das KLM nicht überstellt worden. Ob sie im Jahre 1943 oder bereits im Jahre 1942 eingewiesen wurden, geht aus den Unterlagen nicht hervor. Archiv M.M.: E 1c/5, Kopien.

[42] Nach den monatlichen Meldungen sind im Jahre 1943 im „Kriegsgefangenenlager Mauthausen-Gusen“ 147 SU-Kgf. verstorben. Die in Totenbüchern am 17.4.1943 als „verstorben“ und als „Politruks“ eingetragenen 59 SU-Kgf. wurden in den monatlichen Meldungen nicht angeführt. Archiv M.M.: E 1c/5, Kopien.

1944	--	4.079 (3.984+95)[43]	733	47	326	5.194	Etwa 3.800
1945 (bis1.5.)	--	335	--	41	959	4.529[44]	Etwa 500
Gesamt	5.333 (oder 5392)	5.104	733[45]	343	6.357[46]		etwa 4.300[47]

13 „Totenbücher des Standortarztes Mauthausen" mit Eintragungen von 68.874 Namen, Geburtsdaten und Nummern gestorbener Häftlinge des KLM wurden nach der Befreiung am 7.5.1945 den amerikanischen Truppen[48] übergeben.

In den 13 Büchern des Standortarztes sind folgende Todesopfer nicht verzeichnet:
1. Etwa 5.000 „Aktion-K"-Häftlinge;
2. Mindestens 4.841 Hartheimer Opfer[49];
3. Etwa 1.500 mit einer Häftlingsnummer nicht versehene Exekutierte (Männer und Frauen)[50];
4. Mehr als 2.000 Tote des Zeltlagers (April 1945)[51];

[43] 95 SU-Kgf. scheinen in den Zugangsstatistiken nicht auf. Vermutlich wurden sie zuerst als Zivilarbeiter (RZA) erfasst und nachträglich als SU-Kgf. eingestuft. – Ab Februar 1944 fehlt in den Einweisungsstatistiken sowie Meldungen der Vermerk „Angehörige LeV." resp. „Hiwi"; jedoch auch nach diesem Datum kamen viele der SU-Kgf. aus Wehrmachtsgefängnissen, Feldgerichten der Ostbataillone, Gerichten der Freiwilligen-Divisionen, so der Div. Brandenburg, des Kriegswehrmachtsgerichtes Verona usw. Es sind jedoch auch SU-Kgf. eingeliefert worden, die nicht den „LeV." oder „Hiwi" angehörten. Archiv M.M.: E 1c/4 bis 12, Kopien von Meldungen über das Eintreffen von SU Kriegsgefangenen mit Angabe der einweisenden Stelle.

[44] Gesamtstand der SU-Kgf. am 1.5.1945. Archiv M.M.: E 10/6, Kopie, tägliche Meldungen über den Stand aller Häftlinge, nach Arten aufgeteilt.

[45] Es sind mehr als 733 Invalide SU-Kgf. eingewiesen worden, jedoch als „nicht einsatzfähig" wurden nur 733 in den Statistiken geführt. Sie kamen am 14.7.1944 in einem Invaliden-Transport von 1.250 SU-Kgf. aus dem „SU-Kgf. Lazarett Lublin". Archiv M.M.: E 13/1, Kopie, Zugangsliste, 14.7.1944.

[46] Vom 20.10.1941 bis 1.5.1945 sind 6.357 und mit den „K-Häftlingen" etwa 10.660 SU-Kriegsgefangene getötet worden. Archiv M.M.: E 1/1c bis E 1c/18 und S 1/1 bis S 6/4.

[47] Insgesamt soll es 5.040 „K-Häftlinge" gegeben haben, jedoch befanden sich darunter auch polnische, jugoslawische und französische Offiziere und Unteroffiziere; schätzungsweise etwa 4.300 „K-Häftlinge" waren Bürger der UdSSR. Siehe Kapitel 35: „K" Häftlinge – „Mühlviertler Hasenjagd".

[48] Die Bücher wurden von ehemaligen Häftlings-Schreibern beim SS-Standortarzt, Ing. Ernst Martin und Josef Ulbrecht, vor der Vernichtung durch die SS gerettet und dem Leutnant der amerikanischen Luftwaffe, Jack W. Taylor, übergeben. Die Bücher befinden sich im Nationalen Archiv Washington, USA. Archiv M.M.: E 10/2, Kopie der Empfangsbestätigung. – „Totenbücher des KLM" wurden geführt: in der Politischen Abteilung, im Arbeitseinsatz, beim Standortarzt und in der Häftlings-Lagerschreibstube. Darüber hinaus gab es noch Vormerkungsbücher über Tote im Revier, Sonderrevier, im Krankenlager und in jedem Nebenlager.

[49] Über die Hartheimer Opfer gibt es unvollständige dokumentarisch belegbare Zahlenangaben. Siehe Kapitel 31: Vergasungsanstalt Hartheim. Archiv M.M.: B 15/27, zahlenmäßige Aufstellung der Hartheimer Opfer.

[50] Archiv M.M.: M 5/6, Kopie, alphabetisches Namensverzeichnis der Exekutierten.

[51] Siehe Kapitel 29: Zahlenmäßig erfasste „natürliche und unnatürliche" Todesfälle, April 1945.

5. Mehr als 8.000 Ungarn, die auf dem Weg vom Burgenland und der Steiermark über Mauthausen nach Gunskirchen ertränkt, erschlagen, erschossen wurden respektive nach der Befreiung, zum Teil auch in Wels, gestorben sind.[52]
6. Mehr als 8.058 Personen, die nach dem 27. bzw. 29.4.1945 bis zur Befreiung respektive bis 6.6.1945 in den Lagern Mauthausen, Gusen, Linz und Ebensee verstorben sind[53];
7. Etwa 4.500 Häftlinge, die während der Überstellungen oder während der Aufnahmeformalitäten in Mauthausen den Tod fanden, ohne dass ihre Identität festgestellt werden konnte[54];
8. Mehr als 360 Häftlinge, die bei Luftangriffen auf die Nebenlager Wiener Neustadt, Schwechat, Linz, Melk und Amstetten getötet wurden. Da die Identität der Toten nicht einwandfrei ermittelt werden konnte, wurden sie nicht unter „verstorben" sondern unter „vermisst" geführt[55];
9. Mehr als 2.200 ehemalige Häftlinge, die vom 9.5.1945 bis Ende November 1945 in den verschiedenen oberösterreichischen Krankenhäusern und amerikanischen Hospitälern verstarben[56];
10. 36 Tote des Jahres 1938[57];
11. 959 SU-Kgf., die im Jahre 1945 im KLM gestorben sind[58];
12. 72 weibliche Häftlinge, die offiziell im KLM von Oktober 1944 bis 30.4.1945 verstarben[59].

Im Jahre 1969 wurden dem Internationalen Suchdienst in Arolsen von der Australischen Roten-Kreuz-Gesellschaft drei Originale von Gusener Totenbüchern übermittelt. Dieses Verzeichnis enthält auch die Namen aller jener Häftlinge, welche von Gusen nach Hartheim überstellt wurden. Jedoch sind Todesfälle sowjetischer Kriegsgefangener in diesen Büchern nicht erfasst worden.

[52] Archiv M.M.: V 2/2 und 5, Aufstellung der KZ-Gräber in Oberösterreich; Bericht des Peter Kammerstätter über den „Todesmarsch der ungarischen Juden von Mauthausen nach Gunskirchen, April 1945"; B 11/5, Häftlingsbericht über die Evakuierung vom Burgenland nach Mauthausen und nach Gunskirchen.
[53] Siehe Kapitel 29: Zahlenmäßig erfasste „natürliche und unnatürliche" Todesfälle, April und Mai 1945.
[54] Siehe Kapitel 29: Zahlenmäßig erfasste „natürliche und unnatürliche" Todesfälle, Jahr 1945.
[55] Archiv M.M.: B 53/1 sowie B 24/1, 2 und 4, Veränderungsmeldungen über Tote und Vermisste.
[56] Archiv M.M.: 6/4, B 5/8, B 5/21, B 5/27, B 12/3 und V 2/5, Listen über Verstorbene in Linz, Bad Ischl, Wels und Ebensee.
[57] Siehe Kapitel 2: Die ersten Häftlinge.
[58] Archiv M.M.: V 31, Mikrofilm, Totenbuch der SU-Kgf.; E 10/6, tägliche Meldung über Zu- und Abgang der SU-Kgf.
[59] Archiv M.M.: K 5/2, monatliche Meldungen über die verstorbenen Häftlinge im F.K.L Mauthausen.

Nach Jahren gegliedert, scheinen in den 3 Büchern folgende Zahlen von Gusener Toten auf:

25.5.1940–31.12.1940	1.430
1.1.1941–31.12.1941	5.564
1.1.1942–31.12.1942	5.005
1.1.1943–31.12.1943	5.173
1.1.1944–31.12.1944	4.691
1.1.1945–1.5.1945	8.673
Gesamt (ohne SU-Kgf.)	**30.536**[60]

Den Totenbüchern zufolge starben im KLM:

Jahr	Mauthausen und andere Nebenlager, ohne Gusen	Gusen	SU-Kgf. Mauthausen, Gusen und Nebenlager	Gesamtzahl	Täglicher Durchschnitt an Toten im KLM
1939	(ab 7.1.) 445	--	--	445	1,2
1940	2.311	1.522 (ab 1.6.)	--	3.833	10,5
1941	1.402	5.570	710	7.682	21,2
1942	4.429	3.890	4.105	12.424	34,0
1 943	3.209	5.116	147	8.472	23,2
1944	7.075	4.004	326	11.405[61]	31,2
1945	16.399 (bis 29.4.)	8.214 (bis 27.4.)	?[62]	24.613	205,1
Gesamt	**35.270**	**28.316**[63]	**5.288**	**68.874**	**29,8**

60 In den Totenbüchern des SS-Standortarztes scheinen für etwa den gleichen Zeitraum 28.316 Tote auf. Archiv M.M.: E 10/1 und E 10/2, Totenzahlen nach Jahren aufgeteilt, Totenbücher des Standortarztes; V 30, 31, 32, 33 und 34, Mikrofilme der Totenbücher.

61 In einer „Zu- und Abgang-Statistik der Schutzhaftlagerkanzlei" über das Jahr 1944, am 2.1.1945 für das WVHA angefertigt, wurden nicht 11.405 sondern 13.984 Tote angegeben. Diese setzten sich aus 12.978 Verstorbenen, 507 unnatürlichen Todesfällen und 499 Exekutierten zusammen. Die Differenz zwischen der Zahl von 11.405 und der von 13.984 betrifft die im Jahre 1944 in Hartheim ermordeten 2.579 Häftlinge. Diese durften in den Todesbüchern des Standortarztes und der Lagerschreibstube nicht verzeichnet werden. Doch auch die Zahl von 13.984 ist nicht richtig, denn im Jahre 1944 sind mindestens 2.980 Häftlinge des KLM in Hartheim vergast worden. Da die im Dezember 1944 in Hartheim ermordeten 401 Häftlinge erst im Jänner 1945 offiziell als „gestorben" gemeldet wurden, scheinen sie in der Jahresstatistik 1944 nicht auf. Somit gab es im Jahre 1944 nicht 11.405, sondern 14.385 Tote. Alle hier angeführten Zahlen betreffen immer nur die mit einer Häftlingsnummer versehenen und namentlich erfassten Opfer. Archiv M.M.: E 16/7, Kopie; B 12/1, 2, 3 und 4, Original-Totenbücher, wo die Hartheimer Opfer nicht aufscheinen.

62 Vom 1.1.1945 bis 1.5.1945 sind im KLM 959 namentlich erfasste und mit Nummern versehene SU-Kgf. gestorben – Siehe Statistik über die „SU-Kgf. im Kriegsgefangenenlager Mauthausen-Gusen".

63 Siehe die Aufstellung über die Toten im Nebenlager Gusen.

„Auf der Flucht“ erschossene Häftlinge. Mauthausen, vermutlich Sommer 1942. AMM

29. Zahlenmäßig erfasste „natürliche und unnatürliche" Todesfälle

Erklärung zu den einzelnen mit römischen Zahlen gekennzeichneten Rubriken der nachfolgenden Statistiken:

I.

Monate des jeweiligen Jahres.

II.

In den Totenbüchern des SS-Standortarztes[1] verzeichnete „natürliche und unnatürliche" Todesfälle in den Lagern Mauthausen sowie anderen Nebenlagern, jedoch stets ohne Gusen. In den angeführten Zahlen sind auch die SU-Kgf. erfasst.

III.

In den Totenbüchern des SS-Standortarztes verzeichnete „natürliche und unnatürliche" Todesfälle aus dem Lager Gusen.[2] Die angeführten Zahlen schließen auch die SU-Kgf. ein.

IV.

In den Totenbüchern des SS-Standortarztes aufscheinende „unnatürliche" Todesfälle: Alle jene Häftlinge, die im Bereich des KLM (somit auch Gusen) „auf der Flucht" erschossen oder zum Selbstmord getrieben wurden. In den Jahren 1944 und 1945 sind in diesen Zahlen auch etliche Arbeitsunfälle erfasst worden.[3]

V.

In den Totenbüchern oder Zugangsbüchern aufscheinende exekutierte Personen (durch Strang, Erschießungen oder Gas). Etwa 90 Prozent der Exekutionen fanden in Mauthausen statt, die anderen in Gusen, einzelne in Ebensee und in Melk.

VI.

Exekutierte, die in den Totenbüchern aus irgendeinem Grund nicht verzeichnet wurden. Diese Hingerichteten wurden namentlich in Listen erfasst.[4]

---

[1] Archiv M.M.: E 10/1, Totenzahlen, nach Jahren geordnet, entnommen aus den Totenbüchern des SS-Standortarztes, Kopien; Y 32, 33 und 34, Mikrofilme, Totenbücher des SS-Standortarztes, Jänner 1939 bis 29.4.1945 und SU-Kriegsgefangenen-Totenbücher des SS-Standortarztes, 20.10.1941 bis 31.3.1945. (Die Originale aller dieser Totenbücher befinden sich in „The national Archives of the United States, Washington".)

[2] Archiv M.M.: B 12/3, fünf Totenbücher vom 1.6.1940 bis 2.9.1940, vom 2.9.1940 bis 30.9.1940, vom 1.10.1940 bis 9.3.1941 und vom 12.4.1943 bis 1.5.1945; Originale; Y 32, 33 und 34, Mikrofilme. – Siehe auch Anmerkung 1 in diesem Kapitel.

[3] Archiv M.M.: Y 32, 33 und 34, Mikrofilme, Totenbücher des SS-Standortarztes, Jänner 1939 bis 29.4.1945 und SU-Kriegsgefangenen-Totenbücher, 20.10.1941 bis 31.3.1943. Aus diesen Totenbüchern wurden die Erschießungen „auf der Flucht" entnommen. Fragment der in der Politischen Abteilung geführten Bücher „Unnatürliche Todesfälle", 1.10.1942 bis 15.11.1944 und vom 9.1.1945 bis 25.4.1945. 1.023 Eintragungen mit Namen der Opfer und jener SS-Leute, welche die Erschießungen durchführten. Kopie, entnommen aus der Zentralstelle im Lande Nordrhein-Westfalen für die Bearbeitung von nationalsozialistischen Massenverbrechen: Aktenzeichen 24 AR 56/65(Z). Archiv M.M.: E 13/2, Veränderungsbuch der Politischen Abteilung mit 3.760 Namen der verstorbenen und „auf der Flucht" erschossenen KLM-Häftlinge, jedoch ohne die Erschossenen des Nebenlagers Gusen, Kopien.

[4] Archiv M.M.: E 13/2, zwei Veränderungsbücher, Kopien, Namen von Exekutierten; E 13/3, Rapportmeldungen des KLM an das WVHA, Monatsmeldungen mit Namenslisten der Exekutierten, Kopien, August 1944 bis März 1945; M 5/1, zwölf Veränderungsmeldungen mit Namen von Exekutierten, Kopien; M 5/3, zwölf Namenslisten, Kopien; M 5/6, Alphabetisches Verzeichnis der Exekutierten,

VII.

In den Totenbüchern des SS-Standortarztes nicht verzeichnete Todesfälle von Häftlingen, die in Hartheim getötet wurden.[5] Im April 1945 scheinen in dieser Rubrik Häftlinge auf, die als Körperschwache oder Invalide entweder in der Mauthausener Gaskammer oder in der Gusener Baracke 31 mittels Zyklon-B-Gas ermordet wurden.

VIII.

In den angeführten Totenbüchern verzeichnete Todesfälle von Häftlingen, die entweder „infolge von Luftangriffen" oder „auf Grund von Bombeneinwirkung" als gestorben gemeldet wurden.

IX.

In den Totenbüchern nicht aufscheinende Häftlinge der „Aktion K", soweit einzelne erfasst werden konnten.[6]

X.

Die Gesamtzahl der in den Totenbüchern des SS-Standortarztes aufscheinenden „natürlichen Todesfälle" des KLM (mit Gusen).

XI.

Die Gesamtzahl aller ermittelten Todesfälle im KLM in dem hier angeführten Zeitraum.

XII.

Geschätzte Zahlen von nichtregistrierten Häftlingen, die von Jänner bis April 1945 in Mauthausen, Gusen und in den anderen Nebenlagern, vorwiegend jedoch im Mauthausener Zeltlager und in Gunskirchen, getötet worden sind. Weiters scheinen hier von Mai bis August 1945 die ermittelten Zahlen jener Häftlinge auf, die nach der Befreiung verstorben sind.

12.11.1940 bis 29.12.1944, Kopien; M 5/4, 5, 7, 9, 10, 11 und 17, verschiedene Listen mit Namen von Exekutierten, Kopien; M 5/14 Auszug aus einer Vernehmungsniederschrift, aufgenommen mit dem im Krematorium eingesetzten Häftling Ornstein; M 5/15, Abschrift einer Niederschrift mit dem ehemaligen Kommandoführer des Krematoriums, Martin Roth.

[5] Archiv M.M.: B 15/6 und 7, zwei Veränderungsmeldungen, Kopien; B 15/14, Aufstellung über Hartheimer Transporte; B 12/14, 37 Gusener Veränderungsmeldungen, mit Namen der in Hartheim ermordeten Gusener Häftlinge, Kopien; E 13/2, Veränderungsbuch mit Zahlen über Transporte „nach Sanatorium Dachau", Kopien. ISD Arolsen: Ordner 231, OCC 15/18, 27 Namenslisten von in Hartheim ermordeten Mauthausener Häftlingen Juli 1944, Kopien.

[6] Archiv M.M.: S 2/1, Veränderungsmeldung, Kopie; S 2/2, Anforderungsschreiben des Arrest-Kommandanten für sechs „K-Häftlinge", Kopie; S 2/3, Veränderungsmeldungen, Kopien; S 2/4, Zahlenangaben eines Häftlings der Politischen Abteilung über die „K-Häftlinge", Kopie; S. 5/2, Telegramme der Polizei Linz, Zahlen der am 2.2.1945 geflüchteten „K-Häftlinge", Kopie.

1938

I.	II.	III.	IV.	V.	VI.	VII.	VIII.	IX.	X.	XI.	XII.
08.	1		1						0	1	
09.	5		1						4	5	
10.	12		2						10	12	
11.	6		2						4	6	
12.	12		3						9	12	
	36		**9**						**27**	**36**	

1939

I.	II.	III.	IV.	V.	VI.	VII.	VIII.	IX.	X.	XI.	XII.
01.	11		3						8	11	
02.	9		5						4	9	
03.	29		4						25	29	
04.	37		3						34	37	
05.	12		0						12	12	
06.	16		4						12	16	
07.	3		0						3	3	
08.	1		0						1	1	
09.	31		1						30	31	
10.	77		1						76	77	
11.	73		2						71	73	
12.	146		0	2					144	146	
	445		**23**	**2**					**420**	**445**	

1940

I.	II.	III.	IV.	V.	VI.	VII.	VIII.	IX.	X.	XI.	XII.
01.	460		3						457	460	
02.	513		1						512	513	
03.	350		0						350	350	
04.	302		4						298	302	
05.	122		0						122	122	
06.	116	50	14						152	166	
07.	98	56	9						135	144	
08.	58	184	2						240	242	
09.	65	278	7						336	343	
10.	83	309	13						379	392	
11.	97	278	5	0	135				370	510	
12.	58	244	1	3	0				298	302	
	2.322	**1.389**	**59**	**3**	**135**				**3.649**	**3.846**	

1941

I.	II.	III.	IV.	V.	VI.	VII.	VIII.	IX.	X.	XI.	XII.
01.	31	220	2						249	251	
02.	15	250	2						263	265	
03.	9	375	1						383	384	
04.	8	380	2						386	388	
05.	9	239	7						241	248	
06.	26	199	15						208	225	
07.	67	369	51						385	436	
08.	81	479	45		660				512	1.220	
09.	223	426	64		?				584	649	
10.	424	462	47		?				837	886	
11.	271	887	11		?				1.131	1.158	
12.	522	986	95		496				1.412	2.004	
	1.686	**5.272**	**342**		**1.156**				**6.591**	**8.114**	

1942

I.	II.	III.	IV.	V.	VI.	VII.	VIII.	IX.	X.	XI.	XII.
01.	381	1.303	73	3		77?			1.608	1.761	
02.	455	497	58	15		153?			879	1.105	
03.	1.372	751	79	41					2.003	2.123	
04.	725	211	86	58					792	936	
05.	524	93	22	312					283	617	
06.	280	135	87	30					298	415	
07.	658	558	177	18					1.021	1.216	
08.	270	562	67	73					692	832	
09.	240	374	51	6					557	614	
10.	807	655	74	307	?				1.081	1.462	
11.	238	552	43	0					747	790	
12.	703	1.719	3	12					2.407	2.422	
	6.653	**7.410**	**820**	**875**	**?**	**230?**			**12.368**	**14.293**	

1943

I.	II.	III.	IV.	V.	VI.	VII.	VIII.	IX.	X.	XI.	XII.
01.	604	1.436	4	32	2	?			2.004	2.042	
02.	259	696	2	0	?	?			953	955	
03.	304	546	11	3	?	?			836	850	
04.	305	867	5	65	?	?			1.102	1.172	
05.	122	268	9	2	?	?			379	390	
06.	129	167	3	17	2	?			276	298	
07.	214	180	35	57	4	?			302	398	
08.	127	164	11	5	?	?			275	291	[7]
09.	208	192	25	12	1	?			363	401	
10.	300	154	33	1	?	?			420	454	
11.	238	250	17	48	?	?	3		420	488	
12.	412	328	28	9	1	?			704	742	
	3.223	**5.248**	**183**	**251**	**10**	**?**	**3**		**8.034**	**8.481**	

1944

I.	II.	III.	IV.	V.	VI.	VII.	VIII.	IX.	X.	XI.	XII.
01.	373	311	15	25	2			?	644	686	
02.	337	167	12	11	32			?	481	536	
03.	442	212	23	8	42			?	623	696	
04.	512	145	34	16	166	86	42	?	565	909	
05.	568	85	30	1	124	?		?	622	777	
06.	522	203	27	16	8	556	121	?	561	1.289	
07.	621	192	24	29	?	732	419	?	341	1.545	
08.	390	242	51	70	?	555	20	?	491	1.187	
09.	531	168	99	203	?	483	1	?	396	1.182	
10.	558	429	30	141	7	151		?	816	1.145	
11.	945	943	72	100	2	148	5	?	1.711	2.038	
12.	1.512	994	27	79	1?	269	28	?	2.372	2.776	
	7.311	**4.091**	**444**	**699**	**384?**	**2.980**	**636**	**?**	**9.623**	**14.766**	

[7] In einer Tabelle über Todesfälle in den KL, angefertigt am 30.9.1943 von Pohl für RFSS Himmler, wurden für den Monat August 1943 im KLM 290 Todesfälle angegeben. Zeitgeschichte: NO-1010, Kopie der Tabelle.

1945

I.	II.	III.	IV.	V.	VI.	VII.	VIII.	IX.	X.	XI.	XII.
01.	1.968	2.084	30	16	15[8]	--	53	25[9]	3.953	4.092[10]	ca.2.000[11]
			75				18				
			49[12]				20[13]				
02.	2.791	1.813	124	2	64[14]	--	38	550[15]	4.509	5.287	ca.1.750[16]
03.	5.970	1.440	68	31	59[17]	--	14	1	7.297	7.470	ca. 650[18]
						1.546					
						600					

8 Nach schriftlichen Vormerkungen des ehemaligen Krematoriumskommando-Häftlings Wilhelm Ornstein sind im Jänner 1945 mehr als 15 nichtregistrierte und im Totenbuch nicht verzeichnete Personen exekutiert worden: am 15.1.1945 15 Häftlinge und am 26.1.1945 14 oder 15 Mitglieder einer englisch-amerikanischen Militärmission. Siehe Kapitel 32: Jahr 1945, Anmerkung 22. Archiv M.M.: V 3/30, Auszüge aus einer Vernehmungsniederschrift mit Wilhelm Ornstein, 6.3.1969, New York; V 3/49 Protokoll mit Wilhelm Ornstein, Mai 1945, Kopie.

9 Am 27.1.1945 sind etwa 25 „K-Häftlinge" erschossen worden. Archiv M.M.: V 4/412, Publikationen von S. S. Smirnow „Die Helden des Todesblockes", S.14ff.; S 1/2, Artikel in der Zeitschrift „Sowjetunion Heute", Mai 1963, S.21.

10 In den Zahlen dieser Rubrik scheinen auch die verstorbenen Frauen auf, jedoch nicht die Toten der Spalte XII.

11 Während der Überführung der Auschwitzer Häftlinge sind mindestens 1.500 und während der mehrere Tage dauernden Aufnahmeformalitäten ab 25.1. bis 4.2.1945 etwa 500 Häftlinge gestorben. Zu dieser Zeit wurden im Bereiche des Mauthausener Kriegsgefangenenfriedhofes und bei Marbach Massengräber angelegt. Archiv M.M.: V 2/1, Aufstellung der Gedenkstätten und Gräber von KLM-Häftlingen.

12 49 nichtregistrierte verletzte Slowaken wurden am 19.2.1945 ermordet. Archiv M.M.: V 4/357. Slowaken: S.48ff und 159f.

13 20 Slowaken wurden am 19.2.1945 während der Überführung nach Mauthausen durch alliierten Fliegerbeschuss getötet. Archiv M.M.: V 4/357. Slowaken: S.50.

14 Nach Angaben des W. Ornstein, ehemaliger Häftling des Krematoriumskommandos, sind im Februar 1945 mehr als 64 nicht registrierte und im Totenbuch nicht verzeichnete Personen exekutiert worden. Archiv M.M.: V 3/30, Auszüge aus einer Vernehmungsniederschrift mit W. Ornstein, 6.3.1969, New York.

15 Vermutlicher Gesamtstand der „K-Häftlinge" am 2.2.1945 unter Berücksichtigung des Telegramms der Linzer Polizei über die Zahl der geflüchteten „K-Häftlinge". Archiv M.M.: S. 5/2, Kopie des Telegramms. Siehe auch Kapitel 35: „K-Häftlinge" – „Mühlviertler Hasenjagd".

16 Allein in der Zeit vom 15. bis 17.2.1945 sind vom Transport aus dem KL Sachsenhausen mehr als 200 Häftlinge durch Unterkühlung ermordet worden; etwa 550 Häftlinge des Transportes aus dem KL Groß-Rosen starben während der Überführung und während der Aufnahmeformalitäten (15.2.1945). Desgleichen starben Hunderte und Hunderte Häftlinge der Transporte aus Triest (5.2.1945) und aus dem KL Sachsenhausen (26.2.1945). Archiv M.M.: V 3/21, Bericht des Sandor Dan, Abschrift; siehe auch Gerichtsakt der Staatsanwaltschaft Köln gegen K. Schulz und A. Streitwieser, 24 Js 1599/58 (C).

17 Nach Angaben des W. Ornstein sind im März 1945 mehr als 59 nichtregistrierte Personen exekutiert worden. Archiv M.M.: V 3/30, Auszüge aus einer Vernehmungsniederschrift mit W. Ornstein, 6.3.1969, New York.

18 Während der Aufnahmeformalitäten des Transportes Groß-Rosen sind in der Zeit von 3.3. bis 7.3.1945 (Mauthausen und Ebensee) mindestens 400 Häftlinge gestorben; während der Überführung aus dem KL Ravensbrück nach Mauthausen sind vermutlich 182 Frauen gestorben (9.3.1945). Archiv M.M.: B 5/31, gedruckte Erinnerungen des Ebenseer Schreibers Drahomir Barta, S. 724, Statistische Zahlen des KLM an das WVHA, 30.3.1945, Kopie (am 9.3.1945 1.981 weibliche Häftlinge von KL Ravensbrück nach KLM); K 5/1, ziffernmäßige Erfassung der Häftlinge des Frauen-Konzentrationslagers Mauthausen vom 9.3.1945 „Zugang 1.799" Frauen aus dem KL Ravensbrück, Kopie.

I.	II.	III.	IV.	V.	VI.	VII.	VIII.	IX.	X.	XI.	XII.
04.	7.597	3.271	385[19]	89	427[20]	2.146[21]	--		8.330	11.295	10.000[22]
05.	6.625[23]	1.433[24]	--	--	12[25]		--		8.058	8.070	ca 2.200[26]
	24.951	**10.041**	**607**	**138**	**577**	**2.146**	**105**	**576**	**32.147**	**36.214**	**ca. 16.600**

19 Vorwiegend Erschießungen von Gehunfähigen während der Evakuierung der Nebenlager. Siehe Kapitel 36: Evakuierungsmärsche.

20 Diese Zahl erfasst u. a. 113 vorwiegend slowakische Häftlinge vom 10.4.1945 und 250 vorwiegend österreichische Gefangene vom 17.4.1945, die als GESTAPO-Untersuchungshäftlinge, unmittelbar nach ihrer ins Hauptlager erfolgten Überstellung, in der Gaskammer exekutiert wurden. Archiv M.M.: V 3/21, Bericht des Sandor Dan, Abschrift; V 3/14, Gedächtnisprotokoll des Alfred Pollak, Abschrift; V 4/357. Slowaken: S.84ff und 180f (mit einer Namensliste der Exekutierten).

21 Diese Zahl setzt sich zusammen aus den in der Zeit vom 22. bis 27.4.1945 in der Mauthausener Gaskammer ermordeten 654 Häftlingen und 640 Gefangenen, die am 23.4.1945 in Gusen II mit Äxten und Stöcken erschlagen oder auf andere brutale Art von SS-Angehörigen und Häftlingspersonal ermordet wurden. Archiv M.M.: B 12/3, Original-Totenbuch Gusen, Seiten 409ff.; V 4/202, Publikation Gusen, Przedsionek Piekla, S.172ff; B 12/35, Originalbericht eines Gusener Häftlings vom 11.2.1946, B 12/37, Bericht des Reviertorwartes über die Vergasungen im Block 31; B 12/59, Bericht des Gusener Häftlings Josef Nischelwitzer, 24.8.1966, Original.

22 Nichtregistrierte, vorwiegend ungarische Juden, während des Marsches nach Mauthausen oder nach Gunskirchen, im Zeltlager und in Gunskirchen. Zeitraum: 1.4.1945 bis 30.4.1945. Der Fußmarsch vollzog sich von der ungarisch-österreichischen respektive jugoslawisch-österreichischen Grenze in mehreren aus vielen Tausenden von Menschen bestehenden Kolonnen. Eine dieser Kolonnen wurde von Deutsch-Altenburg mittels Schleppbooten nach Mauthausen befördert. Entlang der Marschrouten wurden Gehunfähige erschossen. Die Verstorbenen in den Schleppbooten wurden in die Donau geworfen. Auf der Route Mauthausen-Gunskirchen (etwa 80 km), gab es keinen Ort, wo nicht Erschossene in Massengräbern bestattet wurden. – Archiv M.M.: B 11/15, ausführlicher Bericht über die Märsche und über Gunskirchen des Dr. Stephan Viranyi, 8.4.1963, Original; B 11/9, Dokumentation über den Todesmarsch, verfasst von Peter Kammerstätter, Auszug. Siehe Kapitel 28: zu VIII. und Anmerkungen 13–20 in diesem Kapitel.

23 Alle vom 1.5.1945 bis Ende Juni 1945 Gestorbenen in den Lagern Mauthausen, Linz, Ebensee, Steyr, Lenzing und Gunskirchen. Archiv M.M.: V 2/1, eine Aufstellung von Gedenkstätten und Massengräbern der KLM-Häftlinge; V 2/2, KZ-Gräber in Oberösterreich, Bericht; V 2/3, Berichte und Zahlen über Exhumierungen durch französische Beauftragte (1955/56), Originaldurchschläge; B 5/3, Bericht von drei Häftlingsschreibern über Ebensee mit Zahlen der Toten, 17.5.1945, Original; B 5/14, zahlenmäßige Erfassung der Ebenseer Toten nach der Befreiung; K 4/6, Bericht über Lenzing, Original; U 6/3, 644 Namen von Verstorbenen, Mauthausen, 5.5.1945 bis 18.5.1945, Kopie; B 40/10, Auskunft der Städtischen Unternehmungen Steyr über die Veraschung von Leichen der KLM-Häftlinge, Original; V 2/5, am Welser Friedhof liegen im Massengrab 1.032 nach der Befreiung gestorbene Gunskirchener Häftlinge, Dokumentation über den „Todesmarsch nach Gunskirchen". Siehe auch Anmerkung 26 in diesem Kapitel.

24 Vom 1.5. bis 31.5.1945 Verstorbene in Gusen. Archiv M.M.: B 12/1, Statistik der Toten vor und nach der Befreiung (bis 4.6.1945) erstellt am 4.6.1945 in Gusen, Original; B 12/3 (5), Totenbuch Gusen, Original.

25 Es sind die am 2.5.1945 erschossenen Häftlinge des Krematoriums-Kdos: Acht aus Gusen, drei aus Mauthausen. Archiv M.M.: V 3/17, Bericht des Ornstein vom 12.5.1945 über Hinrichtung seiner Kameraden, Kopie. Erschießung eines Zivilisten am 3.5.1945 von einem Exekutionskommando jener Häftlinge, die von der SS rekrutiert wurden.

26 Ab 5. respektive 6.5.1945 bis Ende 1945 in den Krankenhäusern sowie Sanatorien und Hospitälern in Nieder- und Oberösterreich sowie Salzburg verstorbene ehemalige Häftlinge des KLM. Archiv M.M.: U 6/4, 106 Namen in Linz Verstorbener, Kopie; B 5/8, Legende über den KZ-Friedhof Ebensee, 2.671 Leichen (darunter befinden sich auch Leichen aus der Zeit vor dem 6.5.1945), Original; B 5/21, Bericht amerikanischer Stellen über das Sterben von befreiten Ebenseer Häftlingen, Kopie; B 5/27, 39 Namen von KLM-Häftlingen, die in Bad Ischl starben, Abschrift; V 2/5, Dokumentationsauszug „Todesmarsch Gunskirchen". Siehe auch Anmerkung 2 in diesem Kapitel: Die genauen Zeitpunkte der in der Spalte II (dazu Anmerkung 23) und XII (Monat Mai) angeführten Verstorbenen konnten nicht exakt ermittelt respektive die Zahlen der Toten konnten nicht aufgeschlüsselt werden.

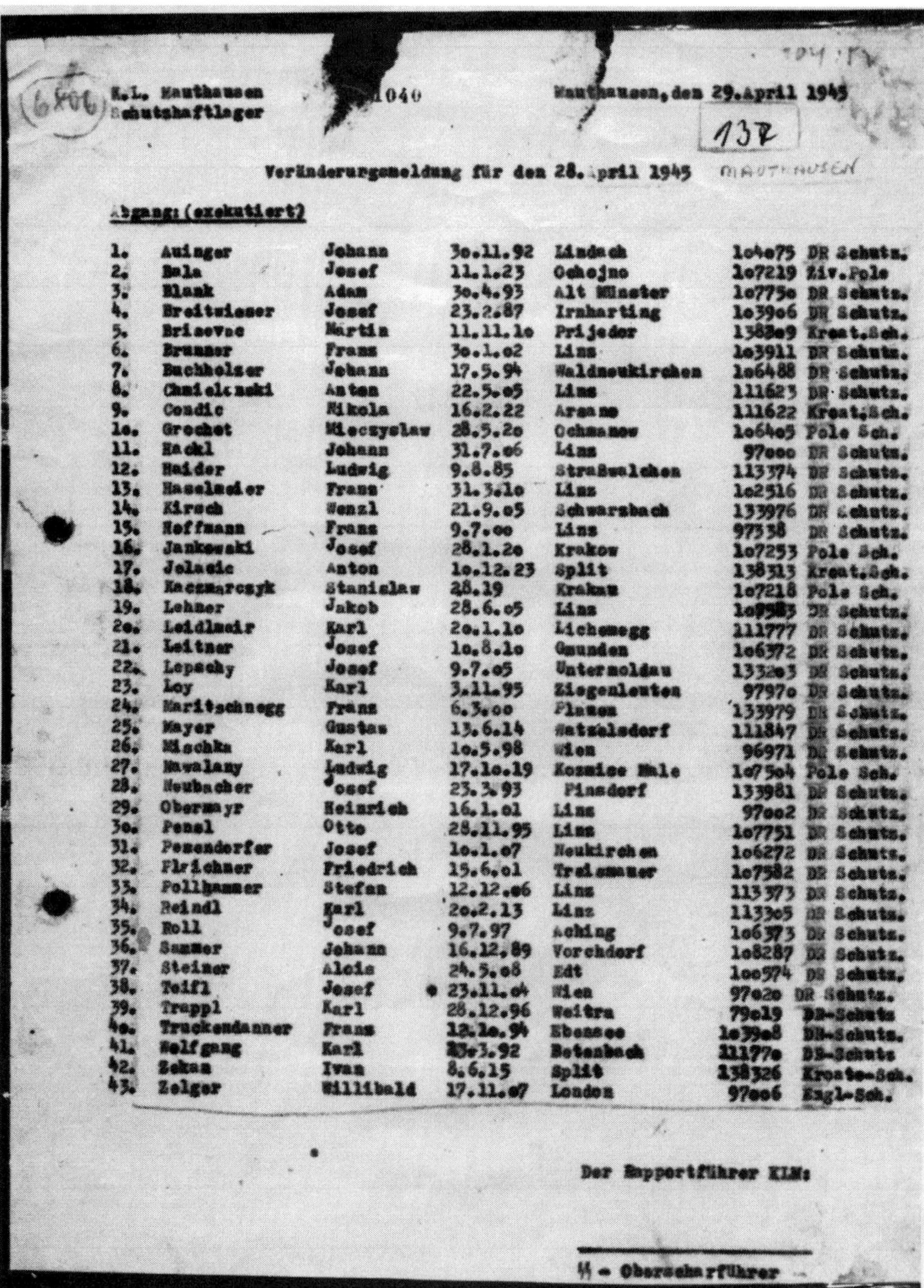

(6806) K.L. Mauthausen [illegible]1040 Mauthausen, den 29.April 1945
Schutzhaftlager

137

Veränderungsmeldung für den 28. April 1945 MAUTHAUSEN

Abgang: (exekutiert)

1.	Auinger	Johann	3o.11.92	Lindach	1o4o75	DR Schutz.
2.	Bala	Josef	11.1.23	Gchojno	1o7219	Ziv.Pole
3.	Blank	Adam	3o.4.93	Alt Münster	1o775o	DR Schutz.
4.	Breitwieser	Josef	23.2.87	Irnharting	1o39o6	DR Schutz.
5.	Brisevac	Martin	11.11.1o	Prijedor	1383o9	Kroat.Sch.
6.	Brunner	Franz	3o.1.o2	Linz	1o3911	DR Schutz.
7.	Buchholzer	Johann	17.5.94	Waldneukirchen	1o6488	DR Schutz.
8.	Chmielcnski	Anton	22.5.o5	Linz	111623	DR Schutz.
9.	Condic	Nikola	16.2.22	Arsano	111622	Kroat.Sch.
1o.	Grochot	Mieczyslaw	28.5.2o	Ochmanow	1o64o5	Pole Sch.
11.	Hackl	Johann	31.7.o6	Linz	97ooo	DR Schutz.
12.	Haider	Ludwig	9.8.85	Straßwalchen	113374	DR Schutz.
13.	Haselmaier	Franz	31.3.1o	Linz	1o2516	DR Schutz.
14.	Kirsch	Wenzl	21.9.o5	Schwarzbach	133976	DR Schutz.
15.	Hoffmann	Franz	9.7.oo	Linz	97338	DR Schutz.
16.	Jankowski	Josef	28.1.2o	Krakow	1o7253	Pole Sch.
17.	Jelacic	Anton	1o.12.23	Split	138313	Kroat.Sch.
18.	Kaczmarczyk	Stanislaw	28.19	Krakau	1o7218	Pole Sch.
19.	Lehner	Jakob	28.6.o5	Linz	1o[illegible]	DR Schutz.
2o.	Leidlmeir	Karl	2o.1.1o	Lichenegg	111777	DR Schutz.
21.	Leitner	Josef	1o.8.1o	Gmunden	1o6372	DR Schutz.
22.	Lepschy	Josef	9.7.o5	Untermoldau	1332o3	DR Schutz.
23.	Loy	Karl	3.11.95	Ziegenleuten	9797o	DR Schutz.
24.	Maritschnegg	Franz	6.3.oo	Plauen	133979	DR Schutz.
25.	Mayer	Gustav	13.6.14	Matzelsdorf	111847	DR Schutz.
26.	Mischka	Karl	1o.5.98	Wien	96971	DR Schutz.
27.	Nawalany	Ludwig	17.1o.19	Kozmice Male	1o75o4	Pole Sch.
28.	Neubacher	Josef	23.3.93	Pinsdorf	133981	DR Schutz.
29.	Obermayr	Heinrich	16.1.o1	Linz	97oo2	DR Schutz.
3o.	Pensl	Otto	28.11.95	Linz	1o7751	DR Schutz.
31.	Pesendorfer	Josef	1o.1.o7	Neukirchen	1o6272	DR Schutz.
32.	Flrichner	Friedrich	15.6.o1	Traismauer	1o7582	DR Schutz.
33.	Pollhammer	Stefan	12.12.o6	Linz	113373	DR Schutz.
34.	Reindl	Karl	2o.2.13	Linz	1133o5	DR Schutz.
35.	Roll	Josef	9.7.97	Aching	1o6373	DR Schutz.
36.	Sammer	Johann	16.12.89	Vorchdorf	1o8287	DR Schutz.
37.	Steiner	Alois	24.5.o8	Edt	1oo574	DR Schutz.
38.	Teifl	Josef	23.11.o4	Wien	97o2o	DR Schutz.
39.	Труppl	Karl	28.12.96	Weitra	79o19	DR-Schutz
4o.	Truckendanner	Franz	12.1o.94	Ebensee	1o39o8	DR-Schutz.
41.	Wolfgang	Karl	[illegible].3.92	Rotenbach	11177o	DR-Schutz
42.	Zekan	Ivan	8.6.15	Split	138326	Kroate-Sch.
43.	Zelger	Willibald	17.11.o7	London	97oo6	Engl-Sch.

Der Rapportführer KLM:

SS - Oberscharführer

Veränderungsmeldung: „Abgang (exekutiert)." AMM

30. Die Totenregistratur

Bis Sommer 1941 wurden alle in Mauthausen als gestorben gemeldeten Häftlinge im Sterbebuch des Standesamtes der Marktgemeinde Mauthausen eingetragen, und dieses Amt hat auch die amtliche Sterbeurkunde ausgestellt. Ab 31.8.1941 erfolgte die Erfassung der Toten nur im Sterbebuch der Politischen Abteilung des KL Mauthausen, im so genannten „Standesamt II". Bis zum 31.8.1941 wurden auch alle außerhalb des Hauptlagers Mauthausen tot gemeldeten Häftlinge (entweder in Gusen, Vöcklabruck oder bei der Arbeit eines Arbeitskommandos, zum Beispiel in Linz) im Sterbebuch jener Standesämter registriert, in deren Ortsbereich sie aus dem Leben schieden.[1] Die Leichen von „K-Häftlingen", gewissen „Exekutierten" und Abertausende Leichen von Häftlingen, die im Jahre 1945 nicht erfasst wurden, sind weder im Standesamt II noch in lagerinternen Totenbüchern registriert worden. Für die zuletzt genannten Häftlingskategorien wurden auch keine Leichenscheine respektive Totenscheine ausgestellt. Die Leichenscheine bzw. Totenscheine wurden von Anfang bis zum Schluss von einem beim SS-Standortarzt eingesetzten Häftling verfasst und stets von einem SS-Lagerarzt unterschrieben.[2] In den Jahren 1938 bis 1940 ist im Falle eines Selbstmordes formell eine Gerichtskommission des Amtsgerichtes Mauthausen herangezogen worden, die dem Leichenbegleitschein einen Gerichtsbeschluss beifügte. In diesem Gerichtsvermerk wurde kurz festgestellt:

> *„Gegen die Beerdigung obwaltet seitens des Gerichts kein Anstand."*

Bei Erschießung von Häftlingen „auf der Flucht" wurde das Landesgericht Linz, und zwar unter dem Titel *„Landesgericht Linz, dzt. KL Mauthausen"*, eingeschaltet. In den Linzer Gerichtsbeschlüssen scheint gewöhnlich nachfolgende stereotype Feststellung auf:

> *„Die Leiche wird nach der amtlichen Leichenschau und Erhebung am Tatort durch Landesgericht Linz zur Beerdigung freigegeben."* [3]

Solche Gerichtsbeschlüsse wurden über Veranlassung des RFSS, Hauptamt SS-Gericht, im Einvernehmen mit dem Reichsjustizministerium ab 11.6.1940 nicht mehr eingeholt. Der Chef des Hauptamtes SS-Gericht hielt am 7.6.1940 in einem Vermerk betreffend *„Verfahren bei unnatürlichem Tod eines Schutzhäftlings"* unter anderem fest:

> *„(...) die Zuständigkeit der SS- und Polizeigerichtsbarkeit ist also stets gegeben, wenn ein SS-Angehöriger an dem Tode irgendwie beteiligt ist oder wenn der Schutzhäftling Selbstmord begangen hat.*

---

[1] Archiv M.M.: E 10/3, Alphabetisches Namenverzeichnis der Mauthausener Toten aus der Zeit 1939 bis 31.8.1941, Kopien vom Standesamt des Gemeindeamtes Mauthausen; B 40/10, Auskunft der Städtischen Unternehmungen Steyr über die Veraschung und das standesamtliche Registrieren von KLM-Häftlingen, Original.

[2] Archiv M.M.: E 10/8, Kopien von 64 Leichenscheinen aus der Zeit 1.10.1939 bis 31.10.1939. Die Scheine erfassten Häftlinge, die im Bereiche des Hauptlagers tot gemeldet wurden.

[3] Archiv M.M.: E 10/7, Kopien von Leichenscheinen vom 20.6., 30.6., 15.7. und 29.9.1939 mit Beschlüssen des Amtsgerichtes Mauthausen und vom 6.10.1939 mit Beschlüssen des Landesgerichtes Linz.

In diesen Fällen sind die Ermittlungen (Leichenschau usw.) (…) in der Regel von einem richterlichen SS-Justizführer vorzunehmen, notfalls durch einen Gerichtsoffizier (…)" [4]

Somit sollten ab 11.6.1940 die als „Gerichtsherren" bestimmten SS-Offiziere des KLM-Kommandanturstabes[5] die unnatürlichen Todesfälle im Bereich des KLM untersuchen, an Ort und Stelle Erhebungen durchführen, Zeugen befragen und bei Erschießungen „auf der Flucht" die Todesschützen als Beschuldigte einvernehmen. Nach Abschluss der Erhebungen haben sie dem SS- und Polizeigericht VII, Wien IV, Argentinierstraße, eine Abschlussmeldung mit Erhebungsergebnissen zu einer allfälligen Einleitung eines Ermittlungs- respektive Strafverfahrens gegen den Todesschützen übermittelt. Das SS-Gericht entschied, ob die Erschießungen zu Recht oder zu Unrecht erfolgten! In jedem Fall ist immer der KLM-Gerichtsherr schriftlich verständigt worden, dass das Gerichtsverfahren gegen den Todesschützen mangels strafbaren Tatbestandes eingestellt wurde.[6]

Zur Tarnung der Todeszahlen erließ Himmler am 26.5.1943 an alle KL-Kommandanten ein Geheimschreiben, worin befohlen wurde:

„(…) die Numerierung der Sterbeurkunden darf nicht laufend erfolgen, sondern wie folgt:
I 1 bis I 185, sodann
II 1 bis II 185, sodann
III 1 bis III 185, sodann
IV 1 bis IV 185, usw.
so daß nur die Höchstzahl 185 aufscheint. Auf diese Art kann die jeweilige Zahl der im laufenden Jahr eingetretenen Todesfälle nicht ersichtlich gemacht werden (…)" [7]

Die Angehörigen aller deutschen, österreichischen, tschechischen, skandinavischen, französischen, belgischen, holländischen, teilweise auch slowenischen und polnischen Häftlinge wurden von der Politischen Abteilung vom Ableben ihrer Verwandten schriftlich in Kenntnis gesetzt.[8] Ausgenommen waren die Angehörigen der NN-Häftlinge, weiters Angehörige der jüdischen, griechischen, teilweise jugoslawischen und spanischen Häftlinge. Über das Ableben der sowjetischen Zivilarbeiter wurden die zuständigen Arbeitsämter und bei den

[4] Archiv M.M.: P 5/2, Kopie der Schreiben vom 11.6.1940 und des Vermerkes vom 7.6.1940.

[5] Gerichtsführer respektive stellvertretende Gerichtsherren oder -führer waren die SS-Offiziere Zutter, Zoller, Schulz, Ziereis und zuletzt Günther Govers. – G. Govers kam vorübergehend vom SS- und Polizeigericht VII im Winter 1944/45. Archiv M.M.: P 5/1 und E 1c/3 bis E 1c/12, Hunderte Kopien von Meldungen über „unnatürliche Todesfälle".

[6] Unnatürliche Todesfälle: B.f.I., Zl. 55.212–18/70, Kopie, beginnend am 1.10.1942 und endend am 6.4.1945. (Das Original befindet sich in Prag.) – Das vorliegende Buch weist über jeden Todesfall folgende Eintragungen auf: Laufende Nummer, Familien- und Vorname des Opfers, Häftlingsart, Tag des Todes, Lager, Art des Todes, Familienname und Charge des Todesschützen, Datum des Tatberichtes an das SS- und Polizeigericht (Ein- und Ausgang der Aktenstücke) und schließlich die Rubrik, wo der Zeitpunkt der Benachrichtigung der GESTAPO und des WVHA eingetragen wurde.

[7] Archiv M.M.: P 16/29, Kopie des RFSS-Schreibens vom 26.5.1943 an WVHA, betreffend die Nummerierung der Sterbeurkunden.

[8] Die schriftliche oder telegrafische Benachrichtigung der Angehörigen erfolgte gewöhnlich im direkten Postverkehr oder über die einweisende Stelle, GESTAPO respektive KRIPO.

sowjetischen Kriegsgefangenen – ausgenommen „K-Häftlinge“ – die Wehrmachtsauskunftsstelle informiert. Dieser Vorgang der Verständigung der Angehörigen sowie der einweisenden oder zentralen Stellen wurde im Laufe der Jahre unzählige Male geändert. Das Ableben von Deutschen, Österreichern, Luxemburgern, Tschechen, Polen, gewissen Jugoslawen, Spaniern und jüdischen Häftlingen der vorher erwähnten Nationalitäten (soweit der jüdische Häftling von einer GESTAPO-Stelle eingewiesen wurde, und dies war bis etwa April 1944 stets der Fall) ist zwecks Erfassung des Erbgutes beim Verlassenschaftsgericht Linz (über das Bezirksgericht Mauthausen) gemeldet worden.[9] Die zuständigen Stellen im WVHA und RSHA wurden gleichfalls entweder in Tages-, Wochen- oder Monatsmeldungen über den Tod jedes Häftlings informiert. Die im „Kriegsgefangenenlager Mauthausen“ getöteten sowjetischen Kriegsgefangenen wurden in Meldungen, die zuerst täglich, dann wöchentlich und ab Jänner 1942 einmal monatlich verfasst worden sind, der WAST (Wehrmachts-Auskunfts-Stelle) und dem Inspekteur der Konzentrationslager respektive dem WVHA gemeldet. Die WAST erhielt stets die Personalkarten (Stalagkarten), der Inspekteur der KL respektive das WVHA die Namenslisten und Personalkarten der Getöteten. Alle „auf der Flucht“ Erschossenen und jene Kriegsgefangenen, die angeblich Selbstmord verübt hatten, wurden der WAST als verstorben gemeldet.[10] Die nichtarbeitsfähigen und unmittelbar nach ihrer Einlieferung ermordeten SU-Kriegsgefangenen sind weder zahlenmäßig noch namentlich erfasst worden, und deshalb konnte auch keine zentrale Stelle über ihren Tod informiert werden.

Gemäß einem Himmler-Erlass vom 21.5.1942, Zl. S IV C 2 Allg. Nr. 40.454, mit welchem u. a. *„für Häftlinge der Stufe III des KL Mauthausen die Sonderregelung der sofortigen Einäscherung aller Leichen“* angeordnet und die Verständigung der Angehörigen neu geregelt wurde, ergingen bis Sommer 1944 an gewisse Angehörige in kurzen Intervallen zwei schriftliche Benachrichtigungen. Im ersten Schreiben wurde seitens der Kommandantur offiziell das Ableben, die angebliche Todesursache, die bereits erfolgte Einäscherung der Leiche *„im staatlichen Krematorium“* sowie die Möglichkeit der Übermittlung der Sterbeurkunde und der Urne – nach Überweisung eines Geldbetrages sowie einer Bescheinigung der örtlichen Friedhofsverwaltung – bekannt gegeben.[11]

[9] Zwei Originalbücher (Juli 1939 bis Februar 1945) des Linzer Verlassenschaftsgerichtes mit Namen von KLM-Häftlingen liegen im Ministere Francais des Anciens Combattantes et Victimes de Guerre, Paris, auf. Die Regelung des Nachlasses der im KLM getöteten Häftlinge ist mehrmals geändert worden. Grundsätzlich kann gesagt werden, dass außer bei deutschen, österreichischen, tschechischen, luxemburgischen und einzelnen wenigen polnischen Häftlingen das gesamte Gut anderer getöteter Gefangener für die SS – offiziell für das Deutsche Reich – verfallen erklärt wurde.

[10] Archiv M.M.: E 1c/1 bis 12, Kopien von Todesmeldungen der im „Kriegsgefangenenlager Mauthausen/Gusen“ getöteten sowjetischen Kriegsgefangenen an den Inspekteur der KL, WVHA und Wehrmachtsauskunftsstelle. Siehe auch Absatz XIX, Sterbestatistik der SU-Kgf.

[11] Archiv M.M.: P 16/20, Kopie, Weisung des RFSS vom 21.5.1942 an alle Dienststellen der SIPO, SD und KL-Kommandanten über die „Benachrichtigung der Angehörigen von im KL verstorbenen Häftlingen" mit Musterformularen über Form sowie Inhalt der Benachrichtigung; E 1a/26, Verständigung über die Ausfolgung einer Urne des im KLM gestorbenen Franz Leeb, Original.

Abschrift!

Der Reichsführer-SS
und
Chef der Deutschen Polizei
im Reichsministerium des Innern
S III A 5 Nr.13e III/43-176-9

Berlin SW 11, den 26. Mai 1943.
Prinz Albrecht-Str. 8

Betrifft: Numerierung der Sterbeurkunden durch die lagereigenen Standesämter der Konzentrationslager.

Geheim

An das
SS-Wirtschafts-Verwaltungshauptamt
-Amtsgruppe D- Konzentrationslager-,
z.Hd.v.SS-Brigadeführer und Generalmajor
der Waffen-SS G l ü c k s
-oder Vertreter im Amt-
O r a n i e n b u r g.

Aus der derzeitigen fortlaufenden Numerierung der Sterbeurkunden durch die lagereigenen Standesämter der Konzentrationslager mit arabischen Ziffern ist die jeweilige Zahl der im laufenden Jahr eingetretenen Todesfälle ersichtlich.
Ich ordne daher an:

Die fortlaufende Numerierung der Sterbeurkunden mit arabischen Ziffern unterbleibt mit sofortiger Wirkung. Zukünftige Sterbefälle werden unter laufenden römischen Ziffern und laufenden arabischen Unterziffern erfaßt, und zwar derart, daß der erste Sterbefall die Ziffer I, 1, der zweite Sterbefall die Ziffer I, 2 usw. bis Ziffer I, 185 erhält. Ist die arabische Unterziffer 185 verbraucht, so werden die weiteren Sterbefälle unter der Ziffer II erfaßt, und zwar erhalten sie die Ziffern II, 1 bis 185. Nach Erreichung der Ziffer II, 185 werden die weiteren Sterbefälle des laufenden Jahres unter III, 1 bis 185, IV, 1 bis 185 usw. erfaßt. Zum Jahresbeginn wird jeweils wieder mit Ziffer I, 1 begonnen.

Ich ersuche, die Lagerkommandanten der Konzentrationslager mit eigenen Standesämtern entsprechend zu verständigen.

gez. H. H i m m l e r
(Dienstsiegel)

F.d.R.d.A.: [illegible]

Beglaubigt:
gez. Unterschrift
Kanzleiangestellte.

Anordnung des RFSS vom 25.5.1943 über irreführende Anbringung von Sterbeurkunden-Nummern. AMM

Das zweite Schreiben, stets ohne Kopfstampiglie, lautete wörtlich:

> *„Sehr geehrter Herr (oder Frau)!*
>
> *Ihr Sohn (Gatte, Bruder usw.) (…) wurde, als er sich krank meldete, unter Aufnahme in den Krankenbau in ärztliche Behandlung genommen. Es wurde ihm die bestmöglichste medikamentöse und pflegerische Behandlung zuteil. Trotz der angewendeten ärztlichen Bemühungen gelang es nicht, der Krankheit Herr zu werden und er ist am (…) verstorben.*
>
> *Ich spreche Ihnen zu diesem Verlust mein Beileid aus. Ihr Sohn (Gatte, Bruder usw.) starb ohne letzte Wünsche geäußert zu haben. Der Nachlaß Ihres Sohnes (Gatten, Bruders usw.) wird Ihnen in Kürze zugesandt.“* [12]

Der letzte angeführte Satz bezüglich des Nachlasses schien ab Winter 1943/44 nicht mehr auf. War der Verstorbene Deutscher, Österreicher oder ging aus den Einweisungsakten eine freundliche Gesinnung der Angehörigen gegenüber dem Nationalsozialismus hervor, so soll im Kondolenzschreiben manches Mal hinzugefügt worden sein:

> *„Der Verstorbene ist ein fleißiger Arbeiter gewesen, den alle gerne hatten und er hätte in den nächsten Tagen mit einer Entlassung zu rechnen gehabt.“*

Gemäß einer Weisung des WVHA, gezeichnet Glücks, vom 1.8.1942 an alle Lagerkommandanten, sind *„von den Sachreferenten des RSHA in die KL überstellten sowjetrussischen Zivilarbeiter lediglich zahlenmäßig erfasst“* worden. Glücks ordnete an:

> *„daß weder das Eintreffen eines derartigen Häftlings oder dessen Verlegung in ein anderes Lager im einzelnen anzuzeigen ist, (…) die Todesmeldungen sind den Staatspolizeileitstellen in einfachster Form direkt zu übersenden (…) da die sowjetrussischen Zivilarbeiter nur von Staatspolizeistellen eingewiesen werden, hat der gesamte Schriftverkehr über diese Häftlinge ausschließlich mit den einweisenden Staatspolizei(leit)stellen zu erfolgen.“* [13]

In einer weiteren Weisung Glücks vom 21.11.1942 an alle Lagerkommandanten wurde ein vereinfachtes Meldeverfahren bei Todesfällen von Juden und Jüdinnen in den KL angeordnet. Am Ende dieser Weisung hieß es wörtlich:

> *„Die Lagerkommandanten sind dem RFSS und mir persönlich dafür verantwortlich, daß trotz dieser Verminderung der Meldungen an keiner Stelle in den Lagern vergessen wird, daß auch das Menschenleben eines jeden Verbrechers verantwortet werden muß (…)“* [14]

Laut einer Weisung des Chefs des Zentralamtes des WVHA vom 20.2.1943 gab es ab Monat Februar 1943 für alle KL eine einheitliche Altersstufeneinteilung für Todesfälle von Häftlingen. Am 15.12.1943 wurde über Weisung des WVHA neuerlich das Meldeverfahren über die

---

[12] Archiv M.M.: E 1a/26, Schreiben vom 21.2.1945 an Frau Seidl über das „Ableben“ ihres Bruders Franz Leeb, Original.

[13] Zeitgeschichte: NO-1017, Abschrift des Schreibens vom 1.8.1942.

[14] Zeitgeschichte: NO-1546, Kopie des Schreibens vom 15.12.1943; NO-1543, Kopie einer Weisung vom 21.11.1942.

Todesfälle in den KL vereinfacht.[15] Und am 2.2.1944 wurde gemäß einer Weisung des WVHA bei Todesfällen von polnischen Häftlingen angeordnet, dass die einweisenden Dienststellen mittels eines Schnellbriefes benachrichtigt werden sollen. Zwei Schnellbriefe wurden beigelegt, und zwar:

„a) für eindeutschungsfähige Polen" und *„b) für nicht eindeutschungsfähige Polen"*.

Der Unterschied der Benachrichtigung bestand darin, dass die Angehörigen eindeutschungsfähiger Polen *„gegen Voreinsendung von 0,72 RM bei dem Standesamt II des jeweiligen KL eine Sterbeurkunde anfordern konnten"*. In beiden Fällen wurden Nachlass-Sachen den Angehörigen nicht ausgehändigt.[16] Beim Ableben von Deutschen und Österreichern waren die einweisenden Behörden verpflichtet, die zuständigen Stellen der Nationalsozialistischen Volkswohlfahrt (NSV) zu benachrichtigen, damit diese allenfalls Fürsorgemaßnahmen für die Angehörigen der Verstorbenen einleiten. Von der „Gefangenen-Eigentumsverwaltung des KL Mauthausen/Gusen" wurden bis etwa Winter 1943/44 den Angehörigen von Deutschen, Österreichern, Luxemburgern, Tschechen, gewissen Jugoslawen und Polen die Effekten der Verstorbenen per Post übermittelt. Gewisse Wertsachen und Geldbeträge von getöteten Zigeunern, Juden und Ostarbeitern sind gemäß mehrerer Erlasse, so z. B. des Erlasses des Chefs des WVHA vom 7.1.1943 – A II/2a/420/12.42Ba/Sche und des Erlasses des RM des Inneren vom 17.2.1944 zugunsten des RSHA für verfallen erklärt worden, wobei auch diese Anordnungen mehrmals geändert wurden.[17] Die Bekleidung der Verstorbenen wurde entweder der Altwarenverwertung zugeführt oder, ab Winter 1942/43, den neu eingewiesenen Häftlingen zur Benützung übergeben.

In den Jahren 1939 und 1940 wurde den deutschen und österreichischen Angehörigen mitgeteilt, dass die Leiche binnen drei Tagen vor der Verbrennung im Leichenschauraum des KLM besichtigt werden könne. Damals wurden die Leichen in einem Raum des Garagenhofes gelagert. Dort befand sich eine kleine dunkle Kammer, wo die Leichen den Angehörigen gezeigt wurden. Der Tote lag mit weißem Hemd bekleidet in einem Holzsarg. Links und rechts vom Sarg standen Kerzenleuchter. Das fackelnde Licht der während der Schaustellung angezündeten Kerzen beließ den Raum in völliger Dunkelheit; nur die Konturen des Gesichtes waren schattenhaft etwas sichtbar. Näheres Herangehen an den Sarg war wegen „Seuchengefahr" streng verboten. Auch hier wurde den Angehörigen von einem SS-Offizier vorgelogen, dass das Opfer, als es krank wurde, *„eine erstklassige ärztliche Betreuung erhielt, sehr fleißig war, bei allen beliebt und bald entlassen werden sollte"*.

Eingestellt wurde diese irreführende Schau der Aufbahrung im Sommer 1940, und zwar, als nahezu 30 Angehörige eines im Lager verstorbenen deutschen Zigeuner-Stammesältesten erschienen waren. Wie so oft gehandhabt, wurde aus dem Haufen der Toten irgendeine Leiche herausgeholt und aufgebahrt. Die Zigeuner erkannten, dass ihnen eine falsche Leiche präsentiert wurde. Sie machten bereits im Garagenhof einen riesigen Spektakel, beschwerten

---

[15] Zeitgeschichte: NO-1528, Kopie des Schreibens vom 20.3.1943.
[16] Zeitgeschichte: NO-1550, Kopie des Schreibens vom 2.2.1944 und die beiden Schnellbriefmuster.
[17] Archiv M.M.: P 16/32, Kopie des Erlasses vom 17.2.1944 mit Inhalt des Erlasses vom 7.1.1943.

sich bei einer Behörde in Linz und sollen sogar eine Anzeige erstattet haben. Auf Grund dieses Vorfalles gab es keine Leichenbeschau mehr.[18]

Jenen Angehörigen, die Urnen anforderten, wurden diese, mit einem Schreiben des Krematoriums-Leiters versehen, per Post übermittelt. Ab 12.9.1942 wurde die Übersendung von Urnen gestorbener Tschechen generell verboten, weil laut Weisung des WVHA *„in den Friedhofshallen der Heimatgemeinden Wallfahrten und Demonstrationen zu den Gräbern verstorbener Häftlinge"* stattfanden.[19] Doch selten gab es in den Urnen die Asche der Verwandten; dies war schon deshalb unmöglich, da seit Sommer 1941 gewöhnlich zwei oder sogar bis zu sieben Leichen gleichzeitig verbrannt wurden.[20] Doch gab es auch Ausnahmen. Bei manchen Häftlingen gab die SS-Lagerleitung vor oder unmittelbar nach dem Eintritt des Todes die Anordnung, dass die Leiche einzeln verbrannt und die Asche aufbewahrt werden solle. Nur die aus dem Krematorium Steyr übermittelten Urnen enthielten tatsächlich die Asche des genannten Verstorbenen.

In Mauthausen wurde die Asche der Leichen täglich zusammen mit Kohleresten und Schlacke entweder auf verschiedenen Baustellen, vor allem beim Krankenlagerbau, beim Straßenbau oder auf einer Abfallhalde verstreut.[21] Vor jeder Einäscherung wurden alle Leichen auf Zahngold untersucht und, wenn solches festgestellt wurde, dieses sofort entnommen. Das KLM (ohne Hartheim) übermittelte vom 1.11.1941 bis April 1945 dem WVHA in monatlichen Sendungen insgesamt 24.499 Gramm Zahngold.[22]

Die Entnahme und Ablieferung von Zahngold beruht auf einem Befehl des RFSS vom 23.9.1940. Am 20.9.1943 gab das WVHA in einem Erlass allen KL-Kommandanten bekannt, dass die Herausgabe von Zahngold an Angehörige verboten ist; *„etwaige Ersuchen von Angehörigen an die KZ-Lager"* sind im Einvernehmen mit dem RSHA wie folgt zu beantworten:

> *„(...) die Leiche wurde am (...) eingeäschert (...) die Herausgabe von Zahngold nicht möglich."*

Bezug auf den RFSS-Befehl vom 23.9.1940 durfte in den Antworten an die Angehörigen *„keinesfalls genommen werden"*. [23]

---

[18] Archiv M.M.: V 3/2 und V 3/7, Angaben der ehemaligen Häftlinge Otto Wisst, Stuttgart und Stanislav Gerondowsky, Warschau.

[19] Archiv M.M.: P 16/45, Kopie des Erlasses vom 12.9.1942.

[20] Archiv M.M.: P 13/8, Angaben des ehemaligen Krematoriums-Häftlings J. Kanduth, Auszug aus einer Niederschrift.

[21] Archiv M.M.: V 3/60, Angaben des Häftlings Josef Klat, Marienbad.

[22] Archiv M.M.: E 11/1, eine Aufstellung über Zahngold, das aus KLM dem Amt D III des WVHA übermittelt wurde.

[23] ISD Arolsen: D-RF-91/Nr. 218 und 8/2/88, Kopien der Erlasse.

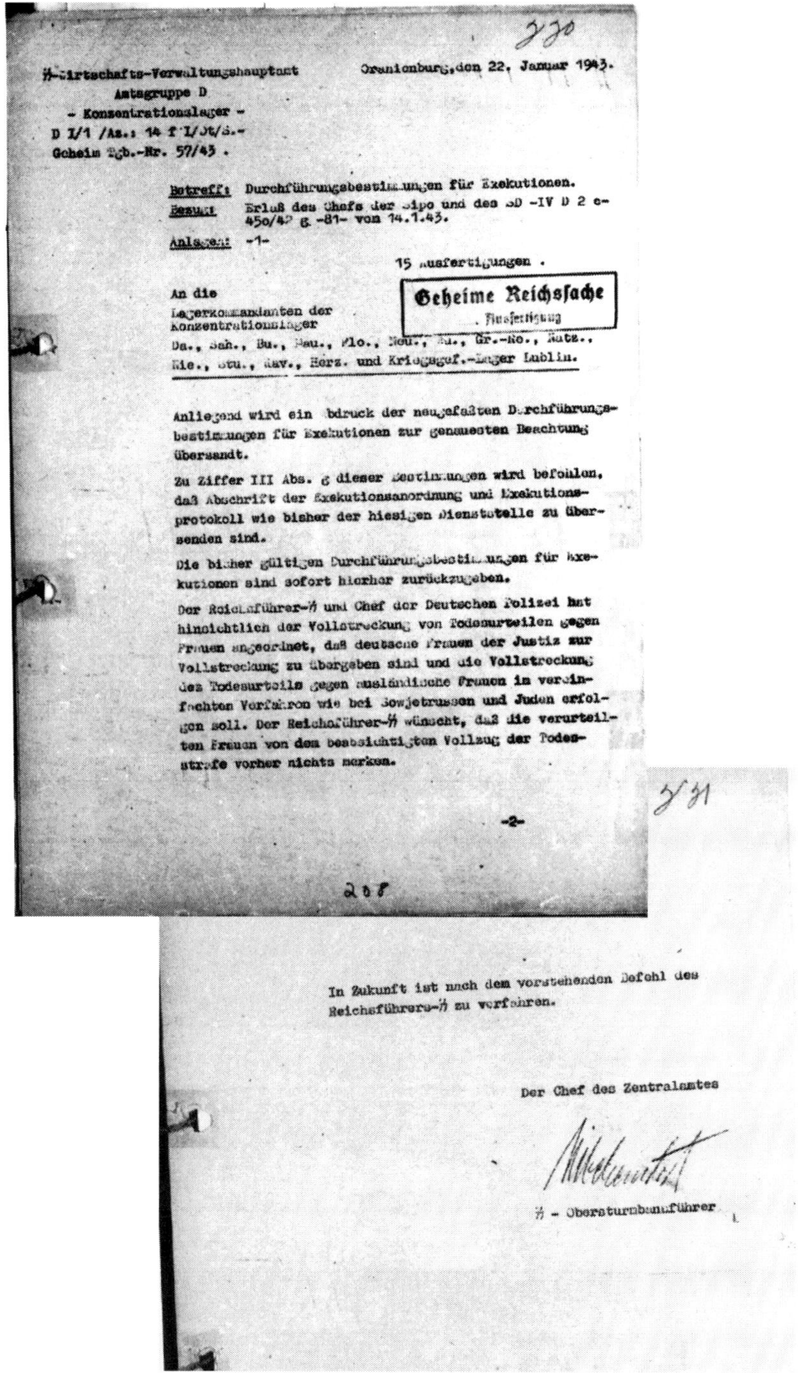

230

SS-Wirtschafts-Verwaltungshauptamt
Amtsgruppe D
- Konzentrationslager -
D I/1 /Az.: 14 f I/Ot/S.-
Geheim Tgb.-Nr. 57/43 .

Oranienburg, den 22. Januar 1943.

Betreff: Durchführungsbestimmungen für Exekutionen.
Bezug: Erlaß des Chefs der Sipo und des SD -IV D 2 c-450/42 g -81- vom 14.1.43.
Anlagen: -1-

15 Ausfertigungen .

Geheime Reichssache
. Ausfertigung

An die
Lagerkommandanten der
Konzentrationslager
Da., Sah., Bu., Mau., Flo., Neu., Au., Gr.-Ro., Natz., Rie., Stu., Rav., Herz. und Kriegsgef.-Lager Lublin.

Anliegend wird ein Abdruck der neugefaßten Durchführungsbestimmungen für Exekutionen zur genauesten Beachtung übersandt.

Zu Ziffer III Abs. 6 dieser Bestimmungen wird befohlen, daß Abschrift der Exekutionsanordnung und Exekutionsprotokoll wie bisher der hiesigen Dienststelle zu übersenden sind.

Die bisher gültigen Durchführungsbestimmungen für Exekutionen sind sofort hierher zurückzugeben.

Der Reichsführer-SS und Chef der Deutschen Polizei hat hinsichtlich der Vollstreckung von Todesurteilen gegen Frauen angeordnet, daß deutsche Frauen der Justiz zur Vollstreckung zu übergeben sind und die Vollstreckung des Todesurteils gegen ausländische Frauen im vereinfachten Verfahren wie bei Sowjetrussen und Juden erfolgen soll. Der Reichsführer-SS wünscht, daß die verurteilten Frauen von dem beabsichtigten Vollzug der Todesstrafe vorher nichts merken.

-2-

208

231

In Zukunft ist nach dem vorstehenden Befehl des Reichsführers-SS zu verfahren.

Der Chef des Zentralamtes

[Unterschrift]

SS - Obersturmbannführer

Durchführungsbestimmungen für Exekutionen: die Vollstreckung des Todesurteils gegen ausländische Frauen [soll] im vereinfachten Verfahren wie bei Sowjetrussen und Juden erfolgen AMM

31. Sonderbehandlungen, Gaskammer, Gaswagen, Vergasungsanstalt Hartheim, Tarnnamen, Einäscherungen

In der internen Korrespondenz der nationalsozialistischen Polizeibehörden, des RSHA, WVHA, des Oberkommandos der Deutschen Wehrmacht und der Ärzte des „Rassenforschungs-Amtes" wurde jede Art von Mord an Häftlingen oder *„lebensunwerten Lebens"* als „Sonderaufgabe" oder „Sondereinsatz" definiert. Diese mehrfach von beamteten Schreibtischtätern benutzten verschlüsselten Tarnbegriffe sind in allen Konzentrationslagern zur bewussten Irreführung der Häftlinge und der Öffentlichkeit angewendet worden. Im Konzentrationslager Mauthausen wurden alle Hinrichtungsstätten (Galgen, Erschießungsstätten, Gaskammer), Krematorien und auch Bordelle „Sonderbauten" genannt. Der Vergasungswagen hieß „Sonderwagen" oder „S-Wagen". Den vielen Besuchern, die das Konzentrationslager besichtigten, durften die Sonderbauten nur dann gezeigt werden, wenn eine Sonderbewilligung des RFSS oder des RSHA vorlag. Die Transporte in die Vergasungsanstalt Hartheim erhielten folgende Tarnbezeichnungen: „Sanatorium Dachau", „Heil- und Pflegeanstalt Ybbs a. d. Donau", „Genesungslager", „Erholungsheim", „Erholungslager" und „Sanatorium Bad Ischl".

Die Gaskammer wurde im offiziellen Schriftverkehr als „Desinfektions-Anstalt" getarnt, der Leiter einer Vergasungsaktion „Desinfektor", und die in der Gaskammer Getöteten erlitten den „Gnadentod" oder sie sind „sonderbehandelt" respektive „desinfiziert" und im Gaswagen „verarbeitet" worden. Ochsenziemer, Lederpeitsche oder Gummischläuche hießen in der Lagersprache „Dolmetscher", eine tischähnliche Vorrichtung, die bei der Verabreichung von Prügelstrafen Verwendung fand, wurde „Bock" genannt.

Häftlinge, deren Rückkehr aus dem KLM der einweisenden Behörde aus irgendeinem Grunde unerwünscht war, erhielten von der GESTAPO in ihren Einweisungsakten den Vermerk „RU", was „Rückkehr unerwünscht" bedeutete. Gewisse Häftlinge der GESTAPO, jedoch auch Kriegsgefangene der Deutschen Wehrmacht, die im Auftrag der einweisenden Behörde erschossen werden sollten, wurden in der „Aktion K" erfasst.

„K" bedeutete „Kugel".[1]

Im Sommer und Herbst der Jahre 1941 und 1942 gab man oftmals Kranken und Körperschwachen Blechgefäße und forderte sie auf, am Rande der großen Postenkette (entweder auf dem Gelände des Krankenlagerbaues oder oberhalb der Steinbruchstiege) Himbeeren zu pflücken. Alle Häftlinge solcher „Himbeerpflücker-Kommandos" wurden wegen *„Überschreitung der Postenkette auf der Flucht"* erschossen. Offiziell hieß es, sie seien eines natürlichen Todes gestorben. Tötungen mittels Herzinjektionen, die gewöhnlich in der Früh von SS-Ärzten durchgeführt wurden, nannten die SS-Ärzte *„Frühsport"*.

Hunderte und Aberhunderte arbeitsunfähig gewordene Häftlinge in Mauthausen und Gusen sind ins „Bad" geführt worden, wo ihre Körper unter der Brause bis zu 30 Minuten lang

[1] Archiv M.M.: S 1/3, Erlass des Oberkommandos der Wehrmacht vom 4.3.1944: Aktion Kugel. Es gab einen „Kugel"-Erlass der GESTAPO und einen der Deutschen Wehrmacht.

dem kalten Wasserstrahl ausgesetzt wurden. Wer nicht sofort infolge Unterkühlung einem Herzschlag erlag, verstarb in den darauf folgenden Tagen an Lungenentzündung. Die „Brause“ oder das „Bad“ waren getarnte Mordstätten der SS. Marterwerkzeuge in der Form von Metallstäben (mit oder ohne Schrauben-Vorrichtung), die Fingerknochen zerbrachen, nannte die SS *„Tibetanische Gebetsmühle“*.

Bis Ende 1942 wurden fast alle als „Sonderbehandlung“ bezeichneten Hinrichtungen durch ein Exekutionskommando der SS auf der vis-à-vis der Baracke 20 befindlichen Hinrichtungsstätte vollzogen. Später wurden die Exekutionen in der „Genickschussecke“ durchgeführt. Diese Ecke befand sich im Raum zwischen der Gaskammer und dem Leichen-Kühlraum des Krematoriums.[2] Die Genickschussecke war in ihrem oberen Teil mit einem aus

---

[2] Archiv MM, P 16/8 und Eichmann-Ordner Nr. 396: Am 6.1.1943 hat RFSS Himmler im Geheim-Erlass betreffend „Sonderbehandlungsfälle“ u. a. angeordnet:
„(…) III. Durchführung der Exekutionen.
Die Exekutionen erfolgen bei deutschen Häftlingen in der Regel im KL, und zwar grundsätzlich im Lager, das dem Haftort des Delinquenten am nächsten liegt. Bei ausländischen Häftlingen werden sie aus Abschreckungsgründen auch in der Nähe des Tatortes vorgenommen.
A. Exekutionen im Lager.
a) Der Exekution haben beizuwohnen: Der Lagerkommandant oder ein von ihm beauftragter SS-Führer, der Lagerarzt.
b) Die Erschießungen erfolgen an einer besonders bestimmten Stelle des Lagers, und zwar im Abstand von etwa 2 Meter von dem Kugelfang. Der Delinquent ist zu befragen, ob er mit dem Gesicht oder dem Rücken gegen die Wand stehen will.
Die Erschießung wird unter dem Befehl eines SS-Untersturmführers oder SS-O.-Scharführers von mindestens 6 SS-Männern ausgeführt, die etwa 5 Schritte von dem Verurteilten entfernt aufzustellen sind.
c) Erhängungen sind durch einen Schutzhäftling durchzuführen. Sie haben so zu erfolgen, daß ein Versagen der mechanischen Einrichtungen ausgeschlossen ist. Der Schutzhäftling erhält für den Vollzug 3 Zigaretten.
d) Kurz vor der Exekution ist dem Delinquenten in Gegenwart der beteiligten SS-Männer vom Lagerkommandanten bzw. dessen beauftragten SS-Führer zu eröffnen, daß er exekutiert wird. Die Bekanntgabe hat etwa in folgender Form zu erfolgen:
‚Der Deliquent hat das und das getan und damit wegen seines Verbrechens sein Leben verwirkt. Zum Schutz von Volk und Reich ist er vom Lehen zum Tode zu befördern. Das Urteil werde vollstreckt.‘
e) Dem Delinquenten sind vertretbare Wünsche möglichst zu erfüllen.
f) Lichtbilder und Filme dürfen von der Durchführung der Exekution nicht aufgenommen werden. Ausnahmen bedürfen meiner besonderen Genehmigung.
g) Nach der Exekution bestätigt der Lagerarzt schriftlich den eingetretenen Tod (mit Zeitangabe). Dem Reichssicherheitshauptmann – Amt IV – ist sofort fernschriftlich kurze Vollzugsmeldung zu erstatten. Eine Übermittlung des Exekutionsprotokolls oder der Todesbescheinigung ist in Zukunft nicht mehr erforderlich. Diese sind bei der exekutierenden Stelle aufzubewahren.
h) Nach jeder Exekution sind die daran beteiligten SS-Männer bzw. Beamten durch den Lagerkommandanten oder den von ihm beauftragten SS-Führer über die Rechtmäßigkeit der Exekution aufzuklären und in ihrer inneren Haltung so zu beeinflussen, daß sie keinen Schaden nehmen. Hierbei ist die Notwendigkeit der Ausmerzung aller solchen Elemente im Interesse der Volksgemeinschaft besonders hervorzuheben. Die Aufklärung ist in wirklich kameradschaftlicher Weise vorzunehmen. Sie kann von Zeit zu Zeit in Form eines kameradschaftlichen Beisammenseins erfolgen (…)
IV. Weitere Maßnahmen
(…) c) Ist der Exekutierte ein Deutscher, hat sich die Staatspolizei – bzw. Kriminalpolizeileitstelle erforderlichenfalls sofort mit den zuständigen Stellen der NSV, Frauenschaft usw. zum Zwecke der Betreuung der Hinterbliebenen in Verbindung zu setzen.
V. Presseveröffentlichungen.
Presseveröffentlichungen finden in der Regel nicht statt. In besonderen Fällen ist ein entsprechender Antrag zugleich mit dem Sonderbehandlungsvorschlag einzureichen.
VI. Geltungsbereich.
Die vorstehenden Bestimmungen gelten für das gesamte Reichsgebiet und das Protektorat sowie für das

Brettern bestehenden Kugelfang versehen. Dort stand auch eine scheinbare Messplatte mit langem Schlitz, die mit einem schwarzen Tuch verhüllt war – aussehend wie ein großer Fotoapparat – sodass der in den Raum geführte Häftling der Ansicht sein konnte, er werde gemessen oder fotografiert. Die anwesenden SS-ler hatten des Öfteren durch ihr Reden den Vorgang des Messens vorgetäuscht.

Bei den Erschießungen wurden Kleinkalibergewehre, nur selten Pistolen, benutzt. Unmittelbar nach einer solchen Erschießung wurde die Türe zum Leichenkühlraum aufgerissen. Die dahinter wartenden Häftlinge des Krematoriums-Kommandos mussten die Leichen schnellstens in den Leichenkühlraum transportieren und die zurückgebliebenen Blutspuren beseitigen. Danach wurde die Tür der Leichenkammer geschlossen und das nächste Opfer in den Raum geführt. Das Heranführen des Häftlings, dessen Erschießung und der Abtransport der Leiche dauerten durchschnittlich zwei Minuten. In einer Stunde wurden in der Genickschussecke bis zu 30 Personen getötet. Im gleichen Raum wurden die Erhängungen an einer Traverse vollzogen. Das Opfer musste einen zusammenklappbaren Tisch besteigen, es wurde ihm eine Schlinge um den Hals gelegt, und dann betätigte einer der SS-ler die mechanische Vorrichtung des Klapptisches. Wiederergriffene geflüchtete Häftlinge wurden bis zum Winter 1942/43 am Appellplatz des Hauptlagers oder in Gusen beim Krematorium auf einem von Häftlingen errichteten Holzgalgen erhängt.[3]

Im Herbst 1941 wurde im Keller des erst im Sommer 1944 fertig gestellten Rohbaues des neuen Krankenreviers mit dem Bau einer Gaskammer begonnen. Im westlichen Teil des Kellers, in unmittelbarer Nähe der Verbrennungsöfen des Krematoriums, wurde die fensterlose Gaskammer errichtet. Daneben befand sich die so genannte Gaszelle. In diesem kleinen Nebenraum stand ein Tisch, und an jener Wand, die diesen Kleinraum von der Gaskammer trennte, gab es ein mit einem Deckel versehenes, aus Stahlblech hergestelltes Gas-Einfüllgerät. Von diesem viereckigen Behälter führte ein Eisenrohr durch die Wand in die Gaskammer. Vor jeder Vergasung wurde über Veranlassung des Leiters der Mordaktion ein Ziegelstein in einem der Verbrennungsöfen stark erhitzt. Dann wurde von der Apotheke in Dosen verpacktes Zyklon-B-Gas angefordert. Entweder der SS-Apotheker oder der Capo des Apotheker-Kommandos überbrachte das angeforderte Giftgas und übergab die Dosen in der Gaszelle dem Leiter des Vergasungs-Vorganges.

Das Zyklon-B-Gas ist ein Blausäurepräparat (für Ungezieferbekämpfung verwendet) und wurde von den Betrieben der Firma DEGESCH (Deutsche Gesellschaft für Schädlingsbekämpfung) hergestellt und ins KLM von der Firma Heerdt-Lingler, Frankfurt, geliefert. Für das KLM wurde das Blausäurepräparat u. a. auch von der „Aktiengesellschaft für Verarbeitung von Kalilaugen", Kolin (damals Reichsprotektorat Böhmen und Mähren), hergestellt. Zyklon-B hat die Gestalt von Siliziumerdbrocken in kleiner Bohnengröße. Diese Brocken

Elsaß, Lothringen und Luxemburg, von den übrigen Dienststellen sind die Bestimmungen nur insoweit anzuwenden, als es die besonderen örtlichen Verhältnisse zulassen. Der jeweils verantwortliche SS-Führer hat jedoch dafür zu sorgen, daß bei aller notwendigen Härte keinerlei Brutalitäten vorkommen."

[3] Archiv M.M.: V 3/20 und V 3/29, Häftlingsaussagen.

sind mit einem Präparat getränkt; unter der Einwirkung von Feuchtigkeit und erhöhter Temperatur strömt Zyanwasserstoff aus. Es ist eines der am schnellsten wirkenden Gifte. Beim Einatmen desselben tritt infolge inneren Erstickens der Tod ein. Dieser Prozess ist von Lähmungserscheinungen des Atemzentrums, Angst- und Schwindelgefühl sowie Erbrechen begleitet.[4]

Die Gaskammer hatte zwei hermetisch abzuschließende Türen, die mit einem Guckloch versehen waren. Die zum Teil gekachelte Gaskammer – 3,70 Meter lang und 3,50 Meter breit – war als Duschbad getarnt. Sie war mit einer benutzbaren Brauseanlage mit 16 Rosetten versehen. An einer Wandseite, oberhalb der Fliesen, befand sich ein Heizkörper, weiters waren eine Beleuchtung, in einer der Plafonddecken eine elektrische Ventilation und ein zirka ein Meter langes emailliertes Rohr vorhanden. Dieses Rohr hatte auf der Wandseite, nicht sichtbar, eine einen halben Zentimeter breite und 80 Zentimeter lange Schlitzöffnung und war mit dem in der Gaszelle befindlichen Gaseinfüllgerät verbunden.[5] Alle Schalter – für Licht, Wasserzufuhr und Ventilator – befanden sich außerhalb der Gaskammer. Auf einer Schaufel wurde der heiße Ziegelstein herangebracht und auf den Boden des Gaseinfüllgerätes gelegt. Nun schüttete der mit einer Gasmaske versehene SS-Mann aus der Dose das Zyklon-B-Gift auf den Ziegelstein. Sofort wurde der Behälter mit dem abgedichteten Deckel versehen und mittels zweier vorhandener Flügelschrauben luftdicht verschlossen. Die aufsteigende Wärme des erhitzten Ziegelsteines bewirkte die schnelle Entbindung des Giftes.

Die Vergasungen leitete vor allem der Kommandoführer des Krematoriums SS-Hauptscharführer Martin Roth. Jedoch auch andere SS-Führer, wie z. B. der Apotheker SS-Hauptsturmführer Dr. Erich Wassitzky und der Standortarzt SS-Sturmbannführer Dr. Eduard Krebsbach, leiteten solche Mordaktionen und bedienten das Gaseinfüllgerät.[6] Auch der Kommandoführer des Lagergefängnisses SS-Oberscharführer Josef Niedermayer soll Vergasungen durchgeführt haben.

Die Opfer der Gaskammer (Ausnahmen: sowjetische Kriegsgefangene im Jahre 1942 und kranke Häftlinge in der Zeit vom 22. bis 25.4.1945) kamen stets vom Lagergefängnis. Sie gingen über den Gefängnishof, über die Stufen in den so genannten Auskleideraum. In diesem befanden sich entlang der Wände mehrere Kleiderhaken. Hier mussten sich die Gefangenen entkleiden, sodann wurden sie von einem SS-Arzt, selten von einem SS-Sanitätsdienstgrad „untersucht“.

---

[4] Archiv M.M.: M 9/1, 3, 5, 7 u. 8, verschiedene Schreiben der Firma Heerdt-Lingler; Angaben des Krematoriums-Häftlings Johann Kanduth.

[5] Laut Angaben des ehem. Häftlings Otto Wahl gegenüber dem Verfasser (am 9.2.1990 in Marienbad) wurden die technischen Einrichtungen der Gaskammer von der lagereigenen Spenglerei und Schlosserei hergestellt. Die Montage in der Gaskammer soll der Schlosserei-Capo Andreas Fichtenkam aus Ludwigshafen durchgeführt haben. Wahl war seit dem Winter 1939/40 bis März 1945 als Autogenschweißer in der Schlosserei eingesetzt.

[6] Archiv M.M.: P 13/8, persönliche Angaben des Häftlings Johann Kanduth. Kassettenaufnahme vom 26.1.1982.

Grundriss der Gaskammer im Konzentrationslager Mauthausen

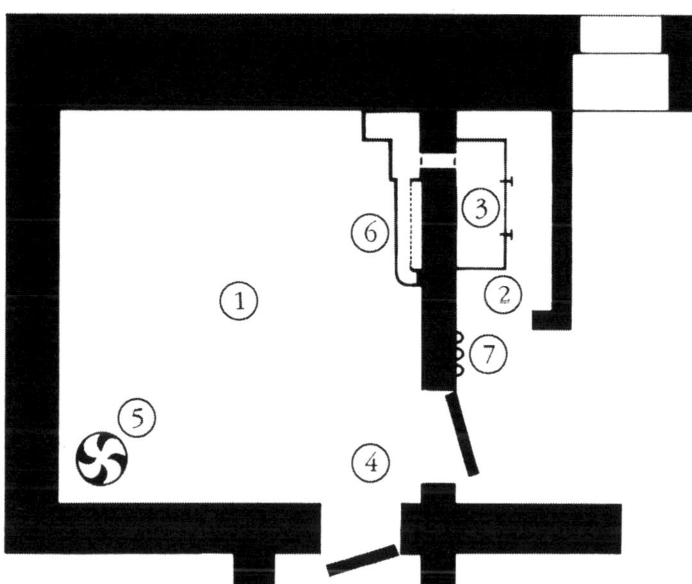

(1) Gaskammer
(2) Gaszelle
(3) Gas-Einfüllgerät
(4) Hermetisch abschließende Türen
(5) Elektrische Ventilatoren
(6) Emailliertes Rohr
(7) Schalter (Licht, Wasser, Ventilation)

Diese Untersuchung bestand darin, dass der SS-ler, stets in weißem Ärztemantel, den Opfern eine Holzspachtel in den Mund steckte, um festzustellen, ob Goldzähne vorhanden seien. Wenn Gold wahrgenommen wurde, erhielt der betreffende Gefangene mit einem Farbstift ein Kreuz auf den Rücken oder oberhalb der Brust. Erst danach wurde er zu der „Duschanlage“ geleitet. Den in der Gaszelle befindlichen und mit einer Gasmaske versehenen SS-Angehörigen konnten die Opfer nicht sehen.

Die Anleitung zum Marsch vom Lagergefängnis über den Gefangenenhof in den Auskleideraum, das Begleiten zur Gaskammer erfolgte fast immer von einem SS-Angehörigen des Lagergefängnisses.

Gelangten die Häftlinge in die als Duschbad getarnte Gaskammer, wurde die Eingangstüre eiligst geschlossen. Nun schüttete der in der Gaszelle wartende Leiter der Vergasungsaktion Zyklon-B-Gas in das Gaseinfüllgerät und verschloss es. Nach etwa 15 bis 20 Minuten des Einströmens von Gas in die Gaskammer überzeugte sich der Leiter der Aktion oder evtl. auch der anwesende SS-Arzt mit einem Blick durch das Guckloch, ob bei einem der Opfer noch Lebenszeichen festgestellt werden konnten. Waren nach Ansicht des Betrachters alle

Insassen tot, wurde der Ventilator eingeschaltet, der das Gas nach draußen beförderte. Die Entsaugung dauerte zirka 30 Minuten. Anschließend wurde eine Tür geöffnet, um festzustellen, ob der Raum schon gasfrei sei. Der mit aufgesetzter Gasmaske versehene Vergasungsleiter hielt vorsichtig einen präparierten Papierstreifen hinein. Verfärbte sich der Streifen, wurde die Türe sofort wieder geschlossen und der Ventilator weiter in Betrieb genommen. Erst wenn der Raum gasfrei war, wurden beide Türen geöffnet und die Leichen von Häftlingen des Krematoriums-Kommandos in den Leichenkühlraum gebracht. Dann wurde die durch Kot, Erbrochenes und Blut verschmutzte Gaskammer gereinigt.
30 bis 80 Personen sind jeweils gleichzeitig in dieser kleinen Gaskammer erstickt worden. Der gesamte Vorgang solcher Mordaktionen – das Heranführen der Opfer, die Entkleidung, die „ärztliche Untersuchung", der Todeskampf der Erstickenden, die Entlüftung, der Leichenabtransport sowie die Reinigung der Gaskammer – dauerte zwei bis drei Stunden! Die am 24.10.1942 erfolgte Vergasung von 128 Frauen und 132 Männern – es waren Tschechen – die in Gruppen von etwa 30 Personen erfolgte, dauerte laut Aussage des SS-Hauptscharführers Martin Roth und anderer Zeugen, über 24 Stunden...[7]
Die im Auskleideraum hinterlegten Kleidungs- und Wäschestücke sind von Häftlingen eines Trägerkommandos in die Desinfektion oder in die Wäscherei verfrachtet worden.
Der genaue Zeitpunkt, wann die Mauthausener Gaskammer fertig gestellt wurde und wann die ersten Tötungen mittels Zyklon-B-Gas erfolgten, kann nicht genau fixiert werden. Die einen behaupten im März 1942, die anderen im Mai 1942. Jedoch keiner der SS-Führer, die nach 1945 vor Untersuchungsrichtern oder vor alliierten, deutschen oder österreichischen Gerichten ausgesagt haben, versuchten, die Existenz der Mauthausener Gaskammer und den Einsatz des Gaswagens sowie die Vergasungstransporte nach Hartheim zu leugnen.
Auch der 2. Schutzhaftlagerführer Hans Altfuldisch, Mai 1946 vor dem US- Militärtribunal in Dachau, oder der 3. Schutzhaftlagerführer Anton Streitwieser, Juli 1963 vor dem Kölner Landesgericht, der Leiter der Politischen Abteilung Karl Schulze, ebenfalls im Juli 1963 vor dem Kölner Landesgericht, oder sein Stellvertreter, Werner Fassl, bei der Hauptverhandlung im Landesgericht Hagen, der Leiter des Lagergefängnisses Josef Niedermayer, Mai 1946 vor dem US-Militärtribunal in Dachau, der Arbeitskommandoführer Andreas Trumm vor dem gleichen US-Militärgericht in Dachau, der 1. Schreiber der Schutzhaftlagerkanzlei SS-Hauptscharführer Hans Haider am 5.11.1962 vor dem Landesgericht Köln – sie alle bestätigten die Existenz der Gaskammer im KLM. Weiters gab der SS-Angehörige des Kommandanturstabes, SS-Unterscharführer Alois Höllriegel, am 7.11.1945 vor dem Untersuchungsrichter des US-Militärtribunals in Dachau an, dass in Begleitung von Ziereis und Schulze der SS-Obergruppenführer Dr. Kaltenbrunner und der Gauleiter Eigruber die Gaskammer besichtigten und sogar anwesend waren, als Häftlinge in der Gaskammer ermordet wurden. Der Lagerkommandant, SS-Standartenführer Franz Ziereis, gab anlässlich seiner Befragung am 24.5.1945 dem Verfasser gegenüber bezüglich der Mauthausener Gaskammer Folgendes an:

[7] Massentötungen durch Giftgas: S.249.

„Im Lager Mauthausen wurde auf Anordnung des SS-Standortarztes Dr. Krebsbach eine Vergasungsanstalt gebaut, die als Baderaum getarnt war. In diesem getarnten Raum wurden Häftlinge mit Zyklon-B (Blausäuregas) vergast (...)“

Der SS-Standortarzt Dr. Eduard Krebsbach, über dessen Initiative laut Ziereis die Mauthausener Gaskammer errichtet wurde, begründete während eines Kreuzverhöres bei der Hauptverhandlung vor dem US-Militärtribunal sein Verhalten wie folgt:

„Bei meinem Dienstantritt erhielt ich vom Chef des Amtes III D den Befehl, alle Arbeitsunfähigen und hoffnungslos Kranken zu töten, bzw. töten zu lassen (...) Soweit es sich um hoffnungslos Kranke und absolut Arbeitsunfähige handelte, wurden sie überwiegend vergast. Einzelne wurden auch durch Benzin-Injektionen getötet (...)“

Alle hier angeführten SS-Angehörigen, Führer oder Unterführer, des Mauthausener Kommandanturstabes haben ausführlich entweder vor dem Untersuchungsrichter oder bei Hauptverhandlungen über die Massenmorde in der Mauthausener Gaskammer berichtet. Sie bemühten sich lediglich, die Zahl der Opfer zu verringern, oder ihre Beteiligung an den Vergasungen als „Befehlsnotstand“ darzustellen.[8]

Ergänzt wurden die Angaben über die Tötungen in der Gaskammer von ehemaligen Häftlingen, die seit dem Frühjahr 1940 im Krematorium eingesetzt waren. Sie mussten die Leichen aus der Gaskammer heraustragen. Als „Geheimnisträger“ sollten sie am 2.5.1945 erschossen werden. Im letzten Augenblick konnten sich acht Häftlinge im Keller der Apotheke und im Krankenlager verstecken und retten.[9]

Ausführlich hat sich im Jahre 1970 das bundesdeutsche Gericht in Hagen/Westfalen mit den Vergasungen im KLM befasst, weil dort der ehemalige SS-Hauptscharführer Martin Roth angeklagt war. Roth war seit Mai 1940 bis 2.5.1945 Kommandoführer des Mauthausener Krematoriums. Er gestand, zwischen März 1942 und Ende (28.) April 1945 an der Tötung von 1.692 Personen mittels Zyklon-B-Gas teilgenommen zu haben.[10]

Noch im vorletzten Monat der Existenz des Lagers, im April 1945, wurden mindestens neun Massenvergasungen vollzogen. Namentlich nicht erfasste Häftlinge der GESTAPO(-Leit)-Stellen Wien, Graz, St. Pölten, Brünn, Iglau und Linz wurden unmittelbar nach ihrer Einlieferung in der Gaskammer erstickt. Am 20.4.1945 erteilten der Lagerkommandant Franz Ziereis und der SS-Standortarzt Dr. Waldemar Wolter dem Krankenlagerpersonal den Auftrag, von den offiziell vorhandenen 7.782 Kranken zumindest 3.000 „unheilbare“ und „alte“ Häftlinge im Lager III zu konzentrieren. Dieser Auftrag wurde von Häftlingsfunktionären sabotiert, die Überstellung von etwa 1.500 Kranken ins Lager III konnte jedoch nicht verhindert werden. Von diesen sind vom 22. bis 25.4.1945 650 Häftlinge in der Gaskammer

[8] Archiv M.M.: P 19/7 und 11, Teile von stenographischen Aufzeichnungen der Beschuldigtenaussagen im 1. Prozess gegen die Mauthausener SS-Angehörigen; V 4/258. Massentötungen durch Giftgas: S.245ff; Choumoff: S.380. Archiv M.M.: H 9/3, Angaben des Ing. Ernst Martin, Häftlingsschreiber beim SS-Standortarzt.

[9] Siehe Kapitel 38: Die Apriltage 1945

[10] StA Hagen: AZ, II Ks 1/70, Urteil vom 24.7.1970. Roth wurde zu 14 Jahren Haft verurteilt und nach sieben Jahren Inhaftierung begnadigt. Choumoff: S.371ff.

ermordet worden. Nach der Ermordung dieser Kranken fand die letzte Vergasung in einem nationalsozialistischen Konzentrationslager in Mauthausen statt: Am 28.4.1945 sind über Auftrag des Gauleiters und Reichsverteidigungskommissars, Eigruber, 33 Österreicher, fünf Polen, vier Kroaten und ein Österreicher mit englischer Staatsbürgerschaft in der Gaskammer ermordet worden. Am 29.4.1945 wurden die technischen Einrichtungen der Gaskammer (Gaseinfüll-Stutzen, Gasleitungsrohr und der Ventilator) beseitigt. Die dadurch entstandene Beschädigung der Wandverkleidung wurde durch das Einsetzen neuer Fliesen repariert. Diese neu eingesetzten Fliesen sind noch heute deutlich wahrnehmbar.

Wie viele Menschen tatsächlich in der Mauthausener Gaskammer getötet wurden, konnte bisher nicht genau ermittelt werden. Laut den im Archiv des Museums Mauthausen aufliegenden Kopien von Originalmeldungen an das Reichssicherheits-Hauptamt, das Wirtschaftsverwaltungs-Hauptamt und an die Wehrmachts- Auskunftsstelle über Massenhinrichtungen, weiters auf Grund von Aussagen ehemaliger SS-Angehöriger vor der Polizei und vor den Gerichten ist anzunehmen, dass 4.000 bis 5.000 Frauen und Männer in der Mauthausener Gaskammer ermordet worden sind. Allein im April 1945 wurden darin 1.200 bis 1.400 Frauen und Männer getötet.[11]

Nach der im Spätherbst 1944 erfolgten Zerstörung der Gaskammer-Anlagen im Konzentrationslager Auschwitz II (Birkenau) plante das RSHA in der Nähe von Mauthausen bei Altaist-Harteil eine Großvernichtungsanlage mit Gleisanschluss zu erbauen. Zu diesem Zweck mussten die Häftlinge des Mauthausener Baubüros Franz Kord, Geometer (tschechischer Häftling Nr. 5.540), Alfred Grabiak (Pole, Häftlings-Nr. 108) und Ignaz Pukl (Jugoslawe, Häftlings-Nr. 12.420) im Jänner 1945 entsprechende Vermessungsarbeiten durchführen. Auch Teile der demontierten Auschwitzer Gaskammer-Entlüftungsanlagen wurden nach Mauthausen transportiert. Zu einer Bautätigkeit kam es nicht.[12]

Nachstehend eine unvollständige Aufstellung von Massentötungen durch Giftgas in der Mauthausener Gaskammer. Hier scheinen nur jene Vergasungsvorgänge auf, die in den Aussagen von Mauthausener SS-Führern vor Gericht, von den Häftlingen des Krematoriums-Kommandos und infolge schriftlicher Meldungen ermittelt werden konnten. Die in der Aufstellung aufscheinenden unterschiedlichen Opferzahlen ergeben sich aus der Tatsache, dass die Lagerkommandantur verpflichtet war, den Vollzug ihrer Mordaktionen immer nur den für die getöteten Menschen zuständigen Behörden bzw. Stellen zu melden. Der Tod der SU-Kriegsgefangenen musste lediglich der Wehrmachts-Auskunftsstelle, die Vergasung von GESTAPO-Gefangenen der zuständigen GESTAPO-Leitstelle und dem RSHA, die Hinrichtung eines im KLM registrierten Häftlings dem WVHA und dem RSHA schriftlich berichtet werden. Deshalb gab es manches Mal über den Vollzug einer Massentötung an zwei verschiedene Dienststellen unterschiedliche Zahlen der Opfer.[13]

---

[11] Archiv M.M.: M 5/1 bis 5/15. Massentötungen durch Giftgas: S.245ff. Choumoff: S.368ff

[12] Mauthausen: S.38ff.

[13] Archiv M.M.: P 13/9, V 3/30, V 3/49 und V 3/61; Aussagen von J. Kanduth, Wilhelm Ornstein und Dr. Vratislav Busek. Choumoff: S.375

09.05.1942	208 Sowjetische Kriegsgefangene
17.08.1942	56 Sowjetbürger und 5 Polen
24.10 1942	260 Tschechen, darunter 128 Frauen
26.01.1943	31 Tschechen, darunter 15 Frauen und 1 Sowjetbürger
17.04.1943	59 Sowjetbürger[14] und 5 Polen
19.11.1943	38 Sowjetbürger
25.09.1944	124 Sowjetbürger
14.10.1944	40 Sowjetbürger, 2 Polen, 1 Tscheche und 2 DR-Schutzhäftlinge
21.11.1944	47 Sowjetbürger und 2 Polen
29.12.1944	39 Sowjetbürger, 3 Italiener, 3 Franzosen und 1 Pole
19.02.1945	62 Häftlinge, Nationalität unbekannt
23.02.1945	Vermutlich 68 Häftlinge mit unbekannter Nationalität
23. und 27.03.1945	68 Männer, Nationalität unbekannt und 8 tschechische Frauen
10.04.1945	214 tschechische Frauen und Männer
17.04.1945	etwa 250 Frauen und Männer, in ihrer Mehrzahl Österreicher (Wiener GESTAPO-Häftlinge)
21.04.1945	67 Häftlinge, darunter 15 Österreicher
22.04.1945	159 körperschwache Häftlinge verschiedener Nationalität
23.04.1945	136 Körperschwache verschiedener Nationalität
24.04.1945	239 Körperschwache verschiedener Nationalität und 9 unbekannte Häftlinge
25.04.1945	116 Körperschwache verschiedener Nationalität
27.04.1945	16 Österreicher, 13 Sowjetbürger, 5 Polen, 5 Jugoslawen, 1 Deutscher und noch andere nicht registrierte Häftlinge
28.04.1945	Die letzte Vergasung: 33 Österreicher, 5 Polen, 4 Kroaten und 1 Österreicher mit englischer Staatsbürgerschaft

Die Mauthausener Todesfabrik verfügte über eine weitere „technische“ Einrichtung für die „Sonderbehandlungen“: den Gaswagen. Angeblich über Veranlassung des SS-Apothekers Dr. Erich Wassitzky wurde in der Lagerschlosserei im Herbst 1941 ein Lastkraftwagen zur Vergasung von Häftlingen umgerüstet.[15] Es war ein grüner Kastenwagen mit einem Seiteneingang für die Opfer.[16] Ab dem Frühjahr 1942 wurde ein vom RSHA gelieferter Gaswagen eingesetzt. Der Vergasungswagen hieß in der SS-Terminologie „Sonderwagen“, die spanischen Häftlinge nannten den als Lastwagen mit einem hermetisch abgeschlossenen Kasten-Aufbau getarnten Gaswagen „Phantomas“, die slawischen Gefangenen „Duschegubka“.

[14] Die als russische Schutzhäftlinge registrierten 59 Gefangenen, in Uniformen der Roten Armee gekleidet, wurden noch mehrere Stunden vor ihrem Tode in der Gaskammer, tanzend und Balalaika spielend, in der festlich geschmückten Stube A des Blockes 2 gefilmt (der Verfasser war Zeuge der Filmaufnahmen).

[15] Laut Otto Wahl (Brief vom 23.2.1990 an den Verfasser) sind die Vergasungsgeräte für den Kastenwagen in der Spenglerei des Lagers und nicht in der Schlosserei entweder Ende 1941 oder Anfang 1942 hergestellt worden.

[16] Mauthausen-Gusen: S.342. Archiv M.M.: V 3/8, Angaben des Krankenlagerschreibers Frantisek Poprawka. Angaben des J. Kanduth (Kassettenaufnahme, 26.1.1982).

Laut zahlreichen Gerichtsaussagen von SS-Angehörigen der Kommandantur, des Krematoriums, der Politischen Abteilung und von zeugenschaftlichen Berichten ehemaliger Häftlinge des Krematoriums in Gusen und in Mauthausen sowie des Mauthausener Sonderreviers und des Gusener Krankenlagers und schließlich der Häftlingsfunktionäre des Mauthausener „Kriegsgefangenenlagers" wurde der Vergasungswagen mit einem Fassungsraum für etwa 30 Personen vom Herbst 1941 bis zum Sommer oder Herbst 1942 eingesetzt. Es gibt Häftlingsberichte und Aussagen von SS-Angehörigen, wonach der Gaswagen noch im Jahre 1943 eingesetzt wurde.

Diese Lastkraftwagen fuhren auf der fünf Kilometer langen Strecke vom Hauptlager über die Ortschaft Langenstein in das Nebenlager Gusen und zurück. Während solcher Fahrten wurden arbeitsunfähig gewordene, körperschwache oder kranke Häftlinge, die im SS-Sprachgebrauch „Kretiner", „Muselmänner" oder auch „Simulanten" genannt wurden, durch Giftgas ermordet. Im Prozess gegen den ehemaligen sudetendeutschen politischen Häftling und vom Oktober 1941 bis etwa im Juni 1942 im Mauthausener „Kriegsgefangenenlager" (Baracken 16 bis 19) eingesetzten Kriegsgefangenenlager-Ältesten Josef Schöps[17] in Kempten, BRD (1960), wurden der Einsatz des Vergasungswagens, die Auswahl der Opfer und der Zeitpunkt genau geschildert. Der Lagerkommandant Ziereis hat bei seiner Befragung am 24.5.1945 im US-Hospital in Gusen bezüglich des Vergasungswagens wörtlich Folgendes angegeben:

> *„(...) Außerdem kursierte vom Lager Mauthausen nach Gusen ein spezielles Auto, in dem während der Fahrt Häftlinge vergast worden sind. – Das Auto wurde von dem seinerzeitigen Leiter der SS-Apotheke und späteren Lagerarzt des Frauenkonzentrationslagers Ravensbrück, SS-Hauptsturmführer Dr. Wassitzky, in Auftrag gegeben. – Ich selber habe nie Gas in das Auto eingelassen. – Ich selber habe nur das Auto auf der Strecke Mauthausen nach Gusen geführt. Ich habe aber gewußt, daß die Häftlinge auf der Fahrt vergast werden. Das Vergasen der Häftlinge geschah auf Anordnung des SS-Standortarztes Dr. Krebsbach, der sich meines Wissens jetzt in Kassel befindet (...)"*[18]

Ab Herbst 1941 bis Mai oder sogar bis Juli 1942 sind Nichtarbeitsfähige und Kranke von den Sonderrevierbaracken 19 und 20 für die Ermordung im Gaswagen bestimmt worden. Die ersten Opfer des Gaswagens waren sowjetische Kriegsgefangene. Es ist unklar, ob es sich bei den Kriegsgefangenen um nicht erfasste oder um namentlich und in den Lagerstatistiken zahlenmäßig erfasste Gefangene handelte.

Laut einer Weisung des RSHA sollten alle ins KLM überstellten sowjetischen Kriegsgefangenen

[17] StA Kempten: AZ Ks 4/59 (Ks 2/60), Urteil vom 8.7.1960, Freispruch für Schöps. Massentötungen durch Giftgas: S.251f. Choumoff: S.400ff. – Josef Schöps, geb. am 25.11.1909, DR-Schutz, Nr. 1.358, wurde laut eigenen Angaben gegenüber dem Verfasser wegen politischer Betätigung im Mai 1940 in das KLM eingewiesen. Er wurde Lagerältester im Kriegsgefangenenlager und ab November 1943 Lagerältester im Hauptlager. In den Befreiungstagen 1945 und unmittelbar nachher musste sich Schöps vor der Rache der Häftlinge mit Hilfe der tschechischen Häftlinge schützen. Die tschechischen Häftlinge waren es, die ihn aus dem Lagerbereich nach Böhmen schmuggelten.

[18] DÖW 2721.

von SS-Ärzten auf ihre Arbeitsfähigkeit im Steinbruch untersucht werden. Wer für den Steinbruch nicht arbeitsfähig befunden wurde, ist ohne namentliche und zahlenmäßige Erfassung ermordet worden. Vom 20.10. bis 31.12.1941 sind im KLM 3.993 SU-Kriegsgefangene namentlich registriert worden. Davon sind im gleichen Zeitraum 502 SU-Kriegsgefangene „verstorben" gemeldet worden.[19] Im Lager wurde damals davon gesprochen, dass mehrere hundert sowjetische Kriegsgefangene unmittelbar nach ihrer Einlieferung, ohne Registrierung, getötet worden waren. Es blieb unklar, ob die Ermordung mittels Herzinjektionen oder im Vergasungswagen erfolgte.[20]

In Gusen wurden ebenfalls zuerst sowjetische Kriegsgefangene (Baracke 16) und später Kranke (Baracke 32) im Gaswagen ermordet. In Mauthausen waren es unter anderem der SS-Standortarzt Dr. Eduard Krebsbach, in Gusen der dortige Lagerarzt SS-Hauptsturmführer Dr. Hermann Kiesewetter, die die Gefangenen für den Erstickungstod im Gaswagen bestimmten. Im Hauptlager wurde der Gaswagen am Appellplatz in der Nähe des Eingangstores zum Quarantänelager aufgestellt. Die Selektierten bestiegen dort den Todeswagen. Während der langsamen Fahrt über Langenstein nach Gusen wurden sie vermutlich mit Kohlenmonoxydgas erstickt. Beim Gusener Krematorium sind die Leichen von Häftlingen des Krematoriums-Kommandos aus dem Wagen genommen und der Kastenaufbau gereinigt worden. Danach wurde das Fahrzeug vor die Baracke 32 gelenkt. Dort bestiegen weitere Opfer das Auto. Beim Mauthausener Krematorium sind die Leichen von Häftlingen des Mauthausener Krematoriums-Kommandos ausgeladen und der Wagen gereinigt worden. Der Vergasungswagen wurde vorwiegend von SS-Unterscharführer F. Hartl, jedoch auch laut Angaben des Kommandanten Ziereis von diesem selbst, weiters von dem Apotheker Dr. Wassitzky und vom Standortarzt Dr. Krebsbach gelenkt. Aus einem im Bundesarchiv Koblenz (BRD) befindlichen Dokument Zl. R 58/871, ein Schreiben des Leiters der Abteilung 2D des RSHA, SS-Obersturmbannführer Walter Rauff[21] vom 26.3.1942, geht hervor, dass der Mauthausener Standortarzt (damals Dr. Eduard Krebsbach) einen „Sonderwagen" angefordert hatte. Rauff schildert in dem Schreiben die durch Umbauten an diesem Kraftfahrzeug bedingten Einsatzverzögerungen und gibt an, sobald der Umbau vollzogen sei, wäre er *„bereit, dem KLM für eine bestimmte Zeit einen derartigen Sonderwagen zur Verfügung zu stellen"*. In diesem Brief an das Kriminaltechnische Institut, wo Fahrzeuge umgebaut wurden, gibt Rauff im letzten Absatz bekannt:

> *„Da ich annehme, daß das KL Mauthausen nicht unbestimmte Zeit bis zur Verfügungstellung warten kann, bitte ich die Beschaffung von Stahlflaschen mit Kohlenoxyd bzw. anderer Hilfsmittel zur Durchführung von dort aus in die Wege zu leiten."*

[19] Archiv M.M.: H 9/3 und P 10/14.

[20] Angaben des Häftlings Josef Kohl und Ing. Ernst Martin gegenüber dem Verfasser.

[21] Walter Rauff, am 19.6.1906 geboren, SS-Obersturmbannführer im RSHA, SS-Nr. 290.947, NSDAP-Nr. 5.216.115, flüchtete laut eigenen Angaben nach 1945 mit Hilfe vatikanischer Kreise nach Südamerika. Er befand sich zuletzt als „antikommunistischer Experte" des Polizeiapparates beim Diktator Pinochet in Chile. Rauff starb am 17.5.1984.

Dieser Wagen wurde geliefert, was mehrere ehemalige SS-Angehörige und Häftlinge der Kommandanturgarage bestätigten.
Bei den angeführten Stahlflaschen des Kriminaltechnischen Institutes handelte es sich um Behälter in handelsüblicher Ausführung von zirka 40 Liter Rauminhalt, und jede enthielt etwa sechs Kubikmeter Kohlenmonoxydgas. Die hierzu notwendigen Bezugscheine besorgte die „Kanzlei des Führers". Die Stahlflaschen, die äußerlich nicht von Kohlensäure- oder Sauerstoffbehältern zu unterscheiden waren, wurden in dem Werk Ludwigshafen der IG-Farben-AG mit Kohlenmonoxydgas gefüllt.[22]
Wie oft der in Mauthausen konstruierte und der von Rauff zur Verfügung gestellte Gaswagen eingesetzt war und wie viele Gefangene oder nicht registrierte sowjetische Kriegsgefangene in diesen Fahrzeugen ermordet wurden, konnte noch nicht ermittelt werden. Dies deshalb, weil bei den Vergasungsopfern, ob sie in der Mauthausener Gaskammer, im Gaswagen oder in den Gusener Baracken 16 und 32 erstickt worden waren, stets aus Tarnungsgründen irgendeine Krankheit als Todesursache angegeben wurde. Die Ermordung der nicht einsatzfähigen SU-Kriegsgefangenen wurde in keiner Weise schriftlich erfasst. Es gab zeugenschaftliche Angaben über 15, 20, 40 und mehr Einsätze des Vergasungswagens. Dies würde bei den Hin- und Rückfahrten mindestens 900 ermordete Häftlinge ergeben.
Die ab August 1941 eingesetzten Transporte aus den Konzentrationslagern Mauthausen und Gusen mit den irreführenden Tarnbezeichnungen „Invalidentransporte" in das „Lagersanatorium Dachau" oder in ein „Erholungslager", „Erholungsheim" bzw. „Genesungslager" endeten mit einer Ausnahme stets in der Gaskammer des Schlosses Hartheim. Die Ausnahme war ein Invalidentransport mit 767 bereits im Spätsommer 1942 selektierten körperschwachen Häftlingen, die am 8.11.1942 tatsächlich in das Konzentrationslager Dachau überstellt worden sind.
Das alte Renaissance-Schloss Hartheim mit Innenhof-Arkadengängen (Gemeinde Alkoven, BH Eferding, etwa 20 Kilometer westlich von Linz entfernt), wurde im Winter 1939/40 zu „Fürsorgezwecken" in die Verwaltung des Gaues Oberdonau übernommen. Zugleich wurde das Schloss für die vom Führer und Reichskanzler Hitler befohlene, von der „Kanzlei des Führers" geleitete „Euthanasie-Aktion" zur Tötungsanstalt ausgebaut. Ende Oktober 1939 unterzeichnete Hitler mit dem Datum 1.9.1939 (Kriegsbeginn) auf einem privaten Briefbogen eine formlose Ermächtigung, wonach der Reichsleiter Bouhler und der Arzt Dr. Brandt berechtigt seien, „unheilbar Kranken (...) den Gnadentod zu gewähren". Dieser geheime „Führerbefehl" führte zu einer als „Aktion T4" getarnten umfassenden Euthanasieaktion in sechs Anstalten des damaligen deutschen Reichsgebietes.[23] In der internen Korrespondenz erhielten die sechs Tötungsanstalten von der Berliner Zentrale der „Aktion T4" die

[22] Massentötungen durch Giftgas: S.52f.
[23] Die sechs Anstalten: Brandenburg (bei Berlin), Hartheim (bei Linz), Hadamar (bei Frankfurt), Sonnenstein (bei Dresden), Grafeneck (bei Stuttgart) und Bernburg (bei Magdeburg). Insgesamt sollen mindestens 70.273 Menschen in diesen sechs Anstalten von 1940 bis Herbst 1941 getötet worden sein. Zeitgeschichte: NO-426 und NO-253, eidesstattliche Erklärung des Viktor Hermann Brack, ein ehemaliger Stabsleiter und Leiter der Kanzlei des Euthanasie-Leiters Bouhler. Choumoff: S.342.

Großbuchstaben A bis E zur Tarnung. Weiters wurden zur Irreführung der Opfer, deren Angehöriger und der Öffentlichkeit nachstehend angeführte Gesellschaften respektive Anstaltsverwaltungen errichtet:

1) Reichsarbeitsgemeinschaft, Heil- und Pflegeanstalt (RAG)
2) Gemeinnützige Stiftung für Anstaltspflege
3) Gemeinnützige Krankentransport GmbH (Gekrat)
4) Zentralverrechnungsstelle, Heil- und Pflegeanstalten (ab 1944 mit der Postanschrift Linz, Oberdonau, Postschließfach 324)[24]

Die Hartheimer Euthanasie-Anstalt erhielt den Buchstaben „C". 60 bis 80 Personen waren dort mit dem Morden mittels Giftgas beschäftigt.

Die „ärztliche" Leitung, zu der u. a. auch die Dosierung der Giftgas-Zufuhr bei den Vergasungsaktionen gehörte, oblag dem Linzer Arzt Dr. Rudolf Lonauer, einem fanatischen Nationalsozialisten und SS-Führer. Nach seiner Einrückung zur Waffen-SS am 10.9.1943 ist sein Stellvertreter, der deutsche Arzt und SS-Führer Dr. Georg Renno, mit der „ärztlichen" Leitung betraut worden. Alle anderen administrativen Tätigkeiten der Verwaltung, des polizeilichen Meldewesens, des Standesamtes, Krematoriums, Fuhrparks, der Personal-Angelegenheiten usw. leiteten GESTAPO-Beamte: Christian Wirth (späterer Kommandant des Vernichtungslagers Belzec), Franz Stangl (späterer Kommandant der Vernichtungslager Sobibor und Treblinka) und Franz Reichleitner.[25]

Am 2.4.1940 begann im Schloss der Umbau, und vermutlich am 6.6.1940 sind in Hartheim die ersten Menschen mit Kohlenmonoxydgas erstickt worden. Es waren jene Kinder der oberösterreichischen Landesanstalt, die bereits im Sommer 1938 aus dem Schloss in die Linzer Anstalt Niedernhart evakuiert worden waren. Sodann sind bis August/September 1941 aus den Heil- und Pflegeanstalten in Österreich, dem süddeutschen Raum, aus Sachsen, Böhmen und Mähren (damals Reichsprotektorat) und aus Jugoslawien kranke und körperbehinderte Menschen in Hartheim getötet worden.

Am 24.8.1941 wurde die „Aktion T4" vorzeitig eingestellt, da sich trotz aller Bemühungen um Geheimhaltung eine Unmenge von Gerüchten, Annahmen und begründeten Befürchtungen in der Bevölkerung verbreiteten. Man vermutete, dass nach den Geisteskranken nun die arbeitsunfähigen Alten, „Krüppel", Kriegsinvaliden, Blinden, Taubstummen, Bettler, Landstreicher, Insassen von Fürsorgeheimen und Arbeitshäusern – gemäß der nationalsozialistischen Ideologie alles „Ballast-Existenzen" – dem „Gnadentod" in den Gaskammern zugeführt werden würden. Diese Unruhe der Bevölkerung widerspiegelte sich in zahlreichen Protesten von Persönlichkeiten der Kirchen, Behörden, einzelner Juristen und prominenter Privatpersonen. Dies führte dazu, dass Hitler im August 1941 die sofortige Einstellung der „Aktion T4" befahl.[26]

---

[24] Massentötungen durch Giftgas: S.33f.

[25] Aus der Anklageschrift der Staatsanwaltschaft Linz, 20.7.1947, 3 St 466/46 gegen Anna Griesenberger und andere. DÖW: 14.900, Aussage des Vinzenz Nohel, LG Linz Vg 11 Vr 2407/46.

[26] Massentötungen durch Giftgas: S.60.

Es gab dann noch in vielen Heil- und Pflegeanstalten die so genannte „wilde Euthanasie" sowie die bis Kriegsende fortgesetzte Kinder-Euthanasie. Die Organisation „T4" wurde nicht aufgelöst. Einerseits ist das Tötungspersonal in die Vernichtungslager nach Polen, weiters zum Gaswageneinsatz in der Sowjetunion und in Serbien sowie der Organisation Todt zugeführt worden. Andererseits erwarteten die verantwortlichen Leute nach dem Kriegsende die Fortsetzung der Tötungsaktionen. Wie in einem Brief vom 15.1.1944 vermerkt wurde, war der Begleitarzt Hitlers, Prof. Dr. Brandt, an der *„Wiederaufnahme der Arbeit im großen Stil"* nach Kriegsende interessiert. Bis 1945 ist das Personal der „Aktion T4" von der Zentrale in Berlin, Tiergartenstraße 4 (deshalb die Tarnbezeichnung T4), besoldet worden.[27]

Im Herbst 1941 und im Jahre 1942 wurde bis auf eine Ausnahme das Töten in den Gaskammern der sechs Anstalten in beschränktem Umfange fortgesetzt und schließlich eingestellt. Kranke Kinder gewisser Pflegeanstalten sind im Rahmen der „wilden" und der Kinder-Euthanasie mittels Medikamenten und Gift ermordet worden. Viele Kleinkinder ließ man einfach verhungern. Die Ausnahme-Anstalt war das im Machtbereich des Gauleiters A. Eigruber befindliche Schloss Hartheim. Der Grund, weshalb von den sechs Tötungsanstalten gerade die in Hartheim den Tötungsvorgang in der Gaskammer nicht einstellte, konnte bisher nicht ausgeforscht werden. Hartheim hatte damals von den sechs Mordstätten die höchste Zahl der Opfer: 18.269. Beim Personalstand hat sich Hartheim etwas geändert, weil einige „Experten", so z. B. Christian Wirth und Franz Stangl, in die Vergasungslager versetzt wurden. Mehrere „Pfleger" sind auf ihren früheren Arbeitsplatz in die Heil- und Pflegeanstalt Ybbs a. d. Donau rückversetzt worden. Jedoch verblieben die großen Reichsbahn-Autobusse mit den weiß angestrichenen Fenstern und andere Kraftfahrzeuge sowie die Knochenmühle im Schloss. Es wurden neue Vorräte von Stahlflaschen mit Giftgas und große Mengen von Koks für das Krematorium angelegt. Die technischen Einrichtungen der Gaskammer blieben im betriebsfähigen Zustand, weil neue Opfer für den „Gnadentod" eingeplant waren: die in den Konzentrationslagern arbeitsunfähig gewordenen Häftlinge.

Aus Geheimhaltungsgründen bestanden auch für die Todestransporte Tarnbezeichnungen. Hierzu dienten die Aktenzeichen der Dienststellen des Inspekteurs der Konzentrationslager. Mit „14f1" wurden „natürliche Todesfälle", mit „14f2" „Freitod oder Tod durch Unglücksfall" gekennzeichnet, „14f3" bedeutete „Erschießungen auf der Flucht", und mit der Bezeichnung „14f13" begann auf Befehl Himmlers im April 1941 die „Sonderbehandlung der kranken und gebrechlichen Häftlinge". Ärztekommissionen der „Aktion T4" sollten in den Konzentrationslagern die in Frage kommenden Gefangenen ausmustern.[28]

Ob Ärzte einer solchen Kommission in die Konzentrationslager Mauthausen und Gusen kamen, ist dokumentarisch nicht belegt. Vermutlich erschien es überflüssig, die Kommission in ein Konzentrationslager der Stufe III zu entsenden. Die Mauthausener und Gusener Häftlinge erinnern sich, dass bei den im Frühjahr 1941 durchgeführten Selektionen körperschwacher

[27] Massentötungen durch Giftgas: S.54ff.
[28] Massentötungen durch Giftgas: S.66.

Häftlinge für das „Lager-Sanatorium" die Hartheimer Ärzte Lonauer und Renno, weiters die Lagerärzte Krebsbach und Ramsauer, der Lagerkommandant Ziereis und die Lagerführer Bachmayer und Chmielewski mit dem zuständigen Rapport-Arbeitsdienstführer anwesend waren. Jedenfalls besprachen Ziereis und Dr. Lonauer im Frühjahr 1941 den organisatorischen Ablauf der Tötungsaktionen. Ziereis informierte dann die SS-Führer des Kommandanturstabes, die SS-Ärzte und die SS-Führer des Nebenlagers Gusen über die interne administrative Durchführung der Aktion. Mit der Politischen Abteilung wurde vereinbart, dass die Todestage für die Gefangenen gleichmäßig über die in Frage kommenden Zeiträume verteilt und unabhängig vom tatsächlichen Tag der Vergasung in dem lagerinternen Standesamt II verbucht werden sollen. Als Todesort wurde nach außen hin stets das Konzentrationslager Mauthausen oder Gusen und als Todesursache irgendeine Krankheit angegeben. In den Zugangsbüchern der Lagerschreibstube wurden die nach Hartheim transportierten Häftlinge als in ein „Erholungslager" (EL), „Genesungslager" (GL) oder „Sanatorium Dachau" (SD) überstellt geführt.

Die Erfassung der Gusener Invaliden begann am „Tag der Arbeit", am 1.5.1941. An diesem damals arbeitsfreien Tag erteilte der Rapportführer Rudolf Brust dem 1. Lagerschreiber Rudolf Meixner (ein österreichischer BV-Häftling) den Auftrag, alle kranken und arbeitsunfähigen Häftlinge für eine Überführung *„zur Genesung in ein Sanatorium"* zu erfassen. Damals gab es in Gusen etwa 6.000 Häftlinge, vorwiegend Polen und republikanische Spanier. Für Gusen, betonte der Rapportführer, seien im Sanatorium *„2.000 Plätze reserviert"* worden. Sofort leitete Meixner den Auftrag an die Blockschreiber weiter, und diese meldeten noch am gleichen Tage schriftlich 2.200 Namen von kranken und körperschwachen spanischen und polnischen Häftlingen, die sich vielfach freiwillig für die Fahrt in ein Sanatorium gemeldet hatten.

An einem der nachfolgenden Tage erfolgte die erste Selektion der Gemeldeten. Der 1. Schutzhaftlagerführer SS-Hauptsturmführer Karl Chmielewski hat 200 Häftlinge, die seiner Ansicht nach nicht erholungsbedürftig waren, als „Simulanten" ausgesondert. Alle „Simulanten" kamen in die Strafkompanie, weil sie sich *„unkameradschaftlich verhielten und auf Kosten der wirklich erholungsbedürftigen Kameraden der freien Plätze im Erholungsheim bemächtigen"* wollten. Die verbliebenen 2.000 „Erholungsbedürftigen" wurden als Invaliden qualifiziert und in den Baracken 20 bis 24 konzentriert.[29] Die Invaliden mussten nicht arbeiten, bekamen jedoch nur die Hälfte der Essenszuteilung.

Dann kamen im Juli des gleichen Jahres die bereits genannten Ärzte Dr. Lonauer und Dr. Renno. Zwei Häftlinge, S. Nogaj und K. Odrobny, wurden als Dolmetscher für die polnische und spanische Sprache herangezogen. Ein vielseitiges Vordruckformular mit dem gesamten Nationale der Gemeldeten wurde vorher bereits mit Hilfe der Blockschreiber und der Dolmetscher ausgefüllt, und die „Ärzte" setzten die „Diagnose" fest, wie z. B. Rotspanierkämpfer, Nationalpole, Deutschenhasser, Kommunist usw. Kein Häftling wurde vorgeführt,

[29] Mauthausen-Gusen: S.329f.

keiner untersucht, keiner über sein Befinden befragt. Bereits am 14.8.1941 erschien in Gusen der graue Autobus mit den weiß angestrichenen Fenstern.[30] Der erste Abtransport von 45 Gusener Häftlingen in das „Lager-Sanatorium Dachau“ fand statt. Diese Häftlinge oder zumindest einzelne von ihnen, sollen vor ihrer Ermordung irgendwo kurz untergebracht worden sein. Sie haben, laut Häftlingsaussagen, Briefe an Gusener Mithäftlinge mit Schilderungen über eine gute Unterbringung und Verpflegung abgesandt.
Bei den späteren Transporten und in den Überstellungslisten wurden verschiedene irreführende Bezeichnungen herangezogen, so z. B. „Erholungslager“ oder „Erholungsheim“ und auch „Heil- und Pflegeanstalt Ybbs a. d. Donau“.[31] In den nachfolgend – in Abständen von einem oder mehreren Tagen, manches Mal auch mehrerer Wochen – erfolgten Todesfahrten sind Gruppen von 60 bis 80 Gefangenen erfasst worden.
Die ersten Selektionen im Hauptlager erfolgten vermutlich im Juni oder Juli 1941 durch die Lagerärzte unter Mitwirkung von Dr. Lonauer, Dr. Renno sowie des Lagerkommandanten Ziereis. Der ganze Vorgang ist nur mündlich überliefert. Damals wurden die körperlich schwachen und arbeitsunfähigen Häftlinge in der Baracke 19 konzentriert, und zwar in der Stube „A“ die heilbaren und in der Stube „B“ die „unheilbaren“ Fälle. Am 11.8.1941, im ersten Transport, wurden 70 namentlich erfasste holländische jüdische Häftlinge und am folgenden Tag, dem 12.8.1941, 80 Gefangene verschiedener Nationalitäten nach Hartheim überführt. Im Jahre 1942 hatten die Selektionen nur die SS-Lagerärzte mit oder ohne Ziereis, gewöhnlich nach dem Abendappell, vollzogen. Die Häftlinge mussten an den Ärzten bzw. an Ziereis vorübergehen, und von diesen wurde durch ein Zeichen entschieden, ob der jeweilige Häftling nach rechts oder nach links abzutreten hatte. Im Wesentlichen war hier der äußere Eindruck der Arbeitsunfähigkeit entscheidend. Praktisch lief die Auswahl darauf hinaus, sich der schwachen, alten, kranken und der arbeitsunfähig gewordenen Häftlinge zu entledigen. Es war gleichgültig, ob der Gefangene an chronischen, vorübergehenden oder anderen Krankheiten litt oder ob er einfach infolge der Lebensbedingungen im Lager körperlich und seelisch erschöpft war. Es ist nicht bekannt, dass bei diesen Selektionen irgendwelche Formulare mit den Personalien der Ausgesonderten und einer Diagnose ausgefüllt worden wären. Die abgesonderten Häftlinge wurden in den Sonderrevierbaracken 16 und 19 gewöhnlich in der Stube „B“ konzentriert.[32]
Im Jahre 1941 sollen laut Dokumentation von Pierre Serge Choumoff aus Gusen 934 und aus Mauthausen 234, insgesamt 1.168 Häftlinge, in der Hartheimer Gaskammer ermordet worden sein.
Jedoch aus den beim Internationalen Suchdienst Arolsen, BRD, aufliegenden Unterlagen geht hervor, dass allein aus Mauthausen im Jahre 1941 nach Hartheim 646 Häftlinge transportiert worden sind. Dies würde für 1941 eine Gesamtzahl von 1.580 Opfern ergeben. Im Jahre 1942 wurden die Todesfahrten fortgesetzt. Aus Mauthausen wurden 247, aus Gusen

[30] Mauthausen-Gusen: S.330.
[31] Wahrnehmungen des Verfassers ans den Unterlagen der Lagerschreibstube.
[32] Archiv M.M.: V 3/8, mündliche Angaben des damaligen Sonderrevier-Schreibers F. Poprawka.

198 und aus dem Konzentrationslager Dachau mit den „Invalidentransporten“ insgesamt 3.075 Häftlinge in Hartheim erstickt.[33]

Ob im Jahre 1943 im Hartheimer Schloss Häftlinge der Konzentrationslager Mauthausen-Gusen ermordet worden sind, ist unbekannt. Am 23.4.1943 wurde in einem Erlass des WVHA allen Lagerkommandanten befohlen, den Kreis der von der Aktion „14f13“ zu Erfassenden einzuengen, *„in Zukunft [dürfen] nur noch geisteskranke Häftlinge (...) für die Aktion "14f13" ausgemustert werden (...)“* [34] Auch dieses Schreiben war eine bewusste Irreführung, denn weder im KLM noch in anderen Konzentrationslagern sind Geisteskranke ausgesondert worden. Von 1941 bis Dezember 1944 sind für die Hartheimer Transporte ausnahmslos körperschwache, durch Schwerstarbeit im KZ entkräftete und erkrankte Häftlinge bestimmt worden.

Im Jahre 1944 wurde der Selektionsvorgang noch mehr vereinfacht. Die SS-Lagerärzte bestimmten pro Krankenunterkunft (damals gab es bereits das Krankenlager in Mauthausen und mehrere Krankenunterkünfte in Gusen), wie viele Gefangene für den jeweiligen Transport in ein „Erholungslager“ gestellt werden mussten. Das Häftlingspersonal jeder Baracke war verpflichtet, die Opfer auszuwählen. Anfang April 1944 gaben die SS-Ärzte dem Krankenlagerpersonal bekannt, dass Häftlinge in ein Erholungslager überstellt werden sollen, und bereits am 11.4.1944 begannen neuerlich die Todesfahrten nach Hartheim. Damals befanden sich im Mauthausener Krankenlager etwa 5.000 Kranke und etwa 120 bis 140 Häftlingsfunktionäre, Ärzte, Pfleger, Apotheker, Blockpersonal usw. Am 25.4.1944 sind im Stande des Krankenlagers 4.681 Häftlinge geführt worden. Über die Todestransporte aus dem Jahre 1944 liegen im Archiv des Museums Mauthausen unter der Zahl B 15 (Hartheim) und B 12 (Gusen) Meldungen mit Namen der im „Erholungslager“ verstorbenen Häftlinge auf.

Jeden Autobus-Transport begleitete ein SS-Angehöriger des Kommandantur-Stabes. Ihm wurde ein geschlossener Briefumschlag mitgegeben, und er hatte den Auftrag, ein Anhalten und jede Durchsuchung des Autobusses durch Militärstreifen oder Verkehrskontrollen zu verhindern. Bestanden die Überwachungsorgane auf Auskunft über den Zweck der Fahrt, so durften die Kontrollierenden gegen Angabe ihrer Personalien den Brief öffnen, in dem stand, dass der Transport ungehindert passieren dürfe.

Die Autobusse hielten in einem von außen nicht einsehbaren und im westlichen Teil des Schlosses befindlichen Holzverschlag an, wo die Opfer aussteigen mussten. Durch einen Nebeneingang gelangten sie in den Arkadenhof und dann in den Auskleideraum. Hier mussten sie sich entkleiden und wurden sodann in das nächste Zimmer, den so genannten Aufnahmeraum (heute Gedenkstätte) geführt. Bei den Euthanasie-Opfern stellte ein Arzt oder dessen Helfer die Identität fest. Bei Häftlingen fand keine Identitäts-Feststellung statt. Im Raum befand sich im Erker eine Fotostelle, wo gewisse Euthanasie-Opfer fotografiert wurden. Dann kennzeichneten die Helfer oder der Arzt alle jene Personen, die Goldzähne hatten. Danach wurden die Opfer in die Gaskammer geführt, die als Brausebad getarnt war.

[33] Choumoff: S.364. ISD Arolsen: Ordner 231, OCC 15/180. Archiv M.M.: B 12/14.

[34] Massentötungen durch Giftgas: S.76.

Sie bestand aus einem Raum im Ausmaße von 6,60 mal 4,20 Meter. Der Boden bestand zuerst aus Holzbrettern, wurde dann betoniert, schließlich dann mit roten Fliesen ausgelegt. Fliesen befanden sich auch an den Seitenwänden bis in eine Höhe von 1,70 Metern. In der Mitte der Decke befand sich ein Wasserleitungsrohr mit drei Brause-Köpfen. Entlang von drei Wänden, am Fliesenboden, war ein mit zahlreichen Löchern versehenes Rohr (Durchmesser 15 Millimeter) angebracht. Aus diesem Rohr strömte das Giftgas, welches stets unter Aufsicht eines Arztes aus einer im Nebenraum befindlichen Stahlflasche geblasen wurde.[35]
Damit die Tötung reibungslos verlaufen konnte und die Opfer keinen Widerstand leisteten, wurde der Eindruck erweckt, sie würden vor der Unterbringung in einem Saal des Schlosses geduscht werden. Sobald sich eine Gruppe in der Gaskammer befand, wurde die Stahltüre geschlossen und das Giftgas eingeleitet. Anschließend wurde der Raum mittels Ventilatoren gelüftet. Durch eine zweite Stahltüre wurden die Leichen in den Totenraum gebracht, wo den gekennzeichneten Opfern die Goldzähne gezogen wurden. Die Verbrennungsrückstände wurden anfangs in die Donau transportiert. Später wurden diese in einer Knochenmühle zu Pulver zermahlen und danach in die Donau und auch in die Traun geschüttet.
Die an der Tötung Beteiligten erhielten eine besonders gute Entlohnung und Alkoholzuteilung. Bei der Veraschung der 10-, 20- und 30.000sten Leiche gab es Festlichkeiten mit Ansprachen, Sonderzuteilungen von Zigaretten und Alkohol und Gemeinschaftsfahrten in das Mauthausener SS-Unterführer-Casino mit Festessen und Musik. Im Zuge der Euthanasie-Aktion „T4" in den Jahren 1940 und 1941 sind laut vorhandener Unterlagen 18.269 Kinder, Frauen und Männer im Hartheimer Schloss getötet worden.[36] Der in Hartheim als Krematoriums-Heizer beschäftigte Vinzenz Nohel gab am 4.9.1945 der Kriminalpolizei in Linz an, dass er die Anzahl der insgesamt in Hartheim getöteten Menschen der Euthanasie-Aktion auf zirka 30.000 schätze.[37] Ob in dieser Zahl auch die Häftlinge aus den Konzentrationslagern, die Ostarbeiter und die Insassen der oberösterreichischen Altersheime erfasst sind, ist nicht bekannt.
In der in Paris erschienenen Dokumentation des Franzosen Pierre Serge Choumoff werden 8.066 in Namenslisten erfasste Opfer der Aktion „14f13" belegt, und zwar aus den:

KL Dachau	3.225
KL Mauthausen	3.011
KL Gusen	1.830[38]

[35] Anklageschrift der Staatsanwaltschaft Linz, 20.7.1947, 3 St 466/46 gegen Anna Griesenberger und andere Erhebungsbericht der Kriminalpolizei Linz, 1.9.1945, K 2081/45. DÖW: 14.900, Angaben des Heizers Vinzenz Nohel.
[36] Massentötungen durch Giftgas: S.62.
[37] Landesgericht Linz 15 VR 363/64, Hartheim. – Vinzenz Nohel wurde im Jahre 1946 in Dachau von einem amerikanischen Militärtribunal zum Tode verurteilt und in Landsberg hingerichtet. Archiv M.M.: P. 19/7.
[38] Choumoff: S.342 und 444.

Es sind jedoch aus anderen Konzentrationslagern ebenfalls Häftlinge nach Hartheim transportiert worden. Wie der SS-Arzt des Frauen-Konzentrationslagers Ravensbrück Dr. Percival Treite bei einem britischen Militärgerichts-Prozess in Hamburg (8.4.1947) aussagte, sind aus dem KL Ravensbrück mindestens zwei Überstellungen von Frauen nach Hartheim erfolgt. Weiters meldete das KL Buchenwald am 19.5.1942 einen *„Abgang von 1.000 (invaliden) SU-Kriegsgefangenen nach KLM"*, doch diese SU-Kgf. sind im KLM weder angekommen noch registriert worden. Es ist nicht auszuschließen, dass auch sie in Hartheim vergast wurden.

Man muss annehmen, dass noch andere KZ-Insassen im Hartheimer Schloss ermordet worden sind. So z. B. sind aus dem KLM Gruppen von Häftlingen abgegangen, die in den lagerinternen Unterlagen als überstellt registriert wurden, deren Eintreffen in einem anderen Konzentrationslager jedoch bisher unbekannt geblieben ist. So sind 189 sowjetische Ärztinnen und Krankenschwestern der Roten Armee aus Dnjeprpetrowsk, die angeblich am 17.10.1943 nach Auschwitz überstellt wurden, dort nicht angekommen. Weiters sind am 19.8.1944 in zwei getrennten Transporten 853 jüdische Kleinkinder und alte Personen ebenfalls offiziell nach Auschwitz überstellt worden. Dort sind lediglich 419 Häftlinge angekommen. Was mit den anderen 434 jüdischen Gefangenen geschah, ist ebenfalls unbekannt geblieben.[39]

Schließlich müssen zu weiteren Hartheimer Opfern die Zwangsarbeiter und die Insassen der oberösterreichischen Altersheime gezählt werden. Zumindest im Jahre 1944 selektierte Dr. Georg Renno persönlich und planmäßig in den Altersheimen arbeitsunfähige Pfleglinge, die dann nach Hartheim transportiert und ermordet worden sind.

Weiters geht aus einem Runderlass des Reichsministeriums des Innern vom 6.9.1944 hervor, dass *„(...) geisteskranke Ostarbeiter und Polen (...) soweit sie arbeitsunfähig geworden sind (...)"* in besonderen „Sammelstellen" konzentriert wurden. Die Aufnahme in den Sammelstellen und die Transportkosten übernahm *„(...) der Leiter der Zentral-Verrechnungsstelle Heil- und Pflegeanstalt in Linz/Oberdonau, Postfach 324, dem auch jede Aufnahme alsbald (...)"* angezeigt werden sollte.[40] Die Gesamtzahlen der Opfer aus den Reihen der Ostarbeiter respektive Polen und aus den Altersheimen wurden bisher nicht ermittelt.

Fast alle in Hartheim beschäftigten Personen sind fanatische Nationalsozialisten gewesen oder zumindest Sympathisanten der NS-Rassenlehre. Die Mehrzahl der Beschäftigten hat sich freiwillig nach Hartheim gemeldet. Manche wurden vom Arbeitsamt vermittelt, und manche in Heil- und Pflegeanstalten beschäftigten Pfleger sind nach Hartheim dienstverpflichtet worden.

Es gab jedoch auch einzelne Personen, die eine Mitwirkung an diesem Massenmord verweigert haben. So z. B. der Pfleger Franz Sitter, der sich weigerte, in Hartheim tätig zu sein. Sitter erreichte nach mehrtägiger Arbeit in Hartheim, das Schloss verlassen zu können, ohne deshalb irgendwelche anderen Nachteile erlitten zu haben.[41] Alle Beschäftigten wurden zu

---

39 Archiv M.M.: J 3/1.

40 DÖW 18215: Runderlass des RMI.

41 Anklageschrift der Staatsanwaltschaft Linz, 20.7.1947, 3 St 466/46, gegen Anna Griesenberger u. a.

strenger Geheimhaltung verpflichtet. Das Personal hatte folgende Verpflichtungserklärung zu unterschreiben:

> *„1. Mir ist bekannt, daß ich über alle mir im Zusammenhang mit meiner dienstlichen Tätigkeit bekannt werdenden Angelegenheiten gegenüber jedermann und gegenüber jeder Stelle des Staates wie auch der Bewegung unbedingte Verschwiegenheit zu wahren habe und daß mich von dieser Verpflichtung niemand anderer entbinden kann, als der Reichsstatthalter und Gauleiter bzw. Leiter der Anstalt, Dr. Lonauer.*
>
> *2. Ich weiß, daß mir diese auf das unbedingteste einzuhaltende Verpflichtung deshalb auferlegt wird, weil sich unter den zu meiner Kenntnis gelangenden Tatsachen Vorgänge befinden, welche ‚Geheime Reichssachen', also Staatsgeheimnisse sind.*
>
> *3. Ich weiß, daß auf Verrat von Geheimen Reichssachen die Todesstrafe steht und daß auch versuchter oder nur fahrlässiger Verrat mit der Todesstrafe geahndet werden kann.*
>
> *4. Ich weiß, daß alle Angelegenheiten, die mit der Transferierung der Patienten in andere Anstalten zusammenhängen, als Geheime Reichssache anzusehen sind.*
>
> *5. Ich weiß, daß diese Verpflichtung auch für die gesamte Zeit nach eventueller Beendigung meines Dienstverhältnisses gilt.*
>
> *Ich habe den Inhalt der vorstehenden Erklärung, nachdem er mir vorher mündlich erläutert worden ist, genau durchgelesen und eigenhändig wie folgt unterschrieben."*

Die zweite Phase der Sonderbehandlung „14f13" dauerte bis zum 8. oder 10.12.1944. An einem dieser Tage wurden die letzten Mauthausener Häftlinge in der Hartheimer Gaskammer ermordet. Bereits Ende November 1944 erteilte im Namen der Kanzlei des Führers SS-Obergruppenführer Brake dem KLM den fernschriftlichen Befehl, die technischen Einrichtungen in Hartheim zu beseitigen und das Schloss in den ursprünglichen Zustand zu versetzen. Wörtlich hieß es:

> *„Die technischen Einrichtungen der Landesanstalt Hartheim sind sofort zu beseitigen. Der alte bauliche Zustand ist sofort wieder herzustellen. Über den Fortgang der Arbeiten ist zweitägig über den Kommandanten des KLM Bericht zu erstatten."* [42]

Ein Mauthausener Baukommando, bestehend aus 20 Häftlingen (Maurer, Tischler und Schlosser) hat vom 12.12.1944 bis 19.12.1944 und dann ab 2. bis Mitte Jänner 1945 nicht nur alle technischen Einrichtungen, sondern auch alle Spuren der Tötungsanstalt beseitigt. Am 30.12.1944 meldete die KLM-Bauleitung schriftlich dem Lagerkommandanten Ziereis:

> *„Über den Stand der in der Landesanstalt Hartheim dringend durchgeführten Arbeiten wird folgendes gemeldet: Die Bauleitung hat mit den Arbeiten am 12.12.1944 begonnen, der Schornstein war in den ersten zwei Tagen bereits abgetragen, und die übrigen technischen Einrichtungen sind jetzt fast vollständig ausgebaut. Am 19.12.1944 wurden die Arbeiten vorläufig eingestellt.*

[42] Archiv M.M.: B 15/17.

Mit 1.1.1945 werden die Arbeiten fortgesetzt und sind noch verschiedene Türen zu vermauern, der Verputz herzustellen und neue Türen auszustemmen. Außerdem sind noch im Garten einige Erdarbeiten herzustellen. Insgesamt werden die Arbeiten Mitte Januar beendet sein und werden dazu 15 Häftlinge benötigt.“[43]

Der spanische Gefangene Miguel Justo Compane, am 12.2.1913 in Barcelona geb., Häftlings-Nr. 3.765, hat eine schriftliche Mitteilung über die Arbeit und über seine Erkenntnisse bezüglich der Vorfälle im Schloss in einer Flasche verwahrt und diese eingemauert. Die Flasche wurde beim Umbau zur Errichtung der Gedenkstätte in einer vermauerten Türe gefunden Die Mitteilung besagt unter anderem, dass der Spanier am 18.12.1944 die Türe zum Vergasungsraum zugemauert hat.[44]

Beseitigt wurden von den Häftlingen die Gaskammereinrichtung, die Gasleitungsrohre, Brausen, alle roten Fliesen, beide vor dem Schloss und im Hof befindlichen Holzverbaue, die zwei Krematoriumsöfen samt dem im Hofe stehenden Schornstein, hunderte Objekte der Pathologischen Abteilung sowie verschiedene Prothesen. Die Knochenmühle wurde ins Hauptlager nach Mauthausen transportiert. Im Erdgeschoss des Schlosses wurde der alte bauliche Zustand wieder hergestellt.[45]

Im Jänner 1945 ist dann einzelnen im Jahre 1938 davongejagten Barmherzigen Schwestern der Landesanstalt Hartheim die Rückkehr in das Schloss erlaubt worden. Auch wenige kranke oder behinderte Kinder wurden den Schwestern zur Betreuung übergeben. Erst dann ist der ursprüngliche Zustand des Renaissance-Schlosses Hartheim fertig gestellt worden. Nur fehlte im Innenhof einer der vier ursprünglichen Wasserspeier. Diese Abflussrinne ist im Jahre 1939 beim Bau des Krematoriums-Schornsteines entfernt worden.

Der Leiter der Todesanstalt Hartheim, Dr. Rudolf Lonauer, soll am 5.5.1945 Selbstmord verübt haben. Dr. Georg Renno praktizierte als Arzt in der Bundesrepublik Deutschland. Das gegen ihn anhängige Gerichtsverfahren in Frankfurt/Main respektive Garmisch-Partenkirchen (BRD) wurde eingestellt, weil Dr. Renno gemäß eines ärztlichen Gutachtens „verhandlungsunfähig“ erklärt wurde. Der ehemalige österreichische Kriminalbeamte und zuletzt SS-Hauptsturmführer Franz Paul Stangl, späterer Kommandant der Vernichtungslager Sobibor und Treblinka, floh im Jahre 1945 aus österreichischer Haft nach Brasilien. Am 27.2.1967 wurde er in Sao Paulo verhaftet und am 23.6.1967 den Justizbehörden der Bundesrepublik Deutschland ausgeliefert. Er wurde 1970 zu lebenslangem Zuchthaus verurteilt und starb am 28.6.1971 in der Haft.

Im Nebenlager Gusen sind nach gerichtlichen Aussagen von Beteiligten, Zeugen und nach Häftlingsberichten eindeutig mindestens zwei Vergasungen von Häftlingen nachgewiesen worden. Am 2.3.1942 sind unter fachmännischer Anleitung des Linzer Inhabers der Entwesungsfirma Slupetzky in der Baracke 16 untergebrachte kranke bzw. arbeitsunfähig gewordene

[43] Archiv M.M.: B 15/17, Abschrift des Briefes.

[44] Widerstand in OÖ: S.511.

[45] Aus dem Erhebungsbericht der Kriminalpolizei Linz, 6.9.1945, K 2081/45. DÖW: 14.900, Angaben des Heizers Vinzenz Nohel.

sowjetische Kriegsgefangene mittels Zyklon-B-Gas ermordet worden. Der Blockschreiber dieser Baracke, Jerzy Osuchowski, führte 164 Opfer an. Damals herrschte im Gusener Lager eine Flecktyphus-Epidemie. Die an Fleckfieber erkrankten Häftlinge sind in der Baracke 32, die SU-Kriegsgefangenen in der Baracke 16 konzentriert worden. Sie wurden über Auftrag der SS-Ärzte entweder durch Verhungern oder mittels Herzinjektionen ermordet.
Am 2.3.1942 lagen in der Baracke 32, im Lagerjargon „Graben" genannt, noch etwa 300 an Flecktyphus erkrankte Polen und Spanier. Laut Häftlingsberichten sind die Insassen der Baracke 32 am gleichen Tage wie die SU-Kriegsgefangenen im Zuge der Entlausungsaktion und unter der Anleitung des Firmeninhabers Slupetzky mittels Zyklon-B-Gas getötet worden. Entsprechende gerichtliche Verfolgungshandlungen und Erhebungsergebnisse über den Tod der Häftlinge in der Baracke 32 gibt es nicht. Jedoch wird in einem am 16.11.1947 von Frau Hedwig Slupetzky eigenhändig unterschriebenen und verfassten Kurzbericht die von ihrem Mann geleitete Entlausung der Gusener Baracken geschildert:

> *„(…) während der Vergasung des Lagers Gusen I, wurde meinem Mann angedeutet, daß er die Vergasung des Blocks 16 allein vorzunehmen hat. Mein Mann lehnte unter Hinweis auf die gesetzlichen Bestimmungen ab, die Gasung allein zu machen und zog den Gasungstechniker Fischer hinzu. Nachdem der Block soweit mir erinnerlich, nur eine Hälfte, bereits unter Gas gesetzt war, wurden von der SS Häftlinge in diesen Block hereingeführt. Mein Mann protestierte den anwesenden SS-Offizieren gegenüber dagegen und machte sie darauf aufmerksam, daß der Block bereits unter Gas war. Die Namen der SS-Offiziere weiß ich nicht (…)"* [46]

Die Annahme ist nicht auszuschließen, dass A. Slupetzky tatsächlich ursprünglich nur zwecks Ungeziefervertilgung in das damals zum zweiten Male durch Flecktyphus verseuchte Gusener Lager beordert wurde. Dies ist jedenfalls ein Beweis dafür, dass zugleich mit den seuchenverursachenden Kleiderläusen die an Flecktyphus erkrankten Gusener Häftlinge vergast wurden. Der Bericht der Frau Slupetzky gibt keine Auskunft über die Zahl der Opfer respektive darüber, welcher Nationalität die Ermordeten angehörten. Eine zweite dokumentarisch nachweisbare Vergasungsaktion in Gusen gab es in der Nacht vom 21. auf den 22.4.1945, 14 Tage vor der Befreiung der Häftlinge. Die Opfer dieser Vergasungsaktion sind in den lagerinternen Veränderungsmeldungen am 22. und 23.4.1945 als „verstorben" gemeldet worden. Offenbar aufgrund einer vom Hauptlager am 19. oder 20.4.1945 gekommenen Weisung, sich vor dem Eintreffen der alliierten Truppen der vielen Kranken zu entledigen, hatte der Gusener Lagerkommandant SS-Hauptsturmführer Fritz Seidler am 20.4.1945 zwei Häftlingsfunktionären – einem österreichischen und einem deutschen BV-Häftling – den Auftrag erteilt, alle schwerkranken und arbeitsunfähigen Häftlinge in einer Baracke zu konzentrieren und sie mittels Gas zu töten. Seidler drohte den beiden, dass sie, wenn sie seinen Befehl nicht ausführen sollten, das Lager nicht lebend verlassen würden.[47]
Am 20.4.1945 führte Gusen I, II und III im Stande 23.465 Häftlinge. Da wenige Wochen

[46] DÖW: Nr. 704. Mauthausen-Gusen: S.346. Archiv M.M.: H 21/2.
[47] Mauthausen-Gusen: S.346.

zuvor über 3.000 Kranke in das Mauthausener Krankenlager überstellt worden waren, befanden sich in den Gusener Revier-Baracken lediglich 1.450 Kranke und im Invaliden-Block 24 gab es 354 Arbeitsunfähige. In den Invalidenbaracken 13 und 16 in Gusen II waren zusätzlich etwa 600 arbeitsunfähige und körperschwache Gefangene untergebracht.
Die am 21.4.1945 in die Baracke 31 erfolgte Konzentrierung der Vergasungsopfer fand unter der Mitwirkung der beiden BV-Häftlinge, der Lager-SS und der vor wenigen Tagen zur so genannten Volkssturmeinheit eingezogenen deutschen und österreichischen Häftlinge statt.[48]
Die polnischen Ärzte und auch andere Häftlinge versuchten durch Aussprachen mit SS-Ärzten und durch sofortige Verlegung von Kranken in die Arbeitsbaracken den Abtransport zu verhindern. Der Vergasungsvorgang fand trotzdem statt, und zwar vom 21. auf den 22.4.1945, in zwei Etappen, weil die Zahl der Opfer so hoch war. Es sind entweder 684 oder 892 Häftlinge mittels Zyklon-B-Gas ermordet worden. Die zwei unterschiedlichen Zahlen der Opfer scheinen deshalb auf, weil die Vergasungsopfer in den lagerinternen Veränderungsmeldungen an zwei Tagen als „verstorben“ gemeldet wurden: am 22.4. waren es 684 und am 23.4.1945 208 Häftlinge.[49]
Unter den in Baracke 31 getöteten Häftlingen befanden sich zwei gesunde Polen, Wladyslaw Wozniak und Pjotr Grzelak. Am Vortag der Vergasungsaktion fand der SS-Hauptscharführer Kurt Kirchner bei ihnen eine Landkarte Mitteleuropas mit eingezeichnetem Frontverlauf. Deshalb wurden die beiden Polen zum Tode mittels Giftgas bestimmt. Die polnischen Ärzte konnten lediglich erreichen, dass die beiden Polen mit Evipan „eingeschläfert“ wurden, ehe sie in den Block 31 überstellt wurden. Weil diese Vergasungsaktion nicht verhindert werden konnte, hat einer der polnischen Häftlingsärzte, Dr. Konieczny, unmittelbar nach der Vergasung mit einem Betäubungsmittel Selbstmord verübt.[50] Es gibt Hinweise auf noch weitere Vergasungsaktionen in Gusen, doch fehlen entsprechende konkrete Dokumente respektive gerichtliche Beweise.
Im Hauptlager, in den Nebenlagern Gusen, Melk, Ebensee und im Schloss Hartheim befanden sich Krematoriums-Anlagen. Bis Ende April 1940 wurden Mauthausener Leichen im Krematorium der Stadt Steyr verascht. Vom 5.9.1938 bis April/Mai 1940 sind dort die Leichname der Mauthausener Häftlinge und später, bis 16.5.1945, einzelne aus den Nebenlagern stammende Leichen verbrannt worden. Ingesamt waren dort 1.863 Häftlingsleichen verascht worden.[51]
Die Inbetriebnahme des ersten Krematoriumsofens in Mauthausen erfolgte am 4.5.1940, in Hartheim zu Ostern 1940,[52] in Gusen am 29.1.1941, in Ebensee am 4.8.1944 und in Melk im November 1944.

---

[48] Mauthausen-Gusen: S.346.
[49] Die polnischen Schreiber Nogaj und Osuchowski sprachen von 640, andere von 684 Vergasungsopfern. Choumoff gibt an, es seien 800 gewesen.
[50] Massentötungen durch Giftgas: S.251.
[51] Archiv M.M.: B 40/10, Angaben der Städtischen Unternehmungen Steyr im Schreiben vom 5.11.1974.
[52] In Hartheim gab es zwei Verbrennungsöfen. Archiv M.M.: B 15/1 bis 43.

Über die Einäscherungen der drei Öfen des im Hauptlager befindlichen Krematoriums liegen folgende unvollständige Zahlen auf:

Jahr:	**Leichen:**
1940	1.242
1941	1.676
1942	6.523
1943	2.960
1944	5.479
1945 (bis 29.4.)	9.676
	27.556[53]

Im Ebenseer Krematorium sind ab 4.8.1944 mindestens 7.010 Leichen eingeäschert worden. In Gusen waren es in der Zeit vom 28.1.1941 bis 2.5.1945 etwa 30.000 und in Melk 4.068 Einäscherungen. Alle Krematoriumsöfen baute die Firma J. A. Topf & Söhne, Erfurt.[54]
In einem Koksofen konnten gleichzeitig bis zu sieben oder acht Häftlingsleichen verbrannt werden. Gab es anfangs Einzelverbrennungen, so sind später bis zu acht Leichen auf einmal eingeäschert worden.
In den Jahren 1944 und 1945 wurden die Leichen von Häftlingen der östlich gelegenen Nebenlager in seltenen Fällen zur Verbrennung nach Mauthausen überführt.[55] Die toten Häftlinge aus den Nebenlagern in Wien und Niederösterreich wurden im Wiener Krematorium eingeäschert oder in Massengräbern auf dem Wiener Zentralfriedhof beerdigt, jene aus der Steiermark vermutlich auf dem Grazer Friedhof.
Die Häftlingsleichen aus anderen Nebenlagern wurden entweder auf Scheiterhaufen, wie z. B. auf dem Loiblpass, oder in einer nächstgelegenen lagerinternen Verbrennungsanlage eingeäschert.[56] Als Brennstoff für den Krematoriumsofen wurde Hüttenkoks und in einem Mauthausener Ofen Heiz- oder Dieselöl verwendet.
Als im Jahre 1945 die Kapazität der in Mauthausen bestehenden drei Krematoriumsöfen nicht mehr ausreichte, wurde nördlich vom Hauptlager, in Marbach bei einer Linde, ein Massengrab[57] mit 9.860 und auf dem Gelände des Mauthausener Kriegsgefangenenfriedhofs (1914–1918) ein weiteres mit etwa 2.000 Leichen angelegt.

---

53 Archiv M.M.: N 7/4.
54 Archiv M.M.: N 7/7 und 8, Korrespondenz der Firma Topf & Söhne mit KLM.
55 Saurer Werke Wien, Floridsdorf-Wien, Schwechat, Hinterbrühl, Wiener Neudorf, Wiener Neustadt. St. Aegyd, Peggau, Leibnitz.
56 Archiv M.M.: N 7/4.
57 9.860 exhumierte Leichen des Marbacher Massengrabes wurden im Jahre 1967 im Mauthausener Lagerfriedhof, ehemalige Barackenreihe 16 bis 18 bestattet. Akt BMf.I: Zl. 164.886–33/69.

Außerdem wurden vorwiegend nach dem 5.5.1945 im Walde bei Gunskirchen (Oberösterreich), insgesamt sieben Massengräber mit 1.227 Leichen, in Mauthausen, Gusen,[58] Ebensee und in Wels jeweils je ein Massengrab angelegt. Hiezu kommen noch kleinere Massengräber in verschiedenen Orten Österreichs, die infolge der Erschießungen von Häftlingen während der im April 1945 erfolgten Evakuierungsmärsche angelegt wurden. Solche Gräber gab es respektive gibt es noch in Peggau, Steiermark (82 Leichen), Hinterbrühl (51 Leichen von Hinterbrühl sind am Wiener Zentralfriedhof begraben worden), Linz, St. Aegyd a. Walde (80 Leichen), Ennsdorf (33 Leichen), Enns (97), Rohrbach bei St. Florian (99), St. Marien bei Neuhofen a. d. Krems, Neuhofen a. d. Krems, Ansfelden (15), Hörsching, Schleißheim (60), Weißkirchen a. d. Traun (119), Thalheim (15), Katsdorf, Lambach (72), Freistadt, Rainbach i. M., St. Peter, Pregarten usw. Im Ebenseer Massengrab befinden sich 2.167 und in Wels 1.032 Häftlingsleichen.[59]

[58] 3.162 Leichen aus den Massengräbern von Mauthausen und Gusen wurden in den Jahren 1955 bis 1956 exhumiert, 90 nach Frankreich und Belgien überführt, 2.922 im Mauthausener Lagerfriedhof (ehemalige Barackenreihe 21–24) und 150 beim Denkmal der UdSSR bestattet. Archiv M.M.: V 2/3.

[59] Archiv M.M.: V 2/2 und 5, Bericht über den Todesmarsch und Verzeichnis der KZ-Gräber in Oberösterreich.

Auf dem Weg oberhalb der Steinbruchstiege fanden die Massenerschießungen statt. Sommer 1943. AMM

32. Die Massenvernichtung von Häftlingen

In die folgende unvollständige Aufstellung, die den Zeitraum vom 18.8.1938 bis 3.5.1945 umfasst, wurden bis auf einzelne und für die Verhältnisse im KLM markante Ereignisse nur solche Terrormaßnahmen, Hinrichtungen, Erschießungen „auf der Flucht", so genannte „Selbstmorde" und Unterdrückungsmaßnahmen aufgenommen, die dokumentarisch belegt sind.[1]

Viele Terrormaßnahmen der SS in den Jahren 1939 und ab Ende September 1944 bis Mai 1945 konnten nicht zur Gänze angeführt werden, da die entsprechenden Dokumente bisher fehlen. So wurden von der Lagerleitung von manchen Hinrichtungen bewusst keine Aufzeichnungen gemacht, z. B. in den Jahren 1941/42 bei gewissen Exekutionen von sowjetischen Kriegsgefangenen und in den letzten drei Jahren bei der Ermordung von mehreren tausend Häftlingen der Aktionen „Kugel". Weiters konnten, mangels entsprechender Unterlagen, nur einzelne Transporte in die Gaskammer des Schlosses Hartheim verzeichnet werden. Über die Ermordung von Invaliden und Kranken im Gaswagen und von Kranken mittels Herzinjektionen gibt es keine dokumentarischen Unterlagen. Weit mehr als 2.500 Häftlinge wurden „auf der Flucht" erschossen und Hunderte verübten „Selbstmord" oder wurden in den „Freitod" getrieben.

Die in diesem Kapitel aufscheinende Todesart wurde den Totenbüchern und anderen Aufzeichnungen entnommen. Der so genannte „Freitod" in dem mit Starkstrom geladenen Stacheldrahtzaun wird in den Unterlagen oftmals wie folgt beschrieben: *„Tod durch Elektrizität", „Tod im Elektrozaun", „Tod im Stacheldrahtzaun", „Tod durch Starkstrom"* usw. Vom Winter 1940/41 bis April 1945 gab es selten einen Wochentag,[2] an dem nicht mindestens ein Häftling erschossen wurde. So z. B. gab es nach einer offiziellen SS-Statistik im Jahre 1942 bei Häftlingen (ohne SU-Kgf.) 1.375 unnatürliche Todesfälle. Jedoch gab es laut vorhandenen unvollständigen Dokumenten (mit Datum und Namensangaben der Opfer) im gleichen Jahr tatsächlich 1.687 unnatürliche Todesfälle.

Bei gewissen Exekutionen konnte nicht eindeutig ermittelt werden, ob diese durch Strang, Erschießung oder mittels Gas ausgeführt worden sind. Deshalb unterblieb in diesen Fällen der Hinweis auf die Art der Hinrichtung. Hier gibt es eine Diskrepanz zwischen der angeordneten und der ausgeführten Art der Tötung. Vor allem das Erhängen war für die SS zu umständlich. Deshalb wurden vielfach anstelle der angeordneten Strangulierung die Opfer erschossen oder mittels Zyklon-B-Gas erstickt. In den offiziellen Meldungen wurde jedoch die angeordnete Hinrichtungsart genannt. Soweit dokumentarisch belegt oder durch die Aussagen der beteiligten SS-ler respektive Häftlinge des Krematoriumskommandos bestätigt,

[1] Alle Angaben in diesem Kapitel wurden aus den Totenbüchern und aus zwei Verzeichnissen der „unnatürlichen Todesfälle" entnommen. Archiv M.M.: Y 30, 31, 32, 33 und 34; B 5/35 und 12/3; M 1/9, 5/3, 5/6 und 6/1.

[2] Der Sonntag war für die SS-Angehörigen ein Ruhetag. Deshalb gibt es im gesamten Zeitabschnitt vom 8.8.1938 bis 5.5.1945 nur wenige Meldungen, die über die Erschießungen von Häftlingen an einem Sonntag berichten.

scheint in der vorliegenden Zusammenstellung die tatsächlich angewandte Art der Exekution auf. Bei einigen Exekutionen kann es der Fall sein, dass sie nicht zu dem hier aufscheinenden Datum, sondern bereits tags zuvor durchgeführt worden sind.
Bei Exekutionen wurden (soweit feststellbar) Nationalität und Häftlingsart der Opfer angeführt, z. B. *„Exekution: 4 Polen, 3 Sowjetbürger, 3 Sch-DR und 1 BV-DR"*. Ansonsten wurde bei den Verstorbenen vielfach nur der Sammelbegriff „Häftlinge" verwendet, z. B. *„36 Häftlinge verstorben"*, was zum Ausdruck bringt, dass an diesem Tag 36 Lagerinsassen verschiedener Nationalität und Häftlingsart als gestorben gemeldet wurden. Mit der Benennung der Nationalitäten oder Häftlingsarten wird auf den Beginn respektive die lange Dauer von Massenvernichtungen der angeführten Personengruppen verwiesen, wie z. B. der jüdischen Häftlinge aus Holland, der republikanischen Spanier, der Sowjetbürger, die in den Meldungen als Russen, Russen-Schutz, Zivilrussen (RZA), russische Juden, SU-Kgf., weiters Polen, Tschechen etc. angeführt werden. Bei Ereignissen in einem Nebenlager scheint oftmals der Name des Lagers, z. B. „Gusen", „Ebensee" usw. auf. Wird keine Ortsbezeichnung genannt, so haben sich die angeführten Unterdrückungsmaßnahmen und Vorfälle vorwiegend im Hauptlager Mauthausen ereignet.

1938

August	**1938**
18.08.	1 BV-DR „Freitod" durch Erhängen.
September	**1938**
15.09.	1 BV-DR „Freitod" durch Erhängen.
Oktober	**1938**
03.10.	1 BV-DR „Freitod" durch Sturz.
November	**1938**
12.11.	1 BV-DR „Freitod" durch Erhängen.
15.11.	1 BV-DR „auf der Flucht" erschossen.
Dezember	**1938**
19.12.	1 BV-DR „auf der Flucht" erschossen.
23.12.	1 BV-DR „Freitod" durch Erhängen.
29.12.	1 BV-DR „Freitod" durch Sturz.

1939

August	**1939**
14.08.	1 DR-Schutz bei Sprengung im Steinbruch getötet.
September	**1939**
29.09.	1Häftling gestorben; 1 verübte „Freitod" durch Erhängen.
Oktober	**1939**
03.10.	4 Häftlinge gestorben.
04.10.	4 Häftlinge gestorben.
05.10.	5 Häftlinge gestorben.
06.10.	1 Häftling „auf der Flucht" erschossen und 5 Häftlinge gestorben.

09.10.	6 Häftlinge gestorben.
28.10.	7 Häftlinge gestorben.
Dezember	**1939**
09.12.	Exekution: 2 DR-Sch. im Garagenhof wegen Flucht vor allen angetretenen Häftlingen und SS-Angehörigen gehenkt.[3]
14.12.	3 DR-Sch. gestorben.
27.12.	5 DR-Sch. gestorben.
29.12.	3 DR-Sch. gestorben.
30.12.	5 DR-Sch. gestorben.

Am 1.1.1939 gab es im KL Mauthausen 994 und am 31.12.1939 2.666 Häftlinge. Im Oktober 1939 begann das Massensterben der Häftlinge im KLM. Im Jahre 1939 wurden 445 Häftlinge als „gestorben" gemeldet.

1940

Jänner	**1940**
09.01.	5 DR-Sch. und 1 Bifo-DR gestorben.
10.01.	8 DR-Sch. gestorben.
11.01.	8 DR-Sch. und 1 Bifo-DR gestorben.
12.01.	9 DR-Sch. gestorben.
17.01.	5 DR-Sch. gestorben.
18.01.	6 DR-Sch. gestorben.
19.01.	12 DR-Sch. und 3 Bifo-DR gestorben.
20.01.	10 DR-Sch. gestorben.
23.01.	4 DR-Sch. und 3 Bifo-DR gestorben.
29.01.	3 DR-Sch. und 2 Bifo-DR gestorben.
30.01.	7 DR-Sch. gestorben.
Februar	**1940**
01.02.	7 DR-Sch. und 1 Bifo-DR gestorben.
03.02.	5 DR-Sch. gestorben.
12.02.	7 DR-Sch. und 1 Bifo-DR gestorben.
	(Ab 26.2.1940 hielt sich im Lager etwa 14 Tage lang eine Musterungskommission der Deutschen Wehrmacht auf.)
27.02.	1 AZR-DR „Selbstmord" durch Erhängen.
29.02.	1 AZR-DR „Selbstmord" durch Elektrozaun.
März	**1940**
02.03.	5 DR-Sch. gestorben.
	(Aus dem KL Buchenwald kamen am 9.3.1940 1.000 Häftlinge, darunter die ersten Polen – 448 – an.)
15.03.	Die ersten 2 Polen gestorben.
	Bei einem Gesamtstand von 120 deutschen Bibelforschern „starben" allein in den Monaten Februar und März 1940 33 Bifo-DR.
19.03.	1 DR-Sch. „Selbstmord" durch Erhängen.
21.03.	1 Pole Unfall.

[3] Die beiden Häftlinge flüchteten am 24.11.1939; am 25. resp. 27.11.1939 wurden sie wieder ergriffen. Siehe Kapitel 15: Die Mentalität der SS, Anmerkung 13 und Kapitel 34: Die Flucht, Anmerkung 12.

April	**1940**
01.04.	3 Polen gestorben.
02.04.	7 Polen gestorben.
05.04.	9 Polen gestorben.
06.04.	2 Polen verübten „Selbstmord“, 7 Polen gestorben.
09.04.	1 Pole verübte „Selbstmord“, 11 Polen gestorben.
10.04.	10 Häftlinge gestorben.
12.04.	1 Bifo-DR „auf der Flucht“ erschossen. 11 Häftlinge, darunter 9 Polen, gestorben.
13.04.	13 Polen gestorben.
15.04.	15 Polen und 1 DR-Sch. gestorben.
20.04.	Hitlers Geburtstag, 4 Polen und 1 DR-Sch. gestorben. 9 DR-Sch und 1 § 175-DR entlassen.
22.04.	4 Polen, 3 DR-Sch. und 1 Bifo-DR gestorben.
23.04.	5 Polen, 1 DR-Sch. und 1 Bifo-DR gestorben.
Mai	**1940**
	(Am 4.5.1940 wurde in Mauthausen der Betrieb des 1. Krematoriums aufgenommen.)
	(Am 25.5.1940 wurde das Nebenlager Gusen als „Umschulungslager“ der Polen eröffnet.)
Juni	**1940**
01.06.	Gusen: 1 Pole „auf der Flucht“ erschossen.
02.06.	Gusen: 1 poln. Jude „auf der Flucht“ erschossen, 1 Pole gestorben.
03.06.	Gusen: 5 Polen gestorben.
06.06.	Gusen: 4 Polen gestorben.
07.06.	1 BV-DR „Selbstmord“ durch Erhängen.
14.06.	Gusen: 2 BV-DR „auf der Flucht“ erschossen.
17.06.	Gusen: 1 Pole verübte „Selbstmord“ durch Ertrinken.
18.06.	1BV-DR „Selbstmord“ durch Erhängen.
21.06.	1 BV-DR „auf der Flucht“ erschossen.
22.06.	Gusen: 2 Polen „auf der Flucht“ erschossen.
23.06.	Gusen: 3 Polen „auf der Flucht“ erschossen, 1 DR-Sch. Selbstmord durch Erhängen.
26.06.	Gusen: 1 Pole „auf der Flucht“ erschossen.
Juli	**1940**
01.07.	1 AZR und 1 BV-DR „Selbstmord“ durch Erhängen.
02.07.	1 Pole (?) „Selbstmord“ durch Erhängen. Gusen: 4 Polen und 3 Juden gestorben und 1 Jude „auf der Flucht“ erschossen.
04.07.	Gusen: 1 AZR-DR „Selbstmord“ durch Elektrozaun.
09.07.	1 BV-DR „Selbstmord“ durch Erhängen.
17.07.	1 BV-DR „Selbstmord“ durch Erhängen.
19.07.	1 BV-DR und 1 AZR „Selbstmord“ durch Erhängen.
22.07.	1 AZR-DR „Selbstmord“ durch Erhängen.
23.07.	1 Pole „Selbstmord“ durch Erhängen.
29.07.	Gusen: Wegen der Flucht des Polen Nowak müssen alle Polen drei Nächte lang vor ihren Baracken stehen. Am Tage wurde gearbeitet.
30.07.	1 Pole „Selbstmord“ durch Erhängen.

August	**1940**
01.08.	Gusen: 1 Pole „auf der Flucht“ erschossen.
03.08.	1 BV-DR „Selbstmord“ durch Elektrozaun und Gusen: 1 Pole Tod durch Unfall.
05.08.	1 Pole „Selbstmord“ durch Erhängen.
09.08.	Gusen: 12 Polen „gestorben“ gemeldet. Die ersten Herzinjektionen verabreicht.
13.08.	Gusen: Wegen Flucht von 2 Polen aus dem Steineträger-Kommando müssen nachmittags alle 800 Häftlinge dieses Kommandos die Arbeit im Laufschritt verrichten. Nachts stehen alle Polen strafweise, ohne Essen erhalten zu haben, vor den Baracken. 14 polnische Häftlinge, vorwiegend Intellektuelle, wurden an diesem Tag getötet.
14.08.	Gusen: 4 Polen gestorben.
15.08.	Gusen: 6 Polen gestorben. – Die am 13.8. geflüchteten 2 Polen wurden ins Lager Gusen zurückgebracht und sofort erschlagen.
20.08.	Gusen: 1 Pole Tod durch Unfall.
22.08.	Gusen: 6 Polen gestorben.
23.08.	Gusen: 6 Polen gestorben.
24.08.	Gusen: 12 Polen und 4 Juden gestorben.
25.08.	Gusen: 7 Polen und 2 Juden gestorben.
26.08.	Die ersten Spanier gestorben, 1 AZD-DR „Selbstmord“ durch Erhängen.
28.08.	Gusen: 11 Polen und 1 Jude gestorben; 1 BV-DR „Selbstmord“ durch Erhängen. 1 Pole „auf der Flucht“ erschossen.
30.08.	Gusen: 11 Polen und 1 Jude gestorben
	Im August „starben“ in Gusen 170 Polen und 14 jüdische Häftlinge.
September	**1940**
02.09.	Gusen: 10 Polen und 1 Jude gestorben.
03.09.	1 Pole „Selbstmord“ durch Elektrozaun.
04.09.	Gusen: 15 Polen gestorben.
11.09.	1 Pole „Selbstmord“ durch Erhängen.
12.09.	1 BV-DR „Selbstmord“ durch Erhängen.
13.09.	4 Polen und 1 Spanier gestorben. Gusen: 24 Polen gestorben.
18.09.	2 Polen, 1 DR-Sch. gestorben, 1 DR-Sch. „Freitod“ durch Erhängen. Gusen: Herzinjektionen verabreicht: 15 Polen „gestorben“ gemeldet.
26.09.	1 AZR-DR „Selbstmord“ durch Erhängen.
28.09.	1 BV-DR „Selbstmord“ durch Erhängen und 1 Pole „auf der Flucht“ erschossen.
	Im September „starben“ in Gusen 278 Häftlinge, nahezu nur Polen.
Oktober	**1940**
01.10.	Gusen: 16 Häftlinge gestorben.
03.10.	1 AZR-DR „auf der Flucht“ erschossen.
07.10.	Gusen: Typhusepidemie ausgebrochen.
10.10.	1 DR-Sch. „Selbstmord“ durch Erhängen.
11.10.	1 DR-Sch. „auf der Flucht“ erschossen.
14.10.	1 Pole „auf der Flucht“ erschossen.
17.10.	1 DR-Sch. „auf der Flucht“ erschossen.
22.10.	1 Jude „Selbstmord“ durch Erhängen.
23.10.	5 rumänische Juden „auf der Flucht“ erschossen (vermutlich Interbrigadisten) .

24.10.	Gusen: 1 Pole Tod durch Unfall.
25.10.	1 Pole „auf der Flucht" erschossen.
29.10.	1 ungarischer Jude „auf der Flucht" erschossen (vermutlich Interbrigadist in Spanien).
30.10.	1 ungarischer Jude „auf der Flucht" erschossen (vermutlich Interbrigadist in Spanien).
	Im Oktober „starben" in Gusen 309 Häftlinge, vorwiegend Polen.
November	**1940**
01.11.	1 BV-DR und 1 Pole „auf der Flucht" erschossen.
04.11.	1 Pole „Selbstmord" durch Elektrozaun.
05.11.	Gusen: 16 Polen gestorben. 1 Jude „Selbstmord" durch Erhängen.
12.11.	Exekution: 20 oder 21 Polen erschossen (19 aus Gusen). Gusen: 18 Polen und 1 Jude gestorben.
13.11.	Exekution: 19 oder 22 Polen erschossen (14 aus Gusen).
14.11.	1 Pole „auf der Flucht" erschossen.
15.11.	Exekution: 18 oder 24 Polen erschossen (18 aus Gusen).
18.11.	Exekution: 20 oder 21 Polen erschossen (4 aus Gusen). 1 Pole „Selbstmord" durch Elektrozaun.
21.11.	Exekution: 24 Polen erschossen (alle aus Gusen).
25.11.	Exekution: 28 Polen erschossen (22 aus Gusen).
	In Gusen „starben" im Monat November 278, vorwiegend polnische Häftlinge.
Dezember	**1940**
02.12.	Gusen: 13 Polen und 1 Jude gestorben.
03.12.	Gusen: 1 Pole „Selbstmord" durch Erhängen.
06.12.	Gusen: 12 Polen gestorben.
10.12.	1 Spanier Tod durch Unfall.
17.12.	Gusen: 12 Polen gestorben.
18.12.	Gusen: 14 Polen und 1 DR-Sch. gestorben.
23.12.	2 Polen exekutiert, erschossen; 2 Polen und 1 Spanier gestorben. Gusen: 6 Polen gestorben.
24.12.	Gusen: 11 Polen gestorben.
26.12.	1 DR-Sch. und 1 Pole gestorben. Gusen: 10 Polen gestorben.
29.12.	Gusen: 12 Polen und 1 DR-Sch. gestorben.

Im Monat Dezember 1940 begann die Sterbewelle der Spanier. In Gusen verstarben in diesem Monat 244, vorwiegend polnische Häftlinge. Bei einem durchschnittlichen Gesamtstand von etwa 6.000 Häftlingen im KLM „starben" im Jahre 1940 insgesamt 3.846 Personen, durchschnittlich täglich zehn Personen.

1941

Jänner	**1941**
05.01.	1 BV-DR „Selbstmord" durch Erhängen.
10.01.	1 AZR-DR „auf der Flucht" erschossen.
19.01.	Gusen: 1 Pole „Selbstmord" durch Erhängen.
	Im Monat Jänner „starben" im KLM (mit Gusen) 260, vorwiegend polnische Häftlinge.
Februar	**1941**
06.02.	Gusen: 1 Pole starb an den Folgen eines Unfalls.
14.2.	Gusen: 1 Pole „Selbstmord" durch Starkstrom.

23.2.	Gusen: 1 Pole „Selbstmord“ durch Erhängen.
	Im Monat Februar „starben“ allein in Gusen 250 Häftlinge, vorwiegend Polen und Spanier.
März	**1941**
03.03.	Gusen: 1 Pole „Selbstmord“ durch Erhängen.
10.03.	1 Spanier Tod durch Unfall.
25.03.	Gusen: 1 Pole „Selbstmord“ durch Öffnen der Pulsader. 1 AZR-DR Tod durch Unfall.
27.03.	Gusen: 1 DR-Sch. „auf der Flucht“ erschossen.
	(Am 17.3.1941 begann die Konzentrierung von Tbc-Kranken in Gusen).
	Im Monat März „starben“ in Gusen 376 Häftlinge, vorwiegend Polen und Spanier.
April	**1941**
01.04.	Gusen: 1 Spanier und 1 Pole „Freitod“ durch Elektrozaun.
06.04.	1 Jude-DR „Selbstmord“ durch Starkstrom.
09.04.	Gusen: 1 Spanier „Selbstmord“ durch Starkstrom.
10.04.	Gusen: 1 BV-DR „Selbstmord“ durch Erhängen.
12.04.	1 BV-DR „auf der Flucht“ erschossen.
19.04.	Gusen: 1 Pole „Selbstmord“ durch Starkstrom.
	Im Monat April „starben“ in Gusen 372 Häftlinge, vorwiegend Polen und Spanier.
Mai	**1941**
09.05.	1 Pole „auf der Flucht“ erschossen.
10.05.	1 DR-Sch. „auf der Flucht“ erschossen.
	(Am 12. oder 13.5.1941 kamen die ersten holländischen Juden in Mauthausen an.)
14.05.	1 holl. Jude „Freitod“ durch Elektrozaun.
15.05.	SS-Ärzte kastrieren 1 Häftling.
17.05.	SS-Ärzte kastrieren 2 Häftlinge.
19.05.	Gusen: 1 Pole „Selbstmord“ durch Erhängen.
26.05.	3 holl. Juden „auf der Flucht“ erschossen, 1 DR-Sch. gestorben.
28.05.	Gusen: 1 Pole „Selbstmord“ durch Erhängen.
	Im Monat Mai „starben“ in Gusen 240 polnische und spanische und in Mauthausen 11 Häftlinge.
Juni	**1941**
05.06.	1 Jude „auf der Flucht“ erschossen.
07.06.	1 holländischer Jude „auf der Flucht“ erschossen.
18.06.	Gusen: 1 AZR-DR „auf der Flucht“ erschossen.
23.06.	1 Tscheche „Selbstmord“ durch Erhängen.
24.06.	Gusen: 1 Spanier „Selbstmord“ durch Erhängen.
25.06.	5 holl. Juden „auf der Flucht“ erschossen. Gusen: 1 AZR „auf der Flucht“ erschossen.
26.06.	4 holl. Juden „auf der Flucht“ erschossen.
27.06.	2 Juden „auf der Flucht“ erschossen. Gusen: 1 Jude „Selbstmord“ im Elektrozaun.
30.06.	1 holl. Jude „auf der Flucht“ erschossen.
Juli	**1941**
01.07.	2 holl. Juden „auf der Flucht“ erschossen.
02.07.	2 holl. Juden „auf der Flucht“ erschossen.
03.07.	3 holl. Juden „auf der Flucht“ erschossen. Gusen: 1 Spanier „Selbstmord“ durch Starkstrom.

05.07.	Fleckfieberepidemie in Mauthausen und Gusen.
08.07.	Exekution: 2 Polen; 4 holländische Juden im Bunker und 2 im Lager „gestorben", 7 Juden „auf der Flucht" erschossen.
11.07.	Gusen: 1 Spanier „Selbstmord" durch Elektrozaun und 1 AZR-DR „auf der Flucht" erschossen.
12.07.	1 holl. Jude „auf der Flucht" erschossen.
13.07.	Gusen: 1 Spanier „Selbstmord" durch Elektrozaun.
14.07.	1 Spanier „Selbstmord" durch Elektrozaun und 1 AZR-DR „auf der Flucht" erschossen.
16.07.	1 holl. Jude „auf der Flucht" erschossen. Gusen: 1 Pole „Selbstmord" durch Elektrozaun.
17.07.	6 Häftlinge „auf der Flucht" erschossen und 2 verübten „Selbstmord" durch Ertrinken.
18.07.	10 holl. Juden „auf der Flucht" erschossen, 1 Spanier durch Unfall gestorben.
19.07.	Gusen: 1 Spanier „Selbstmord" durch Elektrozaun.
22.07.	1 holl. Jude im Bunker „gestorben" und 4 holl. Juden „auf der Flucht" erschossen.
24.07.	Gusen: 1 Pole „Selbstmord" durch Erhängen, 1 holl. Jude „auf der Flucht" erschossen.
25.07.	2 holl. Juden „auf der Flucht" erschossen. Gusen: 1 Pole „Selbstmord" durch Elektrozaun.
29.07.	1 holl. Jude „auf der Flucht" erschossen.
31.07.	1 holl. Jude „auf der Flucht" erschossen.
	Im Monat Juli meldete KLM mindestens 459 Häftlinge als gestorben.
August	**1941**
01.08.	Gusen: 1 AZR-DR „auf der Flucht" erschossen.
02.08.	Gusen: 1 DR-Schutz Tod durch Unfall. 22 Tbc-Kranke in Gusen.
04.08.	Gusen: 1 Spanier „Selbstmord" durch Elektrozaun.
05.08.	2 holl. Juden „auf der Flucht" erschossen.
06.08.	1 holl. Jude „auf der Flucht" erschossen.
07.08.	4 holl. Juden „auf der Flucht" erschossen.
08.08.	1 holl. Jude und 1 DR-Schutz (?) „auf der Flucht" erschossen.
09.08.	1 holl. Jude „auf der Flucht" erschossen.
11.08.	70 holl. Juden nach Hartheim.
12.08.	80 Häftlinge verschiedener Nationalität nach Hartheim.
14.08.	Gusen: 45 Häftlinge nach Hartheim. 1 holl. Jude „Selbstmord" durch Absprung im „Wiener Graben" und1 holl. Jude „auf der Flucht" erschossen.
15.08.	Gusen: 75 Häftlinge nach Hartheim, 1 Pole „auf der Flucht" erschossen, und 1 Pole verübte „Selbstmord" durch Elektrozaun.
16.08.	Gusen: 75 Häftlinge nach Hartheim, 1DR-Sch. „auf der Flucht" erschossen. 2 Polen „Selbstmord" durch Starkstrom.
17.08.	Gusen: 2 Polen „Selbstmord" durch Elektrizität.
18.08.	Gusen: 80 Häftlinge nach Hartheim. 1 holl. Jude „auf der Flucht" erschossen.
19.08.	Gusen: 75 Häftlinge nach Hartheim.
20.08.	Gusen: 80 Häftlinge nach Hartheim.
21.08.	Unbekannte Zahl von Häftlingen nach Hartheim. Gusen: 1 Pole sowie 1 holl. Jude „auf der Flucht" erschossen. Gusen: 80 Häftlinge nach Hartheim.
23.08.	Gusen: 1 Pole „auf der Flucht" erschossen.
24.08.	1holl. Jude „auf der Flucht" erschossen.
25.08.	4 holl. Juden „auf der Flucht" erschossen.

26.08.	9 holl. Juden „auf der Flucht“ erschossen. Gusen: 1 Pole, 1 Spanier, 2 holl. Juden „auf der Flucht“ erschossen.
27.08.	4 holl. Juden „auf der Flucht“ erschossen.
28.08.	Gusen: 1 Pole „auf der Flucht“ erschossen.
29.08.	1 holl. Jude „auf der Flucht“ erschossen.
30.08.	3 holl. Juden „auf der Flucht“ erschossen und 1 Pole verübte „Selbstmord“ durch Elektrozaun.
	Im August meldete KLM (ohne Hartheim) 560 Häftlinge als gestorben.
September	**1941**
10.09.	Gusen: 1 Spanier „Selbstmord“ durch Elektrozaun.
11.09.	1 Pole „auf der Flucht“ erschossen.
12.09.	18 Häftlinge gestorben; vermutlich durch Herzinjektion.
13.09.	14 Häftlinge gestorben.
14.09.	1 Häftling „Freitod“, 10 Häftlinge beim Lageraufbau (Russenlagerbau) erschlagen.
15.09.	10 Häftlinge beim Russenlagerbau erschlagen.
16.09.	13 holl. Juden „auf der Flucht“ erschossen.
17.09.	16 holl. Juden gestorben; Herzinjektionen verabreicht. 8 Häftlinge „auf der Flucht“ erschossen. 2 holl. Juden „auf der Flucht“ erschossen. Gusen: 1 Pole verübte „Selbstmord“ durch Elektrozaun. Gusen: Die erste „Badeaktion“ durchgeführt. Im Waschraum des Blockes 16 wurden 9 Häftlinge ertränkt.
18.09.	7 Juden „auf der Flucht“ erschossen, 10 Häftlinge gestorben. Gusen: 1 Spanier verübte „Selbstmord“ durch Elektrozaun.
19.09.	2 Häftlinge „Freitod“, 5 holl. Juden „auf der Flucht“ erschossen, 4 Häftlinge gestorben.
20.09.	2 holl. Juden „auf der Flucht“ erschossen.
22.09.	4 holl. Juden „auf der Flucht“ erschossen und 1 AZR DR Tod durch Unfall.
	(Fa. Heerdt und Lingler, lieferte am 22. 9 1941 eine unbekannte Menge Zyklon-B).
23.09.	3 holl. Juden „auf der Flucht“ erschossen.
24.09.	11 holl. Juden und 1 Pole „auf der Flucht“ erschossen.
25.09.	2 holl. Juden „auf der Flucht“ erschossen.
26.09.	1 holl. Jude, 1 poln. Jude „auf der Flucht“ erschossen, 1 DR-Schutz „Selbstmord“ durch Erhängen.
28.09.	Gusen: 1 Spanier „Selbstmord“ durch Elektrozaun.
29.09.	1Pole „auf der Flucht“ erschossen. Gusen: „Badeaktion“ wiederholt; unbekannte Zahl von Häftlingen ermordet.
30.09.	1 holl. Jude „auf der Flucht“ erschossen und 1 AZR-DR „Selbstmord“ durch Erhängen.
	In diesem Monat meldete Mauthausen (ohne Hartheim und ohne Gusen) 219 politische Häftlinge als verstorben. Darunter waren 205 jüdische Häftlinge (vorwiegend Holländer), 7 Polen, 5 Spanier und 2 DR-Sch. 47 Juden wurden „auf der Flucht“ erschossen, 1 Jude und 2 DR-Sch. sollen „Selbstmord“ verübt haben. In Gusen „starben“ im Monat September 426 Häftlinge.
Oktober	**1941**
03.10.	1 holl. Jude „auf der Flucht“ erschossen.
	(Am 3.10.1941 kam der erste große Transport mit Tschechen an.)
06.10.	Gusen: 2 Spanier verübten „Selbstmord“ durch Elektrozaun.

09.10.	Gusen: 1 Spanier „Selbstmord“ durch Elektrozaun.
10.10.	1 holl. Jude „auf der Flucht“ erschossen.
11.10.	1 BV-DR „Selbstmord“ durch Erhängen und 4 holl. Juden „auf der Flucht“ erschossen.
13.10.	4 holl. Juden „auf der Flucht“ erschossen und 1 tschechischer Jude „Selbstmord“ durch Elektrozaun.
14.10.	1 tschech. Jude „Selbstmord“ durch Erhängen und 2 holl. Juden „auf der Flucht“ erschossen, 2 holl. Juden „Selbstmord“ durch Elektrozaun, 16 holl. Juden Sturz über Felswand.
15.10.	3 tschech. Juden „auf der Flucht“ erschossen.
16.10.	1 holl. Jude „auf der Flucht“ erschossen.
17.10.	1 tschechischer Jude „auf der Flucht“ erschossen.
20.10.	1 holl. Jude „auf der Flucht“ erschossen und 2 holl. Juden „Freitod“ durch Ertrinken, 2 tschech. Juden „Freitod“ durch Ertrinken. – Ankunft der ersten sowjetischen Kriegsgefangenen in Mauthausen.
21.10.	Die ersten 3 sowjetischen Kriegsgefangenen gestorben. 1 tschechischer Jude „Freitod“ durch Elektrizität, 1 holl. Jude gestorben, 1 Jude „auf der Flucht“ erschossen.
22.10.	Gusen: 1 Pole „auf der Flucht“ erschossen.
23.10.	Gusen: 1 AZR-DR „Freitod“ durch Erhängen.
24.10.	1 tschechischer Jude „Freitod“ durch Erhängen, 16 Juden und 1 SU-Kgf. gestorben. (In Gusen kamen die ersten sowjetischen Kriegsgefangenen an.)
25.10.	1 Schweizer-Schutz und 2 tschechische Juden „Freitod durch Sprung in die Tiefe“, 1 Spanier, 1 Pole, 4 SU-Kgf. gestorben und 4 Juden „Freitod durch Ertrinken“. Gusen: 12 SU-Kgf. gestorben.
27.10.	1 holl. Jude „Selbstmord“ durch Erhängen. Gusen: 1 Spanier „Selbstmord“ durch Elektrozaun.
28.10.	1 tschech. Jude „Freitod“ durch Absturz. Gusen: 1 Spanier „Selbstmord“ durch Elektrizität.
29.10.	Gusen: 2 Spanier „Freitod“ durch Starkstrom.
30.10.	1 Jude „Freitod“ durch Absturz.
31.10.	Gusen: 1 Spanier „auf der Flucht“ erschossen, 1 Jugoslawe und 3 Juden „auf der Flucht“ erschossen, 1 Jude „Freitod“ durch Erhängen. 27 Häftlinge gestorben.
	Im Oktober meldete Mauthausen (ohne Hartheim, ohne Gusen und ohne SU-Kgf.) 403 politische Häftlinge als verstorben. In Gusen „starben“ 566 Häftlinge (ohne SU-Kgf.), vorwiegend Spanier und Polen.
November	**1941**
01.11.	Gusen: 1 Spanier „Selbstmord“ durch Elektrozaun
02.11.	Gusen: 3 Polen-BV, 1 Spanier, 1 AZR-DR „Selbstmord“ durch Elektrozaun, 1 DR-Sch. „auf der Flucht“ erschossen.
05.11.	8 Häftlinge gestorben. Gusen: „Badeaktion“ durchgeführt, 1 Spanier „auf der Flucht“ erschossen und 4 Spanier „Selbstmord“ durch Elektrozaun. 8 Häftlinge stürzten sich in die Starkstromdrähte. 45 Leichen eingeäschert.
06.11.	Exekution: 20 Wiener Tschechen und Wiener erschossen. 1 Jugoslawe „auf der Flucht“ erschossen. Gusen: 1 Spanier „Selbstmord“ durch Elektrozaun. Gusen: „Badeaktion“; Krematorium verbrannte 57 Leichen.
07.11.	Gusen: „Badeaktion“; 94 Leichen verbrannt, 3 Häftlinge „Selbstmord“ durch Elektrozaun, 1 Jugoslawe „auf der Flucht“ erschossen.

08.11.	Gusen: „Badeaktion“; 72 Leichen verbrannt.
09.11.	Gusen: 1 Spanier „Selbstmord“ durch Elektrozaun.
10.11.	Gusen: 1 Spanier und 1 BV-DR „Selbstmord“ durch Elektrozaun. 1 DR-Schutz „auf der Flucht“ erschossen.
11.11.	2 DR-Schutz „auf der Flucht“ erschossen. Gusen: 1 Spanier „Selbstmord“ durch Elektrozaun.
12.11.	Gusen: 3 Spanier „Selbstmord“ durch Elektrozaun, 1 Pole „auf der Flucht“ erschossen.
13.11.	Gusen: 4 Häftlinge „Selbstmord“ durch Elektrozaun.
14.11.	1 Pole, 1 Emigrant und 1 Spanier „auf der Flucht“ erschossen.
15.11.	Gusen: 1 Spanier „Selbstmord“ durch Elektrozaun.
17.11.	Gusen: 1 Spanier und 1 Pole „Selbstmord“ durch Elektrozaun.
18.11.	Gusen: 2 Polen „auf der Flucht“ erschossen.
19.11.	1 Jude „Selbstmord“ durch Elektrozaun.
20.11.	Gusen: 1 Spanier, 1 Pole „Selbstmord“ durch Elektrozaun.
21.11.	2 Häftlinge „Selbstmord“ durch Elektrozaun.
22.11.	2 Häftlinge „Selbstmord“ durch Elektrozaun und durch Erhängen.
28.11.	Gusen: 3 Häftlinge „Selbstmord“ durch Elektrozaun.
29.11.	1 Häftling „Selbstmord“ durch Elektrozaun.
30.11.	1 Häftling „Selbstmord“ durch Elektrozaun. Gusen: 2 Spanier „Freitod/Elektrozaun“.
	Im November meldete Mauthausen (ohne Hartheim, ohne Gusen und ohne SU-Kgf.) 142 politische Häftlinge als verstorben.
Dezember	**1941**
01.12.	3 DR-Schutz „auf der Flucht“ erschossen.
02.12.	4 Juden „auf der Flucht“ erschossen.
03.12.	9 Häftlinge „auf der Flucht“ erschossen, 4 Häftlinge gestorben, 60 Häftlinge nach Hartheim.
04.12.	137 Häftlinge nach Hartheim, 1 DR-Schutz und 2 holl. Juden „auf der Flucht“ erschossen.
05.12.	60 Häftlinge nach Hartheim. 2 Juden und 1 Schutz-Häftling „auf der Flucht“ erschossen. 3 Juden „Freitod“ durch Elektrizität. Gusen: 1 Pole „auf der Flucht“ erschossen.
06.12.	59 Häftlinge nach Hartheim, 7 „auf der Flucht“ erschossen, 12 gestorben.
07.12.	2 DR-Schutz „auf der Flucht“ erschossen.
08.12.	60 Häftlinge nach Hartheim, 1 Häftling „auf der Flucht“ erschossen, 1 Häftling „Freitod“ durch Elektrizität. Gusen: 2 Spanier „Freitod“ durch Elektrizität. 2 Häftlinge verstorben.
09.12.	60 Häftlinge nach Hartheim, 1 Häftling „auf der Flucht“ erschossen. Gusen: 3 Spanier „Freitod“ durch Elektrizität, 49 Häftlinge gestorben; Herzinjektionen verabreicht.
10.12.	60 Häftlinge nach Hartheim, 1 DR-Schutz „auf der Flucht“ erschossen. 3 Häftlinge gestorben. Gusen: 1 „Freitod“, 63 Häftlinge gestorben, Herzinjektionen verabreicht.
11.12.	Gusen: 1 Spanier „Selbstmord“ durch Elektrozaun.
12.12.	Gusen: 2 Spanier „Freitod“ durch Elektrozaun. 5 Häftlinge „auf der Flucht“ erschossen.
13.12.	3 Häftlinge „auf der Flucht“ erschossen.
14.12.	1 Häftling „auf der Flucht“ erschossen. Gusen: 1 Spanier „Selbstmord“ durch Elektrozaun.

15.12.	4 Häftlinge „auf der Flucht“ erschossen. Gusen: 1 Spanier „Selbstmord“ durch Elektrozaun. 5 Häftlinge gestorben.
16.12.	55 Häftlinge gestorben, darunter 32 Tschechen; Herzinjektionen verabreicht. 6 Häftlinge „auf der Flucht“ erschossen, 7 Häftlinge verübten „Selbstmord“. Gusen: 10 gestorben, darunter 8 Spanier.
17.12.	5 Tschechen und 2 Juden „auf der Flucht“ erschossen, 5 gestorben.
18.12.	2 Polen, 6 Tschechen und 7 holl., österr. und tschech. Juden „auf der Flucht“ erschossen, 6 gestorben.
19.12.	15 Häftlinge „auf der Flucht“ erschossen, 5 gestorben.
21.12.	Gusen: 1 Spanier „Selbstmord“ durch Elektrozaun.
22.12.	Exekution: 1 im KLM-Stand nicht erfasster Pole gehenkt. Gusen: 2 Spanier „Selbstmord“ durch Elektrozaun.
23.12.	1 Häftling „Selbstmord“ durch Elektrozaun. Gusen: 1 Spanier und 1 Pole „Freitod“ durch Elektrozaun.
25.12.	Gusen: 1 Spanier „Selbstmord“ durch Elektrozaun.
26.12.	2 Juden „Selbstmord“ durch Elektrozaun. Gusen: 1 Spanier „Freitod“ durch Elektrozaun.
29.12.	25 Häftlinge, darunter 18 Tschechen, gestorben.
31.12.	4 Juden „auf der Flucht“ erschossen. Gusen: 1 Spanier „Selbstmord“ durch Elektrozaun.

In diesem Monat wurden in Gusen fast täglich (außer Sonntag) Herzinjektionen verabreicht. Im Dezember meldete Mauthausen (ohne Gusen, ohne Hartheim und ohne SU-Kgf.) 358 politische Häftlinge als gestorben. Darunter waren 220 Tschechen, 71 Juden, (darunter viele tschechische), 23 Jugoslawen, 22 Polen, 16 Spanier und sechs DR-Sch. In Gusen „starben“ (ohne SU-Kgf.) bei „Badeaktionen“ und mittels Herzinjektionen 896 Häftlinge; vorwiegend Spanier und Polen.

Vom 1.1. bis 31.12.1941 meldete Gusen (mit den Hartheim-Opfern) 5.782 Todesfälle, davon waren 5.562 Häftlinge und 220 SU-Kgf. Für den gleichen Zeitraum meldete das Hauptlager, jedoch ohne die Hartheim-Opfer, 1.686 Todesfälle, und zwar 1.404 Häftlinge und 282 SU-Kgf. Hierzu müssen mindestens 646 Häftlinge, die aus Mauthausen nach Hartheim überstellt wurden, gezählt werden. Dies ergibt in Mauthausen mindestens 2.332 und mit Gusen 8.114 Todesfälle, bei einem durchschnittlichen Gesamtstand von maximal 10.000 Häftlingen des KLM.

1942

Jänner	**1942**
01.01.	Gusen: 50 Häftlinge gestorben; vermutlich Herzinjektionen verabreicht, 1 DR-Schutz „Freitod“ durch Erhängen.
02.01.	Gusen: 1 Spanier „Freitod“ durch Elektrizität.
05.01.	Exekution: 1 Pole; 9 Juden, 4 Tschechen und 1 DR-Sch. „auf der Flucht“ erschossen, 1 gestorben.
06.01.	Exekution: 1 Pole exekutiert, 11 Tschechen „auf der Flucht“ erschossen.
07.01.	15 Tschechen, 4 Polen und 1 Jude „auf der Flucht“ erschossen.
08.01.	1 Tscheche „auf der Flucht“ erschossen.
09.01.	Gusen: 1 Spanier Tod durch Elektrizität.

11.01.	Gusen: 3 Häftlinge „Selbstmord" durch Starkstrom.
12.01.	Gusen: 1 Spanier Tod durch Elektrizität, 1 Jude „auf der Flucht" erschossen.
13.01.	1 Jude und 1 Tscheche „auf der Flucht" erschossen. Gusen: 1 Spanier Tod durch Elektrizität.
14.01.	Gusen: 122 gestorben, ein Teil dieser Häftlinge wurde im Steinbruch erschlagen, die anderen mittels Herzinjektionen ermordet, 1Pole und 1 Tscheche „auf der Flucht" erschossen.
15.01.	1 holl. Jude „auf der Flucht" erschossen.
16.01.	6 Häftlinge „auf der Flucht" erschossen, 4 gestorben.
17.01.	Gusen: 97 gestorben, Herzinjektionen verabreicht; 2 holl. Juden „auf der Flucht" erschossen.
19.01.	1 Tscheche und 1 Jude „auf der Flucht" erschossen.
21.01.	Gusen: 90 gestorben, Herzinjektionen verabreicht oder „Badeaktion".
22.01.	1 Tscheche „auf der Flucht" erschossen.
23.01.	1 Tscheche „auf der Flucht" erschossen.
26.01.	Exekution: 1 SU-Kgf., 1 Tscheche „auf der Flucht" erschossen.
27.01.	Gusen: 1 Spanier „Freitod" durch Elektrizität.
31.01.	70 Häftlinge nach Hartheim, 1 Tscheche „auf der Flucht" erschossen.
	Im Monat Jänner meldete Mauthausen (ohne Hartheim) 173 verstorbene politische Häftlinge (vorwiegend Tschechen); in Gusen „starben" 732 Häftlinge (vorwiegend Spanier). Außerdem meldeten beide Lager 768 „verstorbene" SU-Kgf. Täglicher Durchschnitt (ohne Hartheim-Opfer) 54 Tote.
Februar	**1942**
01.02.	Gusen: 2 Spanier „Freitod" durch Elektrizität.
02.02.	77 Häftlinge nach Hartheim; 2 Juden „auf der Flucht" erschossen, 1 Jude „Freitod" durch Elektrizität, 6 Häftlinge gestorben. Gusen: Unbekannte Zahl von Häftlingen nach Hartheim.
03.02.	1 Jude „auf der Flucht" erschossen, 1 Pole „Freitod" durch Erhängen.
04.02.	Gusen: 77 Häftlinge nach Hartheim, 15 gestorben, 1 Jude durch Starkstrom.
05.02.	Exekution: 2 Polen gehenkt; 3 Häftlinge „auf der Flucht" erschossen, 8 gestorben.
07.02.	21 Häftlinge gestorben; vermutlich Herzinjektionen verabreicht. 2 Juden „Selbstmord" durch Starkstrom.
10.02.	1 Jude Tod durch Starkstrom.
12.02.	1 Jude „auf der Flucht" erschossen.
13.02.	Exekution: 11 Tschechen erschossen; 2 Juden „auf der Flucht" erschossen, 17 Tschechen gestorben; Herzinjektionen verabreicht.
14.02.	2 Juden „auf der Flucht" erschossen, 1 Jude Tod durch Starkstrom.
20.02.	34 tschechische Juden „auf der Flucht" erschossen, 9 gestorben.
21.02.	1 Pole „auf der Flucht" erschossen.
23.02.	Exekution: 1 Pole gehenkt.
24.02.	1 Jude „Freitod" durch Erhängen.

26.02.	1 Tscheche „Freitod“ durch Elektrizität, 1 Tscheche „auf der Flucht“ erschossen.
28.02.	1 Tscheche „Freitod“ durch Erhängen.
	Im Monat Februar wurden im KLM, jedoch ohne Hartheim-Opfer, 950 Häftlinge als verstorben gemeldet, davon waren 539 SU-Kgf. Die gestorbenen Kriminellen sind in diesen Zahlen nicht erfasst. Nach Hartheim wurden in diesem Monat mindestens 230 Häftlinge gebracht.
März	**1942**
02.03.	Exekution: 1 Pole gehenkt; 1 Tscheche „auf der Flucht“ erschossen und 1 AZR-DR „Selbstmord“ durch Elektrizität. Gusen: Ungeziefervergasung der Linzer Firma Slupetzky in der Baracke 16, Stube B. Zugleich wurden 64 oder 164 kranke sowjetische Kriegsgefangene erstickt.
04.03.	4 Häftlinge „auf der Flucht“ erschossen. Gusen: 4 Häftlinge und 70 SU-Kgf., die in ihrer absoluten Mehrzahl im Steinbruch erschlagen wurden, als „gestorben“ gemeldet.
05.03.	4 Häftlinge „auf der Flucht“ erschossen. Gusen: 75 gestorben, darunter 62 SU-Kgf., die im Steinbruch erschlagen wurden.
06.03.	3 Häftlinge „auf der Flucht“ erschossen.
07.03.	1 Pole und 2 DR-Sch. „auf der Flucht“ erschossen, 17 gestorben. Gusen: 62 gestorben, darunter viele SU-Kgf.
09.03.	2 Häftlinge verübten „Selbstmord“, 4 Häftlinge „auf der Flucht“ erschossen.
10.03.	4 Häftlinge „auf der Flucht“ erschossen.
11.03.	5 Häftlinge „auf der Flucht“ erschossen, 11 gestorben.
12.03.	6 Juden „Freitod“ durch Elektrizität, 6 gestorben.
13.03.	2 Juden „Freitod“ durch Elektrizität, 1 Tscheche „auf der Flucht“ erschossen.
17.03.	Exekution: 11 SU-Kgf. erschossen; 8 Häftlinge gestorben. Gusen: 65 gestorben, Herzinjektionen verabreicht.
18.03.	Exekution: 2 Polen gehenkt; 2 Häftlinge „Freitod“ durch Elektrizität, 4 „auf der Flucht“ erschossen.
19.03.	Exekution: 2 Polen gehenkt; 3 Juden „Freitod“ durch Elektrizität, 2 Häftlinge „auf der Flucht“ erschossen, 4 gestorben.
20.03.	3 Häftlinge „auf der Flucht“ erschossen.
21.03.	5 Häftlinge „auf der Flucht“ erschossen. Exekution: 1 Pole gehenkt.
22.03.	1 AZR-DR „Freitod“ durch Elektrizität.
23.03.	Exekution: 26 SU-Kgf. gehenkt; 15 Häftlinge gestorben.
24.03.	109 Häftlinge gestorben, Herzinjektionen verabreicht, 1 Häftling „Freitod“, 1 „auf der Flucht“ erschossen.
25.03.	5 Häftlinge „Freitod“ durch Elektrizität, 17 gestorben.
28.03.	84 Häftlinge gestorben, Herzinjektionen verabreicht, 1 Jude „Freitod“ durch Elektrizität.
29.03.	141 Häftlinge gestorben, Herzinjektionen verabreicht, 1 Tscheche „Freitod“ durch Erhängen.
30.03.	97 Häftlinge gestorben, 1 „auf der Flucht“ erschossen.
31.03.	3 Häftlinge „auf der Flucht“ erschossen und 1 „Freitod“ durch Elektrizität.
	KLM meldete im Monat März (ohne Hartheim) bei einem Gesamtstand von etwa 13.000 Häftlingen 2.123 Todesfälle, vorwiegend SU-Kgf. und Tschechen. Täglicher Durchschnitt: 68 Tote!

April	**1942**
01.04.	8 Polen „auf der Flucht“ erschossen.
02.04.	Exekution: 1 Pole; 1 Tscheche „auf der Flucht“ erschossen und 80 SU-Kgf. gestorben gemeldet.
07.04.	1 Pole und 1 Tscheche „auf der Flucht“ erschossen.
08.04.	Exekution: 1 Pole gehenkt; 8 Häftlinge „auf der Flucht“ erschossen.
09.04.	5 Häftlinge „Freitod“ und 1 „auf der Flucht“ erschossen.
10.04.	1 Tscheche „auf der Flucht“ erschossen.
11.04.	Exekution: 1 Jugoslawe erschossen.
14.04.	Exekution: 1 Zivilarbeiter erschossen, 1 BV-DR „Freitod“ durch Elektrizität.
15.04.	Exekution: 1 Pole gehenkt; 3 Häftlinge „Freitod“ und 6 „auf der Flucht“ erschossen.
17.04.	3 Polen „auf der Flucht“ erschossen, 1 BV-DR „Freitod“ durch Elektrizität.
18.04.	1 Pole „auf der Flucht“ erschossen.
19.04.	3 Juden „Freitod“ durch Elektrizität.
20.04.	(Hitlers Geburtstag) 48 Jugoslawen (darunter 4 Frauen) und 2 Tschechen erschossen;[4] 3 Polen „auf der Flucht“ erschossen.
21.04.	1 Pole „Freitod“ durch Elektrizität, 1 Pole „auf der Flucht“ erschossen.
22.04.	1 Jude „Freitod“ durch Elektrozaun, 2 Polen „auf der Flucht“ erschossen.
24.04.	4 Häftlinge „auf der Flucht“ erschossen.
25.04.	1Pole „auf der Flucht“ erschossen.
26.04.	6 Juden „Freitod“ durch Elektrizität.
27.04.	3 Häftlinge „auf der Flucht“ erschossen.
28.04.	Exekution: 1 Pole; 3 Häftlinge „auf der Flucht“ erschossen.
30.04.	2 Juden „Freitod“ durch Elektrizität, 1 Tscheche „auf der Flucht“ erschossen.
Mai	**1942**
02.05.	1 BV-DR „auf der Flucht“ erschossen.
04.05.	4 Häftlinge „Freitod“, 1 Pole „auf der Flucht“ erschossen.
05.05.	2 Häftlinge „auf der Flucht“ erschossen.
06.05.	2 Häftlinge „auf der Flucht“ erschossen.
07.05.	Exekution: 70 Tschechen erschossen, 2 Tschechen gehenkt; 3 Häftlinge „auf der Flucht“ erschossen.[5]
08.05.	Häftlinge „auf der Flucht“ erschossen.
09.05.	Exekution: 208 mit Häftlingsnummern versehene SU-Kgf. in der Mauthausener Gaskammer erstickt, 23 SU-Kgf. erschossen und 1 Pole gehenkt, 28 Häftlinge gestorben. (Vermutlich sind auch die 23 SU-Kgf. und 1 Pole vergast worden; offiziell sollten sie erschossen respektive gehenkt werden.)
11.05.	1 Häftling „Freitod“ durch Elektrizität, 1 Pole „auf der Flucht“ erschossen.
13.05.	Exekution: 1 Tscheche erschossen.
14.05.	1 AZR-DR verunglückt.

[4] Am 20.4.1942 fand die erste Hinrichtung von Frauen (vier Jugoslawinnen) Cecilija Vrankar, Paula Frlic, Maria und Maria Hafner (vermutlich Mutter und Tochter) statt. Die zwei exekutierten Tschechen waren Funktionäre der Tschechoslowakischen Kommunistischen Partei: Eduard Urx und Vaclav Sinkule. Hlas Revoluce: No. 4/1978, S.3. Archiv M.M.: M 5/6 und 6/1.

[5] Unter den Exekutierten befanden sich viele Professoren und Dozenten der Brünner Universität. Archiv M.M.: M 5/6 und 6/11.

19.05.	Exekution: 3 BV-DR und 1 DR-Schutz wegen Flucht und Beihilfe zur Flucht am Appellplatz gehenkt.
21.05.	Exekution: 1 Tscheche.
23.05.	1 Pole „auf der Flucht" erschossen.
27.05.	2 Polen „auf der Flucht" erschossen.
29.05.	Exekution: 2 Polen gehenkt.
31.05.	2 Polen „Freitod" durch Elektrizität.
Juni	**1942**
01.06.	Exekution: 2 Tschechen und 1 Jude gehenkt;[6] 2 Häftlinge „auf der Flucht" erschossen, 1 gestorben.
05.06.	1 DR-Schutz „auf der Flucht" erschossen, 1 Jude „Freitod" durch Elektrizität.
10.06.	Exekution: 2 Sowjetbürger und 2 Polen gehenkt; 11 Häftlinge gestorben, 2 Juden „auf der Flucht" erschossen.
11.06.	1 Pole „auf der Flucht" erschossen.
12.06.	Gusen: 1 Jude „Freitod" durch Elektrizität, 1 Pole „Freitod" durch Erhängen.
13.06.	Exekution: 1 Pole gehenkt.
15.06.	4 Häftlinge „auf der Flucht" erschossen.
17.06.	Exekution: 17 Jugoslawen, darunter 1 Frau, erschossen; 3 Juden „auf der Flucht" erschossen und 21 Häftlinge gestorben, Herzinjektionen verabreicht.
18.06.	6 Juden „auf der Flucht" erschossen, Steyr: 2 Spanier „auf der Flucht" erschossen. 5 Häftlinge gestorben. Gusen: 1 holl. Jude „Freitod" durch Elektrozaun.
19.06.	Gusen: 1 Jude „Freitod" durch Elektrozaun. 2 Juden „auf der Flucht" erschossen, 1 Jude „Freitod" durch Elektrozaun.
20.06.	2 Juden „auf der Flucht" erschossen.
22.06.	2 Juden „auf der Flucht" erschossen, 2 holl. Juden „Freitod" durch Elektrizität, Gusen: 1 holl. Jude „Freitod" durch Elektrizität.
23.06.	Exekution: 2 jüdische Häftlinge gehenkt; 5 Juden „auf der Flucht" erschossen, 1 holl. Jude „Freitod" durch Elektrizität.
24.06.	2 holl. Juden „Freitod" durch Elektrizität, 3 Juden und 1 Pole „auf der Flucht" erschossen.
25.06.	22 Juden, 1 Pole „auf der Flucht" erschossen, 1 Tscheche „Freitod" durch Starkstrom.
27.06.	1 Jude „auf der Flucht" erschossen, 1 Jude „Freitod" durch Elektrizität, 1 Jude „Freitod" durch Erhängen.
29.06.	1 Jude „Freitod" durch Elektrizität, 9 holl. Juden und 1 BV-DR „auf der Flucht" erschossen.
30.06.	Bretstein: 2 Häftlinge „auf der Flucht" erschossen.
Juli	**1942**
01.07.	1 Häftling „auf der Flucht" erschossen.
02.07.	1 Häftling „auf der Flucht" erschossen.
03.07.	4 Häftlinge „auf der Flucht" erschossen. Gusen: 1 Jude „Selbstmord" durch Elektrizität.
04.07.	1 Pole „auf der Flucht" erschossen.
06.07.	13 Juden, vorwiegend holländische, „auf der Flucht" erschossen.

[6] Darunter befand sich der führende Funktionär der Tschechoslowakischen Kommunistischen Partei Viktor Synek. Hlas Revoluce: 11.2.1978, S.3.

07.07.	8 holl. Juden, 1 Pole, 1 Spanier „auf der Flucht" erschossen, Gusen: 1 BV-Häftling „auf der Flucht" erschossen, 2 Juden „Freitod" durch Elektrizität. (Fa. Heerdt und Lingler GmbH lieferte 1.200 Büchsen Zyklon-B, je 200 g = 240 kg Cyangehalt.)
08.07.	1 Jude „Freitod" durch Elektrizität, 2 holl. Juden „auf der Flucht" erschossen.
09.07.	2 holl. Juden „Freitod" durch Elektrizität, 1 DR-Schutz und 3 holl. Juden „auf der Flucht" erschossen.
10.07.	Exekution: 1 Russe erschossen; 14 Häftlinge „auf der Flucht" erschossen, 13 jüdische Häftlinge „Freitod" durch Elektrozaun. Lagerselektion von Arbeitsunfähigen, Kranken und Körperschwachen. Sie wurden in Block 16 konzentriert, in der Folge mussten sie alle Planierarbeiten verrichten. Tschechen durften im Krankenrevier nicht behandelt werden.
13.07.	Exekution: 2 Polen gehenkt; 15 Häftlinge „auf der Flucht" erschossen, 1 „Freitod" durch Elektrozaun.
14.07.	Etwa 230 Schonungskranke des Blockes 16, vorwiegend Tschechen, nach der Arbeit beim Russenlagerbau kalt „gebadet", 2 Häftlinge „auf der Flucht" erschossen. 67 österreichische Eisenbahner während der Aufnahmeformalitäten misshandelt und von Hunden gehetzt.
16.07.	Exekution: 6 Österreicher (Eisenbahner)[7] und 1 Sowjetbürger erschossen. Gusen: Exekution: 3 Polen erschossen, 2 Häftlinge „auf der Flucht" erschossen.
17.07.	Exekution: 1 Pole gehenkt; 10 Häftlinge „auf der Flucht" erschossen.
18.07.	1 belg., 2 Schutz- und 1 poln. Häftling „auf der Flucht" erschossen.
20.07.	1 Häftling „Freitod" durch Erhängen. Gusen: 1 Pole „Freitod" durch Erhängen.
21.07. oder 24.07.	Die Liquidierung der „Schonungskranken" von Block 16 wurde eingestellt. Von den 230 Häftlingen überlebten nur wenige.
23.07.	11 Juden „auf der Flucht" erschossen, Gusen: 1 Russe „Freitod" durch Erhängen.
24.07.	3 Juden, 1 Spanier „auf der Flucht" erschossen.
25.07.	1 Russe „auf der Flucht" erschossen, Gusen: 1 Tscheche „Freitod" durch Starkstrom.
27.07.	1 BV-DR und 1 Russe „auf der Flucht" erschossen.
28.07.	21 Häftlinge „auf der Flucht" erschossen, Gusen: 1 Spanier „Freitod" durch Erhängen.
29.07.	1 Jude „Freitod" durch Elektrizität, 1 Tscheche „auf der Flucht" erschossen.
30.07.	Exekution: Vor allen angetretenen Gefangenen wird 1 BV-DR-Häftling am Appellplatz gehenkt. 3 Häftlinge „auf der Flucht" erschossen.
31.07.	8 Häftlinge „auf der Flucht" erschossen.
August	**1942**
01.08.	6 Häftlinge „auf der Flucht" erschossen.
02.08.	1 BV-DR „Freitod" durch Erhängen, 1 franz. Interbrigadist „Freitod" durch Elektrizität. Gusen: 1 Pole „Freitod" durch Elektrizität.
03.08.	2 Juden „Freitod" durch Elektrizität, 1 Pole „auf der Flucht" erschossen.
04.08.	1 Pole „auf der Flucht" erschossen.
05.08.	1 Pole „auf der Flucht" erschossen. Selektion aller Häftlinge durch Lagerkommandanten Ziereis beim Abendappell. Die Ausgewählten kamen in den Block 19; Heilbare in Stube „A", Unheilbare in Stube „B".

[7] Tatsächlich wurden fünf Eisenbahner exekutiert, weil der sechste infolge der ihm zugefügten Verletzungen in der Nacht vor der Hinrichtung gestorben ist; offiziell wurden jedoch alle sechs als exekutiert gemeldet.

06.08.	1 DR-Schutz „auf der Flucht“ erschossen.
07.08.	1 Jude „auf der Flucht“ erschossen.
08.08.	1 Jude „Freitod“ durch Erhängen.
10.08.	1 Russe „auf der Flucht“ erschossen.
12.08.	2 Juden „Freitod“ durch Elektrizität, 1 Pole und 1 Russe „auf der Flucht“ erschossen.
13.08.	1 holl. Jude und 1 tschech. Jude „auf der Flucht“ erschossen. Gusen: 1 Pole „auf der Flucht“ erschossen.
15.08.	4 Häftlinge „Freitod“ durch Elektrizität.
17.08.	Exekution: 57 Sowjetbürger und 6 Polen; 62 wurden in der Gaskammer erstickt, 1 Pole gehenkt, 1 BV-DR „auf der Flucht“ erschossen.
19.08.	1 Russe und 1 Jude „auf der Flucht“ erschossen.
20.08.	3 Juden „auf der Flucht“ erschossen; 2 Juden verübten „Selbstmord“ durch Starkstrom.
21.08.	1 tschech. Jude „Freitod“ durch Starkstrom.
24.08.	7 Häftlinge „auf der Flucht“ erschossen.
26.08.	4 Häftlinge „auf der Flucht“ erschossen, 1 „Freitod“ durch Starkstrom.
28.08.	1 Pole „auf der Flucht“ erschossen.
29.08.	1 Pole, 1 Holländer „auf der Flucht“ erschossen.
30.08.	Steyr: 1 Pole „auf der Flucht“ erschossen.
31.08.	12 Juden „auf der Flucht“ erschossen, 2 Juden „Freitod“ durch Elektrozaun.
September	**1942**
01.09.	4 Juden „auf der Flucht“ erschossen.
02.09	8 Häftlinge „auf der Flucht“ erschossen.
03.09	4 Juden „auf der Flucht“ erschossen.
04.09.	3 Juden „auf der Flucht“ erschossen, 1 Jude „Freitod“ durch Elektrizität.
05.09	1 holl. Jude „Freitod“ durch Elektrozaun, 1 Jude „auf der Flucht“ erschossen.
06.09.	5 Häftlinge „auf der Flucht“ erschossen, 1 Jude „Freitod“ durch Erhängen.
08.09	Exekution: 2 Polen gehenkt; 3 Juden „Freitod“ durch Elektrizität.
09.09	1 tschech. Jude „Freitod“ durch Elektrizität.
10.09	Gusen: 1 Pole „auf der Flucht“ erschossen.
12.09.	1 tschech. Jude „Freitod“ durch Elektrizität.
14.09.	1 Pole „auf der Flucht“ erschossen.
15.09.	2 Juden „Freitod“ durch Elektrizität.
16.09.	Exekution: 2 Polen gehenkt; 1 Spanier „auf der Flucht“ erschossen.
17.09.	1 Jude „Freitod“ durch Erhängen.
19.09.	1 holl. Jude „Freitod“ durch Erhängen, 1 Russe „Freitod“ durch Elektrizität.
21.09.	1 BV-DR tödlich verunglückt.
22.09.	Exekution: 2 Tschechen, einer wurde gehenkt, der andere erschossen.
23.09.	1 tschech. Jude „Freitod“ durch Erhängen.
25.09.	1 BV-DR „Freitod“ durch Erhängen.
26.09.	Gusen: 1 Pole „Freitod“ durch Elektrizität.
28.09.	1 Jude „auf der Flucht“ erschossen.
29.09.	1 Jude „auf der Flucht“ erschossen.
Oktober	**1942**
01.10.	33 Juden „auf der Flucht“ erschossen. Gusen: 2 Polen tödlich verunglückt.
05.10.	1 Russe „Freitod“ durch Elektrozaun.

06.10.	Exekution: 8 Polen erschossen, 1 Russe gehenkt. 2 Juden „auf der Flucht" erschossen[8]. Gusen: Exekution: 2 Polen, 4 Russen erschossen.
07.10.	16 Juden „auf der Flucht" erschossen. Steyr: 1 Russe „auf der Flucht" erschossen.
08.10.	1 Russe „Freitod" durch Elektrozaun.
09.10.	Gusen: 1Pole „auf der Flucht" erschossen.
11.10.	1 holl. Jude „auf der Flucht" erschossen.
12.10.	1 Russe „auf der Flucht" erschossen, Gusen: 1 Russe und 1 Pole „Freitod" durch Erhängen.
13.10.	Exekution: 1 Pole gehenkt; 1 BV-DR „Freitod" durch Elektrizität. Gusen: 1 Sowjetbürger durch Hundebisse getötet.
14.10.	3 Juden „auf der Flucht" erschossen.
19.10.	1 Russe „auf der Flucht" erschossen.
22.10.	1 Russe „Freitod" durch Elektrozaun.
23.10.	9 Juden „auf der Flucht" erschossen.
24.10.	Exekution: 263 Tschechen, darunter 128 Frauen und 132 Männer, wurden in der Gaskammer erstickt; eine Familie – Vater, Mutter, Kind – wurde erschossen.
26.10.	1 tschechischer Jude „auf der Flucht" erschossen, Gusen: 1Russe „Freitod" durch Erhängen.
28.10.	1 Russe „Freitod" durch Absturz.
30.10.	1 holl. Jude „auf der Flucht" erschossen.
31.10.	Gusen: 1 holl. Schutz „auf der Flucht" erschossen.
November	**1942**
02.11.	1 Russe „Freitod" durch Erhängen.
03.11.	9 Juden „auf der Flucht" erschossen.
05.11.	1 Jude „auf der Flucht" erschossen.
09.11.	3 Juden „auf der Flucht" erschossen, Gusen: 1 BV-DR „Freitod" durch Erhängen.
10.11.	Gusen: 1 Russe „auf der Flucht" erschossen.
12.11.	6 Juden „auf der Flucht" erschossen. (Firma Heerdt-Lingler GmbH lieferte 240 kg Zyklon-B-Gas.)
13.11.	3 Juden „auf der Flucht" erschossen.
16.11.	8 Juden „auf der Flucht" erschossen, 1 Häftling tödlich verunglückt.
17.11.	5 Häftlinge „auf der Flucht" erschossen.
18.11.	1 tschech. Jude „auf der Flucht" erschossen.
19.11.	2 holl. Juden „auf der Flucht" erschossen.
20.11.	1 Russe „auf der Flucht" erschossen.
23.11.	8 Juden „auf der Flucht" erschossen.
24.11.	1 Russe „Freitod" durch Absprung.
26.11.	1 Russe „auf der Flucht" erschossen.
28.11.	1 BV-DR „Freitod" durch Erhängen.
Dezember	**1942**
01.12.	1 SV-DR „Freitod" durch Erhängen.
02.12.	1 SV-DR „auf der Flucht" erschossen, Gusen: 1 Belgier „Freitod" durch Erhängen.

[8] Unter den „auf der Flucht" Erschossenen befand sich der Berliner Erich Kuttner. Siehe Kapitel 14: Die Bewachungsorgane, Anmerkung 1.

08.12.	Exekution: 2 Sowjetbürger, einer erschossen, der andere wurde gehenkt.
11.12.	Gusen: 1 AZR-DR „auf der Flucht" erschossen.
14.12.	Gusen: 1 Russe „auf der Flucht" erschossen.
17.12.	Exekution: 8 Wiener Tschechen erschossen.
18.12.	1 SV-DR „Freitod" durch Erhängen.
23.12.	Exekution: 1 Pole gehenkt.
24.12.	Gusen: Exekution: 1 Sowjetbürger gehenkt.
29.12.	Exekution: 1 Pole gehenkt.
31.12.	Gusen: 1 SV-DR „Freitod" durch Erhängen.

Im Jahre 1942 sind im KLM mindestens 14.293 Todesfälle gemeldet worden.

Laut Buch der „Unnatürlichen Todesfälle" wurden im Jahre 1942

- 639 Häftlinge „auf der Flucht" erschossen,
- 33 Häftlinge verübten „Selbstmord" durch Erhängen,
- 134 Häftlinge verübten „Selbstmord" durch Starkstrom,
- 2 Häftlinge verübten „Selbstmord" durch Absturz,
- 562 Häftlinge wurden exekutiert,
- 5 Häftlinge starben infolge eines Unfalles.

Demnach gab es 1.375 „unnatürliche Todesfälle".

Im Jahre 1942 lieferte das KLM insgesamt 5.278 Gramm Zahngold ab.

1943

Jänner	**1943**
02.01.	Gusen: 1 SV-DR „Freitod" durch Erhängen, 1 SV-Pole „Freitod" durch Elektrizität.
04.01.	Gusen: 1 SV-Pole „Freitod" durch Elektrizität.
07.01.	Gusen: 2 SV-DR „Freitod" durch Starkstrom.
09.01.	1 holl. Jude „auf der Flucht" erschossen, Gusen: 2 SV-DR „Freitod" durch Starkstrom.
11.01.	Gusen: Exekution: 3 Polen (2 erschossen, 1 gehenkt), 1 Häftling „Freitod" durch Erhängen.
12.01.	Gusen: 1 SV-DR „Freitod" durch Erhängen, 1 Russe „auf der Flucht" erschossen.
13.01.	Gusen: 1 SV-DR „Freitod" durch Elektrizität.
15.01.	Gusen: 1 SV-DR „Freitod" durch Elektrizität.
16.01.	Gusen: 1 SV-DR „Freitod" durch Elektrizität.
18.01.	Gusen: 1BV-DR „Freitod" durch Erhängen.
19.01.	1 BV-DR „auf der Flucht" erschossen.
22.01.	Gusen: 1SV-DR „Freitod" durch Erhängen.
26.01.	Exekution: 31 Tschechen und 1 Sowjetbürger, darunter 15 Frauen. Die tschechischen Männer wurden erschossen, die Frauen vergast und der Sowjetbürger gehenkt; 10 Häftlinge gestorben.
29.01.	1SV-DR „Freitod" durch Elektrizität.
Februar	**1943**
02.02.	1 SV-DR „Freitod" durch Elektrozaun.
04.02.	Beginn einer bis Juni 1943 dauernden umfangreichen Serie von Impfstoffversuchen mit insgesamt 1.700 Häftlingen als Versuchsobjekten. Geleitet wurden die Versuche von SS-Sturmbannführer Dr. Karl Gross. 1 AZR-DR „auf der Flucht" erschossen.

08.02.	1 SV-DR „Freitod" durch Erhängen.
10.02.	1 SV-DR „auf der Flucht" erschossen.
15.02.	1 RZ-A „auf der Flucht" erschossen.
17.02.	1 SV-DR „Freitod" durch Erhängen.
19.02.	1 DR-Schutz und1 BV-DR „Freitod" durch Erhängen.
22.02.	1 Spanier verunglückt.
23.02.	1 SV-DR und1 SV-Pole „Freitod" durch Elektrizität.
26.02.	Gusen: 1 SV-Pole „Freitod" durch Erhängen.
	KLM meldete in den Monaten Jänner und Februar insgesamt 2.997 Todesfälle. In diesen Monaten begannen die Massentötungen von SV-Häftlingen.
März	**1943**
03.03.	1 BV-DR „Freitod" durch Erhängen.
07.03.	Gusen: 1 SV-DR „Freitod" durch Elektrizität.
10.03.	5 Sowjetbürger „auf der Flucht" erschossen.
16.03.	25 SV-Polen „auf der Flucht" erschossen (als verstorben gemeldet).
22.03.	Das KLM-Standesamt registrierte in einer Sterbeurkunde 3.031 verstorbene Häftlinge.
23.03.	2 DR-Schutz „Freitod" durch Erhängen.
24.03.	Exekution: 2 Polen, 1 Sowjetbürger gehenkt.
25.03.	1 SV-DR „Freitod" durch Erhängen.
27.03.	1 SV-Pole „Freitod" durch Erhängen.
30.03.	2 Sowjetbürger „auf der Flucht" erschossen.
	KLM meldete im Monat März 827 Todesfälle.
April	**1943**
04.04.	1 § 175-DR „auf der Flucht" erschossen.
06.04.	Exekution:1 sowjet. Zivilarbeiter gehenkt.
07.04.	1 SV-DR „auf der Flucht" erschossen, Gusen: 1 Polen-Schutz „Freitod" durch Elektrizität.
08.04.	1 Polen-Schutz „Freitod" durch Erhängen.
15.04.	1 Jug.-Schutz „auf der Flucht" erschossen.
16.04.	Gusen: 44 gestorben, Herzinjektionen verabreicht.
17.04.	Exekution: 60 Sowjetbürger und 5 Polen (darunter 5 aus Gusen) „standrechtlich erschossen", tatsächlich jedoch vergast. Unmittelbar vor der Exekution wurden die Sowjetbürger in russischen Uniformen tanzend und Balalaika spielend im Block 2 gefilmt (Angabe des Verfassers, der Zeuge der Filmaufnahmen war).
19.04.	1 Polen-Schutz „Freitod" durch Elektrizität.
20.04.	(Hitlers Geburtstag) Gusen: 47 gestorben, Herzinjektionen verabreicht.
22.04.	1 SV-DR „Freitod" durch Elektrizität.
27.04.	1 Jude „auf der Flucht" erschossen. Das WVHA erteilt am 27.4.1943 die Weisung, „in Zukunft nur geisteskranke Häftlinge für die Aktion „14 f 13" (Hartheim) „auszumustern". Firma Heerdt-Lingler GmbH lieferte am 28.4.1943 eine unbekannte Menge Zyklon-B-Gas.
	KLM meldete im Monat April 1.172 Todesfälle, davon allein 867 in Gusen, darunter waren 646 Todesfälle von DR-SV-Häftlingen.

Mai	1943
04.05.	1 SV-DR (Jude) „auf der Flucht" erschossen.
05.05.	1 holl. Jude „auf der Flucht" erschossen.
10.05.	1 BV-DR und 1 Zivilrusse (Steyr) „auf der Flucht" erschossen.
13.05.	Exekution: 1 Pole erschossen, Steyr: 1 SV-DR „auf der Flucht" erschossen.
21.05.	SS-Standortarzt Dr. Krebsbach[9] erschießt den Wehrmachtsurlauber Obergefreiten Josef Breitenfellner. (Himmler ordnet an, dass auf den Sterbeurkunden die Registrierungszahlen der Toten in den Konzentrationslagern zu tarnen sind.)
24.05.	Gusen: 1 SV-Pole „auf der Flucht" erschossen.
26.05.	1 holl. Jude und 1 tschech.-BV „auf der Flucht" erschossen.
28.05.	1 russ. Jude „auf der Flucht" erschossen.
Juni	**1943**
01.06.	1 Jude „auf der Flucht" erschossen.
02.06.	Exekution: 6 Sowjetbürger und 1 Pole, 2 erschossen, 5 gehenkt.
11.06.	Steyr: 1 SV-DR „auf der Flucht" erschossen.
16.06.	Gusen: 1 Pole „Freitod" durch Erhängen.
17.06.	Exekution: 1 Pole gehenkt.
21.06.	Exekution: 10 Sowjetbürger erschossen.
23.06.	Gusen: 1 Russe „auf der Flucht" erschossen.
24.06.	Gusen: 1 Pole „auf der Flucht" erschossen.
25.06.	Gusen: 1 Pole und 1 Russe „auf der Flucht" erschossen.
26.06.	Gusen: 1 SV-DR „auf der Flucht" erschossen.
29.06.	1 Jude „auf der Flucht" erschossen.
30.06.	Häftlinge des Außenkommandos St. Lambrecht mit Hunden auf dem Appellplatz gehetzt. 9 wurden getötet, die anderen Verletzten in die Strafkompanie überstellt.
Juli	**1943**
01.07.	Die 9 von Hunden Getöteten und weitere Häftlinge des St. Lambrechter Kommandos (insgesamt 14) wurden „auf der Flucht" erschossen gemeldet.
04.07.	1 Russe „Freitod" durch Elektrizität.
05.07.	1 BV-DR „auf der Flucht" erschossen.
06.07.	1 holl. Jude „auf der Flucht" erschossen. (Firma Heerdt u. Lingler GmbH lieferte am 7.7.1943 240 kg Zyklon-B- Gas.)
08.07.	Gusen: Exekution: 50 Polen, 3 Zivilrussen und 1 Jugoslawe erschossen, Eisenerz: 1 Pole „auf der Flucht" erschossen.
11.07.	Steyr: 1 Jugoslawe „auf der Flucht" erschossen.
13.07.	Eisenerz: 1 Pole „auf der Flucht" erschossen.
15.07.	Gusen: 3 RZA „auf der Flucht" erschossen, 1 Tscheche „Freitod" durch Elektrizität.
16.07.	Steyr: 1 SV-DR und 1 Tscheche „auf der Flucht" erschossen, Gusen: 1 Pole und 1 RZA „auf der Flucht" erschossen.
18.07.	Gusen: 1 Pole „Freitod" durch Elektrizität.

[9] Dr. Krebsbach hat jahrelang die Ermordung von Kranken und Körperschwachen mittels Herzinjektion durchgeführt oder angeordnet. Wegen des angeführten Vorfalles wurde er in das KL Vaivara (Estland) versetzt. – Siehe auch Kapitel 27: Die SS-Ärzte.

19.07.	Großraming: 1 Jugoslawe „auf der Flucht“ erschossen, Gusen: 1 Jugoslawe „auf der Flucht“ erschossen.
20.07.	Mindestens 20 Häftlinge mittels Herzinjektion getötet, Steyr: 1 SV-DR „auf der Flucht“ erschossen.
21.07.	1 Jude „auf der Flucht“ erschossen.
22.07.	Gusen: 1 Pole „auf der Flucht“ erschossen.
23.07.	Gusen: 1 Pole „auf der Flucht“ erschossen. Exekution: 2 Polen gehenkt.
29.07.	Eisenerz: 1 Pole „auf der Flucht“ erschossen.
30.07.	Exekution: 1 RZA erschossen, 1 RZA-Pole gehenkt.
31.07.	1 Pole „Freitod“ durch Erhängen.
August	**1943**
02.08.	Exekution: 1 Pole gehenkt; 1 RZA „auf der Flucht“ erschossen.
06.08.	1 RZA „auf der Flucht“ erschossen.
09.08.	Exekution: 1 Pole gehenkt.
11.08.	Steyr: 1 Jugoslawe „auf der Flucht“ erschossen, 1 SV-DR „auf der Flucht“ erschossen, Gusen: 1 BV-DR tödlich verunglückt.
13.08.	Steyr: 1 Spanier tödlich verunglückt.
14.08.	Gusen: 1 Pole „auf der Flucht“ erschossen.
15.08.	Steyr: 1 DR-Sch. „auf der Flucht“ erschossen.
16.08.	Exekution: 1 Pole gehenkt, Steyr: 1 SV-DR „auf der Flucht“ erschossen.
18.08.	1 DR-Sch. „auf der Flucht“ erschossen.
23.08.	Steyr: 1 Spanier tödlich verunglückt, Großraming: 1 RZA „auf der Flucht“ erschossen.
24.08.	16 gestorben, Herzinjektionen verabreicht.
26.08.	Wr. Neustadt: 1 RZA „Freitod“ durch Erhängen.
31.08.	Großraming: 1 RZA „Freitod“ durch Elektrizität.
September	**1943**
01.09.	Gusen: 1 RZA „auf der Flucht“ erschossen.
02.09.	3 Häftlinge des Siedlungsbaukommandos am Appellplatz von Hunden gehetzt.
03.09.	Steyr: 1 Jugoslawe „auf der Flucht“ erschossen, 3 Häftlinge des Siedlungsbaukommandos „verüben“ im Bunker „Freitod“ durch Erhängen, Gusen: 1 Tscheche „auf der Flucht“ erschossen.
04.09.	Gusen: 1 Pole „auf der Flucht“ erschossen.
05.09.	Gusen: 1 RZA „Freitod“ durch Elektrizität.
06.09.	1 DR-§ 175 „Freitod“ durch Erhängen.
09.09.	Wr. Neudorf: 1 Franzose „auf der Flucht“ erschossen.
10.09.	Eisenerz: 1 Pole „auf der Flucht“ erschossen.
13.09.	1 RZA „auf der Flucht“ erschossen.
15.09.	Loiblpass: 1 Pole „auf der Flucht“ erschossen.
16.09.	Exekution: 1 RZA erschossen.
17.09.	Wr. Neudorf: 1 Jugoslawe „auf der Flucht“ erschossen, Loiblpass: 1 DR-§ 175 „auf der Flucht“ erschossen.
19.09.	Wr. Neudorf: 1 SV-DR „auf der Flucht“ erschossen.
21.09.	Steyr: 1 RZA „auf der Flucht“ erschossen.
23.09.	Steyr: 1 SV-DR „auf der Flucht“ erschossen, Exekution: 10 Sowjetbürger und 1 Pole; 2 erschossen, 9 gehenkt.

25.09.	Steyr: 1 Pole „auf der Flucht“ erschossen; 1 RZA „auf der Flucht“ erschossen.
28.09.	4 Häftlinge „auf der Flucht“ erschossen.
29.09.	2 BV-DR „auf der Flucht“ erschossen, Gusen: 1Pole „Freitod“ durch Elektrizität.
Oktober	**1943**
01.10.	Großraming: 1 Jugoslawe „auf der Flucht“ erschossen.
02.10.	Steyr: 1 Pole „auf der Flucht“ erschossen. 1 SV-DR „Freitod“ durch Erhängen, 1 Russe „auf der Flucht“ erschossen.
04.10.	19 Häftlinge gestorben, davon 16 mittels Herzinjektion getötet, 1 SV-DR „auf der Flucht“ erschossen.
05.10.	1 Pole „Freitod“ durch Elektrizität, 1 SV-DR „Freitod“ durch Erhängen.
06.10.	Großraming: 1 Jugoslawe „Freitod“ durch Elektrizität.
07.10.	1 SV-DR „Freitod“ durch Erhängen.
13.10.	Linz: 1 Russe „auf der Flucht“ erschossen, 1 SV-DR „Freitod“ durch Erhängen.
14.10.	1 SV-DR „Freitod“ durch Erhängen.
15.10.	Mindestens 12 Häftlinge mittels Herzinjektion getötet, 1 SV-DR „Freitod“ durch Erhängen, Großraming: 2 Jugoslawen „auf der Flucht“ erschossen.
18.10.	14 Häftlinge mittels Herzinjektion getötet; 2 SV-DR „Freitod“ durch Erhängen.
19.10.	19 Häftlinge mittels Herzinjektion getötet; 1 franz. Jude „auf der Flucht“ erschossen.
20.10.	1 franz. Jude „auf der Flucht“ erschossen.
21.10.	2 franz. Juden „auf der Flucht“ erschossen, Großraming: 1 Jugoslawe „Freitod“ durch Erhängen, 1 Jugoslawe „auf der Flucht“ erschossen.
22.10.	Großraming: 1 Jugoslawe „Freitod“ durch Elektrizität, 1 poln. Jude und 1 SV-DR „auf der Flucht“ erschossen.
23.10.	Steyr: 1 BV-DR „auf der Flucht“ erschossen.
25.10.	1 ungar. Jude „auf der Flucht“ erschossen, Gusen: 1 Pole „auf der Flucht“ erschossen.
26.10.	Wr. Neudorf: 1 Pole „auf der Flucht“ erschossen.
27.10.	1 poln. Jude „auf der Flucht“ erschossen.
28.10.	Wr. Neudorf: 1 Jugoslawe „auf der Flucht“ erschossen.
29.10.	Großraming: 1 Jugoslawe „auf der Flucht“ erschossen, Steyr: 1 Jugoslawe „auf der Flucht“ erschossen, Gusen: 1 RZA „auf der Flucht“ erschossen.
30.10.	Wr. Neudorf: 1 Pole „auf der Flucht“ erschossen, 1 SV-DR „Freitod“ durch Erhängen, Gusen: 1 Tscheche „auf der Flucht“ erschossen.
November	**1943**
01.11.	Loiblpass: 1 Pole „auf der Flucht“ erschossen.
02.11.	Loiblpass: 1 Tscheche „auf der Flucht“ erschossen, Wr. Neustadt: 2 RZA durch Bombenangriff getötet.
03.11.	Exekution: 6 RZA, 3 Polen und 1 Tscheche, 4 erschossen, 6 gehenkt.
04.11.	Eisenerz: 1 BV-DR „Freitod“ durch Erhängen, Gusen: 1 RZA „Freitod“ durch Elektrizität.
05.11.	Bombardierung des Nebenlagers Wr. Neustadt durch alliierte Flugzeuge. Völlige Zerstörung des Häftlingslagers, 1 SV-DR „Freitod“ durch Erhängen.
06.11.	Großraming: 1 Jugoslawe „auf der Flucht“ erschossen.
12.11.	Fa. Heerdt & Lingler GmbH lieferte am 12.11.1943 1.200 Büchsen Zyklon-B-Gas.
18.11.	1 SV-DR „Freitod“ durch Erhängen.
19.11.	Exekution: 38 Russen „erschossen“, tatsächlich jedoch in der Gaskammer erstickt.
21.11.	Gusen: 1 Staatenloser „Freitod“ durch Elektrizität.

22.11.	Schwechat: 1 RZA tödlich verunglückt, 1 SV-DR „Freitod" durch Erhängen.
23.11.	1 SV-DR „Freitod" durch Erhängen.
24.11.	1 poln. Jude „auf der Flucht" erschossen.
25.11.	Wr. Neustadt: 1 SV-DR „auf der Flucht" erschossen.
26.11.	1 poln. Jude „auf der Flucht" erschossen.
27.11.	Schlier: 1 RZA „auf der Flucht" erschossen, Loiblpass: 1 Franzose „auf der Flucht" erschossen.
29.11.	1 poln. Jude und 1 franz. Jude „auf der Flucht" erschossen.
Dezember	**1943**
01.12.	Beginn der Ernährungsversuche des Univ.-Prof. DDr. E. G. Schenck im Auftrage des SS-Hygiene-Instituts. 370 Versuchsobjekte im Block 16 konzentriert.[10]
02.12.	Wr. Neudorf: 1 Pole „auf der Flucht" erschossen.
03.12.	1 SV-DR und 1 Pole „Freitod" durch Erhängen.
04.12.	Schlier: 1 Pole „auf der Flucht" erschossen, Gusen: 1 SV-DR „Freitod" durch Elektrizität.
05.12.	Schlier: 1 Franzose „auf der Flucht" erschossen.
07.12.	Wr. Neudorf: 1 SV-DR „auf der Flucht" erschossen.1 SV-DR „Freitod" durch Erhängen.
08.12.	1 rum. Jude „auf der Flucht" erschossen.
09.12.	1 franz. Jude „auf der Flucht" erschossen, Exekution: 4 Russen, 1Pole, 3 Tschechen, 4 wurden gehenkt, 4 erschossen, Gusen: Exekution: 1 Pole erschossen.
10.12.	Steyr: 1 DR-Sch. „auf der Flucht" erschossen.
11.12.	3 franz. Juden „auf der Flucht" erschossen.
13.12.	Wr. Neudorf: 1 RZA „auf der Flucht" erschossen, 1 poln. Jude und 3 franz. Juden „auf der Flucht" erschossen, Ebensee: 1 BV-DR und 1 Ungar „auf der Flucht" erschossen.
15.12.	Schlier: 2 RZA „auf der Flucht" erschossen.
17.12.	1 DR-AZR „Freitod" durch Erhängen.
18.12.	1 BV-DR „auf der Flucht" erschossen, Schlier: 1 SV-DR „Freitod" durch Erhängen, Steyr: 1 BV-DR „auf der Flucht" erschossen.
20.12.	1 SV-DR „Freitod" durch Erhängen.
21.12.	Wr. Neudorf: 1 Jugoslawe „auf der Flucht" erschossen.
24.12.	Schwechat: 1 Italiener „auf der Flucht" erschossen, Wr. Neudorf: 1 Pole „auf der Flucht" erschossen, KLM meldete 21 Häftlinge gestorben und 1 Pole am Appellplatz gehenkt.
30.12.	Schlier: 1 RZA „auf der Flucht" erschossen.

Nach den Totenbüchern des Mauthausener Standortarztes sind im Jahre 1943 im KLM (alle Nebenlager und auch Gusen) 8.334 Häftlinge und 147 SU-Kgf., insgesamt 8.481 Personen, eines natürlichen oder unnatürlichen Todes verstorben. Laut einem Buch, „Unnatürliche Todesfälle", sind im Jahre 1943 493 unnatürliche Todesfälle registriert worden.

In diesem Jahr gab es bereits zahlenmäßig nicht registrierte Todesfälle von exekutierten „K-Häftlingen" der GESTAPO.

Das KLM lieferte im Jahre 1943 insgesamt 2.926 Gramm Zahngold ab.

[10] Laut DDr. Schenck wurden die Ernährungsversuche vom 1.12.1943 bis 31.7.1944 durchgeführt. Archiv M.M.: H 7/1, 2 und 3.

1944

Jänner	1944
03.01.	Steyr: 1 BV-DR „auf der Flucht" erschossen, Eisenerz: 1 Pole „auf der Flucht" erschossen, Loiblpass: 1 Pole „auf der Flucht" erschossen.
04.01.	Wr. Neudorf: 1 SV-DR „Freitod" durch Erhängen.
10.01.	1 jugosl. Jude „Freitod" durch Erhängen.
11.01.	Eisenerz: 1 Pole „auf der Flucht" erschossen, Schlier: 1 Franzose tödlich verunglückt, 1 RZA „auf der Flucht" erschossen.
12.01.	Wr. Neudorf: 1 Pole „auf der Flucht" erschossen, 1 Pole „Freitod" durch Erhängen.
13.01.	Schwechat: 1 DR-§ 175 „Freitod" durch Erhängen.
14.01.	Exekution: 21 Tschechen und 1 Pole laut Meldungen erschossen, vermutlich in der Gaskammer erstickt, Loiblpass: 1 RZA „auf der Flucht" erschossen.
15.01.	Exekution: 1 Pole erschossen.
17.01.	Schlier: 1 Grieche tödlich verunglückt.
18.01.	Schlier: 1 RZA „auf der Flucht" erschossen.
19.01.	Ebensee: 2 Polen „auf der Flucht" erschossen.
20.01.	Wr. Neudorf: 1 DR-Sch. „Freitod" durch Erhängen.
22.01.	Schwechat: 1 Pole „Freitod" durch Erhängen.
28.01.	Exekution: 1 Tscheche und 1 Pole erschossen, Gusen: 2 Polen erschossen.
Februar	**1944**
03.02.	Exekution: 1 Tscheche, 1 RZA und 5 russ. Juden erschossen.
04.02.	Ebensee: 1 DR-Sch. „auf der Flucht" erschossen, Schlier: 1 Franzose tödlich verunglückt.
05.02.	Schlier: 1 RZA tödlich verunglückt.
07.02.	Wr. Neudorf: 1 Pole „Freitod" durch Elektrizität.
08.02.	Loiblpass: 1 RZA „auf der Flucht" erschossen.
09.02.	1 BV-DR „Freitod" durch Erhängen, Ebensee: 1 Pole „auf der Flucht" erschossen.
10.02.	Ebensee: 1 Pole „auf der Flucht" erschossen.
14.02.	Steyr: 1 SV-DR „auf der Flucht" erschossen, Exekution: 11 RZA, 6 Polen, 1 Franzose gehenkt.
15.02.	Exekution: 1 Franzose gehenkt.
17.02.	Ebensee: 1 Italiener „auf der Flucht" erschossen.
18.02.	Exekution: 1 Pole gehenkt, Klagenfurt: 1 RZA tödlich verunglückt.
19.02.	Ebensee: 1 Pole „auf der Flucht" erschossen, Lioblpass: 1 Pole „auf der Flucht" erschossen.
21.02.	Exekution: 12 RZA und 3 Polen gehenkt.
22.02.	1 SV-DR „Freitod" durch Erhängen, Gusen: 1 BV-DR „Freitod" durch Elektrizität.
29.02.	Schlier: Explosion, 17 Zivilingenieure getötet.
März	**1944**
04.03.	Leibnitz: 1 Pole „Freitod" durch Erhängen.
06.03.	Ebensee: 1 Italiener „Freitod", Leibnitz: 1 BV-DR „Freitod". Steyr: 1 RZA „auf der Flucht" erschossen.
07.03.	Wr. Neudorf: 1 Pole „Freitod" durch Erhängen, Gusen: Exekution: 2 Polen gehenkt.
08.03.	Exekution: 3 Polen gehenkt.
10.03.	1 Pole „Freitod" durch Erhängen, Ebensee: 1 RZA „auf der Flucht" erschossen.

14.03.	Exekution: 24 RZA, 4 Polen, 1 DR-Sch. (darunter befanden sich „K-Häftlinge"); 26 von ihnen wurden gehenkt, 3 erschossen.
17.03.	Gusen: 1 RZA „auf der Flucht" erschossen, Schlier: 1 Jugoslawe „Freitod" durch Erhängen.
19.03.	Eichmann-Sonderkommando für Ungarn mit 160 bis 180 Kfz sammelte sich eine Woche vor dem 19.3. im Bereiche des KLM[11].
20.03.	Gusen: 1 Tscheche „Freitod" durch Elektrizität.
23.03.	1 Pole „Freitod" durch Erhängen.
24.03.	Gusen: 5 Polen tödlich verunglückt.
28.03.	1BV-DR „Freitod" durch Erhängen.
29.03.	Ebensee: 1 Pole tödlich verunglückt.
30.03.	Ebensee: 1 Pole „auf der Flucht" erschossen, Gusen: 2 Polen, 1 Italiener tödlich verunglückt.
31.03.	Exekution: 10 RZA und 6 Polen gehenkt (darunter befanden sich „K-Häftlinge").
April	**1944**
01.04.	Gusen: 1 SV-DR „Freitod" durch Elektrizität.
02.04.	Steyr: 5 Häftlinge durch Luftangriff getötet.
03.04.	Exekution: 28 RZA, 1 Holländer, 2 Polen gehenkt.
04.04.	Steyr: 1 SV-DR, 2 RZA „auf der Flucht" erschossen.
05.04.	Ebensee: 1 RZA „auf der Flucht" erschossen, 1 Pole tödlich verunglückt.
07.04.	Gusen: Der österreichische Priester Dr. Johann Gruber im Lagerarrest vom Gusener Lagerkommandanten Seidler durch Messerstiche ermordet (offizielle Todesangabe „Freitod" durch Erhängen), Ebensee: 1 Pole.
10.04.	Exekution: 18 RZA, 1 Pole, 1 Franzose gehenkt (darunter befanden sich „K-Häftlinge"), Schwechat: 1 RZA. „auf der Flucht" erschossen.
11.04.	Eisenerz: 1 Pole „auf der Flucht" erschossen, Ebensee: 1 RZA „auf der Flucht" erschossen, Schwechat: 1 RZA angeschossen und verstorben.
	Der erste im Jahre 1944 erfolgte Transport von Häftlingen in Reichsbahnautobussen nach Hartheim, getarnt als Transport in ein „Erholungsheim". Genaue Zahl unbekannt, vermutlich 80 Häftlinge.
12.04.	Schwechat: 1 RZA „Freitod" durch Erhängen, Gusen: 1 SV-DR „auf der Flucht" erschossen.
14.04.	Exekution: 37 RZA und 1 Pole gehenkt (darunter befanden sich „K-Häftlinge").
15.04.	Ebensee: 1 Pole „auf der Flucht" erschossen.

[11] Eichmann: Band I, S.268. SS-Obersturmbannführer Adolf Eichmann, geboren am 19.3.1906 in Solingen, wurde in Linz erzogen, wo er bis 1933 lebte (SS-No. 45.326). Er war Leiter des Judenbeirates im RSHA, IV B 4. Eichmann war verantwortlich für die Erfassung und Überstellung der europäischen Juden in die Vernichtungslager Hitler-Deutschlands. Nach der Niederlage der Deutschen Wehrmacht verwandelte sich Eichmann zunächst in einen Luftwaffengefreiten Adolf Barth, dann wurde er ein SS-Untersturmführer Otto Eckmann, konnte aus einem US-Lager entfliehen, fand als Otto Hening Unterkunft und Arbeit in Altensalzkoth im Landkreis Celle. Er floh dann über Österreich nach Italien. In Rom verschaffte er sich falsche Papiere und nannte sich nun Ricardo Klement. Er ging dann in den Vorderen Orient und im Jahre 1950 nach Argentinien. Von Israelischen Geheimdienstlern wurde Eichmann am 11.5.1960 festgenommen und am 22.5.1960 nach Israel gebracht. Er wurde in Israel zum Tode verurteilt und hingerichtet.

18.04.	Leibnitz: 1 RZA „Freitod“ durch Überfahren von LKW, Linz II: 1 RZA „auf der Flucht“ erschossen, Ebensee: 1 Italiener und 1 Pole „auf der Flucht“ erschossen.
19.04.	Steyr: 1 BV-DR „auf der Flucht“ erschossen, Ebensee: 1 DR-Sch. „Freitod“ durch Feuer, 1 Pole „auf der Flucht“ erschossen.
20.04.	Ebensee: 1 SV-DR „auf der Flucht“ erschossen, Exekution: 21 RZA und 4 Polen gehenkt (darunter befanden sich „K-Häftlinge“).
23.04.	Ebensee: 1 Italiener „auf der Flucht“ erschossen, Schwechat: 43 Häftlinge durch Bombenangriff getötet.
24.04.	Exekution: 26 SU-Kriegsgefangene gehenkt (Aktion K), Ebensee: 1 Italiener „Freitod“ durch Erhängen.
25.04.	Ebensee: 1 RZA „auf der Flucht“ erschossen.
26.04.	Ebensee: 1 RZA „auf der Flucht“ erschossen, Exekution: 21 RZA und 1 Belgier gehenkt (darunter befanden sich „K-Häftlinge“).
27.04.	Schwechat: 1 RZA bei Luftangriff verletzt und verstorben.
28.04.	Exekution: 5 Polen, 1 Tscheche, 2 RZA (2 erschossen, 6 gehenkt), Ebensee: 1 russ.-Sch. „Freitod“ durch Erhängen, KLM meldete: 70 verstorben.
29.04.	Exekution: 3 RZA, 2 Polen, 3 Franzosen gehenkt, Ebensee: 1 RZA und 1 Pole „auf der Flucht“ erschossen, Gusen: Exekution: 3 Polen gehenkt.
Mai	**1944**
01.05.	1 Franzose „Freitod“ durch Erhängen.
02.05.	Exekution: 19 RZA, 6 Holländer, 3 Polen, 1 Jugoslawe gehenkt, Ebensee: 1 Italiener „auf der Flucht“ erschossen.
04.05.	Schwechat: 1 Italiener bei Luftangriff verletzt und verstorben, Exekution: 7 RZA, 3 Polen, 1 DR-Sch. gehenkt.
07.05.	Schwechat: 1 Pole bei Luftangriff verletzt und verstorben.
08.05.	Ebensee: 1 RZA „auf der Flucht“ erschossen.
10.05.	Gusen: 1 RZA tödlich verunglückt, Schwechat: 1 Jugoslawe bei Luftangriff verletzt und verstorben.
11.05.	Melk: 1 SV-DR „auf der Flucht“ erschossen, Exekution: 24 RZA und 5 Polen gehenkt.
12.05.	Ebensee: 1 Jugoslawe, 1 Pole „auf der Flucht“ erschossen. Der 18jährige wiederergriffene Italiener Danilo Veronesi wurde am Appellplatz von der Dogge Lord zerrissen. Der Mord wurde als „Freitod durch Elektrizität“ gemeldet.
15.05.	Wr. Neudorf: 1 SV-DR „Freitod“ durch Erhängen, Exekution: 9 RZA gehenkt.
16.05.	Ebensee: 1 Italiener „auf der Flucht“ erschossen.
17.05.	Gusen: 1 Pole tödlich verunglückt.
18.05.	Exekution: 26 RZA und 3 Polen gehenkt.
23.05.	Exekution: 13 RZA und 3 Polen gehenkt, Ebensee: SS-Lagerführer Otto Riemer erschießt in alkoholisiertem Zustand 6 ins Lager zurückkehrende Häftlinge eines Arbeitskommandos (3 RZA, 1 Spanier, 1 Pole, 1 SV-DR); als offizielle Todesursache wurde „auf der Flucht erschossen“ angeführt.
27.05.	Abschluss der Ernährungsversuche des DDr. Schenck. Von den 370 Versuchshäftlingen im Block 16 starben 116, weitere 18 wurden nach Hartheim überstellt.
31.05.	1 Pole wurde durch Blindgänger getötet.

Juni	**1944**
03.06.	Gusen: 1 Franzose tödlich verunglückt.
04.06.	Gusen: 1 ungar. Jude „Freitod" durch Erhängen.
06.06.	1 ungar. Jude „Freitod" durch Erhängen.
07.06.	Gusen: 1 Spanier tödlich verunglückt, 1 ungar. Jude „Freitod" durch Überfahren, 1 ungar. Jude „auf der Flucht" erschossen.
08.06.	Gusen: 1 ungar. Jude „Freitod" durch Erhängen, Leibnitz: 1 RZA „auf der Flucht" erschossen.
09.06.	Ebensee: 1 Pole tödlich verunglückt.
10.06.	Gusen: 1 RZA „auf der Flucht" erschossen.
12.06.	Linz II: 1 RZA „auf der Flucht" erschossen.
13.06.	Gusen: 1 ungar. Jude „auf der Flucht" erschossen.
15.06.	Exekution: 1 Pole gehenkt.
16.06.	Steyr: 1 Pole „auf der Flucht" erschossen.
21.06.	Klagenfurt: 1 DR-Sch. „Freitod" durch Erhängen.
22.06.	Gusen: 1 DR-Sch. Und 1 RZA „auf der Flucht" erschossen.
23.06.	Gusen: 1 ungar. Jude „auf der Flucht" erschossen, 1 ungar. Jude „Freitod" durch Erhängen, Exekution Mauthausen/Gusen: 6 RZA, 7 Polen, 1 Tscheche, 1 SV-DR; 7 erschossen, 8 gehenkt.
25.06.	Gusen: 1 ungar. Jude „auf der Flucht" erschossen.
26.06.	Gusen: 4 ungar. Juden „auf der Flucht" erschossen, Schwechat: 137 Häftlinge verschiedener Nationalität durch Fliegerangriff getötet.
27.06.	Ebensee: 1 ungar. Jude „Freitod" durch Erhängen, Gusen: 1 ungar. Jude „auf der Flucht" erschossen, 9 Häftlinge verschiedener Nationalität tödlich verunglückt.
28.06.	Gusen: 1 ungar. Jude „auf der Flucht" erschossen.
29.06.	Schwechat: 1 BV-DR durch Fliegerangriff getötet.
Juli	**1944**
01.07.	19 Häftlinge in Hartheim „gestorben" gemeldet.
03.07.	25 Häftlinge in Hartheim „gestorben" gemeldet.
04.07.	13 Häftlinge in Hartheim „gestorben" gemeldet, Gusen: 1 ungar. Jude „auf der Flucht" erschossen.
05.07.	32 Häftlinge in Hartheim „gestorben" gemeldet.
06.07.	12 Häftlinge in Hartheim „gestorben" gemeldet, Leibnitz: 2 Polen „auf der Flucht" erschossen, Gusen: 1 Pole „Freitod" durch Erhängen.
07.07.	14 Häftlinge in Hartheim „gestorben" gemeldet, Gusen: 1 Pole „Freitod" durch Erhängen, 1 Pole und 1 ungar. Jude „auf der Flucht" erschossen.
08.07.	Melk: Fliegerangriff – 250 getötet und 197 verletzt, 17 Häftlinge in Hartheim „gestorben" gemeldet.
09.07.	Leibnitz: 1 SV-DR „Freitod" durch Erhängen.
10.07.	22 Häftlinge in Hartheim „gestorben" gemeldet, Gusen: 1 ungar. Jude „auf der Flucht" erschossen.
11.07.	17 Häftlinge in Hartheim „gestorben" gemeldet.
12.07.	25 Häftlinge in Hartheim „gestorben" gemeldet, Ebensee: 1 RZA durch Unfall getötet.
13.07.	15 Häftlinge in Hartheim „gestorben" gemeldet.

14.07.	21 Häftlinge in Hartheim „gestorben" gemeldet, Gusen: 1 ungar. Jude „auf der Flucht" erschossen, 1 ungar. Jude „Freitod" durch Erhängen.
15.07.	13 Häftlinge in Hartheim „gestorben" gemeldet.
16.07.	1 SV-DR „auf der Flucht" erschossen.
17.07.	1 BV-DR erschossen.
18.07.	17 Häftlinge in Hartheim „gestorben" gemeldet.
19.07.	Exekution: 1 Pole gehenkt, 29 Häftlinge in Hartheim „gestorben" gemeldet.
20.07.	30 Häftlinge in Hartheim „gestorben" gemeldet, Exekution: 13 RZA gehenkt, 11 RZA erschossen.
21.07.	23 Häftlinge in Hartheim „gestorben" gemeldet, 1 ungar. Jude „auf der Flucht" erschossen, Schwechat: 2 Italiener und 1 Franzose verstorben infolge des Fliegerangriffs. 1 ungar. Jude „Freitod", 1 RZA „auf der Flucht" erschossen, Exekution: 1 RZA gehenkt.
22.07	Exekution: 1 Jugoslawe gehenkt, 1 ungar. Jude, 1 Franzose nach Fliegerangriff vom 26.6. verstorben. 21 Häftlinge in Hartheim „gestorben" gemeldet. Im Bereich des KLM 1 Jugoslawe „auf der Flucht" erschossen, 16 Häftlinge durch Fliegerangriff getötet.
23.07.	1 Häftling in Hartheim „gestorben" gemeldet. 1 Grieche verstorben an Verletzung des Fliegerangriffes vom 26.6.
24.07.	Exekution: 1 RZA gehenkt. 30 Häftlinge in Hartheim „gestorben" gemeldet. 1 ungar. Jude an Verletzungen des Fliegerangriffs vom 26.6. verstorben. Melk meldete 226 Häftlinge als „gestorben"; vermutlich wurden die durch Bombenangriff Verletzten mittels Herzinjektionen getötet.
25.07.	1 BV-DR und 1 AZR-DR „auf der Flucht" erschossen, 4 Häftlinge verschiedener Nationalität an Verletzungen des Fliegerangriffs vom 8.7. verstorben. 23 Häftlinge in Hartheim „gestorben" gemeldet, Linz I Fliegerangriff: 240 tote und 24 vermisste Häftlinge, Gusen: 3 amerikanische Flieger von SS-Angehörigen erschossen.
26.07.	21 Häftlinge in Hartheim „gestorben" gemeldet.
27.07.	21 Häftlinge in Hartheim „gestorben" gemeldet.
28.07.	23 Häftlinge in Hartheim „gestorben" gemeldet.
29.07.	19 Häftlinge in Hartheim „gestorben" gemeldet, 1 ungar. Jude „Freitod" durch Erhängen.
30.07.	Exekution: 1 Pole gehenkt.
31.07.	26 Häftlinge in Hartheim „gestorben" gemeldet.
August	**1944**
02.08.	2 Italiener und 1 Franzose durch Fliegerangriff getötet.
03.08.	1 AZR-DR und 2 ungar. Juden an Verletzungen durch Fliegerangriff verstorben.
05.08.	1 Franzose an Verletzungen durch Fliegerangriff verstorben.
10.08.	Exekution: 5 Sowjetbürger und 1 Pole, Passau: 3 Häftlinge „auf der Flucht" erschossen.
16.08.	Exekution: 1 Tscheche und 21 RZA erschossen, 22 RZA, 1 R-SCH und 5 Polen gehenkt, Ebensee: Wegen einer Fluchtvorbereitung wurden 2 Zivilrussen erschlagen, 1 Zivilrusse ertränkt und 1 SU-Kgf. am 21.8.1944 gezwungen, sich zu erhängen.
19.08.	Vom KLM gingen nach dem KL Auschwitz 2 Transporte, bestehend aus 457 (oder 456) und 398 jüdischen Häftlingen ab. Unter diesen Häftlingen befanden sich 4-jährige Kinder. Vom Transport der 457 (oder 456) Häftlinge kamen am 28.8.1944 419 im KL Auschwitz an. Nach Selektion wurden 93 ins Arbeitslager eingewiesen, die restlichen 326 wurden vergast. Das Einlangen des Transportes von 398 Häftlingen wurde nicht registriert. Was mit diesen Häftlingen geschah, ist unbekannt.

23.08.	Exekution: 8 RZA, 6 Polen und 1 deutscher Jude gehenkt.
25.08.	1 ungar. Jude an Verletzungen durch Fliegerangriff verstorben.
29.08.	Schlier-Redl-Zipf, Explosion: dabei wurden 25 Zivilisten (die gesamte Prüfstandmannschaft) getötet.
30.08.	Exekution: 1 Pole gehenkt.
	In diesem Monat wurden täglich Häftlinge „im Erholungsheim (Hartheim) verstorben" gemeldet.
September	**1944**
02.09.	Exekution: 19 RZA und 2 Polen gehenkt.
06.09.	15 Holländer und 4 Engländer „auf der Flucht" erschossen.
07.09.	24 Holländer, 3 Engländer und 1 USA-Bürger „auf der Flucht" erschossen.[12]
10.09.	1 Holländer an den Verletzungen durch Fliegerangriff verstorben.
13.09.	Exekution: 32 RZA, 5 Polen, 1 Italiener und 1 Grieche gehenkt.
15.09.	Exekution: 1 RZA gehenkt.
18.09.	9 DR-Sch. (Oberösterreicher) „auf der Flucht" erschossen.
25.09.	Exekution: 110 Sowjetbürger und 1 Pole vergast (nach einer namentlichen Aufstellung sind 125 Sowjetbürger und 1 DR-Sch. exekutiert worden). Im Exekutions-Buch scheinen 110 Sowjetbürger und 1 Pole auf. Gemäß einer Zahlenstatistik des KLM und zwei Veränderungsmeldungen vom 25. respektive 27.9.1944 (mit Namen der Opfer) sind am 25.9.1944 124 Zivilrussen und 1 DR-Sch. – alle mit Häftlingsnummern versehen – hingerichtet worden.
26.09.	Exekution: 14 Sowjetbürger gehenkt.
27.09.	Exekution: 14 Tschechen, 7 Sowjetbürger, 1 Pole und 1 Jugoslawe erschossen. Unter den Tschechen befanden sich 6 Frauen. (Aus einer Veränderungsmeldung vom 27.9.1944 geht hervor, dass an diesem Tage 10 Zivilrussen, 1 Jugoslawe und 1 Tscheche – alle mit Häftlingsnummern versehen – hingerichtet wurden, die anderen waren vermutlich Häftlinge der „K-Aktion".)
Oktober	**1944**
07.10.	Exekution: 40 Sowjetbürger und 4 Polen durch Genickschuss, darunter 37 mit Häftlingsnummern versehen. Unter den Exekutierten befand sich der sowjetische General Boris Dworkin, 28.10.1904 geboren.
14.10.	Exekution: 40 Sowjetbürger, 2 Polen, 1 Tscheche und 2 DR-Sch. (davon 1 Österreicher) vergast.
28.10.	Exekution: 50 Sowjetbürger, 3 Polen (darunter 1 Geistlicher), 2 Wehrmachtsangehörige, 2 DR-Sch. Und 1 tschechischer Jude durch Genickschuss, offiziell „durch Erhängen".
31.10.	Gusen: 16 Häftlinge bei Arbeitsunfall getötet, 2 Wiener Feuerwehrleute (aus Mauthausen überstellt) auf dem Kagraner Schießplatz (Wien) erschossen.

[12] Diese „Fallschirmspringer" sind in das KLM zur Ermordung infolge des Hitlerbefehls vom 30.7.1944 eingewiesen worden. In Ergänzung dieses Befehls als Durchführungserlass des Führerhauptquartiers vom 18.8.1944, unterschrieben von Keitel, geheime Reichssache, betreffend „(...) Bekämpfung von (...) Terroristen und Saboteuren in den besetzten Gebieten", wurde angeordnet, die „Truppe und jeder einzelne Angehörige der Wehrmacht, SS und Polizei, haben Terroristen und Saboteure, die sie auf frischer Tat antreffen, sofort an Ort und Stelle niederzukämpfen (...)" wer „später ergriffen wird, ist der nächsten örtlichen Dienststelle der SIPO und des SD zu übergehen (...)". Weiters wurde befohlen „(...) laufende gerichtliche Verfahren wegen aller Terror- oder Sabotageakte und alle sonstigen Straftaten nichtdeutscher Zivilpersonen in den besetzten Gebieten (...) auszusetzen. Anklagen (...) zurücknehmen (...) Die Täter (...) der nächsten örtlichen Dienststelle der SIPO und des SD zu übergeben (...)". ND: 673-F.

November	1944
04.11.	3 Häftlinge „auf der Flucht" erschossen, darunter Elektriker-Capo Steininger und Anton Güttlein, weil sie in ihrer Baracke Rundfunk gehört haben.
09.11.	Exekution: 20 Polen, 16 Sowjetbürger, 1 DR-Sch. und 1 Engländer durch Genickschuss, darunter der Österreicher Alois Sokol, am 3.12.1908 geboren; der Engländer John Alfred P. Falbot, am 18.9.1914 geboren, und der polnische Oberst Witold Morawski, am 27.7.1895 geboren.
17.11.	Ebensee: 3 Häftlinge von SS-Organen u. a. durch Messerstiche, ermordet.
21.11.	Exekution: 47 Sowjetbürger und 2 Polen vergast, Gusen: Exekution: 10 Sowjetbürger und 1 Pole.
23.11.	Exekution: 2 sowjetische Frauen und 1 Zivilrusse durch Genickschuss.
Dezember	**1944**
08.12.	Hartheim: Vermutlich die letzte Vergasung.
13.12.	Exekution: 27 Sowjetbürger und 7 Polen durch Genickschuss.
29.12.	Exekution: 39 Sowjetbürger, 3 Italiener, 3 Franzosen und 1 Pole in der Gaskammer.

Im Jahre 1944 meldete KLM (mit Hartheim) 13.485 „gestorbene" namentlich erfasste Häftlinge und 449 mit Häftlingsnummern versehene Exekutierte, insgesamt 13.934 Tote. Tatsächlich gab es mindestens 14.766 Todesfälle.

Unbekannt ist die Zahl der getöteten Häftlinge der Aktion „K".

1945

Jänner	1945
06.01.	Gusen: Bis zu diesem Tage meldete Gusen „im Erholungsheim gestorbene" Häftlinge.
15.01.	Exekution: 12 Sowjetbürger, 2 Polen und 1 Deutscher durch Genickschuss.
20.01.	Gusen II: 53 Häftlinge während eines Bombenangriffes getötet.
26.01.	Exekution[13]: 15 Mitglieder einer amerikanisch-britischen Militärmission.
27.01.	Eine unbekannte Zahl sowjetischer Offiziere (vermutlich 25) der „Aktion-K" (vom Block 20) wegen Fluchtvorbereitung im Bunker erschossen.
	Im Monat Jänner meldete KLM 4.045 verstorbene Häftlinge. Die Toten der „Aktion-K" sind in dieser Zahl nicht erfasst. In den Gusener Revieren wurden täglich Herzinjektionen verabreicht.
Februar	**1945**
02.02.	Ausbruch von etwa 500 Häftlingen der „Aktion-K" aus dem Block 20. In den folgenden Tagen wurden nahezu alle erschlagen oder erschossen. Vermutlich 17 Häftlinge konnten sich retten.
12.02.	Exekution: 32 sowjetische Juden (ohne Häftlingsnummern) durch Genickschuss.

[13] Auf Befehl von Dr. Kaltenbrunner, Chef des SD, wurden 15 Mitglieder einer amerikanisch-englischen Militärmission, darunter ein Kriegsberichterstatter, die am 17.9.1944 mit Fallschirmen in der Slowakei landeten, in das KLM überstellt und nach tagelangen Verhören hingerichtet. ND: L- 51.

16.02./17.02.	Mehr als 200 körperschwache und alte Häftlinge eines Sachsenhausen Transportes durch langes Stehen im nackten Zustand bei der Klagemauer und „Badeaktionen" bei minus 2 bis 7 Grad ermordet.[14]
19.02.	Exekution: Unbekannte Zahl von Häftlingen (ohne Häftlingsnummer), darunter 2 österreichische Juden, 1 amerikanischer Flieger und 3 Frauen in der Gaskammer erstickt, Melk: Ein LKW-Transport mit 250 slowakischen Häftlingen, auf dem Wege nach Mauthausen, wurde unmittelbar vor Melk von alliierten Fliegern beschossen. 20 Häftlinge wurden getötet, 49 verletzt und 7 sind geflüchtet. Die Verletzten sind ins Nebenlager Melk gebracht und dort ermordet worden. Die 69 Toten wurden im KLM nicht registriert.
22.02.	Exekution: unbekannte Zahl.
23.02.	Exekution: unbekannte Zahl, vermutlich 68 Häftlinge in der Gaskammer erstickt.
27.02.	Gusen: 500 Schwerkranke nach Mauthausen überstellt.
	Im Monat Februar meldete KLM 4.604 „gestorbene" Häftlinge. Die Toten der „Aktion-K", die Exekutierten und jene Häftlinge, die während der Aufnahmeformalitäten starben, sind in dieser Zahl nicht erfasst.
März	**1945**
01.03.	Gusen: 1.047 Schwerkranke nach Mauthausen überstellt.
02.03.	Exekution: 30 Häftlinge, Nation unbekannt, gehenkt, Linz III: Exekution: 3 Sowjetbürger und 1 Deutscher.
04.03.	Ebensee: Während der Aufnahme eines Transportes aus KL Groß-Rosen starben 231 Häftlinge.
07.03.	Gusen: 800 Schwerkranke nach Mauthausen überstellt.
08.03.	Exekution: 23 Sowjetbürger und 3 Deutsche durch Genickschuss.
10.03.	Exekution: 7 österreichische Häftlinge gehenkt, 3 Häftlinge durch Genickschuss (alle ohne Häftlingsnummern).
13.03.	Gusen: 1.000 Schwerkranke nach Mauthausen überstellt.
20.03.	Amstetten: Beim Fliegerangriff eine unbekannte Zahl von Häftlingen getötet.
23.03.	Exekution: 68 Häftlinge und 8 tschechische Frauen (alle ohne Häftlingsnummern) in der Gaskammer.
24.03.	Exekution: 3 Zivilrussen, 2 Juden und 1 Deutscher. Im Mauthausener Krankenlager befanden sich 7.379 Kranke (ohne Frauen) auf 1.934 Liegestätten.
31.03.	Hinterbrühl: 52 Gehunfähige durch Herzinjektionen getötet.
	Im Monat März meldete KLM 7.345 männliche und 35 weibliche Häftlinge als gestorben. Die Zahl der nicht registrierten Exekutierten und Verstorbenen ist unbekannt.

[14] Unter den 200 bis 300 willkürlich ausgesuchten Kranken und Alten befanden sich Angehörige aller europäischen Nationen, jedoch vorwiegend Sowjetbürger und Polen, so u a. der sowjetische Artillerie-General Dimitri Michailowitsch Karbyschew. Die Opfer wurden in Mauthausen weder namentlich noch zahlenmäßig erfasst.

April	1945
02.04.	Wiener Neudorf: Evakuierungsmarsch begonnen. 38 Gehunfähige erschossen, Hinterbrühl: 1. Tag des Evakuierungsmarsches, 45 Gehunfähige erschossen, Wiener Neustadt: Evakuierung begonnen, 2 Gehunfähige erschossen, Gusen: 5 Häftlinge „auf der Flucht" erschossen.
03.04.	9 Häftlinge offiziell „überstellt", tatsächlich am 5.4. im Krematorium durch Genickschuss ermordet. Es waren Geheimnisträger vom KZ Auschwitz. Wiener Neustadt: Evakuierungsmarsch, 2 erschossen, Hinterbrühl: Evakuierungsmarsch, 4 erschossen.
04.04.	Wiener Neustadt: Evakuierungsmarsch, 2 erschossen, Hinterbrühl: Evakuierungsmarsch, 23 erschossen.
05.04.	Wiener Neustadt: 3 erschossen, Hinterbrühl: 15 erschossen.
06.04.	Wiener Neustadt: 4 erschossen, Hinterbrühl: 42 erschossen.
07.04.	Wiener Neustadt: 6 erschossen, Hinterbrühl: 20 erschossen.
09.04.	3 Franzosen und 6 sowjetische Kriegsgefangene „überführt", tatsächlich erschossen.
10.04.	10 Häftlinge „auf der Flucht" erschossen, Exekution: 214 tschechische Männer und Frauen in der Gaskammer erstickt. Wiener Neudorf: 51 Gehunfähige erschossen.
11.04.	Floridsdorf I meldet 45 und Floridsdorf II 76 „Verstorbene" während des Evakuierungsmarsches; tatsächlich wurden sie erschossen.
12.04.	Wiener Neudorf: Evakuierungsmarsch in Mauthausen beendet. Während des Marsches 146 Häftlinge erschossen.
15.04.	Exekution: 45 russische Angehörige einer SS-Sonderformation und 2 Häftlinge erschossen.
17.04.	Exekution: Etwa 250 nicht erfasste Männer, Frauen und Kinder, in ihrer Mehrzahl Österreicher, Wiener GESTAPO-Häftlinge (darunter Angehörige der Strohmer-Gruppe) in der Gaskammer erstickt. 8 Schreiber des Bunkers, die für einen SS-Führer namens Kram (oder ähnlich) arbeiteten und 2 Bunkerkalfaktoren, erschossen.
18.04.	Ebensee: Exekution: 3 Sowjetbürger und 1 Pole am Appellplatz gehenkt, Wiener Neustadt: Evakuierung beendet. Während des Marsches 53 Gehunfähige erschossen.
20.04.	Konzentrierung von etwa 1.500 körperschwachen Häftlingen im Lager III, Ebensee: Evakuierung von Leibnitz beendet; 407 Häftlinge angekommen.
21.04.	Exekution: 67 Häftlinge, darunter 15 Österreicher, in der Gaskammer erstickt.
22.04.	159 körperschwache (Lager III) und 1 Häftling in der Gaskammer erstickt, 1 Häftling im Gefängnishof erschossen,[15] Gusen: 890 oder 892 Kranke und Körperschwache im Block 31 durch Zyklon-B-Gas getötet.
23.04.	136 Körperschwache (Lager III) in der Gaskammer getötet, Gusen II: 600 Kranke und Körperschwache mit Äxten und Stöcken erschlagen.
24.04.	239 Körperschwache (Lager III) und 9 nichtregistrierte Häftlinge in der Gaskammer getötet.

[15] Am 22.4.1945 wurde im Gefängnishof der Linzer Schutzbundkommandant Richard Bernaschek erschossen. Archiv M.M.: E 1/2.

25.04.	116 Häftlinge (Lager III) in der Gaskammer getötet.
27.04.	Exekution: 16 Österreicher, 13 Sowjetbürger, 5 Polen, 5 Jugoslawen, 1 Deutscher und noch andere nichtregistrierte Häftlinge, 735 sowjetische Kriegsinvalide vom Sanitätslager auf ein Donau-Schiff, das im Hafen Mauthausen verankert lag, überstellt.
28.4.	Exekution: 33 Österreicher, 5 Polen, 4 Kroaten und 1 Österreicher mit englischer Staatsbürgerschaft in der Gaskammer erstickt.
	Im Monat April meldete KLM 10.868 männliche und weibliche registrierte Häftlinge als gestorben. Die Zahl der Todesfälle von nicht erfassten Häftlingen ist unbekannt.
Mai	**1945**
02.05.	Häftlinge des Gusener Krematoriumskommandos in Mauthausen und ein Teil des Mauthausener Krematoriumskommandos in Gusen erschossen. Vermutlich 11 Häftlinge.[16]
03.05.	Exekution: Auf dem Gelände des SS-Sportplatzes wurde in Anwesenheit aller das Hauptlager verlassenden SS-Angehörigen von einem Exekutionskommando der zur SS rekrutierten Häftlinge 1 Zivilist erschossen.

[16] Siehe Kapitel 29: Zahlenmäßig erfasste „natürliche und unnatürliche" Todesfälle, Jahr 1945.

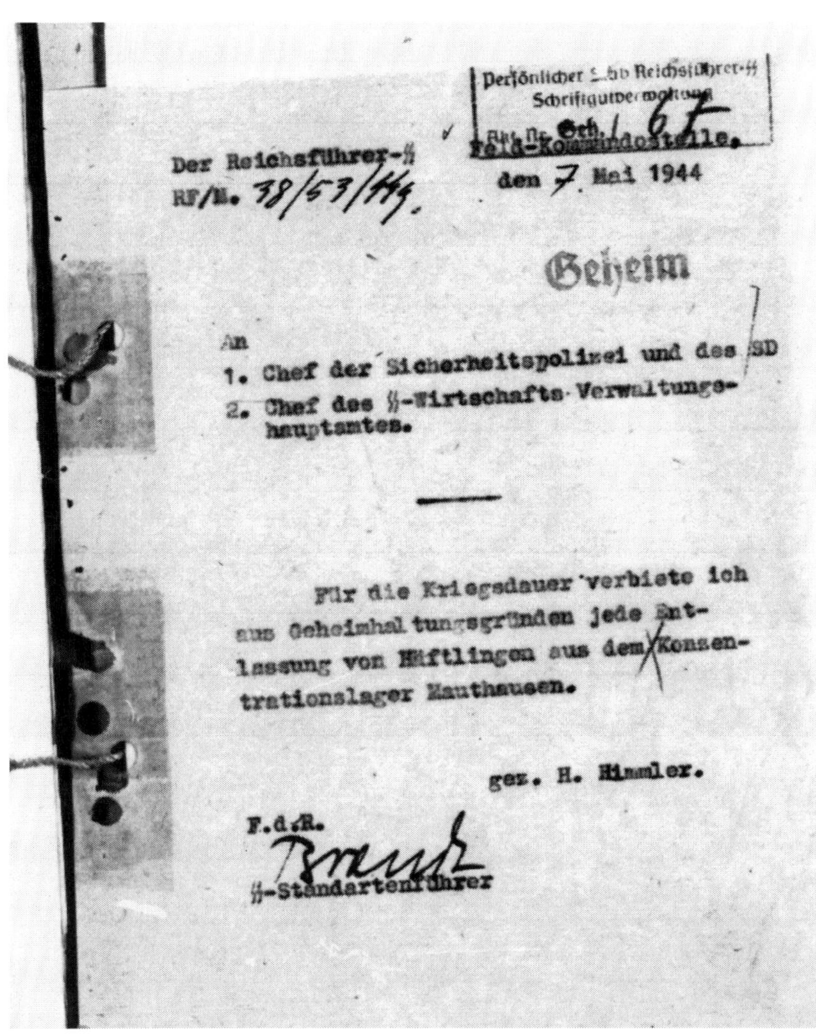

Persönlicher Stab Reichsführer-SS
Schriftgutverwaltung
Akt. Nr. Geh./67

Feld-Kommandostelle,
den 7. Mai 1944

Der Reichsführer-SS
RF/M. 38/53/44g.

Geheim

An
1. Chef der Sicherheitspolizei und des SD
2. Chef des SS-Wirtschafts-Verwaltungshauptamtes.

Für die Kriegsdauer verbiete ich aus Geheimhaltungsgründen jede Entlassung von Häftlingen aus dem Konzentrationslager Mauthausen.

gez. H. Himmler.

F.d.R.
Brandt
SS-Standartenführer

RFSS Himmler ordnet Entlassungssperre für das KLM an. AMM

33. Entlassungen

Etwa bis Mai 1944 ist von der Politischen Abteilung in Zusammenarbeit mit der Kommandantur des KLM in gewissen Abständen (anfangs alle drei Monate, dann nur in Einzelfällen auf besondere Weisung des RSHA bzw. der GESTAPO oder KRIPO) in so genannten „Führungsberichten" das *„moralische und politische Verhalten"* aller deutschen, österreichischen (außer SV-er), gewisser jugoslawischer, polnischer[1] und tschechischer Häftlinge begutachtet worden. Diese Berichte sollten für die zentralen Stellen eine Grundlage für eine „Schutzhaftüberprüfung" bilden, die zu einem Entlassungsantrag hätte führen können. Bis auf einzelne Ausnahmen wurden von der SS-Leitung prinzipiell die begutachteten Häftlinge *„wegen schlechter Führung, staatsfeindlicher Einstellung, völlig ungenügender Arbeitsleistung und moralischer Verkommenheit als noch nicht reif für eine Entlassung"* [2] befunden. Dennoch wurden deutsche, österreichische kriminelle und politische Häftlinge sowie Ausländer entlassen.[3] Dies geschah vor allem dann, wenn eine nationalsozialistische Parteigröße die Entlassung betrieb oder wenn die zuständige Rekrutierungsbehörde (vor allem in den Jahren 1940 bis 1944) darauf bestand, dass der betreffende Häftling zur Deutschen Wehrmacht einberufen werden sollte und die einweisenden Stellen (GESTAPO oder KRIPO) sowie das RSHA dagegen keine Einwände erhoben hatten. Die Entlassung von ein paar hundert Polen, Jugoslawen, Italienern und einzelnen Franzosen sowie Tschechen waren auf taktisch-politische Maßnahmen der zuständigen GESTAPO-Stellen oder Militärbehörden zurückzuführen.

Kommissionen des Wehrbezirkskommandos in Linz[4] musterten mehrmals (so unter anderem vom 16. bis 24.8.1939, 26. bis 28.2.1940, 17. bis 20.6.1940, 18. bis 20.8.1941 und am 28.4.1943) alle deutschen und österreichischen Häftlinge der Jahrgänge 1896 bis 1923, respektive 1924 und 1925 auf ihre Wehrtauglichkeit und -würdigkeit. Tatsächlich hat über die Wehrwürdigkeit nur das RSHA entschieden. Die KLM-Kommandantur oder gewisse SS-Führer konnten in solchen Fällen die Entlassungen gewisser Häftlinge, die sie nicht freigeben wollten, nur insofern verhindern, dass sie die Betreffenden in der Zeitspanne zwischen der Musterung respektive der vom Wehrkreiskommando beantragten und vom RSHA bestätigten Entlassung „sterben" ließen. Es gab sogar Einzelfälle, wo Häftlinge am Tage ihrer Entlassung (!) getötet wurden, weil sie zu den Geheimnisträgern gezählt wurden. So z. B. meldete die Kommandantur, dass der

> *„am 13.6.1938 als Vorbeugungshäftling festgenommene, im August 1939 im KLM gemusterte Besitzer eines Wehrpasses, BV-DR. Nr. 73, Josef Dorn, 23.2.1907 in Wien geboren, aus unbekannten Gründen Freitod durch Erhängen im Revier am 23.3.1944, verübte."*

---

[1] Bei Polen vorwiegend nur dann, wenn es sich um „Eindeutschungsfähige" handelte.

[2] Archiv M.M.: V 3/20, Angaben des Kanthack.

[3] In den Jahren 1939, 1940 und 1941 jeweils anlässlich Hitlers Geburtstag am 20.4. Archiv M.M.: E 13/2, Veränderungsbuch der Pol. Abteilung.

[4] Ein gewisser Dr. Walk vom Wehrbezirkskommando Linz hielt sich wochenlang im Hauptlager (Politische Abteilung) auf, um alle Wehrwürdigen zu erfassen. Archiv M.M.: E 19/1, 2 und 3.

Tatsächlich ist Dorn, weil er als Reviercapo über viele interne Vorgänge, vor allem über Machenschaften der SS-Führer im Bordell, bestens informiert war, vom Bunkerchef Niedermayer am Tage seiner Entlassung im Arrest erdrosselt worden.[5]
Die Entlassungen von kleineren Gruppen oder einzelnen Kriminellen respektive Asozialen begannen bereits 1938 und vollzogen sich in unregelmäßigen Abständen bis April 1945. Obwohl nach dem Runderlass des Chefs der SIPO und SD Heydrich vom 24.10.1939 *„Entlassungen von Häftlingen aus der Schutzhaft (...) während des Krieges im allgemeinen nicht stattfinden"* sollten, sind in den Jahren 1939 bis 1943 etwa 280 österreichische und deutsche politische Häftlinge, ab Ende Juli bis Dezember 1940 in Gusen – monatlich in kleineren Gruppen – angeblich 172 und im Jahre 1941 75 Polen, am 6.5.1941 35 französische Kriegsgefangene (die irrtümlich als Republikanische Spanier eingeliefert wurden) und im Frühjahr 1942 insgesamt 186 Slowenen[6] entlassen worden. Am 9.12.1943 und 24.1.1944 sind, offenbar über Veranlassung militärischer Kreise in Istrien, etwa 740 als Italiener im KLM registrierte Jugoslawen aus Istrien, vorwiegend aus Gusen I, entlassen worden. Das Verhältnis zwischen Kriminellen und Politischen, die zur Deutschen Wehrmacht einberufen wurden, charakterisiert u. a. die am 11.6.1943 erfolgte Entlassung von 29 Häftlingen im wehrtüchtigen Alter: Davon waren ein DR-Schutz und 28 BV respektive AZR-DR. Am 8. und 9.10.1941 wurden insgesamt 108 DR-Zigeuner als entlassen geführt; sie sollen jedoch in ein Zigeunerlager bei Knittelfeld (Steiermark, Österreich) überstellt worden sein. Der Gauleiter der Steiermark, Dr. Siegfried Uiberreither, hatte bei seinen zwei- oder dreimal erfolgten Lagerbesuchen in den Jahren 1941 und 1942 stets Entlassungen von vier und fünf steirischen Häftlingen veranlasst. Auch Baldur von Schirach und Konrad Henlein sollen Einzelentlassungen beantragt haben.
Über Auftrag des RSHA wurde am 26.2.1943 vom WVHA *„mit Rücksicht auf die Sicherung der in den KL laufenden Rüstungsprogramme"* verfügt, dass *„sowjetische Zivilarbeiter (Ostarbeiter), von ganz besonderen Ausnahmefällen abgesehen, aus den Konzentrationslagern nicht mehr zu entlassen sind."*[7]
Aus den bisher vorgefundenen Unterlagen geht jedoch nicht hervor, dass jemals ein sowjetischer Häftling vor oder nach dem 26.2.1943 entlassen worden ist.
In den ersten Monaten des Jahres 1944 wurden mehrere kleinere Gruppen krimineller und politischer Deutscher und Österreicher in die SS-Sondereinheit eingezogen. Diese Häftlinge wurden im Lager sowohl von der SS als auch von den Häftlingen „Dirlewanger" [8] genannt.

---

[5] Archiv M.M.: M 6/1.
[6] Bei den Slowenen handelte es sich um Polizeihäftlinge, die in ihrer Mehrzahl von der GESTAPO-Stelle Maribor (Jugoslawien) eingewiesen wurden. Archiv M.M.: E 13/2.
[7] Archiv M.M.: P 16/52, Kopie des Erlasses.
[8] „SS-Sturmbrigade Dirlewanger" wurde später in „36. Waffen-Grenadier-Division der SS" umbenannt. Sie stand unter der Führung des Dr. Oskar Dirlewanger. Die Brigade entstand auf Grund eines Befehls Hitlers im Jahre 1940. Ursprünglich befanden sich in der Brigade Wilddiebe, später Kriminelle aus dem KL, bestrafte SS- und Wehrmachtsoffiziere, Turkmenen, Hilfswillige aus dem Osten, SD-Männer und politische Häftlinge aus den KL. Offiziere und Mannschaften, die von SS- oder Militärgerichten zum Tode verurteilt waren, konnten durch Meldung zur SS-Brigade Dirlewanger der Hinrichtung entgehen. Die Brigade und später die Division hatte ihre eigene Gerichtsbarkeit in der Person des Gerichtsherrn Dirlewanger. Dirlewanger ist am 7.6.1945 gestorben. – Himmler (1944) über Dirlewanger und seine Einheit: „Dirlewanger ist ein

Auch einzelne Polen, Tschechen, Franzosen sowie die bereits erwähnten Italiener jugoslawischer Abstammung wurden entlassen.
Am 7.5.1944 ordnete Himmler dem Chef der SIPO und des SD sowie des WVHA an:

> *„Für die Kriegsdauer verbiete ich aus Geheimhaltungsgründen jede Entlassung von Häftlingen aus dem KL Mauthausen.“* [9]

Trotz dieses Verbotes erfolgte wegen akuten Arbeitskräftemangels in den Monaten Oktober und November 1944 die Entlassung von 49 spanischen Jugendlichen, die zur Arbeit im Mauthausener „Poschacher-Steinbruch“ und am 21. sowie 22.12.1944 von insgesamt 105 Warschauer Polen, die in ein oberösterreichisches Rüstungswerk verpflichtet wurden. Häftlinge, die in der Rüstung, vor allem im Kammler-Programm,[10] eingesetzt waren, sind aus „Geheimhaltungsgründen“ nicht entlassen worden, auch dann nicht, wenn das RSHA respektive eine GESTAPO-Stelle die Entlassung beantragte.
In den ersten zwei Monaten des Jahres 1945 sind keine Häftlinge entlassen worden. Anfang März 1945 sind aus den verschiedenen Lager-Arbeitskommandos deutsche und österreichische Häftlinge, politische, kriminelle und Zigeuner, die schon jahrelang im Lager inhaftiert waren, zu einer Sondereinheit der SS rekrutiert worden. Insgesamt waren es vom März bis 3.5.1945 etwa 450 Häftlinge. Am 21.3.1945 wurden 52 Norweger respektive Dänen in das KL Neuengamme zur Entlassung überstellt.[11] Einen Monat vor der Befreiung setzte eine Entlassungswelle ein, die deutsche, österreichische und westeuropäische Häftlinge erfasste.
Am 14.4.1945 respektive am 3.5. und mit dem Datum vom 4.5.1945 (!) sind mindestens 359 österreichische sowie deutsche Häftlinge entlassen und fast alle zu einer Häftlings-Militäreinheit (!) eingezogen worden. Solche Häftlings-Einheiten gab es im Hauptlager und in den

braver Schwabe, wurde zehnmal verwundet, ist ein Original. Ich habe mir vom Führer die Genehmigung geben lassen, aus den Gefängnissen Deutschlands alle Wilderer, die Büchsenjäger sind, also die Kugelwilderer, keine Schlingenleger. herauszuziehen. Das waren ungefähr 2.000. Von diesen anständigen und braven Männern leben leider Gottes nur noch 400. Dieses Regiment habe ich immer wieder aufgefüllt durch Bewährungsleute aus der SS. Denn wir haben in der Waffen-SS eine furchtbar harte Gerichtsbarkeit. Die Leute bekommen bei uns für irgendeine Entfernung von ein paar Tagen Jahre von Gefängnis, und es ist gut, wenn die Gerichtsbarkeit hart ist, denn dann bleibt die Truppe gesund. Zum Beispiel in diesem ganzen Bataillon, das bei Tito im Hauptquartier absprang, waren nur Bewährungsleute; die Offiziere selbstverständlich nicht. Die ganzen 800 Mann waren Männer, die ihre Ehre wiederzuholen hatten (...) Nachdem dies immer noch nicht langte, sagte ich dem Dirlewanger: ‚Passen Sie auf, suchen Sie sich unter unseren KZ-Strolchen aus den Berufsverbrechern die Geeigneten heraus. Der Ton in dem Regiment ist selbstverständlich in vielen Fällen, möchte ich sagen, ein mittelalterlicher, mit Prügel usw. Oder wenn einer schief guckt, ob wir den Krieg gewinnen, dann fällt er tot vom Tisch, weil ihn der andere über den Haufen schießt. Anders läßt sich mit einem solchen Volk ja nicht umgehen’.“ Vierteljahrshefte für Zeitgeschichte: Nr. 4, S.377f.

[9] Archiv M.M.: 7/4, Kopie des Erlasses.

[10] Für die Häftlinge des Kammler-Programms (Ebensee, Schlier, Melk und Gusen II) galt sogar das Verbot, in das Hauptlager Mauthausen rücküberstellt zu werden, und wenn es geschah, sollten diese Häftlinge isoliert werden (z. B. im Krankenlager). – Trotz dieser streng eingehaltenen Anordnung konnten zwei Geistliche (Jugoslawe und Franzose), die in Schlier eingesetzt waren, am 1.12.1944 in das KL Dachau überstellt werden. Archiv M.M.: E 1aa/1.

[11] Am 19.2. veranlagte der Stellvertretende Präsident des Schwedischen Roten Kreuzes, Graf Folke Bernadotte, durch eine Aussprache mit Himmler, dass die skandinavischen Häftlinge aus allen Konzentrationslagern in das KL Neuengamme verlegt werden sollen. Von dort wollte das Schwedische Rote Kreuz den Abtransport nach Schweden übernehmen. Bernadotte Folke: Das Ende, Zürich 1945, S.47.

Nebenlagern Hinterbrühl, Wr. Neudorf, Wr. Neustadt, Gusen I und II sowie Linz III. Außerdem wurden in drei Aktionen des Internationalen Roten Kreuzes ab 22.4.1945 756 weibliche und über 600 männliche westeuropäische Häftlinge entlassen und in die Schweiz evakuiert. Insgesamt sind allein im April 1945 969 männliche Häftlinge entlassen worden. Bis auf einzelne Ausnahmen wurden Polen nur dann entlassen, wenn sie sich bereit erklärten, sich in die so genannte „Liste der Volksdeutschen" einzutragen.
Bis März 1945 musste jeder Entlassene eine Erklärung unterschreiben, worin er sich verpflichtete, über das KL, dessen Einrichtungen sowie seine Erlebnisse nicht zu sprechen und dass *„(...) bei Abgabe dieser Erklärung"* auf ihn *„kein Zwang ausgeübt worden"* sei.

Statistik der aus dem KLM entlassenen Häftlinge:[12]

1938

Häftlingskategorie, Nationalität	**Anzahl**
BV-, AZR-, §175-, SV-DR	14
Gesamtzahl	**14**

1939

Häftlingskategorie, Nationalität	**Anzahl**
BV-, AZR-, §175-, SV-DR	200
Schutz-DR	18
Gesamtzahl	**218**

1940

Häftlingskategorie, Nationalität	**Anzahl**
BV-, AZR-, §175-, SV-DR	100
Schutz-DR	82
Polen	172
Tschechen	2
Gesamtzahl	**356**

[12] Bei den Zahlen der Jahre 1939 bis 1943 sind Abweichungen möglich, die Zahlen der Jahre 1938 und bis 30.4.1945 (nicht erfasst sind jene zur SS eingezogenen Häftlinge, die am 3.5., am Entlassungsschein datummäßig am 4.5.1945, offiziell entlassen wurden) sind vollständig, desgleichen sind auch die Gesamtzahlen des Jahres 1944 und die der entlassenen Frauen richtig. Es gab in den Jahren 1942 und 1943 mehrere Überstellungen in die KL Buchenwald und Herzogenbusch (etwa 60 deutsche und österreichische BV- und AZR-Häftlinge), die dort nach sehr kurzem Aufenthalt entlassen und zu der SS-Bewährungseinheit Dirlewanger eingezogen worden waren. Diese Häftlinge sowie die am 8. und 9.10.1941 überstellten und als entlassen geführten 108 DR-Zigeuner scheinen in dieser Statistik nicht auf. Archiv M.M.: A 6/5; E 6/17, E 13/1 und 2/6; I 1/1; Y 1b.

1941

Häftlingskategorie, Nationalität	**Anzahl**
BV-, AZR-, §175-, SV-DR	36
Schutz-DR	80
Polen	75
Tschechen	5
Spanier	2
Jugoslawen	1
Franzosen	35
Gesamtzahl	**234**

1942

Häftlingskategorie, Nationalität	**Anzahl**
BV-, AZR-, §175-, SV-DR	40
WA-DR	3
Schutz-DR	26
Polen	16
Tschechen	6
Italiener	1
Jugoslawen	186
Gesamtzahl	**278**

1943

Häftlingskategorie, Nationalität	**Anzahl**
BV-, AZR-, §175-, SV-DR	120
Schutz-DR	70[13]
Polen	30
Tschechen	6
Italiener	350
Spanier	2
Jugoslawen	120
Franzosen	4
Araber	1
Gesamtzahl	**703**

[13] Am 5.6.1943 ist ein österreichischer Häftling entlassen worden; offiziell wurde er als „überstellt" geführt. Archiv M.M.: Y 8/6 und 7.

1944

Häftlingskategorie, Nationalität	Anzahl
BV-, AZR-, §175-, SV-DR	70
WA-DR	3
Schutz-DR	30
Polen	117
Tschechen	3
Italiener	390
Spanier	49
Jugoslawen	117
Franzosen	3
Ungarn	4[14]
Gesamtzahl	**786**

1945 (bis 30.4.)

Häftlingskategorie, Nationalität	Anzahl
BV-, AZR-, §175-, SV-DR	190
WA-DR	2
Zigeuner-DR	24
Schutz-DR	144
Polen	1
Tschechen	1
Italiener	2
Jugoslawen	5
Franzosen	531
Belgier	40
Niederländer	23
Araber	2
Ungarn	4
Norweger, Dänen	52
Engländer	1[15]
Schweizer	2
Griechen	1
Gesamtzahl	**1.025**

[14] Am 20.5.1944 ist ein ungarischer Häftling entlassen worden; offiziell wurde er als „überstellt" geführt. Archiv M.M.: Y 8/6 und 7.

[15] Am 5.4.1945 ist ein englischer jüdischer Häftling entlassen worden; offiziell wurde er als „überstellt" geführt. Archiv M.M.: Y 8/6 und 7.

Frauen April 1945

Häftlingskategorie, Nationalität	**Anzahl**
Franzosen	489
Belgier	231
Niederländer	34
Norweger, Dänen	16
Engländer	1
USA	1
Gesamtzahl	**772**

Übersicht 1938-1945

Jahr	**Anzahl**
1938	14
1939	218
1940	356
1941	234
1942	278
1943	703
1944	786
1945 (Männer)	1.025
1945 (Frauen)	772
Gesamtzahl	**4.386**

Übersicht Häftlingskategorien und Nationalitäten (Männer und Frauen)

Häftlingskategorie, Nationalität	**Anzahl**
BV-, AZR-, §175-, SV-DR	770
WA-DR	8
Zigeuner-DR	24
Schutz-DR	450
Polen	411
Tschechen	23
Italiener	743
Spanier	53
Jugoslawen	429
Franzosen	1.062
Belgier	271
Niederländer	57
Araber	3
Ungarn	8
Norweger, Dänen	68
Engländer	2
Schweizer	2
Griechen	1
USA	1
Gesamtzahl	**4.386**

Der wiederergriffene Hans Bonarewitz wird am 30.7.1942 zur Exekution geführt. AMM

34. Die Flucht

Das bewaldete Hügelgelände der Mühlviertler Landschaft, das Hochgebirge und die Wälder in der Umgebung der verschiedenen Nebenlager boten für eine Flucht relativ günstige Voraussetzungen. Aber das engmaschige Sicherungsnetz innerhalb und außerhalb der Lager und die bis Herbst 1944 eingeschüchterte, ängstliche und den Häftlingen oftmals feindlich gesinnte Bevölkerung erschwerten wesentlich das Gelingen jeder Flucht. In den seltensten Fällen wurde den Flüchtenden seitens der Bevölkerung Hilfe gewährt, und ohne Unterstützung (Zivilkleidung, Nahrung, vorübergehende Unterkunft usw.) konnte keiner weit kommen. In dieser Hinsicht fanden die Häftlinge des Nebenlagers Loiblpass zum Teil bessere Bedingungen vor. Unter der dort ansässigen slowenischen Bevölkerung war es eher möglich, jemanden zu finden, der bereit war, das Risiko, das die Unterstützung eines Flüchtenden mit sich brachte, auf sich zu nehmen.

Der Aufenthalt im KLM war eine Zeit der Prüfungen, des Leidens und des ständigen Hungerns. Führten diese Umstände zu einer Flucht aus Verzweiflung, dann endete diese bestimmt mit einem Misserfolg.[1] Es gab viele Gründe zur Flucht: Freiheitsdrang, Hass gegen das Nazisystem, verletzter Nationalstolz oder Misshandlungen. Zweifellos erschien die Flucht manchem als einzige Alternative, dem Hungertod zu entgehen.

[1] Im Jahre 1945, als der nationalsozialistische Fahndungs- und Sicherheitsapparat nicht mehr funktionierte, konnten auch solche Fluchten erfolgreich sein.

Mit einigen Ausnahmen endeten Fluchtversuche bis zum Sommer 1944 mit der Ergreifung der Geflüchteten, mit darauffolgenden Misshandlungen und dem Tod.[2] Deshalb bleibt die Geschichte vieler Geflohener weitgehend unerforscht. Jede einzelne Flucht wäre eine Aufzählung von Heldentaten, besonders wenn sie von einem Häftling, der der deutschen Sprache nicht mächtig war, vollzogen wurde. Sollte die Flucht gelingen, musste sie lange und sorgfältig, unter strengsten Regeln der Geheimhaltung vorbereitet und durchgeführt werden. Zu einer solchen Flucht gehörte Tapferkeit, Ausdauer und auch viel Glück. Alle Geflüchteten waren natürlich durch Kleidung und Haarschnitt leicht erkennbar.[3] Hinzu kam, dass durch die außergewöhnlich schwierigen Umstände – das lange Verweilen in Verstecken und das dadurch bedingte Aussehen (unrasiert, ungewaschen, zerrissene Kleider, Schuhe usw.) – jeder Flüchtling auf seine Umgebung erschreckend, ja sogar abstoßend wirken musste.

Die SS-Männer wurden wöchentlich einmal belehrt, wie sie sich in verschiedenen Situationen verhalten sollten, um eine etwaige Flucht zu vereiteln. Außer schriftlichen Anweisungen allgemeiner Art stellte die Lagerleitung graphische Instruktionen zur Verfügung, die die falsche und richtige Bewachungsart darstellten. Der Bewacher musste sich in entsprechender Entfernung (sechs Schritte) vom Häftling aufhalten und das geladene, ungesicherte Gewehr unter dem rechten Arm auf der Patronentasche liegend tragen. SS-Männer, die einen Geflüchteten ergriffen oder die eine Flucht verhinderten, erhielten besondere Belobigungen, Sonderurlaube und auch Sonderzuteilungen von Zigaretten.

In den Jahren 1938 bis 1943 gab es bei den SS-Organen eine exakte Disziplin; den Häftlingen wurde eine gehässige, feindliche und misstrauische Haltung entgegengebracht. Später, als nicht mehr genügend ausgebildete „Volksdeutsche“ [4] zur Verfügung standen, und im Jahre 1944, als auch alte Jahrgänge der Wehrmacht herangezogen wurden, insbesondere dann, als die deutschen Armeen im Osten Niederlagen erlitten, lockerte sich die Disziplin der Bewachungsmannschaft. Dies fand seinen Niederschlag auch darin, dass die verbissene, feindliche Einstellung den Häftlingen gegenüber etwas nachließ. Damals konnten zumindest gewisse deutsche, österreichische, spanische, tschechische und polnische Häftlinge Kontakte mit SS-Angehörigen anknüpfen.[5]

Das erste und schwierigste Hindernis für jeden Flüchtling war die Überschreitung der kleinen

[2] Die Ausnahmen waren die am 24.11.1944 über das KL Buchenwald nach dem KL Dora-Mittelbau überstellten (mindestens) 16 Häftlinge, die auf der Flucht aus dem KLM im Herbst 1944 ergriffen wurden, und drei Spanier, die im Jahre 1942 flüchteten und am 21.10.1942 in die Gusener Strafkompanie überstellt wurden. Archiv M.M.: E 13/3.

[3] Die Gendarmerie St. Georgen/Gusen meldete am 5.9.1943, dass im Walde Reindlberg ein vollkommen nackter Mann aufgegriffen wurde. „Er war mit dem vom 27.8.1943 im Lager Gusen entwichenen Schutzhäftling Nikolaj Piatschenko wesensgleich. P. hat nach der Entweichung sämtliche Kleidungs- und Wäschestücke abgelegt, um hiedurch weniger erkannt zu werden.“ Aus der Chronik des Gendarmeriepostens St. Georgen a. d. Gusen, 5.9.1943.

[4] In den Jahren 1942 bis 1944 wurden viele so genannte „Volksdeutsche“ aus Jugoslawien, Ungarn, Rumänien, Polen und der Slowakei zur SS-Bewachung angeworben. Siehe auch Kapitel 14: Die Bewachungsorgane.

[5] Beispiel: Am 24.12.1944 flüchtete aus Gusen der Pole Jaroslaw Kosztowski, Häftlings-Nr. 48.024, mit Hilfe eines ukrainischen SS-Mannes. Kosztowski wurde nicht wiederergriffen.

oder großen Postenkette. Ein Entfliehen aus dem eigentlichen Schutzhaftlager (Häftlingslager) entweder über die Mauer oder nach Durchschneiden der mit Starkstrom geladenen Stacheldrähte war nur bei einer Massenflucht möglich. Jedes Herangehen an die Umzäunung wurde sowohl bei Tag als auch bei Nacht von SS-Posten auf den Türmen durch Gewehrbeschuss verhindert. Die Umzäunung wurde bei Nacht mit Tiefstrahlern beleuchtet, die nur während Fliegeralarmen ausgeschaltet waren. Die Entfernung der einzelnen Türme der kleinen Postenkette um jedes Häftlingslager betrug etwa 60 bis 80 Meter. Während des Tages musste ein aus dem Häftlingslager Flüchtender die kleine oder die große Postenkette[6] überwinden. Auch alle Kraftfahrzeuge, die das Lagergebiet verließen, wurden am Schlagbaum des Sperr- oder Interessengebietes genauestens kontrolliert. Man überprüfte die Personen, das beförderte Gut, u. a. den Inhalt der Fässer, Kisten usw. Trotzdem gelang im Juni 1942 dem österreichischen BV-Häftling Hans Bonarewitz (Nr. 3.138), von einem Mithäftling in einer Holzkiste untergebracht und auf einen LKW verladen, die Flucht. Etwa 18 Tage später wurde Bonarewitz aufgegriffen und ins Hauptlager zurückgebracht. Er wurde in der „Fluchtkiste" eingesperrt, sieben Tage lang am Appellplatz zur Schau gestellt und am 30.7.1942 bei Musikbegleitung vor allen Häftlingen am Appellplatz gehenkt.

Diese Flucht war Anlass einer Dienstanweisung des WVHA, Amtsgruppenchef D, vom 1.7.1942, worin unter anderem angeordnet wurde, dass

> *„(…) jede Dienststelle, die ein Fahrzeug beladen läßt, einen SS-Unterführer als Aufsichtsperson dazustellen muß (…) Die Posten am Lagerausgang haben alle Fahrzeuge nochmals einer genauen Kontrolle zu unterziehen, auch Kofferräume und Wagendecken (…)"*[7]

Eine andere bemerkenswerte Flucht aus dem Häftlingslager fand im Mai 1942 statt. Bereits beim Bau der Mauthausener Lagermauer und des unter der Mauer befindlichen Abflusskanals wurde viele Monate vor dem Mai 1942 von den dort als Capos eingesetzten Häftlingen BV-DR Friedrich Schön, BV-DR Leopold Nadrchal, BV-DR Fritz Vormerk und Schutz-DR Albert Schmitz im Bereich, wo der Kanalschacht die Lagermauer verließ, bewusst ein Eisengitter so angebracht, dass es nicht fest verbunden war. Am Sonntag, dem 3.5.1942, nach dem Mittagsappell, als die kleine Postenkette aufgezogen und das Sperrgebiet nicht bewacht war, flüchteten zwei der Genannten nach Entfernung des Eisengitters durch die Schachtanlage. Warum nur zwei von ihnen und nicht alle vier flüchteten, ist nicht bekannt. Jedenfalls wurden die beiden wenige Tage danach aufgegriffen, ins Lager zurückgebracht und mit ihren beiden Komplizen am 19.5.1942 vor allen Häftlingen auf dem Appellplatz gehenkt.[8]

Ein ähnlicher Fluchtversuch soll im Mai 1944 im Nebenlager Wiener Neudorf unternommen

---

[6] Die große Postenkette erfasste außerhalb des Häftlingslagers das Lager-Sperrgebiet, auch „Interessengebiet" genannt, also jenen Raum, in dem sich die Mehrzahl der Werkstätten und andere Arbeitsstätten befanden; in Mauthausen und Gusen auch die Steinbrüche. Die SS-Posten der großen Postenkette standen je nach Sichtmöglichkeit in einer Entfernung von 80 bis 150 Metern, oftmals auf primitiven Holzwachtürmen, „Störche" genannt.

[7] Archiv M.M.: P 16/42, Kopie der Dienstanweisung.

[8] Archiv M.M.: V 3/7, Häftlingsangaben.

worden sein. Zwei Polen und ein SV-DR-Häftling versuchten, durch eine unfertige und noch nicht abgesicherte Kanalanlage aus dem Häftlingslager zu flüchten. Sie wurden jedoch entdeckt. Nachdem die drei Häftlinge auf dem Appellplatz mit je 25 Doppelstockhieben bestraft worden waren, wurden zwei von ihnen in den elektrisch geladenen Stacheldraht getrieben, wo sie den Tod fanden. Der dritte Häftling, ein Pole, der beim Lagerkommandanten als Masseur tätig war, wurde auf Befehl des Lagerkommandanten Kurt Schmutzler in ein auszementiertes ein mal ein Meter breites und etwa 1,5 Meter tiefes Loch geworfen. Die Öffnung wurde mit Felsblöcken und Bohlen verschlossen.[9]

Am 8.4.1944 (Karsamstag) flüchtete während einer Hamstertour im Raum Schwertberg der Schuhmacher-Capo Josef Schwaiger. Er war, soweit bisher bekannt ist, der einzige Häftling aus dem Hauptlager, dem es in der Zeit von 1938 bis 1944 gelang, zu flüchten, ohne wiederergriffen zu werden. Eine relativ bessere Möglichkeit zur Flucht gab es auf den Arbeitsstätten, besonders dann, wenn sich diese außerhalb der großen Postenkette und auf einem schwer übersehbaren Gelände befanden.

Die aus dem Lager zur Arbeit marschierenden Häftlinge wurden beim Haupttor genau gezählt und sogleich von SS-Posten (oft mit Wachhunden) umstellt und zur Arbeitsstelle geführt. Die Arbeitsstätte durfte nicht verlassen und die Postenkette um die Arbeitsstelle nicht überschritten werden. Nach Arbeitsschluss wurde die Häftlingsstärke festgestellt, die Postenkette um die Arbeitsstelle eingezogen und die Häftlinge wurden wieder zum Lagertor geführt. Die Bewachungsorgane warteten beim Tor bis zum Ende des Appells. Sobald die Anzahl der Häftlinge im Lager festgestellt und bestätigt war, wurde die große Postenkette des Sperrgebietes eingezogen und die kleine Postenkette um das Häftlingslager aufgezogen. Die Bewachungsorgane der Arbeitskommandos kehrten dann in ihre Unterkünfte zurück.

Bei Fehlen eines Häftlings wurde z. B. im Lager Mauthausen folgender Fahndungsvorgang ausgelöst: Die Flucht musste sofort dem Führer vom Dienst gemeldet werden. Er befahl, die Lagersirene in Betrieb zu setzen. Das Heulen der Sirene alarmierte die SS-Organe der Fahrbereitschaft in den Garagenhof. Nach Benachrichtigung des Lagerkommandanten übernahm der 1. Schutzhaftlagerführer oder in dessen Abwesenheit sein Stellvertreter die Fahndungsaktion. Die Verfolgung wurde mit motorisierten Einheiten durchgeführt, die auch Spürhunde mitnahmen. Zur gleichen Zeit wurden Gendarmeriestationen in der Umgebung des Lagers gewöhnlich telefonisch verständigt. Weiters sollten Telegramme an folgende Stellen abgesandt werden:

1. Reichsführer-SS, Persönlicher Stab,
2. WVHA, Amtsgruppe D,
3. Reichssicherheitshauptamt und Reichskriminalpolizeiamt,
4. GESTAPO sowie Kriminalpolizei in Linz, Wien und gewisse Grenzpolizeistellen,
5. einweisende Stelle des Häftlings.

[9] Archiv M.M.: B 49/1 und 2, Angaben des ehemaligen Häftlingsarztes Dr. Busch-Waldeck.

Diese Telegramme wurden nicht immer sofort abgesandt. Man verständigte immer die Gendarmerie[10] und wartete die ersten Stunden der Suchaktion ab. In den Nebenlagern wurde manches Mal – trotz Verbotes – tagelang gewartet, in der Hoffnung, den Flüchtenden bald zu ergreifen und sich dadurch die schriftlichen Meldungen über die Ursache der Flucht sowie eine Kritik von Seiten des Lagerkommandanten Ziereis zu ersparen.

Die Alarmbereitschaft dauerte immer drei Tage. Nach dieser Frist wurde der nicht ergriffene Flüchtling aus dem Häftlingsstand des KLM gestrichen und sein Name ins Fahndungsbuch aufgenommen. Wenn er später ergriffen wurde, so benachrichtigte die zuständige Polizeistelle die Lager-Kommandantur und wies den Häftling fast immer ins Haupt- und selten in jenes Nebenlager, aus dem er geflüchtet war, ein. Der Wiederergriffene wurde neu in den Stand genommen und erhielt eine neue Häftlingsnummer zugeteilt.

War der wiederergriffene Häftling mehrere Tage in Freiheit oder war er aus einem Lager geflüchtet, dessen Insassen am Bau von Rüstungsbetrieben beteiligt waren (insbesondere Geheimwaffen: V-Waffen und Düsenflugzeuge) oder die bereits mit der Produktion begonnen hatten, dann wurde er von SS-Organen der Politischen Abteilung über alle Vorgänge der Flucht (Vorbereitung, Strecke, wo verborgen respektive mit wem gesprochen, strafbare Handlungen usw.) einvernommen. Es erübrigt sich, die Brutalität dieser Verhörmethoden zu schildern: Rippen-, Nasenbein-, Kiefer- und Fingerknochenbrüche waren oft Folge solcher Einvernahmen. Dann wurde seitens des KLM-Kommandanten der Exekutionsantrag gestellt und der Wiederergriffene in den Bunker gesperrt; dort sollte er auf das Einlangen der Bestätigung seines Todesurteils seitens des RSHA warten. Oft starb er vorher infolge der ihm zugefügten Verletzungen, oder er wurde vom Bunkerchef ermordet. Was immer die Todesursache war, stets ist „Selbstmord durch Erhängen" vorgetäuscht worden.[11] Dafür gab es stereotype Begründungen: *„(…) vermutlich hatte er Angst vor den Folgen seiner Tat und beging deshalb Selbstmord (…)"*

Wenn ein Wiederergriffener im Arrest nicht „verstarb", so wurde er nach Überprüfung seiner Angaben beim Einlangen der Bestätigung des Todesurteils exekutiert. In den ersten Jahren wurden alle Wiederergriffenen auf dem Appellplatz zwecks Abschreckung gehenkt. Eine Ausnahme bildeten die beiden deutschen Schutzhäftlinge Franz Brünner und Anton Kropf. Sie wurden am 9.12.1939 im Garagenhof in Anwesenheit aller Häftlinge und der gesamten SS-Bewachungsorgane gehenkt.[12] Später ist die Mehrzahl der Wiederergriffenen im Bunker exekutiert worden. Vor und während der Hinrichtung auf dem Appellplatz mussten die Opfer vielfach Plakate mit folgenden Aufschriften tragen:

[10] Die Gendarmerieposten im weiten Umkreis der verschiedenen Lager sind zum ständigen Streifendienst herangezogen worden. Gendarmeriechronik Posten Wartberg, 22.9.1941.

[11] In einer Besprechung der Chefs des Amtes D I im WVHA am 23.3.1944 mit den Leitern der Politischen Abteilungen aller KL, wurde diesbezüglich angeordnet: „(…) Flucht von Häftlingen: 2. Nach Wiederergreifung und Wiedereinlieferung in das Lager ist sofort, spätestens am nächsten Tag, eingehende Vernehmung vorzunehmen, die über den Fluchtweg erschöpfend Auskunft geben muß. Vernehmung ist umgehend hier vorzulegen, da evtl. Exekutionsanträge an den Reichsführer-SS nicht erst nach Monaten gestellt werden können (…)" Eichmann: Ordner N 175.

[12] Siehe auch Kapitel 15: Die Mentalität der SS, Anmerkung 13.

„Hurra, ich bin wieder da!“
„Ich bin glücklich zurück!“
„Warum in die Ferne schweifen, wenn das Gute doch so nah' ist!“ oder
„Kam ein Vogel geflogen!“
Noch am 18.4.1945 (!) fand eine Exekution von Wiederergriffenen auf dem Appellplatz von Ebensee statt. Die Sowjetbürger Iwan Tschikin, Luka Grywa, Konstantin Konowalew und der Pole Johann Swat waren die letzten gehenkten Opfer aus den Reihen der entflohenen und wiederergriffenen Häftlinge.
Wenn der Entflohene kurze Zeit die Freiheit genoss, nachweisbar mit niemandem in Kontakt treten und während der Flucht *„keine strafbare Handlung“* begangen haben konnte, dann gab es keine langen Vernehmungsprozeduren. Er wurde, je nach Laune der jeweiligen SS-Führer entweder sofort erschossen oder im Lager auf andere Art getötet. In allen diesen Fällen wurde in den Lagermeldungen stets Selbstmord als Todesursache angegeben. So z. B. flüchtete am 11.5.1944 aus dem Nebenlager Ebensee der 18jährige Italiener Danielo Veronesi (geb. 7.5.1926). In der Nähe seiner Arbeitsstätte wurde er am 12.5.1944 ergriffen und am selben Tage während des Abendappells nach Klärung des Sachverhaltes der Flucht über Auftrag des Lagerführers Otto Riemer von der Dogge „Lord“ zerfleischt. Die offizielle Todesursache lautete: *„Selbstmord durch Starkstrom“*.[13]
Oftmals verhängte die SS nach einer Flucht drastische Kollektivstrafen. Zum Beispiel mussten ab 28.7.1940 alle polnischen Häftlinge des Lagers Gusen infolge der Flucht ihres Landsmannes Wladimir Nowak[14] jeweils nach der Arbeit und ohne dass sie zu essen bekamen, zwei Nächte lang vor ihren Baracken stehen. Wer sich bewegte oder umfiel, wurde erbarmungslos von SS-Männern sowie deutschen und österreichischen Häftlingsfunktionären misshandelt.
Ein anderes Beispiel aus dem Nebenlager Wiener Neudorf: In der Werkhalle 9 der Flugmotorenwerke Ostmark verrichteten etwa 140 körperlich sehr schwache und kranke Häftlinge sitzende Arbeit. Zehn gesunde waren einem Transportkommando zugeteilt. Eines Tages, im Juni 1944, wurde vom Capo des Kommandos während des Mittagsappells festgestellt, dass vom Transportkommando zwei sowjetische Häftlinge, Iwan Smirnow und Aleksander Baranow, fehlten. Er erstattete dem Kommandoführer Meldung, und dieser gab Alarm. Bald darauf stürmten SS-Hundeführer in die Halle und ohne Fragen zu stellen schlugen sie rücksichtslos auf alle anwesenden Häftlinge ein. Insgesamt 29 Häftlinge wurden dabei schwer, unzählige leicht verletzt. Auf einem LKW wurden die Schwerverletzten ins Häftlingslager zurückgebracht. Drei Verletzte starben während der Überführung, vier weitere am selben Abend. Bei den übrigen wurden Knochenbrüche, Rissquetschwunden und Prellungen festgestellt. Der Capo erhielt 25 Stockhiebe, und dem gesamten Kommando wurde die

[13] Siehe Kapitel 32: Die Massenvernichtung, 12.5.1944.
[14] Nowak versteckte sich drei Tage lang unter dem Fußboden einer Baracke im Lagersperrgebiet. Nach Auflösung der Alarmbereitschaft setzte er seine Flucht fort. Am 3.8.1940 wurde er ergriffen. Von den überlebenden Polen wurden diese zwei Nächte „Nowaks-Bartholomäus-Nächte“ genannt. Gusen: S.54f.

Vergünstigung der leichten Arbeit entzogen. Die 22 Verletzten sowie acht mit den beiden Geflüchteten in einer Stube untergebrachte sowjetische Häftlinge wurden strafweise nach Mauthausen überstellt.[15]

Ein anderes Beispiel: Als am 13.8.1940 aus dem Lager Gusen zwei Polen, Franz Lukawski und Wiktor Kapacki, flüchteten, wurden am selben Tag von der SS und Funktionären 14 Polen getötet und die beiden Geflüchteten am 15.8.1940 erschlagen. Doch schon die Vorbereitung einer Flucht führte zu furchtbaren Strafen. So wurde am 18.6.1941 in Gusen dem AZR-DR-Häftling Karl Neubauer, Nr. 2.840, vorgeworfen, eine Flucht vorbereitet zu haben. Nach der Einvernahme wurde Neubauer am Appellplatz, vor der Küche, zuerst gekreuzigt und dann stranguliert.[16] Solche Repressalien nach einer Flucht oder bei Fluchtversuchen sind in allen Mauthausener Lagern vorgekommen. Deshalb standen viele Häftlinge den Flüchtigen mit Abneigung, nicht selten sogar voll Hass gegenüber.

Etwas leichter war das Entkommen aus den Nebenlagern. Die Häftlinge konnten manches Mal an ihren Arbeitsstätten mit ausländischen und inländischen Zivilarbeitern in Verbindung treten. Außerdem gab es Arbeitsstellen, die weit vom eigentlichen Häftlingslager entfernt, in Wäldern oder z. B. im Wiener Raum, in verbautem Gebiet untergebracht waren. Dazu kam noch die Tatsache, dass seit dem Winter 1944/45 in den Nebenlagern nicht mehr genügend Bewachungsorgane vorhanden waren, so dass eine Flucht von hier aus nicht ganz aussichtslos erschien.

Dies war der illegalen Häftlingsorganisation bekannt. Deshalb wurden ab Frühjahr 1944 – wenn es möglich war – besonders gefährdete Häftlinge, die auf Grund einer Weisung der Politischen Abteilung nur im Hauptlager eingesetzt werden sollten, in gewisse Nebenlager überstellt. So z. B. flüchtete der österreichische Schutzhäftling Josef Lauscher, mit Wissen und über Veranlassung der illegalen Häftlingsorganisation, am 1.2.1945 aus dem Nebenlager Saurer-Werke, unter besonders abenteuerlichen Umständen. Laut Auftrag der Politischen Abteilung sollte er in der Mauthausener Strafkompanie der Steineträger eingesetzt werden.

In der Mehrzahl waren es einzelne Häftlinge, die die Flucht ergriffen. Neben der erfolglosen Flucht von fünf Spaniern aus dem Nebenlager Bretstein (Steiermark) am 5.8.1941 und von zwei Spaniern und einem Marokkaner[17] am 5.4.1942 aus dem Nebenlager Vöcklabruck gab es in den Jahren 1943 bis 1945 mehrere Gruppen zu drei, vier und sogar fünf Häftlingen gleicher Nationalität, die aus den Nebenlagern Steyr, Wiener Neudorf, Linz III, Loiblpass, Saurer-Werke und Ebensee flüchteten.

Was die Vorbereitung, Vorsicht, Taktik und Konspiration unter den schwierigsten Bedingungen aller Häftlingskategorien betrifft, so war die am 2.2.1945 durchgeführte Flucht von etwa 500 Häftlingen der „Aktion K“ aus dem Mauthausener Todesblock 20[18] eine der mutigsten Befreiungsaktionen aus einem nazistischen Konzentrationslager.

---

[15] Archiv M.M.: B 49/1 und 2, Angaben des Häftlingsarztes Dr. Busch-Waldeck.

[16] Gusen: S.57f. Kalendarium Gusen: S.28 und 32.

[17] Zwei Spanier wurden wiederergriffen, der dritte, ein Marokkaner, ist im Hochgebirge erfroren. Archiv M.M.: B 3a/2. Widerstand und Verfolgung im Bezirk Vöcklabruck: S.14.

[18] Siehe Kapitel 30: Die Totenregistratur.

Aus dem Nebenlager Klagenfurt gelang es zwei Häftlingen, jeweils einzeln, die Bewachung irrezuführen und im Jahre 1944 von ihren Arbeitsstellen zu flüchten. Einer von ihnen, der „rückfällige" deutsche politische Häftling Kaspar Bachl, flüchtete am 15.11.1944 mit Hilfe seiner Frau (!) in Zivilkleidern und mit einer Pistole bewaffnet. Auf seinem Fluchtweg wurde er zweimal, in Millstatt und in Oberkolbnitz (Kärnten), verraten und festgenommen. Bei seiner Eskortierung erschoss er jeweils einen Gendarmen und konnte neuerdings entkommen. Nach der strapaziösen Winter-Überquerung der Alpen kam er nach Südbayern; von dort ging er wieder zu Fuß nach Fusch am Großglockner, wo er sich bis zur Befreiung in den Maitagen 1945 verborgen hielt. Für Hinweise, die zur Ergreifung Bachls führen sollten, wurde eine Belohnung von 5.000.- Reichsmark ausgesetzt.[19] Der zweite Häftling, ein deutscher BV-er, wurde binnen drei Tagen aufgegriffen und verschwand im Mauthausener Arrest. In den Jahren 1940 bis 1942 waren es einzelne Österreicher, Deutsche, später Spanier, Polen, Jugoslawen und Franzosen, in den Jahren 1943 bis 1945 jedoch vorwiegend sowjetische Staatsbürger, die die Flucht wagten.
Die nachfolgende, fast vollständige Zahlenaufstellung gibt Auskunft über den Umfang der tatsächlichen Fluchtversuche aus dem Konzentrationslager Mauthausen. Nicht angeführt sind Fluchtversuche, die sofort infolge Anwendung von Schusswaffen vereitelt wurden und mit der Erschießung der Häftlinge endeten. Außerdem gab es noch einzelne wenige Fluchten aus den Nebenlagern, die infolge rascher Ergreifung des Geflüchteten nicht gemeldet wurden. Bei allen anderen im KLM offiziell gemeldeten Erschießungen – „auf der Flucht" – sie betreffen mehr als 2.500 Häftlinge – handelte es sich um bewusste Mordaktionen, die gegen bestimmte Häftlinge gerichtet waren und im Einverständnis mit der SS-Lagerleitung stattfanden; in diesen Fällen wurde die Flucht vorgetäuscht. Vielfach sind Häftlinge von SS-Organen oder Capos zur Erschießung in die Postenkette getrieben worden. Verhältnismäßig wenige Häftlinge ließen sich tatsächlich in selbstmörderischer Absicht „auf der Flucht" erschießen. Je mehr Erschießungen „auf der Flucht" aufschienen, umso unentbehrlicher waren die SS-ler, und desto unwahrscheinlicher war es, sie an die Front zu versetzen.

Flucht aus dem KLM – Gesamtstatistik 8.8.1938–30.4.1945

Jahre	1938	1939	1940	1941	1942	1943	1944	1945	Gesamtzahl
Jänner							3	21	24
Februar						2	2	28[20]	32
März							6	66	72
April			1		3	1	11	224	240
Mai					2	2	10	?	14
Juni		2			5	7	9		23

[19] Archiv M.M.: V 3/25; E 20/12 und 13, Angaben des Kaspar Bachl.
[20] In einer Statistik der SS vom 2.1.1945 wurde angeführt, dass im Jahre 1944 231 Häftlinge geflohen sind. Archiv M.M.: E 6/17.

Fortsetzung

Jahre	**1938**	**1939**	**1940**	**1941**	**1942**	**1943**	**1944**	**1945**	**Gesamtzahl**
Juli			2		1	7	14		24
August			2	6		6	42[21]		56
September			1	2		2	47		52
Oktober			1			8	43		52
November		2				6	31		39
Dezember						3	8		11
		4	**7**	**8**	**11**	**44**	**226**[22]	**339**	**639**

Häftlingsarten	**1938**	**1939**	**1940**	**1941**	**1942**	**1943**	**1944**	**1945**	**Gesamtzahl**
Sowjetbürger						16	120	178	314
Polen			5		2	9	26	75	117
BV-, AZR- und SV-Dr.		2		2	4	10	39	35	92
DR-Schutz		2	1		1	2	7	19	32
Jugoslawen						4	8	9	21
Franzosen						2	14		16
Marokkaner					1				1
Spanier				6	3				9
Sonstige			1			1	9	8	19
Art unbekannt							3	15	18

Haupt- oder Nebenlager	**1938**	**1939**	**1940**	**1941**	**1942**	**1943**	**1944**	**1945**	**Gesamtzahl**
Mauthausen		4	2	2	3	1	1	18	31
49 Nebenlager			5	6	7	41	197	97	353
Transport od. Lager unbekannt					1	2	28	224[23]	255

Wiederergriffen	**1938**	**1939**	**1940**	**1941**	**1942**	**1943**	**1944**	**1945**	**Gesamtzahl**
Unterlagen über die Wiederergreifung vorhanden		2	7	6	7	18	96[24]	29	165
Nicht wieder ergriffen					1	1	2		4

Tod der Geflohenen	**1938**	**1939**	**1940**	**1941**	**1942**	**1943**	**1944**	**1945**	**Gesamtzahl**
Dokumente od. authentische Angaben über den Tod des Ergriffenen vorhanden		2	7	2	3	18	50	10	92

21 Die am 2.2.1945 geflüchteten etwa 500 „K-Häftlinge" sind nicht erfasst worden. – Unterlagen über Flucht in den ersten Tagen des Monats Mai liegen nicht auf.

22 Am 22.8.1944 wurde gemeldet, dass aus Linz während eines Luftangriffes 22 sowjetische Häftlinge geflohen sind. Ob sie tatsächlich flüchteten oder Opfer der Bombardierung wurden, konnte nicht geklärt werden. Archiv M.M.: E 6/11, Rapportbuch vom 22.8.1944.

23 Aus welchen Lagern die Häftlinge im April 1945 die Flucht ergriffen, ist unbekannt, Vermutlich ist die Mehrzahl während der Evakuierungsmärsche geflüchtet und nur einzelne aus dem Mauthausener Hauptlager.

24 Mindestens 16 Wiederergriffene wurden am 24.11.1944 über das KL Buchenwald nach dem KL Dora-Mittelbau überstellt. Im Arbeitskommando Hohensalza sollen wiederergriffene Häftlinge verschiedener Konzentrationslager eingesetzt worden sein. Archiv M.M.: E. 13/3.

Namentlich unbekannte „K-Häftlinge“, aufgenommen im Spätherbst 1944 vor der Wäschereibaracke. AMM

35. „K-Häftlinge“ – „Mühlviertler Hasenjagd“

Am 2.3.1944 wurde vom Oberkommando der Deutschen Wehrmacht (OKW) ein Geheimerlass, die so genannte „Keitel-Verordnung“[1], herausgegeben, wonach alle nichtarbeitenden Kriegsgefangenen, Unteroffiziere und Offiziere, mit Ausnahme von Engländern und Amerikanern, die bei einem Fluchtversuch ertappt wurden, der so genannten „Aktion K“ zugeführt werden sollten. „K“ war die Kürzung für „Kugel“, was in der Naziterminologie „Hinrichtung durch Erschießung“ bedeutete. Der Durchführungserlass des Chefs der SIPO und des SD vom 4.3.1944 (*„gezeichnet i.V. von Müller, SS-Gruf.“*) an alle Staatspolizei(leit)stellen sowie Inspekteure der SIPO und des SD lautete:

„Das OKW hat folgendes angeordnet:

1. Jeder wiederergriffene flüchtige kriegsgefangene Offizier und nichtarbeitende Unteroffizier mit Ausnahme britischer und amerikanischer Kriegsgefangener, gleichgültig, ob es sich um eine Flucht beim Transport, um eine Massenflucht oder Einzelflucht handelt, ist nach seiner Wiederergreifung dem Chef der SIPO und des SD mit dem Kennwort ‚Stufe III‘ zu übergeben.

2. Da die Überstellung der Kriegsgefangenen an die Sicherheitspolizei und den SD nach außen unter keinen Umständen offiziell bekannt werden darf, dürfen andere Kriegsgefangene von der Wiederergreifung keinesfalls Kenntnis erhalten. Die Wiederergriffenen sind der Wehrmachtsauskunftsstelle als ‚geflohen und nicht wiederergriffen‘ zu melden. Ihre Post ist entsprechend zu behandeln. Auf Anfragen von Vertretern der Schutzmacht, des Internationalen Roten Kreuzes und anderen Hilfsgesellschaften wird die gleiche Auskunft gegeben werden.

3. Falls flüchtige britische und amerikanische Offiziere bzw. nichtarbeitende Unteroffiziere wiederergriffen werden, sind diese zunächst gesichert außerhalb der Kriegsgefangenenlager und außer Sicht von Kriegsgefangenen, falls wehrmachteigene Gebäude nicht zur Verfügung stehen, in Polizeigewahrsam unterzubringen. Die Entscheidung über ihre etwaige Übergabe an den Chef der Sicherheitspolizei und des SD ist von Fall zu Fall von den W.Kdos. umgehend bei OKWChef Kriegsgef. zu erfragen.

Hiezu befehle ich folgendes:

1. Die Staatspolizeileitstellen übernehmen von den Stalagkommandanturen die wiederergriffenen flüchtigen kriegsgefangenen Offiziere und überführen sie im bisher üblichen Verfahren, falls den Umständen nach nicht ein besonderer Transport erforderlich erscheint, in das KL Mauthausen. Auf dem Transport – nicht auf dem Wege zum Bahnhof, soweit dieser vom Publikum eingesehen werden kann – sind die Kriegsgefangenen zu fesseln. Der Lagerkommandantur Mauthausen ist mitzuteilen, dass die Überstellung im Rahmen der Aktion ‚Kugel‘ erfolgt. Über die Überstellung ist von den Staatspolizeileitstellen halbjährlich rein zahlenmäßig erstmalig zum

[1] Wilhelm Keitel, geboren am 22.9.1882, war von 1938 bis 1945 Chef des Oberkommandos der Wehrmacht, Mitglied des Geheimen Kabinettrates und Generalfeldmarschall. Keitel wurde vom Internationalen Militärgerichtshof in Nürnberg am 30.9.1946 zum Tode verurteilt und hingerichtet. Stockhorst: S.229.

5.7.1944 (genau) Bericht zu erstatten. Die Berichterstattung hat unter dem Bezug ,Behandlung wiederergriffener flüchtiger kriegsgefangener Offiziere im Rahmen der Aktion Kugel' zu erfolgen. Bei besonderen Vorkommnissen ist sofort Bericht vorzulegen. Bei den Staatspolizeileitstellen sind genaue Listen zu führen.

2. Das OKW ist gebeten worden, die Kriegsgefangenenlager anzuweisen, im Interesse der Tarnung die Wiederergriffenen nicht unmittelbar nach Mauthausen, sondern der örtlich zuständigen Staatspolizeistelle zu übergeben.

3. Wiederergriffene flüchtige britische und amerikanische Offiziere und nichtarbeitende Unteroffiziere sind, falls entsprechende Unterbringungsräume bei der Wehrmacht nicht zur Verfügung stehen, im Polizeigewahrsam am Ort einer Staatspolizeidienststelle unterzubringen. Die Übernahme dieser Wiederergriffenen kann im Hinblick auf die ohnehin schon vorhandene starke Belegung von Polizeigefängnissen durch die Staatspolizeistellen nur dann erfolgen, wenn bei der Wehrmacht tatsächlich keine geeigneten Räume zur Verfügung stehen. Mit den Stalagkommandanturen ist bezüglich Unterbringung sofort Fühlung nach Eingang dieses Erlasses aufzunehmen. Im Interesse der Geheimhaltung dieses Befehls kann nicht geduldet werden, dass die Unterbringung außerhalb der Polizeigefängnisse, z. B. in Arbeitserziehungslagern, erfolgt.

4. Werden flüchtige kriegsgefangene Offiziere und nichtarbeitende Unteroffiziere mit Ausnahme britischer und amerikanischer Kriegsgefangener von Polizeidienststellen ergriffen, so braucht nach einwandfreier Klärung des Sachverhaltes die Überstellung an die Stalagkommandantur aus Zweckmäßigkeitsgründen nicht erfolgen. Das Stalag ist von der Wiederergreifung zu unterrichten und um Überstellung mit dem Kennwort ,Stufe III' zu bitten. Wiederergriffene flüchtige britische und amerikanische Offiziere und nichtarbeitende Unteroffiziere sind immer der Wehrmacht zu überstellen.

5. Die Orts- und Kreispolizeibehörden sind von diesem Erlaß nicht zu unterrichten."[2]

Alle diese Soldaten und Offiziere, in der Mehrzahl sowjetische Kriegsgefangene, wurden entweder von Organen der SIPO respektive des SD sofort liquidiert oder in das Lager „Stufe III" nach Mauthausen, und zwar in die Baracke 20, eingewiesen. Von März 1944 bis Februar 1945 sind ohne namentliche Erfassung vermutlich 4.700 solcher „K-Häftlinge" ins KLM überstellt worden.

Der ehemalige spanische Häftling Francois Boix, geboren am 14.8.1920 in Barcelona, als Fotograf im KLM eingesetzt gewesen, gab in seiner Zeugenaussage vor dem Internationalen Militärgerichtshof in Nürnberg am 26.1.1946 an, dass die Häftlinge der „K-Aktion" in der Lagerfotostelle fotografiert, jedoch nicht namentlich erfasst wurden. Sie erhielten die Fotonummern von 3.000 bis etwa 7.000. Somit wären es etwa 4.000 Häftlinge gewesen. Die Fotos fertigte SS-Unterscharführer Hermann Schinlauer an.[3] Demgegenüber behauptete der Leiter des Lagerarrestes und Oberaufseher des Todesblocks, SS-Oberscharführer Niedermayer,

---

[2] Archiv M.M.: S 1/3, Kopie des Erlasses.
[3] IMT: Band VI, S.292ff.

geboren am 11.4.1920 in Salzburg, in seiner Niederschrift am 7.4.1946 u. a. über die Häftlinge der „Aktion K", dass es sich größtenteils um sowjetische Zivilarbeiter und SU-Kriegsgefangene gehandelt habe. Es gab zwei „K" (Kugel)-Erlasse, beide wurden von Kaltenbrunner unterschrieben, und es sind in das KLM etwa 1.300 „K-Häftlinge" eingewiesen worden.

Die Baracke 20 war seit dem Frühjahr 1944 mit einer etwa 2,50 Meter hohen Steinmauer mit starkstromführendem Stacheldraht vom übrigen Lager isoliert. Außerhalb der Mauer befanden sich zwei Wachtürme mit Scheinwerferanlagen und mit SS-Posten, die mit Maschinengewehren bewaffnet waren. Die Blockinsassen bekamen keine Häftlingsnummern (sie wurden in der Politischen Abteilung unter ihrer Kriegsgefangenen-Nummer registriert). Sie erhielten unregelmäßig Kleinstrationen von Lebensmitteln und schliefen auf Holzfußböden; Betten gab es nur für das Blockpersonal. Dieses bestand aus einem Blockältesten und mehreren Stubendiensten. Dem Blockältesten, einem deutschen oder österreichischen politischen Häftling (Name nicht bekannt), der wegen angeblicher Sabotage in den Steyr-Werken zum Tode verurteilt worden war, wurde eine Begnadigung in Aussicht gestellt, so er sich gegenüber den „K-Häftlingen" „bewährte". Die Funktionen der Stubendienste versahen zwei Polen, von denen nur die Vornamen Adam und Wolodka bekannt sind, der ehemalige sowjetische Kavallerieleutnant Michail Ichanow, im Block „Tatarenmischka" genannt, und zwei namentlich unbekannte Holländer.

In der Stube „A" waren die „gesunden" und in der Stube „B" die nicht mehr gehfähigen Häftlinge untergebracht. Eine ärztliche Versorgung gab es nicht. Offiziell sollten diese Häftlinge erschossen werden; aber sie wurden zu Tode misshandelt oder man ließ sie verhungern. Das Rüben-Eintopfessen wurde unregelmäßig verabreicht. Nur zweimal in der Woche gab es geringe Brotrationen.[4] Die Lebensdauer eines Häftlings betrug hier nur wenige Wochen, doch einzelne lebten auch mehrere Monate lang. In den Wintermonaten 1944/45 starben täglich 20, 30 und mehr Häftlinge. Im Morgengrauen – um etwa fünf Uhr nach dem Signal der Tagwache – mussten die Häftlinge zuerst in den Waschraum laufen und dann sofort die Baracke verlassen. Die barfüßigen, abgemagerten Häftlinge, deren Körper von Blutkrusten, eiternden Beulen, blauen Flecken und offenen Wunden bedeckt waren, mussten in Gruppen zu je 100 Mann in dem schmalen Hof vor der Baracke Aufstellung nehmen und drei bis vier Stunden lang auf das Erscheinen Niedermayers warten. Sobald der Bunkerchef mit seiner Begleitung erschien, erteilte der Blockälteste das Kommando: *„Nieder!"* Alle Häftlinge mussten sich auf den Boden werfen. So wurde der Appell abgenommen. Dann erfolgten „Leibesübungen": Gänsemarsch, Kriechen, Robben, Springen, Laufen usw. Nachher mussten die Häftlinge bei jedem Wetter im Hof stehen bleiben. Sie drängten sich gruppenweise eng aneinander, schafften das so genannte „Öferl" und erwärmten sich durch leichtes Hüpfen

[4] Angaben des ehemaligen Brotcapos und des ehemaligen „K-Häftlings" Michail Rjabtschinski. In seiner Niederschrift, verfasst am 7.4.1946 in Dachau, gab Niedermayer betreffend die K Häftlinge u. a. an, sie seien „befehlsgemäß so schlecht ernährt worden, daß sie verhungern mußten (…)" Niedermayer wurde von einem amerikanischen Militärgericht in Dachau im Jahre 1946 zum Tode verurteilt und in Landsberg hingerichtet. ND: 3844-PS.

und gegenseitiges Abreiben. Nach einiger Zeit löste sich der Kreis des „Öferls" auf, wobei jene, die zuerst am Außenrand standen, nun in die Mitte genommen wurden. Erst abends, nach dem Appell, durften die Häftlinge die Baracke wieder betreten. Diese Häftlinge sind nicht zur Lager-Zwangsarbeit eingesetzt worden, obwohl es innerhalb des WVHA Kräfte gab, die die „K-Häftlinge" im Stollenbau einsetzen wollten. So gab Rudolf Höss, der ehemalige Lagerkommandant von Auschwitz und spätere Chef des Amtes D I im WVHA, vor dem Internationalen Militärgerichtshof in Nürnberg als Zeuge der Verteidigung am 15.4.1946 an, dass er Anfang Oktober 1944 von Dr. Kaltenbrunner eine Entscheidung einholen wollte, ob die namenlosen Häftlinge („K-Häftlinge") in der Rüstungsindustrie eingesetzt werden könnten. Eine Entscheidung ist nicht herbeigeführt worden.[5]

Im Jänner 1945 befanden sich im Block mit Ausnahme von fünf bis sechs Polen vom Warschauer Aufstand, einigen Jugoslawen und Holländern nur sowjetische Offiziere, unter ihnen viele Flieger. In diesem Monat wurden 17 Sowjetbürger eingewiesen, die aus einem Kriegsgefangenenlager geflüchtet waren und ergriffen wurden. Unter ihnen befanden sich Oberstleutnant Nikolaj Wlassow, Oberst Alexander Issupow, Oberst Kirill Tschubtschenko und Hauptmann Gennadi Mordowzew. Die 17 Offiziere haben angeblich während des „Öferls", als sie von Blockfunktionären unbeachtet waren, die Flucht besprochen und organisiert. Es wurden Sturmtruppen gebildet, deren Aufgabe es war, ausgegrabene Steine, Kohlenstücke, Holzschuhe und die beiden in der Baracke befindlichen Feuerlöscher als Waffen zu verwenden. Für jeden Löschapparat wurden drei Mann bestimmt. Ihre Aufgabe bestand darin, den Schaumstrahl ins Gesicht der auf den Wachtürmen befindlichen SS-ler zu richten, damit sie von ihren Waffen keinen Gebrauch machen konnten. So sollte anderen Häftlingen das Überklettern der Steinmauer und die Inbesitznahme der Türme samt den Maschinengewehren ermöglicht werden.

Der Aufstand war für die Nacht vom 28. zum 29.1.1945 festgelegt worden. Er wurde jedoch verraten (!), und am 27.1.1945 wurden 25 Blockinsassen, die körperlich eine starke Konstitution aufwiesen, im Lagerarrest erschossen, darunter auch die leitenden Organisatoren der Flucht: Wlassow, Issupow und Tschubtschenko. Die näheren Umstände des Verrates sind nicht bekannt.

Es ist jedoch anzunehmen, dass die SS nichts Genaues über den Plan des Aufstandes erfuhr, denn obwohl der Stab nicht mehr vorhanden war, wurde der Ausbruch in der Nacht zum 2.2.1945 um 0.50 Uhr durchgeführt. Es war eine sternklare kalte Winternacht, die Temperatur betrug etwa minus acht Grad Celsius. Die Landschaft um das Konzentrationslager war mit einer Schneedecke von etwa 20 bis 30 Zentimetern Höhe bedeckt; die Straßen und der Lagerbereich waren schneefrei. In der Flucht-Nacht befanden sich im Block etwa 570 Häftlinge. Etwa 75 Schwerkranke konnten nicht am Aufstand teilnehmen und blieben im Block. Nachdem der Blockälteste und einzelne Stubendienste von den Aufständischen erdrosselt worden waren, formierten sich die Kampftruppen, man besprach die Taktik der Flucht sowie

[5] IMT: Band XI, S.438ff und 445f.

den Fluchtweg. Nach den vorgefundenen Spuren ist anzunehmen, dass die Häftlinge zuerst versuchten, einen Tunnel unter der Baracke und der nördlichen Außenmauer zu graben. Vermutlich wegen der langen Dauer eines solchen Vorhabens wurde davon Abstand genommen. Die Ausbrechenden besaßen weder eine Schaufel noch anderes brauchbares Werkzeug. Deshalb entschlossen sich die „K-Häftlinge", einen Frontalangriff gegen den östlichen Bewachungsturm durchzuführen. Die aus dem Barackenboden herausgerissenen Bretter wurden als Schlagwaffen und Wurfgeschosse verwendet.
Unmittelbar vor dem Sturm soll ein sowjetischer höherer Offizier eine Ansprache gehalten haben. Dann stürmten die Häftlinge gleichzeitig durch beide Türen und Barackenfenster auf den Vorhof; sie begannen, mit Löschapparaten und verschiedenen Wurfgeschossen Wachtürme anzugreifen. Mit feuchten Decken und Kleidungsstücken wurden die stromführenden Stacheldrähte kurzgeschlossen und nach relativ kurzem Kampf der östliche Wachturm erobert. Mit Maschinengewehrfeuer ist der SS-Posten auf dem Nachbarturm unschädlich gemacht worden. Bereits bei dieser ersten Etappe der Flucht wurden viele Häftlinge getötet, und mehr als hundert konnten nach der Anstrengung des Kampfes sowie dem Überklettern der Mauer nur mehr wenige Meter flüchten. Sie blieben in unmittelbarer Nähe auf dem Boden liegen oder krochen langsam davon. Diese Häftlinge und mit ihnen auch die im Block Verbliebenen wurden noch in derselben Nacht von SS-Angehörigen ermordet. Die Mehrzahl der Flüchtenden lief in nördlicher Richtung zur tschechischen Grenze (damals des Protektorats Böhmen und Mähren).
Sofort wurde eine Großfahndung eingeleitet. Die SS-Lagerleitung erteilte allen erreichbaren Beamten der Gendarmerie die Weisung, die *„Wiederergriffenen nicht lebend ins Lager zurückzubringen"*. Die Fahndung dauerte in gewissen Gebieten drei Wochen lang. An der Suchaktion nahmen fast alle Angehörigen des SS-Kommandanturstabes, Einheiten der Wehrmacht, SA-Abteilungen von Oberdonau, Mitglieder der NSDAP und Hitlerjugend-Gruppen teil. Die SS nannte diesen Einsatz „Mühlviertler Hasenjagd". Den Umfang der Fahndung schildert ein Fernschreiben der KRIPO Linz vom 3.2.1945 an das RSHA, unterschrieben von Dr. Teichmann:

> *„Betrifft: Flucht von Häftlingen aus KLM;*
>
> *Bezug: hiesiges FS vom 2.2.1945.*
>
> *Von den 419 Geflüchteten*[6] *am 2.2.1945 im Raume Mauthausen, Gallneukirchen, Wartberg, Pregarten, Schwertberg, Perg, insgesamt über 300 wiederergriffen, davon 57 lebend. Die noch Flüchtigen halten sich im Kreisbereich Perg in Auen, Wäldern und Einzelgehöften verborgen und versuchen entlang der Gaugrenze Oberdonau-Niederdonau in Richtung Protektorat zu entkommen (…) Zusammenarbeit mit Wehrmacht und anderen Formationen klaglos. In eigenem Bereich Großfahndung nur in den Kreisen Perg, Freistadt, Krumau und Kaplitz aufrechtgehalten, in den übrigen Kreisen am 2.2.1945 um 15.00 Uhr aufgelassen (…)"*[7]

[6] In der Zahl 419 sind nur jene erfasst worden, denen es gelang, das Lagergebiet zu verlassen.
[7] Archiv M.M.: S 5/2, Kopie des Fernschreibens.

Laut Gendarmeriebericht wurden im Bereiche von Mauthausen etwa 100 geflüchtete „K-Häftlinge“ von SS-Angehörigen und ihren Hilfstruppen *„ergriffen und meist an Ort und Stelle erschossen“*. In der Chronik des Gendarmeriepostens Mauthausen schrieb der Gendarmeriemeister Fleischmann über das Verhalten der Geflüchteten gegenüber der Bevölkerung u. a. Folgendes:

> *„(...) hervorgehoben werden muß die Tatsache, daß sich die ausgebrochenen KZ-Häftlinge gegenüber der Bevölkerung sehr anständig benommen haben. Es sind keine Gewalttaten, wie Mord, Brandlegung usw. vorgekommen. Sie waren lediglich darauf bedacht, Lebensmittel zur Stillung ihres Hungers und Zivilkleidung zum leichteren Fortkommen zu erlangen (...)“*[8]

Der Gendarmeriemajor Johann Kohout, jahrelang Postenkommandant in Schwertberg, verfasste unmittelbar nach der Befreiung im Jahre 1945 in der Schwertberger Postenchronik einen ausführlichen Bericht über den Blutrausch und die Massenhysterie, von der gewisse Teile der Bevölkerung im Verlaufe der Fahndungsaktion erfasst wurden:

> *„(...) 2.2.1945 begann eigentlich hier schon das Ende. Dieser Tag und die folgenden Tage haben über die Bevölkerung von Schwertberg unendliche Schuld und in ihrem Gefolge unendliches Leid gebracht (...) Durch den Bürgermeister (...) wurde der Posten (...) verständigt, daß 500 Schwerverbrecher im Konzentrationslager Mauthausen ausgebrochen sind (...) Die beiden Beamten des Posten begaben sich sofort in den Außendienst (...) in Richtung Hartl (...) während ihres nächtlichen Postenganges fanden sie im Schnee blutige Fußspuren barfuss gegangener Menschen. Wahrscheinlich hatte der Marsch die bloßen Füße blutig gemacht. Man konnte an einzelnen Spuren erkennen, dass Fetzen mit Schnüren um die Füße gewickelt waren. Sie machten mit ihren Stiefeln diese Spuren unsichtbar. Die Bäuerinnen und Bauern (...) erzählten ihnen, wie sie erschrocken waren, als plötzlich jemand in der Stube oft sogar neben dem Bett war. Andere überraschten wieder einen Häftling im Stall, in der Futterkammer, wo er gerade (...) Rüben zerkleinerte, die er gleich verzehrte. In einem Haus nahmen sie Käse und einen Laib Brot, wo anders wieder einen Rock, einen Hut oder Schuhe (...) und liefen weiter (...)*
>
> *Gegen Morgengrauen kamen die Beamten nach Hartl. Eine Schützenkette der SS mit Hunden kam ihnen entgegen (...) Die Straße von Mauthausen war bereits vom Volkssturm besetzt. Die Leute waren wie bei einer Treibjagd aufgestellt. Es ging sehr wüst zu. Geschossen wurde auf alles, was sich rührte. So wurde auch am anderen Tage am Waldbeginn des ‚Rotholzes' in der Nähe des Primitzhoferhauses ein jugendlicher Hitlerjugend-Führer aus Naarn, der sich auch an der ‚Hasenjagd' beteiligte und in den Wald geriet, (...) von der SS erschossen (...)*
>
> *In den Morgenstunden [in Schwertberg am 2.2.1945] wurden der gesamte Volkssturm,*[9] *die Feuerwehr und die Politischen Leiter alarmiert. Alle wurden auf dem Marktplatz versammelt,*

---

[8] Archiv M.M.: S 4/1.

[9] Im Volkssturm wurden ältere Männer zum militärischen Heimatdienst erfasst. Der entsprechende Hitler-Erlass zur Schaffung des Volkssturmes wurde am 18.10.1944 herausgegeben. RFSS Himmler sollte als Oberkommandierender des Ersatzheeres für die Gesamtorganisation und Ausrüstung, Reichsleiter Martin Bormann für die Rekrutierung und politische Führung verantwortlich sein. Orden: S.509.

wo folgender Befehl ausgegeben wurde: 500 Schwerverbrecher sind aus dem KZ-Lager Mauthausen ausgebrochen. Sie bilden eine große Gefahr für die Bewohner, sie müssen sofort unschädlich gemacht werden. Niemand soll gefangen werden, alle sind sofort umzulegen (...) Die Versammelten wurden in Suchgruppen eingeteilt (...) ein großes Morden begann – ein richtiges Blutbad. Der Schneematsch auf der Straße färbte sich mit dem Blut der Erschossenen. Überall, wie und wo man sie antraf, in den Wohnungen, Wagenhütten, im Kuhstall, am Heuboden, im Keller, wenn man sie nicht herausholte und beim nächsten Hauseck erledigte, erschoss man sie auf der Stelle, egal wer anwesend war (...) einigen spaltete man das Haupt mit einem Beil. Es dürften so ungefähr 150 solcher armer Menschen in diesen Tagen in Schwertberg und Umgebung niedergemetzelt worden sein. Die Leichen blieben liegen, wohin sie fielen. Die Gedärme und Geschlechtsteile lagen offen zur Schau (...) Am nächsten Tag ging das Morden weiter. Wieder luden Menschen eine Blutschuld auf sich und es kam zu Grausamkeiten, die man der Mühlviertler Bevölkerung nie zugemutet hätte. So z. B. hat eine Volkssturmgruppe 7 Häftlinge (...) in den Gemeindearrest gesperrt. Der Gemischtwarenhändler (...) aus Schwertberg befand sich damals zufällig am Gendarmerieposten und geriet bei der Nachricht, daß (...) noch 7 Entsprungene am Leben sind, in eine Berserker-Wut, die in einen Blutrausch ausartete. Mit Hilfe eines SS-Rottenführers holte er seine 7 Opfer aus dem Arrest und stellte sie im Hofraum des Gemeindehauses auf. Einzeln, einen nach dem anderen, schoß er mit seinem Gewehr K 98 auf eine Entfernung von einigen Metern diese armen Menschen nieder. Jeder Einzelne von ihnen kniete vor ihm nieder, bat mit erhobenen Händen um sein Leben (...) In der sogenannten Lem-Villa wohnte ein gewisser (...), dessen Frau hörte am Abend beim Füttern der Ziegen in der Futtervorratskammer ein Geräusch. Sie holte ihren Mann, der einen Flüchtling aus dem Versteck hervorholte (...) Der Bauer stach diesen armen Menschen mit seinem Taschenmesser in den Hals, daß das Blut spritzte. Die Frau sprang hinzu und versetzte dem Sterbenden noch eine Ohrfeige (...) So könnte man noch eine Reihe solcher Grausamkeiten schildern (...)"[10]

Laut Angaben der SS sind bis auf 17 oder 19 alle Geflüchteten wiederergriffen worden. Bis heute konnten elf geflüchtete und gerettete Offiziere eruiert werden. Es sind dies: Iwan Baklanow, Wladimir Schepetja, Iwan Bitjukow, Wladimir Sosjedko, Viktor Ukrainzew, Nikolaj Zemkalo, Michail Rjabtschinski, Alexander Michejenkow, Wladimir Dorfew, Semjon Schakow und angeblich Michail Iwanow.[11]

Wie war es den geflüchteten „K-Häftlingen" möglich, sich zu retten? Ukrainzew und Bitjukow wurden von ihren zur Zwangsarbeit beim Bürgermeister von Holzleiten verpflichteten Landsleuten und einem Polen auf dem Dachboden des Bürgermeister-Hauses versteckt. Der Bürgermeister, der sich viele Tage lang an der Fahndungsaktion beteiligte, wusste nicht, dass sich zwei der Häftlinge in seinem Haus verbargen. Seine drei Knechte versorgten die beiden mit Nahrungsmitteln, Schuhen und Zivilkleidung. Sie verließen nach 14 Tagen den Hof. Ukrainzew wurde dann viel später als „Zivilarbeiter" aufgegriffen, doch kam er nicht mehr

[10] Archiv M.M.: S. 4/2.
[11] „K-Häftlinge" – Kammerstätter: S.93ff und 110ff.

ins KLM zurück. Bitjukow stieß in der Tschechoslowakei auf vordringende sowjetische Truppen. Sosjedko und Baklanow verbargen sich bis Kriegsende in den Wäldern des Waldviertels. Schepetja kam unter anderem Namen in ein Kriegsgefangenenlager, Michejenkow[12] wurde in Südböhmen von der tschechischen Familie des Vaclav Svec verborgen gehalten. Zemkalo und Rjabtschinski wurden von der Familie Johann und Maria Langthaler aus Winden bei Schwertberg bis zur Befreiung im Mai 1945 versteckt gehalten. Auch Familie Theresia und Johann Mascherbauer, Doppl Nr. 11, Gemeinde Schwertberg, versteckte bis Mai den geflüchteten Semjon Schakow, und die Familie Wittberger, Lanzenberg, Gemeinde Perg, hat ebenfalls mit Hilfe eines dort tätigen französischen Kriegsgefangenen zumindest einen Geflüchteten tagelang verborgen und mit Kost sowie Kleidern versorgt.[13]

Dies sind die drei bisher bekannten österreichischen Bauernfamilien, die das Risiko einer unbarmherzigen Strafe auf sich nahmen, hätte man bei ihnen die Versteckten entdeckt.

Außer den hier angeführten „K-Häftlingen" der „Keitel-Verordnung" vom 2.3.1944 gab es vom März 1943 bis April 1945 im Mauthausener Lagerarrest noch weitere 400 bis 450 Häftlinge der Aktion „Kugel". Diese „K-Häftlinge" sind von den GESTAPO(-Leit)-Stellen Wien und Linz ebenfalls zur Hinrichtung eingewiesen worden.

Es waren Sowjetbürger, Polen und einzelne Franzosen, Belgier sowie Deutsche. Sie erhielten zwar keine Häftlingsnummer, doch wurden sie in der Politischen Abteilung sowie auch im Arrest namentlich erfasst. Auch in den monatlichen Exekutions-Meldungen für das WVHA und RSHA schienen sie namentlich angeführt auf.

Der tschechische politische Häftling Karl Neuwirt, in den Jahren 1944/45 Capo der Politischen Abteilung, gab am 12.5.1945 in einer für amerikanische Untersuchungsbehörden in Mauthausen verfassten Niederschrift an, dass die Häftlinge der Aktion „Kugel" (vom 2.3.1944, OKW) in der Politischen Abteilung nicht namentlich, jedoch zahlenmäßig erfasst wurden. Nach seinen Angaben wurden im Verlaufe der beiden Aktionen „Kugel" insgesamt 5.040 Häftlinge ins KLM überstellt.

---

[12] Alexander Michejenkow befand sich in einer Gruppe von fünf geflüchteten „K-Häftlingen", die sich gemeinsam nach Böhmen durchschlagen wollten. Nur er konnte sich retten. Seine Kameraden wurden von Bauern erschossen oder erschlagen. Hlas Revoluce:. Nr. 24, 25, 26 und 27, Jg. 1972, S.7.

[13] „K-Häftlinge" – Kammerstätter: S.93ff, 110 und 202.

36. Evakuierungsmärsche

Vom 30.3. bis 18.4.1945 wurden die Nebenlager Peggau, Leibnitz, Hinterbrühl[1], Floridsdorf I und II, Saurer-Werke Wien, St. Aegyd, Hirtenberg, Melk, Amstetten, Wiener Neustadt sowie Wiener Neudorf aufgelöst und die gehfähigen Häftlinge vielfach über das Nebenlager Steyr nach Mauthausen, Gusen oder Ebensee überstellt.

Die Nebenlager Loiblpass, Klagenfurt, St. Lambrecht, St. Valentin sowie Schlier wurden erst Ende April 1945 liquidiert und die Häftlinge in Marsch gesetzt. Der Lagerführer von Wiener Neudorf, SS-Hauptsturmführer Kurt Schmutzler, war für die Auflösung der in Wien und Umgebung befindlichen Nebenlager sowie für die organisatorische Vorbereitung des Rückmarsches nach Mauthausen verantwortlich.[2] Die Route war auf Nebenstraßen beschränkt, da die Hauptstraßen für die Wehrmachtstruppen freigehalten werden mussten.

In den Lagern Saurer-Werke Wien und Loiblpass wurden die Kranken nicht getötet. In allen anderen evakuierten Lagern wurden die Gehunfähigen im Sinne eines im März 1945 angeblich vom Lagerkommandanten Ziereis ergangenen schriftlichen Auftrages *„kein Häftling darf in Feindeshand fallen"*, entweder erschossen oder mittels Herzinjektionen ermordet. Die gehfähigen Deutschen, Österreicher und einzelne Spanier erfuhren bevorzugte Behandlung; vielfach wurden sie als Ordner (teilweise mit Uniformen des Afrikakorps ohne Hoheitszeichen) eingesetzt. Diese uniformierten Häftlinge wurden nach Bekanntwerden des Evakuierungsbefehls sogar teilweise bewaffnet (Hinterbrühl). Vor dem Abmarsch wurde den Häftlingen erklärt, dass jeder, der einen Fluchtversuch unternehme oder beim Marsch zurückbleibe, erschossen werde. Die Gefangenen wurden gewöhnlich in mehrere Kolonnen aufgeteilt, die in Fünferreihen marschierten. Die Märsche dauerten acht bis zwölf Tage. Der etwa 207 Kilometer lange Evakuierungsmarsch von Mödling-Hinterbrühl nach Mauthausen dauerte insgesamt acht Tage und ging durch nachfolgende Orte, in denen gleichzeitig eine Nachtrast gehalten wurde.

1.4.:	Altenmarkt an der Triesting (28 km);
2.4.:	Scheibmühl (31 km);
3.4.:	Kirchberg an der Pielach (20 km);
4.4.:	Scheibbs (31 km);

[1] Die Seegrotte Hinterbrühl sollte offenbar nach der Evakuierung der Häftlinge gesprengt werden. Kommerzialrat Dr. Fischer behauptete unmittelbar nach dem Abzug der SS-Angehörigen, die Stromzufuhr für die Sprengung der Seegrotte persönlich unterbunden zu haben. Angaben des Heinrich Tutsch.

[2] Laut Aussage von Pohl am 3.4.1947 (ND: Nr. 2736) und einer damit übereinstimmenden Aussage eines ehemaligen Ordonnanzoffiziers von Pohl (ND: Nr. 1565) hatte Himmler durch einen schriftlichen Befehl angeordnet, dass im Falle der Feindannäherung die örtlich zuständigen Höheren SS- und Polizeiführer die oberste Gewalt über die Konzentrationslager haben und für deren rechtzeitige Räumung voll verantwortlich seien. Dieser Befehl dürfte Mitte Jänner 1945 ergangen sein. Bei der Räumung der östlich gelegenen Nebenlager des KLM hatte nicht der zuständige örtlich Höhere SS- und Polizeiführer, sondern der standortälteste SS-Führer die oberste Befehlsgewalt. – SS-Hauptsturmführer Kurt Schmutzler, geboren am 17.11.1895, war laut Dienststellenliste der SS, Stand 1.12.1938, kein Mitglied der NSDAP, er hatte die SS-Nr. 153.980.

5.4.:	St. Leonhardt am Walde (28 km);
6.4.:	Stadt Haag, Strengberg (40 km);
7.4.:	St. Valentin (10 km);
8.4.:	Hauptlager Mauthausen (19 km).[3]

Trotz der Jahreszeit (1.–14.4.1945) war es während des Tages nicht zu kalt (ein bis 21 Grad über Null), und nachts herrschte niemals Frost[4], doch regnete es immer wieder, oft fiel Schneeregen, sodass die Wiesen, auf denen die Häftlinge im Freien übernachten mussten, nass waren. Das Schuhwerk und die Bekleidung der Häftlinge waren für einen solchen Gewaltmarsch in bergigem Gebiet völlig ungeeignet. Dass unter diesen Bedingungen bei Marsch-Leistungen von oftmals über 30 km täglich viele der ohnehin körperschwachen Häftlinge trotz Aufbietung all ihrer Kräfte vor Schwäche zusammenbrachen, liegt auf der Hand.
Am Ende der Häftlingskolonnen ging ein Liquidierungskommando, bestehend aus SS-Angehörigen oder Luftwaffensoldaten und ein aus Häftlingen bestehendes Beerdigungskommando. Die Bewachungsorgane hatten die zurückgebliebenen Häftlinge erschossen, das Häftlingskommando musste danach die Leichen an Ort und Stelle (Straßenrand) begraben.
Vor der Evakuierung des Lagers Hinterbrühl wurden am 31.3.1945 50 gehunfähige Häftlinge mittels Herzinjektion getötet, und ein Häftling (SV-DR Alois Brandtner, 40.038) wurde von Rapportführer Hans Bühner erschossen.[5]

Nach einer namentlichen Aufstellung wurden während des Marsches erschossen:

1.4.1945	1 Häftling
2.4.1945	45 Häftlinge
3.4.1945	4 Häftlinge
4.4.1945	19 Häftlinge
5.4.1945	13 Häftlinge
6.4.1945	42 Häftlinge
7.4.1945	18 Häftlinge
8.4.1945	kein Häftling

Außerdem sind am 4.4. vier, am 5.4. zwei und am 7.4. 1945 zwei Häftlinge (insgesamt 8) erschossen worden, die versehentlich namentlich nicht erfasst worden sind.[6]
Somit sind von den in Marsch gesetzten 1.884 Hinterbrühler Häftlingen mindestens 150 erschossen, 50 mittels Herzinjektionen getötet und ein weiterer noch im Lager erschossen

[3] Archiv M.M.: B 16/2b, Kopien von Namenslisten mit Ortsangaben.
[4] Auskunft der Zentralanstalt für Meteorologie und Geodynamik Wien
[5] Am 11.1.1946 wurde in Hinterbrühl ein Massengrab richterlich in Augenschein genommen: Landesgericht Wien. Darin befanden sich die angeführten 51 und zwei Leichen von Häftlingen, die am 31.4.1945 ermordet wurden. – Bühner ist von einem französischen Gericht zum Tode verurteilt und hingerichtet worden. – Archiv M.M.: B 16/5, Angaben des Anton Mayer.
[6] Archiv M.M.: B 16/2, 3 und 6, Kopien von Namenslisten.

worden; das ergab insgesamt 201 Tote. Nach einer Statistik (ohne Datum, vermutlich vom 10.4.1945) gab es jedoch während des Marsches von Hinterbrühl nach Mauthausen 204 Tote und 56 Geflüchtete. Laut dieser im Hauptlager angefertigten Statistik *„über die bisher eingetroffenen und am Marsch befindlichen Häftlinge"* gab es beim Häftlings-Gesamtstand der evakuierten Lager folgende Veränderungen:

St. Aegyd	Gesamtstand 301 Häftlinge, 297 angekommen, 4 Tote
Peggau	Gesamtstand 850 Häftlinge, 820 angekommen, 9 vermisst oder geflüchtet, 21 Tote
Wr. Neustadt	Gesamtstand 529 Häftlinge, 494 angekommen, 10 vermisst oder geflüchtet, 25 Tote
Hinterbrühl	Gesamtstand 1.884 Häftlinge, 1.624 angekommen, 56 vermisst oder geflüchtet, 204 Tote
Floridsdorf I	Gesamtstand 454 Häftlinge, 397 angekommen, 12 vermisst oder geflüchtet, 45 Tote
Floridsdorf II	Gesamtstand 376 Häftlinge, 290 angekommen, 10 vermisst oder geflüchtet, 76 Tote[7]

Außerdem sind noch Häftlinge der Nebenlager Leibnitz-Graz, Melk, Hirtenberg, Saurer-Werke-Wien, Loiblpass, Schlier-Redl-Zipf, Klagenfurt und Wiener Neudorf evakuiert worden.

Der Häftlingsarzt Dr. Rolf Busch-Waldeck nahm am Evakuierungsmarsch der 2.490 Häftlinge des Nebenlagers Wiener Neudorf teil, deren Fußmarsch vom 2. bis 14.4.1945 dauerte. Über diese 13 Tage verfasste Dr. Busch-Waldeck auf Grund eigener Notizen einen authentischen Bericht, der hier in Kurzform wiedergegeben wird und veranschaulicht, unter welchen Umständen damals alle Evakuierungsmärsche vor sich gingen.[8]

Doch vorher zur Klarstellung dieses Berichtes und zu den Verhältnissen im Nebenlager Wiener Neudorf:

In diesem Lager versahen SS-Angehörige und Soldaten der Luftwaffe Bewachungsdienst. Laut einer Aufstellung vom 27.3.1945 gab es in Wiener Neudorf einen SS-Führer, 124 Unterführer und 208 Wachposten. Lagerkommandant war SS-Hauptsturmführer Kurt Schmutzler, Schutzhaftlagerführer der Hauptmann der Luftwaffe Hermann Stier. Für die Bewachungsorgane stand ein Bordell zur Verfügung. Die Prostituierten wurden gleichzeitig mit den Häftlingen evakuiert.

Schmutzler erteilte am Tag des Abmarsches den Auftrag, 38 Kranke zu erschießen.[9] Nachdem sich die Marschkolonnen in Bewegung setzten, bewachten die unter der Führung von

[7] Archiv M.M.: B 60/11 und 13, Aufstellungen der Lagerschreibstube über die Häftlingsbewegung im Zuge der Evakuierung.

[8] Archiv M.M.: B 49/1, Bericht des Dr. Rolf Busch-Waldeck.

[9] Wegen dieser und anderer Morde wurde K. Schmutzler am 24.6.1947 von einem US-Militärgericht zum Tode verurteilt und in Landsberg hingerichtet. Archiv M.M.: B 49/1; P 19/9 u. a.

Hauptmann Stier stehenden Organe 30 Minuten lang das Lagergebiet. Dann begaben sie sich in den Block 1, wo die Gehunfähigen untergebracht waren. Hauptmann Stier befahl den Kranken, sich in drei Reihen aufzustellen, hierbei wurde festgestellt, dass zwei Opfer fehlten. Die vorgefundenen 36 Häftlinge wurden erschossen. Als man die leeren Baracken durchsuchte, konnten die beiden Fehlenden, zwei Jugoslawen, in einem Versteck der Baracke 4 aufgestöbert werden. Kos, Blach und Wilhelmsen schlugen die Häftlinge zu Boden und trampelten auf diesen herum. Thunke[10] gab auf die beiden Fangschüsse ab. Die 38 Toten wurden zusammen mit einigen anderen, die im Leichenbunker lagen, im Sandboden neben dem Kartoffelbunker vergraben.[11]

Bericht des Häftlingsarztes Dr. Rolf Busch-Waldeck:

„Montag, den 2. April 1945:

Der Marsch hat begonnen. Es ist Ostermontag. Jeder Häftling trägt zwei Decken, zwei Brote und zwei Konservendosen (…) Wir vom Revier tragen außerdem noch die Sanitätssachen (…) Neben mir zieht ein Soldat seine Uhr und sagt ‚Achte ist's'. Da peitscht vorne ein Schuß. Gleich darauf marschieren wir an dem ersten Toten unseres Marsches vorbei. Er liegt links auf der Straße, auf dem Bauch, die Arme weit ausgestreckt (…) Wenig später kommt ein SS-Hundeführer zu uns, gibt mir einen Zettel und sagt: ‚Hier ist die Nummer von dem da hinten' (…) Stier stieß mit seinen Männern gegen Mittag auf unsere Marschkolonne.

In der Mitte schleppen sich mühsam die Häftlinge, schwer bepackt, dahin. Schon liegt hier und da eine Decke auf der Straße, ein Brot, eine Konservendose, verloren oder weggeworfen von einem der Marschierenden. Man bedenke, was das heißt. Menschen, von denen einige im Lager aus Hunger zu Menschenfressern geworden waren, werfen jetzt achtlos Lebensmittel weg, aus Angst, erschossen zu werden. Links und rechts neben diesem Gespensterzug marschieren SS-Männer, in dem einen Arm die schußbereite Maschinenpistole, am anderen Arm eine aufgedonnerte, geschminkte, gepuderte und kichernde Halbweltdame, die ihrerseits wiederum an der freien Hand lässig einen auf Menschenzerfleischung dressierten Hund führt. Immer wieder Erschossene auf der Straße. Der SS-Mann und seine Begleiterin steigen über die Leiche hinweg. Der Hund knurrt jedesmal mit gesträubten Nackenhaaren, schnuppert an dem Toten, wird weitergerissen.

Die erste Nacht verbringen wir in einem leerstehenden ausgebombten Fabriksgebäude. Beim Eintreffen geben mir die Sanitäter die Häftlingsnummern der Erschossenen; die Toten werden am Wegrand verscharrt (…)

Bis spät in die Nacht hinein mußten wir vom Sanitätsdienst Häftlingen, SS-Männern, Soldaten und Dirnen die wundgescheuerten Stellen und Blasen an den Füßen behandeln.

[10] Thunke, Kos und Blach waren SS-Angehörige. Wilhelmsen war Feldwebel der Luftwaffe.

[11] Die sowjetischen Kampftruppen haben im April 1945 an der angeführten Stelle ein Massengrab aufgefunden. Archiv M.M.: B 49/1.

Dienstag, den 3. April 1945 (2. Marschtag)

Beim Morgenappell, vor dem Weitermarsch, stellt die SS fest, daß in der Nacht ein Luftwaffensoldat und vier Häftlinge geflüchtet sind (…)

Den zweifellos ‚interessantesten' Mord des zweiten Marschtages beging Höllriegel. Dieser SS-Blockführer marschierte neben uns und ging wieder per Arm mit einer Frau, in der wir eine Prostituierte aus dem SS-Bordell erkannten. Höllriegel hatte schon zweimal geschossen. Als dann wieder ein Kamerad zusammenbrach, sagte die Frau: ‚Bubi, du hast schon so oft Bumbum gemacht, laß jetzt auch einmal Mädi Bumbum machen.' Höllriegel lachte. Er hielt die Maschinenpistole fest und ließ die Frau abdrücken. Der Häftling wurde schwer verwundet, war aber nicht tot, Höllriegel schoß nun selbst und sagte zu der Frau: ‚Schießen muß gelernt sein'.

(…) Am Abend des zweiten Marschtages bezogen wir auf einer am Waldrand gelegenen Wiese unser Nachtquartier. Die Häftlingssanitäter behandelten die Kranken. Unmittelbar neben uns standen Lagerkommandant Schmutzler und Hauptmann Stier in einem Gespräch. Da wurden zwölf besonders mitgenommene Häftlinge gebracht. Als Schmutzler diesen Trupp sah, befahl er sofort: ‚Umlegen!' Die zwölf Häftlinge wurden von vier Hundeführern unmittelbar neben unserem Verbandsplatz erschossen. Schmutzler war dann empört und schrie den Hundeführern zu. ‚Mußte das gleich hier sein? Nehmt doch Rücksicht auf meine Nerven, ich habe noch nicht gegessen!'

Mittwoch, den 4. April 1945 (3. Marschtag)

In der Nacht sind wieder einige Häftlinge geflüchtet, darunter einer, den die SS in Uniform gesteckt hatte.

Der heutige Marschtag brachte ein unbegreifliches Erlebnis. Es war am Nachmittag, die SS hatte wieder unermüdlich Häftlinge abgeknallt. An einer Kreuzung müssen wir plötzlich halten, um eine endlose Kolonne Soldaten vorbeimarschieren zu lassen. Die Soldaten beschimpfen uns: ‚Vaterlandsverräter!', ‚Banditen!', ‚Aufhängen!', ‚Dreckskerle!', ‚Schweine!' und nehmen eine drohende Haltung gegen uns ein. Und da geschieht das Unbegreifliche. Die SS, die uns kaltblütig abschießt, wenn wir nicht mehr weiter können, diese SS stellt sich jetzt geschlossen vor uns hin, richtet ihre Maschinenpistolen gegen die Soldaten, ist bereit, uns zu verteidigen, mehr noch, der Kommandant Schmutzler und der Rapportführer Lamm springen vor und schlagen dem ärgsten Schreier der Soldaten ihre Fäuste ins Gesicht. Schmutzler brüllt den Offizier der Soldaten zusammen wie einen dummen Jungen. Und die Soldaten, es sind Frontsoldaten in verschmutzten Uniformen, ziehen geduckt wie geprügelte Hunde ab. Die SS aber bleibt schußbereit stehen, bis die ganze Soldatenkolonne vorbeimarschiert ist. Dann gibt Schmutzler den Befehl: ‚Ohne Tritt marsch!' Die SS richtete ihre Maschinenpistolen wieder auf uns und knallte wieder zusammengebrochene Häftlinge ab. Schmutzler schimpfte noch eine Weile über die ‚Mörderbanditen' und meinte damit die Soldaten.

Abends lagerten wir wieder auf einer Wiese. Es dauerte drei Stunden, bis die letzten Häftlinge – das Totengräberkommando – eintrafen. Einer von ihnen, der Deutsche Schuhmann, der sich seine Blasen an den Füßen behandeln ließ, erzählte mir, daß sie mit dem Verscharren der Leichen nicht nachkommen könnten und die Toten in Bäche oder Gebüsche geworfen hätten. Er befürchtete, daß die SS das Kommando am Ende des Marsches umlegen würde. In der Nacht flüchteten mehrere Kameraden.

Donnerstag, den 5. April 1945 (4. Marschtag)

Wir marschierten unendlich langsam, kreuz und quer durch das Gelände. Unser Sanitätsdienst ist zur Farce geworden. Die SS-Blockführer haben den Häftlingspflegern die Sanitätstaschen weggenommen und ihren Dirnen gegeben, die damit verschwunden sind.

Seit heute wird wieder Verpflegung ausgegeben. Viele Häftlinge, die am ersten Tag ihr Brot weggeworfen hatten, haben gestern nichts zu essen gehabt. Immer wieder hören wir weiter oder näher entfernt MP-Salven oder sehen selbst, wie Kameraden unter den Kugeln zusammenbrechen; wir sehen die Toten am Wegesrand liegen. Hauptmann Stier ist die erbärmlichste Kreatur unter den Bewachungsmannschaften. Die SS, sogar die Hundeführer, warten mit dem Erschießen, bis ein Häftling aus der Reihe taumelt und zusammenbricht. Stier fährt die Reihen entlang und holt die hinkenden oder sich mühsam schleppenden Häftlinge aus der Marschkolonne heraus, schlägt sie mit einem Faustschlag ins Gesicht zu Boden und läßt sie dann von den Hundeführern erschießen. Er erschießt die Häftlinge nicht selbst, denn er ist magenkrank und ihm wird immer dabei übel.

Freitag, den 6. April 1945 (5. Marschtag)

Heute haben wir die Donau überquert, auf einer großen Fähre. Nicht alle kamen drüben an, der Blockführer Kaldun stieß drei Kameraden von der Fähre ins Wasser. Kaldun sagte: ‚Die wollten schwimmen lernen'.

Der SDG SS-Oberscharführer Ullmann ist geflüchtet (…)

Samstag, den 7. April 1945 (6. Marschtag)

Heute hatten wir weniger Tote. Die körperlich schwachen Häftlinge sind inzwischen abgeschossen worden. Was jetzt noch da ist, müßte nach menschlichem Ermessen den Marsch überstehen können. Es hängt natürlich alles von der Beschaffenheit des Schuhwerks und den Launen der Bewachungsmannschaften ab, und davon, ob hinreichende Verpflegung angeliefert wird.

Die Anzahl der in der Nacht geflüchteten Häftlinge ist hingegen beträchtlich angestiegen. Das veranlaßt den SS-Lagerkommandanten Schmutzler zu einem ‚zwanglosen' Appell. Schmutzler steht mitten unter uns und hält seine Rede. ‚Kameraden', sagte er, der SS-Gott, zu uns armseligen Häftlingen. ‚Wir sind eine große Schicksalsgemeinschaft, eine große Familie. Ich bin euch ein treusorgender Vater. Und auch jetzt dieser Marsch geschieht zum Wohle unserer Familie.

Die russischen Verbrecher, die jetzt schon wahrscheinlich in unserem Lager sind, massakrieren auf grausamste Weise alles, was ihnen in den Weg kommt. Das Schicksal aber wollte ich euch ersparen. Deshalb führe ich euch auf diesem Marsch in Sicherheit. Ich will ja nicht, daß ihr diesen Kannibalen in die Hände fällt. Haltet euch immer eng in der Kolonne, dann können wir euch schützen. Es ist die größte Dummheit, wenn einer zu fliehen versucht. Er fällt unweigerlich den Russen in die Hände und wird zerstückelt. Einige unter euch befürchten, wir gehen nach Mauthausen zurück. Nein, wir gehen nicht nach Mauthausen, ich gebe euch mein Wort als deutscher Offizier, wir gehen nicht nach Mauthausen. Ich bringe euch nur vor den russischen Bestien in Sicherheit, und dann könnt ihr alle nach Hause gehen, ihr seid dann frei. Erschossen wird von jetzt ab keiner mehr. Ihr müßt mir vertrauen, ich stehe ja mitten unter euch und bleibe unter euch. Nochmals, es geht nicht nach Mauthausen und niemand wird mehr erschossen. Seid tapfer, haltet noch ein wenig aus, bald sind wir frei. Und jetzt macht euch fertig, daß wir weitermarschieren können. Tapfer, Kameraden, tapfer, Kinder!'

Naiven Häftlingen rinnen Tränen die Wangen hinab. Wie gut ist doch der Kommandant! Nicht nach Mauthausen, keine Erschießung mehr und bald die Freiheit. Beifallsklatschen, begeisterte Zurufe. Mit neuem Mut wird der Marsch frohgemut fortgesetzt. Kaum sind wir eine Stunde marschiert, säumen wieder Erschossene unseren Weg (…)

Sonntag, den 8. April 1945 (7. Marschtag)

Träge schleppt sich unser Zug dahin. Die Begeisterung für Schmutzler ist verflogen. Wir erhalten unser Essen. Es war die letzte Mahlzeit, die uns die SS zur Verfügung stellen konnte. Abends gab es dann nichts zu essen.

Montag, den 9. April 1945 (8. Marschtag)

Hauptmann Stier [12] *ist verschwunden – geflüchtet! Vormittags hat er noch zwei Häftlinge erschießen lassen, dann gab er sein Fahrrad einem Soldaten in Aufbewahrung, kletterte in das Führerhaus eines kleinen LKW und setzte sich neben den Fahrer. Der Wagen bog dann plötzlich rechts ab.*

Der Wutausbruch des Kommandanten Schmutzler über diese Flucht war unbeschreiblich. Der Mann brüllte, schrie, fluchte, drohte, heulte wild auf. Aus den Wortfetzen, die wir verstanden, erfuhren wir den Grund seiner Verzweiflung: auf dem LKW befanden sich die Lagerkasse von Wiener Neudorf, Schmutzlers ganzes Gepäck mit den von ihm ergaunerten Juwelen und riesigen Mengen von Rauschgift. Ein großer Gauner war hier von einem noch größeren Gauner bestohlen worden.

Schmutzlers furchtbare Wut übertrug sich auf die anderen SS-Männer (…) Heute gibt es wieder mehr Tote.

Dienstag, den 10. April 1945 (9. Marschtag)

Seit vorgestern Mittag haben wir nichts mehr gegessen. Müde und hungrig wälzt sich die Kolonne vorwärts (…) Auf einer Wiese nahe der Straße steht ein schönes kräftiges Pferd. Plötzlich stürzen ein paar Häftlinge auf das überraschte Tier zu, reißen es zu Boden, Messer blitzen auf. Der

---

[12] Hauptmann Hermann Stier, ehemaliger Studienrat, beschaffte sich Personalausweise eines ehemaligen Häftlings, lautend auf Moritz Heilbronner und hatte bis Mitte 1946 in einer Münchner Schule unterrichtet. Er wurde am 24.6.1947 von einem amerikanischen Militärgericht zum Tode verurteilt und in Landsberg hingerichtet. Archiv M.M.: B 49/1.

Fourier Raasch springt schnell hinzu und jagt dem geängstigten Tier eine Kugel in den Schädel, dann fahren schon die Messer in den Pferdeleib. Die Häftlinge haben den Bauch des Tieres aufgeschlitzt und bohren sich mit Kopf und Oberkörper in den Pferdebauch ein; und fressen das warme rohe Fleisch gleich im Innern des Tieres. Dann wird das Tier fachmännisch enthäutet, zerlegt. Jeder bekommt jetzt seinen Anteil von der Beute. Die einen essen das Fleisch gleich roh, andere braten es am Spieß. Natürlich ist das eine Tier für so viele Menschen zu wenig. Die SS stellt regelrechte Jagdtrupps zusammen, die auf Raub ausziehen. An diesem Abend wird noch eine Kuh geschlachtet, zwei Gänse und ein paar Hühner werden abgestochen.

Fortan ernähren wir uns von geraubtem Vieh. Ein paar Kannen Milch, die vor einem Bauernhause stehen, wechseln ihren Besitzer, die Arbeitseinteilung ist schnell gefunden. Unter SS-Schutz rauben Häftlinge das Vieh, die SS erschießt die Tiere, die Häftlinge zerlegen sie, gegessen wird dann gemeinsam. Die Solidarität der Eßgemeinschaften schließt natürlich nicht aus, daß die Häftlinge auch weiterhin von der SS erschossen werden.

Mittwoch, den 11. April 1945 (10. Marschtag)

(…) Wir nähern uns Mauthausen, viele Anzeichen sprechen dafür. Auf der Straße liegen jetzt tote Häftlinge mit fremden Nummern. Der erste fremde tote Häftling war ein Jude. Ein furchtbarer Kolbenhieb hatte ihm den Schädel gespalten. Die Toten mit eingeschlagenem Schädel, Juden und Nichtjuden, mehrten sich (…) Schmutzler befahl deshalb, daß die Nummern unserer Erschossenen sofort festgestellt werden müssen.

Donnerstag, den 12. April 1945 (11. Marschtag)

Auf der gegenüberliegenden Seite des Tales marschiert ein langer Zug anderer KZler und wir sehen, wie dort Häftlinge erschossen oder erschlagen werden. Die drüben sahen, wie das Gleiche auf unserer Seite geschah.

Als sich das Tal etwas verengt und die Wege näher beieinander sind, winkt von drüben ein Häftling und ruft: ‚Ich war auch bei euch in Wiener Neudorf!' (…)

Freitag, den 13. April 1945 (12. Marschtag)

Morgen sind wir in Mauthausen! Wir könnten schon heute dort sein, aber Schmutzler will oder soll erst morgen in den Vormittagsstunden einmarschieren.

Abends verlangt der SS-Fourier Raasch die von mir geführte Liste der Erschossenen. Ich reiche ihm die Aufstellung (…) und im Schein einer Taschenlampe vergleichen wir die Listen (…) Ich wage die Frage: ‚Kommt morgen noch etwas hinzu?' Raasch antwortet: ‚Ich glaube nicht. Der Schießbefehl endet um Mitternacht. Und morgen sind wir nur noch 30 bis 40 Minuten unterwegs. Der Herr Kommandant will nicht, daß auf dieser kurzen Strecke noch etwas passiert.'

Samstag, 14. April 1945 (letzter Marschtag)

Als ich fröstelnd erwachte, graut schon der Morgen (…) Und schon heißt es ‚Antreten!'. Die Häftlinge nehmen Aufstellung und der Zug setzt sich dann in Bewegung. Kurze Zeit nachher marschieren wir durch das weitgeöffnete Tor in Mauthausen ein. Am letzten Tag ist niemand erschossen worden (…)"

Bewaffnete spanische und vermutlich sowjetische Häftlinge beim Frellerhof, 6.5.1945. AMM

37. Durch Solidarität zur Überwindung der nationalen Gegensätze und zum Widerstand

Über die Solidarität und den illegalen Häftlingswiderstand im KLM scheinen keine offiziellen Dokumente auf. Es gibt mehrere allgemeine Erlasse des RSHA und des WVHA bezüglich des Einsatzes von Spitzeln zur Überwachung von Häftlingen sowie zur Verhinderung von Sabotageakten in den Rüstungsbetrieben wie auch hinsichtlich von Strafsanktionen gegen Saboteure. Erlasse oder Anordnungen, die sich insbesondere mit illegalen Handlungen der Häftlinge im KLM befassen, liegen jedoch nirgends auf. Vorhanden sind authentische Berichte aus den letzten Apriltagen 1945, über die Tätigkeit des Internationalen Komitees, weiters Berichte über die in den Tagen vom 5.5. bis 7.5.1945 erfolgte Bildung von militärischen Häftlingseinheiten, Telegramme, die über die Kampfbereitschaft der Häftlingseinheiten und die Besetzung des Gebietes der Marktgemeinde Mauthausen berichten. Weiters gibt es Fotos bewaffneter Häftlinge sowie Meldungen über Schusswechsel über die Donau,[1]

[1] Archiv M.M.: St. 1 bis 10 und Sch 1 bis 10, Telegramme, Bilder, Berichte u. a.

einzelne SS Meldungen über Häftlinge, die wegen einer illegalen Handlung „auf der Flucht“ erschossen wurden, und schließlich zahlreiche SS-Meldungen über die Flucht von einzelnen Personen oder Häftlingsgruppen. Bis jetzt konnten keine schriftlichen oder mündlichen Meldungen der Wehrmacht oder der SS respektive der Polizei, über irgendeine Sabotagehandlung in einem der vielen Mauthausener Rüstungsbetriebe aufgefunden werden.

Alle nach der Befreiung publizierten Erlebnisberichte über die unzähligen Solidaritätshandlungen und über die Aktionen des illegalen Widerstandes stammen von ehemaligen Häftlingen. Diese Erlebnisberichte entstanden oft aus der Sicht einer nationalen Gruppe oder des Lebens im Block bzw. auf der Arbeitsstätte, und geben nicht selten ein idealisiertes Bild der Atmosphäre und der Lagersolidarität wieder.

Am Anfang dieses Geschichtsabschnittes des KL Mauthausen möge vermerkt werden, dass jedwede politische Betätigung, jede Nachrichtenverbreitung, jede Art einer organisierten Solidarität, ja selbst jedes politische Gespräch in Mauthausen mit dem Tode bestraft worden sind. Gegen eine viele Häftlinge erfassende Widerstandsorganisation wirkten im KLM u. a. folgende Faktoren:

- der barbarische SS-Terror
- die kriminellen Häftlingsfunktionäre
- die äußerst kurze Lebensdauer der Lagerinsassen
- ein unbarmherziger Kampf um das Überleben
- bei vielen eine lähmende Hoffnungslosigkeit, zumal in den Jahren 1939 bis 1944
- die streng isolierte Lage mancher Häftlingsgruppen und schließlich
- die traditionelle Kraft der nationalen Gegensätze.

Die größtenteils aus kriminellen Häftlingen bestehende „Selbstverwaltung“ des KLM war jahrelang ein verlängerter Arm des SS-Terror-Systems.

Über die Struktur und Aufgabenstellung dieser Administration entschieden zumindest bis zum Frühjahr 1944 lediglich SS-Angehörige des Kommandanturstabes, wobei die altbewährte taktische Regel „teile und herrsche“ sowohl gegen die Gesamtheit des Häftlingskollektivs und gewisse nationale Gruppen[2] wie auch gegenüber Häftlingsfunktionären angewendet wurde. Wenn die SS innerhalb der Häftlingsgemeinschaft den sowjetischen Kriegsgefangenen (1941 bis 1943) sowie jüdischen Häftlingen (1940 bis 1943) die unterste und den Deutschen (darunter auch den Österreichern), teilweise den Luxemburgern, Spaniern und Tschechen die oberste Stufenleiter der Existenzbedingungen gestattete, so standen in der Funktionärshierarchie die Lagerschreiber, Lagerältesten und Capos großer Kommandos hoch oben und die von der SS wie von manchen Häftlingen als „Schmarotzer“ oder „Drückeberger“ qualifizierten Torwärter, Stubendienste und Essenträger ganz unten.

[2] So z. B. hat RFSS Himmler am 14.7.1942 schriftlich angeordnet, „daß der Strafvollzug (Prügelstrafe) an Russinnen durch Polinnen und an Polinnen sowie Ukrainerinnen durch Russinnen vorgenommen werden sollte. Auf keinen Fall dürfen zum Strafvollzug deutsche Schutzhäftlinge herangezogen werden (…)“ Archiv M.M.: K 10/2, Kopie des Erlasses.

Dieses auf einer pseudowissenschaftlichen Basis „*rassischer Herrenmenschen*" beruhende willkürliche Ausleseverfahren führte zu einer Häftlingshierarchie und einer „gesellschaftlichen" Umschichtung, die weder mit den geistigen Qualitäten der Häftlinge noch mit ihrer Zahl in Zusammenhang stand. So gab es gerade in den untersten Stufen dieser Rangordnung – bei den Tausenden von sowjetischen Kriegsgefangenen und jüdischen Häftlingen – viele Personen, die der Menschheit als hochqualifizierte Ingenieure, Arbeiter, Professoren, Techniker, Wissenschaftler und Ärzte wertvolle Dienste geleistet haben. Demgegenüber gab es in der obersten Sprossenleiter – bei der Lagerprominenz – parasitäre Zuhältertypen, schwer vorbestrafte Berufsverbrecher und Mörder auf Bestellung, die bedenkenlos bereit waren, auf Kosten Anderer ihr Leben zu retten.

Wer in der Vielfalt des internen Administrationsapparates auch nur die unscheinbarste Funktion ausübte, konnte dadurch in seiner unmittelbaren Umgebung, je nach seiner moralischen Einstellung, seinem persönlichen Mut und seinem politischen Bewusstsein, den SS-Terror etwas abschwächen, manche Unbill verhindern, Einzelnen helfen und schließlich, in begrenztem Rahmen, zur Überwindung des SS-Terrors beitragen. Das Wirken eines Häftlingsfunktionärs sollte darauf ausgerichtet sein, die Lebensbedingungen aller Opfer zu verbessern und ihren Lebenswillen zu stärken; er sollte mit den Häftlingen eng verbunden sein und seine privilegierte Stellung nicht missbrauchen. Um der zersetzenden Kraft der traditionellen nationalen Gegensätze wirksam entgegenzutreten, sollte er unauffällig zu strukturellen Veränderungen des Funktionärsapparates beitragen und Häftlinge aller Nationen in Lagerpositionen einbauen. Der leitende Häftlingsfunktionär sollte die vielen persönlichen Intrigen innerhalb der Lager-SS nutzen, um den einen oder anderen SS-ler zu korrumpieren, zu neutralisieren und – was erst Ende 1944 bzw. im Jahre 1945 möglich war – einzelne SS-Angehörige zu bewegen, die Befehle ihrer Vorgesetzten zu sabotieren.

Der SS gegenüber musste man sich scheinbar anpassen, den Anschein erwecken, verlässlich, treu, dienstbeflissen, fleißig und anders als die Masse der Häftlinge zu sein. In der tumultartigen Buntheit der Lagerverhältnisse war es mehr als kompliziert, die Häftlingsinteressen zu vertreten und zugleich als Vollzugsorgan der SS zu wirken. Doch jeder Funktionär musste bewusst oder unbewusst, mit oder ohne Widerwillen, die Anordnungen der SS befolgen und damit zum verwaltungstechnischen Ablauf des Konzentrationslagerbetriebes beitragen.

Je mehr diese Erkenntnis in das Bewusstsein des Funktionärs eindrang, desto besser konnte er die Interessen der Häftlinge wahren, sie schützen und das Administrationsgetriebe der Todesfabrik hemmen, stören oder zersetzen.

Das unerbittliche Ringen zwischen den von der SS geförderten Kriminellen und den Politischen um Funktionen in der Häftlingsadministration begann bereits im September 1939, als ein Transport aus dem damals vorübergehend evakuierten KL Dachau mit deutschen und österreichischen politischen Häftlingen in Mauthausen eintraf. Jedoch erst im Winter 1943/44, doch vor allem ab dem Frühjahr 1944, konnten einflussreiche Stellen mit politischen Häftlingen verschiedener Nationalität besetzt werden.

Wer von den Häftlingen unmittelbar nach seiner Einweisung das Glück hatte, in der Tischlerei, Schlosserei, Schneiderei oder in einer anderen Werkstätte bzw. in den Schreibstuben, Baubüros, im Revier, in der Desinfektion, in der Wäscherei, der Politischen Abteilung oder sogar in den Lagerschreibstuben und Küchen, weiters als Bedienungs- und Blockpersonal, schließlich ab Sommer 1943 als Spezialist in den Hallen der Rüstungsindustrie unterzukommen, dem bot sich eine gewisse Chance, das KL zu überleben. Alle anderen Häftlinge, die entweder im Steinbruch, beim Lager- bzw. Stollenbau oder gar in der Strafkompanie eingesetzt waren, sind – bis auf einige wenige Ausnahmen – unweigerlich innerhalb weniger Monate, wenn nicht sogar Wochen, gestorben. Diese zuletzt angeführten Häftlingskategorien lebten auf einem Niveau, das sie eher den Sterbenden näher brachte, als den Lebenden erhielt. Die Ausnahmen bildeten die Anweisungshäftlinge und jene „alten" Gefangenen, die die ersten Jahre ihrer Haft im Konzentrationslager überlebt hatten.[3]

Dieses bewusst auf den baldigen Tod der Gefangenen abgestimmte Lagersystem mit den vorwiegend kriminellen Funktionären schuf eine unwahrscheinliche Differenzierung und Rangordnung innerhalb der Häftlinge und trug wesentlich zur Verstärkung der vorhandenen Gegensätze bei. Außerdem gab es Spione, Lauscher und Denunzianten, die sich durch Verrat eine Verbesserung der eigenen Lage erhofften.[4] Natürlich unterschieden sich die Häftlinge durch ihren Bildungsgrad, ihre Intelligenz, ihr Naturell und auch auf Grund ihrer charakterlichen Anlagen. Sie hatten unterschiedliche Lebensauffassungen und Eigenarten. Sie kamen aus allen Gesellschaftsschichten, sie hatten verschiedene politische Ansichten und

[3] Der Leningrader Boris Kuprowitsch war politischer Kommissar auf einem der sowjetischen Transportschiffe, die zur Zeit des deutsch-sowjetischen Nichtangriffspaktes (1939 bis 1941) Lebensmittel aus der Sowjetunion nach Deutschland transportierten. Kuprowitsch befand sich auf einem Schiff, das – einen Tag vor dem Überfall Hitlerdeutschlands auf die Sowjetunion – am 20.6.1941 in das damalige Gebiet von Gotenhafen mit etwa 17.000 Tonnen Sojabohnen einlief. Insgesamt kamen an diesem Tag nach Gotenhafen drei SU-Schiffe an. Die Besatzungen aller drei Schiffe wurden nicht interniert, sondern festgenommen und in das Konzentrationslager Stutthof überstellt. Kurz nach der Überstellung in das KZ mussten sämtliche Häftlinge und die Schiffsbesatzungen am Appellplatz Aufstellung nehmen. Der Lagerkommandant und der zuständige Gauleiter Förster befragten u. a. Kuprowitsch, ob er Stalin persönlich kenne, wie der Krieg ausgeht usw. usf. Kuprowitsch erklärte, er sei ein zu kleiner Mann, um mit Stalin zu verkehren, deshalb gab es zwischen ihnen niemals persönliche Kontakte und „den Krieg wird sicher die Sowjetunion gewinnen, auch wenn wir hier alle zugrunde gehen werden" (mündliche Angaben des Stutthofer und späteren Mauthausener Häftlings Kazimierz Rusinek, 27.5.1978). Kuprowitsch ist wegen seiner mutigen und offenen Worte nichts geschehen. Er ist jedoch nach mehreren Monaten aus dem KL Stutthof (Lagerstufe II) in das KL Mauthausen (Stufe III) überstellt worden. Er kam im Frühjahr 1942 ins KLM, wo er als Zivilrusse registriert wurde. Das Jahr 1942 war eine Periode, in der nur wenige Sowjetbürger überleben konnten. Er überlebte. Laut eigenen Angaben wurden ihm ab etwa 1943 – und auch nach seiner im Sommer 1944 erfolgten Überstellung in das Nebenlager Gusen – als „altem Häftling" etwas bessere Lebensbedingungen zugestanden als der Masse seiner Landsleute, die später eingeliefert wurden. Er erlebte die Befreiung im Mai 1945. Angaben des Boris Kuprowitsch gegenüber dem Verfasser, 27.5.1978.

[4] Am 25.10.1944 sind wegen illegaler politischer Tätigkeit im KL Sachsenhausen nach wochenlanger Untersuchung einer SS-Sonderkommission 100 Sachsenhausener Häftlinge strafweise in das KLM überstellt worden. Mit ihnen wurde auch der Hauptspitzel Kuhnke (der der SS-Sonderkommission besonders behilflich war) ins KLM eingewiesen. SS-Herrschaft: S.116 und 174. Siehe auch Kapitel 17 und Kapitel 38. Auch ein gewisser Eugen Koch, der von der Auschwitzer Politischen Abteilung für Spitzeldienste bei den in den Union-Werken eingesetzten Häftlingen angeworben wurde, soll in das KLM überstellt worden sein. Auschwitzer Informationsbulletin: Nr. 11/176, November 1975, S.2 (Artikel: „Die Mädchen von den Union-Werken").

verschiedene religiöse Bekenntnisse. Bei den West- und Mitteleuropäern sowie Sowjetbürgern überwogen Arbeiter und Intellektuelle, bei den Polen (ab 1942), Jugoslawen, Albanern und Griechen Landarbeiter. Die eingewiesenen Angehörigen der bürgerlichen Parteien waren von der Art der Haft im KLM ungleich stärker überrascht als die Kommunisten. Sie erwarteten eine differenzierte Behandlung, die ihnen außerhalb des Lagers – bei der GESTAPO, vor Gericht, im Gefängnis – eingeräumt wurde. Im KLM erging es ihnen nicht besser als den anderen. Waren sie Polen oder Tschechen, erging es ihnen in der Zeit von 1940 bis Ende 1942 ärger als den übrigen Häftlingen.
Hinzu kam im KLM noch, dass sich die aus ganz Europa stammenden Häftlinge im Mauthausener Sprachenwirrwarr mangelhaft verständigen konnten; alle Anordnungen wurden nur in deutscher Sprache gegeben. Diese Gegensätze wurden nur durch den Umstand gemildert, dass alle Häftlinge Opfer des nazistischen Terrors waren.
Vom Jahre 1939 bis zum Frühjahr 1944 bildeten im KLM die Polen, Spanier, Tschechen, Sowjetbürger und die Deutschen sowie Österreicher jene nationalen Kollektive, die das interne, von der SS nicht kontrollierbare Lagergeschehen am stärksten beeinflussten und auch auf das Nebeneinander bzw. Miteinander der einzelnen Gruppen einwirkten. Die anderen nationalen Gruppen, u. a. etwa die Jugoslawen, sowie die in ihrer Mehrzahl in den Jahren 1943 und 1944 angekommenen Franzosen und Italiener, beeinflussten ebenfalls das interne politische Geschehen, jedoch in geringerem Ausmaße. Ein anderes Bild gab es in den Nebenlagern Loiblpass, Melk und Ebensee, wo die Franzosen das interne Lagerleben beeinflussten. Sie dominierten in den Lagern Loiblpass sowie Melk, in Ebensee beeinflussten sie die illegalen politischen Gruppen.

Zum besseren Verständnis der Lageratmosphäre sei nachfolgend die politische Zusammensetzung der erwähnten sechs Nationen und ihr Einfluss auf das interne Lagerleben aus der Sicht des Verfassers wiedergegeben:

Polen

Die größte nationale Gruppe im KLM bildeten die polnischen Häftlinge, welche zumindest in den Jahren 1940 bis 1943 von der Liquidierung bedroht waren. Nur einzelne und da vorwiegend die so genannten „Eindeutschungsfähigen", also jene, die bereit waren, sich in die „Listen der Volksdeutschen Zugehörigkeit" einzutragen, hatten eine geringe Aussicht, aus der Haft entlassen zu werden.
Ab März 1940 wurden ständig Polen eingeliefert, unter denen sich viele Wissenschafter, Ärzte, Professoren, Geistliche, Studenten, Lehrer, Offiziere und Arbeiter, doch auch Zugehörige der landwirtschaftlichen Bevölkerung befanden. Die Mehrzahl der in den Jahren 1940 bis 1942 Verhafteten wurden wegen ihrer Zugehörigkeit zur polnischen Intelligenz ins KLM eingewiesen.[5] Bis zum Eintreffen der holländischen Juden und sowjetischen Kriegsgefangenen

[5] R. Heydrich legte bei der Sitzung im RSHA am 21.9.1939 die Richtlinien für die Behandlung der Polen fest: „(...) Von dem politischen Führertum sind in den okkupierten Gebieten höchstens noch 3 Prozent vorhan-

bildeten die polnischen Häftlinge jenes Menschenmaterial, das in den Gusener und Mauthausener Steinbrüchen erbarmungslos ausgerottet wurde. Immer wieder sind ausgewählte Gruppen von Polen exekutiert worden.[6] Auch späterhin waren sie weiter die *„Dreckpolen"* und *„polnisches Gesindel"*, auf das keine Rücksicht genommen zu werden brauchte.
Die Masse der polnischen Gefangenen war nationalbewusst, sehr religiös und antirussisch eingestellt;[7] viele polnische Intellektuelle haben unzählige Male und bei verschiedensten Anlässen ihre traditionelle franko- bzw. anglophile Einstellung zum Ausdruck gebracht. Die Polen hegten Hassgefühle gegenüber den Deutschen, jedoch nicht gegen die Österreicher. Unter ihnen befanden sich – bis Jänner 1945 – nur einzelne Kommunisten und wenige Sozialdemokraten. Die stete Gefahr der Liquidierung, die Konfrontation mit Menschen einer völlig anders gearteten politischen und religiösen Einstellung, eine misstrauische Einstellung gegenüber jeglicher Auslegung des Marxismus, Atheismus und gegenüber der Sowjetunion, führten zu dem Bestreben, dem eigenen Landsmann zu helfen. Mit Ausnahme von Gusen I, wo Polen die Mehrzahl der Häftlinge und viele Häftlingsfunktionäre stellten[8], kam es dadurch zu einer teilweisen Isolierung des polnischen Häftlingskollektivs. Erst nachdem im Jänner und Februar 1945 aus dem KL Auschwitz weitere Polen eintrafen,[9] änderte sich dieser Zustand. Aber selbst nach der Befreiung hegten große Teile von ihnen gegen ihre kommunistischen Mithäftlinge eine Aversion, desgleichen auch gegen Tito-Partisanen, gegen die „kirchenfeindlichen" Republikanischen Spanier, die Sowjetunion und auch gegen ihre damalige Warschauer Regierung.[10]
Einzelne polnische Häftlingsfunktionäre des Hauptlagers – vor allem im Sanitätswesen – hatten engere Kontakte mit Häftlingen anderer Nationen, wobei gerade diese Einzelpersonen wie z. B. Frantisek Poprawka auch vielen Nichtpolen das Leben retteten. Ihr Wirken hätte für so manchen Häftlingsfunktionär beispielgebend sein können. So hat der polnische Sozialist Kazimierz Rusinek unzählige Male Gruppen von Häftlingen aller Nationen einer

---

den. Auch diese 3 Prozent müssen unschädlich gemacht werden und kommen ins KZ (...)" Generalgouverneur Hans Frank begründete am 30.5.1940 die Ausrottung politischer Widerstandselemente mit einer Weisung Hitlers und sagte u. a.: „Was wir jetzt an Führerschicht in Polen festgestellt haben, das ist zu liquidieren; was wieder nachwächst, ist von uns sicherzustellen und in einem entsprechenden Zeitraum wieder wegzuschaffen". Aus dem Tagebuch des Hans Frank: Arbeitssitzungen 1940, II–XI, 30.5.1940.

[6] Allein in den Monaten November und Dezember 1939 wurden im KLM 131 oder 137 polnische Studenten und Offiziere exekutiert. Siehe Kapitel 32: Die Massenvernichtung von Häftlingen.

[7] Der Grund ihrer antirussischen Einstellung waren nicht nur die traditionellen Antipathien dem zaristischen Russland gegenüber, sondern vielfach die antisowjetische Erziehung in den zwanziger sowie dreißiger Jahren und schließlich die Besetzung der östlichen Provinzen durch die sowjetischen Armeen nach dem Einmarsch der deutschen Truppen in Polen (1939).

[8] In Gusen I gab es Verbindungen zwischen den Polen und anderen nationalen Gruppen, so z. B. zu den Franzosen, Belgiern und Tschechen. Die Gusener Polen organisierten im Lager auf nationaler Ebene illegale Konzerte, Rezitationsabende, komponierten Musikstücke, schrieben viele Gedichte, und schließlich organisierten sie eine illegale polnische Schule für ihre Kinder und Jugendlichen. Gusen: S.134ff und 147ff.

[9] Im Jänner und Februar 1945 wurden etwa 6.000 Polen aus dem evakuierten Konzentrationslager eingewiesen. Archiv M.M.: E 6/1 bis 5.

[10] Laut Angaben der Ebenseer Gendarmerie gegenüber dem Verfasser wurden polnische Staatsbürger aus der amerikanischen Zone (Oberösterreich) in einem Ebenseer Sammellager konzentriert. Noch 1947 (!) gab es dort mehr als 6.000 Polen, vielfach ehemalige Mauthausener Häftlinge, jedoch auch ehemalige polnische Zivilarbeiter, von denen nahezu alle nach Übersee auswanderten.

illegalen zahnärztlichen Behandlung in der SS-Zahnstation zugeführt.[11] Relativ viele Polen versuchten aus dem KLM zu flüchten, und einzelnen gelang die Flucht.[12]
Die Ursachen der erwähnten „Igelstellung" der Polen wurden von manchen Häftlingen nicht verstanden; das auf „Selbstschutz" bedachte Verhalten wurde als egoistisch charakterisiert und kritisiert. Dies führte nicht selten zu schweren Konflikten.[13] Das Auftreten der Polen im Lager wurde vor allem von jenen nicht begriffen, die erst in den Jahren 1944 und 1945 ankamen, die die Massenrepressalien der Periode von 1940 bis 1942 nicht miterlebt hatten und primär das Verhalten einzelner polnischer Capos wahrnahmen.

Republikanische Spanier

Wegen ihrer aktiven Teilnahme am Kampf gegen das faschistische Franco-Regime wurden in den Jahren 1940, 1941 und 1942 etwa 7.000 emigrierte Spanier und 40 bis 60 Angehörige der Internationalen Brigaden in das KLM überstellt. Unter den Brigadisten befanden sich Bulgaren, Rumänen, Jugoslawen, Ungarn, Südamerikaner, Kubaner sowie ein Österreicher. Bei den Spaniern gab es politische Gruppen: Anarchisten, Sozialisten, Kommunisten, bürgerliche Demokraten, Anhänger einer demokratischen katholischen Partei, Syndikalisten und katalanische sowie baskische Separatisten. Die Kommunisten und Syndikalisten bildeten die Mehrheit. Die Spanier waren die erste große nationale Gruppe im KLM, die – unter anderem mit Hilfe der im Lager befindlichen Interbrigadisten[14] – mit anderen nationalen Gemeinschaften engere Verbindung aufnahmen. In den Jahren 1941 und 1942 wurden, vorwiegend in den Gusener Steinbrüchen, etwa 4.200 Spanier getötet. Nach der Zeit der Repressalien – wo primär die Älteren getötet wurden – stellten sie in ihrer Gesamtheit (mit einem Durchschnittsalter von etwa 30 Jahren) ein junges Element dar.
Etwa ab Frühjahr 1942 wurden sie von gewissen SS-Führern, so z. B. vom 1. Schutzhaftlagerführer Georg Bachmayer, sichtbar bevorzugt und um diese Sonderstellung beneidet.

---

[11] Rusinek lebte im KLM unter teilweise falschem Namen (Kazimierz Rusin, Nr. 1.291), da er wegen seines Kampfes gegen die Deutsche Wehrmacht bei Danzig als Kommandant der „Sensenbataillone" mit der Hinrichtung rechnen musste. – In der Zahnstation arbeiteten mehrere SS-Zahnärzte für SS-Angehörige. Die SS-Ärzte bedienten sich der Zahnärzte und Dentisten aus den Reihen der Häftlinge, und diese hatten, ohne Wissen der SS-Organe, die Kranken behandelt. Archiv M.M.: H8/1.

[12] Siehe Kapitel 34: Die Flucht.

[13] Am 30.9.1943, während der Arbeit bei der Wahler Brücke im Nebenlager Großraming, bemerkte der Jugoslawe Zdravko Nedelkovic, geboren am 6.5.1917, Häftlings-Nr. 29.022, dass „alle Polen und Deutschen aufgehängt gehören". Ein polnischer Häftling teilte diesen Ausspruch dem Capo, einem deutschen politischen Häftling, mit, und dieser wieder erzählte es dem zuständigen SS-Kommandoführer. Deshalb wurde Nedelkovic mittags auf der Arbeitsstätte und abends im Lager über Veranlassung des Lagerkommandanten Ludolf schwer misshandelt. Am 1.10.1943, beim Ausmarschieren zur Arbeit, wurde Nedelkovic durch Rückenstöße gezwungen, aus der Häftlingsreihe zu treten, dann durch einen Pistolenschuss leicht verletzt, und schließlich wurde er von einer Brücke in die Enns gestoßen. Er kam aus dem Wasser heraus, wurde mehrmals in den Fluss geworfen, kroch jedoch immer wieder heraus. Abends starb er. Offiziell wurde vermerkt, dass er am 1.10.1943 vom SS-Schützen Johann Geber „auf der Flucht" erschossen worden sei. Archiv M.M.: B 9/5, Bericht des Tschechoslowaken Stanislaus Zadrobilek, angefertigt für die US-Kommission am 14.5.1945.

[14] Mitglieder der Internationalen Brigade. Freiwillige Nichtspanier, die in den Jahren 1936 bis 1939 in Spanien die republikanische Gesellschaftsordnung gegen den Militärputsch der Franco-Faschisten und gegen die deutschen sowie italienischen Expeditionskorps verteidigten.

Bedingt durch ihre soldatische Disziplin, Erfahrung eines Lagerlebens[15] und infolge ihrer Jugend konnten sie sich relativ besser als andere Häftlingskollektive auf die Lebensbedingungen des KLM einstellen. Über alle politischen Ideologien und separatistischen Bestrebungen hinweg verband sie eine grenzenlose Liebe zu ihrer Heimat und der Hass gegen das Franco- sowie Hitler-System. Die Mehrheit der Spanier rechnete mit einer militärischen Niederlage des Nazismus, und keiner von ihnen nahm an, dass nach einem Zusammenbruch Hitler-Deutschlands das Franco-Regime[16] weiter bestehen würde.

Auf Grund der ab 1942 relativ besseren Lagerbedingungen floh kein einziger Spanier aus dem Lager. Spanische Häftlinge wurden in bevorzugte Außenkommandos überstellt, und im Vergleich zu allen anderen nationalen Häftlingsgruppen war ihre Sterblichkeitsquote (ab Sommer 1942) um ein Vielfaches geringer.[17] Sie waren mit ihrer katzenhaften Schnelligkeit wahre Meister im Organisieren. Wenn sie ertappt wurden, führte ihre Taktik – eine gewisse gespielte ahnungslose Schwejk-Tolpatschigkeit – nicht selten zur Straffreiheit.

Seit dem Zeitpunkt ihres Eintreffens traten sie einzeln oder gruppenweise, direkt oder indirekt, gegen die Brutalität des kriminellen Häftlingspersonals auf, übten Solidarität und wurden deshalb von den meisten Häftlingen hoch geachtet. Einzelne Kommunisten und Angehörige der Einheitlichen Sozialistischen Jugend Spaniens bildeten bereits 1943 kleinere konspirative Gruppen, stellten im Winter 1944/45 mit Hilfe der tschechischen, französischen und deutschen Interbrigadisten illegale militärische Formationen auf und schmuggelten Waffen aus der Waffenkammer ins Lager. Sie waren auch die einzige nationale Gruppe, die unmittelbar nach der Befreiung mehrere ihrer Landsleute, die sich von der SS als Totschläger missbrauchen ließen, in einem Sondergerichtsverfahren zum Tode verurteilten und exekutierten.[18]

Eng verbunden mit den Spaniern waren die Interbrigadisten, die in den offiziellen SS-Unterlagen als „Republikanische Spanier" oder als politische Häftlinge einzelner Nationen geführt wurden.[19]

Nach der Evakuierung des KL Auschwitz gab es im KLM mindestens 150 Interbrigadisten, darunter auch Deutsche und Österreicher.

[15] Nach dem spanischen Bürgerkrieg in Frankreich interniert und dann als französische Kriegsgefangene der Deutschen Wehrmacht.

[16] Francisco Franco, 1892 geboren, General der spanischen republikanischen Regierung. – Franco putschte mit mehreren Generälen sowie mit Hilfe Mussolinis und Hitlers am 16.7.1936 gegen die republikanische Regierung. Franco wurde während des Bürgerkrieges der Oberbefehlshaber der Putschisten sowie Parteichef der faschistischen Organisation „Falange". In dieser Eigenschaft erhielt er den Titel Caudillo. Der Bürgerkrieg wurde am 28.3.1939 beendet, und seit dieser Zeit fungierte Franco bis zu seinem Tod am 20.11.1975 als „Staatschef" und Diktator von Spanien.

[17] Wenn von Anfang 1941 bis Sommer 1942 etwa 5.000 Spanier im KLM als „gestorben" gemeldet wurden, so sind nachher bis zur Befreiung nur mehr einzelne wenige spanische Häftlinge als gestorben gemeldet worden. Anmerkung des Verfassers.

[18] Archiv M.M.: B 12/59, Angaben des J. Nischelwitzer.

[19] Am 31.12.1944 gab es offiziell vier französische, sechs italienische, einen argentinischen, einen sowjetischen, drei jugoslawische, einen ungarischen und vier rumänische „Republikanische Spanier". Darüber hinaus gab es Interbrigadisten, die als politische Häftlinge der Franzosen, Tschechen, Jugoslawen und Italiener geführt wurden. In den Jahren 1941 bis 1943 starben im KLM etwa 40 bulgarische, südamerikanische, italienische und jugoslawische Interbrigadisten. Archiv M.M.: E 6/4, Statistiken.

Innerhalb dieser kleinen Gruppe – vorwiegend kommunistische Aktivisten – gab es heftige Meinungsunterschiede wegen ihrer legalen und illegalen Rückkehr aus den französischen Internierungslagern bzw. aus Frankreich (1939 bis 1941) in die von Deutschen okkupierte Heimat. So mancher legale Rückkehrer[20] wurde noch in Frankreich von GESTAPO-Beamten festgenommen und in ein KL überstellt. Auch interpretierten sie differenziert verschiedene taktische Handlungen ihres militärischen Einsatzes in Spanien, vor allem über gewisse drastische Maßnahmen der militärischen Führung während des Rückzuges zur französischen Grenze und auch über das Verhalten mancher Kameraden in den französischen Internierungslagern. Trotz dieser sehr entscheidenden Meinungsunterschiede bildete die kleine Gruppe von Interbrigadisten – eng an die Spanier angelehnt und als Bindeglied zu ihren nationalen Gemeinschaften – bei allen Handlungen gegen die SS und das kriminelle Personal sowie bei der Schaffung illegaler Formationen einen übernationalen festgefügten Block von bewussten Antifaschisten.

Tschechen

Die Masse der Tschechen kam in den Jahren 1941 und 1942. Diese Häftlinge waren in der Mehrzahl Widerstandskämpfer, die wegen verschiedener illegaler aktiver Handlungen gegen die Okkupanten in ihrer Heimat festgenommen worden waren. Unter ihnen befanden sich viele kommunistische Aktivisten und Funktionäre, Anhänger der Benes-Partei,[21] Universitätsprofessoren,[22] Lehrer, jüdische Intellektuelle, Funktionäre des Turnvereines „Sokol" und einzelne Sozialdemokraten. Ab Ende Mai 1942 wurden die Tschechen als Vergeltungsmaßnahme für das Attentat auf Heydrich[23] einer besonderen Persekution ausgesetzt. Sie wurden – etwa acht Wochen lang – wie die sowjetischen Kriegsgefangenen und die jüdischen Häftlinge behandelt.[24] Viele Tschechen beherrschten Fremdsprachen, vor allem Deutsch; unter ihnen gab es vermutlich den höchsten Prozentsatz von qualifizierten Kräften. Deshalb wurden tschechische Häftlinge bei Erweiterung des Administrationsapparates von der SS als Dolmetscher bzw. Verwaltungs- und Schreibkräfte sowie als Ärzte herangezogen. Da sie weiters zur Gruppe jener Häftlinge gehörten, die relativ viele Lebensmittelpakete erhielten, erreichten sie ab Herbst 1943 ungefähr die gleichen Lebensbedingungen wie die Deutschen, Österreicher, Luxemburger und Spanier. Doch die SS misstraute ihnen mehr als

[20] Es gab auch illegale Rückkehrer, meist unter falschem Namen, als französische Zivilarbeiter getarnt. Anmerkung des Verfassers.

[21] Eduard Benes war führender Funktionär einer bürgerlichen Partei und Staatspräsident der Tschechoslowakei; er emigrierte 1938 nach Großbritannien und bildete dort eine tschechoslowakische Exilregierung.

[22] Allein im Jänner und Februar kamen sehr viele Professoren und Dozenten der Brünner Universität ins KLM. Archiv M.M.: V 3/1.

[23] Aus England kommend mit Fallschirmen abgesetzte tschechoslowakische Patrioten verübten am 27.5.1942 in einem Prager Vorort ein Attentat auf den Stellvertretenden Reichsprotektor von Böhmen und Mähren sowie Chef der SIPO und des SD, SS-Obergruppenführer R. Heydrich. Am 4.6.1942 erlag Heydrich seinen Verletzungen. Nach einem GESTAPO-Bericht wurden wegen dieses Attentats 1.331 Männer und 201 Frauen, davon im KLM etwa 400 tschechische Frauen und Männer, hingerichtet. Archiv M.M.: M 5/6, alphabetisches Verzeichnis der Exekutierten.

[24] Archiv M. M., V 3/1, Häftlingsberichte.

den deutschen, österreichischen und spanischen Häftlingen. Den relativ besseren Lebensbedingungen und vielleicht den Tschechen in hohem Maße ihrem nationalen Kollektiv gegenüber vorhandenen Bindungen, ist es zuzuschreiben, dass in der gesamten KLM-Zeit nur zwei Tschechen aus dem Lager zu flüchten versuchten.

Die Tschechen waren in ihrer Gesamtheit ein politisches Kollektiv. National gegen den deutschen Faschismus eingestellt, war ihre Zielsetzung für die Zeit nach der Niederlage Hitler-Deutschlands jedoch noch nicht festgelegt. Viele von ihnen waren auf die tschechische Kommunistische Partei orientiert und misstrauten infolge des Münchener Abkommens[25] den westlichen Alliierten. Es gab nur einzelne, die wegen des Verhaltens der polnischen Regierung in den Jahren 1938 und 1939[26] ein Misstrauen gegen Polen zum Ausdruck brachten, und wenige, die der Sowjetunion nicht zugeneigt waren. Viele Tschechen organisierten illegale und legale Konzerte, Rezitations- und Liederzyklen, verfassten Gedichte und waren überall da zu finden, wo es zu Solidaritäts- und Widerstandsaktionen kam. So z. B. schmuggelten tschechische Kommunisten in Lebensmittelpaketen Antinazi-Literatur ins Lager, verbreiteten Radionachrichten und waren in illegalen Komitees verankert.[27]

Die Sowjetbürger

Die Sowjetbürger bildeten nach den Polen die zweitgrößte Häftlingsgruppe. Sie setzten sich aus fünf großen Kategorien zusammen, und zwar:

1. Aus etwa 5.333 isolierten Kriegsgefangenen, deren „Exekution wegen ihres Einsatzes im Steinbruch aufgeschoben wurde"; sie wurden fast alle binnen weniger Monate getötet.
2. Aus Tausenden von Zivilrussen (RZA), ehemaligen „Ostarbeitern" oder sowjetischen Kriegsgefangenen (darunter viele Offiziere), die zum Arbeitseinsatz in das Deutsche Reich verschleppt und in der Folge wegen irgendeines Vergehens am Arbeitsplatz, vielfach wegen politischer Tätigkeit, in das KLM eingewiesen wurden.
3. Aus etwa 4.300 streng abgesonderten Häftlingen der „Aktion K", ehemalige Offiziere und Unteroffiziere, die aus den Kriegsgefangenenlagern flüchteten und wieder ergriffen in das KLM zur Liquidierung überstellt wurden (April 1944 bis Februar 1945).
4. Aus etwa 800 schwerverletzten Kriegsinvaliden, die sich ständig im Krankenlager aufhielten.[28]
5. Aus etwa 3.500 ehemaligen Kriegsgefangenen, die zumindest vorübergehend in den von

[25] Am 29.9.1938 wurde in München von Hitler (Deutschland), Mussolini (Italien), Chamberlain (Großbritannien) und Daladier (Frankreich) die Abtrennung der so genannten Sudetengebiete von der CSR und deren Eingliederung in das Großdeutsche Reich beschlossen.

[26] Am 2.10.1938 hatten polnische Truppen Teile des tschechoslowakischen Gebietes (Olsa-Teschen-Gebiet und kleine Teile der Slowakei) besetzt. Der slowakische Gebietsteil wurde nach der Okkupation Polens am 21.11.1939 von Deutschland an die Slowakei zurückgegeben. Das Teschen-Gebiet wurde dem damaligen Protektorat Böhmen und Mähren nicht zurückgestellt. Staatsmänner: S.28 und 54.

[27] Mauthausen: S.149ff.

[28] Am 28.4.1945 hat die SS von der Gruppe dieser Invaliden 735 Schwerkriegsbeschädigte auf ein in Mauthausen verankertes Donauschiff gebracht. Was mit ihnen beabsichtigt wurde, ist unbekannt. Archiv M.M.: E 6/7, Häftlingsstatistik von 1.4.1945 bis 29.4.1945.

den deutschen Militärbehörden aufgestellten „Landeseigenen Verbänden" (LeV.) oder Hilfswilligen-Formationen (Hiwi) dienten.[29]

6. Dazu kam noch eine kleine Gruppe von russischen, lettischen, litauischen und estländischen Schutzhäftlingen, die offiziell wegen eines politischen Deliktes eingewiesen wurden.

Bis auf einzelne waren die sowjetischen Häftlinge durchwegs junge Menschen; sie waren voller Tatkraft und fest vom Sieg der Roten Armee überzeugt. Dennoch stellten sie aus mehreren Gründen keine homogene Einheit dar.

Die in den Jahren 1941/42 in den Steinbrüchen getöteten 4.866 SU-Kgf. und etwa 4.300 Häftlinge der „Aktion K" konnten infolge ihrer kurzen Lebensdauer und streng isolierten Lage in keiner Weise in das interne illegale Geschehen eingreifen.[30] Desgleichen auch nicht die Häftlinge aus den Reihen der „Landeseigenen Verbände" respektive „Hiwi", weil die Mitgefangenen in ihnen Verräter sahen. Die Häftlinge der zuletzt genannten Kategorie sehnten ihre Befreiung und die Niederlage der Hitler-Wehrmacht herbei, obwohl ihr Schicksal, infolge ihres vorübergehenden Einsatzes im Rahmen der Deutschen Wehrmacht, nach der Befreiung ungewiss war. Viele von ihnen hatten in den deutschen Kriegsgefangenenlagern nur zwei Möglichkeiten zur Wahl gehabt: zu verhungern oder sich anwerben zu lassen.

So blieb das Reservoir der „Zivilrussen" (in den Jahren 1944/45 kamen dazu noch einzelne Kriegsgefangene) und die kleine Gruppe der „Russen-Schutzhäftlinge" über. Trotz schwerster Lagerbedingungen, Sprachschwierigkeiten und mit Häftlingsfunktionären, von denen kaum einer aus ihren Reihen stammte,[31] bildeten viele dieser Sowjetbürger Gruppen, die auch bei völliger Aussichtslosigkeit gegen die SS zu kämpfen und zu sterben bereit waren. Die Sowjetbürger stellten den größten Prozentsatz geflüchteter Häftlinge.[32]

Wann immer Gefangenengruppen wegen politischer Tätigkeit aus anderen Konzentrationslagern strafweise in das KLM überstellt wurden, stets waren sowjetische Häftlinge darunter.

Im Hauptlager bildete sich vermutlich im Herbst 1944 innerhalb der sowjetischen Gefangenen ein kleines, jedoch straff organisiertes illegales Aktiv, das mit einzelnen deutschen und tschechischen Kommunisten Kontakte pflegte. In allen Nebenlagern waren – vor allem seit dem Winter 1944/45 – einzelne Sowjetbürger in illegalen Komitees aktiv.

---

[29] Monatsmeldungen der Jahre 1943 bis 1945 des Kriegsgefangenen-Lagers Mauthausen-Gusen an die Kommandantur des KLM über die Zu- und Abgänge von LeV. und Hiwi. Institut Prag: 509/84. DÖW: 709. Archiv M.M.: E 1/5, 6 und 8.

[30] Die am 2.2.1945 erfolgte Flucht der „K-Häftlinge" hat den Widerstandswillen der politisch bewussten Häftlinge gestärkt. Jedoch das „Einfangen" und die öffentliche Massenliquidierung der Geflüchteten hat viele Häftlinge eingeschüchtert; manchen erschien ein Massenausbruch undurchführbar, und in Diskussionen bestanden sie auf einer Befreiung durch die alliierten Truppen.

[31] Lediglich im Sanitätswesen erhielten sie wenige Funktionen, dann gab es noch einige jugendliche Sowjetbürger, die als Stubendienste eingesetzt waren. Anmerkung des Verfassers.

[32] Siehe Kapitel 34: Die Flucht.

Deutsche und Österreicher

Wie bei den Österreichern so gab es auch bei den Deutschen bis Frühjahr 1944 mehr Kriminelle (BV, SV) und Asoziale (AZR) als Politische. Erst in den Wintermonaten 1944/45 überwogen bei diesen beiden Nationen zahlenmäßig die politischen Häftlinge.[33]

Unter den Deutschen waren welche seit dem Jahre 1933 in Haft, und innerhalb der DR-Schutz-Häftlinge gab es ehemalige Wehrmachtsangehörige und sogar einzelne ehemalige SS-Offiziere. Die Mehrzahl der deutschen und österreichischen Politischen in den Jahren 1944/45 rekrutierte sich aber aus Personen, die wegen ihrer illegalen Aktivität gegen das Naziregime festgenommen wurden: kommunistische und sozialdemokratische Funktionäre und Aktivisten; die Kommunisten waren hierbei zahlreicher vertreten. Es gab auch solche, die ohne feste politische Bindung inhaftiert wurden, und schließlich deutsche und österreichische bürgerliche Politiker, Bibelforscher, Geistliche sowie einzelne Zigeuner – soweit sie die Jahre 1939 bis 1942 überlebt hatten. In den Jahren 1939 bis 1942 gab es unter den Häftlingen etliche ehemalige Funktionäre der Vaterländischen Front,[34] später waren es nur zwei oder drei, und ab Herbst 1944 wieder mehrere.

Im Herbst 1942 wurden weniger als 350 politische Deutsche und Österreicher – Zigeuner, Bibelforscher und ein Geistliche einbezogen – gezählt.[35] Da aber immer wieder Kommunisten und Sozialisten aus verschiedenen Konzentrationslagern wegen vermutlicher[36] politischer Tätigkeit im Lager strafweise ins KLM überstellt wurden, weiters die GESTAPO-Leitstellen von Graz, Klagenfurt, Linz, Wien sowie von Deutschland neue Widerstandskämpfer eingewiesen und aus den evakuierten Lagern DR-Schutz-Häftlinge überstellt wurden, gab es, trotz hoher Sterblichkeitsquote (im Winter 1944/45) in dieser Häftlingskategorie am 15.3.1945 insgesamt 2.224 DR-Schutz-Häftlinge und etwa 180 Wehrmachtsangehörige.[37]

Die Lager-SS hat bis September 1944 grundsätzlich, mit oder ohne Auftrag, die neueingewiesenen deutschen und österreichischen Antifaschisten auf „Rädelsführer" und „Mitläufer" gesiebt. Das bedeutete, dass die „Rädelsführer" in den ersten Tagen ihres Aufenthaltes, „auf der Flucht" erschossen oder exekutiert wurden.[38]

DR-Schutz-Häftlinge, die die erste Zeit der Selektion überlebten und nicht alt oder krank waren, konnten als „Deutsche" mit besserer Behandlung als die Masse der anderen Häftlinge rechnen. Diese allen sichtbare Bevorzugung vermochte die Geschlossenheit des aus vielen Nationen bestehenden Häftlingskollektivs nicht zu stärken.

---

[33] Archiv M. M.: E 6/4 und E 12/2, Statistiken über Häftlingsarten.

[34] Die einzige in den Jahren 1934 bis 1939 legale katholische Parteiformation in Österreich.

[35] Archiv M.M.: E 6/4 und E 12/2, Statistiken über Häftlingsarten.

[36] Bei nachgewiesener politischer Tätigkeit wurde der Häftling in den meisten Fällen getötet. So z. B. im KL Sachsenhausen im Oktober 1944: 29 Häftlinge wurden erschossen, 100 nach Mauthausen überstellt. Siehe Anmerkung 4 dieses Kapitels.

[37] Im KLM gab es auch nichtdeutsche Wehrmachtsangehörige, z. B. Dänen, Niederländer, Belgier, Ungarn, Polen und Balten. Am 15.3.1945 wurden insgesamt 243 Wehrmachtsangehörige registriert. Archiv M.M.: E 6/4 und E 12/2.

[38] Eine Ausnahme wurde lediglich bei den am 29.3.1944 überstellten 49 Angehörigen der Wiener Feuerwehr gemacht Diese Häftlinge wurden einer solchen Selektion nicht unterzogen; sie wurden arbeitsmäßig und bezüglich ihrer Unterkunft bevorzugt behandelt.

Der unfassbare Umfang der im Namen Deutschlands in den Jahren 1938 bis 1945 verübten Verbrechen hat in ganz Europa grenzenlosen Hass gegen alle Deutschen entfacht. Dies widerspiegelte sich auch im KLM. Ohne Berücksichtigung der politischen Einstellung hatten viele der nichtdeutschen Häftlinge (auch Österreicher) eine Abneigung gegen Deutsche. Diese Gefühle wurden in die Kurzform *„Deutscher bleibt Deutscher!"* gefasst. So manche deutschen und österreichischen aus den Reihen der Wehrmacht kommenden Häftlinge und viele Kriminelle (vor allem zur Zeit des Vormarsches der Deutschen Wehrmacht) haben zumindest in den Jahren 1939 bis 1942 nationalsozialistisches Gedankengut, Slawenhass, Antisemitismus durch Wort und Tat zum Ausdruck gebracht und eine nationale Überheblichkeit an den Tag gelegt, die zu der erwähnten feindlichen Einstellung führen musste. Dazu kam, dass diese beiden Nationen die überwiegende Mehrzahl von Häftlingsfunktionären stellten. Dadurch gab es auch noch Sprachschwierigkeiten, denn es gab nur wenige DR-Schutz-Häftlinge (die deutschen Kommunisten, Interbridagisten, Österreicher und die Wiener Tschechen bildeten eine Ausnahme), die eine slawische oder romanische Sprache beherrschten. Und wie sollten die von physischer Ausrottung durch die Deutschen bedrohten Polen, holländischen Juden, die von SS-Angehörigen sowie Häftlings-Capos in deutscher Sprache beschimpft und in den Tod getrieben wurden, Sowjetbürger, die von Deutschen (und Österreichern) verfolgt, gedemütigt, misshandelt und gefoltert wurden – wie sollten sie Menschen, die zwar Häftlinge waren wie sie, jedoch die Sprache der Peiniger sprachen und von der SS bevorzugt behandelt wurden, vertrauen?
Dennoch gelang es auf Grund der Solidarität der Dachauer DR-Schutz-Häftlinge in den Jahren 1939 und 1940 und später von Seiten deutscher sowie österreichischer Kommunisten (Otto Wahl, Otto Wisst und Josef Kohl), aber auch infolge des beispielgebenden Verhaltens vieler Nichtkommunisten (unter anderem des Priesters Dr. J. Gruber in Gusen und des Sozialisten Konrad Wegner in Ebensee) und schließlich mit Hilfe der spanischen, tschechischen und französischen Häftlinge in jahrelanger Kleinarbeit, die nationalen Schranken zwischen den Deutschen und anderen Nationen etwas zu beseitigen. Nicht zuletzt trug dazu das für alle spürbare menschliche Verhalten vieler DR-Schutz-Häftlinge (so auch der Wiener Tschechen[39]) bei.

Jüdische Häftlinge

In der Zeit von 1940 bis 1943 hatten die jüdischen Häftlinge und die sowjetischen Kriegsgefangenen unter allerschwersten Bedingungen zu leben; auch dann noch, als sie im großen und ganzen so behandelt wurden wie die Masse der anderen Häftlinge. Vom 1.1.1940 bis Ende Februar 1944 gab es im KLM etwa 2.760 jüdische Häftlinge aus Polen, Deutschland, Böhmen und Mähren, Österreich und den Niederlanden. Diese Häftlinge wurden von der GESTAPO wegen angeblicher politischer Tätigkeit und aus Holland als Geiseln in das KLM zur Liquidierung überstellt. Bis auf einzelne sind alle binnen weniger Tage oder Wochen

[39] Die 42 Häftlinge der Gruppe „Wiener Tschechen" wurden vorwiegend als „Schutz-DR" geführt. Sie hatten in der Folge viele Lagerfunktionen inne.

ermordet worden.[40] Es gab wohl keine Tötungsart, der sie nicht ausgesetzt wurden. Die Tragik ihres Schicksals wirkte sich insofern zum Vorteil anderer Häftlinge aus, als bei Ankunft jüdischer Häftlinge im Lager die SS sich primär mit ihnen befasste, sie misshandelte und „auf der Flucht" erschoss. Dadurch war der Terror anderen Häftlingskategorien gegenüber zeitweise unterbrochen. Dies geht besonders deutlich aus den Totenbüchern der Jahre 1940 bis 1943 hervor.[41] Die „GESTAPO-Juden" waren wegen ihrer strengen Absonderung und kurzen Lebensdauer nicht in der Lage, in das illegale Lagergeschehen einzugreifen, obwohl sie in ihrer Mehrzahl ein politisches Aktiv darstellten und relativ jung waren.[42]

Die in den Jahren 1944 und 1945 überstellten etwa 22.000 registrierten jüdischen Häftlinge wurden wie alle anderen Häftlinge behandelt und in fast allen Nebenlagern eingesetzt. Unter ihnen gab es einige Kinder, jedoch vorwiegend Menschen mit einem Durchschnittsalter von 40 Jahren. Da sie jahrelang einer unmenschlichen Tortur des nazistischen Lagerlebens ausgesetzt waren, befanden sie sich in sehr schlechter körperlicher Verfassung, was zu erhöhter Sterblichkeit führte.

Es gab auch einzelne Ausnahmen, so z. B. die am 25.4., 5.5., 12.5. und 20.5.1944 angekommenen 92 jüdischen Häftlinge, die aus der ungarischen Industrie und Aristokratie stammten. Sie erhielten eine besondere Kost sowie gesonderte Unterbringung, und sie durften nur im Lagerbereich mit leichter Arbeit beschäftigt werden. Es gab auch Angehörige einer jüdischen Arbeitseinheit der ungarischen Armee, die in der Sowjetunion, z. B. bei Stalingrad, dann in Polen, Rumänien, der Slowakei, Ungarn und zuletzt im Burgenland eingesetzt waren. Dann marschierten sie nach Mauthausen, um hier abgerüstet und ins KLM überstellt zu werden.

Die jüdischen Häftlinge verband keine gemeinsame weltanschauliche Praxis, noch entstammten sie gleichen sozialen Verhältnissen. Sie waren unorganisiert und kamen aus unterschiedlichen nationalen und kulturellen Bereichen. Aus all den angeführten Gründen waren die jüdischen Häftlinge nicht in der Lage, nennenswert in das illegale Lagergeschehen einzugreifen.[43] Von den politischen Häftlingen sind die jüdischen Häftlinge nicht als Juden, sondern als Polen, Tschechen, Ungarn, Deutsche, Holländer usw. angesehen worden.[44]

Auch bei den jüdischen Häftlingen selbst überwog die nationale die religiöse Zugehörigkeit[45],

---

[40] Archiv M.M.: B 12/3 und E 13/2, Totenbücher.

[41] Archiv M.M.: B 12/3, E 13/2 und V 3/22, Totenbücher und Bericht des Josef Herzler.

[42] Laut Anordnung Himmlers vom 3.9.1941 sollten aus Holland „wenn möglich (nur) 18- bis 35jährige Kommunisten und Juden nach Mauthausen abtransportiert" werden (Höherer SS- und Polizeiführer Nordwest Rauter, 5.9.1941). Archiv M.M.: J 8/4, Abschrift eines Aktenvermerks vom 5.9.1941.

[43] Eine Ausnahme bildeten einzelne aus dem KL Auschwitz in den Monaten Jänner und Februar 1945 überstellte jüdische Häftlinge, z. B. der Deutsche Bruno Baum, die, bereits in Auschwitz organisatorisch erfasst, ihre illegale Tätigkeit im KLM fortsetzten. Angaben des Verfassers.

[44] Am 31.12.1944 gab es im KLM 9.098 jüdische Häftlinge. Diese setzten sich aus acht Deutschen. 4.133 Polen, 16 Sowjetbürgern, vier Franzosen, 16 Italienern, einem Engländer, 24 Tschechen, 4.879 Ungarn, vier Staatenlosen und 13 Sonstigen zusammen. Im Jahre 1945 überwogen die Ungarn. Archiv M.M.: E 6/4.

[45] Als die Häftlinge unmittelbar nach der Befreiung (außer im Krankenlager) nicht nach Arbeitskommandos resp. der Häftlingsart, sondern nach ihrer Nationalität in den Baracken untergebracht wurden, gab es in keinem Lager jüdische Blocks. Ausnahmslos alle jüdischen Häftlinge meldeten sich zu ihren Nationen und wurden als Deutsche, Österreicher, Sowjetbürger, Tschechoslowaken, Italiener, Ungarn, Polen usw. betrachtet und aufgenommen. Auch bei den unzähligen namentlichen Registrierungen, sei es durch nationale Komitees oder amerikanische Stellen (u. a. für den Abtransport), ließen sich die befreiten Juden stets als

obwohl die Bestialität der nazistischen Pogrome zweifelsohne ihr jüdisches Zusammengehörigkeitsgefühl stärkte.
Neben den registrierten Juden gab es im KLM einzelne jüdische Häftlinge, die als „Arier" geführt wurden. Diese Tarnung erfolgte mit Hilfe einzelner Funktionäre, in seltenen Fällen mit Hilfe der illegalen Häftlingsorganisationen. Einzelne jüdische Häftlinge (vorwiegend Kommunisten aus Frankreich) wurden versehentlich als „Arier" ins Lager eingewiesen.[46]

Solidarität und Widerstand

Durch dieses Lagersystem der unterschiedlichen Behandlung, der Einengung des Lebensraumes, der nationalen und politischen Gegensätze, wobei so mancher Häftling in den Italienern irgendwelche Repräsentanten des faschistischen Italien sah und die Ungarn als die „letzten Vasallen" Hitlers betrachtete, ist es der SS jahrelang gelungen, das Häftlingskollektiv zu zerschlagen. Vielfach in der Hoffnung, der physischen Ausrottung zu entgehen, bekämpften die „Grünen" die „Roten" und umgekehrt, Teile von nationalen Gruppen bekämpften einander, und auch innerhalb der einzelnen Nationen kam es nicht selten zu Auseinandersetzungen.[47] Dies war mit die Ursache dafür, dass bei der Masse der Mauthausener Häftlinge bis zum Herbst 1944 keine Basis für eine breite illegale Abwehrfront gegen die SS-Leitung vorhanden war. Diese Tätigkeit war den politisch bewussten Häftlingen vorbehalten; sie war auch nur dann möglich, wenn die betreffenden Personen in einem Arbeitskommando eingesetzt waren, wo sie einigermaßen von der Willkür der SS-Aufseher und kriminellen Capos geschützt waren.
Bereits im Jahre 1939, nach dem Eintreffen der 1.600 Dachauer-Häftlinge, begann sich, wie bereits angeführt, innerhalb der Gruppe der deutschen und österreichischen politischen Häftlinge eine illegale Solidarität zu entwickeln.[48] Nach dem Eintreffen der Polen, Republikanischen Spanier, Tschechen und Jugoslawen bildeten sich innerhalb jeder Nation kleinere Gruppen, die entsprechend den geringen Möglichkeiten ihren Landsleuten Hilfe angedeihen ließen. Man versuchte, einzelne Häftlinge aus dem Steinbruch oder aus der Strafkompanie herauszuholen und sie in anderen, nicht so gefährlichen Arbeitskommandos unterzubringen.

Belgier, Franzosen. Ungarn usw. und niemals als belgische, französische respektive ungarische Juden erfassen. Erst viele Monate später, als ausländische Hilfsorganisationen ausschließlich jüdische Opfer erfassten, betreuten und unterstützten, kam es wieder zu einer teilweisen Differenzierung von Juden und Nichtjuden. Archiv M.M.: U 3/1, und 4 sowie U 4/2.

[46] So z. B. der aus Frankreich überstellte Tschechoslowake Arthur London wurde als Franzose geführt. Archiv M.M.: E 13/1, Namenslisten.

[47] Bei den Jugoslawen standen sich zwei Gruppen gegenüber: Die Mehrzahl dieser Häftlinge waren Anhänger Titos, dann gab es noch die Anhänger des Tschetnik-Generals Draza Mihajlovic, aber auch zwischen den Kroaten und Serben wurden Gegensätze wahrgenommen. So kam es im Spätherbst 1944 im Block 4 des Nebenlagers Wiener Neudorf zwischen Titoisten und Mihajlovic-Anhängern während einer politischen Diskussion zu einem Raufhandel. Am folgenden Tag wurden über Auftrag des Lagerkommandanten Schmutzler zwei Häftlinge, und zwar Mirko Paulovic (Arbeiter) und Peter Naumovic (Student) wegen Aufruhrs erschossen. Archiv M.M.: B 49/1 und 2, Bericht von Dr. Busch Waldeck.

[48] Archiv M.M.: V 3/2, 9, 11 und 35, Angaben von Otto Wisst, Otto Wahl und Josef Kohl.

Es bildeten sich einzelne „Kommando-, Tisch-, Bett- oder Spindgemeinschaften". In diesen „Kommunen" wurden die in Paketen erhaltenen oder „organisierten" Lebensmittel an alle „Mitglieder" verteilt. Mit wertvolleren Lebensmitteln wurden bei Capos und Blockfunktionären bessere Arbeitsplätze erkauft, für Kranke der Gemeinschaft Medikamente oder ein Bett im Krankenlager respektive im Revier[49] besorgt. Solche Gemeinschaften bestanden im Hauptlager nur bei gewissen Häftlingen der Baracken 2 bis 15, also bei jenen, die in ständigen und relativ besseren Arbeitskommandos eingesetzt waren und deren Mitglieder die Möglichkeiten hatten, zusätzliche Lebensmittel zu beschaffen und sie auch irgendwo aufzubewahren bzw. zu verstecken.

Manche dieser Gemeinschaften nahmen in ihre Reihen Häftlinge auf, die keinerlei Möglichkeiten hatten, sich zusätzlich etwas zu besorgen. Doch diese „Kommunen" waren bis auf wenige Ausnahmen[50] auf Angehörige der gleichen Nation beschränkt. Auch bei einer Flucht von mehreren Gefangenen waren daran fast ausnahmslos Häftlinge der gleichen Nation beteiligt.[51]

Die spanischen Republikaner waren es, die als erste Solidarität im internationalen Rahmen übten, sie nahmen mit den sich im Lager befindlichen Interbrigadisten Verbindung auf und unterstützten diese. Bis auf einzelne Ausnahmen haben die ins Lager eingewiesenen, von den nationalen Gegensätzen nur gering belasteten und in jahrelanger Illegalität tätigen kommunistischen Funktionäre aller europäischen Nationen den engen Rahmen der geschlossenen nationalen Gruppierungen zu sprengen und zu erweitern versucht. Es kann gesagt werden, dass sie sich ab Spätherbst 1943 bemühten, durch Losungen, Nachrichten über die militärische Lage und durch verschiedenste Taten die nationalen Gegensätze abzuschwächen und sich als politische Gruppe innerhalb der Nationen und über diese hinausgehend zu organisieren.

Alle diese Feststellungen stellen keine allgemeingültigen Normen dar, weil es zahlreiche Ausnahmen gab. So gab es bei allen Nationen nichtkommunistische Personen[52] und Häftlingsgruppen, die aus subjektiven und objektiven Gründen Kontakte mit Häftlingen anderer Nationen pflegten und die einander unterstützten, so u. a. die deutschen und polnischen Bibelforscher. Die französischen, luxemburgischen und polnischen Priester hielten

[49] Über die Aufnahme eines Kranken in einer der beiden Krankenunterkünfte entschied jahrelang ein Personenkreis in nachstehender Reihenfolge: Capo, Blockschreiber, Blockältester, Lagerschreiber, SS-Rapport- oder Schutzhaftlagerführer, dann Häftlingsarzt, Revier- oder Krankenlager-Capo und schließlich noch der SS-Arzt. Bis zu zehn Personen.

[50] Im Sonderrevier respektive Krankenlager gab es innerhalb des Personals mehrere übernationale Tischgemeinschaften. Mündliche Angaben des Dr. V. Busek gegenüber dem Verfasser. Mai 1978.

[51] Einzelne Gruppenflucht: Zwei Österreicher am 13.6.1939 (Mauthausen); zwei Polen am 13.8.1940 (Gusen); fünf Spanier am 5.8.1941 (Bretstein); zwei Österreicher am 22.9.1941 (Mauthausen); drei Spanier am 5.4.1942 (Vöcklabruck); zwei Sowjetbürger am 13.2.1943 (Großraum Wien); vier Franzosen am 23.11.1944 (Loiblpass). Siehe Kapitel 34: Die Flucht.

[52] Um nur wenige zu nennen: Dr. Josef Podlaha, Dr. Vratislav Busek, Premysl Mornstein, Josef Ulbrecht (Tschechen); Ing. Ernst Martin, Dr. Johannes Gruber (Österreicher); Wolfgang Sanner, Wolfgang Ganz Edler zu Putlitz, Dr. Karl Helferich, Josef Schwaiger (AZR), Georg Streitwolf (BV) (Deutsche); Frantisek Poprawka, Caslau Kacprizinski (Polen); Sibile Jose Ballina (Spanier); Jean Veitch (Franzose); Hrvoje Macanovic, akad. Maler Milos Bajic, Mato Utovic (Jugoslawien) usw. usf.

heimlich religiöse Handlungen ab, um so ihren leidenden Landsleuten, aber auch anderen, moralische Hilfe angedeihen zu lassen. Viele Nichtkommunisten verbreiteten Informationen, vor allem Rundfunknachrichten über den Verlauf des Krieges, organisierten auf nationaler Ebene legale und illegale Konzerte und Weihnachtsfeiern.[53] Solidaritätsaktionen, die alle Nationen erfassten (z. B. organisierte Brotverteilung an Kranke), bewusster Widerstand gegen die Brutalität gewisser krimineller Häftlingsfunktionäre sowie gegen Anordnungen der SS, gingen mit Unterstützung der spanischen Jungsozialisten aus den Reihen der Kommunisten hervor.[54] Solche über den nationalen Rahmen hinausgehende organisierte Handlungen – außer im Krankenlager und im Revier – gab es bis zum Winter 1944/45 weder bei bürgerlichen Politikern, Sozialdemokraten, Geistlichen oder Bibelforschern, geschweige denn bei den AZR-, BV- und SV-Häftlingen.

Unter einigen sich im Hauptlager befindlichen österreichischen, deutschen, französischen und tschechischen kommunistischen Häftlinge gab es in den Jahren 1943 und 1944 Meinungsverschiedenheiten über die organisatorischen Formen sowie über den Umfang des Widerstandes. So wurde die Ansicht vertreten, dass feste internationale Organisationsformen gegen die Regel der Konspiration verstößen, von der SS unweigerlich entdeckt werden müssten, was zu brutalen Repressalien führen würde. Andere wieder wollten illegale Widerstandsgruppen nur auf nationaler Basis schaffen.

Weiters gab es verschiedene Meinungen über die Führung des Mauthausener Widerstandes, und schließlich wollten manche Kommunisten erst „nach dem Gefecht" entscheidend eingreifen. Bei diesen Auseinandersetzungen ging es um nationale Gegensätze, den so genannten Kaderschutz und auch um das Fehlen persönlichen Mutes.[55]

Als Hauptorganisator der internationalen Solidarität und des Widerstandes betätigte sich von 1939 bis 1945 der Wiener Kommunist Josef Kohl.

[53] So z. B. in Gusen unzählige Male die Polen und ein deutscher Bibelforscher. Gusen: S.134ff.

[54] Beispiel: Eines Tages, im Mai 1943, früh, misshandelte im Waschraum der Baracke 12 der österreichische kriminelle Blockälteste Anton Hawlicek, Nr. 172, einen alten französischen politischen Häftling. Ein seit wenigen Monaten in der Lagerschreibstube eingesetzter österreichischer Schutzhäftling forderte den Blockältesten auf, die Misshandlungen einzustellen. Über diese Aufforderung erbost, stürzte sich Hawlicek auf den Kritiker; es entstand ein Raufhandel, in dessen Folge der Blockälteste niedergeschlagen wurde, was einer flagranten Auflehnung gegen das Blockpersonal gleichkam. Hawlicek alarmierte den Lagerältesten Magnus Keller. Dieser rief sämtliche Blockältesten zusammen. Der Schutzhäftling wurde von etwa 15 mit Ochsenziemern bewaffneten Blockältesten in den Aufenthaltsraum der Stube A gezerrt. Als spanische Häftlinge die Vorbereitung zur Lynchjustiz bemerkten, lief einer von ihnen in die Häftlings-Lagerschreibstube, teilte dem Spanier Juan de Diego den Sachverhalt mit, und dieser benachrichtigte den Lagerschreiber Josef Leitzinger, indem er ihm mitteilte, dass sein Schreiber ohne sein Wissen liquidiert werden sollte. Leitzinger, ein brutaler Sadist, der mächtigste und auf seinen Machtbereich eifersüchtig achtende Lagerfunktionär, betrachtete das Verhalten des Keller und der Blockältesten als eine bewusste Missachtung seiner Autorität. Erbost lief er zum Block 12 und rettete das bereits arg zugerichtete Opfer. Wahrend des Tages intrigierten spanische Häftlinge des Steinbruchkommandos beim SS-Hauptscharführer Spatzenegger. Sie behaupteten u. a., dass ihre Arbeitsleistung durch das Verhallen des Blockältesten 12 beeinträchtigt werde, weil sie wegen seiner Exzesse nicht ausruhen könnten. Beim Abendappell wurde Hawlicek als Blockältester abgelöst. Angaben des Verfassers.

[55] Mündliche Angaben des Pepi Kohl gegenüber dem Verfasser.

In Mauthausen hatte er insbesondere bei den am meisten leidenden sowjetischen und jüdischen Häftlingen einen geradezu legendären Ruf. So berichtete über Kohl ein deutscher Häftling:

„(...) Aber schon im Bade hatte Pepi Kohl, der Wiener von der Effektenkammer, uns zuversichtliche Worte zugeflüstert und als Zeichen der Hoffnung hinter meiner Brause ein kleines Etui mit Zigaretten abgestellt. Am Abend sollten wir beide erfahren, daß wir in dieser Hölle nicht allein sind, und das Wort ‚Genosse' stand groß und mächtig vor uns (...) Dann kam die Nacht. Etwa 800 sowjetische Kriegsgefangene mußten sich in einer Hälfte der Baracke und wir 7 Reichsdeutschen in der anderen Blockhälfte zum Schlafen einrichten. Die Kriegsgefangenen wurden in die Stube hineingeprügelt (...) Dieser Prozedur entgingen wir (...) Wir ‚Reichsdeutschen' retteten uns also in eine Ecke der Baracke. Und jetzt, als die Dämmerung den Raum ins Dunkel gehüllt hatte, klopfte es plötzlich in unserer Ecke ans Fenster. Es war Pepi Kohl. Der Wiener von der Effektenkammer, der uns nicht nur im Bade Mut zugesprochen hatte und uns beiden versicherte, daß alles getan werde, um uns hier herauszukriegen. Jetzt hatte er nicht nur Worte, sondern ein großes Freßpaket mitgebracht. Und was für Herrlichkeiten es enthielt! Aber ich muß gestehen, die Hunderten hungrigen Augen, die da durch die Dunkelheit in unsere Ecke starrten, waren doch unheimlich." [56]

Der Initiative Josef Kohls ist es auch zu danken, dass im Herbst 1943 im Hauptlager mehrere Aussprachen stattfanden, an denen außer Kohl der Tscheche Otto Vostarek, die Österreicher Franz Kalteis, Hans Marsalek und später auch Leo Gabler teilnahmen. Bei diesen Besprechungen wurde die Möglichkeit der Gründung einer übernationalen Widerstandsbewegung vom Gesichtspunkt der besonderen Lagerbedingungen in Mauthausen und in den Nebenlagern besprochen. In dieser Angelegenheit nahm Josef Kohl mit drei sich im Lager befindenden führenden deutschen Kommunisten Kontakte auf.[57]

Diese waren jedoch der Ansicht, dass die Lagerverhältnisse es nicht gestatten, eine internationale Organisation zu bilden. Sie sprachen sich für persönliche Kontakte und Solidaritätshandlungen ohne Gruppenbildung aus. Als leitende Funktionäre zur Liquidierung hierher überstellt, waren sie einer besonderen Gefahr ausgesetzt und wollten sich deshalb nicht im Rahmen einer Organisation exponieren, um nicht auch noch andere dadurch zu gefährden.

Nach dem Eintreffen der Deutschen Fritz Grosse und Walter Ehlen (am 19.2.1944 eingewiesen) änderte sich die Lage. In den Monaten Februar bis März 1944 bildete sich im Hauptlager mit Hilfe französischer Kommunisten und des aus Frankreich kommenden tschechischen Kommunisten Arthur London eine illegale leitende Gruppe, die aus Leo Gabler, Josef Kohl, Hans Marsalek (alle Österreicher) und Arthur London (Tscheche) bestand.

---

[56] Auszug aus einer Veröffentlichung der Vereinszeitschrift der Lagergemeinschaft Mauthausen in der Bundesrepublik Deutschland: Jänner 1978, S.5 und 6.

[57] Es betraf die DR-Schutz-Häftlinge Franz Dahlem (25.554), Heinrich Rau (25.084) und Jakob Boulanger (24.073), die in den Monaten Februar und März 1943 ins KLM überstellt wurden. Boulanger befand sich seit 1933 in Haft, davon verbrachte er neun Jahre (!) in Einzelhaft (Gefängnis Amberg, Dachauer und Buchenwalder Bunker); Dahlem (Mitglied des Exekutivkomitees der Komintern) und Rau waren führende Offiziere der Spanischen Interbrigadisten.

Dieses Vierer-Komitee befasste sich vorerst mit der Bildung leitender Körperschaften innerhalb jeder nationalen Gruppe. Infolge der Überstellung Gablers[58] nach Wien sowie des baldigen Abgangs Londons ins Krankenlager wurde die Tätigkeit der zentralen Leitung im Hauptlager zur Gänze lahm gelegt. Sie blieb auf Einzeltaten von Kohl beschränkt.

Auf Grund der Initiative des Vierer-Komitees wurde von Sommer bis Winter 1944/45 versucht, vorwiegend von Kommunisten auf nationaler Ebene illegale Leitungsgremien bei folgenden Nationen zu bilden: Tschechen, Franzosen, Spaniern, Deutschen, Sowjetbürgern und wohl auch bei den Jugoslawen.

Die Hauptaufgaben bestanden damals in der Verdrängung des kriminellen Personals, Bildung illegaler Widerstandsorganisationen in den Nebenlagern, dem Abbau der Gegensätze zwischen den einzelnen Nationen, vor allem auf Grund der veränderten militärischen Lage,

- Besorgung von Lebensmitteln und Bekleidung für Kranke,
- Ermöglichung der Flucht für besonders gefährdete Häftlinge,
- Kontaktaufnahme mit der Bevölkerung,
- Entlarvung von Spitzeln der SS,[59]
- Beschaffung von verlässlichen Rundfunknachrichten über die militärische Situation und Aufbau eines Nachrichtendienstes innerhalb des SS-Kommandanturstabes
- sowie in der Vorbereitung eines militärischen Widerstandes im Falle einer Massenliquidierung.

Ungefähr im Winter 1944/45 bildete sich im Krankenlager eine überparteiliche illegale Leitung, die sich aus Tschechen, Polen, Deutschen und Österreichern zusammensetzte. Diese Leitungen bemühten sich, über die Häftlinge in der Lagerschreibstube, der Politischen Abteilung sowie beim Arbeitseinsatz Einfluss auf die Lageradministration auszuüben. Im Schatten des SS-Schutzhaftlagerführers liefen Verbindungen von den einzelnen nationalen Leitungen über die Lagerschreibstube in alle größeren Nebenlager.[60]

Die Lagerschreibstube des Hauptlagers spielte nach der Auflösung des Vierer-Komitees eine dominierende Rolle. Dies war nur möglich, weil die Häftlinge der Lagerschreibstube prinzipiell für alle Häftlinge sichtbar Funktionärsposten mit Angehörigen verschiedener politischer Gruppen und Häftlingen aller Nationen zu besetzen versuchten.[61]

Dazu kam, dass sowohl die Lagerschreiber als auch der Spanier Juan de Diego (selbst oder mit Hilfe des bei der SS eingesetzten Bedienungspersonals) einen gewissen Einfluss auf

---

[58] Leo Gabler wurde am 13.4.1944 in das Wiener Landesgericht überstellt und am 7.6.1944 hingerichtet. Widerstand Wien: S.121.

[59] Am 31.3.1944 hat das WVHA angeordnet, dass es „sich als unbedingt notwendig und überaus wichtig herausgestellt (…) die Häftlinge in den Lagern durch geeignete Mithäftlinge (Spitzel) überwachen“ zu lassen.

[60] Archiv M.M.: V 3/44, Bericht des Kazimierz Rusinek.

[61] In der Lagerschreibstube arbeiteten im Jahre 1944 ständig zwei Tschechen, ein Spanier, zwei Deutsche, ein Franzose und ein Österreicher. Das der Lagerschreibstube zugeteilte Aufnahme-Kommando bestand aus 15 bis 21 Personen, die sich aus allen im KLM befindlichen Nationen rekrutierten. Bei Ankunft großer Transporte arbeiteten aushilfsweise in der Schreibstube Häftlinge der Politischen Abteilung und des Arbeitseinsatzes.

bestimmte SS-Führer sowie SS-Unterführer des Kommandanturstabes hatten.[62]
Über Veranlassung der Lagerschreibstube wurde im Herbst 1944 in der Baracke Nr.22 (Quarantänelager) als Blockältester der österreichische politische Häftling Franz Hrbek eingesetzt. Als Personal wurden ihm verlässliche politische Häftlinge zugeteilt. Diese Baracke wurde systematisch zu einer Sammelstelle für Lebensmittel und Bekleidung, aber auch für Häftlinge, die versteckt werden sollten, ausgebaut. Für die Beschaffung von Brot war der Tscheche Josef Klat, für Bekleidung die Österreicher Friedrich Docekal, Josef Kohl und Franz Hrbek verantwortlich. Im Frühjahr 1945 wurden dort primitive Waffen (16 mit Petroleum und Benzin gefüllte Flaschen) angefertigt und in einer Barackenwand versteckt. In dieser Baracke wurden zahlreiche gefährdete Häftlinge (vorwiegend Sowjetbürger) dem Blickfeld der SS entzogen und aus dem Todeslager III im April 1945 gerettete Häftlinge vorübergehend verborgen. Hier wurde der Österreicher Josef Lauscher für seine Flucht vorbereitet.[63] Er erhielt Zivilkleidung mit eingesetzten Häftlingsuniformresten (so dass sie abgetrennt werden konnten), eine Uhr, etwa 300.- Reichsmark, einige Schmuckstücke (für die Besorgung von Lebensmittelkarten und Beschaffung eines illegalen Quartiers nach der Flucht) und einen Füllhalter. Ab Winter 1944/45 fanden im Block 22 unzählige illegale Besprechungen statt, an denen österreichische, tschechische, spanische und deutsche Häftlinge teilnahmen.[64]
In der Schreibstube, und zwar in der so genannten Schwab-Kammer, unter dem Holzboden, wurde ein kleines, aus drei oder vier Pistolen mit etwa 200 Stück Munition und mehreren Eierhandgranaten bestehendes Waffenlager angelegt. Die Mehrzahl der Waffen erhielt der 1. Lagerschreiber Pany vom SS-Oberscharführer Kirsch. Auch der SS-Rapportführer Bollhorst hatte im März 1945 den beiden Lagerschreibern zwei Walter-Pistolen samt Munition „zum Selbstschutz" übergeben. Aus der Waffenkammer wurden einzelne Handfeuerwaffen ins Lager geschmuggelt. Einzelne Waffen soll es in den Baracken 8, 9 (von Österreichern und

---

[62] Beispiel: Am 2.9.1944 wurden in das KLM etwa 2.000 Männer und Frauen aus Warschau, die sich angeblich freiwillig zur Arbeit nach Deutschland gemeldet hatten, eingewiesen. Die Neuzugänge wurden von den Schreibern des Aufnahmekommandos wegen ihrer freiwilligen Meldung kritisiert. Irgendeiner von den Neuzugängen hat es der SS gemeldet. Der 1. Schutzhaftlagerführer Bachmayer versammelte daraufhin die 21 Schreiber am Appellplatz, fragte, wer die Warschauer „politisch aufgeklärt habe", und da sich niemand freiwillig meldete, begann er sie mit zwei Hunden im Kreise herumzujagen. Laufend, robbend und springend wurden die Schreiber von Hunden angefallen und gebissen. Häftlinge der Lagerschreibstube arbeiteten einen Rettungsplan aus: Einer von ihnen verständigte Ärzte und Krankenträger, der Lagerschreiber Pany begab sich zu Bachmayer, um ihn abzulenken. Wenn ein von den Hundebissen Verletzter an der Schreibstubentür vorbeilief, wurde diese rasch geöffnet und das Opfer hineingezogen, zur anderen Barackenseite geleitet, dort dem beim Fenster stehenden Krankenträger übergeben und ins Revier gebracht. Pany stellte Bachmayer suggestive Fragen, und als der SS-Führer bemerkte, dass ihm mehrere Schreiber verschwanden, ließ er die Verbliebenen an die Klagemauer stellen und begann nun mit den beiden Lagerschreibern die Geflüchteten zu suchen. Die Lagerschreiber redeten auf Bachmayer ein, sprachen von einem Missverständnis, bedingt durch Sprachschwierigkeiten, lamentierten über die Unterbrechung der administrativen Tätigkeit usw. usf. Bachmayer gab schließlich das Suchen auf; als er den Appellplatz verließ, erhielten alle Verletzten eine Tetanusinjektion. Alle überlebten. Angaben des Verfassers.

[63] Archiv M.M.: V 3/28 und 31; V 3/45, Häftlingsangaben.

[64] Mitte März 1945 (!) übergab ein Häftling der Baracke 22 dem zuständigen SS-Blockführer und damaligen 2. Arbeitsdienstführer Karl Gießrigl eine schriftliche Meldung mit Hinweisen über politische Zusammenkünfte sowie Besprechungen blockfremder Häftlinge in der Baracke 22. Gießriegl übergab jedoch die Meldung dem Blockältesten Franz Hrbek, und so gab es keine Repressalien. Archiv M.M.: V 3/31.

Tschechen gelagert), 11 (von Spaniern), 12 (von Spaniern), 22 (vom Blockältesten Hrbek) und im Krankenlager (von Polen und Tschechen) gegeben haben. Außerdem wurden im Kohlenkeller des Kesselhauses mehrere von deutschen politischen Häftlingen angefertigte Benzinflaschen mit Lappen gelagert.[65]

Ab Winter 1944/45 war die illegale Solidarität im Hauptlager schon so ausgebaut, dass einzelne Angehörige der Lagerschreibstube mit Hilfe bestimmter Häftlingsfunktionäre des Krankenlagers durch so genannten Namenstausch und durch Erstattung einer Fehlmeldung einzelne besonders gefährdete Häftlinge retten konnten. So wurde z. B. von der St. Pöltener GESTAPO der der illegalen politischen Betätigung im Arbeitserziehungslager Moosbierbaum bezichtigte österreichische Kommunist Leopold Kuhn zwischen dem 8. und 10.3.1945 nach Mauthausen eingewiesen. Kuhn war in Gefahr, exekutiert zu werden. Deshalb veranlasste der in der Lagerschreibstube eingesetzte Dr. Ludwig Soswinski die Überstellung Kuhns aus der Quarantäne ins Krankenlager. Den Namenstausch organisierten der österreichische Antifaschist und damalige Krankenlager-Älteste Alfred Siebitz, Häftlings-Nr. 59.446, und der tschechische Arzt Dr. Stich. Man wartete, bis einer der Insassen der Isolierbaracke 8 starb; es musste ein Gefangener sein, der möglichst gleicher Nationalität, annähernd gleichen Alters und Aussehens war, der im KLM nicht sehr bekannt war und auch nicht mit einer Exekution rechnen musste.

In der Nacht vom 30. zum 31.3.1945 starb an Typhus Robert Litterer, geb. am 1.11.1903 in Warschau, von Beruf Fräser, DR-Schutz, Nr. 128.531. Litterer kam am 16.2.1945 mit 2.694 Häftlingen aus dem KL Groß-Rosen an und unmittelbar nach der Aufnahme der Personalien wurde er zusammen mit 400 Kameraden des gleichen Transportes in das Mauthausener Krankenlager überstellt. Anstelle von Litterer wurde Kuhn als verstorben gemeldet. Kuhn übernahm Personalien und Häftlingsnummer des Verstorbenen. In den Meldungen, in den Totenbüchern und im Standesamt II hieß es:

> *„Am 31.3.1945, um 7.00 Uhr, verstarb an Bronchitis und Grippe[66] im Block 8 des Krankenlagers KL Mauthausen Leopold Kuhn, geb. am 13.7.1908 in Graz, DR-Schutz Nr. 137.721."*

Sofort nach der Erstattung der Falschmeldung und nach vollzogenem Namenswechsel, Austausch der Stoffnummer sowie der Blechmarke mit eingestanzter Häftlingsnummer ist Kuhn, nunmehr als Litterer, aus dem Krankenlager entlassen und über Veranlassung der Lagerschreibstube ins Nebenlager Ebensee überstellt worden. Als Häftling „Litterer" wurde Kuhn am 6.5.1945 im Nebenlager Ebensee befreit.[67]

Es gab mehrere von Spaniern, tschechischen und deutschen Interbrigadisten ausgearbeitete, voneinander völlig unabhängige Pläne eines Häftlingsaufstandes im Falle einer beabsichtigten Massenliquidierung.

---

[65] Archiv M.M.: V 3/31, 35 und 46, Häftlingsangaben.

[66] Typhus durfte als Todesursache auf den Urkunden des Standesamtes nicht angeführt werden. Anmerkung des Verfassers.

[67] Angaben des geretteten Leopold Kuhn. – Archiv M.M.: Y 30, Totenbuch; Y 36, Zugangsbuch (Filme).

Die Deutschen Otto Wahl und Heinrich Rau entwarfen folgende zwei Varianten:
1. Aufstand während des Tages durch Unschädlichmachung von Kommandoführern der Werkstätten und unmittelbar darauf folgend Besetzung des Kommandanturgebäudes, wo sich eine kleine Waffenkammer befand, die etwa 300 Häftlinge mit Waffen versorgt hätte.
2. Aufstand während der Nacht mit drei Häftlingskolonnen. Die erste hätte das Jourhaus stürmen und das Kommandanturgebäude mit der kleinen Waffenkammer besetzen müssen. Die zweite Gruppe sollte den im Norden des Lagers gelegenen elektrisch geladenen Stacheldraht überqueren und sich mit der ersten vereinigen. Die dritte Gruppe sollte vom Kesselhaus durch einen unterirdischen Gang in die Kommandantur-Garage gelangen und die außerhalb der Postenkette liegende Waffenkammer-Baracke besetzen. Bei dieser Variante konnte mit einer Bewaffnung von etwa 900 Häftlingen gerechnet werden. Die erste Gruppe sollten die Spanier, die zweite die Sowjetbürger und die dritte die Deutschen und Österreicher bilden.[68]

Internationale illegale Häftlingsorganisationen wurden vermutlich in den Jahren 1944 und 1945 in den Nebenlagern Melk, Gusen I, Linz III, Saurer-Werk-Wien, Loiblpass, Ebensee, Klagenfurt und Wiener Neudorf gegründet. In den angeführten Lagern hatten die illegalen Leitungen oder zumindest einzelne Mitglieder des Widerstandes Verbindungen mit Zivilarbeitern und teilweise sogar mit Angehörigen der Bewachungsmannschaft. So z. B. wurde in Ebensee die Verbindung zwischen der illegalen Lagerleitung (Lafitte, Macanovic und Barta) und einer Widerstandsgruppe innerhalb der dort stationierten Einheit der Deutschen Wehrmacht (österreichischer Unteroffizier Josef Poltrum) hergestellt.[69]

Konkrete Hinweise auf illegale organisatorische Formen von Häftlingsleitungen in anderen Nebenlagern liegen nicht auf. Im Nebenlager Steyr soll es jedoch solche gegeben haben. Solidaritätshandlungen auf nationaler Ebene gab es in allen lagern.

Im Hauptlager wurden ausländische Rundfunknachrichten abgehört und verbreitet von Istvan Balogh, Ungar; Tadeusz Lewicki, Ignaz Bokowski, Czeslaw Mateski, Stanislaw Gorondowski, Polen; Kurt Pany, Karl Luft, Zdenek Dejl und Georg Havelka, Tschechen; Hans Kanduth und Franz Steininger, Österreicher; Anton Güttlein, Deutscher.

In Gusen I war es der Franzose Pierre Serge Choumoff, der im Elektrikerkommando Radioapparate der SS reparierte, hierbei ausländische Sendungen abhörte und fast täglich Mithäftlingen Nachrichten überbrachte. In Ebensee haben der deutsche Sozialist Konrad Wegner alias Kuno, der Franzose Jean Lafitte, der Jugoslawe Hrvoje Macanovic und der Tscheche Drahomir Barta Rundfunknachrichten abgehört und verbreitet. Drei Häftlinge mussten wegen Abhörens von Rundfunksendungen ihr Leben lassen: der österreichische Sch.-DR-Häftling Ludwig Stepanik wurde im Nebenlager Klagenfurt wegen Abhörens ausländischer Sendungen von Mithäftlingen am 24.6.1944 verraten. Er verübte nach der ersten Einvernahme durch SS-Organe am 26.6.1944 Selbstmord. Am 3.11.1944 wurden im Block 9 im Bett des österreichischen AZR-Häftlings Franz Steininger sowie des deutschen Sch.-DR-Häftlings

---

[68] Archiv M.M.: V 3/36, Angaben des Otto Wahl.

[69] Archiv M.M.: B 5/31, Gedruckte Erinnerungen des Drahomir Barta.

Anton Güttlein zwei Radiokopfhörer, die an eine Rundfunkleitung angeschlossen waren, gefunden.[70] Auch diese beiden wurden von einem Mithäftling verraten. Nach Misshandlungen wurden Güttlein und Steininger am darauffolgenden Tag „auf der Flucht“ erschossen. Gleichfalls „auf der Flucht“ erschossen wurde am 6.1.1945 der deutsche Sch.-DR-Häftling Bernhard Pfeiffer,[71] bei ihm war am Vortage von SS-Scharführer Schiller während einer Stichproben-Perlustrierung ein von alliierten Flugzeugen abgeworfenes Flugblatt gefunden worden. Offenbar die letzten Opfer des illegalen Häftlingswiderstandes waren die polnischen Schutzhäftlinge Wladyslaw Wozniak und Pjotr Grzelak aus Gusen I. Bei ihnen fand SS-Hauptscharführer Kurt Kirchner am 21.4.1945 eine Landkarte Mitteleuropas mit eingezeichnetem Frontverlauf. Dies genügte, um die beiden mit mehreren hundert Kranken und Körperschwachen am 22.4.1945 (!) in der Baracke 31 mittels Zyklon-B-Gas ermorden zu lassen.[72]

Musik in Mauthausen

In Gusen waren es die Polen, in Mauthausen die Tschechen und Spanier, die im Rahmen ihrer nationalen Gruppen – ab Sommer 1943 – ein relativ reges, jedoch illegales kulturelles Leben entfalten konnten, was zweifellos als Handlung des nationalen Widerstandes gewertet werden muss. Es gab Polen und Tschechen, die einzeln oder in Gruppen bei verschiedensten Anlässen aus dem reichen Schatz ihrer nationalen Dichtkunst, die von der Wiedergeburt ihres Volkes sprach, Verse rezitierten.

Die Mehrzahl der Musiker in der Lagerkapelle in Gusen waren Polen. Hier gab es auch einen polnischen Chor; polnische Häftlinge schrieben Gedichte, Lieder und komponierten Musikstücke. So haben unter anderen Konstanty Cwier (er verstarb im Jahre 1944 in Gusen) die tragischen Gedichte „Das Gebet eines Häftlings“, „Hunger“ sowie „Golgatha“, Wlodzimierz Wnuk „Lebende Steine“, Grzegorz Timofiew das Epos „Meinem Sohne“, Zdislaw Wrobenski den „Traum eines Häftlings“ sowie „Der Gefallene“ und Waclaw Gazinski ein Jubelgedicht über die „Mutter“ verfasst.

Die polnischen Komponisten Lubomir Szopinski und Gracjan Guzinski komponierten mehrere Orchesterstücke, darunter die in Gusen populäre „Hymne der Gusener“ und den „Gusener Marsch“. Der in Gusen inhaftierte belgische Kommunist Rene Gillis komponierte ebenfalls mehrere Musikstücke.

Die Gusener Musikkapelle leitete mit besonderer Hingabe der aus München stammende

[70] In jeder Baracke des Hauptlagers befand sich eine Rundfunkleitung ohne Lautsprecheranlage. Bis zum Winter 1942/43 (Niederlage bei Stalingrad) gab es abends offiziell kurze Radiosendungen; vorwiegend die Bekanntgabe militärischer Erfolge der Deutschen Wehrmacht. Später wurden die Lautsprecher abmontiert. Anmerkungen des Verfassers. – Archiv M.M.: V 3/35.

[71] Pfeiffer wurde am 20.6.1944 vom KL Dachau mit acht Kameraden (darunter befand sich auch Josef Lauscher) wegen vermutlicher illegaler politischer Tätigkeit im Lager strafweise ins KL Mauthausen überstellt. Diese Dachauer sollten laut Auftrag nur in der Strafkompanie eingesetzt werden. Binnen weniger Wochen wurden alle aus der Strafabteilung herausgeholt. Archiv M.M.: Y 30, Totenbuch (Film); V 3/9, Häftlingsaussagen.

[72] Archiv M.M.: B 12/1 und 37, Totenbuch, Original.

Bibelforscher Heinrich Lutterbach, Häftlings-Nr. 46.409. Lutterbach, ein leidenschaftlicher Musiker, kam Ende 1941 ins Lager und wurde von der SS im Jahre 1942 mit der Leitung des Orchesters betraut.[73]

In Mauthausen gab es bis September 1942 eine so genannte „Zigeunerkapelle“, bestehend aus acht Musikern; später bestanden zwei Musikkapellen. Das größere, aus etwa 40 bis 60 Musikern bestehende Orchester führte ab Oktober 1942 der Capo der Poststelle, BV-DR-Häftling Georg Streitwolf, Häftlings-Nr. 1.307; Kapellmeister war ein gewisser Rumbauer. Das im Sommer 1944 gegründete kleinere Orchester dirigierte der tschechische Blockfriseur Jaroslav Tobiasek, Häftlings-Nr. 663. Die Musiker stammten aus allen europäischen Staaten. Als sie noch in Freiheit waren, spielten manche von ihnen in Orchestern namhafter Konzert- und Opernhäuser. So z. B. gehörten der Kapelle ab Sommer 1944 20 Angehörige der Warschauer Philharmonie an. Doch es gab unter ihnen auch viele böhmische Dorfmusikanten. Die Musikinstrumente kamen entweder mit ihren Besitzern ins Lager, oder sie wurden auf Verlangen der Häftlinge von ihren Angehörigen gesandt. Auch Noten wurden von den Angehörigen angefordert und übermittelt.

Alle Lagerkapellen wurden mit Wissen der Lager-SS gegründet, teilweise mit deren Hilfe betrieben. Auf das Repertoire nahm die SS nur anfangs Einfluss, später überließ sie es den Häftlings-Kapellmeistern. In Mauthausen war es der Kommandoführer der Poststelle, SS-Hauptscharführer Ullmann, der die Musikkapellen offiziell beaufsichtigte. Die Orchester spielten für Gefangene – vorwiegend am Sonntagnachmittag – auf dem Appellplatz, bei Schlechtwetter in einer Baracke, zumeist auch zu den Weihnachts- und Osterfeiertagen. Auf Befehl der SS mussten sie bei verschiedenen Anlässen wie bei Lagerexkursionen und bis Sommer 1942 bei Hinrichtungen von wiederergriffenen Häftlingen spielen. Bei Geburts- oder Namenstagen höherer Häftlingsfunktionäre, oder wenn jemand aus dem Lager entlassen wurde, musizierten sie mit oder ohne Wissen der SS. Eine weitere Musikkapelle gab es im Nebenlager Ebensee. Alle Kapellen spielten Märsche, Schlager und klassische Musik.

Die Existenz der Lagerkapellen ist auf eine Weisung der zentralen SS-Behörden respektive auf Himmler zurückzuführen. Es war eine Begünstigung, die zur größten Arbeitsleistung anspornen und andererseits bei gewissen bevorzugten Häftlingen Zuneigung zur „musikfördernden“ SS wecken sollte.

Aus verschiedenen Gründen – z. B. infolge des geringen Fassungsraumes der Räumlichkeiten oder wegen der allgemeinen körperlichen sowie seelischen Verfassung der Häftlinge – war es nur einem kleinen Teil der Lagerinsassen möglich, an den Konzerten teilzunehmen. Der vermutliche Zweck konnte auch deshalb nicht erzielt werden, da weder die Musik von Offenbach, Schubert, Smetana, Dvorak, Chopin, Verdi und Beethoven noch die Richard Wagners von Häftlingen für Gefangene und in der Mauthausener Atmosphäre vorgetragen, geeignet war, irgendwelche Mehrleistungen oder sogar Sympathien für die SS-ler hervorzurufen. Gelegentlich gespielte Gassenhauer riefen bei der Mehrzahl der Zuhörer sentimentale, ja

[73] Gusen: S.134ff.

rührselige Gefühle schmerzenden Heimwehs hervor. Reaktionen also, die die zentralen SS-Behörden bestimmt nicht beabsichtigt hatten.
Etwa ab dem Frühjahr 1944 wurden im Hauptlager bei verschiedenen Anlässen (1.5. – Tag der Arbeit, 14.7. – französischer Nationalfeiertag, 28.10. – Gründung der tschechoslowakischen Republik, 7.11. – russische Oktoberrevolution) von einzelnen Musikern oder von Gruppen, streng geheim, Volks- oder Trotzlieder mit antifaschistischem oder revolutionärem Inhalt, z. B. Lieder aus dem spanischen Bürgerkrieg, jugoslawische, französische und sowjetische Partisanenlieder, gespielt und gesungen. Solche Darbietungen stärkten das Bewusstsein, gaben Mut und Hoffnung. Jedoch auch hier war aus konspirativen Gründen der Zuhörerkreis beschränkt, ja sogar besonders klein. In diesem Zusammenhang können jene oft missverstandenen Häftlinge nicht unerwähnt bleiben, die trotz ständiger Todesgefahr in diesem Inferno von Elend und Unrecht durch das Singen nationaler Volkslieder den Funken der Hoffnung auf ein Überleben sowie auf die Befreiung hervorriefen. Der aus Mährisch-Ostrau stammende Bänkelsänger und Gitarrist Bohumil Bardon alias Hurvinek im Hauptlager, in Gusen die Polen Witek Jelenski sowie Faliszewski (Tadzio) waren Meister von Trotzliedern und der Ausstrahlung von Zuversicht.

Sabotage

Über Sabotagehandlungen von Häftlingen in den vielen Rüstungsbetrieben wurden bisher keine amtlichen Vermerke respektive SS-Meldungen an die vorgesetzten Stellen bzw. Beschwerden der Wehrmachtstellen vorgefunden. Dies schließt Sabotage nicht aus. Es gibt jedoch mehrere nach der Befreiung verfasste Häftlingsberichte, die über eine bewusste Sabotage (ohne konkrete Angaben) in der Gusener Rüstungsindustrie, und zwar in den Steyr-Werken, berichten.[74]
Schließlich sei noch das mutige und in der Geschichte des Mauthausener Widerstandes einmalige Verhalten einiger Frauen erwähnt. Am 20.3.1945 wurde das Nebenlager Amstetten, wo neben Männern auch 500 Frauen beim Bahnbau eingesetzt waren, bombardiert. Infolge des Fliegerangriffes sind viele Männer und Frauen getötet und sehr viele Häftlinge beiderlei Geschlechts verletzt worden. Nach der teilweisen Zerstörung der Unterkünfte wurden die Frauen vorübergehend ins Hauptlager rücküberstellt. Am 23.3.1945 sollten sie wieder nach Amstetten abgehen. Aber die Frauen verweigerten das Ausrücken, und als der SS-Führer Bachmayer zu den Frauen (Block 18) kam, erklärte eine aus mehreren Französinnen und einer Engländerin zusammengesetzte Delegation, sie sei beauftragt (!), ihm mitzuteilen, dass die Frauen wegen der dauernden Bombardierungen von Amstetten nicht bereit seien, dorthin zurückzukehren.
Einen solchen Widerspruch hatte es in Mauthausen noch nie gegeben. Eine solche Auflehnung hatte Bachmayer noch nicht erlebt. Rot angelaufen, befahl er die Überstellung der delegierten Frauen ins Lagergefängnis; er bestand jedoch nicht auf dem Ausrücken der weiblichen

[74] Angaben des Polen Emil Samek im Schreiben vom 9.1.1977 an Hermann Langbein.

Häftlinge. Infolge der Fürsprache von Häftlingen der Lagerschreibstube wurden die Frauen noch am gleichen Tage aus dem Lagergefängnis entlassen. Dies war die erste offene und erfolgreiche Arbeitsverweigerung von Häftlingen im KLM, die keine nachteiligen Konsequenzen nach sich zog. Einige Zeit vorher hätte eine solche Handlung unweigerlich zum Tode sowohl der Sprecherin als auch der gesamten Delegation geführt.[75]

Internationales Komitee

In den letzten Tagen des April 1945 wurde im Hauptlager auf Initiative des aus dem KL Auschwitz am 25.1.1945 angekommenen österreichischen Kommunisten Dr. Heinrich Dürmayer das Internationale Komitee (IK), bestehend aus fünf oder sechs Personen, konstituiert. Ab 27.4.1945 bis zum Einmarsch der amerikanischen Truppen tagten diese fünf oder sechs Mitglieder des IK manches Mal mehrmals täglich in der Lagerschreibstube. Nach dem 4.5.1945 bemühte sich das IK, den inneren Betrieb des Schutzhaftlagers (Hauptlager) verwaltungsmäßig zu leiten und nach dem 5.5.1945 das kriminelle Häftlingspersonal abzulösen.[76] Vom 5. bis 8.5.1945 entstanden mehrere überparteiliche nationale Komitees,[77] die Vertreter in das IK entsandten, so dass das IK mehrmals personell ergänzt bzw. verändert wurde; Vorsitzender des IK blieb immer Dr. Dürmayer.

Vom 27.4.1945 bis 17.5.1945 gehörten dem IK unter anderem folgende Personen an:

- Dr. Heinrich Dürmayer, Vorsitzender, Österreich
- Franz Dahlem, Deutschland
- Leopold Hoffmann, Tschechoslowakei
- Lucien van Herle, Belgien
- Jacques Kambanellis, Griechenland
- Prezikov Kuhar-Lovro, Jugoslawien
- Jean Lavry, Belgien
- Guiliano Pajetta, Italien
- Kurt Pany, Tschechoslowakei
- Karl Peyer, Ungarn
- Andrej Pirogow, UdSSR
- Dr. Josef Putek. Polen
- Oktave Rabaté, Frankreich
- Manuel Razola, Spanien
- Emile Valley, Frankreich
- Adalbert Waldmann, Ungarn[78]

---

[75] Angaben des Verfassers.
[76] Archiv M.M.: St. 7/1; U 4/1.
[77] Nationale Komitees bildeten: Albaner, Belgier, Deutsche, Franzosen, Griechen, Holländer, Italiener, Jugoslawen, Luxemburger, Österreicher, Polen, Rumänen, Sowjetbürger, Spanier, Schweizer, Tschechoslowaken und Ungarn. Archiv M.M.: U 4/2.
[78] Archiv M.M.: U 4/1.

Im Hauptlager wurden ebenfalls illegale militärische Häftlingseinheiten aufgestellt, deren Kader die Republikanischen Spanier, Tschechen, Deutsche und Sowjetbürger bildeten. Die militärische Einheit der Spanier ist vermutlich in den ersten Monaten des Jahres 1945, die der Tschechen Ende April 1945 und die militärischen Einheiten der Sowjetbürger sind am 5.5.1945 gebildet worden. Vermutlich ist auch im Krankenlager und in Gusen I im Jahre 1945 von Spaniern und vielleicht auch von Polen die Aufstellung illegaler militärischer Einheiten diskutiert und Ende April zumindest von Spaniern realisiert worden.
Die militärischen Häftlingseinheiten haben – nachdem die US-Panzer das Hauptlager Mauthausen und Nebenlager Gusen verließen – in den Ortschaften Mauthausen sowie Gusen strategische Punkte wie z. B. Brücken, Zufahrtstraßen, Postämter, Überfuhr usw. besetzt.[1]
Im Haupt- und in den Nebenlagern nahmen viele Häftlinge im Rahmen ihrer nationalen Gruppen und auch darüber hinausgehend an Solidaritäts- oder Widerstandsaktionen teil. Die namentliche Nennung aller jener, die solche Taten gesetzt haben, ist mangels vollständiger Unterlagen bzw. authentischer Beweise entfallen.

[1] In der nahen und weiteren Umgebung des Hauptlagers sollen sich Anfang Mai Teile oder Reste folgender SS-Einheiten befunden haben: SS-Panzer-Division „Leibstandarte Adolf Hitler", Kommandeur SS-Brigadeführer Otto Kumm (Raum Enns und Freistadt); SS-Panzer-Division „Das Reich", Kommandeur SS-Standartenführer Karl Kreutz (Raum Enns und Waldviertel); SS-Panzer-Division „Hohenstaufen", Kommandeur SS-Brigadeführer Stadler (Raum Steyr). Angaben des Dr. Fr. Entress. Zeitgeschichte: NO–2.363. SS-Panzer-Division „Hitlerjugend", Kommandeur SS-Oberführer Hugo Kraas (Raum Enns); SS-Freiwillige Kavallerie-Division „Lützow", Kommandeur SS-Standartenführer Gesele (Raum Freistadt). Alle diese SS-Einheiten kapitulierten in den Tagen vom 4. bis 8.5.1945. – Das Vorhandensein der angeführten Reste von SS-Einheiten war den KLM-Häftlingen in den Maitagen 1945 völlig unbekannt. Angaben des Verfassers.

Das verhasste Nazisymbol wird von Häftlingen am 6.5.1945 heruntergerissen. AMM

38. Die Apriltage 1945 und die Befreiung am 5. Mai 1945

Ein chaotisches Durcheinander, hektisches Treiben der SS bei der Vernichtung der Akten und beim Verwischen der Spuren ihrer Verbrechen, Hungerrationen, Kannibalismus, täglich mehr als 200 Verstorbene im Haupt-, Zelt- und Krankenlager, die über allen Häftlingen schwebende Gefahr der Vernichtung und zugleich Hoffnung auf die baldige Befreiung – dies war die Situation im April 1945. Aus den noch vorhandenen Konzentrationslagern, aus Buchenwald, Dora-Mittelbau[1], Groß-Rosen, Ravensbrück, Flossenbürg und Sachsenhausen, kamen unzählige Evakuierungstransporte an. Dadurch wurden das Hauptlager sowie die Nebenlager Steyr, Ebensee, Gusen, Gunskirchen und Lenzing weit überbelegt.

Es waren Tage des Bangens, erfüllt von der Angst, ob die Lager-SS noch kurz vor dem Ende des Dritten Reiches in der Lage sein werde, die Liquidierung aller Häftlinge durchzuführen. In wechselndem Rhythmus stiegen und sanken die Hoffnungen. Viele Häftlinge resignierten. Bei anderen wirkten sich die Umstände stimulierend aus. Die Angst wurde durch den Willen zum Überleben und den Hass gegen die SS-Unterdrücker verdrängt. Die Aktiven diskutierten, organisierten und planten.

Am 7.4.1945 sind gesonderte Häftlingsgruppen aus den GESTAPO-Gefängnissen von Oberlanzendorf, Wien, Linz und Iglau sowie Brünn eingewiesen und fast alle ohne namentliche Erfassung in der Gaskammer ermordet worden.[2] Am 3.4. wurden neun so genannte „Geheimnisträger" des KL Auschwitz, nach offiziellen Angaben aus dem KLM „überstellt", tatsächlich jedoch am 5.4. im Lagerarrest durch Genickschuss ermordet. Das gleiche Schicksal erlitten am 17.4. die beiden Bunker-Kalfaktoren Kammerer und Köhler sowie acht namentlich nicht erfasste Häftlinge, die seit Monaten im Lagerarrest streng isoliert irgendwelche vertraulichen Schreibarbeiten durchführten. Vom 7. bis 25.4. trafen im Hauptlager Transporte aus den evakuierten Nebenlagern in Niederösterreich, Steiermark und Wien ein. Die Ankommenden schilderten die unbarmherzigen Erschießungen der Gehunfähigen.

---

[1] So ist z. B. ein Zug mit rund 450 Häftlingen des Stammlagers Dora und mit einem Teil der SS-Wachmannschaften sowie Spezialisten des Mittelwerkes (V-Waffenerzeugung) über Magdeburg, Leipzig, Dresden und tschechoslowakisches Gebiet nach Österreich geleitet worden, wo die Häftlinge Mitte April 1945 in das Nebenlager Ebensee überstellt wurden. Vierteljahreshefte: Nr. 21/196, Stuttgart 1970 – Siehe auch Kapitel 17: März und April 1945.

[2] Siehe auch Kapitel 17: März und April 1945. – Der ehemalige französische Häftling J. Peyrat, Paris, schrieb am 8.1.1979 dem Verfasser u. a.: „Wir wurden zum Lager Maria-Lanzendorf (von der Wiener GESTAPO) hingeführt, wo wir bis zum 1.4.1945 geblieben sind (…) nachdem wir die Donau in Tulln überquert hatten und in Richtung Norden fast bis zur Tschechoslowakei vorgedrungen waren, sind wir nach Mauthausen hinuntermarschiert, wo wir am 17.4.1945 angelangt sind (…) In unserem Konvoi gab es einen wortkargen Mann, er soll ein Angestellter der Firma Philips in Wien gewesen sein, er ist unterwegs gestorben. Dann war da noch ein Pole, welcher der Bürgermeister von Lemberg gewesen sein soll. Dieser Mensch wurde an einem Abend, an dem die SS-ler tollwütig waren, durch Maschinengewehrfeuer getötet (…) Besonders zu erwähnen war eine Gruppe von österreichischen Widerstandskämpfern, die in Rot gekleidet waren: drei oder vier Männer und mindestens eine Frau. Sie haben den ganzen Weg mit Holzpantoffeln an den Füßen ohne zu klagen zurückgelegt. Sie waren, glaube ich, aneinander gebunden. Als wir am 17.4. nachmittags das Lager von Mauthausen erreichten, wurden wir von dem Lagerkommandanten und seinem Generalstab empfangen. Ziereis, wenn er es war, wandte sich hauptsächlich zu der kleinen Gruppe von Österreichern, und wir bekamen mit, daß er ihr Verhalten brandmarkte und sie zum Tode verurteilte."

Tag für Tag kamen ins Zeltlager Transporte mit Hunderten und Tausenden ungarischen jüdischen Häftlingen – die so genannten Ostwallbauer – an: Männer, Frauen und Kinder. Gaskammer und die Genickschussvorrichtung waren ununterbrochen in Betrieb. Aus dem Kamin des Krematoriumsofens der Ölheizung loderten meterhohe Flammen zum Himmel. Zur gleichen Zeit wurden im Hauptlager und in allen noch vorhandenen Nebenlagern Deutsche, Österreicher und auch einzelne Ausländer, ehemalige Wehrmachtsangehörige, BV-, AZR- und politische Häftlinge sowie Roma oder Sinti entlassen und zu einer Sondereinheit der SS eingezogen.[3] Vermutungen, Gerüchte, richtige und falsche Radiomeldungen, angebliche vertrauliche SS-Weisungen usw. wurden herumgesprochen und stets durch neue ersetzt. Die Nervenbelastung wurde immer unerträglicher. Es bestand einerseits die Gefahr einer Panikstimmung und andererseits die Möglichkeit, dass von einzelnen Häftlingsgruppen Handlungen gesetzt wurden, die die SS als Provokation auffassen könnten. Wurde früher allgemein angenommen, die SS werde versuchen, alle Häftlinge zu töten, so wurde ab etwa Mitte des Monates April allgemein verbreitet, dass nur die „Geheimnisträger" liquidiert werden sollten. Somit stellten sich viele Häftlingsfunktionäre die Frage: *„Wer zählt zu den Geheimnisträgern?"*

Über den siegreichen Vormarsch der alliierten Truppen, über den Frontverlauf war die Masse der Gefangenen informiert, und viele wussten, der endgültige Sieg mit der Beseitigung des verhassten Nazi-Systems, der Friede und die baldige Rückkehr in die Heimat könnten in wenigen Wochen, wenn nicht in Tagen Wirklichkeit werden. Am 15.4.1945 wurden mehrere prominente Häftlinge[4] aus dem Zellengebäude mit dem Auto abtransportiert, wie es hieß, *„zu den Amerikanern"*. Für die geänderte Situation sprachen nicht nur die hoffnungsvollen Rundfunknachrichten, sondern auch das allgemeine Bild einer Demoralisierung der bis dahin siegesbewussten SS-Führer und -Unterführer. So manche von ihnen haben erst in diesen Tagen die Aussichtslosigkeit der deutschen Kriegsanstrengung erkannt, an einen erfolgreichen Einsatz von „Wunderwaffen" nicht mehr geglaubt und sich mit einer Niederlage des Hitler-Regimes abgefunden. Zu solchen SS-Führern gehörten der 2. Schutzhaftlagerführer Hans Altfuldisch, die SS-Unteroffiziere Heinz Bollhorst, Josef Riegler, Karl Gießrigl und andere mehr.

---

[3] Es gab folgende von der SS im Haupt- und in allen noch vorhandenen Nebenlagern aufgestellte Häftlingseinheiten:
1. Ab 1.3.1945 wurden einzeln etwa 100 politische und kriminelle Häftlinge rekrutiert.
2. Anfangs April 1945 sind 47 Wiener Feuerwehrleute erfasst worden. Diese ehemaligen Häftlinge wurden in deutsche Afrikakorps-Uniformen eingekleidet.
3. Etwa 40 bis 60 politische Häftlinge sind ab Mitte April 1945 ausgesucht worden.
4. 233 ehemalige BV-Häftlinge sind am 14.4.1944 – auf einer Liste als „Dirlewanger" – erfasst worden.
5. 26 Mitglieder der ehemaligen Häftlings-Lagerfeuerwehr – alle ehemalige Wehrmachts- und SS-Angehörige, sogenannte Zwischenhafthäftlinge – sind etwa Mitte April 1945 rekrutiert worden.
6. 18 oder 19 Frauen aus dem Gusener und Mauthausener Bordell sind bereits im März 1945 in eine weibliche SS-Formation eingegliedert worden. Archiv M. M.: Sch 2/1, Namensliste; V 3/4. Häftlingsaussagen.

[4] Unter ihnen befanden sich der ehemalige ungarische Ministerpräsident Nikolaus von Kallay, Miklos Horthy (Sohn des gewesenen ungarischen Staatschefs) und Mario Badoglio (Sohn des italienischen Ministerpräsidenten nach dem Sturz Mussolinis). Badoglio wurde unter dem Namen „Brausepulver" und Horthy unter „Maus" in offiziellen Lagerunterlagen geführt. Archiv M. M.: P 18/2 und 3, Ziereis-Niederschrift.

Viele SS-Führer beschafften sich Zivilkleider und auf falschen Namen ausgestellte Personalausweise; manche von ihnen begannen mit gewissen Häftlingsfunktionären zu konspirieren, so z. B. erhielten etwa Mitte April die beiden Lagerschreiber von Angehörigen der SS-Kommandantur Handfeuerwaffen, Pistolen (Marke Walther 7,65) samt Munition und französische Eierhandgranaten. Die Waffen sollten sie als Selbstschutzmittel verwenden. Doch für bestimmte SS-Angehörige war es keine Frage von Belang, wenn ein Auftrag erteilt worden wäre, alle Häftlinge zu liquidieren, diesen Befehl auch auszuführen.

Etwa um den 10.4.1945 sind in den frei gewordenen Zimmern des Hauptlagerbordells mehrere österreichische und deutsche politische Häftlinge als so genannte Ehrenhäftlinge untergebracht worden. Unter ihnen befand sich auch der Österreicher Heinrich Kodré. Alle Ehrenhäftlinge bekamen ihre Zivilkleidung sowie ihre persönlichen Personalpapiere. Sie mussten nicht arbeiten. Sie konnten sich innerhalb des Lagergebietes (auch außerhalb des Häftlingslagers) frei bewegen und erhielten die SS-Mannschaftskost. Einzelne zur Sondereinheit der SS eingezogene Häftlinge (Josef Kohl, Karl Oliva und Wilhelm Stasek) standen mit den Schreibern der Lagerschreibstube in Kontakt und informierten sie laufend über den Stand der militärischen Ausbildung, über die Stimmung unter den SS-Angehörigen und über die Absichten der SS-Kommandantur. Die im April ausgemusterten Häftlinge erhielten SS-Mannschaftsuniformen ohne Rangabzeichen und Gewehre ohne Munition. Sie waren in den Baracken 3 und 4 untergebracht. Ihre Terrainausbildung erhielten sie im Gebiet um das damalige Zeltlager.

Die bereits im März 1945 zu einer SS-Sondereinheit eingezogenen 176 Gusener und Mauthausener Häftlinge wurden am 14.4.1945, gemeinsam mit 19 Prostituierten aus den Gusener und Mauthausener Bordellen, aus dem Gesamtstand entlassen.

Am 19.4.1945 fand die letzte Hitler-Geburtstagsfeier der SS-Führer statt. Diese Zusammenkunft war ein Abschiedstreffen des engeren Kreises der SS-Führer des Kommandantur-Stabes, und bei dieser Gelegenheit teilte Ziereis den Anwesenden mit, dass die Häftlinge aller vorhandenen Konzentrationslager den Amerikanern übergehen werden.[5]

Als in der Nacht vom 19.4. auf den 20.4.1945 eine Lastwagenkolonne des Internationalen Komitees des Roten Kreuzes, Genf, mit Lebensmittelpaketen eintraf und am folgenden Tag 756 weibliche Häftlinge (489 Französinnen, 231 Belgierinnen, 34 Holländerinnen, eine Engländerin und eine US-Staatsbürgerin) in die Schweiz transportiert wurden,[6] glaubte man,

---

[5] Laut dem Capo der SS-Apotheke Karl Nosek erschien unmittelbar nach dieser Geburtstagsfeier der Kommandoführer der SS-Apotheke, SS-Hauptsturmführer Mag. Gerber, in etwas angeheitertem Zustand in der Apotheke und verkündete den Häftlingen, dass sie laut Ziereis den Amerikanern übergeben werden. Kaskaden: S.216f.

[6] Seit 1939 versuchte das Internationale Komitee vom Roten Kreuz in Genf (IKRK) wegen der Kriegsgefangenen und Konzentrationslager-Häftlinge mit deutschen Stellen in Verbindung zu treten. Erst ab Ende 1943 kam es zu einzelnen Lebensmittelpaket-Sendungen, ab Ende 1944 zu engeren Kontakten, ab Anfang 1945 zu konkreten Vereinbarungen und in der Endphase des Krieges zu vielen direkten Verhandlungen sowie Rettungshandlungen. Dokumentation IKRK: Serie II, Nr. 1, S.10ff. So hat sich dann am 1.2.1945 die deutsche Regierung entschlossen, zugunsten der Häftlinge weitgehende Zugeständnisse zu machen, und in der Folge wurden für die LKW-Transporte des IKRK kanadische Kriegsgefangene als Kraftfahrer zur Verfügung gestellt. Das Ergebnis einer Besprechung zwischen dem Präsidenten des IKRK, Prof. C. Burck-

sicher sein zu können, dass es zu einer Vernichtungsaktion aller Häftlinge nicht mehr kommen werde. Doch gerade an diesem Tag schlug die SS nochmals zu. Über Auftrag des Lagerkommandanten Ziereis sollten am 20.4.1945 3.000 alte und körperschwache Häftlinge des Krankenlagers im Lager III konzentriert werden, damit sie *„den wirklich Kranken Platz schaffen und im Lager III ihre Genesung abwarten können"*. So ähnlich lautete der Auftrag der SS-Ärzte an das Krankenlagerpersonal. Tatsächlich sollten die Krankenunterkünfte in Mauthausen, Gusen I und Gusen II entleert und die Ausgewählten in der Gaskammer ermordet werden.
Manche Funktionäre des Krankenlagers sabotierten offen den Abtransport der Selektierten; sie konnten jedoch die Überstellung von etwa 1.400 Alten und Körperschwachen nicht verhindern. Noch am gleichen Tage wurde zum Tor des Lagers III vom Lagerschreiber Kurt Pany ein Nachschlüssel besorgt. Nachts wurden von Funktionären der Lagerschreibstube und dem aus dem Krankenlager geholten italienischen kommunistischen Funktionär Pajetta Gruppen von bis zu 20 Personen herausgeführt, in Baracken des Hauptlagers versteckt und am folgenden Tag ins Krankenlager rücküberstellt.
Oder: als die SS-ler Kolonnen von 80–100 Häftlingen für die Gaskammer formierten, schmuggelten anwesende Schreiber andere Gefangene aus dem Todeslager und verbargen sie auf Block 22 beim Blockältesten Franz Hrbek. 650 Häftlinge hat die SS in der Zeit vom 21.4. bis 25.4.1945 durch Zyklon-B-Gas in der Gaskammer getötet, darüber hinaus sind zahlreiche Häftlinge im Lager verstorben.
Diese „Säuberungsaktion" des überfüllten Krankenlagers (etwa fünf Kranke auf einer Liegestätte) wurde vermutlich vom SS-Standortarzt Dr. W. Wolter angeregt und vom Lagerkommandanten Ziereis angeordnet. Gewisse Häftlingsfunktionäre des Krankenlagers verlangten von den SS-Ärzten die Verhinderung der Verlegung der Kranken. Das Gleiche wurde ebenfalls von Häftlingen der Lagerschreibstube von den SS-Angehörigen der Schutzhaftlagerschreibstube verlangt. Den angesprochenen SS-lern, damals infolge der hoffnungslosen militärischen Lage unsicher und demoralisiert geworden, fehlte einfach der Mut, einen Befehl des Kommandanten nicht auszuführen.
Es zeigte sich in diesen letzten Tagen der Existenz des Konzentrationslagers: wer jahrelang, ob Arzt oder nicht, an den Verbrechen teilhatte, war nicht in der Lage, damit aufzuhören. Die SS-Ärzte beriefen sich auf den Kommandanten, die SS-Angehörigen auf die SS-Ärzte. Erst am 25.4.1945, nachmittags, war es so weit, dass von der Schutzhaftlager-Schreibstube

hardt, mit E. Kaltenbrunner (12. und 15.3.1945) war die beschlossene Repatriierung von französischen und belgischen Häftlingen sowie Übergabe von Lebensmittelpaketen an die KL-Häftlinge. Dazu kamen noch skandinavische und holländische Häftlinge. – Es gab noch viele Kontakte, so z. B. verhandelte im Auftrag Himmlers der SS-Brigadeführer Dr. Walter Schellenberg, geboren am 16.1.1900 in Saarbrücken, im Frühjahr 1945 mit dem Diplomaten und stellvertretenden Präsidenten des Schwedischen Roten Kreuzes Graf Folke Bernadotte von Wisburg und in der Schweiz, über Auftrag Dr. Kaltenbrunners. der SS-Obersturmführer Willi Höttl, alias Walter Hagen, SS-Nr. 309.510, mit amerikanischen Stellen angeblich mit Allan Dulles und mit dem Präsidenten des Internationalen Roten Kreuzes in Genf, Carl J. Burckhardt (Schellenberg und Höttl waren SD-Angehörige. Schellenberg war seit Juni 1941 Chef des Amtes VI des RSHA und später Chef des Auslandsnachrichtendienstes). IMT: Band XI, S.333. Die SS-Führer hofften, dass es, wenn sie in der letzten Phase des Krieges den Skandinaviern, Westeuropäern und den Juden eine bevorzugte Behandlung angedeihen ließen, wohl zu einem Übereinkommen mit den westlichen Alliierten kommen könnte.

der Auftrag erteilt wurde, die im Lager III befindlichen Häftlinge ins Krankenlager zurückzuführen. Unvergesslich bleibt der Augenblick, als am 25.4.1945 nachmittags die letzten geretteten 378 Häftlinge in einer geschlossenen Formation vom tschechischen Krankenlagerschreiber Dr. Vratislav Busek, vor den Augen der SS-ler, in einem Siegeszug vom Lager III über den Appellplatz durch das Haupttor des Schutzhaftlagers in das Krankenlager zurückgeführt wurden. Für alle war dies ein Teilerfolg der Häftlinge gegen die bis zu diesem Zeitpunkt sieggewohnte SS.

Das nachts aus dem Westen kommende und im Lager gut hörbare Donnern des schweren Geschützfeuers wurde von Tag zu Tag stärker. Dieser Schlachtenlärm verkündete den Häftlingen, dass der vom deutschen Militär beherrschte Raum der „Alpenfestung" immer enger wurde. Vom 19. bis 28.4.1945 sind, außer den bereits angeführten Frauen, in zwei Transporten noch 596 männliche Häftlinge, und zwar 528 (offiziell 531) Franzosen (illegal zwei Polen und ein Tschechoslowake), 40 Belgier, 21 Niederländer, zwei Schweizer und zwei Araber vom Internationalen Komitee des Roten Kreuzes über die Schweiz in ihre Heimatländer abtransportiert worden.[7] In den letzten Apriltagen gab es zumindest im Hauptlager eine von einzelnen SS-Angehörigen wahrgenommene Organisation des passiven und aktiven Widerstandes. So z. B. versuchte am 29. oder 30.4.1945 der SS-Sturmbannführer Kurt Geissler[8] über den deutschen politischen Häftling Franz Dahlem mit der Häftlingsorganisation Verbindung aufzunehmen.

Am 25.4.1945 war die Evakuierung der in Österreich befindlichen Nebenlager abgeschlossen. Es verblieben noch folgende Lager: Steyr (mit 3.090 Häftlingen), Linz II (208), Linz III (4.985), Passau I (35), Schlier (472), Ebensee (18.604), St. Lambrecht (79), Schloss Lind (20), Loiblpass (983), Klagenfurt (86), Gusen I, II und III (etwa 21.000), Lenzing (565), Wels (327), Zeltlager (etwa 2.800), Gunskirchen (etwa 15.000–18.000), Donauschiff (etwa 700).

Im Hauptlager (ohne Zeltlager) befanden sich an diesem Tage 17.649 männliche und 1.073 weibliche registrierte Häftlinge.[9]

---

[7] Die zwei Polen waren Tadeusz Zeromski und Bernard Fuksiewicz, der Tschechoslowake Arthur London. Zeitschrift „Za wolnose i lud": Nr. 44/1977, S.15 und 18. Nach einer für den Abtransport der westeuropäischen männlichen Häftlinge erstellten Aufstellung gab es im KLM am 19.4.1945 4.208 Franzosen, 278 Belgier und 151 Niederländer. Davon waren in Gusen 961 Franzosen, 72 Belgier, 19 Niederländer, am Loiblpass 539-0-1, in Passau 2-0-0, Steyr 89-2-2, Wels 10-2-3, Wels II (Gunskirchen) 65-11-5, Graz 24-0-1, Klagenfurt 5-0-0, Linz III 286-8-15, Linz II 50-0-0, St. Valentin 26-2-5, Schlier 14-0-1, Ebensee 702-35-29, Mauthausen 1.480-146-70. Darunter befanden sich allein in Gusen 165 Franzosen sowie 19 Belgier in der Düsenflugzeug-Geheimfertigung. Die Häftlinge der Geheimfertigung sollten nicht entlassen werden. – Von den im KLM befindlichen französischen, belgischen und niederländischen männlichen Gefangenen sind Ende April 1945 vom IRK 13 Prozent abtransportiert worden. Dagegen sind mit Hilfe des IRK vom Gesamtstand der im KLM befindlichen französischen, belgischen und holländischen weiblichen Häftlinge 99 Prozent der Frauen entlassen worden. Archiv M.M.: Sch 4/1, 2, 4 und 8.

[8] Kurt Geissler, geboren am 22.8.1902, NSDAP-Nr. 4.591.797, SS-Nr. 280.231, war seit März 1945 Häftling im KLM und wurde dort als Schutz-DR sowie als WA-DR unter dem falschen Namen Kurt Schneider, geboren am 22.8.1902, Nr. 137.611, geführt. Er ist am 9.4.1945 (offiziell am 11.4.1945) aus der Haft entlassen und dem SS-Kommandanturstab zugeteilt worden. Archiv M.M.: P 19/23, Schreiben der Frau Geissler an den Verfasser.

[9] Archiv M.M.: B 60/11 und 13, Lagerschreibstube Aufstellung.

In diesen Apriltagen zeigte sich der vielfache Judenmörder Ziereis öfters ostentativ in der Gesellschaft eines jüdischen, etwa zehnjährigen Knaben, dem er Maßkleidung und ein riesiges Modellflugzeug anfertigen ließ. Bereits im März 1945 hatte Ziereis unter anderem angeordnet, dass alle kranken Juden im Krankenlager bevorzugt behandelt werden müssen. Die kranken jüdischen Häftlinge sollten ein eigenes Bett und auf Kosten der „arischen" Kranken die Vollverpflegung der arbeitenden Häftlinge erhalten. Dieser Befehl wurde vom Häftlingspersonal sabotiert, doch konnte nicht verhindert werden, dass drei Tage lang die kranken Nichtjuden fast kein Essen, zumindest kein Brot erhielten.[10]
Aufgrund dieser Veränderungen war in den letzten Apriltagen fast allen Häftlingen klar, dass jeder, der nicht noch verhungern oder an einer Krankheit sterben werde, die ersehnte Befreiung bald erleben müsse. Ungeduldig wurden die letzten Tage der SS-Herrschaft abgewartet. Doch da erteilte am 27.4.1945 der Gauleiter Eigruber[11] den Auftrag, die aus Oberösterreich stammenden und im Herbst 1944 ins Hauptlager überstellten Antifaschisten sofort zu liquidieren. Im entsprechenden Fernschreiben wurde u. a. angeführt, *„die Hinrichtung sei durchzuführen, damit die Alliierten in den Alpengauen keine aufbauwilligen Kräfte vorfinden"*. Der zweite Schutzhaftlagerführer Altfuldisch war es, der diesen Exekutionsauftrag den beiden Häftlingslagerschreibern eröffnete und ihnen nach einer offen geführten Aussprache aus opportunen Gründen zusicherte, die befohlene Hinrichtung zu sabotieren. Doch schon wenige Minuten nach seinem Versprechen erschien in der Lagerschreibstube ein mit Handmaschinengewehren ausgerüstetes SS-Kommando, das aus SS-Hauptscharführer Johann Spatzenegger, SS-Oberscharführer Andreas Trumm und ein oder zwei SS-Angehörigen bestand. Spatzenegger verlangte die sofortige Vorführung der Oberösterreicher. Vom Lagerschreiber Pany wurde ihm vorgelogen, dass sich die Oberösterreicher nicht im Lagerbereich befänden und weiters, dass die beiden SS-Führer Georg Bachmayer und Altfuldisch den Befehl erteilt hätten, die Hinrichtung nicht heute zu vollziehen. Bachmayer wurde deshalb genannt, weil er innerhalb der SS mehr Autorität besaß als Altfuldisch und weil den Lagerschreibern bekannt war, dass er an diesem Tage nicht mehr im Lagerbereich anzutreffen sein werde. Mit dieser Antwort gab sich Spatzenegger widerwillig zufrieden und bemerkte, er werde die Angelegenheit mit Bachmayer klären. Der zweite Lagerschreiber benachrichtigte sodann zwei oder drei Mitglieder des Internationalen Komitees. In diesem Falle trat zum ersten Male das Internationale illegale Komitee in Aktion. Eine schwerwiegende und wegen der akuten Zeitnot rasche Entscheidung war zu treffen. Man musste sich schlüssig werden, in welchem Umfange und in welcher Art den Oberösterreichern geholfen werden konnte. In der Lagerschreibstube fand in Anwesenheit mehrerer verlässlicher Lagerfunktionäre und der erreichbaren Mitglieder des sich in Gründung befindlichen illegalen Internationalen Komitees

[10] Am 24.3.1945 gab es im Krankenlager 5.933 „Arier" und 1.446 Juden, insgesamt 7.379 Kranke, diesen standen genau 1.944 Liegestätten zur Verfügung. Archiv M.M.: M 14/1, Original-Aufstellung des Krankenlagers.

[11] Lt. Angaben des ehemaligen Gauleiters von Wien, Baldur von Schirach, bei seiner Einvernahme vor dem Int. Militärgerichtshof in Nürnberg am 24.5.1946, hätte in Wien Ende März 1945 RFSS H. Himmler allen ostmärkischen Gauleitern für ihren Bereich die Standrechtsvollmachten erteilt. IMT: Band XVI, S.484f.

eine Besprechung statt. Es gab zwei Möglichkeiten: Allgemeiner Aufstand oder eine Flucht der Todeskandidaten in der kommenden Nacht. Nur einer der Anwesenden plädierte für einen sofortigen allgemeinen Aufstand. Alle anderen waren der Meinung, dass ein solcher Aufstand eine längere Vorbereitungszeit benötige und zu dieser Zeit weder organisatorisch noch technisch gelöst werden könnte. Dazu war nicht genügend Zeit zur Verfügung. Schließlich wusste man, dass die Masse der Häftlinge nicht bereit war, bei einem Aufstand mitzuwirken. Die Häftlinge nahmen an, dass binnen weniger Tage die Befreiung einsetzen werde und die SS nicht mehr die Kraft besaß, alle Häftlinge zu töten. Bei einem allgemeinen Aufstand musste mit Abertausenden von Opfern gerechnet werden, denn allein im Haupt- und Krankenlager gab es zu diesem Zeitpunkt etwa 10.000 Kranke, die keiner Aktion fähig waren. Deshalb wurde den Todeskandidaten die Anweisung erteilt: Um der Hinrichtung zu entgehen, mögen sie in der folgenden Nacht im Schutze der Dunkelheit aus dem Lager flüchten und sich bis zum Eintreffen der Alliierten in den nördlich vom Lager befindlichen Wäldern verstecken. Die in der Lagerschreibstube vorhandenen Waffen sind ihnen zur Verfügung zu stellen. Die Flucht möge im nördlichen Teil des Lagers, in der Straße zwischen den Baracken 10 und 15 durchgeführt werden. Nicht lange nach diesem Beschluss erschien Spatzenegger mit seiner Suite zum zweiten Male im Häftlingslager. Er vermutete eine Intrige, da er erfahren hatte, dass sich Bachmayer an diesem Tag nur kurze Zeit im Lager aufgehalten hatte, und zwar noch vor dem Eintreffen des Liquidierungsauftrages. Spatzenegger wollte wissen, wann Bachmayer die Verschiebung der Hinrichtung angeordnet hätte. In der Lagerschreibstube entstand eine gefahrvolle Situation. Da die beiden Schreiber konsequent auf ihrem Standpunkt beharrten und sich weigerten *„entgegen einer Weisung des 1. Schutzhaftlagerführers Bachmayer zu handeln"*, kam es zu keiner Vorführung der Oberösterreicher. In den späten Nachmittagsstunden des gleichen Tages erschien im Lagerbereich ein Beamter der Linzer GESTAPO und urgierte die Hinrichtung. Spatzenegger„ der weder Bachmayer noch Altfuldisch finden konnte, begab sich nun zum dritten Male mit SS-Angehörigen ins Häftlingslager und verlangte unter Hinweis auf die Betreibung der Linzer GESTAPO die Vorführung der Todeskandidaten. Zu diesem Zeitpunkt befanden sich alle Oberösterreicher in ihrer Wohnstube der Baracke 10. Von Spatzenegger bedroht und bedrängt, lief der zweite Lagerschreiber in die Schutzhaftlagerführer-Kanzlei zu SS-Oberscharführer Josef Kirsch. Dieser Unteroffizier, der seit mehreren Wochen mit den Häftlingen der Lagerschreibstube, vor allem mit Kurt Pany, konspirierte, wurde gebeten, er möge gegenüber Spatzenegger die Angaben der beiden Lagerschreiber bezüglich der angeblichen Weisung Bachmayers bestätigen. Das tat Kirsch. Wutentbrannt verließ Spatzenegger nun zum dritten Male – ohne seinen Auftrag erfüllen zu können – das Lagergebiet.

WARNUNG

der Regierungen der Sowjetunion, der Vereinigten Staaten von Amerika und Großbritanniens an alle deutschen Kommandanten, Wachmannschaften und Gestapobeamten

Im Namen aller Vereinten Nationen, die sich im Krieg mit Deutschland befinden, wenden sich die Regierungen der Sowjetunion, der Vereinigten Staaten von Amerika und Großbritanniens hierdurch mit einer feierlichen Warnung an alle Kommandanten und Wachmannschaften, in deren Gewalt sich in Deutschland und in von Deutschland okkupierten Gebieten Kriegsgefangene der Verbündeten befinden, sowie an die Gestapobeamten und alle sonstigen Personen, unabhängig von dem Charakter

Ende April 1945 haben Flugzeuge der Alliierten über Oberösterreich diese Flugblätter abgeworfen. AMM

ihrer Dienststellung und ihrem Rang, in deren Gewalt Kriegsgefangene der Verbündeten übergeben wurden, sei es im Kampfgebiet, auf den Verkehrswegen oder in den rückwärtigen Gebieten. Die drei Regierungen erklären, daß alle diese Personen für Sicherheit und Wohlbefinden aller Kriegsgefangenen der Verbündeten, die sich in ihrer Gewalt befinden, als persönlich haftbar betrachtet werden, und zwar in nicht geringerem Maße als das Oberkommando der Wehrmacht und die zuständigen deutschen Militär-, Kriegsmarine- und Luftwaffenbehörden.

Jede Person, die sich einem beliebigen Kriegsgefangenen der Verbündeten gegenüber schlechte Behandlung zuschulden kommen ließ oder dessen schlechte Behandlung duldete, sei es im Kampfgebiet, auf den Verkehrswegen, im Lager, im Lazarett, im Gefängnis oder an anderem Ort, wird schonungslos verfolgt und bestraft werden.

Die drei Regierungen machen warnend darauf aufmerksam: diese Verantwortung gilt bedingungslos und unter allen Umständen; niemand kann ihr dadurch entgehen, daß er die Verantwortung auf andere Behörden oder Personen schiebt.

Marschall der Sowjetunion

J. STALIN

Präsident der Vereinigten Staaten von Amerika

H. TRUMAN

Premierminister von Großbritannien

W. CHURCHILL

23. April 1945.

Erst jetzt konnte einer der Lagerschreiber die Oberösterreicher in ihren Unterkünften informieren, in welcher Gefahr sie schwebten. Zugleich wurde die Möglichkeit ihrer Rettung eingehend besprochen. Die meisten der Todeskandidaten konnten nicht glauben, dass sie noch kurz vor der Befreiung sterben sollten. Viele erfasste eine Niedergeschlagenheit. Die Nachricht von ihrer befohlenen Hinrichtung versetzte sie in einen Zustand der Lethargie. Aus allen Gesichtern sprach lähmendes Entsetzen. Das Hungerdasein und die Schwere der Lagerbedingungen zerbrachen ihren Widerstandswillen. Es fehlte ihnen einfach die Kraft und der Wille, das Risiko einer Flucht auf sich zu nehmen. – Zu diesem Zeitpunkt versahen vielfach ältere Soldaten der Wehrmacht, der Luftwaffe und der Feuerwehr den Bewachungsdienst. Größtenteils wurden sie gegen ihr Zutun zum Lager-Bewachungsdienst eingezogen und haben oft den Häftlingen gegenüber ihren Widerwillen gegen die SS und den Dienst im Konzentrationslager zum Ausdruck gebracht. – Erst nach einer leidenschaftlichen Diskussion über die Ausweglosigkeit der Oberösterreicher erklärten sich diese bereit, in der kommenden Nacht zu flüchten. Spätabends wurden dann aus einem Versteck der Lagerschreibstube drei Pistolen mit Munition sowie sechs oder acht französische Eierhandgranaten hervorgeholt und dem Anführer Sepp Teufl[12] ausgefolgt. Beschlossen wurde, dass die Flüchtenden Tische und Decken aus ihren Unterkünften hinaustragen und die Tische beim Stacheldrahtzaun an der vereinbarten Stelle aufstellen sollten. Die Decken über den Draht gehängt, sollten sie vor Verletzung schützen. Mittels bereitgestellten Eisenstangen sollte ein Kurzschluss der Starkstromleitung herbeigeführt werden. Letzteres war jedoch nicht mehr nötig, da die Stromzufuhr ausgeschaltet war; dies wurde den Flüchtenden bekannt gegeben.
Wenige Minuten nach Mitternacht trugen einzelne Oberösterreicher Tische und Decken zum Drahtzaun. Manche sahen vor und in der Baracke unschlüssig zu oder debattierten mit dem Blockältesten, der sie am Hinaustragen der Gegenstände zu hindern suchte. Anstatt wie besprochen, rasch zu handeln, vollzog sich der gesamte Vorgang in einem nervenzerreißenden Zeitlupentempo. Als endlich die ersten Häftlinge die Tische bestiegen, feuerte ein außerhalb des Lagers in der Nähe der Fluchtstelle stehendes Bewachungsorgan einen Schuss ab. Dieser einzige Schuss versetzte die Flüchtenden neuerlich in kopflose Ratlosigkeit und Resignation. Plötzlich drehten sie sich um und liefen, wie von panischer Angst erfasst, in ihre Baracke zurück. Die Tische blieben stehen, wo sie hingestellt worden waren, die Decken blieben auf dem Boden liegen. Während des Laufens warfen sie Pistolen, Munition und die nicht entsicherten Eierhandgranaten weg. Obwohl mehreren von ihnen nochmals gesagt wurde, sie müssten am folgenden Tag mit ihrer Hinrichtung rechnen, waren sie nicht zu bewegen, die Flucht zu wiederholen. Sie konnten einfach nicht an ihren bevorstehenden Tod glauben.
Inzwischen erschienen, durch den Schuss alarmiert, einzelne SS-Angehörige aus dem Jourhaus im Häftlingslager. Sie wurden von Häftlingen der Lagerschreibstube abgefangen und beruhigt. In dieser Situation mussten Tische und Decken (diesmal mit Hilfe des Blockältesten) in die

[12] S. Teufl war Mitglied des illegalen Zentralkomitees der Kommunistischen Partei Österreichs. Angaben des Verfassers, der die Waffen und Munition ausfolgte.

Baracken zurückgebracht und vor allem die verstreuten Waffen und Munition eingesammelt werden. Das Einsammeln der Waffen mit Munition erfolgte beim Schein einer Taschenlampe vom Beauftragten des Internationalen Komitees. Wehe den Häftlingen, wenn die SS erfahren hätte, dass sich im Häftlingslager Waffen befanden. Noch in der gleichen Nacht wurde den Oberösterreichern von den Lagerschreibern der Rat erteilt, sich gleich nach dem Morgenappell einzeln oder mit Hilfe der Schreiber in das Krankenlager zu begeben. Nur dort bestand zumindest für einzelne die Möglichkeit, sich zu verstecken. Das von Typhus verseuchte Krankenlager fürchtete die SS zu betreten. Nur der Welser Richard Dietl nutzte unmittelbar nach dem Frühappell diese Möglichkeit und konnte sich dadurch als einziger retten. Die anderen 33 Oberösterreicher, zur Hinrichtung bei der Klagemauer antretend, wurden von Spatzenegger und Trumm abgeholt und am 28.4.1945 mittags in der Gaskammer ermordet.[13] Es war die letzte Vergasungsaktion und die vorvorletzte Hinrichtung. Am nächsten Tag wurden die technischen Einrichtungen der Gaskammer von Häftlingen der Schlosserei abmontiert. Die Wandecke, wo sich die Öffnungen für die Gaszufuhr- und Aussaugvorrichtungen befanden, wurde zugemauert und verfliest. Nun sah die Gaskammer wie ein kleines Brausebad aus.

Bis 2.5.1945 beendeten die SS-Organe der Kommandantur das Einsammeln der Todes- und Zugangsbücher, Akten, Karteikarten, Todesmeldungen sowie sonstiger belastender Unterlagen. Das eingesammelte Material wurde in den Krematoriumsöfen verbrannt.[14]

Der durch das Internationale Rote Kreuz in den Tagen vom 19. bis 28.4.1945 veranlasste dreimalige Abtransport eines Teiles der westeuropäischen weiblichen und männlichen Häftlinge war einer der ersten konkreten Hinweise auf die baldige Befreiung. Auch das in den ersten Maitagen näher und näher herankommende Geschützfeuer kündigte das baldige Ende an. Fast stündlich kursierten verfrühte Freudennachrichten über das Eintreffen der alliierten Armeen. Tatsächlich stand Ende April 1945 die Sowjetarmee im Osten Österreichs am linken Donauufer zwischen Stockerau und Krems und am rechten Donauufer nach der Einnahme von St. Pölten entlang des Traisenflusses. Die von Bayern kommenden Panzerdivisionen des XII. US-Korps haben am 29.4.1945 in breiter Front die österreichisch-bayerische Grenze überschritten, ohne auf einen nennenswerten Widerstand zu stoßen.[15]

Um den 1.5.1945 ordnete der Lagerkommandant persönlich dem im ehemaligen Lagerbordell untergebrachten Ehrenhäftling Heinrich Kodré an, in den Lagerarrest zu übersiedeln. Ziereis begründete seine Anordnung mit dem Hinweis, *„die SS wird in den nächsten Tagen das Lager verlassen“* und die Bewachung werde von Wiener Polizisten übernommen.

---

[13] Spatzenegger und Trumm wurden von einem amerikanischen Militärgericht im Jahre 1946 in Dachau zum Tode verurteilt und am 27.5.1947 hingerichtet. Archiv M.M.: P 19/7 und P 19/39.

[14] Manche Originale konnten gerettet werden, so z. B. die Kartei der Lagerschreibstube. Diese Kartei liegt im Museum Auschwitz auf. Tschechen und Spanier der politischen Abteilung haben sehr viele Dokumente gerettet. Der Österreicher Ing. E. Martin übergab alle Totenbücher des SS-Standortarztes den Amerikanern. – Das Einsammeln und Verbrennen von schriftlichen Unterlagen erfolgte auch in allen Nebenlagern. Im Frühjahr 1945 kam vom WVHA der schriftliche Befehl, sämtliche Unterlagen zu vernichten. Angaben des Adjutanten A. Zutter. Archiv M.M.: P 18/6.

[15] Oberösterreich: S.338ff.

Er, Ziereis, befürchtete nach dem Abzug der SS Unruhen und Tätlichkeiten. Für Kodré als hohen deutschen Offizier bestünde somit Gefahr, von den Ausländern erschlagen zu werden. Davor wolle er ihn schützen. Kodré berichtete darüber:

> *„Am Abend packte ich meine paar Dinge und wurde in den Bunker gebracht. Zunächst kam ich in eine Einzelzelle. Da war noch die SS im Arrest. Am nächsten Morgen wurde mir erlaubt, einen anderen Raum zu bewohnen. In diesem befanden sich zwei ziemlich behäbige Wiener Polizisten. Die hatten dort ihr Quartier. Ich habe in dem Bunker, glaube ich, zwei Tage zugebracht. (…)"* [16]

Am 1.5.1945 hielt Gauleiter Eigruber als so genannter Reichsverteidigungskommissar für Oberdonau im Rundfunk einen Ausharrungsappell an die oberösterreichische Bevölkerung, worin er unter anderem ausführte:

> *„(…) Unser Todfeind steht im Osten (…) Unsere gesamte militärische Kraft setzen wir den Bolschewisten entgegen (…)"* [17]

Am 2.5. vormittags hat die SS die so genannten „Geheimnisträger" hingerichtet: Acht Häftlinge des Gusener Krematoriumskommandos sind nach ihrer Überführung in Mauthausen und drei Angehörige des im Hauptlager eingesetzten Krematoriumskommandos sind in Gusen erschossen worden. Dies war die vorletzte Hinrichtung. Neun Mitglieder des Kommandos des Hauptlagers wurden gerettet. sechs von ihnen konnten sich im Krankenlager und drei in der Apotheke (im Keller des neuen Reviergebäudes) verstecken.

Ebenfalls am 2.5.1945 ließ Ziereis den am 28.4.1945 mit dem 3. LKW-Transport des Internationalen Roten Kreuzes ankommenden Delegierten Louis Haefliger aus der Ortschaft St. Georgen nach Mauthausen kommen und gestattete ihm, in einer SS-Baracke Quartier zu beziehen.

Obwohl bereits am 29.4.1945 der Präsident des Internationalen Roten Kreuzes vom Lagerkommandanten Ziereis unter Bezugnahme auf eine Vereinbarung mit dem Chef des RSHA, SS-Obergruppenführer Kaltenbrunner, verlangt hatte, dass *„die Delegierten des Internationalen Komitees vom Roten Kreuz sich frei im Lager bewegen und mit allen ausländischen Häftlingen Kontakte aufnehmen sollen (…)"* wurde Haefliger nicht erlaubt, das Häftlingslager zu betreten.[18] Von der Anwesenheit dieses Delegierten wussten bestimmt einzelne Häftlinge, nicht jedoch die Mitglieder des Internationalen Komitees.

Am 3.5.1945 erteilte Großadmiral Karl Dönitz als neuer Reichskanzler der deutschen Regierung an die Deutsche Wehrmacht einen grundsätzlichen und richtungweisenden Tagesbefehl, wonach *„(…). der Widerstand gegen Amerikaner und Engländer nur so lange fortzusetzen ist, wie es der Kampf im Osten erfordere und bis zur Rückführung der deutschen Armeen aus dem Osten hinter die Linien der Westalliierten gelungen sei (…)"* [19]

---

[16] Archiv M.M.: V 3/24, Angaben des Heinrich Kodré, 7.12.1967. (Mit „Wiener Polizisten" meint Kodré Angehörige der Wiener Feuerwehr.)

[17] Oberdonau-Zeitung: Nr. 102, 3.5.1945, S.2.

[18] Dokumentation IKRK: S.85.

[19] Krieg in Österreich 1945: S.288. – Karl Dönitz, 1891 geboren, Großadmiral, seit 1943 Oberbefehlshaber

In der Nacht vom 2. auf den 3.5.1945 verließen einzelne SS-Angehörige in Zivilkleidern das Lagergebiet. Am Morgen des 3.5.1945 wurde in Mauthausen der letzte Häftlingsappell abgenommen (in Gusen wurden weitere Appelle abgehalten). Nach dem Frühappell haben die geschlossenen SS-Formationen die Lager Mauthausen und Gusen verlassen. In Mauthausen sind nur einzelne innerhalb der kleinen Postenkette befindliche Arbeitskommandos (Werkstätten), in Gusen noch manche Kommandos, ausgerückt. Auch die ehemaligen Häftlinge, die zur SS rekrutiert wurden, haben am frühen Morgen des 3.5.1945 das Häftlingslager verlassen. Kurz vor dem Verlassen des Lagergebietes erhielt jeder dieser ehemaligen Häftlinge für seine Uniform militärische Abzeichen der Waffen-SS, ein Soldbuch und zu seinem Gewehr 60 Stück Munition ausgefolgt. Die Blutgruppentätowierung dieser neuen Angehörigen der Waffen-SS erfolgte am folgenden Tag. Die ehemaligen Häftlinge wurden weiters zu je 15 Mann unter dem Kommando ihres ehemaligen Ausbildners, gewöhnlich eines SS-Unterscharführers, auf einzelne SS-Kompanien (Hundertschaften) aufgeteilt. Jedoch noch ehe die SS das Lagergebiet verließ, wurde im Beisein der gesamten Frontformation der SS von einem zehn Mann starken, aus ehemaligen Häftlingen bestehenden Exekutionskommando bei der Böschung des SS-Sportplatzes ein namentlich unbekannter Zivilist erschossen. Den „Gnadenschuss" erteilte Ziereis persönlich. Dies war die letzte Exekution der SS-Organe im Bereiche des KLM.[20]

Obwohl die vormarschierende amerikanische Armee sich zu diesem Zeitpunkt im nordwestlichen Raume von Linz befand – etwa 20 Kilometer westlich des KLM – und die Sowjetarmee mehr als 100 Kilometer östlich der Ortschaft Mauthausen stand, wurde von den SS-Einheiten nicht das westliche, sondern das östliche Gebiet der Marktgemeinde Mauthausen besetzt. Offenbar im Sinne der angeführten Dönitz-Weisung sollte hier die Front gegen die Sowjetarmee gehalten werden. Die Auffangstellung befand sich auf einem Hügelgebiet und zog sich etwa entlang des Bahngeleises Mauthausen in Richtung Norden. Schon mehrere Tage vor dem Einrücken der SS-Mannschaft wurden in diesem Hügelgebiet von den 47 ebenfalls ausgemusterten ehemaligen Häftlingen der Wiener Feuerwehr die nun bezogenen Gräben und Bunkerstellungen des SS-Regimentsstabes Mauthausen ausgebaut.[21] Ein kleiner Teil der SS-Formationen wurde über die Donaubrücke dirigiert, um in den Auen und entlang des Flusses Enns Stellung zu beziehen.

Die Bewachung des Häftlings- und Krankenlagers Mauthausen (sowie der Lager Gusen I und II) übernahm am 3.5.1945 vormittags eine schon längere Zeit in Mauthausen weilende

der Kriegsmarine. Nach Hitlers Selbstmord bildete er am 2.5.1945 eine neue Reichsregierung. In seinem Auftrag wurde die Kapitulation vollzogen; von den Engländern verhaftet, wurde er am 1.10.1946 zu zehn Jahren Gefängnis verurteilt, glaublich nach sieben Jahren Haft entlassen.

[20] Archiv M.M.: V 3/4 und Magnetophonhand-Aufnahme, Angaben des W. Stasek. – Der Exekutierte war vermutlich der Schuhmachermeister Johann Haslinger. Lt. Gendarmeriechronik Mauthausen: S.267, wurde am 2.5.1945 „der Schuhmachermeister Johann Haslinger in Niederzirking Nr. 8 von 3 SS-Männern im Offiziersrang, die mit einem PKW angefahren kamen, unter dem Vorwand aus der Wohnung gelockt, dass ihnen am Auto ein Riemen gerissen sei und er diesen Defekt beheben solle. Die SS-Männer nahmen ihn mit und er ist seither verschollen. Haslinger gehörte der Kommunistischen Partei an".

[21] Mündliche Angaben des Feuerwehrangehörigen Franz Hawle gegenüber dem Verfasser.

Formation der Wiener Feuerschutzpolizei unter dem Kommando eines Hauptmannes, vermutlich namens Kern.

Bereits am 9.4.1945 hatte Gauleiter und Reichsverteidigungskommissar Eigruber in einem Rundspruch betreffend Flüchtlinge und Ausländertransporte (Amstetten und Perg wurden als Anlaufstellen für diese Personengruppen bestimmt) befohlen, dass die Feuerwehrfahrzeuge nicht mehr weitergeleitet werden sollten und die Feuerwehrmänner der SS-Wachmannschaft in Mauthausen einzuverleiben seien.[22]

Der Abmarsch der SS-Angehörigen wurde in Mauthausen von den Häftlingen sofort wahrgenommen, und dies änderte blitzartig die Stimmung und die Lage aller Häftlinge. Nun war es allen klar, dass sich die völlige Befreiung in Kürze einstellen musste. Schlagartig wurde jede Arbeit, zum Teil des Küchenpersonals, jedoch nicht der Ärzte und des Sanitätspersonals, eingestellt. Die Häftlinge bildeten auf dem Appellplatz, in den Lagerstraßen, in den Baracken, in den Arbeitskommandos Gruppen, es wurde diskutiert und auf die Befreiung gewartet. Ein kleiner Teil von Gefangenen begann innerhalb des Häftlingslagers zu plündern. Man versuchte, das Magazin der Häftlingsküche auszuräumen. Die Bordellzimmer wurden zertrümmert. Gewisse Inhaftierte begannen sofort eine spontane Umsiedlungsaktion ihrer Landsleute in die noch von anderen Häftlingen belegten Baracken. Heinrich Kodré, der am 3.5.1945 nachmittags das Arrestgebäude verließ, beschrieb diese Situation wie folgt:

> *„Es war ein sonderbarer Zustand. Es wurde nicht gearbeitet. Die Häftlinge bildeten überall Gruppen und es wurde der Eindruck erweckt, als ob sich das Lager auflöse. Das einzige, was noch funktionierte, war die Bewachung, die noch da war, und zweitens, daß wir dasselbe Essen wie bis dahin bekommen haben, den elenden Fraß."*[23]

Seit mehreren Tagen tagten einzelne Mitglieder des Internationalen Komitees zu gewissen Zeiten in der Lagerschreibstube. Es wurde versucht, über den Verlauf der militärischen Fronten und über die Absichten der SS irgendeine Information zu bekommen. Die Verbindung der Lagerschreiber mit den Häftlingen, die nun bei der SS eingezogen waren, brach am 3.5.1945 völlig ab. Über das weitere Schicksal dieser Häftlinge sowie über das Verhalten der Lager-SS als Frontformation gab es leider keine Nachrichten. In der Nacht vom 3. auf den 4.5.1945 wurde von einem Feuerschutzmann ein Häftling des Krankenlagers beim Überklettern

---

[22] Oberösterreichisches Landesarchiv: Pol. Akten Sch. Zl. 67. – In der Nacht vom 6. auf den 7.4.1945 erhielten sämtliche in Wien stationierten Wiener Feuerwehrleute und auch alle Luftschutzwarte, etwa 3.800 Mann, den Abmarschbefehl. Die Angehörigen der Feuerwehr wurden damals als Feuerschutzpolizisten geführt. – Sie sollten sich im Sammelraum Korneuburg mit ihren Geräten einfinden. Wie viele Feuerwehrangehörige und Luftschutzwarte sich in Korneuburg einfanden, ist unbekannt. Es sollen etwa 3.000 Mann gewesen sein, die mit 240 Fahrzeugen in Richtung Linz wegfuhren. Am 13.4.1945 traf die Kolonne im KLM ein, und bereits am 14.4.1945 wurden Angehörige der Wiener Feuerschutzpolizei zum Bewachungsdienst des KLM abkommandiert. Wie viele Feuerwehrangehörige beim Verlassen von Wien und während der Fahrt von Korneuburg über Perg (wo eine neue Sammelstelle von Gauleiter Eigruber eingerichtet wurde) nach Mauthausen resp. Gusen desertierten, krank oder anderswohin dirigiert wurden, ist ebenfalls unbekannt. Ing. Johann Stanzing, der den obangeführten Abmarschbefehl erteilte, ist bis nach Mauthausen gekommen und hat sich von dort nach Kärnten abgesetzt. DÖW: Dokumentation über die Wiener Feuerwehr, S.26 ff. Amtsblatt der Stadt Wien: 17.4.1948, Nr. 39, S.1.

[23] Archiv M.M.: V 3/24.

des Stacheldrahtzaunes angeschossen und verletzt.[24] Dies und der nach Abzug der SS eingetretene allgemeine Auflösungszustand des Häftlingslagers waren die Ursache, dass zwei Beauftragte des Internationalen Lagerkomitees[25] am 4.5.1945 bei Hauptmann Kern vorsprachen und von diesem die verwaltungsmäßige Übergabe des Lagers verlangten. Am gleichen Tag nachmittags wurde von Mitgliedern des Internationalen Komitees versucht, die innere Verwaltung des Häftlingslagers zu leiten. Jedoch die Bewachung des Hauptlagers und auch des Krankenlagers durch die Organe der Wiener Feuerschutzpolizei verblieb, daran änderte sich nichts. Die einzelnen Mitglieder des Internationalen Komitees und eine größere Zahl von Häftlingsfunktionären versuchten, die Plünderungen zu unterbinden.[26] An diesem Tag gab es weder einen Appell noch sind die Häftlinge ausgerückt. In Gusen wurde teilweise gearbeitet, und dort gab es einen Früh- und einen Abendappell.

Am 4.5.1945 hat sich der Delegierte des Internationalen Komitees vom Roten Kreuz, Haefliger, ein Personenauto beschafft, dieses von Häftlingen der Kommandanturgarage weiß anstreichen lassen; außerdem ließ er sich in der Häftlingsschneiderei eine Rot-Kreuz-Fahne anfertigen. Am 5.5.1945 früh fuhr dann Haefliger ohne Wissen des Internationalen Lagerkomitees in dem weißen PKW und mit der Rot-Kreuz-Fahne in Begleitung des ehemaligen SS-Abwehrbeauftragten Reimer in Richtung Linz, um dort Kontakt mit der US-Armee zu suchen. Den PKW lenkte ein Angehöriger der Wiener Feuerschutzpolizei. Tatsächlich gelang es ihm, etwa nördlich der Ortschaft St. Georgen zwei US-Panzerbesatzungen nach Gusen und Mauthausen zu dirigieren.[27] Doch noch bevor die von Haefliger herangeführten US-Panzer das Hauptlager Mauthausen erreichten, näherten sich am 5.5.1945 in der Zeit zwischen neun und zehn Uhr den Stellungen der Lager-SS, vom Norden kommend, mehrere US-Panzer. Es sollen fünf Fahrzeuge gewesen sein. Im Gebiet des so genannten Heinrichsbaumes – etwa sechs Kilometer östlich des Lagers Mauthausen – kam es zu einem Gefecht. Der ehemalige auch zur SS eingezogene Häftling Wilhelm Stasek schildert diesen Vorfall wie folgt:

> *„Am 5.5.1945, in den Vormittagsstunden gab es in unserer Nähe, etwa von Schwertberg kommend, einen Schußwechsel. Von der nördlichen Richtung, von uns gesehen, kam eine US-Einheit heran. Wir erhielten den Auftrag, in der Form einer Schwarmlinie den US-Soldaten entgegenzugehen. Nach einem neuerlichen kurzen Schußwechsel haben sich ehemalige Häftlinge, somit auch ich, erhoben und wir alle gingen den Amerikanern entgegen. Uns folgten alle SS-Angehörigen. Es gab weder Getötete noch Verletzte. In der unmittelbaren Nähe jenes Gebietes, wo der Schußwechsel stattfand, wurden wir gesammelt und dort befanden sich bereits viele andere Angehörige der Lager-SS sowie ehemalige Häftlinge. Wir sind dann alle in einer geschlossenen Formation als Kriegsgefangene in Richtung Norden in Marsch gesetzt worden (…)“*[28]

---

[24] Das Krankenlager war mit doppeltem Stacheldrahtzaun umgeben, und es wurde ebenfalls von Angehörigen der Feuerschutzpolizei bewacht.

[25] Dr. Heinrich Dürmayer und Hans Marsalek.

[26] Archiv M.M.: V 3/24, S.17.

[27] Dokumentation IKRK: S.136ff. Archiv M.M.: Sch. 4.

[28] Archiv M.M.: V. 4/4 und Magnetophonband-Aufnahme.

In der Chronik des Gendarmeriepostens Mauthausen wird der Einmarsch der US-Truppen in der Ortschaft Mauthausen wie folgt beschrieben:

> *„5.5.1945: (...) Die SS-Bewachung hatte bereits vorher das Konzentrationslager verlassen und zog sich in die Donauauen bei Enns zurück. Eine amerikanische Panzerabteilung rückte von Ried in der Riedmark her in Mauthausen ein. Beim Heinrichsbaum kam es zu einem Gefecht zwischen diesen amerikanischen Panzern und einer Abteilung SS. Die SS ergab sich dann den Amerikanern (...)“*[29]

Danach wurde die Marktgemeinde Mauthausen am 5.5.1945 in der Zeit zwischen neun bis elf Uhr von Angehörigen der US-Armee befreit. Der größte Teil der östlich der Ortschaft Mauthausen eingesetzten SS-Angehörigen (auch alle ehemaligen Häftlinge) begab sich in amerikanische Gefangenschaft. Nur einzelne SS-Angehörige flüchteten über die Donaubrücke in Richtung Enns respektive in die Donauauen, und einzelne SS-ler versteckten sich bei ihren Bekannten in und außerhalb der Ortschaft Mauthausen. Während des angeführten Gefechtes soll in der Ortschaft Mauthausen ein US-Panzer beschädigt worden sein.[30] Die Kolonne der US-Panzersoldaten mit den Kriegsgefangenen marschierte auf der Landstraße in Richtung Norden. Die nur wenige Kilometer entfernten Häftlinge im Hauptlager Mauthausen waren über die militärischen Vorgänge in der Marktgemeinde Mauthausen nicht informiert. Es wurde ihnen nicht bekannt, dass der Markt befreit war und sich in der Ortschaft keine Lager-SS-Formation mehr befand.

Die US-Truppen hatten bereits am 26.4.1945 die bayerisch-österreichische Grenze erreicht. Hier hielten die Amerikaner drei Tage lang, vor allem um die Gespräche auf höchster Ebene zwischen Eisenhower und Stalin wegen der Besetzung der Tschechoslowakei abzuwarten. Es wurde folgende Trennungslinie vereinbart: Joachimsthal, Karlsbad, Pilsen, Ceske Budejovice, Freistadt, Linz und entlang des Flusses Enns. Am 29.4.1945 begann der Einmarsch in das oberösterreichische Gebiet, wobei die deutschen Soldaten den Vormarsch nur gering verzögerten. Das XII. amerikanische Korps setzte nördlich der Donau die 11. Panzerdivision und die 26. Infanteriedivision ein; den eigentlichen Vormarsch nach Linz und Richtung Mauthausen führte die 11. Panzerdivision vom Norden durch. Auf ihrem Vormarsch kam es zu verschiedenen kleineren und örtlichen Kämpfen. In Rottenegg wurden dann am 4.5. Gespräche über die Übergabe von Linz geführt. Es kam weder zu einer Verteidigung von Linz noch zu einem amerikanischen Angriff auf die Stadt. Am 4.5. verließen Soldaten der Deutschen Wehrmacht Linz, in der Nacht zum 5.5. verließ auch der Linzer Stadtkommandant General Kuzmany Linz, und am frühen Morgen des 5.5. gingen Linzer Parlamentäre neuerlich zu den Amerikanern. Um 11.00 Uhr fuhren die ersten US-Truppen der 11. Division kampflos in Linz ein. Südlich der Donau operierte das XX. amerikanische Korps, und im Verlaufe des 5. und 6.5.1945 wurde auch die Stadt Enns von US-Soldaten der 65. Division besetzt. Vorerst war zwischen der östlichen Front der Sowjetarmee in Niederösterreich und

---

[29] Gendarmeriechronik Mauthausen: S.270.

[30] Mündliche Angaben des Franz Hawle.

der oberösterreichischen Grenze ein schmaler, maximal 100 Kilometer breiter Streifen von Alliierten nicht besetzten Gebietes. Am 9.5.1945 erreichten sowjetische Truppen die oberösterreichische Grenze im Raum Liezen und des Flusses Enns. Die sowjetischen Truppen bildeten ab 10.5.1945 nördlich der Donau, im Mühlviertel, eine Demarkationslinie, die etwa entlang der Eisenbahnstrecke nach Freistadt verlief.[31]

Der 5.5.1945 war ein sonniger Frühlingstag. Ein dichter Nebelschleier bedeckte die Tiefen der Mühlviertler Täler und den grausilbernen Donaustrom. Im Süden, in weiter Ferne, vom Nebel abgeschnitten, sah man die weißbedeckten Gipfel der Ennstaler Alpen, die Hügel rund um das Lager glänzten im Frühlingsgrün. An diesem herrlichen Tag, etwa um zwölf Uhr, hörte man zuerst von der von Nebelschwaden verdeckten Zufahrtstraße ein starkes Motorengeräusch und dann... dann kamen langsam in das Sonnenlicht hervor: ein weißer Personenkraftwagen mit Haefliger und dem Wiener Feuerschutzpolizisten sowie zwei amerikanische Panzerspähwagen![32] Unweit des Krankenlagers blieben sie zuerst stehen. Im gleichen Augenblick wurden die Torflügel des Sanitätslagers von den Insassen weit aufgerissen. Hunderte und Hunderte Männer, Frauen und Kinder strömten in wilden Haufen zu den Fahrzeugen. Die meisten waren halb nackt, nur mit Lumpen bedeckt, manche ohne jede Bekleidung, halb verhungerte Geschöpfe, lebende Skelette. Es war, als hätte sich ein Massengrab geöffnet. Manche waren ohne Beine, andere kamen auf einem Bein hüpfend, manche schleppten sich auf allen Vieren kriechend oder robbend heran, sie alle versuchten, die Tanks und die lebensrettenden Soldaten zu berühren. Die anderen, völlig Entkräfteten oder kaum Bewegungsfähigen, wälzten sich im Staub und Schlamm der Lagerstraßen, versuchten die Hände oder zumindest den Kopf in Richtung der Panzerfahrzeuge zu strecken. Auch sie wollten die Befreier begrüßen, ihnen danken. Die meisten Häftlinge weinten, manche tanzten oder hüpften vor Freude herum, schrieen in hysterischer Freude. Andere wieder wurden vor Freude ohnmächtig und viele, ja sehr viele sind gerade in diesen Minuten der so sehnsüchtig erwarteten und endlich erfolgten Befreiung gestorben. Heinrich Kodré, der sich zur Zeit des Eintreffens der beiden US-Panzer am Appellplatz aufhielt, schildert die Befreiung folgendermaßen:

> *„(...) Eines Tages, der Appellplatz wimmelte wie immer von Häftlingen, sah ich, wie Häftlinge auf die Mauer kletterten (...) dann gab es ein großes Freudengeschrei (...) die Wache am Jourhaus öffnete das Tor und hereingefahren kam ein amerikanischer Panzerspähwagen (...) Dem Panzerspähwagen entstieg ein Offizier (...) Er veranlaßte, daß alle Polizisten der Lagerwache (...) antraten. Sie kamen vom Jourhaus, aus dem Lager und von den Wachtürmen mit ihren Waffen. Während das vor sich ging, konnte ich beobachten, wie einzelne Häftlinge an den Amerikanern vorbei durch das Tor beim Jourhaus hinausgingen, wie sie auf einige der Wachtürme stiegen, einen sah ich mit einem Maschinengewehr herunterkommen. Inzwischen haben die Polizisten Waffen und Munition niedergelegt (...) Waffen und Munition blieben dort*

[31] Krieg in Österreich 1945: S.292 und 287f. Oberösterreich: S.338ff.

[32] Sie kamen von Gusen II. Archiv M.M.: Sch 4/5, 6, 7 und 8.

liegen, wo sie niedergelegt worden waren. Von diesem Augenblick an war das Lager ohne Bewachung. Ich habe selbst gesehen (das machte einen organisierten Eindruck, denn es waren nicht jene Häftlinge, die da herumstanden) wie eine geschlossene Gruppe von Häftlingen sich der von der Polizei niedergelegten Waffen und Munition bemächtigte (…)"[33]

Als die Panzerbesatzung Anstalten traf, wegzufahren, verhandelte Dr. Heinrich Dürmayer in englischer Sprache mit dem Kommandanten der Panzereinheit, Sergeanten Albert J. Kosiek. Dr. Dürmayer verlangte, die Soldaten sollten im Lager verbleiben und den Schutz der befreiten Häftlinge übernehmen. Nach fernmündlicher Rücksprache mit dem zuständigen Führungsoffizier wurde jedoch der Auftrag erteilt, die Panzerbesatzung solle ihre unterbrochene militärische Ausspähung fortsetzen.[34] Somit verließen nach etwa zwei- oder dreistündigem Aufenthalt die US-Panzerfahrzeuge das Hauptlager Mauthausen. Bereits vorher waren die Organe der Wiener Feuerschutzpolizei in einer geschlossenen Formation als Kriegsgefangene aus dem Lager herausmarschiert. Sie begaben sich in Richtung Westen, wie ihnen von den US-Soldaten befohlen wurde. Noch vor der Befreiung der Mauthausener Häftlinge wurden von den gleichen US-Soldaten die Häftlinge von Gusen II befreit. Die Gefangenen von Gusen standen zum Zeitpunkt des Eintreffens der US-Panzer am Appellplatz. Der polnische Häftling Ignaz Nowicki beschreibt die Befreiung folgendermaßen:

„(…) Die Häftlinge standen blockweise am Appellplatz (…) als zwei amerikanische Panzer ankamen. Die Bewachung, Angehörige der Wiener Feuerschutzpolizei, kapitulierte. Sie legten ihre Waffen nieder und zogen in die Kriegsgefangenschaft. Unmittelbar nach dem Eintreffen der beiden Panzer haben die polnischen Häftlinge ihre Nationalhymne gesungen (…)"[35]

An diesem Tag, dem 5.5.1945, wurden die Häftlinge in den Nebenlagern Linz II und III, Gunskirchen, Lenzing und Steyr ebenfalls von amerikanischen Truppen befreit. Die Häftlinge des letzten großen deutschen Konzentrationslagers in Ebensee (etwa 18.000 Häftlinge, darunter Gefangene aus Schlier und Wels) sind am 6.5.1945 um 14.45 Uhr gleichfalls von Soldaten der US-Truppen befreit worden.[36] Nach der Abfahrt der zwei Panzerbesatzungen rechneten die befreiten Häftlinge des Hauptlagers – nicht über den Frontverlauf und die militärische Lage in der nahen Umgebung informiert – mit einer möglichen Gefahr der Rückkehr von SS-Einheiten. Aus diesem Grunde und weil überall Waffen leicht zu besorgen

[33] Archiv M.M.: V 3/24, S.18.

[34] Die US-Panzerbesatzungen standen unter dem Kommando des Sergeanten Albert J. Kosiek. Sergeant Kosiek (in der Zeitschrift „Thunderbolt", Mai–Juni 1955. Nr. 7) führte mit seinen Soldaten insgesamt 1.800 Lagerbewachungsorgane als Kriegsgefangene nach Gallneukirchen. – Bezüglich der Aussprache siehe Archiv M.M.: V 3/5.

[35] Archiv M.M.: V 3/5, Angaben des I. Nowicki am 2.6.1965 in Warschau.

[36] Die SS verließ Ebensee erst am 5.5.1945 nachmittags. Die Überwachung übernahmen dort ältere Angehörige der Deutschen Wehrmacht. Archiv M.M.: B 5/3 und 31. – Die etwa 4.800 gehfähigen Häftlinge des Lagers Linz III wurden am 5.5.1945, 7.30 Uhr, in Richtung Mauthausen in Marsch gesetzt. Am gleichen Tag vormittags wurden sie in einem Wald in der Nähe von Urfahr (nördliches Donau-Ufer) von amerikanischen Soldaten befreit. Die SS-Offiziere wurden von den Amerikanern entwaffnet, nicht die Unteroffiziere und Soldaten. – Alle erhielten den Auftrag, nach Linz, ins Lager, zurückzukehren, dem auch entsprochen wurde. Am Rückweg wurden die Soldaten und SS-Unteroffiziere von den Häftlingen entwaffnet. Archiv M.M.: B 24/16, Häftlingsaussagen.

waren, haben sich viele Häftlinge bewaffnet. Die Häftlinge rüsteten sich mit Waffen und Munition, die die Angehörigen der Feuerschutzpolizei weggeworfen hatten, und mit Waffen, die von Häftlingen am 5.5.1945 nachmittags aus der aufgebrochenen SS-Waffenkammer erbeutet wurden, aus. Nun bildeten sich geschlossene militärische Formationen der befreiten Häftlinge, vor allem die bereits vorher organisatorisch erfassten spanischen Häftlinge. In der Folge jedoch stellten in ihrer absoluten Mehrzahl die sowjetischen Häftlinge bewaffnete militärische Einheiten auf. Diese bewaffneten Häftlinge besetzten im Laufe des 5. und 6.5. in der Ortschaft Mauthausen die Post, das Gemeindeamt und auch die Gendarmerieräume. In der Gendarmeriechronik wird die Besetzung der Räume der Gendarmerie folgendermaßen kommentiert:

> *„Der Posten wurde am 6.5.1945 von 7 mit Maschinenpistolen und Handgranaten bewaffneten Elementen überfallen, die Posten entwaffnet und die Räumlichkeiten ausgeplündert. Dadurch war die Tätigkeit des Postens vorläufig lahmgelegt (...)“* [37]

Eine Gruppe bewaffneter spanischer Häftlinge – vom Vorhandensein der in den Donauauen noch befindlichen SS-Angehörigen informiert – bildete bei der Eisenbahnbrücke am linken Donauufer einen Brückenkopf. Am 5.5.1945 übernahm die Leitung der militärischen Häftlingseinheiten der Österreicher Oberst Heinrich Kodré. Wie es dazu kam, beschrieb er wie folgt:

> *„Ich glaube, am Abend dieses Tages [5.5.1945] oder am nächsten Morgen, das kann ich nicht genau angeben, kam Dr. Dürmayer zu mir. Ich hatte ihn vorher nicht gekannt. Er hat mich gebeten, ich möchte die Sicherung des Lagers übernehmen, da die Gefahr bestünde, daß die SS oder auch Wehrmacht, das konnte man nicht wissen, im Zuge der noch laufenden Operationen, in das Lager zurückkehren und vielleicht unter den Häftlingen ein Massaker anrichten könnte. Zugleich hat er mich benachrichtigt, daß im Ort Mauthausen zum Schutz der Brücke sich eine Abteilung von spanischen Kameraden befände, die Kriegserfahrung aus dem spanischen Bürgerkrieg hatten und die mit Waffen versehen worden waren.*
>
> *Ich habe es als meine erste Aufgabe angesehen, mir die Sache in Mauthausen anzusehen. Ich fuhr nach Mauthausen (...) Dort habe ich eine Gruppe von Häftlingen gefunden, ich weiß nicht, wieviele es gewesen sind. Sie waren alle am Ufer und in den Häusern in Stellung gegangen. Andere saßen in den Gasthäusern und tranken. Es war kein Beispiel einer erschütternden Disziplin. Ich stellte fest, daß die Brücke fachmännisch, möchte ich sagen, gesichert war (...) Ich fuhr zurück. Ich hielt mich auf Weisung von Dürmayer im Jourhaus auf. Dort hatte ich eine telefonische Verbindung, die war bereits gelegt, mit dem Brückenkopf, wenn ich das so nennen darf.“* [38]

Kodré hat in den Räumen der ehemaligen Schutzhaftkanzlei (Kommandanturgebäude), nicht wie er irrtümlich anführt, im Jourhaus, mit dem DR-Schutzhältling Dr. Karl Helferich sein Quartier bezogen.

---

[37] Chronik des Gendarmeriepostens Mauthausen: S.271

[38] Archiv M.M.: V 3/24, S.19.

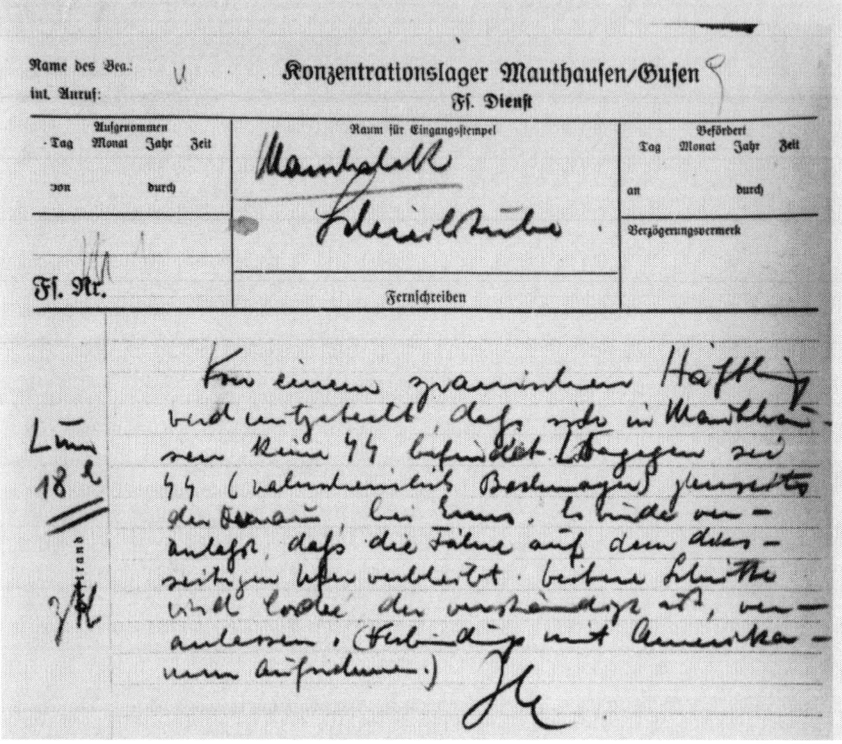

Name des Bea.: int. Anruf:

Konzentrationslager Mauthausen/Gusen

Fs. Dienst

Aufgenommen Tag Monat Jahr Zeit von durch	Raum für Eingangsstempel	Befördert Tag Monat Jahr Zeit an durch
Fs. Nr.	Mauthausen Schleierstraße Fernschreiben	Verzögerungsvermerk

Von einem spanischen Häftling wird mitgeteilt, daß sich in Mauthausen keine SS befindet. Dagegen sei SS (wahrscheinlich [illegible]) jenseits der Donau bei Enns. Ich werde veranlaßt, daß die Fähre auf dem diesseitigen Ufer verbleibt. Weitere Schritte wird [illegible], der verständigt ist, veranlassen. (Verbindung mit Amerikanern aufnehmen.)

Telefonische Mitteilung eines spanischen Häftlings, 5.5.1945, 18.00 Uhr. Übernommen von Dr. Helferich. AMM

US-Panzer im Mauthausener Hauptlager. 7.5.1945 AMM

Dort gab es eine telefonische Leitung, und über diese war er zu allererst mit der von Häftlingen besetzten Mauthausener Post verbunden. Häftlinge in der Poststelle übermittelten an Kodré Informationen, und er oder Dr. Helferich leiteten diese an die Lagerschreibstube weiter. In der Lagerschreibstube sollten die Mitteilungen von den Mitgliedern des Internationalen Komitees ausgewertet werden.[39]

Die Funktion des Leiters der bewaffneten Häftlinge übte Kodré bis 6.5.1915, 3.30 Uhr aus.[40] Die Leitung der bewaffneten Häftlinge übernahm der bis zum 5.5.1945 im Krankenlager befindliche sowjetische Major Andrej Pirogow. Wie es dazu kam, berichtet Kodré:

> *„Es erschien ein bewaffneter Kamerad bei mir und eröffnete mir, ich möchte in eine Baracke zu einem russischen Major, der mich zu sprechen wünsche, kommen. Die Baracke war gesteckt voll mit meist Bewaffneten aber auch Unbewaffneten (…) Na, und die ließen mich in ein kleines Zimmer eintreten. Das war leer. Ich wartete und dann kam ein, wie ich dann später erfahren habe, sowjetischer Major Pirogow.*[41] *Ich begrüßte ihn und er begrüßte mich. Anwesend war ein Häftling, der dolmetschte (…) Der Dolmetsch sagte mir: ‚Pirogow lasse mir sagen, er ist russischer Offizier und hat nun die Bewachung des Lagers, und zwar außerhalb desselben übernommen. Er hat überall Feldwachen aufgestellt.' Weiter sagte Pirogow: ‚Ich wünsche, daß Sie mir den Befehl über alle militärischen Aktionen außerhalb des Lagers übergeben'. Ich habe kurz nachgedacht und mir ist klar gewesen, die Forderung sei durchaus berechtigt. (…) Ich sagte ihm darauf ‚Selbstverständlich'. Worauf er mir spontan die Hand gab (…) Ich ging nun zurück. Dürmayer teilte ich mit, daß ich die Leitung der militärischen Verteidigung des Lagers eben dem Major Pirogow übergeben habe, da mich dieser dazu aufgefordert hat. (…) Dürmayer hat es zur Kenntnis genommen und hat mich nun ersucht, ich solle die innere Ordnung im Lager organisieren. Das habe ich abgelehnt, da ich mit den Verhältnissen im Lager nicht vertraut war."*[42]

Dieser Zustand der Sicherung des Lagers durch bewaffnete Häftlinge dauerte bis zum Eintreffen der amerikanischen Soldaten am 7.5.1945 früh. Am 6.5.1945 gab es über die Donau Gewehrfeuer, einerseits schossen die befreiten Häftlinge auf die in den Auen befindlichen SS-Angehörigen, und diese schossen wieder zurück.

Im Zuge eines solchen Schusswechsels ist der spanische Häftling Badian getötet worden. Die Gendarmeriechronik berichtet unter dem Datum vom 7.5.1945 über den angeführten Schusswechsel, wobei die Erschießung des Spaniers nicht erwähnt, jedoch die Tötung von zwei Zivilisten angeführt wird:

---

[39] Archiv M.M.: St. 6/1, Mitteilungen auf Telegrammformularen, Kodré respektive Dr. Helferich an Dahlem bzw. Marsalek, Originale.

[40] Archiv M.M.: St. 6/1, letzte schriftliche von Kodré paraphierte Mitteilung vom 6.5.1945, 3.30 Uhr, um 3.40 Uhr zeichnete bereits Pirogow ab, Original.

[41] Andrej Pirogow kam strafweise mit 99 Kameraden am 25.10.1944 aus dem KL Sachsenhausen in das KLM und wurde sofort der Strafkompanie zugeteilt. Etwa im Jänner 1945 konnte P. aus der Strafkompanie in das Krankenlager versetzt werden. Dort verblieb er bis 5.5.1945. Siehe Kapitel 17: Anmerkung 11 und Kapitel 37: Anmerkung 4.

[42] Archiv M.M.: 3/24, S.21f.

> *„(...) Am 6.5.1945 fand ein Feuerkampf zwischen den befreiten und bewaffneten KZ-lern und den in der Ennser Au in Stellung gegangenen SS-Leuten statt. Hiebei wurden 2 Zivilpersonen aus Mauthausen getötet (...)“* [43]

Es gibt weder Aussagen noch Hinweise und keinerlei Dokumente, aus denen angenommen werden könnte, dass irgendeine SS-Einheit oder eine Formation der deutschen Wehrmacht nach dem 5.5.1945 den Ort Mauthausen oder sogar die Mauthausener Häftlinge bedrohte oder das Lager besetzen wollte. Weiters gibt es keine Hinweise für die Annahme, die Lager-SS wollte nach dem 3.5.1945 nochmals ins Hauptlager zurückkehren.

Das gesamte Verhalten der Lager-SS ab Ende April 1945 und nach dem 3.5.1945 verweist auf das Gegenteil. Bisher ist nicht bekannt geworden, dass zumindest einer der SS-Angehörigen aus der Frontformation der Lager-SS im Zuge einer militärischen Auseinandersetzung mit US-Truppen getötet wurde. Soweit bekannt, sind alle SS-Angehörigen, die mit US-Truppen in Berührung gekommen sind und sich nicht versteckten, in die US-Kriegsgefangenschaft gegangen. Außer für Ebensee gibt es keine Beweise oder Hinweise, wonach die Lager-SS entweder im April oder Anfang Mai 1945 die Häftlinge in die Stollen treiben wollte. Jedoch auf Grund eines Führerbefehls sowie zweier Keitel-Ergänzungen vom 20.3. respektive 24.3. und 4.4.1945 sollten die unterirdischen Rüstungsfabriken zerstört werden. Trotz Hitlers Weisung zur Sprengung sind weder in Hinterbrühl (Evakuierung der Häftlinge erfolgte hier am 1.4.1945) noch in Melk (letzter Evakuierungstag 15.4.1945), in Gusen I und II, in Schlier (Evakuierung 1.5.1945), in Peggau und in Ebensee die unterirdischen Rüstungsanlagen, Stollen, Tunnels und Keller zerstört respektive gesprengt worden. Jedoch in allen angeführten unterirdischen Anlagen sind von Sprengsachverständigen, entweder bereits Ende März oder spätestens Mitte April 1945, Vorbereitungen zur Sprengung aller Rüstungs-Stolleneingänge durchgeführt worden.

In der Zeit zwischen dem 5.5. und 7.5.1945 befestigten spanische Häftlinge oberhalb des Tores des Hauptlagers ein Transparent mit antifaschistischen Losungen in spanischer Sprache.[44] Hoch oben an der Spitze des Jourhaus-Turmes wurde das blutrote Symbol des internationalen Widerstandes gehisst: die rote Fahne!

Am 7.5.1945 in den Vormittagsstunden wurden die Lager Mauthausen und Gusen endgültig von Einheiten der 11. Panzerdivision der 3. US-Armee (General George S. Patton) unter dem Kommando des Colonel R. R. Seibel besetzt.[45] In allen Lagern versuchten ausgehungerte Häftlinge in der Zeit vom 4.5. bis etwa 8.5.1945 die Magazine zu stürmen. In Mauthausen, Linz und Ebensee konnten die Plünderungswellen teilweise von ehemaligen Häftlingsfunktionären unterbunden werden.

---

[43] Archiv Gendarmerieposten Mauthausen: S.271.

[44] „Los Espanoles antifascistas saludan a las fuerzas liberadoras.“

[45] Der Ende April 1945 von Gusen nach Mauthausen überstellte Pierre Serge Choumoff hat am 1.2.1995 dem Verfasser gegenüber behauptet, R. R. Seibel habe bereits am 6.5.1945 das Lager inspiziert, in der darauffolgenden Nacht mit der Mannschaft im Lagerbereich verweilt und am 7.5.1945 die Verwaltung der Lager Mauthausen-Gusen übernommen.

In Gusen begann eine rücksichtslose Verfolgung der deutschsprechenden Häftlinge, und weiters wurden dort alle Küchen- und Magazinräume geleert. Ein großer Teil der Gefangenen verließ das Lager, sodass von etwa 20.000 in den Gusener Lagern befreiten Häftlingen am 8.5.1945 nur etwa 7.000 anwesend waren. Hier eine kurze Schilderung der Gusener Vorkommnisse in den Tagen der Befreiung vom Österreicher Josef Nischelwitzer:

> *„(...) Die angeführte Lynchjustiz fand am 5. Mai, zum Teil auch noch am 6 Mai, statt: Mir ist aber kein Fall bekannt, dass sich daran Spanier beteiligt hätten. In erster Linie waren es Polen und in geringerem Ausmaß Russen. Ich erlebte eine ganze Reihe von Fällen, wo Spanier Deutschsprachigen zu Hilfe gekommen sind und sie gerettet haben. Ich habe es mit eigenen Augen erlebt, wie Spanier, die zuerst alle Macht an sich gerissen hatten, sich bewaffnet, die neue Postenkette gebildet hatten, mit einem erbeuteten Panzerwagen ins Lager fuhren, um einige Deutschsprachige aus dem Block 28 des Reviers zu holen, die sich den Haß einiger Polen zugezogen hatten und die ihnen nach dem Leben trachteten (...) Ich begab mich am 6. Mai 1945 nach Mauthausen; und am 7.5.1945 ging ich wieder nach Gusen zurück (...) Holte mir nun von der polnisch gewordenen Lagerverwaltung – die bisherigen Revierärzte spielten die Hauptrolle – die Bewilligung, alle Deutschsprachigen, die im Lager waren (soweit sie noch da waren und sich auf Block 32 gesammelt hatten) zu übernehmen (...)*
>
> *Wir marschierten vom Block 32 geschlossen durch das Lager zum Jourhaus, und zwar völlig unbeanstandet (...)“* [46]

Wenige Tage nach dem Eintreffen der US-Truppen am 7.5.1945 hat über Betreiben der ehemaligen Häftlinge Franz Marsik und Jack W. Taylor der amerikanische Kommandant R. R. Seibel mit der Begründung, dass *„sich das Internationale Komitee selbst ernannte, nicht genügend repräsentativ zusammengestellt sei und vorwiegend aus Kommunisten bestehe“*, dieses aufgelöst. Die Vertreter des Internationalen Komitees und eine Unzahl ehemaliger Häftlinge haben gegen diese Maßnahme des US-Kommandanten energisch protestiert, und wohl noch am gleichen oder aber am der Auflösung folgenden Tag wurde das Internationale Komitee als die alleinige offizielle Vertretung der befreiten Häftlinge im Hauptlager Mauthausen von R. R. Seibel akzeptiert. Das Internationale Komitee nannte sich in der Folge Internationales Mauthausen-Komitee.

Unmittelbar nach dem Einzug der US-Truppen gab es das ungemein komplizierte Problem der Häftlings-Entwaffnung. In den Tagen der Befreiung konnte nicht verhindert werden, dass Waffen aus den SS-Beständen und der Feuerschutzpolizei in unbefugte Hände gelangten. Es bildeten sich Gruppen von rachedurstigen und ausgehungerten Häftlingen, die in der Umgebung von Gusen und Mauthausen mit Gewalt Lebensmittel sowie Kleidung „beschlagnahmten“. In der Chronik des Gendarmeriepostens Mauthausen scheint darüber u. a. auf:

---

[46] Archiv M. M.: B 5/31; B 12/59. – In Ebensee kam es noch vor dem Eintreffen der amerikanischen Truppen am 5.5.1945 zu spontanen Handlungen der Lynchjustiz, die sich gegen deutschsprechende Häftlingsfunktionäre richtete.

„(...) In den folgenden Tagen kam es insbesondere in den umliegenden bäuerlichen Ortschaften zu schweren Plünderungen durch durchflutende rücksichtslose Elemente. Besonders arg war es in den Ortschaften östlich der Bahnlinie Mauthausen-Caisbach-Wartberg (...) im sogenannten Niemandsland (...)" [47]

Andererseits gab es reguläre Häftlingseinheiten, die sich im Lager sowie in dessen unmittelbarer Umgebung aufhielten und nachweisbar an den Raubzügen in keiner Weise beteiligt waren. Im Gegenteil, sie betätigten sich in den verlassenen Ortschaften als Ordnungsfaktor. So versuchten sie z. B. in der Umgebung des Hauptlagers Plünderungen zu verhindern (auch mit Brachialgewalt). Dieses für den damaligen physischen Zustand mancher befreiter Häftlinge komplizierte Problem[48] haben die US-Soldaten auf ihre Art und Weise gelöst: Alle Häftlingseinheiten und einige wenige Häftlinge, die sichtbar Waffen trugen, wurden entwaffnet.[49] Alle Waffen (bis auf Pistolen und Revolver, die als Souvenirs von Soldaten mitgenommen wurden) wurden vernichtet. Dafür erhielten alle jene (Polen, aber auch Nichtpolen), die in Aussicht stellten, in die „Anders-Armee" [50] eintreten zu wollen, Waffen aus den US-Beständen und die Plünderungen gingen weiter.[51]
Im Laufe der Monate Mai bis August 1945[52] versorgten die amerikanischen Soldaten Zehntausende von Häftlingen in Mauthausen, Gusen, Linz, Steyr, Lenzing, Ebensee, Gunskirchen mit Lebensmitteln und weit mehr als 20.000 (!) Schwerkranke mit Medikamenten.[53] Wenige Tage nach der Befreiung veranlagten sie die Überführung der Kranken in mehrere von ihnen provisorisch eingerichtete Hospitäler und in die öffentlichen Krankenhäuser der nahen Umgebung. Gemeinsam mit den ehemaligen Häftlingsärzten und -pflegern versorgte das amerikanische Sanitätspersonal – den damaligen Umständen entsprechend – die Kranken in vorbildlicher Weise,[54] dennoch konnten Tausende befreite Häftlinge nicht

---

[47] Es wurden Bauernhöfe überfallen, Essbares und Kleidung geraubt, Schweine und Rinder geschlachtet. Gendarmeriechronik Mauthausen: S.271.

[48] Zum Teil mit Hilfe einzelner Funktionäre des IK, so z. B. auch mit der des Autors.

[49] Die Plünderer kehrten gewöhnlich nicht ins Lager zurück und wenn, dann ohne Waffen. Diese haben sie außerhalb des Lagers versteckt oder bei ihren Kameraden belassen.

[50] Eine polnische Militäreinheit im Rahmen der anglo-amerikanischen Armeen, geleitet vom polnischen Armeegeneral Anders.

[51] Die Plünderungen im Mühl- und Waldviertel konnten erst viele Monate später unterbunden werden. In der Folge haben Deserteure der Deutschen Armee, einheimische und ausländische Kriminelle sowie Marodeure solche Straftaten vollzogen.

[52] Die amerikanischen Truppen verblieben in Mauthausen und Gusen nur bis August 1945, weil das gesamte nördlich der Donau in Oberösterreich befindliche Gebiet sowjetische Besatzungszone wurde. Die beiden Lager (mit wenigen Häftlingen) wurden von den sowjetischen Truppen übernommen.

[53] Im Augenblick der Befreiung gab es in Mauthausen 5.435, in Gusen etwa 2.100, in Linz etwa 650. in Steyr etwa 180, in Ebensee 3.942 und in Gunskirchen etwa 8.000 (!) Kranke. Die Zahl der Kranken von Loiblpass, Klagenfurt, Lenzing, Passau und Mittersill ist unbekannt; es kann jedoch angenommen werden, dass es dort sehr wenige Kranke gab. Entnommen aus Unterlagen des Archiv M.M.: B 5, 11, 12, 13 und 24 sowie H 14.

[54] So z. B. starben in Ebensee, ehe das Krankenlager vom amerikanischen medizinischen Dienst übernommen wurde (9.5.1945), täglich durchschnittlich 350 befreite Häftlinge. Nach der Übernahme starben am 10.5.150, am 11.5.22 und am 12.5.1945 18 Personen. Bereits am 9.5.1945 wurde von den Amerikanern die Evakuierung von 440 Schwerkranken in das Bad Ischler Militärspital veranlasst. Am 13.5.1945 gab es in Ebensee 2.012 Kranke, davon waren 1.371 transportfähig und 641 nicht transportfähig. Archiv M.M.: B 5/20 und 21.

mehr gerettet werden.[55] Im Mai und Juni bemühte man sich, die transportfähigen Häftlinge, mit oder ohne Hilfe nationaler Komitees und der US-Streitkräfte, gruppenweise oder einzeln, in ihre Heimatländer zu bringen. Die Beschaffung der Beförderungsmittel war das große Problem dieses Bemühens. In dieser Hinsicht gab es seitens der amerikanischen Militärbehörden vielfache Hindernisse.

Es hatte den Anschein, dass offenbar der Auftrag vorlag, die Evakuierungen von kommunistischen Aktivisten in die befreiten Länder Europas zu erschweren. Deshalb begaben sich Hunderte befreite Häftlinge – Griechen, Albaner, Ungarn, Bulgaren, Rumänen, Polen und Deutsche – einzeln und in Gruppen zu Fuß in ihre befreite Heimat. Für die Rückkehr der nichtkommunistischen Häftlinge Westeuropas gab es keine Schwierigkeiten. Es gab jedoch Ausnahmen: allen Tschechoslowaken wurden Beförderungsmittel (LKWs) zur Verfügung gestellt. Die Jugoslawen sowie Slowaken fuhren (gemeinsam mit ehemaligen jugoslawischen und slowakischen Kriegsgefangenen) mit Hilfe der Amerikaner auf insgesamt 19 slowakischen und jugoslawischen Schiffen am 20.5.1945 auf der Donau heim.

Auch alle Österreicher fuhren auf Fahrzeugen der Wiener Feuerwehr, die von der Wiener Feuerschutzpolizei im Laufe des Monats April 1945 im Steinbruch „Wiener Graben“ abgestellt worden waren, am 18.5.1945 nach Wien. Sehr viele polnische Häftlinge kehrten erst im Herbst respektive im Winter 1945/46 nach Polen zurück. Am 16.5.1945 verließen über Veranlassung des Oberkommandos der sowjetischen Streitkräfte in Österreich die befreiten sowjetischen Häftlinge[56] als erste große nationale Gruppe das Hauptlager Mauthausen.

In der Zeit vom 5.5.1945 bis 10.5.1945 bildeten sich innerhalb der nationalen Gruppen in allen befreiten Lagern Komitees bzw. nationale Ausschüsse der ehemaligen Häftlinge. Alle diese Komitees erließen verschiedene Aufrufe und übermittelten ihren neu gebildeten Regierungen Grußbotschaften oder der Öffentlichkeit auch nur Mitteilungen über die Anwesenheit gewisser Häftlinge im befreiten KL Mauthausen.

So z. B. haben die Österreicher Hammerstein, Dr. Dürmayer, Dr. Soswinski, Oberst Kodré, Dr. Migsch und Dr. Schmitz mittels der englischen Nachrichtenagentur Reuter u. a. folgendes der Öffentlichkeit bekannt gegeben:

---

[55] In Gusen starben in der Zeit vom 5.5. bis 4.6.1945 1.042 und in Mauthausen allein in der Zeit vom 5.5. bis 18.5.1945 644 und bis August 1945 in beiden Lagern 3.162 befreite Häftlinge, obwohl im gleichen Zeitraum viele in die Krankenhäuser der nahen Umgebung (Perg, Schwertberg, Linz, Enns usw.) überführt wurden. So z. B. starben in Linzer Krankenhäusern in den Monaten Mai und Juni 1945 105 Mauthausener sowie Gusener Häftlinge. Am Ebenseer Friedhof wurden 2.671 Leichen von Häftlingen beerdigt, die alle nach dem 4.5.1945 verstarben. Die genaue Zahl der nach der Befreiung verstorbenen Häftlinge des KLM konnte bisher nicht ermittelt werden: allein in Gunskirchen und Wels gab es vier große Massengräber. Archiv M.M.: B 12/1; U 6/3, 4, und 6.

[56] Gemeinsam mit ihnen verließ eine kleinere Gruppe von Funktionären der Deutschen Kommunistischen Partei das Lager.

„Amerikanische Truppen haben am 5. Mai 1945 das Konzentrationslager Mauthausen in Österreich besetzt. 478 Österreicher, darunter 19 Frauen, wurden befreit (...)“ [57]

Anlässlich des Abmarsches der sowjetischen Häftlinge (16.5.1945) erließ das Internationale Komitee folgenden Appell:[58]

„Es öffnen sich die Tore eines der schwersten und blutigsten Lager: des Lagers Mauthausen. Nach allen Himmelsrichtungen werden wir in freie und vom Faschismus befreite Länder zurückkehren. Die befreiten Häftlinge – denen noch gestern der Tod aus den Händen der Henker der nazistischen Bestie drohte – danken aus tiefstem Herzen den siegreichen alliierten Nationen für die Befreiung und grüßen alle Völker mit dem Rufe der wiedererlangten Freiheit.

Der vieljährige Aufenthalt im Lager hat in uns das Verständnis für die Werte einer Verbrüderung der Völker vertieft.

Treu diesen Idealen schwören wir, solidarisch und im gemeinsamen Einverständnis, den weiteren Kampf gegen Imperialismus und nationale Verhetzung zu führen. So, wie die Welt durch die gemeinsame Anstrengung aller Völker von der Bedrohung durch die hitlerische Übermacht befreit wurde, so müssen wir diese erkämpfte Freiheit als das gemeinsame Gut aller Völker betrachten.

Der Friede und die Freiheit sind die Garantien des Glückes der Völker, und der Aufbau der Welt auf neuen Grundlagen sozialer und nationaler Gerechtigkeit ist der einzige Weg zur friedlichen Zusammenarbeit der Staaten und Völker. Wir wollen nach erlangter eigener Freiheit und nach Erkämpfung der Freiheit unserer Nationen die internationale Solidarität des Lagers in unserem Gedächtnis bewahren und daraus die Lehren ziehen:

Wir werden einen gemeinsamen Weg beschreiten,

den Weg der unteilbaren Freiheit aller Völker,

den Weg der gegenseitigen Achtung,

den Weg der Zusammenarbeit am großen Werk des Aufbaues einer neuen, für alle gerechten, freien Welt.

Wir werden immer gedenken, mit welch großen blutigen Opfern aller Nationen diese neue Welt erkämpft wurde.

[57] Die Meldung Reuter (Kopie) lautete: „Amerikanische Truppen haben am 5.5.1945 das Konzentrationslager Mauthausen in Oberösterreich besetzt. 478 Österreicher, darunter 19 Frauen, wurden befreit. Unter ihnen befanden sich: Baron Hans Freiherr v. Hammerstein, Minister a. D. und letzter Präsident des österreichischen Roten Kreuzes, Dr. Heinz Dürmayer, Repräsentant der österreichischen Emigration in London und Referent für das Unterhauskomitee ‚Austrian freedom', führender Mann d. Anti-Nazibewegung in Österreich, Dr. Ludwig Soswinski, Führer und Begründer der Untergrundbewegung in vielen deutschen Konzentrationslagern, Oberst Heinrich Kodré, Chef des Generalstabes des Wehrkreises 17 (Wien, Niederösterreich, Oberösterreich), Dr. Alfred Migsch, Mitbegründer und führender Mann der österreichischen Freiheitsbewegung in Wien, Dr. Bruno Schmitz, Sohn des letzten Bürgermeisters von Wien. Wenige Tage vorher noch haben die SS-Verbrecher der Lagerführung 67 Kämpfer für Österreichs Freiheit aus Linz, Wels und St. Pölten, darunter unseren tapferen Mitkämpfer Johann Teufel aus Linz, ermordet."

[58] Archiv M.M.: U 4/1, Appell, Kopie.

Im Gedenken an das vergossene Blut aller Völker, im Gedenken an die Millionen, durch den Nazifaschismus gemordeten Brüder geloben wir, daß wir diesen Weg nie verlassen werden. Auf den sicheren Grundlagen internationaler Gemeinschaft wollen wir das schönste Denkmal, das wir den gefallenen Soldaten der Freiheit setzen können, errichten:

DIE WELT DES FREIEN MENSCHEN.

Wir wenden uns an die ganze Welt mit dem Ruf: Helft uns bei dieser Arbeit!

Es lebe die internationale Solidarität!

Es lebe die Freiheit!

Im Namen aller ehemaligen politischen Häftlinge von Mauthausen:

Ceskoslovensky, Narodny, Revolucni vybor
Deutsches Komitee
Comite Espanol
Comite Franco-Belge
Comite Grec
Comitato Nazionale Italiano
Jugoslovenski Odbor
Magyar Bizottsag
Österreichischer Nationalausschuß
Komitet Polski
Russkij Komitet
Delegue les Albanes
Delegue les Hollandais et Suisse
Der Delegierte für Luxemburg
Delegue les Roumains"

Am 20.6.1947 übergaben die Vertreter der Sowjettruppen das Gelände des ehemaligen KL Mauhausen in das Eigentum der Republik Österreich. In der vordersten Reihe Bundeskanzler Ing. Leopold Figl. AMM

39. Mahn- und Gedenkstätte

Vom Spätherbst 1945 bis Mai 1946 waren in den Baracken des ehemaligen Konzentrationslagers Mauthausen Soldaten der Sowjetarmee untergebracht.[1]
Als ehemaliges deutsches Eigentum wurde das gesamte Gelände am 20.6.1947 von Generaloberst Scheltow im Namen des sowjetischen Hochkommissars und Oberbefehlshabers der Sowjettruppen in Österreich, Wladimir W. Kurassow, der Republik Österreich mit dem Wunsche übergeben, dass es eine Stätte zum Gedenken an die im Kampfe um ein freies, unabhängiges und demokratisches Österreich gefallenen Opfer werde. Es erfolgte der Austausch der entsprechenden Urkunden. Bundeskanzler Ing. Figl dankte für die Übergabe des Lagers und erklärte, dass die Bundesregierung diese Gedenkstätte zu einem Warnmal für alle machen werde, die den Weg der demokratischen Freiheit verlassen wollen. Für die Überlebenden und im Namen der Hinterbliebenen der Opfer sprach der ehemalige Mauthausener Häftling Josef Kohl Worte des Gedenkens. Somit verpflichtete sich die österreichische Bundesregierung, die Anlagen des ehemaligen Konzentrationslagers als Mahn- und Gedenkstätte zu erhalten.[2]
Die Verwaltung der Gedenkstätte übernahm zuerst das Bundesministerium für Vermögenssicherung und Wirtschaftsplanung. Am 16.10.1948 wurde die Verwaltung in die Kompetenz des Bundesministeriums für Inneres übertragen, und am 2.5.1949 wurde die Verwaltung der Gedenkstätte dem Land Oberösterreich übergeben. Am 15.3.1949 beschloss der Ministerrat, das Gelände des ehemaligen Konzentrationslagers zum Öffentlichen Denkmal im Sinne des Bundesgesetzes vom 7.7.1948, BGBl. 176, zu erklären. In späterer Folge übernahm das Bundesministerium für Inneres neuerlich die Verwaltung der Gedenkstätte.[3]
Von den vielen Personen und Vereinigungen, die sich für den Ausbau und die Erhaltung der Mahn- und Gedenkstätte einsetzten, sind vor allem zu nennen: Der langjährige ehemalige Häftling Josef Kohl, der Landeshauptmann von Oberösterreich Dr. Heinrich Gleissner, der Generalsekretär des Internationalen Mauthausen-Komitees Dr. Heinrich Dürmayer, die französische Lagergemeinschaft Mauthausen mit ihrem Generalsekretär Emile Valley, der Bundesverband österreichischer Widerstandskämpfer und Opfer des Faschismus (KZ-Verband) und dessen Obmann Dr. Ludwig Soswinski, die Lagergemeinschaften ehemaligen Mauthausen-Häftlinge in Österreich und Italien.
Am 2.5.1949 wurde auf dem Appellplatz des ehem. Konzentrationslagers Mauthausen ein Sarkophag mit der Aufschrift *„MORTUORUM SORTE DISCANT VIVENTES“ („Aus der Toten Geschick mögen die Lebenden lernen“)* aufgestellt.

[1] Entnommen aus der Chronik der Mauthausener Gendarmerie.
[2] Artikel der Zeitung „Neues Österreich“: 21.6.1947, Auf der Todesstiege von Mauthausen.
[3] Archiv M.M.: V 1/1.

Auf dem Gelände der Mahn- und Gedenkstätte wurden nach und nach nationale Denkmäler errichtet:

Denkmal	**Datum der Enthüllung**
UdSSR (altes Karbyschew Denkmal, inzwischen abgetragen)	28.02.1948
Frankreich	22.09.1949
Österreich (Denkmal für Opfer der UdSSR)	07.05.1955
Italien	08.05.1955
Polen	03.06.1956
UdSSR[4]	12.05.1957
Jugoslawien	11.05.1958
Tschechoslowakei	24.05.1959
Belgien	14.05.1961
Republikanische Spanier	06.05.1962
UdSSR (neues Karbyschew Denkmal)	12.05.1963
Ungarn	10.05.1964
DDR[5]	05.05.1967
Luxemburg	08.05.1968
Albanien	04.05.1969
Großbritannien	03.05.1970
Bulgarien	02.05.1976
Jüdisches Denkmal[6]	20.06.1976
Griechenland	11.10.1980
Bundesrepublik Deutschland	16.11.1983
Niederlande	09.05.1986
Slowenien	06.05.1995
Roma und Sinti	09.05.1998
Denkmal für Kinder und Jugendliche im KLM	06.05.2001
Ukraine	06.05.2001

Am 3.5.1970 wurde in der Mahn- und Gedenkstätte (in den Räumen des ehemaligen Reviergebäudes) von Bundeskanzler Dr. Bruno Kreisky das Museum Mauthausen eröffnet.

[4] UdSSR: ehemalige Union der Sozialistischen Sowjetrepubliken.
[5] DDR: ehemalige Deutsche Demokratische Republik.
[6] Archiv M.M.: V 1/12.

Lagerausdrücke

Die unvollständige Sammlung der hier in alphabetischer Reihenfolge aufscheinenden Lagerausdrücke bezeugt die perverse Brutalität der Verhältnisse und das heillose Sprachenwirrwarr innerhalb der aus ganz Europa stammenden Gefangenen.

Die einzige offiziell erlaubte Umgangssprache war Deutsch: alle Befehle, Anordnungen. Arbeitsanweisungen, Ersuchen, Briefe usw. usf. mussten in deutscher Sprache vorgebracht respektive geschrieben werden. Um sich verständigen zu können, lernten die meisten der ausländischen Gefangenen, unter der Aufsicht von kriminellen Häftlingsfunktionären, in den ersten Tagen ihres Aufenthaltes ein Minimum deutscher Redewendungen des täglichen Gebrauchs und die Nennung respektive Aussprache der SS-Chargen. Für die überwiegende Mehrzahl der Polen, Spanier, Jugoslawen, Tschechen, Sowjetbürger, Franzosen und Belgier betätigten sich vorwiegend Kriminelle als Deutschlehrer. So haben der Wiener Dialekt und die Ausdrucksweise der österreichischen sowie deutschen Unterwelt die Umgangssprache ausländischer Häftlinge beeinflusst.

A

Abgang
Offizieller SS-Ausdruck; er bedeutet entweder Entlassung, Überstellung, Exekution oder auch Ermordung und das Ableben der Häftlinge.

Abspritzen
SS- und Häftlingsausdruck für Tötung mit Injektionsspritzen.

Abreibung
SS-Ausdruck für Misshandlung.

Achtung
Häftlingswarnruf des Blockältesten oder des Capo, wenn SS-Angehörige die Baracken aufsuchten. In strammer Haltung, mit den Händen an der Hosennaht und mit der Blickrichtung zum SS-Angehörigen mussten die Gefangenen stehen.

Achtzehn
Warnruf der Häftlinge vor herankommenden SS-lern oder Capos. Der Entwarnungsruf lautete „Zwanzig".

Afrikakorps
Militärische Häftlingseinheit, die Ende März 1945 aufgestellt wurde. Die Angehörigen dieser Einheit trugen alte Wehrmachtsuniformen des deutschen Afrikakorps, deshalb die Benennung.

Aktion
SS-Ausdruck für Massenrepressalien, Masseneinvernahmen, Misshandlungen ganzer Arbeitskommandos, Erschießungen größerer Häftlingseinheiten usw.

Alle Räder rollen für den Sieg!
Losung ab etwa Winter 1943/44 in mehreren Rüstungsbetrieben angebracht, in denen Häftlinge eingesetzt wurden.

Alles raus!
Aufforderung der SS-Angehörigen und des Blockpersonals, entweder am Bahnhof aus den Waggons auszusteigen oder aus den Baracken heraus zu kommen, um am Vorplatz Aufstellung zu nehmen.

Alte Nummer
Häftlingsausdruck. Mit „Alte Nummer" meinte man einen Häftling, der eine niedrige Häftlingsnummer aufwies. Manches Mal sagte man anstatt „Alte Nummer" auch „Alter Häftling", obwohl es sich keinesfalls um einen an Jahren alten Gefangenen handelte, sondern um einen, der viele Jahre im KL inhaftiert war. Die „Alten Nummern" hatten eine gewisse Sonderstellung im Lager, wie bei den Häftlingen so auch bei den SS-Angehörigen, auch dann, wenn sie keine Häftlingsfunktionäre waren.

Appell
Zählappell der Häftlinge, der dreimal und ab Sommer 1943 zweimal täglich erfolgte.

Arbeitsdienstführer
SS-Unteroffizier, der für das Aufstellen der Arbeitskommandos, für das Aus- und Einrücken und für die Arbeitsleistung der Häftlinge verantwortlich war.

Arbeitseinsatz
Entweder war damit eine Abteilung der KL-Verwaltung oder der Arbeitseinsatz der Gefangenen gemeint.

Arbeitskommando formieren!
Aufforderung nach dem Morgen- und Mittagsappell.

Arbeitsunfähige
Kranke, invalide und körperlich schwache Häftlinge.

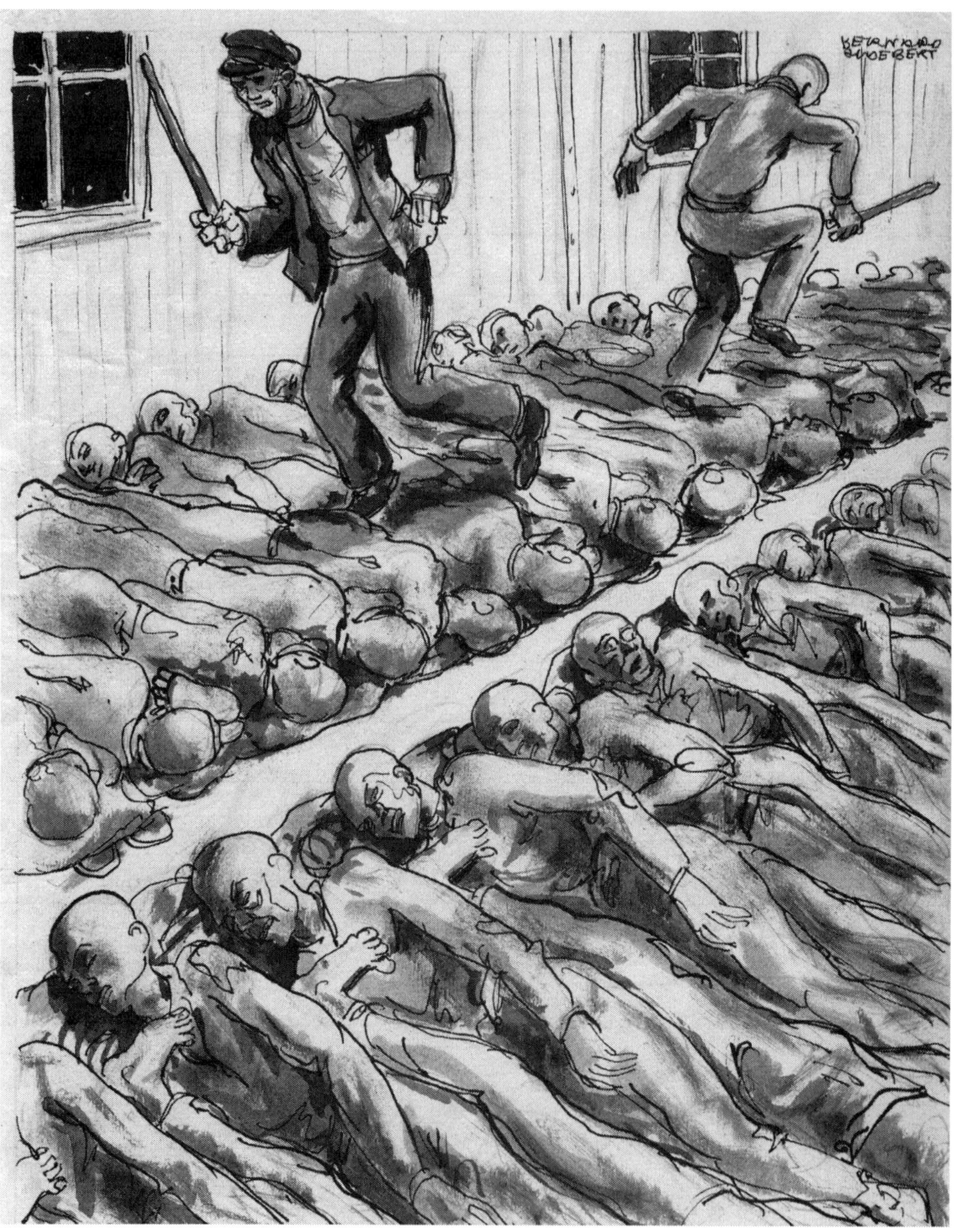

Das Schlichten der Häftlinge (so genannte Sardinenlage) in den Mauthausener Quarantäne-Baracken. Zeichnung des ehemaligen französischen Häftlings Bernard Aldebert. AMM

Arschkolonne
SS-Ausdruck für besonders Körperschwache, die am Schluss der aus- und einmarschierenden Arbeitskolonnen gingen.
Arztmelder
SS- und Häftlingsausdruck. Ein kranker Häftling, der sich für die ärztliche Untersuchung meldete.
Asta
Eine Schäferhündin. die zum Angriff auf die Häftlinge abgerichtet wurde. Sie gehörte dem 3. Schutzhaftlagerführer Streitwieser.
Aso
SS-Bezeichnung für asoziale Häftlinge.
Auf der Flucht erschossen
SS-Ausdruck für Erschießung von Häftlingen, wobei eine Flucht vorgetäuscht wurde.
Auffliegen
Häftlingsausdruck für das Bekanntwerden einer verbotenen Handlung.
Aufhängen
An einem Querträger der Baracke wurden Häftlinge mit nach hinten gebundenen Händen (beim Handgelenk) an den Händen hochgezogen. Je nach Laune und Strafausmaß hingen die Opfer bis zu eine Stunde lang.
Avanti!
SS- und Capo-Ausdruck, eingebürgert in den Jahren 1944 und 1945, für „rasch", „schnell". Damals kamen Italiener ins Lager.

B

Badeaktion
SS-Bezeichnung für die Tötung von Häftlingen in den Baderäumen.
Bad Ischl
Tarnbezeichnung der SS für Vergasungstransporte in das Schloss Hartheim.
Bademeister
Häftlingsausdruck in Gusen für den SS-Hauptscharführer Jentzsch, weil er der Initiator des Ermordens der Kranken und Schwachen durch kalten Wasserstrahl (im Häftlingsbad) war.
Bahnhof
Häftlingsausdruck für jene Stube des Krankenbaues in Gusen (Block 31), in dem die Ruhrkranken untergebracht waren.
Banda swin
„Saubande", polnisches Schimpfwort für die SS-Angehörigen.
Baum
SS-Ausdruck für das Hängen der Häftlinge auf Pfählen oder Querbalken. Siehe „Aufhängen".
Bandit
SS-Schimpfwort für eingelieferte jugoslawische Staatsbürger, Partisanen.
Bandzior
Polnischer Häftlingsausdruck für Verbrecher.
Basar
Häftlingsausdruck für jenes Lagergebiet, wo abends Häftlinge Tauschhandel betrieben. Siehe „Valuta".
Befriedigung
Tarnname der SS für größere Liquidierungsaktionen.
Begrüßung
Tarnbezeichnung für Misshandlungen, die von Organen der SS anlässlich der Vorstellung und Befragung von neueingewiesenen Häftlingen durchgeführt wurden. Die „Begrüßungen" fanden je nach der Größe des Transportes entweder in der Politischen Abteilung oder vor der Wäschereibaracke statt.
Bettenbauen
SS- und Häftlingsausdruck. Schikanöses Ordnen der Betten und der Decken.
Bewegung
SS- und Häftlingsausdruck für rasches Arbeiten, manchmal für Laufschritt während der Arbeit. Im Laufe der Jahre entstand bei den Häftlingen aus diesem Ausdruck ein Warnruf.
Biegel
SS- und Häftlingsausdruck für ein Bügelbrett, das zur Schaffung exakter ebener Flächen und scharfer' Strohsackkanten verwendet wurde.
Birnkopf
SS-Schimpfwort vor allem für Häftlinge mit Intelligenzberufen.
Bistro
Häftlingsausdruck. Bedeutete „schneller", „rascher". Stammt aus dem Russischen.
Blechnapf
SS- und Häftlingsausdruck. Essensschüssel der Häftlinge.
Block
Häftlingsbaracke, Wohnstätte der Häftlinge, gekürzt Bl.
Blockführer
SS-Angehöriger, der die Aufsicht über die Häftlinge einer bestimmten Wohnbaracke (Block) ausübte.
Bock
Tischähnliche Vorrichtung aus Holz für den Vollzug der Prügelstrafe.
Bordell
Seit dem Jahre 1942 existierte in Mauthausen und Gusen je ein Bordell für die deutschen Häftlinge. Ab Ende 1943 konnten auch Häftlinge anderer Nationen die Bordelle aufsuchen.
Bordellschein
Für den Besuch des Bordells war ein in der Lagerschreibstube ausgestellter Bordellschein notwendig.
Bolschewiken
SS-Ausdruck für deutsche, österreichische kommunistische und sowjetische Häftlinge.

Boxer
Häftlingsbezeichnung des Rapportführers Müller (1912–1943). Müller hatte die Gewohnheit, eine Misshandlung einzustellen, wenn nach dem ersten Faustschlag das Opfer zu Boden ging.
Brauner
Häftlings- und auch SS-Bezeichnung für Roma und Sinti, die in den Jahren 1938 bis 1940 als Erkennungszeichen ein braunes Dreieck tragen mussten.
Brausepulver
SS-Tarnname für den seit Sommer 1944 im Lagerarrest befindlichen Sohn des italienischen Marschalls Mario Badoglio.
Bramburi
Häftlingsausdruck für Kartoffel. Dieser Ausdruck stammt aus dem Tschechischen und wurde im Lager von den Wiener Kriminellen eingeführt.
Bunker
Arrestgebäude im KL, auch „Zellenbau" genannt.

C

Camela
Spanischer Häftlingsausdruck und bedeutete Essenschüssel. Camela bedeutete auch eine volle Schüssel mit Rübeneintopf.
Campo
Häftlingsausdruck. Bedeutete Konzentrationslager; kommt aus dem Italienischen.
Capo
SS- und Häftlingsausdruck. Ein Häftling, der von der SS als Anweisungshäftling für bestimmte Arbeitsgebiete oder Arbeitskommandos eingesetzt wurde. Der Ausdruck stammt aus dem Italienischen und wurde von italienischen Straßenarbeitern, die in den dreißiger Jahren in Bayern eingesetzt waren, verwendet. Im KL Dachau wurde er zuerst eingeführt, und dann wurde der Ausdruck Capo in die offizielle Terminologie aller deutschen Konzentrationslager übernommen.
Caracho-Weg
Häftlingsausdruck für ein von den Gefangenen täglich begangenes Straßenstück zwischen den SS-Baracken, beginnend beim Haupteingang und endend bei der Steinbruchstiege. „Caracho" ist ein spanisches Schimpfwort.
Chinese
SS- und Häftlingsausdruck für die aus Asien und Afrika stammenden Häftlinge, deren Sprache niemand im Lager verdolmetschen konnte.
Chlopak
Häftlingsausdruck der Polen. Bedeutete junger Mann oder auch kräftiger Mann.
Cholera
Häftlingsausdruck. Ein Schimpfwort der polnischen Häftlinge.
Czapka
Häftlingsausdruck. Bedeutete Mütze und kommt aus dem Polnischen.

D

Daj chleba
Russische und polnische Bitte, Brot zu geben.
Dalli, dalli!
Ausdruck der SS-Angehörigen und deutscher Anweisungshäftlinge für rasch, schnell oder sofort.
Dawaj
Häftlingsausdruck der Sowjetbürger. Bedeutet „gib her". Wenn SS-Angehörige oder Capos diesen Ausdruck verwendeten, so meinten sie damit „rascher", „schneller", „sofort" oder auch „lege ab".
Der rasche Gang des Onkel Pepi (oder Josef)
Tarnsatz der kommunistischen Häftlinge (in den Jahren 1943 bis 1945) für den Vormarsch der sowjetischen Truppen. Die Österreicher verwendeten den Vornamen Pepi, die Deutschen Josef. Mit Pepi respektive Josef war Stalin gemeint.
Dicke Luft
Ein Häftlingsausdruck für Situationen, in denen es aus irgendeinem Grund lebensgefährlich war, einem SS-ler oder Capo zu begegnen.
Dir gefällt es hier, was?
SS-Frage gegenüber jüdischen Häftlingen (bis Winter 1942/43), die nicht nach wenigen Tagen ermordet wurden.
Dirigieren
SS-Ausdruck. Bedeutete, Häftlinge von der Arbeitsstelle zu versetzen oder in ein anderes Lager zu überstellen.
Dirlewanger
Eine Militäreinheit der SS, ursprünglich der Wilderer, dann für entlassene Häftlinge oder „politisch unverlässliche" Personen. Dirlewanger war Befehlshaber dieser Einheit.
Dolmetscher
Häftlingsausdruck für Gummi- oder Holzknüppel. Die größtenteils nur deutschsprechenden Häftlingsfunktionäre „verdolmetschten" ihre Anweisungen mittels eines Knüppels.
Drava
Eine jugoslawische Beutezigarette, die den Häftlingen in der Lager-Kantine verkauft wurde.
Du Dreckjüderle, Du Stinktier, Du Stierbeutel, Du Naserter
Schimpfworte von SS-Angehörigen für jüdische Neuzugänge.
Drecksack, Dreckskerl, Dreckvieh
SS- und Häftlingsschimpfworte.

Drillich
Offizieller Lagerausdruck. Blau-weiß gestreifte Häftlingsbekleidung.
Durch den Kamin fliegen (gehen)
SS-Ausdruck. Eine geläufige Drohung der SS-ler bei Neuzugängen. Sie bedeutete, dass der Angesprochene mit seiner Tötung und Verbrennung im Krematorium rechnen sollte.
Durchkämmen
SS-Ausdruck für die Durchsuchung der Häftlingsbaracken nach verbotenen Gegenständen und politischem Material; oftmals auch nur um zu schikanieren, um Unordnung zu schaffen.
Durchstecherei
Offizieller SS-Ausdruck für illegale Häftlingsbriefsendungen oder auch für verbotene Beziehungen zwischen Häftlingen und SS-Angehörigen.
Duschogubka
Siehe „Gaswagen".

E

Effektenkammer
Eine Baracke außerhalb des Lagers, auch ein Arbeitskommando. In der Effektenkammer wurden alle Gegenstände, die den Häftlingen bei ihrer Einweisung abgenommen wurden, verwahrt. Eine Quelle des Diebstahls für SS-Angehörige und Häftlinge.
Ehrenhäftlinge
Im KL Mauthausen gab es ab Frühjahr 1944 mehrere Ehrenhäftlinge. In ihrer Mehrzahl waren es ungarische Politiker und Angehörige des Adels, die keine Arbeit verrichten mussten.
Eierschädel
SS-Schimpfwort für Intellektuelle.
Ein bissl rascher als sonst
Eine sehr häufige SS-Aufforderung (und auch der Capos) für rasches, schnelles Gehen und Arbeiten.
Eindeutschungsfähig
SS-Ausdruck für gewisse Polen und Tschechen, die nach Ansicht der SS Deutsche werden konnten.
Eine Laus Dein Tod!
Aufschrift eines Plakates, das in jedem Block affichiert war (1941 bis 1943).
Eintopf
Tägliches Mittagessen für Häftlinge, zubereitet aus Futterrüben und Kartoffeln.
Einsatz
Siehe „Arbeitseinsatz".
Ein Schlag
Eine Portion Essen, verabreicht mit einem Schöpflöffel. Wenn eine zweite Portion Essen ausnahmsweise ausgegeben wurde, so wurde es „Nachschlag" genannt.
Elektrozaun
Stacheldrahtzaun mit Starkstromleitung um das Lager.
Empfang
SS-Ausdruck für Misshandlungen der Neuzugänge. Siehe „Begrüßung".
Entwesung
Tarnausdruck der SS für die Vergasung der Häftlinge. Die Gaskammer hieß offiziell „Entwesungskammer" oder auch „Desinfektionskammer".
Erdbewegung
Ein sehr gefährliches und schweres Häftlingskommando für Neuzugänge und Kranke. Bei Planierungs- und Grabungsarbeiten wurden viele Häftlinge „auf der Flucht" erschossen.
Erholungsheim
Tarnname der SS für die Vergasungsanstalt Hartheim.
Erholungslager
Tarnname der SS für das Lager III (April 1945). Die dort konzentrierten Häftlinge sollten in der Mauthausener Gaskammer erstickt werden. Siehe auch „Genesungslager".
Ewige Maus
Häftlingsausdruck für jenen Häftling, der von einem Kollektiv, sei es im Rahmen des Blockes, der Tischgesellschaft oder einer nationalen Gruppe beauftragt wurde, Lebensmittel oder Bekleidung auf seiner Arbeitsstelle zu stehlen (zu organisieren). Aus diesem Grunde wurden manche Häftlinge in bestimmte Kommandos eingeschmuggelt.
Ex
Offizielle SS-Kürzung für Exekution.

F

Fallschirmspringer
Häftlinge – in ihrer Mehrzahl holländische jüdische Staatsbürger – die von der SS oder von Capos gezwungen wurden, über eine Felswand des Steinbruches „Wiener Graben" in die Tiefe zu springen. Von den Häftlingen übernommener SS-Ausdruck.
Familie
Tarnausdruck kommunistischer Häftlinge für die illegale kommunistische Organisation im Lager und auch in der Freiheit.
Fantomas
Häftlingsausdruck für jenen Autobus, der Kranke und körperlich schwache Häftlinge aus dem Lager in das „Genesungslager" Schloss Hartheim überstellte.
Fertigmachen
SS- und Häftlingsausdruck. Bedeutete entweder jemanden zum Geständnis zu bewegen (zu zwingen) oder auch jemanden zu ermorden.

Fetzenpost
SS- und Häftlingsausdruck für Post-Autobusse, die Häftlinge nach Hartheim und von Hartheim die Kleider sowie Wäsche der Ermordeten transportierten (1944).
Filiallager
Nebenlager des KLM.
Filou
SS-Ausdruck für Schlaukopf, Spitzbube. Diesen Ausdruck verwendete die SS nur gegenüber bevorzugten Häftlingen.
Filzen
Häftlings- und SS-Ausdruck für Personendurchsuchung. Gewöhnlich sind auf dem Rückmarsch von der Arbeitsstätte entweder alle Häftlinge eines Arbeitskommandos oder stichprobenartig einzelne Gefangene beim Jourhaus durchsucht worden.
Franzuski
Häftlingsausdruck der Polen und Russen für französische Gefangene.
Freitod
SS-Ausdruck. Im KLM gab es folgende offizielle Selbstmordbezeichnungen: „Freitod durch Erhängen, durch Elektrozaun, durch Überfahren (lassen), durch Blutkreislauföffnen, durch Sprung in die Tiefe, durch Absturz und durch Ertrinken".

G

Gaswagen
Ein dicht abgeschlossener LKW-Kastenwagen, in welchem Häftlinge während der Fahrt von Mauthausen nach Gusen und von Gusen nach Mauthausen ermordet wurden. Da die Fahrtstrecke zu kurz war, hat sich diese Tötungsmethode nicht bewährt. Nach mehreren Fahrten wurde diese Tötungsart eingestellt (Frühjahr 1942). Die slawischen Häftlinge nannten den Gaswagen „Duschogubka", die anderen Häftlinge „Fantomas" oder auch „Miena"; der Gaswagen wurde oft mit einem LKW verwechselt, der gewisse Neuzugänge oder Leichen vom Bahnhof Mauthausen ins Lager transportierte.
Gebet
Ein Häftlingsausdruck. Bedeutete, während der Einvernahme geständig gewesen zu sein oder zumindest etwas zugegeben zu haben.
1 Ge
Offizielle Kürzung für einen SS-Posten mit Gewehr.
Geheimnisträger
SS-Ausdruck für führende Häftlingsfunktionäre, aber auch für die Häftlinge des Krematoriums und Bunkerkommandos (Kalfaktoren).
Genesungslager
Offizieller SS-Tarnausdruck für das Lager III im KL Mauthausen, wo ab 19.4.1945 körperschwache Häftlinge konzentriert wurden, um dann in der Gaskammer ermordet zu werden.
Genesungstransport
Offizieller SS-Tarnausdruck für Häftlingstransporte in die Gaskammer des Schlosses Hartheim.
GESTAPO-Juden
Offizieller SS-Ausdruck für jüdische Häftlinge, die von einer GESTAPO-Stelle oder -Leitstelle in das KLM eingewiesen und mit einem Schutzhaftbefehl versehen wurden. Siehe dagegen „Transportjuden".
Glaspapier
Zum Reinigen der Spinde erhielten die Häftlinge in Mauthausen und Gusen in unregelmäßigen Abständen Glaspapier ausgefolgt (bis Anfang 1944). Das Reinigen der Spinde gehörte zur Lagerschikane.
Gnadenschuss
Nach der Exekution verabreichte der Leiter des Exekutionspeletons den noch nicht toten Opfern aus der Pistole einen „Gnadenschuss" in die Schläfe.
Granucha
Häftlingsausdruck (aus dem Spanischen kommend) und bedeutete im Lager Freund, Kamerad, aber auch Spitzbube.
G'streifte
Ausdruck der Bevölkerung für Mauthausener Häftlinge (von der gestreiften Häftlingskleidung abgeleitet).
Gut verstehen – nix verstehen?
Fragen, die von fast allen Häftlingen bei Aussprachen mit Anderssprachigen gestellt wurden. Nach jedem Satz wurde entweder „gut verstehen" oder „nix verstehen" gefragt.
Gymnastik
SS-Ausdruck für zwangsweise angeordnete Turnübungen wie das Rollen, Kriechen, Springen usw. Im Häftlingssprachgebrauch bedeutete „Gymnastik", bei der Einvernahme so zu antworten, dass der Eindruck entstand, unschuldig zu sein – lebend davonzukommen.

H

Hackfleisch
SS-Ausdruck für schwere Misshandlungen.
Häfenbruder
Von Wiener Häftlingen verwendeter Ausdruck für Kriminelle.
Hasenhüpfen
SS-Ausdruck für eine Häftlingsjagd über den Appellplatz mit dressierten Hunden, wobei die Opfer robben, springen und in hockender Stellung hüpfen mussten.
Hasenjagd
SS-Ausdruck für Fahndungsaktionen nach geflüchteten Häftlingen.

Hau ab
SS-Ausdruck. Aufforderung wegzutreten. Auch deutsche Häftlinge haben diesen Ausdruck verwendet.
Haudegen
Offizielle SS-Tarnbezeichnung für Exekution durch Fallbeil.
Heckenschützen
SS-Ausdruck für polnische Häftlinge, die in den Jahren 1940 und 1941 eingeliefert wurden.
Heil- und Pflegeanstalt Ybbs a. d. Donau
Tarnbezeichnung für Vergasungsanstalt Hartheim.
Heilbare und Unheilbare
Offizieller SS-Ausdruck für Selektierte. In Baracken untergebracht kamen die „Heilbaren" in die Stube A, die „Unheilbaren" in die Stube B.
Heini
Schimpfwort der Capos. Betraf solche Häftlinge, die sich nach Ansicht des Schimpfenden bei der Arbeit nicht geschickt benommen haben.
Himbeerpflücker
SS-Tarnausdruck für Kolonnen von Kranken und Invaliden, die manchmal – mit Blechbehältern ausgerüstet – Beeren pflücken sollten und dabei „auf der Flucht" erschossen wurden.
Himmelfahrtskommando
SS- und Häftlingsausdruck für Gruppen von Gefangenen, die liquidiert werden sollten, wie z. B. Kranke, Invalide oder Körperschwache, aber auch für jene Arbeitskommandos, die mit der Bergung von Blindgängern (1945) beschäftigt waren.
Himmel-Herrgott-Sakrament
Ein sehr häufiger Fluch der bayerischen SS-Angehörigen. Manchmal wurde dieser Fluch als Ausdruck einer angenehmen Überraschung verwendet.
Himmelhund
SS-Schimpfwort.
Himmelkommando
Siehe „Himmelfahrtskommando" und „Himbeerpflücker".
Himmlerstraße
Auch „Heinistraße". Ausdruck deutscher Häftlinge für einen etwa 3 cm breiten kahlgeschorenen Haarstreifen von der Stirn bis zum Nacken, der angeblich von Himmler angeordnet wurde. Siehe auch „Lausrinne" oder „-straße".
Hispanier
Ausdruck polnischer und russischer Häftlinge für Spanier.
Hiwis
SS-Ausdruck für ehemalige sowjetische Kriegsgefangene, die in der Deutschen Wehrmacht dienten. Siehe auch „LeV.".
Holzkopf
SS-Schimpfwort. Wurde auch von der Häftlingsprominenz verwendet.
Holznarkose
SS- und Häftlingsausdruck. Häftlingssanitäter schlugen mit einem Holzpantoffel oder einem anderen Gegenstand auf den Kopf jenes Häftlings, der operiert werden sollte. Wenn das Opfer auf Grund der Schläge ohnmächtig wurde, ist die Operation durchgeführt worden (Jahre 1940 und 1941, Revier).
Holzpantinen
Häftlingsschuhbekleidung.
1 Hu
Offizielle SS-Kürzung für einen SS-Hundeführer.
Hurensohn
Ein sehr gebräuchliches Schimpfwort der SS.

I

Im Gleichschritt, marsch
Kommandoruf des Capos bei Beginn des Ein- oder Ausmarschierens.
Immer gucken
Warnausdruck der spanischen Häftlinge, die damit zum Ausdruck bringen wollten, dass man überall aufmerksam die Umgebung beobachten sollte, um nicht von einem SS-Angehörigen oder Capo überrascht zu werden.
Industriehof
Werkstättenabteilung in der unmittelbaren Nähe des Gusener Häftlingslagers.
Intelligenzler
SS-Ausdruck für sehbehinderte polnische und tschechische Häftlinge, wenn sie Brillen trugen. Brillenträger wurden (1940–1942) von der SS gehasst, weil sie durch das Tragen der Brille ein „körperliches Gebrechen" bekundeten, tatsächlich aber deshalb, weil sie im Brillenträger einen ihnen geistig überlegenen Intellektuellen vermuteten. Deshalb wurden insbesondere Träger von Brillen mit Horneinfassung aus den Reihen der Zugänge besonders sadistisch misshandelt. Nur wenn der Sehbehinderte der Häftlingsprominenz angehörte oder deutscher respektive österreichischer Häftling war, konnte er eine Brille tragen, doch auch dann war es noch immer riskant. „Intelligenzler" bedeutete im KLM etwas Minderwertiges, Ekelhaftes, ja sogar geistig Zurückgebliebenes.
Interessengebiet
Ein von der Lagerbehörde verwaltetes Terrain rund um das Lager. In Mauthausen waren es die Steinbrüche, der Frellerhof, Werkstätten und Wiesen mit Wald in der unmittelbaren Nähe des KL.

Invaliden
Lagerausdruck für kranke und schwache Häftlinge, die als „unwertes Volkstum“ getötet werden sollten.

J

Jourhaus
Dienstraum der SS-Organe im Turm beim Haupttor des Häftlingslagers.

Jordan-Panzer vor!
SS- und Capo-Ausdruck beim Antreiben oder Massakrieren jüdischer Häftlinge. So z. B. wenn jüdische Häftlinge beim Krankenlagerbau Loren zogen, wurden sie mit dem angeführten Schmähruf zum Laufschritt angetrieben (1941–1942).

Judas
SS- und Häftlingsausdruck für ein Guckloch in den Türen des Bordells, der Bunkerzellen und der Gaskammer.

Juden!
„Wer ist an unserem Unglück schuld? Die Juden!“ Gewöhnlich beim Ausmarschieren der Arbeitskommandos und beim Vorbeimarschieren an SS-Angehörigen fragten laut die Capos des Judenkommandos: „Wer ist an unserem Unglück schuld?“ Die jüdischen Häftlinge mussten schreiend und exakt antworten: „Juden!“ oder auch „die Juden!“

Julfest
Anstatt der Weihnachtsfeiertage wurde über Anordnung des RFSS Himmler ein so genanntes Julfest durchgeführt. Anlässlich des Julfestes wurden bestimmten SS-Angehörigen Ehrengaben des RFSS wie z. B. Abzeichen, Ehrenringe der SS, Ehrendolche des RFSS, Reiterfiguren usw. ausgefolgt.

Junge
Häftlingsbezeichnung für Jugendliche oder Kinder, die sich gewisse Blockälteste und mächtige Capos als Bedienungspersonal oder als „Liebesobjekte“ hielten.

K

Kader
Ausdruck der kommunistischen Häftlinge für höhere Funktionäre ihrer Partei, die ins Lager eingewiesen wurden.

Kalter Arsch
SS- und Häftlingsausdruck für Tote, oder wenn jemandem das Sterben angedroht wurde, so hieß es: „Du bekommst einen kalten Arsch.“

Kaminfeger
Ausdruck der SS für schwache oder kränkliche Häftlinge. Damit wurde zum Ausdruck gebracht, dass die Leichen der betreffenden Häftlinge bald im Krematorium verbrannt und „durch den Kamin fegen“ würden.

Kaminfutter
Bedeutet das gleiche wie „Kaminfeger“.

Kaninchenfleisch
Häftlingsausdruck für Katzenfleisch.

Kantine
Lagerausgabestelle für Ramschwaren, die manchmal von den Häftlingen gekauft werden konnten. Anfangs mit Geld, später mit so genannten Prämienscheinen.

Kanzeljuden
SS-Schimpfwort für Priester.

Kaputt gehen
Häftlingsausdruck für das Sterben.

Kartoffelpuffer
Häftlingsausdruck für eine aus geriebenen rohen Kartoffeln hergestellte Omelette, die sich manche Lagerprominente herstellen konnten.

Kartoschki
Häftlingsausdruck für Kartoffeln, stammt aus dem Russischen.

Kassiber
Heimliches Schreiben der Häftlinge an Häftlinge (eventuell im Bunker) oder an Verwandte. Briefschmuggel wurde ausnahmslos mit dem Tode bestraft.

Kessel
SS- und Häftlingsausdruck. Essenbehälter, zuerst aus Holz, dann aus schwarzem Stahlblech.

King-Kong
Häftlingsausdruck für den Lagerältesten in Mauthausen, Ebensee und Gunskirchen, Magnus Keller.

Kippe
SS- und Häftlingsausdruck. Bedeutet Zigarettenrest.

Klagemauer
Mauer beim Jourhaus, wo Gefangene nach der Einvernahme mit dem Gesicht zur Wand aufgestellt wurden.

Klauen
Häftlingsausdruck für Stehlen. Hauptsächlich bedeutete es Diebstahl unter Häftlingen. Dieser Ausdruck wurde vornehmlich von Deutschen benützt.

Kluft
Häftlingsausdruck. Kleider der Häftlinge.

Klutschnik
Häftlingsausdruck. Schlüsselwort im so genannten Kriegsgefangenenlager und später in der Quarantäne.

Kohldampf
Ausdruck deutscher Häftlinge für Hunger.

Kommandanturarrest
Offizielle SS-Bezeichnung für den Lagerarrest, auch Bunker oder Zellengebäude genannt.

Kommando aufgelöst
Meldung eines Capos bei seiner Rückkehr ins Lager, wenn alle Häftlinge seines Arbeitskommandos erschlagen oder erschossen wurden.

Kommissare
SS-Ausdruck für sowjetische Intelligenz aus den Reihen der Kriegsgefangenen (1941/42).

Konserve
Ausdruck der SS-Ärzte für kranke oder gesunde Häftlinge, die im Revier, Sonderrevier oder Sanitätslager für Operationsversuche der SS-Ärzte bereitgestellt wurden. Auch gewisse präparierte Leichen wurden „Konserven" genannt.

Konstellation
Auch „Konstellaca". Häftlings-Tarnausdruck. Eine Frage über die Zusammensetzung der SS-Bewachung (in bestimmten Arbeitskommandos, in der Baracke oder im Jourhaus). Bei gewissen SS-Angehörigen war es leichter (ungefährlicher), etwas zu „organisieren" oder, wenn nicht besonders eifrige SS-Angehörige im Jourhaus Dienst versahen, war es leichter, Kleidung respektive Lebensmittel in das Lager zu schmuggeln. Die Frage lautete: „Konstellaca?" und die Antwort: „gut" oder „nix gut".

Krematoriumreif
SS- und Häftlingsausdruck für körperschwache und kranke Häftlinge.

Kretiner
SS-Ausdruck für kranke und schwache Häftlinge.

Kugel-Aktion
Offizieller GESTAPO-Ausdruck für die Hinrichtung durch Erschießung bestimmter Häftlingskategorien. Die Kürzung lautete „K-Aktion".

Kuhtreiber
Tarnausdruck der Häftlinge für die amerikanische Armee.

Kugelfang
Eine Böschung bei der Erschießungsstätte vis-à-vis Block 20.

Kurvi syn
Ein Fluch slawischer Häftlinge. Bedeutete „der Sohn einer Hure".

Kuttenscheißer
SS-Schimpfwort für Priester, Geistliche und Mönche.

Kyffhäuser
SS-Ausdruck für SS-Angehörige, die im Jahre 1939 aus dem Kyffhäuser-Bund zur SS übernommen wurden. In der Hierarchie des SS-Ordens stellten die ehemaligen Angehörigen des Kyffhäuser-Bundes eine gewisse Ersatzabteilung der SS-Lagerstammmannschaft dar.

L

Lagerältester
SS- und Häftlingsausdruck. Die zweitmächtigste Häftlingsfunktion im KL Mauthausen.

Lagerlatrine
Häftlingsausdruck für verschiedene, größtenteils optimistische Nachrichten, die von Mann zu Mann, von Mund zu Mund gingen und gewöhnlich nicht den Tatsachen entsprachen. Im Mauthausener Sprachenwirrwarr kam es immer wieder vor, dass sich im Zuge einer falschen Übersetzung die unmöglichsten Nachrichten wie ein Lauffeuer verbreiteten.

Lagerschreiber
SS- und Häftlingsausdruck. Häftlingsfunktion im KL Mauthausen.

Lagerstraße
Raum zwischen den Baracken.

Läufer (Lagerläufer)
Ein Häftling, der sich beim Jourhaus aufhielt und von der SS mit verschiedenen Aufträgen betraut wurde. Die Übermittlungen der mündlichen Aufträge sollten im Laufschritt erfolgen.

Laufschritt
Gewisse Häftlingskategorien – vor allem die Angehörigen der Strafkompanie – mussten manchmal im Laufschritt ihre Arbeit verrichten.

Lauskontrolle
Mehrmals im Monat, abends, wurden die Häftlinge einer Lauskontrolle unterzogen.

Lausrinne
Häftlingsausdruck für den Haarstreifen. Siehe auch „Himmlerrinne" oder „-straße".

Leichenzüchter
Häftlingsausdruck. Kranke Häftlinge, die in der 2. oder 3. Etage eines Bettes im Sonderrevier oder im Sanitätslager lagen, meldeten das Ableben ihres Kameraden nicht und bezogen für die Toten eine bestimmte Zeit das Essen, d. h. sie erhielten doppelte Portionen. Solche Kranke wurden Leichenzüchter genannt.

LeV.
SS-Kürzung für „Landeseigene Verbände". Größtenteils ehemalige sowjetische Kriegsgefangene, die für die Deutsche Wehrmacht angeworben wurden. Siehe „Hiwi" und „Lubliner".

Links, zwei, drei
Ruf der Capos, damit die Arbeitskommandos im Gleichschritt marschierten.

Loch in der Birne
SS- und Häftlingsausdruck. Bedeutete, durch Kopfschuss getötet zu werden, aber auch Kopfverletzung durch einen Schlag.

Los, los
Eine gebräuchliche Aufforderung der SS und Capos für Arbeitsbeginn.

Löwenzaun
Auch Löwengitter. Häftlingsausdruck für einen gitterartigen Gang, der zum Stollenbau in Ebensee, Peggau und Leibnitz führte.
Lubliner
SS-Ausdruck für ehemalige sowjetische Kriegsgefangene, die im Rahmen der Deutschen Wehrmacht kämpften, dabei schwer verletzt und als Invalide (aus dem KL Majdanek bei Lublin) in das KL Mauthausen überstellt wurden.

M

Makkaroni
Beleidigender Häftlingsausdruck für italienische Häftlinge.
Mamatschi
Stammt aus dem Lied „Mamatschi, schenk mir ein Pferdchen". Damit wurden jene älteren Häftlinge, die sich um jüngere Häftlinge sorgten – manches Mal Homosexuelle – bezeichnet.
Margarine
2,5 dkg Margarine sollten jeden Sonntagabend an jeden Häftling ausgeteilt werden.
Marmelade
SS- und Häftlingsausdruck für Blutspuren nach Misshandlungen.
Marmeladinger
Kosename für einen spanischen Häftling, der beim Diebstahl eines 3 kg schweren Kübels mit Marmelade ertappt wurde und den gesamten Inhalt auf einmal essen musste. Er versah jahrelang Dienst im Bunker als Kalfaktor.
Maus
SS-Tarnname für den seit Herbst 1944 im Lagerarrest befindlichen Sohn des ungarischen Reichsverwesers Horthy.
Miena
Geschlossener LKW- Kastenwagen zum Transport besonderer Häftlinge. Oft wurde die „Miena" zur Überstellung jener Häftlinge verwendet, die am Bahnhof Mauthausen ankamen und direkt in den Bunker (Arrest) zur Liquidierung überstellt wurden.
Mekka
Tarnausdruck der kommunistischen Häftlinge für Moskau oder für die Kommunistische Internationale respektive für die Kommunistische Partei der UdSSR.
Mischka
Häftlingsausdruck für Essenschüssel.
Milde Sorte
Zigarettensorte, die Häftlingen verkauft wurde.
Miserabliger
SS-Schimpfwort für verhungerte oder schlecht bekleidete Häftlinge.
Mistbiene
SS-Schimpfwort für Häftlinge oder für Personen, die nach Ansicht der SS unehrlich, falsch und hinterlistig waren.
Most
Ein begehrtes alkoholisches Getränk der Häftlingsprominenz. Wurde von den außerhalb des Lagers arbeitenden Häftlingen geschmuggelt.
M-Träger
Gewisse kriminelle SV-Häftlinge (Sicherheitsverwahrte), die wegen Mordes, schweren sexuellen Verbrechens oder Brandstiftung verurteilt und in das Lager eingewiesen wurden, mussten unterhalb ihres grünen Erkennungszeichens ein sichtbares „M" tragen.
Muselmann
Verhungerter und völlig entkräfteter Häftling. Eine SS-Bezeichnung, die auch von Gefangenen übernommen wurde. Siehe auch „Kretiner" oder „Schwimmer". Der unsichere Gang der völlig entkräfteten Häftlinge, ihre Handbewegungen und das Fallen des Körpers nach vorne hatten den Anschein erweckt, als würden sie im Sinne des mohammedanischen Ritus beten. Deshalb vermutlich der Ausdruck „Muselmann".
Mutterlager
Offizielle SS-Bezeichnung für das Hauptlager Mauthausen.
Mützen ab – Mützen auf
Kommandobefehl beim Appell.

N

Nachschlag
Häftlingsausdruck für eine zweite vom Blockverantwortlichen verabreichte Essensportion.
Nachtruhe
Die Zeit zwischen 21.00 und 4.45 Uhr.
Natürliche Auslese
SS-Ausdruck für systematische und bewusste Dezimierung durch übermäßige Arbeitsleistungen – vor allem bei Häftlingen der Quarantäne (1940 bis 1943). Gewisse politische Häftlinge meinten mit dem Ausdruck „natürliche Auslese" die SS-ler und wollten damit zum Ausdruck bringen, dass sich die SS-Angehörigen als die Elite des deutschen Volkes betrachteten.
Neuzugang
SS- und Häftlingsausdruck für neueingelieferte Häftlinge. Nach zwei oder drei Tagen wurde aus dem „Neuzugang" ein „Zugang".
Niemec
Polnischer Häftlingsausdruck für deutsche Häftlinge.
Niete
SS-Ausdruck für Häftlinge, die entweder auf Grund ihrer körperlichen Verfassung oder aus anderen Gründen nicht voll einsatzfähig waren.

„Nieten“ wurden aber auch jene Häftlinge genannt, die nicht in der Lage waren, für die SS-Angehörigen Gebrauchsgegenstände oder Lebensmittel zu organisieren, zu stehlen.

Nix camela – nix travacho
Spanisch-deutscher Häftlingsausdruck und bedeutete: Kein Essen – keine Arbeit!

Nix travacho, du gucken
Spanisch-deutscher Häftlingsausdruck und bedeutete: Nicht viel arbeiten und beobachten, ob nicht der SS-ler oder Capo zusieht. Denn viel zu arbeiten bedeutete im KLM Tod.

Nutte
SS Ausdruck für Prostituierte.

O

Obercapo
Häftlings- und SS-Ausdruck für den ersten Anweisungshäftling bei großen Arbeitskommandos. Obercapos gab es nur dort, wo es mehrere Capos gab.

Obozow
Polnischer Häftlingsausdruck für das Lager.

Orden
SS-Ausdruck für Flucht- und Strafkompanie-Punkt. Aber auch Tafeln mit Schmähschriften, die geflohene und wiederergriffene Häftlinge vor der Hinrichtung tragen mussten, wurden „Orden“ genannt.

Organisieren
SS- und Häftlingsausdruck für Diebstahl, vor allem Diebstahl von Lebensmitteln und Bekleidungsgegenständen.

P

Pacholek
Polnisches Häftlingsschimpfwort. Bedeutete Diener, Bursche oder Knecht, im Lagersprachgebrauch „Häftling ohne moralisches Rückgrat“.

Pallawatsch
Häftlingsausdruck für das Lagersprachengewirr, stammt aus dem Wienerischen.

Papirosa
Russischer Häftlingsausdruck für eine Zigarette.

Paraschutist
SS-Ausdruck für Häftlinge, die über die Steinbruchmauer gestürzt wurden.

Patschke
Aus dem Polnischen stammende Bezeichnung für Lebensmittelpakete („Paczka“). Dieser Ausdruck wurde im Lager auch von Nichtpolen verwendet.

Partisan
SS-Ausdruck für jugoslawische Häftlinge.

Paulino
Ein spanischer Häftling, der manchmal Sonntagnachmittags am Appellplatz boxte.
Weil er die größtenteils deutschen Gegner schlug, wurde er von den nichtdeutschen Gefangenen verehrt.

Pi
Offizielle Kürzung für SS-Unteroffizier. Der Unteroffizier war nur mit einer Pistole bewaffnet und deshalb die Kürzung „Pi“.

Polack
SS-Ausdruck für Polen, jedoch auch Sammelbegriff für alle Slawen.

Polenschwein, Polensau, polnischer Sauhund
SS-Beschimpfungen für polnische Häftlinge.

Postenkette
Offizieller SS-Ausdruck für die um das Lager aufgestellten SS-Wachposten. Es gab eine große und eine kleine Postenkette.

Prämienscheine
Im Jahre 1943 von der SS eingeführte Gutscheine.

Prominenter
Häftlingsfunktionär oder ein Sonderhäftling. Die Prominenten besaßen bestimmte Sonderrechte, wie z. B. im Block 2 zu wohnen oder im Aufenthaltsraum zu schlafen, wo die Betten überzogen waren. Sie hatten mehr Möglichkeiten, zusätzliches Essen zu „organisieren“; einzelne konnten normale Haartracht tragen, und alle waren besser bekleidet.

Prominentenblock
Gefangenenbaracke für Häftlingsfunktionäre oder SS-Bedienungspersonal. Im KLM war es der Block 2; in Gusen die Blöcke 1 und 2.

Puff
SS- und Häftlingsausdruck für das Lagerbordell.

Q

Quarantäne
Eine bestimmte Barackenreihe im Hauptlager und in Gusen, wo nur die Neuzugänge untergebracht wurden, und zwar zwecks Feststellung, ob nicht mit ihnen eine ansteckende Krankheit eingeschleppt würde. Die Zugänge verblieben in der Quarantäne 14 bis 21 Tage und wurden auf abgesonderten Arbeitsplätzen „gesiebt“: Die schwachen und alten Häftlinge wurden erschlagen oder erschossen und die Übriggebliebenen nach Ende der Quarantänezeit entweder in eine andere Baracke oder in ein Nebenlager überstellt.

R

Rabbiner
SS-Ausdruck für orthodoxe Juden.

Rabotaj pomalu oder nur: pomalu
Polnischer und russischer Häftlingsausdruck. Bedeutete die Aufforderung, langsam zu arbeiten.

Rapportführer
Ein SS-Unteroffizier, dem die SS-Blockführer unterstanden und der für Ruhe und Ordnung im Häftlingslager verantwortlich war.
Reichsheini
Ausdruck deutscher politischer Häftlinge für den Reichsführer der SS und Polizei Heinrich Himmler.
Revier
Offizielle Bezeichnung für Krankenhaus im Lager.
Ringe
In der Klagemauer beim Jourhaus waren eiserne Ringe befestigt, an denen gewisse Häftlinge angebunden wurden.
Rosaroter
Häftlingsbezeichnung für einen homosexuellen Häftling (weil Homosexuelle rosarote Winkel trugen).
Roter
Häftlingsbezeichnung für einen politischen Häftling (weil Politische rote Winkel trugen).
Rost umbauen
SS- und Capo-Ausdruck. Wenn körperstarke oder dicke Häftlinge ins Lager eingewiesen wurden, so sind sie oft wegen ihrer Körperfülle von den SS-Angehörigen oder Capos verspottet worden. Gebräuchlich war die Bemerkung: „Für dich werden wir noch den Rost umbauen", gemeint war der Rost des Krematoriumsofens.
Rübe
SS-Ausdruck für Kopf. „Rübe verlieren" bedeutete, getötet zu werden.
Ruhe!
Häftlingsausdruck des Blockpersonals. Eine Aufforderung, die während des Tages unzählige Male erlassen wurde. So z. B. beim Frühstück, beim Waschen, mittags beim Essen, abends beim Brotausteilen und schließlich um 21.00 Uhr, wenn Nachtruhe befohlen wurde. Wurde auch als Warnruf verwendet.
Rund geht's
SS- und Häftlingsausdruck für Massenmisshandlungen oder Massenschikanen.
Runde
Manche Häftlingsgruppen wurden strafweise am Appellplatz im Kreise herumgejagt. Die Gefangenen mussten sich am Boden herumwälzen, robben und hüpfen.
Einmal Herumjagen im Kreise wurde „Runde" genannt. Siehe auch „Sport".
Russenlager
Zuerst wurde das Kriegsgefangenenlager (mit den Baracken 16 bis 19) „Russenlager" genannt, dann erhielt diese Bezeichnung das unterhalb des Hauptlagers gebaute Sanitätslager.
Russki
SS- und Häftlingsausdruck für sowjetische Gefangene.
RU
Inoffizieller SS- und GESTAPO-Aktenvermerk und bedeutete „Rückkehr unerwünscht".

S

Saboteur
SS-Ausdruck für arbeitsunfähige oder alte Häftlinge, die ermordet wurden.
Sack
SS-Schimpfwort, vor allem für schwache Häftlinge.
Säckel
Ausdruck des Lagerkommandanten Ziereis für bestimmte, von ihm bevorzugte Häftlinge.
Sanatorium
„Häftlingssanatorium Ischl", „Sanatorium Dachau", „Häftlingssanatorium Ybbs a. d. Donau" waren Tarnbezeichnungen für Hartheim.
Sardinen
Neuzugänge in den Quarantänebaracken wurden vor dem Schlafengehen wie Sardinen geschlichtet. Sie mussten sich in Seitenlage Kopf zu Fuß niederlegen.
Sauna
SS-Ausdruck für das Hängen der Häftlinge auf Pfählen oder Querbalken. Das Opfer schwitzte und deshalb die Bezeichnung „Sauna".
Saujude, Sautscheche, Sauschweine, Saupolack
SS-Beschimpfungen.
SB
Offizielle Kürzung, die „Sonderbehandlung" bedeutete: der betreffende Häftling sollte getötet werden.
Scheißer
SS- und Häftlingsausdruck für einen Ruhr- oder Durchfallkranken.
Scheißerkolonne
Jener Teil der Strafkompanie in Gusen in den Jahren 1940 und 1942, der zur Reinigung der Fäkaliengruben eingesetzt wurde. Diese Häftlinge, in den Jahren 1940 und 1941 sehr oft Juden, mussten nackt arbeiten und bildeten somit für die SS-Angehörigen ein „lustiges Schauspiel" der Demütigung.
Da aber bei dieser Arbeit die Eingesetzten weniger misshandelt wurden als jene Gefangenen der Strafkompanie, die im Steinbruch arbeiteten, galt die Reinigung der Fäkaliengruben als eine Begünstigung.
Schlag
Häftlingsausdruck für eine Essensportion: ein Schöpflöffel Essen oder Kaffee.
Schlawiner
SS-Ausdruck. Wurde als Schimpfwort verwendet,

bedeutete aber auch schlau, pfiffig, klug, und es wurden damit nicht nur slawische Häftlinge gemeint.

Schmalzkopf
Schimpfwort der deutschen SS-Angehörigen.

Schmuckstück
SS- und Häftlingsausdruck für besonders zerfetzte, schmutzige oder auch nur kranke Häftlinge. Gewöhnlich Neuzugänge, die wochenlang in Viehwaggons transportiert wurden, manchmal aber auch Gefangene, die schon längere Zeit im Lager weilten und sich völlig dem Schicksal ergeben hatten, wurden „Schmuckstücke" genannt.

Schmutzfink
SS-Schimpfwort. Angewendet gegenüber Häftlingen, die nach Ansicht der SS nicht rein waren oder eine hinterlistige Handlung vollbracht hatten.

Schonzettel
SS- und Häftlingsbezeichnung für eine vom SS-Arzt ausgestellte Bescheinigung, die dem Häftling ermöglichte, 1 bis 7 Tage in seiner Wohnbaracke zu arbeiten.

Schrank
Siehe „Spind".

Schtubovi
Polnischer und russischer Häftlingsausdruck für den Stubenältesten.

Schupo
Kürzung für Schutzpolizei. Uniformierte Polizeiorgane, die Häftlinge zum Mauthausener Bahnhof oder ins Lager eskortierten.

Schüssel
Essenbehälter für Häftlinge.

Schutzhaft
GESTAPO-Ausdruck für die unbegrenzte oder begrenzte Inhaftnahme.

Schwarzer
Häftlingsbezeichnung für asoziale Häftlinge, weil sie einen schwarzen Winkel trugen.

Schweinehund
Ein sehr gebräuchliches Schimpfwort der SS.

Schwimmer
SS- und Häftlingsausdruck für körperlich besonders sehwache Häftlinge, die auf Grund ihres Zustandes schwankten, immer wieder stolperten und dabei versuchten, sich irgendwo anzuhalten. Alle diese Bewegungen erweckten den Anschein, als ob die Betreffenden Schwimmbewegungen machen würden. Siehe auch „Muselmänner".

Schwung
SS- und Häftlingsausdruck. Häftlingslaufburschen bei den höheren SS-Führern.

Senorita
Zuerst von spanischen und nachher von anderen Häftlingen verwendete Bezeichnung für Jugendliche, die von homosexuellen Häftlingsfunktionären als Liebesobjekte missbraucht wurden.

Siebzehnter-Mai-Geborener
Ein Ausdruck, der vorwiegend von deutschen Häftlingen verwendet wurde. Betraf einen nach § 175 des deutschen Strafrechts wegen Homosexualität verurteilten oder im Zuge der Vorbeugung inhaftierten Gefangenen.

Simulanten
Ein sehr gebräuchliches Schimpfwort der SS-Angehörigen gegenüber kranken und körperschwachen Häftlingen. Arztmelder waren „Simulanten".

Simulantenkommando
SS-Bezeichnung für bestimmte Arbeitskommandos, die nicht schwer arbeiteten, aber auch für Arbeitskommandos, die aus Kranken und Schwachen zusammengestellt wurden.

Sondermischung
Zigarettensorte, die Häftlingen verkauft wurde.

Sonderbau
Offizieller SS-Ausdruck für das Bordell, die Gaskammer, Krematorienanlagen und für das Lagergefängnis.

Sonderhäftlinge
SS-Ausdruck. Bevorzugte Häftlinge der Lagerstufe I, die in das Lager Mauthausen, Stufe III, eingewiesen wurden.

Sonderrevier
En so genannter Krankenbau (Block 19 und 20).

Sonnenaufgang
Tarnausdruck politischer deutscher und österreichischer Häftlinge für die Befreiung, für den Sieg über die Deutsche Wehrmacht oder für die Niederlage des deutschen Faschismus.

Spaniak
SS- und Häftlingsausdruck für spanische Häftlinge.

Spanier gut – Alemania (oder Niemec) nix gut
Häftlingsausdruck. Bedeutete Folgendes: Die im Lager vorhandenen spanischen Häftlingsfunktionäre sind anständige Menschen, demgegenüber sind die Deutschen oder Österreicher unanständig (nicht vertrauenswürdig).

Spielkasten
Norddeutscher Häftlingsausdruck für Ziehharmonika.

Spatz
Kurzname für den SS-Hauptscharführer und Kommandoführer im Steinbruch „Wiener Graben", Spatzenegger.

Speckjäger
SS- und Häftlingsausdruck für Gefangene, die sich entweder vor einer schweren Arbeit drückten oder bei irgendeinem Diebstahl erwischt wurden. Innerhalb des Häftlingskollektivs galt der „Speckjäger" als ein asoziales und unkameradschaftliches Element, die SS-Angehörigen und gewisse

deutsch-österreichische Kriminelle sahen in ihm einen ums Leben rücksichtslos kämpfenden Gefangenen. Körperlich stärkere Häftlingsfunktionäre wurden manches Mal von SS-Offizieren scherzhalber „Speckjäger" genannt. Gewisse polnische und tschechische Häftlinge nannten jene SS-Angehörigen der Poststelle, die die Lebensmittelpakete kontrollierten und dabei wertvollere Lebensmittel (darunter auch Speck) stahlen, „Speckjäger".

Spind
Ein länglicher, hochgestellter Holzkasten im Tagraum für vier bis sechs Häftlinge, wo gewisse Häftlingsutensilien aufbewahrt werden sollten.

Sport
SS-Ausdruck für schikanöse Turnübungen wie Herumwälzen, Robben, Hüpfen, Kniebeugestellung (Froschhüpfen), Gehen in Kniebeugestellung (Entengang), Hinlegen, Aufstehen usw.

Spritzbach
Häftlingsausdruck für den SS-Standortarzt Dr. Krebsbach, weil er Häftlinge mit einer Benzininjektion ins Herz ermordete („abspritzte").

Spritzen
SS- und Häftlingsausdruck für die Injizierung einer tödlichen Flüssigkeit in das Herz.

Sprungkarten
Häftlingsausdruck für Bordellscheine.

Svina exkursiona
Slawisch-französisch-deutsche Wortkombination. Bedeutete: „Sau-Exkursion". – Vor jedem Besuch wurde das Häftlingslager entsprechend hergerichtet. Der Appellplatz musste rein und menschenleer sein. Hinrichtungen und Erschießungen „auf der Flucht" fanden nicht statt. Die Besucher wurden u. a. in die Häftlingsküche geführt, wo unmittelbar vorher ein Schwein geschlachtet worden war.

Deshalb der Ausdruck „Sau-Exkursion", wobei manche Häftlinge mit der „Sau" das geschlachtete Schwein und manche die Besucher respektive die SS-Angehörigen meinten.

SS-Sprüche
In allen Räumen, auf verschiedensten Lagerobjekten, ließ die SS-Lagerleitung parolenartige Sprüche anbringen:

In SS-Räumen:
Meine Ehre heißt Treue.
Wir fürchten niemanden auf der Welt – uns genügt, wenn uns alle fürchten.

Auf Häftlingsbaracken:
Es gibt einen Weg in die Freiheit. Seine Meilensteine sind: Gehorsam, Fleiß, Ordnung, Sauberkeit, Ehrlichkeit, Opfermut und Liebe zum Vaterland.

Am Appellplatz in Gusen:
Ob Tag, ob Nacht, stets bedacht. Der Glocke Ruf erklingt. –
Ein Zeichen, Deine Pflicht beginnt.

Im Krematorium Ebensee:
Nicht ekle Würmer soll'n sich einst von meinem Leichnam nähren, Die reine Flamme soll mich einst verzehren; Ich liebe stets die Wärme und das Licht, Darum verbrennt mich und begrabt mich nicht!

Schmähschriften für geflüchtete und wiederergriffene Häftlinge:
Warum in die Ferne schweifen, wenn das Gute so nah ist.
Ich bin schon wieder da!
Den Teufel geritten!
Ich wollte davonfliegen – jetzt bin ich wieder zu Hause!

Spruch, den bei bestimmten Anlässen, über Auftrag der SS, gewisse Häftlinge (auch nicht deutschsprechende) aufsagen sollten:
Die Entlassung aus dem KZ ist die Entseelung durch den Schornstein des Krematoriums.

St

Steinernes Herz

Sowjetische Steinmetzlehrlinge hatten aus Stein kleinere Herzen gedrechselt. Sie trugen die Herzen als Talisman um den Hals und wollten damit zum Ausdruck bringen, dass sie so hart wie Stein sein wollten, um auszuharren und nicht gebrochen zu werden.

Stockschläge

Schläge mit dem Ochsenziemer auf das Gesäß. Das Opfer musste bei offiziellem Strafvollzug laut mitzählen.

Streifen

Roter Lackanstrich in der Länge von ca. 20 bis 40 cm, der hinten an den zivilen Sakkos respektive Mänteln (der Häftlinge) angebracht wurde (1943–1945).

Strich

Häftlingsausdruck. Eine Gedankenlinie auf dem Appellplatz in der Höhe der Lagerschreibstube. Nur bis dorthin spazierten in ihrer Freizeit die Gefangenen, und zwar deshalb, weil in der unmittelbaren Nähe des „Striches“ die Hunde Asta und Lord verwahrt wurden und in der Schreibstube der allmächtige Lagerschreiber Leitzinger residierte, der manches Mal vorbeigehende Häftlinge ohne Grund in die Strafkompanie versetzte.

Stubendienst

Lagerausdruck für gewöhnlich junge Häftlinge, denen die Reinigung des Blocks, das Abholen des Essens, der Wäsche, Kleider und des Brennmaterials oblag.

T

Tachenierer

SS-Ausdruck für den Stubendienst und für Häftlinge, die nach Ansicht der SS nicht schwer arbeiteten.

Taliano

Häftlingsausdruck für italienische Häftlinge.

Taufe

Ein SS-Ausdruck für die Selektion der Häftlinge auf der Arbeitsstätte, wobei die schwachen erschossen oder erschlagen wurden. Die Überlebenden wurden zum „zweiten Male geboren“, somit „getauft“. Dies betraf vorwiegend Neuzugänge aus der Quarantäne.

Tempo, Tempo

SS- und Capo-Ausdruck für rasches Arbeiten.

Teppert

Häftlingsausdruck für blöd, dumm, beschränkt und trottelhaft. Gewisse ausländische Häftlinge meinten mit „teppert“ auch „einen Fehler begehen“.

Tibetanische Gebetsmühle

Ein Marterwerkzeug der SS, bestehend aus Metallstäben, die zwischen die Finger des Opfers gelegt wurden und mittels Schrauben, manchmal auch nur mit der Hand, zusammengezogen wurden.

Tiger

Häftlingsbezeichnung für den Capo Müller, der in den Jahren 1941/42 den Bau des Krankenlagers leitete.

Todesblock

Häftlingsausdruck für den Block 20.

Trage

Häftlingsausdruck. Es gab zwei Arten von Holztragen:

1. Eine Trage in der Form einer Kiste mit zwei Griffen vorn und zwei Griffen hinten für den Transport von Brot, Kleidung usw. Diese Trage wurde auch für die Tötung von schwachen oder kranken Häftlingen verwendet. Die Trage wurde über den Körper eines entkräfteten Häftlings gelegt, und durch den kalten Wasserstrahl einer Brause wurde er getötet.
2. Eine Rückentrage in der Form eines „L“ für den Transport von Steinen. Mit diesen Tragen wurden die Häftlinge der Strafkompanie ausgestattet.

Transport

Offizieller SS-Ausdruck für die Aufstellung eines Kommandos, das entweder in ein Nebenlager, in ein anderes KL oder zur Ermordung (Gaskammer, Hartheim, Herzinjektion, Himbeerpflücker usw.) überstellt werden sollte.

Transportjuden

Offizielle SS-Bezeichnung für jüdische Häftlinge, die vom RSHA IV B 4 (Eichmann-Referat) nach Osten „abtransportiert“, tatsächlich zur Ermordung bestimmt wurden. Ein geringer Teil kräftiger „Transportjuden“ wurde zum Einsatz in einem KL ausgesucht. Solche Gefangenen wurden ab Juni 1944, aus dem Osten kommend, in das KLM eingewiesen.

Transportkolonne

Offizieller SS-Ausdruck für die Häftlings-Trägerkolonne. Die Träger transportierten Brot, Kleidung, Steine und auch Leichen.

Travacho

Arbeit, stammt aus dem Spanischen.

Tschik

Zigarettenstummel.

Turm

SS- und Häftlingsausdruck für beide Türme beim Haupteingang. „Beim Turm stehen“ bedeutete für den Betreffenden entweder eine Strafe, Überstellung, Einvernahme, Exekution oder auch eine Entlassung.

Türmen
SS- und Häftlingsausdruck für die Häftlingsflucht. Manches Mal wurde dieser Ausdruck auch von der SS verwendet, wenn sie zum Ausdruck bringen wollte, dass sich jemand von der Arbeit entfernte oder unter Vorspiegelung falscher Tatsachen eine Arbeitsleistung nicht vollziehen wollte.
Turnen
siehe „Sport".

U

Überstellung
SS-Ausdruck für die Transferierung von Häftlingen aus einem Lager ins andere oder von einer Arbeitsstelle zu einer anderen.
Übung
Das Blockpersonal der Quarantäne übte mit den Neuzugängen das „Mützen ab" und „Mützen auf", das Grüßen der SS-Angehörigen, das Erkennen und Ansprechen der SS-Chargen usw.; stunden- und tagelang wurde es mit Menschen geübt, die die deutsche Sprache nicht beherrschten.
Umlegen
SS-Ausdruck für das Töten, Erschlagen.
Umschulung
Offizieller SS-Ausdruck für Umerziehung politischer und krimineller Häftlinge.
Um sechs Uhr rollt die Birne
SS-Ausdruck als Drohung. Gewöhnlich um 18.00 Uhr wurden im Lager Exekutionen durchgeführt.
Und das wollte nach Berlin marschieren!
Ein stereotyper Satz der SS-Angehörigen beim Empfang von polnischen Neuzugängen in den Jahren 1940 und 1941.
Unek
Ein gefürchteter, aus Wien stammender psychopathischer Blockältester der Baracken 13 und 7. Er war Hauptorganisator der Fußballspiele und der Boxveranstaltungen im Lager. Er wurde auch als Henker eingesetzt.
Untermensch
SS-Ausdruck vor allem für jüdische, gewisse slawische und sowjetische Kriegsgefangene.
Uwaga
Häftlingsausdruck der Polen. Bedeutete „Achtung".

V

Valuta
Ein Häftlingsausdruck für Zigaretten und Tabak, die im Lager anstatt des Geldes fungierten. Ein Wecken Brot kostete je nach Angebot und Nachfrage 30 bis 50 Zigaretten, eine tote Katze etwa 20, ein kleiner Hund etwa 30, eine Portion Rübensuppe etwa 5 bis 6, ein Hosenriemen etwa 3, eine Wurstscheibe etwa 1 bis 2 Zigaretten.
Verzinken
SS- und Häftlingsausdruck für Verrat, eventuell auch beim Verhör Angaben gemacht zu haben. Der Verräter wurde Zinker genannt.
Vierzehn-f-dreizehn („14f13")
Ein Tarnzeichen für Vergasungsaktionen von angeblich geisteskranken Gefangenen.
Vogel
SS-Ausdruck für einen Häftling, der flüchtete und aufgegriffen ins Lager zurückgebracht wurde.
Volksschädlinge
Ein in der SS-Terminologie sehr oft verwendeter Ausdruck für Gegner des nazistischen Terrorregimes.

W

Wanderer
Häftlingsbezeichnung für einen Häftling, dem es öfters gelang, das Arbeitskommando zu wechseln.
Warum bist du hier?
Eine stereotype Frage, die tausendfach von SS-Angehörigen den Neuzugängen gestellt wurde. Antwortete ein Häftling unschlüssig, oder dass ihm der Einweisungsgrund nicht bekannt sei, so wurde er misshandelt. Nach Ansicht der Lager-SS musste jeder Häftling wissen, weshalb er eingeliefert wurde.
Wasserpolacken
SS- und Häftlingsausdruck für SS-Angehörige, die aus Schlesien stammten.
Weckruf
Täglich um 4.45 Uhr wurden die Häftlinge durch Gongschläge geweckt.
Weg von hier!
Ausdruck der Häftlingsfunktionäre für das Platzmachen, wenn ein SS-Angehöriger kam.
Wehrunwürdiger
Offizieller SS-Ausdruck für österreichische und deutsche Häftlinge, die für nicht „würdig" befunden wurden, in der Deutschen Wehrmacht zu dienen.
Wenga, wenga
Häftlingsausdruck für schnell, schneller. Stammt aus dem Spanischen. Auch die SS hat gelegentlich diesen Ausdruck verwendet.
Winkelcapo
SS- und Häftlingsausdruck für einen Untercapo. Bei großen Arbeitskommandos gab es einen Obercapo, Capo und Winkelcapo. Die Letzteren trugen am linken Oberarm der Jacke als Erkennungszeichen im Winkel einen gebrochenen schwarzen Streifen.
Wollt ihr laufen, ihr faulen Hunde, ihr Drecksäcke!
SS-Aufforderung zum „Sport", oder Capo-Aufforderung bei der Arbeit.

WuWa
SS-Ausdruck für Wunderwaffen.

Z

Zaramustafa
SS-Bezeichnung für mohammedanische jugoslawische Häftlinge.

Zaster
Häftlingsausdruck für Geld. Wurde vorwiegend von den Wiener Kriminellen verwendet.

Zebras
Ausdruck der Bevölkerung für die Häftlinge. Von der gestreiften Häftlingsbekleidung abgeleitet.

Zellengebäude, Zellenbau
SS-Ausdruck für das Lagergefängnis, auch „Sonderbau" genannt.

Zigeuner
SS-Ausdruck für Roma und Sinti. AZR-Häftlinge wurden auch „Zigeuner" genannt.

Zirkus plechovi
Häftlingsausdruck für die Deutsche Armee während des Rückzuges in den Jahren 1943 bis 1945. Stammt aus dem Polnischen und bedeutet Blechzirkus.

Zugang
Neue Häftlinge, auch Neuzugänge genannt.

Zukunft
Tarnausdruck der Häftlinge für die Zeit nach der Lagerbefreiung.

Zulukaffer
SS-Ausdruck für einen Häftling, der der deutschen Sprache nicht mächtig war und die Anordnungen der SS nicht verstand.

Zupa (Zuppa)
Häftlingsausdruck der Polen und Russen für Suppe. Damit war der Rübeneintopf gemeint.

Dienstgrade der SS-Mannschaften:

SS-M.	=	SS-Mann (entspricht dem Schützen)
SS-Stm.	=	SS-Staffelmann (Schütze)
SS-Sta.	=	SS-Staffelanwärter (Schütze)
SS-Strm.	=	SS-Sturmmann (Gefreiter)
SS-Rottf.	=	SS-Rottenführer (Obergefreiter)
SS-U.Scha.	=	SS-Unterscharführer (Unteroffizier)
SS-Scha.	=	SS-Scharführer (Stabsunteroffizier)
SS-O.Scha.	=	SS-Oberscharführer (Feldwebel)
SS-H.Scha.	=	SS-Hauptscharführer (Oberfeldwebel)
SS-Strm.Scha.	=	SS-Sturmscharführer (Stabsfeldwebel)

Dienstgrade der SS-Führer:

SS-St.Junker	=	SS-Standartenjunker (entspricht dem Fähnrich)
SS-Ustf.	=	SS-Untersturmführer (Leutnant)
SS-Ostf.	=	SS-Obersturmführer (Oberleutnant)
SS-Hstf.	=	SS-Hauptsturmführer (Hauptmann)
SS-Stbf.	=	SS-Sturmbannführer (Major)
SS-Ostbf.	=	SS-Obersturmbannführer (Oberstleutnant)
SS-Staf.	=	SS-Standartenführer (Oberst)
SS-Of.	=	SS-Oberführer
SS-Brif.	=	SS-Brigadeführer (Generalmajor)
SS-Gruf.	=	SS-Gruppenführer (Generalleutnant)
SS-Ogrf.	=	SS-Obergruppenführer (General)
SS-Obgrf.	=	SS-Oberstgruppenführer (Feldmarschall)

Abkürzungen, Erklärungen, Tarnamen

Abgang	= Offizieller Lagerausdruck für Entlassungen, Überstellungen, Verstorbene und Hinrichtungen
„a.d.Fl. er."	= „Auf der Flucht" erschossen
Al	= Albaner
Außenkommando	= Häftlingsarbeitskolonne außerhalb des Bereiches des Häftlingslagers oder auch außerhalb der großen Postenkette
Ar	= Araber
Arbeitslager der Waffen-SS	= 1943 offizieller Titel der Nebenlager des KLM
Außenlager	= Nebenlager des KLM
AZG	= Asozialer Häftling; wegen Arbeitsverweigerung inhaftiert und von einer Gemeindebehörde im Jahre 1938 eingeliefert
AZR	= Asozialer Häftling; wegen Arbeitsverweigerung inhaftiert und von einer Reichsbehörde (GESTAPO oder KRIPO) eingewiesen; unter dieser Bezeichnung wurden auch Roma oder Sinti in das KLM überstellt
Bergkristall Bergkristallfertigung	= Tarnname für die Produktionsstätten in Stollen von Gusen II
Bifo	= Bibelforscher; religiöse Sekte, Zeugen Jehovas.
Bunker	= Lagerarrest, auch Zellengebäude genannt
B	= Belgier
BV	= Kürzung für befristete Vorbeugungshaft; BV-er: Häftling mit Vorstrafen wegen krimineller Handlungen
Capo	= Anweisungshäftling, Häftlingsvorarbeiter
Dachs 2	= Tarnname für Schmierölraffinationsanlage in Ebensee
DEST	= Deutsche Erd- und Steinwerke GmbH, SS-Firma
DR	= Deutscher (oder Österreicher)
DRK	= Deutsches Rotes Kreuz
Dulag	= Durchgangslager für Kriegsgefangene
E	= Engländer
Esche 2	= Tarnname für Montagefertigung des Düsenjägers mc 262 in Gusen I und II
F	= Franzose
Filiallager	= Nebenlager des KLM
G	= Grieche
Georgenmühle	= Tarnname für Produktionsstätte der Steyr-Daimler-Puch-Werke in Gusen I und II
GESTAPO	= Geheime Staatspolizei (Stelle oder Leitstelle)
Grüner	= Lagerbezeichnung für einen BV-Häftling; er trug als Erkennungszeichen einen grünen Winkel (Dreieck)
G.U.	= Offizielle Kürzung für „Gesondert unterbringen"

Häftlingsfunktionär	= Anweisungshäftling der Lagerselbstverwaltung
Hauptlager	= Konzentrationslager in Mauthausen
I	= Italiener
J	= Jugoslawe
Jude	= Jüdischer Häftling
Julius	= Tarnname für die Nebenlager Wien-Floridsdorf und Hinterbrühl
K	= Kroate
Kalksteinwerke	= Tarnname für Nebenlager Ebensee und auch für Leibnitz-Graz
Kalk und Kalkwerke	= Tarnname für Nebenlager Ebensee
K-Häftling	= Häftling der Aktion „Kugel“
KL	= Konzentrationslager
KLM	= Konzentrationslager Mauthausen, verwaltungstechnisch das Hauptlager und sämtliche Nebenlager
Kommandanturstab	= Führungsstab der SS im KLM
Krankenlager	= Sanitätslager im Hauptlager, auch Russenlager genannt
KRIPO	= Kriminalpolizei
KZ	= Im Volksmund entstandene Abkürzung für KL; erst seit 1945 üblich
L	= Luxemburger
Marmor	= Tarnname für Nebenlager Peggau
N	= Norweger
Nebenlager	= Außenlager des Hauptlagers
Nichtregistrierter	= Häftling, der mit oder ohne namentliche Erfassung, jedoch stets ohne Häftlingsnummer versehen, in das KLM, gewöhnlich in das Arrestgebäude, eingeliefert wurde
NL	= Niederländer
NN-Häftling	= Häftling der Aktion „Nacht und Nebel“
NSDAP	= Nationalsozialistische Deutsche Arbeiterpartei.
OT	= Organisation Todt. Nach dem Generalbevollmächtigten für die Regelung der Bauwirtschaft und Generalinspekteur für das deutsche Straßenwesen Dr. Dipl. Ing. Fritz TODT benannte Bauorganisation. 1940 übernahm TODT als Reichsminister das neugegründete Ministerium für Bewaffnung und Munition. Am 8.2.1942 tödlich verunglückt.
OKW	= Oberkommando der (Deutschen) Wehrmacht
Ostarbeiter	= Siehe Zivilarbeiter
P	= Pole
Pol. DR	= Politischer Deutscher oder Österreicher
Polizeihäftling	= Häftling im KLM, dessen Einweisung in das KL noch nicht endgültig entschieden war
Postenkette	= Aufstellungsart der Bewachungsorgane um das Lager oder ein Arbeitskommando. Bei jedem Lager gab es nachts eine kleine oder während des Tages eine große Postenkette.
Quarz	= Tarnname für Nebenlager Melk

R	= Sowjetischer politischer Häftling
Registrierter	= Namentlich erfasster und mit einer Häftlingsnummer versehener Lagerinsasse
Rella X	= Tarnname für die Fertigungsstätte in Schlier-Redl-Zipf
Revier	= Krankenunterkunft für Deutsche, Österreicher und Häftlingsfunktionäre
RM	= Reichsmark; deutsche Währungseinheit
RmdI	= Reichsministerium des Inneren
RmfBuM	= Reichsministerium für Bewaffnung und Munition
RmfRuK	= Reichsministerium für Rüstung und Kriegsproduktion
RFSS	= Reichsführer der SS (Heinrich Himmler)
RFSSuChdDtPol.	= Reichsführer der SS und Chef der Deutschen Polizei (Heinrich Himmler)
Roter	= Lagerbezeichnung für einen politischen Häftling, weil dieser einen roten Winkel (Dreieck) trug
RSHA	= Reichssicherheitshauptamt: am 27.9.1939 wurden die zentralen Ämter der Sicherheitspolizei und des Sicherheitsdienstes zum RSHA zusammengefasst
RU	= GESTAPO-Kürzung für „Rückkehr unerwünscht"
Rückfälliger	= zum zweiten Mal ins Lager Eingewiesener.
RZA	= Sowjetischer Häftling, Kürzung für „Russischer Zivilarbeiter"
S	= Republikanischer Spanier
Santa I und II	= Tarnname für Nebenlager Schwechat (Bierbrauerei)
SA	= Sturmabteilung der NSDAP
Schutzhäftling	= Ein aus politischen (oft aus vorbeugenden) Gründen festgenommener und ins KL eingelieferter Häftling
Schutzhaftlager	= Häftlingslager
Schw	= Schweizer
SD	= Sicherheitsdienst, Nachrichtenorganisation der SS
SDG	= Sanitätsdienstgrad (SS-Angehöriger)
Selektion	= Aussonderungsaktion von Kranken und Körperschwachen, die dann ermordet wurden
SIPO	= Sicherheitspolizei
Sl	= Slowake
Solvay	= Tarnname für Nebenlager Ebensee
S.U. oder Sonderbehandlung	= Tarnname für eine Tötungsaktion
Sonderlager	= Offizieller Ausdruck im KLM für Block 20, Lager II, III und Zeltlager
Sonderrevier	= Häftlings-Krankenunterkunft; 1940 bis März 1943

SS	= Schutzstaffel der NSDAP; anfangs eine Ordnertruppe zum persönlichen Schutz Hitlers, später eine terroristische und militärische Organisation. Die SS stellte die Bewachungsorgane für die KL. – Am 20.7.1934 wurde die SS wegen ihres „großen Verdienstes“ anlässlich der am 30.6.1934 erfolgten Ermordung der SA-Führer und politischen Gegner eine selbständige Organisation im Rahmen der NSDAP.
St	= Staatenloser Häftling
Stalag	= Kurzname für Stammlager von Kriegsgefangenen
SU-Kgf.	= Sowjetischer Kriegsgefangener
SV	= Sicherheitsverwahrungs-Häftling; wegen krimineller Handlung verurteilter deutscher oder österreichischer Häftling. Jedoch Polen, Sowjetbürger und andere Ausländer, die als SV-Häftlinge eingeliefert wurden, sind vielfach wegen politischen Delikts festgenommen worden. SV-er kamen ab Dezember 1942 ins KLM.
T	= Tscheche
Taube 1	= Tarnname für die Krackanlage in Ebensee.
U	= Ungar
Unnatürliche Todesfälle	= Offizieller Ausdruck für alle Selbstmorde, Erschießungen „auf der Flucht“ und Exekutionen
WA	= Häftling, der als ehemaliger Wehrmachtsangehöriger eingewiesen wurde. Siehe „Zwischenhaft“
Wachmannschaften	= Bewachungsorgane der KL
WVHA	= SS-Wirtschafts-Verwaltungshauptamt
Winkel	= Lagerbezeichnung für jenes farbige Dreieck, das jeder Lagerinsasse als Erkennungszeichen seiner Kategorie tragen musste
Zement	= Tarnname für Nebenlager Ebensee
Zivilarbeiter	= Zur Zwangsarbeit nach Deutschland überstellter respektive evakuierter Sowjetbürger oder Pole, der außerhalb des normalen Schutzhaftverfahrens ins KL eingewiesen wurde
ZR	= Kürzung für Zivil-Russe, sowjetischer Zivilarbeiter
Zugang	= Neu ins Lager eingewiesener Häftling
Zwischenhaft	= Vom Gericht verurteilter Angehöriger der Deutschen Wehrmacht (Deutsche, Österreicher, Dänen, Holländer und Flamen), der ins KLM eingewiesen wurde und erst nach dem Kriege die Gerichtsstrafe verbüßen sollte. Der Aufenthalt im KLM wurde als Zwischenhaft gewertet. Siehe „WA“.
§ 175-DR	= Wegen Homosexualität eingewiesener deutscher Häftling.

Namensverzeichnis

C

D

E

F

G

K

L

P

R

S

T

U

V

W

Z

Quellen und Literatur

Die in dieser Publikation aufscheinenden Zahlen, Berechnungen, Feststellungen und sonstigen Angaben wurden aus zahllosen Gerichtsakten und aus Tausenden Dokumenten entnommen. Diese Dokumente stammen aus privaten Sammlungen, vor allem jedoch aus dem Archiv des Museums Mauthausen, dem Bundesarchiv Koblenz, dem Internationalen Suchdienst beim IRK Arolsen, dem Staatlichen Museum Auschwitz, dem Militärhistorischen Institut in Prag und dem Dokumentationsarchiv des österreichischen Widerstandes. Auch einzelne nationale Lagergemeinschaften haben Unterlagen und Dokumente zur Verfügung gestellt. Der wörtliche Abdruck von der Vorlage wurde mit „-" gekennzeichnet. Einfügungen des Verfassers in den Quellentext sind durch Klammern kenntlich gemacht worden. Abkürzungen von zeitgeschichtlichen und wissenschaftlichen Publikationen sowie von Archiven respektive Instituten, deren Angaben oder Unterlagen für diese Dokumentation herangezogen wurden, scheinen unter Angabe der Registraturnummern oder Seitenzahl auf.

Affid.	Affidavit (eidesstattliche Erklärung)
Anatomie des SS-Staates	Buchheim, Hans/Broszat, Martin/Jacobsen, Hans-Adolf und Krausnick, Helmut: Anatomie des SS-Staates. 2 Bände. Deutscher Taschenbuchverlag. München 1967.
Archiv M.M.	Archiv des Museums Mauthausen. Bundesministerium für Inneres, Wien.
Auschwitz-Hefte	Staatliches Museum Oswiecim (Auschwitz) und „Hefte von Auschwitz". Periodische Publikation. Hg. vom Staatlichen Museum Oswiecim, Polen.
Aussagen	Berichte und Protokolle von ehemaligen Mauthausener Häftlingen.
Bundesarchiv	Bundesarchiv Koblenz, BRD.
Choumoff	Choumoff, Pierre Serge: Les exterminations par gaz à Hartheim, Mauthausen et Gusen. Edition du Seuil. Paris 1988.
Deutsche Waffen	Lusar, Rudolf: Die deutschen Waffen und Geheimwaffen des Zweiten Weltkrieges und ihre Weiterentwicklung. 6. Auflage. J. F. Lehmanns Verlag. München 1971.
Die SS	Reitlinger, Gerald: Die SS. Verlag Kurt Desch. München/Wien/Basel 1957.
Dienstalterliste-SS	Dienstalterliste der Schutzstaffel der NSDAP. Stand vom 1.12.1938, bearbeitet von der SS-Personalkanzlei. Reichsdruckerei. Berlin 1938.
DÖW	Dokumentationsarchiv des österreichischen Widerstandes, Wien.
Dokumentation IKRK	Dokumentation des Internationalen Komitees vom Roten Kreuz (1939-1945). 3. deutsche Ausgabe. Serie II, Nr. 1. Genf 1947.
Drittes Reich	Poliakow, Leon und Wulf, Josef: Das Dritte Reich und seine Diener. Volk und Welt Verlag GmbH. Berlin 1975.
Dora	Bartel, Walter: Gutachten über die Rolle und Bedeutung des Mittelwerkes einschließlich des KL Dora-Mittelbau und die Funktion der SS bei der A 4-Produktion. Humboldt-Universität. Berlin (DDR) 1968.
Ebensee	Freund, Florian: Arbeitslager Zement – Das Konzentrationslager Ebensee und die Raketenrüstung. Verlag für Gesellschaftskritik. Wien 1989.

Eichmann	Eichmann, Adolf: Schriftliche Aussage nach einer Tonbandaufnahme. Police D'Israel, General-Quartier. Bände I bis VI, oder Eichmann-Prozess-Dokumente: Dokumente der Anklage. alle in: Archiv M.M. Ordner, Seitenzahl 1 bis 1663.
Fall IV	Sitzungsprotokoll des Pohl-Prozesses (Fall IV)
Gendarmeriechronik	Tagebücher verschiedener Gendarmeriestellen in Oberösterreich.
Gericht	Gerichtsakte respektive Gerichtsprotokolle und Urteilsschriften.
Gewaltpolitik	Reitlinger, Gerald: Ein Haus auf Sand gebaut. Hitlers Gewaltpolitik in Russland, 1941–1944. Bertelsmann Lesering. Gütersloh 1963.
Gusen	Osuchowski, Jerzy: „Gusen, Przedsionek Piekla" (Gusen, das Vorzimmer der Hölle). Ministerium der nationalen Verteidigung (Polen). Warschau 1961.
Histoire de Mauthausen	Borras, José: Histoire de Mauthausen – les cinq annés de deportation des rèpublicains espagnols. Chatillon-sous-Bagneux 1989.
IMT	Der Prozess gegen die Hauptkriegsverbrecher vor dem Internationalen Militärgerichtshof Nürnberg, 14.11.1945 bis 1.10.1946. Band I bis XVIII (Verhandlungsprotokolle) und XXIV bis XLII (Dokumente). Nürnberg 1948.
Institut Prag	Militärhistorisches Institut Prag.
ISD Arolsen	Internationaler Suchdienst des IRK, Arolsen.
Kalendarium Gusen Nr. 3	„Oskarzamy", Nr. 3. Hgg. vom Zbowid, Katowice, 5.5.1968. Besondere Ereignisse in Gusen von 1940 bis 1945.
Kaskaden	Nosek, Karel: „Krvavé kaskády" (Blutige Kaskaden). Mililärverlag. Prag 1978.
Kempner-Eichmann	Kempner, Robert M. W.: Eichmann und Komplizen. Europa-Verlag. Zürich/Stuttgart/Wien 1961.
„K-Häftlinge" - Kammerstätter	Kammerstätter, Peter: Dokumentation über den Ausbruch der sowjetischen Offiziere und Kommissare aus dem Block 20 des KL Mauthausen am 2.2.1945 (die „Mühlviertler Hasenjagd"). Materialsammlung. Linz 1979.
Krieg in Österreich 1945	Rauchensteiner, Manfried: Krieg in Österreich 1945. Schriften des Heeresgeschichtlichen Museums. Band 5. Österreichischer Bundesverlag. Wien 1970.
Letzeburger	Amical Luxembourg de Mauthausen: Letzeburger zu Mauthausen. Edition der Lagergemeinschaft Luxemburg. Luxemburg 1970.
Linz	Olbrich, Bert und Özer, Salin: Linz 1938. Studien zur Geschichte und Politik in Oberösterreich. Band 1. Institut für Wissenschaft und Kunst, Oberösterreich. Linz 1988.
Massentötungen durch Giftgas	Kogon, Eugen/Langbein, Hermann/Rückerl, Adalbert u. a.: Nationalsozialistische Massentötungen durch Giftgas. Dokumentation. Fischer Verlag. Frankfurt/M. 1986.
Mauthausen – Gusen	Dobosiewicz, Stanislav: „Obóz zaglady". Ministerium der nationalen Verteidigung. Warschau 1977.
Mauthausen	Berdych, Václav: Zur Geschichte des Häftlings-Widerstandes. Milit. Verlag, SPB. Prag 1959.
Medizin ohne Menschlichkeit	Mitscherlich, Alexander und Mielke, Fred: Medizin ohne Menschlichkeit. Fischer-Bücherei KG. Frankfurt am Main /Hamburg 1949.
ND	Beweismaterialien und Dokumente des Prozesses gegen die Hauptkriegsverbrecher vor dem Internationalen Militärgerichtshof, 14.11.1945 bis 1.10.1946. Band I bis XLII. Nürnberg 1945/1946.

Nummernzuteilung	Hältlings-Nummernzuteilung in den Konzentrationslagern. Publikation des Internationalen Suchdienstes des IRK. Arolsen 1965.
Oberösterreich	Slapnitzka, Harry: Oberösterreich, als es Oberdonau hieß. 1938–1945. Beiträge zur Zeitgeschichte Oberösterreichs. Hgg. vom Oberösterreichischen Landesarchiv. Landesverlag. Linz 1978.
Orden	Höhne, Heinz: Der Orden unter dem Totenkopf. Die Geschichte der SS. Sigbert Mohn-Verlag. Gütersloh 1967.
Priester	Hoffmann, Bedrich: „A kdo vas zabije..." (Und wer euch töten wird...). Prerau 1946. Publikation über Priester in den Konzentrationslagern.
Rüstung	Schausberger, Norbert: Rüstung in Österreich, 1938–1945. Publikation des Österreichischen Institutes für Zeitgeschichte der Universität Wien. Wien 1970.
Slowaken	Zajacova, Vera: „Slovaci v Mauthausenu" (Slowaken in Mauthausen). Verlag Epocha. Bratislava 1970.
Speer	Speer, Albert: Erinnerungen. Lizenzausgabe für die Buchgemeinde Donauland. Verlag Ullstein GmbH und Propyläen Verlag. Frankfurt am Main/Berlin 1969.
SS-Herrschaft	Pingel, Falk: Häftlinge unter der SS-Herrschaft. Widerstand, Selbstbehauptung und Vernichtung im KZ. 1. Auflage. Hoffmann und Campe. Reihe: Historische Perspektiven, 12. Hamburg 1978.
SS-Staat	Kogon, Eugen: Der SS-Staat; das System der deutschen Konzentrationslager. Europäische Verlagsanstalt. Frankfurt am Main 1946.
Stockhorst	Stockhorst, Erich: Fünftausend Köpfe. Wer war was im 3. Reich. Block und Bild Verlag S. Kappe KG, Velbert und Kettwig. Bruchsal/Baden.
Staatsmänner	Hillgruber, Andreas: Staatsmänner und Diplomaten bei Hitler. Verlag für Wehrwesen. Frankfurt am Main 1967.
Todesblock	Smirnow, S. S.: „Geroj bloka smerti" (Helden des Todesblockes). Verlag politischer Literatur. Moskau 1963.
Unterkunft Gusen	Marsalek, Hans: KL Mauthausen/Unterkunft Gusen. Broschüre hgg. von der Öst. Lagergemeinschaft Mauthausen. Wien 1968.
Unternehmungen der SS	Georg, Enno: Die wirtschaftlichen Unternehmungen der SS. Schriftenreihe der Vierteljahreshefte für Zeitgeschichte. Nr. 7. Deutsche Verlagsanstalt, Stuttgart 1963.
Unnatürliche Todesfälle	Fragment des in der Politischen Abteilung des KLM geführten Totenbuches „unnatürliche Todesfälle" mit Namen der Opfer, Ort und Zeit sowie Namen der Todesschützen, wenn der Häftling „auf der Flucht" erschossen wurde. Zeitraum: 1.10.1942 bis 6.4.1945. Kopie, ISD Arolsen, OCC 15/31 a bis c; das Original befindet sich im Hauptquartier, USFET, Document Center Heidelberg. Und Verzeichnis der „unnatürlichen Todesfälle" im KLM für die Jahre 1938, 1940, 1941, 1942 und 1943. Originale befinden sich im CSSR-Innenministerium.
Vernichtungslager	Rückerl, Adalbert (leitender Oberstaatsanwalt): NS-Vernichtungslager Belzec, Sobibor, Treblinka, Chelmno. Zentralstelle Ludwigsburg.
Verzeichnis der KL	Vorläufiges Verzeichnis der Haftanstalten unter dem Reichsführer-SS, 1933–1945, Internationaler Suchdienst. 1. Band. Arolsen 1959.

Vierteljahreshefte	Schriftenreihe der Vierteljahreshefte für Zeitgeschichte, Deutsche Verlagsanstalt Stuttgart, BRD
Weisungen	Dokumente des Oberkommandos der Wehrmacht: Hitlers Weisungen für die Kriegsführung, 1939–1945. Deutscher Taschenbuchverlag. München 1965.
Widerstand Wien	Widerstand und Verfolgung in Wien 1934–1945. Eine Dokumentation 1938–1945, hgg. vom Österreichischen Bundesverlag für Unterricht, Wissenschaft und Kunst, Jugend und Volk Verlags GmbH. Bände 2 u. 3.
Widerstand Wr. Neustadt	Flanner, Karl: Widerstand im Gebiet von Wiener Neustadt, 1938–1945. Europa-Verlag. 1973.
Widerstand Tirol	Holzner, Johann/Pinsker, Anton/Reiter, Johann/Tschol, Helmut: Zeugen des Widerstandes. Eine Dokumentation über die Opfer des Nationalsozialismus in Nord-, Ost- und Südtirol von 1938 bis 1945. Tyrolia-Verlag. Innsbruck/Wien/München 1977.
Wiener Neustadt	Freund, Florian und Perz, Bertrand: Das KZ in der Serbenhalle – Zur Kriegsindustrie in Wiener Neustadt. Verlag für Gesellschaftskritik GmbH. Wien 1987.
ZstPdm	Zentrales Staatsarchiv Potsdam-Berlin-West.
Zeitgeschichte	Institut für Zeitgeschichte, München.